La cuestión periférica

Hispanic Studies: Culture and Ideas

Volume **85**

Edited by
Claudio Canaparo

PETER LANG
Oxford · Bern · Berlin · Bruxelles · New York · Wien

Claudio Canaparo

La cuestión periférica

Heidegger, Derrida, Europa

PETER LANG
Oxford · Bern · Berlin · Bruxelles · New York · Wien

Bibliographic information published by Die Deutsche Nationalbibliothek.
Die Deutsche Nationalbibliothek lists this publication in the Deutsche Nationalbibliografie; detailed bibliographic data is available on the Internet at http://dnb.d-nb.de.

A catalogue record for this book is available from the British Library.

Library of Congress Cataloging-in-Publication Data

Names: Canaparo, Claudio, author.
Title: La cuestión periférica : Heidegger, Derrida, Europa / Claudio Canaparo.
Description: New York : Peter Lang, 2021. | Series: Hispanic studies: culture and ideas, 1661-4720 ; vol. 85 | Includes bibliographical references and index.
Identifiers: LCCN 2020050250 (print) | LCCN 2020050251 (ebook) | ISBN 9781789979886 (paperback) | ISBN 9781800790254 (ebook) | ISBN 9781800790261 (epub) | ISBN 9781800790278 (mobi)
Subjects: LCSH: Philosophy, Latin American. | Philosophy, European.
Classification: LCC B1001 .C355 2021 (print) | LCC B1001 (ebook) | DDC 199/.8--dc23
LC record available at https://lccn.loc.gov/2020050250
LC ebook record available at https://lccn.loc.gov/2020050251

Cover image: 'Through the looking image' by Nelly Sugar (2020).

ISSN 1661-4720
ISBN 978-1-78997-988-6 (print) • ISBN 978-1-80079-025-4 (ePDF)
ISBN 978-1-80079-026-1 (ePub) • ISBN 978-1-80079-027-8 (mobi)

Published by Peter Lang Ltd, International Academic Publishers,
52 St Giles, Oxford, OX1 3LU, United Kingdom
oxford@peterlang.com, www.peterlang.com

This publication has been peer reviewed.

Para
Carlos *Puchero* Scharf
In memoriam

"Ni Dieu ni maître"

Il s'agit de penser à partir de ce passage de la limite. C'ailleurs quand est très près, ce toujours au delà d'un limite.

Jacques Derrida

D'ailleurs, Derrida (2000)

… cuando se cree en América Latina una conciencia propia de lo que somos, la conciencia de situación en pueblos e individuos colonizados y en naciones subdesarrolladas a las que se les dieron constituciones y leyes para mantenerlas cautivas sin necesidad del cepo; cuando se admita lealmente que hemos sido reducidos, por una labor inteligente y constante de usurpadores y bandidos, a la condición de enemigos de nosotros mismos, a la condición de servidores gratuitos o mal remunerados de los dueños del mundo.

Ezequiel Martínez Estrada,

Antología (1964)

Dinge, die in solcher Art Orte sind, verstatten jeweils erst Räume.

Martin Heidegger

"Bauen Whonen Denken", 1951

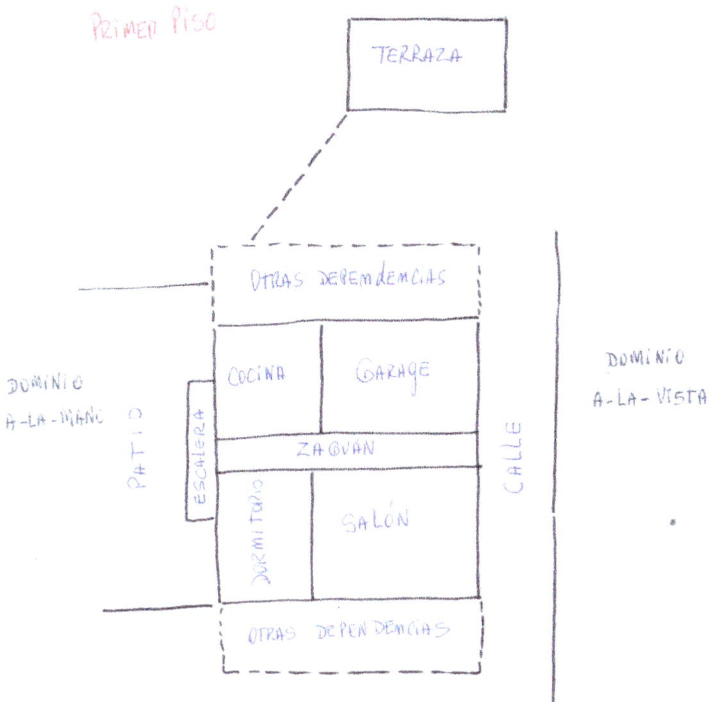
PRIMER PISO
TERRAZA
OTRAS DEPENDENCIAS
DOMINIO
A-LA-MANO
PATIO
ESCALERA
COCINA
GARAGE
ZAGUAN
DORMITORIO
SALÓN
CALLE
DOMINIO
A-LA-VISTA
OTRAS DEPENDENCIAS
PLANTA BAJA

Tabla de contenidos

§ o. Prólogo

En este libro las lenguas son argumentos especulativos y las traducciones formas de idiomar, lo cual debería ser algo natural para todo aquel que habite, por las razones que fueran, los ámbitos periféricos del planeta. Por ello en este libro las palabras o términos en otras lenguas son tomados como *conceptos* de manera que no deberían ser considerados como extranjeros, sino como elementos, como herramientas, que demandan un aprendizaje y la construcción de una familiaridad (como tierra natal: *heimatlich*; como secreto, disimulo, subterfugio: *heimlich*). Y es que en realidad no hay, en los ámbitos periféricos que nos ocupan, "otras lenguas" porque todas son *otras lenguas*. Esto es aquello que indicaremos como *lenguajear*: habitar los ámbitos periféricos es traducir/ idiomar todo el tiempo. Aquí se asume entonces que el ejercicio especulativo es un *lenguajear* que requiere una comprensión variada de un mismo problema o, mejor dicho, que un mismo problema puede ser *idiomado* de diferentes maneras y que en dicha variedad está el camino hacia la construcción de un acervo propio. Idiomar asume que no sólo decimos lo que significa, también describimos lo que significa, lo aproximamos.

Este libro supone puentes, localidades, utensilios, urbanizaciones, puntos de fuga, habitaciones, esquinas, canalizaciones, techos, ángulos, transportes, aglomeraciones, parajes. Pero no escenarios de colectividades o dominios *storytelling*, tales como países, ideologías, biografías, catastros, barricadas, nombres, batallas.

En este libro se supone que los conceptos son aún formas de realizar un saber-hacer, aun cuando la variedad de llegar a los mismos se modifique enormemente de un autor a otro. Y, al mismo tiempo, se asume aquí que conceptualizar es establecer lugares, hacer parajes. Este libro es la historia de una casa (de un caseando, *housing*), de sus pormenores, de su arquitectura, desde su plano primero hasta el último detalle en sus acabados menores. Y una casa no es sólo sus paredes o aberturas, sino todo aquello que la hizo como tal: muebles, gente, polvo, cuadros, revoques, interruptores, clavos, pérdidas, alfombras, maderas, luces, roturas.

Saint Genès, 2 de abril, 2017.

Primera parte. El zaguán de entrada

§ 1. La cuestión de la cuestión

La pregunta por el ser es la fundación de la filosofía en términos de *cogito* y, por ende, la fundación de la actividad especulativa tal como la entendemos en la actualidad.[1] La pregunta por el ser es aquello que ha hecho del concepto de *cogito* el núcleo explicativo por el cual las capacidades pensantes humanas no sólo adquieren una prioridad y gobierno, sino que funda la importancia misma de la οὐσία (*ousía*: [Derrida] "l'être de l'étant", "ce qui fait, qu'il est, ce qu'il est", aquello que hace lo que es, el ser/estar del siendo/estando), es decir, de la pregunta que ya responde en su mismo acto de formulación: el *cogito* es una afirmación que fuerza el empleo de un mecanismo interrogatorio hacia todo lo existente. El *cogito* es menos un concepto particular que un mecanismo colonizador de lo pensante: en los ámbitos periféricos no hay constitución de una *institución* de lo filosófico en los términos derridianos. La integridad de lo humano en términos clásicos, no sólo en su οὐσία, sino en la generalización de la misma como justificación de lo existente, está garantizada por el *cogito* entendido bajo estas condiciones. La pregunta por el ser es la pregunta por la existencia del ser (*cogito ergo sum*), pero también la historia y pasado de esa pregunta bajo la forma de un origen (aquello que es, ¿qué es?: τὸ τί ἐστι [*to ti esti*] o también: ¿el qué/lo qué tiene que ser?: τὸ τί ἦν εἶναι [*to ti ên einai*]). (§ 26)

1 La formulación del *cogito* en 1641: "Mais il y a un je ne sais quel trompeur très puissant et très rusé, qui emploie toute son industrie à me tromper toujours. Il n'y a donc point de doute que je suis, s'il me trompe ; et qu'il me trompe tant qu'il voudra il ne saurait jamais faire que je ne sois rien, tant que je penserai être quelque chose. De sorte qu'après y avoir bien pensé, et avoir soigneusement examiné toutes choses, enfin il faut conclure, et tenir pour constant que cette proposition : Je suis, j'existe, est nécessairement vraie, toutes les fois que je la prononce, ou que je la conçois en mon esprit." (René Descartes, *Méditations métaphysiques. Méditation deuxième*, tome I, Paris: Levrault, 1824, pp. 247–248).

Esencia, substancia, propiedad, lo que pertenece por apropiado, el teniendo: tal es la dimensión de la οὐσία —y a esa dimensión es aquella que el *cogito* refiere y se refiere. La *deficiencia colonial* se halla precisamente en esta incapacidad para construir una referencialidad semejante. Por otra parte, como tal la οὐσία anticipa ya la forma de presente que dominará la pregunta por el ser, eso que los filósofos europeos llaman en principio *la cuestión*. De manera que *la cuestión* culmina siendo garante del acuerdo entre presente y presencia del ser, algo que el propio Heidegger había notado en su perspectiva crítica del universo especulativo griego.[2] Por lo mismo es destacable el valor del *gesto derridiano* de cuestionar *la cuestión* por aquello que supone e implica: la cuestión de la cuestión (Derrida, 1990a, 1990b) es así un acuerdo de partida decente para la elucubración de la especulación en términos periféricos.[3]

La pregunta por el ser, vehiculizada por *la cuestión*, capilariza toda forma de especulación: la actividad especulativa humana ha llegado a ser indiscernible de la descripción de sus componentes conceptuales. La existencia del ser es la pregunta misma por lo existente y por lo pensable. En este sentido la cuestión es en la actualidad algo que antecede incluso a la problemática del ser: *la cuestión* es la cuestión de la cuestión, es decir, la pregunta derridiana (Derrida, 1990a): ¿hay algo antes de la cuestión? O, mejor dicho, ¿puede haber algo que antecede la cuestión, la justifique y signifique, algo que damos por asumido, descontado, adquirido?

La pregunta por el ser es la fundación de la filosofía por la que también comienza Heidegger (1967) y que retoma Derrida: la *Seinfrage* ("question de l'être", el problema del ser, la problemática del ser) como torpeza inicial que podemos observar en el pasaje citado por el mismo Heidegger del *Sofista* de Platón: la falta de comprensión del *étant* (siendo) y a la que

2 Por ejemplo en *Parmenides* [Freiburger Vorlesung Wintersemester 1942–1943], *Gesamtausgabe*, vol. 54, Francfort-sur-le-Main: Klostermann, 1982], p. 134 [edición a cargo de Manfred S. Frings].

3 Evitar que el pasado y el futuro se conviertan en formas o versiones del presente, sino en experiencias propias, en condiciones de posibles, es uno de los objetos que, a partir de la perspectiva de Derrida, permite reflexionar sobre la *cuestión periférica* en tanto una forma de especulación que revierte sin refutar de plano la condición *colonial* del *cogito*.

Derrida dirige "la cuestión directriz" ("l'etant en son être [qu'est il?]" y "la cuestión fundamental" (ser como ser presente, como ser presencia). Que la cuestión es "la pregunta por el ser" es aquello que Derrida trata de erradicar y que los ámbitos periféricos encuentran como ajeno en lo inmediato, pero como cercanía en la distancia (de manera a cómo Heidegger define la existencia [*wesen*] de la *Ding* [cosa]: Heidegger, *Die Frage nach dem Ding* [Tübingen: Niemeyer, 1962]). Que *la cuestión* no sea una pregunta por el ser, sino la cuestión de la cuestión, es aquello que también hemos indicado como *pensamiento esto* (Canaparo, 2017: 43–57).

La pregunta por el ser es el ¿qué es?, ¿qué es lo que es?, como cuestión inaugural de la filosofía en términos historiográficos europeos. La atribución al mundo griego consiste en interrogarse acerca de qué es la esencia de esto o aquello y también qué quiere decir la palabra "ser". Esta es la tradición sobre la cuestión como acto filosófico fundacional y como mecanismo gestor de lo especulativo como tal: no sólo la pregunta, sino hacia dónde y cómo va la pregunta. Y es, sin duda, en torno a esta tradición que Derrida introduce la cuestión de la cuestión, es decir, *la cuestión* en términos epistémicos y que tiene dos formulaciones. En primer lugar, ¿es que la forma interrogativa, la forma "cuestionante" es la manera privilegiada y más adecuada?, ¿"es que pensar es cuestionar"? O, mejor dicho, deberíamos escribir sin interrogantes por cuanto la interrogación está en la duda de lo conceptualizable y no en su expresión comunicativa: es que la forma interrogativa, la forma "cuestionante" es la forma privilegiada y más adecuada, "es que pensar es cuestionar". Se trata de saber si antes de *la cuestión* no habría otro movimiento de pensamiento, no interrogativo, que fundaría lo pensable o la pregunta misma como tal, algo que fuese afirmativo y que, por ende, demandante de una *política ecológica del pensamiento*. En segundo lugar, para Derrida, en la cuestión de la cuestión, se trata de saber si en la noción misma de ser (*être/Sein*) —en su aprehensión, que es también su comprensión— no hay una particularidad, una especificidad. En línea con Heidegger, que critica la dimensión del ser que se significa en la tradición griega, Derrida se pregunta si el ser no es en realidad un tipo particular del ser (*être*) presente (*maintenant*): el *étant*, el *Seiende*, el *being*, el siendo, el participio presente a partir de la idea que la acción del verbo es lo determinante de la presencia (aquello que Heidegger entiende como "a la vista" [*Vorhandenheit*] y "a la mano" [*Zuhandenheit*]). Esta confusión entre acción de la escritura y presencia visual, "a la mano", es aquello que ha dado en términos europeos el *realm* que fue sustento de toda teoría de lo real de lo existente —y a lo cual Heidegger trató de criticar y poner límite a partir de su noción de lo óntico como punto de partida de *la cuestión* de "la primacía óntica de la pregunta por el ser" ("Der ontische Vorrang der Seinsfrage" [Heidegger, 1967: §4]): de allí también la sinonimia especulativa, muy popular en ámbitos locales, entre cuestión y problema o, mejor dicho, entre cuestión y problemática, como si *reconocer* una problemática fuese ya la vía de la solución (de continuidad) a la cuestión. Una modalidad de tiempo entonces o, mejor dicho, una modalidad de la temporalización que sería el presente del presente, el presente de la presencia. La presencia del presente como modalidad temporalizadora del ser es aquello que, como se sabe, Heidegger asume como determinante, en su mismo límite, de lo humano contemporáneo. Este privilegio del *mientras tanto* es aquello que ameniza la problemática discontinuidad, ya observada por Husserl y otros, entre un ahora de la conciencia y un presente de lo humano como tal, en los términos de la *traza* derridiana (*trace*: Derrida, 1967a), es decir, lo exomático que aun es humanidad (humanizidad, humanizante de lo humano) sin serlo en el cuerpo (anatómico, sensible, orgánico). La traza (*trace*) es un resquicio que deja un *rastro* como memoria, archivo o referencia, pero cuyo significado no es referido a aquello material que lo releva, es decir, la escritura. La traza no es una huella, sino una impronta en la escritura: la traza es una evidencia de la problematicidad de significar lo material en un espacio en donde la materialidad ya no es física. Y, en este sentido, cuanto más nos adentramos en la pérdida de lo material-en-tanto-materialidad, en la definición de la materia a partir de conceptos y no de una fisidad concreta, más también ponemos en evidencia la fragilidad de un *mundo* basado en un "desde lo que está ahí" (*aus dem Vorhandenen,* como ahí a la vista) (Heidegger, 1967: §5).

La *traza* (*trace*) como la condición no presente de la presencia es una de las hipótesis que hemos heredado de Derrida como respuesta a este estado de *la cuestión*. La escritura como *espesor* problemático del estando/siendo (*étant/Seiende*) es aquello que la traza afronta. La traza en su *estado de escritura* explora las derivadas de asumir que existe una cuestión de la cuestión, un antes de la cuestión —de hecho la noción misma de *trace* supone una *archi-trace* (Derrida, 1967a), es decir, algo que le precede y que está por una cosa que no tuvo lugar en términos de presencia del presente, de temporalización del ser en sentido clásico.[4] La exploración entonces se aboca a identificar lo asertivo que no tiene una dimensión cuestionante —eso explica por ejemplo por qué Derrida retomó la noción de φάρμακον (pharmakón)— y también a identificar una forma de temporalización que no sucede por una conjugación del ser en tanto siendo —eso explica asimismo por qué Derrida retomó la escritura como técnica/tecnología constitutiva de lo humano en tanto tal. Todo lo cual a su vez posibilita comprehender por qué la llamada "deconstrucción" consiste sobre en todo en un rechazo a plantear las problemáticas en términos de bipolaridades, situación que a su vez tiene proximidad con la manera en que en los ámbitos periféricos no hay especulación que pueda asentarse sobre "origen", "pregunta" o "dicotomía" alguna.

Por otra parte, esta situación —la escritura como tecnología, la individuación como realización *técnica* de una conciencia— explica también por qué *trace* y escritura son solidarios, lo cual a su vez vuelve evidente en qué la especulación no es universal ni atributiva: la acción no es elemento pertinente para la deconstrucción de un siendo/estando (*étant/Seienden*) del presente, sino el movimiento que supone, las significaciones a que remite.[5] Que la dinámica de lo humano es una motricidad de lo ausente constituye

4 "Qu'est-ce que la trace? Elle est déjà raturée avant d'être saisie, ce qui la rend irrecevable dans toute logique de l'identité. Pourquoi? Parce qu'elle est à la place d'une origine qui n'a jamais été constituée. C'est ça, l'archi-trace: c'est l'origine de l'origine, sauf que l'origine a disparu, et donc aussi l'origine de l'origine. A l'origine, il y a une non-trace qui n'a jamais été présente. En tant que concept, elle détruit son nom. En tant que trace originaire, elle est déjà réduite et déconstruite, car la déconstruction fait partie de son concept". Fuente: "Derridex", en <www.idixa.net>, accedido 12.12.2015. También puede consultarse, Derrida, 1967a: 90. Y, de forma genérica, acerca de la noción de traza en términos no derridianos, puede consultarse Alexandre Serres, "Quelles(s) problématique(s) de la trace?", en HAL, abril 2005, disponible en <www.archives-ouvert.fr>, accedido 12.10.2016.

5 Cómo, de qué manera y por cuáles razones la perspectiva de Derrida constituye una oportunidad intelectual para afrontar un diálogo entre el pensamiento de la periferia y la filosofía europea es algo que este trabajo intenta desarrollar. La misma perspectiva de Derrida ofrece ya no pocas "pistas": "ce qu'on appelle très vite *la* déconstruction n'est jamais un ensemble technique de procédures discursives, encore moins une

la constatación de Derrida en la década de los años sesenta —justamente cuando la palabra clave de los analistas en las colonias era ideología o, mejor dicho, la creencia que en la acción como participio presente se resuelve la condición y calidad del ser.

La experiencia del ser como presencia remite a otra cosa que a la inmediatez de un siendo/estando impuesto como temporalización en los términos heideggerianos de la *Zeitlichkeit* (en tanto temporalidad del *Dasein*),[6] y que ha obtenido, a lo largo del siglo XX, en la consolación y facilidad que otorga, innumerables formulaciones políticas, históricas, económicas, etc. La presencia del otro —en tanto *autrui*— hace imposible la realización de la presencia del presente en términos del *étant* (estando/siendo): tal es en definitiva la justificación ultima de la hipótesis derridiana de la *trace*. Y es precisamente aquí de dónde parte la *cuestión periférica*: de la concepción por la cual lo especulativo implica una presencia del otro que no es significable a partir de una temporalización del siendo/estando, sino por medio de una tecnología, de un desarrollo de la escritura en términos de tecnología. La creencia en una acción del presente radica en la presencia en términos absolutos del participio presente y la constitución de una

nouvelle méthode herméneutique travaillant sur des archives ou des énoncés à l'abri d'une institution donnée et stable; c'est aussi, et au moins, une prise de position, dans le travail même, à l'égard de structures politico-institutionnelles qui constituent et règlent notre pratique, nos compétences et nos performances. Précisément parce qu'elle n'a jamais concerné seulement des contenus de sens, la déconstruction devrait ne pas être séparable de cette problématique politico-institutionnelle et requérir un questionnement nouveau sur la responsabilité, un questionnement qui ne se fie plus nécessairement aux codes hérités du politique ou de l'éthique. Ce qui fait que, trop politique aux yeux des uns, elle puisse paraître démobilisante aux yeux de ceux qui ne reconnaissent le politique qu'à l'aide des panneaux de signalisation d'avant la guerre. La déconstruction ne se limite ni à une réforme méthodologique rassurante pour l'organisation donnée, ni inversement à une parade de destruction irresponsable ou irresponsabilisante qui aurait pour plus sûr effet de laisser tout en l'état et de consolider les forces les plus immobiles de l'Université." (Derrida, 1990b : 424).

6 La temporalización como horizonte trascendental de la cuestión del *être/Sein* (*Seinfrage*) es ejercida por una forma de presente o, mejor dicho, por una manera de construir el presente como manifestación *natural* del siendo/estando (*étant/seienden*). Tal es la constatación de Heidegger (1967) y que Derrida renueva (1972: 10).

dimensión especulativa para la cual el *cogito* no sólo es garantía de inteligibilidad inmediata, sino asimismo *palabra de orden* en lo humanizable. Que en castellano el participio sea entendido como una forma no personal del verbo que el mismo toma para funcionar como adjetivo sin perder del todo su naturaleza verbalizante, constituye una lección insoslayable del *mecanismo colonial* que supone entender lo especulativo como traducido de una lengua (el francés por ejemplo) en donde el ser del siendo (*l'être de l'étant*) sólo es expresado a partir de su esencia atributiva (*l'être en qualité de l'étant*) y no también, como en el castellano, por su posición espacial o atributiva (el estar del siendo que no puede ya retener a la presencia como condición fundamental del siendo). La focalización en la condición de ser por esencia (*ratio essendi*), por la acción inmediata de una presencia determinante, conlleva la aceptación de la historiografía del *cogito* y el entendimiento de lo especulativo como *realm* de lo humano —eso que más adelante indicaremos como la historiografía de *la cuestión* (§ 26). Semejante propuesta, implícita en la mayoría de los análisis especulativos locales, es aquello que aquí tratamos de revertir.

La inquietud acerca de cuál es la condición de *la cuestión* como problema supone asimismo la aceptación que *la cuestión* implica la comunicación al otro, que *la cuestión* implica *autrui* en el entendimiento de lo propio. Al mismo tiempo, la experiencia de un reenvío constante y mundano (*urbi et orbi* de "lo a la vista" [*Vorhandenheit*] y "lo a la mano" [*Zuhandenheit*]), por parte de la *trace*, hacia una espacialización de la diferencia ("difference/ différance") es aquello que constituye para Derrida lo *préalable* de *la cuestión* y de lo humanizable como tal. El otro como traza no es lo humano, sino lo humanizable: es otro un objeto, una cosa, un aparato, es la experiencia regular de un reenvío constante hacia algo que significa en el presente, pero de lo cual no tenemos presencia alguna como tal. Por eso la cosa (*das Ding*) en Heidegger (*Die Frage nach dem Ding. Zu Kants Lehre von den transzendentalen Grundsätzen* [Tübingen; Niemeyer, 1962]) es una cuestión de distancia y de proximidad —por lo mismo que el *afuera* local es una cercanía de lo distante.

§ 2. Una arquitectura de lo invisible

La colonialidad es una forma de arquitectura, la arquitectura como tal, por cuanto reformula el espacio en su materialidad. La materialidad última de la realidad colonial —eso que indicaremos como su *realm*— no está en la presencia porque la misma ya no es, está siendo otra cosa, devendrá otra cosa. La elección de la problematicidad del ser/estar como elemento especulativo primero no podía ser, localmente, más artificial. Y precisamente en la imposición de esta artificialidad vemos ya la facilitación de la entrada local en el Antropoceno: como si la *violencia* que supuso esta artificialidad hubiera preparado a los analistas locales a una justificación más fácil, más directa, de por qué y cómo la problematicidad del ser/estar en términos heideggerianos podía convertirse en realidad educativa y cultural local. Como si la dicha artificialidad de origen (*ordo artificialis, ars scribendi*) fuese el fundamento del ilusionismo tecnológico de la actualidad y, sobre todo, de la anihilación de los fundamentos humanos de lo humanizable.

Esta presencia que no es no debe confundirse con la fisidad de lo inmediato.[1] Del momento que la noción de materia es un concepto —y no ya una entidad corporal, sólida y tangible— la materialidad y la fisidad son disyuntivas: la materialidad como cualidad y condición de lo material es imaginaria, teorética (θεωρεῖν, *theorein*), mientras que la fisidad es inmediata "a la mano" [*Zuhandenheit*], "a la vista" [*Vorhandenheit*], orgánica, maquínica. Y por ello es que la presencia del ser/estar, su existencia en el siendo/estando (*étant*, *Seiende*), no debe confundirse con la entidad de todo aquello que puede ser cosa (cosística, coseidad, *Dinglichkeit*, ser/estar-cosa), objeto (somatización, exteriorización, exosomatización), máquina

1 Como estamos viendo la presencia que propone el participio presente como forma privilegiada del ser se confunde no sólo con el *realm* del presente, sino también con el ahora de la conciencia (§ 32). Confusión que se populariza a partir de la sinonimia entre mundo físico y realidad, como así también entre naturalismo y tecnología.

(maquínica, artificialidad) o aparato (mecanismo, aparatosidad), y que hace sistema (mundaniza, mundana, *Weltlichkeit*) a lo humanizable o, mejor dicho, si nuestra hipótesis es correcta, que justifica lo humanizable *per se*.

La presencia que no es, es la arquitectura de lo local: el edificio que fue construido con un propósito, fue ocupado por otro, fue modificado a su vez por otra razón que nunca se concretó y culmina siendo funcional a los requisitos urbanísticos y catastrales de lo momentáneo. Y a la arquitectura que es por la presencia de lo ausente le indicamos *por su invisibilidad*. La arquitectura como presencia de lo que no es, no es la pregunta por el ser/estar por su crítica, por su antagonismo o por su potencial oposición, sino por su radicalidad: la pérdida de humanidad de los mecanismos humanizables que hacen al proceso de individuación es algo que en los ámbitos periféricos precede a la industrialización tecnológica.

La transitividad permanente es así la única forma de temporalización (*Zeitlichkeit*) que soporta el ámbito periférico o, mejor dicho, que es inteligible en los ámbitos periféricos en términos especulativos. Este constante comenzar de algo que está siendo/estando, que va a ser/estar, dejando de ser/estar por degradación, es la dinámica cotidiana de lo local y es aquello que sentará el precedente del *negacionismo* intelectual y de la *post-fact politics* de la actualidad (§ 25).

Esta transitividad, por otra parte, nos conduce a la imposibilidad de construir un sentido definido a la violencia local, en particular la referida a la guerra civil y a la *desaparición forzada* de personas ("desaparecidos"), que se vinculan directamente con esta condición local de transitividad de las arquitecturas —de los cuerpos, de los objetos, de las instituciones— y que desemboca en una forma de *negacionismo* que es la caracterización de lo sucedido —como pasado, como ὑπομνήματα (*hypomnemata*)— a partir de la figura de la víctima, como si el monumentalismo y la conmemoración de lo victimoso fuese la forma más consumada de conocimiento de lo sucedido, una especie de modo superior de ὑπομνήματα. Nunca el olvido de los individuos en particular había llegado a un grado tan alto de denigración, de diferencia, de lo diferente, de lo distinto, de lo posible, en aras de una colectividad efemerídica. Sin embargo, el siendo/estando como forma de desaparición violenta no es una novedad del siglo XX en los ámbitos periféricos, sino un mecanismo que ha posibilitado la creación de los Estados locales a partir del siglo XIX.

La transitividad permanente es justamente aquello que sitúa, en los ámbitos periféricos, a la arquitectura como inteligibilidad primera de la cuestión de la cuestión (§ 46, § 47) —y ello también explica por sí mismo por qué el *gesto derridiano* tiene relevancia, tiene pertinencia, para con el ámbito periférico en términos especulativos. El cuestionamiento de Derrida hacia la pregunta por el ser sitúa la especulación —la cuestión de la cuestión— en un movimiento, en *un hacia algo*, en una dirección que es recorrido, en una trayectoria, en una búsqueda de la otredad como condición cognitiva. Por ello, herederos europeos del pensamiento derridiano, como Bernard Stiegler, aseguran que la inteligencia es un fenómeno social y no individual.

Esta *arquitectura de lo invisible* es fundamental para comprender la especulación entendida como filosofía, es decir, de por qué en el ámbito periférico la filosofía no puede ser tal. La *institucionalidad* filosófica es un imposible en los ámbitos periféricos, el "droit a la philosophie" [derecho a la filosofía] (Derrida, 1990: 15–23) no es una herencia, sino un recorrido; no es un espesor monumental, sino una distancia; no es una escolaridad, sino una degradación de la misma; no es una promesa de avenir, sino una reducción de los posibles; no es una memoria identitaria (ἀνάμνησις [*anamnesis*]), sino una ὑπομνήματα (*hypomnemata*).

La imposibilidad de formular una permanencia del espacio es aquello que funda la *arquitectura invisible* como condición imperativa: la futilidad de *la cuestión* en los ámbitos periféricos proviene en este sentido del colonialismo que se desprende de los mecanismos a que la historiografía del *cogito* ha dado lugar (§ 26). Si bien para Heidegger (1967) la confusión entre *ego* y *cogito* era evidente y estaba, como crítica, entre las motivaciones básicas de la creación del concepto de *Dasein*, por el contrario, la *commoditisation* sobre la cual se ha desarrollado la noción contemporánea de cientificidad y la manera en que, justamente, se ha galvanizado una sinonimia entre conocimiento y cientificidad, prueban lo contrario y el éxito confortable de dicha confusión.

La paradoja de esta situación se halla en que la institución filosófica clásica (institucionalización, entronización historiográfica), criticada por

Derrida, tiene puntos de encuentro con la ausencia de institucionalidad filosófica en las condiciones de la especulación en los ámbitos periféricos. De manera que la *res cogitans* —como noción básica de la gramatización que supuso la colonización europea y que postulaba una justificación de la condición no material de la conciencia— acaba perimiendo al centro mismo la institucionalidad filosófica colonial y privando así a los ámbitos periféricos de una referencia mayor en términos de existencia especulativa (*Ek-sistenz*: "Ek-sistenz des Menschen" [Heidegger, 1947: 13]).[2]

La pérdida de la institucionalización filosófica europea en términos de legitimidad, que Derrida ya indicaba, incluso a inicios de los años setenta del siglo XX, no constituyó un *logro* para los ámbitos periféricos, sino un agregado de problematicidad a *la cuestión*, es decir, un aumento de complejidad a las razones y mecanismos por los cuales debe existir una cuestión de la cuestión como forma de fundar una especulación local que no sea parasitaria de la historiografía filosófica europea. Esta *descolonización colonialista*, por llamarle de alguna manera, ha generado una confusión en términos de reversión por la cual se considera erróneamente que Derrida, por seguir con el ejemplo comentado, es habitante local. La reversión está en otro sitio: la solidez colonial que aportaba la coincidencia entre *cogito* e institución filosófica europea —y que Derrida a justo título *deconstruye*— aparece ahora en los ámbitos periféricos como degradación. De esta manera dicha degradación *se agrega* a las ya existentes condiciones coloniales de la especulación: el *gesto derridiano* no es solidario del desarraigo intelectual de los analistas locales, sino de su relación con la historiografía institucional europea y, en particular, con la justificación de lo especulativo local a partir de la institucionalización filosófica europea por medio de la entronización de *la cuestión*.

2 La noción de *res cogitans* en tanto "substance pensante" aparece en Descartes en las *Méditations méthaphysiques* (*Deuxiéme méditation*, parágrafo 8) (1641) y en su *Principia Philosophiae* (parte 2, paragráfo 2) (1644). La *res cogitans* es el vehículo privilegiado de la historiografía filosófica europea para mantener el privilegio que el *cogito* tiene no sólo en la autentificación de una idea particular de pensamiento, sino también en un naturalismo filosófico decimonónico que veía en el concepto de *cogito* el reaseguro de una unidad y continuidad de la conciencia, aun cuando se rechazara el "espiritualismo" cartesiano.

§ 3. Ganar espacio, hacer mundo

Los lugares son transitorios, son algo que van a dejar de ser, están siendo algo que van a dejar de ser. Estos son los lugares de la arquitectura dicha invisible justamente porque tienen una dimensión presente de una presencia que se halla ausente: constituyen la cuestión de la cuestión en términos locales porque su condición originaria no puede ser caracterizada a partir de un sentido de existir (el siendo) sino también en el ocupando (el estando).

La constitución del presente en torno a la presencia que supone la pregunta por el ser, en torno al participio presente, es precisamente esta cuestión de la espacialización (*espacement*: Derrida, 1967a y 1972a) que antecede a *la cuestión* y que Derrida indicaba también como "metafísica de la referencia", metafísica de la prueba o de la evidencia, pero que en los ámbitos periféricos *excede* y es la condición de posibilidad del espacio —en tanto medio, en tanto ambiente, en tanto ecología general de lo especulativo— aquello que se consolida con la situación primigenia de la letra (*ad litteram, la lettre*). La arquitectura es la existencia primera de los espacios periféricos (inteligibilidad, existencialismo, ser/estar-ahí, espacialización): la guerra al indio, la colonización tecnológica, la fundación institucional, la gramatización.

El hecho que la integridad epistémica del sujeto no es la existencia del sujeto en términos de la problematicidad del ser/estar, no sólo pone en un primer plano la *arquitectura de lo invisible*, sino que asimismo expone por qué y cómo la confusión entre *cogito* y *ego* ha sido funcional a los analistas locales en términos especulativos.

La confianza que hay una continuidad en el sujeto que garantiza el conocimiento o, mejor dicho, que el sujeto *es* dicha continuidad constituye un credo local de raigambre europea que conduce directamente a la necesariedad de *la cuestión* (§ 1, § 12) y de la historiografía de *la cuestión* (§ 26). Y por esto también se comprehende por qué una temporalidad *à la* Heidegger (*Zeitlichkeit*) no puede ser principio de entendimiento en la periferia. Esta integridad epistémica se halla fracturada desde el surgimiento mismo de las sociedades para-Estatales locales (es decir, a partir del hecho que localmente, sociedad y Estado son inescindibles y toda noción de sociedad civil perime) y que a su vez explica la formidable maleabilidad que los ámbitos periféricos presentan en la actualidad para expresar la entropía del Antropoceno, el ilusionismo tecnológico y las formas sociales más radicales de *negacionismo* y *post-fact politics* (§ 25).

En una colectividad en donde la sociedad civil no existe, ni como forma de pasado ni como noción del presente, plantear la pérdida de la entidad epistémica del sujeto, es someterse a la merced, no ya de los atributos coloniales clásicos, sino, peor aún, a la presente degradación de los mismos tal como ocurre en las economías centrales del planeta. Se equivocan los analistas locales que ven en la degradación del colonialismo filosófico clásico una posibilidad para la especulación en los ámbitos periféricos. Porque dicha degradación no ha significado en ningún momento una desaparición de los mecanismos coloniales del pensamiento, por el contrario, la degradación de los argumentos y referentes líderes de dicha perspectiva, no hacen sino revertirse en un refuerzo de dichos mecanismos. La fragilización que esta creencia comporta a nivel local ha sido ocultada en las décadas recientes a partir de una ideologización de la mundaneidad (*Weltlichkeit*) o, mejor dicho, a partir de una resignación de la reflexión en torno a aquello *que hace mundo*. La convicción ideológica ha sido en este sentido en los ámbitos periféricos solidaria en extremo con la degradación medioambiental, con la entropía generalizada del Antropoceno y sobre todo con la entronización de la tecnología como sinónimo de cientifización y como ilusionismo intelectual concerniente a todo argumento social o colectivo.

La idea, proveniente de este ideologismo periférico, que el cuestionamiento de la entidad epistémica del sujeto sería un lujo de las sociedades mal llamadas desarrolladas, constituye un rasgo del idiotismo generalizado al que conlleva la industrialización tecnológica, el *negacionismo* y la *post-fact politics* (§ 25). Semejante creencia no hace, sino fragilizar más aún los elementos especulativos a disposición en los ámbitos periféricos y tal endeble situación es, sin otro nombre posible, aquello que llamamos colonialidad. Y por lo mismo observamos en toda su brutalidad la *De consolatione philosophiae* que supone, no sólo el ideologismo, sino también toda argumentación que conserve los mecanismos ilustrados (*siècle des lumières*) que fundaron los llamados Estados nacionales locales.

§ 4. Jurisprudencia del siendo/estando

La cópula por excelencia es el verbo ser/estar: la dominación semántica del ser/estar proviene de la capacidad de ligazón, de puente, que el verbo (*cópula*: gancho, vínculo), en cuanto acción fundamental (existir, transcurrir, pernoctar, interactuar), implica de todas las posibilidades de lo existente (*Existenz, Existenzial*) pero siendo/estando-ahí, significando en una situación concreta (un *Dasein* sin humanidad). Por ello la cópula no sólo establece un vínculo, sino que tiene la capacidad de modificar los actores, cosas u objetos que vincula entre sí. Ello es la condición de cópula como tal: la ligazón es una fusión, una funcionalidad que tiene consecuencias para cada elemento. El carácter copulativo es entendido como simbiosis —de allí también su sentido sexual de acoplamiento— y, como tal, es asimismo deriva semántica: la condición del presente es ínsita al estado del ser/estar como tal, su εἶδος (*eidos*) es espaciamiento (movimiento, ocupación, visibilidad: Derrida, 1972a: 19) y por ello requiere de la presencia como prueba y evidencia de cercanía, de proximidad, de inmediatez, como *realm* semántico. La cópula no significa en sí, sino por la función que habilita, es un *facilitador* y en ello expone a la escritura a su condición de técnica/tecnología: la cópula es un mecanismo, un aparato, un vehículo, pero en su siendo/estando (en su voluntad de presencia del presente) modifica aquello que copula. No hay cópula sin escritura por la misma razón que no hay exteriorización de lo humano (formación de la conciencia, constitución de la inteligencia) sin tecnología (Simondon, 1958). El ejercicio de una *grammatisation* y la mecanización de la cópula son parte de un mismo proceso.

Pero si la cópula no tiene significado pero se justifica por sí misma, ello quiere decir que en ello haciendo *parasita* toda la lengua —y justamente por ello se comprehende, no sólo la dificultad derridiana de argumentar una cuestión de la cuestión, sino también la imposibilidad heideggeriana de pensar la "problemática del ser" ("Seinsfrage", "der Frage nach dem Sinn von Sein") fuera del problema del horizonte de temporalidad. Esta situación se acentúa más aun en castellano donde las "cópulas del estar-siendo/ser-estando" (el *étant* en Derrida, el *Seiende* en Heidegger) son en realidad ejercidas por formas verbales diferentes.

En este sentido copulativo la condición de identidad (ser) y la condición de situación (estar) se hallan acompañadas por la condición de estado (parecer): estas tres condiciones dan el sentido inmediato de lo existente, como presente y como presencia. Por ello su modo infinitivo es la manera en que el presente se manifiesta como temporalización de lo humano (asignación de un horizonte de espera) en el sentido de Heidegger (*Zeitlichkeit*). La cópula, en su misma condición de vehículo privilegiado de la escritura, requiere del presente en términos de presencia: por ello se entiende —más aun en castellano que en francés— la protesta de Derrida (2002) en torno a que *la cuestión* se define en torno a una conjugación particular del ser que exacerba esta situación de presencia, de inmediatez.

La manera en que el presente adquiera validez es que constituya una presencia —eso que indica el siendo/estando (*étant* en Derrida, *Seiende* en Heidegger) y que en el transcurso que nombra se encuentran el ahora (de la conciencia, por ejemplo) y el presente (de la colectividad, por ejemplo) como manifestaciones de lo existente (*Ek-sistenz*) o, mejor dicho, de todo aquello que es mundo (*Weltlichkeit*) o que mundana (*Selbstwelt*) para nosotros (§ 13, § 16, § 32).

El infinitivo en su indeterminación temporal hace lugar al presente absoluto, un presente sin confines. Por ello es que en castellano no se hace distinción ni de persona ni de número en los infinitivos. El infinitivo contiene todas las formas verbales posibles. Este sentido anómalo del infinitivo hace que en la oración, en la escritura, funcione como un sustantivo —a partir de lo cual, *también*, taxonomiza, clasifica, discursea (sustantivar: "palabras cuyos referentes son clases de entidades fijas"). El infinitivo, en cuanto forma verbal no finita, se contradice a sí mismo por cuanto en realidad no indica temporalización alguna, sino *la* temporalización como tal.

Ser/estar (*être*, *Sein*) no es sólo una entidad que se define por sí misma y por sus propios atributos, sino que es el término que supone todos los otros en el sentido de existencia (ser-ahí del siendo/estando), en el sentido de función (ser), de acción (estar), de mover-transitar (parecer): por esta razón Derrida se refiere a la *trace* como algo que está pero no está y que, sin embargo, cambia el significado de forma irreversible. La traza además, en los ámbitos periféricos, adquiere una más grande complejidad porque es doble o triple según cómo consideremos a la cópula. Por esta razón, además, entre "ser" (ser en tanto problemática del ser/estar) y realidad hay, en principio, sinonimia y antonomasia. Ser entendido como entidad o ente (*ens-entis*) supone así una manera genérica de hacer cosa (cosismo, coseidad, *Dinglichkeit*), en tanto mecanismo especulativo por antonomasia, que posee consistencia y autonomía. La confusión entre ente y ser o, mejor dicho, la dimensión del ser entendida a partir de su condición de ente es para Heidegger uno de los mayores errores historiográficos de la filosofía —por ello también, como veremos, resulta problemático el "entismo" en las traducciones castellanas de Heidegger (§ 6, § 44). La industrialización tecnológica, aunque por otras razones, nos pone frente a la misma cuestión: la problematización del ser no dice ni nombra, no significa, sino los aparatos, las máquinas, los objetos, en un mundo donde lo humano —y aquello a partir de lo cual lo humano se realiza (lo humanizable)— no es determinado por humanidad alguna, sino por artificios, por tecnologías. La escritura no es vehículo de humanismo, como indicaba Foucault (1966), sino transformación del *soi-même* (*souci de soi, Sorge*): el sí-mismo, el ser-ahí del siendo/estando, es en los ámbitos periféricos una constante exteriorización de la copulación y que, en términos de una ecología política, ha sido sinónimo de sumisión escolar y autoritarismo Estatal.

Para Heidegger la confusión pos-aristotélica entre ser y ente dio lugar al "olvido del ser" (*Siensverlassenheit,* traducido por Beaufret como "oubli de l'être"), es decir, a la consideración del ser como una cosa (*Ding*), a su cosificación (coseidad, *Dinglichkeit*) —en definitiva a la fundación de la noción contemporánea de "metafísica" (*Einführung in die Metaphysik,* 1935). La anihilación del horizonte de trascendencia de lo humano da lugar, a nuestro ojos, a la generalización tecnológica, pero, en la perspectiva del filósofo de Friburgo de entonces, el nazismo constituía la realización en el ser de esa trascendencia. Por ello es que esta anihilación puede además ser interpretada a la luz del pasaje del "sentido del ser" (*Sinn des Seins*), que era la perspectiva de *Sein und Zeit* (1927) hacia una "historia del ser" (*Geschichte des Seins*) en la *Metaphysik* que, en los términos historiográficos de

Heidegger, debe ser leída como "la cuestión de la verdad del ser" (verdad entendida como *Geist*) en la cual el nazismo ocupaba, a los ojos de Heidegger, un lugar *epocal* (ἐποχή, epokhé) (§ 18, § 29, § 35). La problematización del ser de Heidegger ("la cuestión", *Seinsfrage*) proviene de esta reivindicación de un estudio específico del como tal. La diferencia entre Heidegger y la actualidad es la que viaja, para decirlo en su propia terminología, del *Dasein* a la *Gestell*: el ser-ahí siendo que Heidegger veía en la existencia (*Ek-sistenz*) reside en realidad en la tecnología (en la trascendentalidad que posibilita, en el cosismo [coseidad] que sostiene y en la *commoditisation* que propugna).

La *cuestión periférica* consiste precisamente en tratar de ilustrar cómo, en oposición a Heidegger, en continuación de Derrida y en relación al colonialismo que fundó los ámbitos periféricos, *la realización del ser es precisamente su cosificación y anihilación* en términos de una humanización. Que en términos de la historiografía filosófica medieval se confunda el ente con el ser, para en definitiva justificar la existencia a partir de una *presencia* divina, es irrelevante al ámbito periférico actual. "El olvido del ente" es, por el contrario, el argumento relevante en la época de la entropía antropocénica y del dominio maquínico y tecnológico que supone la industrialización. Si la metafísica fue para Heidegger la formalización académica del "olvido del ser", *la cuestión* del ser, en términos clásicos, es la formalización del "olvido de la técnica" como dominio que nuclea los entes, es decir, la individuación definida a partir de una existencia (consistencia, devenimiento) que es determinada por la percepción y por la animación (movilidad, desplazamiento).

"La pregunta por el ser" es "la pregunta por el ente" en un ámbito periférico en donde *la cuestión* ya no es tal sino, como quería Derrida, la cuestión de la cuestión. Y si un ente o entidad es todo aquello que es perceptible a partir de algún sistema mundo, los entes entonces, además de organismos vivientes, inanimados o "inorganique organisé" [inorgánico organizado], son también "propiedades, las relaciones, los eventos, números, conjuntos, proposiciones, mundos posibles, creencias, pensamientos" (Honderich, 2005).

En definitiva la entidad no es el ser/estar, sino la *jurisprudencia* —en el sentido de Deleuze (1996: lettre H)— que realmente cuenta en los ámbitos periféricos: no hay en la especulación universalidad ni generalizaciones, sino casos particulares, específicos, concretos, determinantes por su especificidad y, precisamente la lucha por el nombre propio —en el sentido derridiano (*Sauf le nom* [2006], *Otobiographies* [2005])— es el trabajo por el establecimiento de la especificidad del colonialismo como *diferencia* ("différence/ différance"). Esta casuística, esta acumulación de casos, es aquello que hace que el siendo/estando sea garantía de la presencia, del presentismo del presente. Y aquello que también explica una vez más, la tentación de los traductores castellanos de Heidegger de traducir "Seiende" por "ente".

La lucha por el nombre propio, como parte de la jurisprudencia que significa la entidad del ser/estar, por la realización del nombre, es la entidad en su anihiliación de lo humanizable, la insistencia en la humanidad de un ser/estar que ya no es tal, ni en el presentismo (§ 32) ni en la historiografía (§ 26): por ello es que el humanismo ha sido, a largo plazo, en los ámbitos periféricos, profundamente perverso y colonialista. La entidad es la conjugación del aspecto transitivo al que hacíamos referencia al describir la cuestión de la cuestión y constituye una exposición de por qué "la cuestión del ser" no es sostenible en cuanto cuestión y en cuanto fundamento. Entidad deriva del latín medieval *entitas, entitatis* (casos nominativo y genitivo del singular: entidad, de la entidad), que a su vez proviene de *ens, entis* (igualmente nominativo y genitivo de singular: ente, del ente), participio presente del verbo intransitivo *esse*: ser. La entidad de la entidad reformula el cuestionamiento —en cuanto fundamento primero del ser— en un mundo donde *la cuestión* es convertida en cuestión de la cuestión y sin una respuesta unívoca, como ya sugería Derrida (2002), es decir, derivada, bifurcada, hibridizada.

§ 5. Parménides en las colonias

La pregunta por el ser (*Seinsfrage*) en términos heideggerianos, *la cuestión*, es al mismo tiempo la pregunta por la lengua —por su origen, por su funcionalidad, por su eficacia, y sobre todo, por la vehiculización de lo humano que supone. La pregunta por el ser, en su justificación, es la puesta en funcionamiento de la lengua —por ello es que Derrida asume que "la cuestión de la cuestión" acarrea el significado de la escritura como evento fundamental de toda *grammatisation*, es decir, como evento fundacional de toda lengua en sí. Es en este sentido que los ámbitos periféricos han sido conquistados en términos de antropología cultural: la relación entre especulación y pensamiento no puede escindirse de la relevancia atribuida sea al *cogito* —en términos historiográficos— sea al verbo ser/estar en cuanto origen arcano de toda lengua y de lo literario como tal (*ad litteram*: diccionarios, enciclopedias).

De manera similar a cómo en castellano el verbo ser/estar es la cópula, es decir, el puente, el vínculo, la unión, la comunicación, la conexión, entre un predicado y un sujeto a él vinculado, de modo similar, la pregunta por el ser (*Seinsfrage*), en la tradición europea, es la relación entre lo arcano de la primera pregunta y el presente en cuanto evidencia inmediata, es la relación entre el ahora como conciencia y un presente necesario, colectivo y construible, en tanto presencia (§ 12, § 32). Pero también es en los ámbitos periféricos el *fallo* de todo ello, la *défaillance* que conduce a la cuestión de la cuestión. Si en términos filosóficos europeos el *cogito* es un ejercicio al mismo tiempo especulativo y lingüístico, en los ámbitos periféricos la tradición especulativa europea aporta aquello mismo que esteriliza: la realización copulativa entre la especulación y la lengua no puede realizarse como traducción de una escritura ajena.

El ser es identitario allí donde el estar es espacial y situacionista. El ser recorre los significados en vertical mientras el estar lo hace en horizontal. El ser es el estado allí donde el estar es el cambio y el movimiento. Esta dualidad no es transmisible en términos especulativos al francés, al alemán o al inglés: estas lenguas *no hablan* especulativamente en castellano, de allí, como veremos, de la necesidad de una *translación* y no de una traducción (§ 6, § 17, § 43). Lingüistas y académicos conservadores, como por ejemplo el conocido Américo Castro, para el ejemplo castellano que nos ocupa, coinciden incluso al referirse a un mecanismo interior de la lengua de carácter intransferible (*La realidad histórica de España* [1954]).

El ser/estar (i) es copulativo, (ii) es auxiliar de otros verbos, (iii) en tanto función predicativa adquiriere el significado de existencia y (iv) en complemento con verbos en infinitivo puede expresar necesidad (en cuanto perífrasis verbal de sentido pasivo). Estas cuatro funciones sintácticas del verbo ser/estar no son sólo intraducibles conceptualmente, sino que son inmodificables en un ajuste hacia una lengua cuya acción de siendo/estar es expresada por un solo verbo y no como en castellano por dos o incluso tres (si consideramos también a "parecer"). Cuando en francés, alemán o inglés, se supone una acción, en castellano se conjeturan cuanto menos dos: cuando el *cogito* re-envía al *être*, al *being* o al *Sein* en los ámbitos periféricos del castellano nos conduce a una variedad y multiplicidad del estar/siendo: mientras que en la especulación europea el *étant* y el *seiende* son resultado de la "pregunta por el ser", en el castellano de la periferia, por continuar con nuestro ejemplo a caso, el siendo/estando son resultado de la *grammatisation* colonial.

Esta cuaternaria función sintáctica del ser/estar tiene relación con las funciones gramaticales del verbo griego εἶναι (einai) (función de cópula, función de cohesión, función asertiva y función de veridicación) y que las lenguas europeas, de acuerdo a la historiografía filosófica, en términos conceptuales y filosóficos, sintetizaron en el *être* o el *Sein*. Y es en este contexto que el *être/Sein* como cópula posibilita un agenciamiento lingüístico por el cual lengua y realidad se encuentran (E. Benveniste, *Problèmes de linguistiques générales*, 1966: 154). *Être/Sein* como cópula garantizan lo permanente, dan lugar a la continuidad de lo existente. Predicar en términos de la cópula significa significar lo real y establecer su continuidad: por ello también el "je pense" cartesiano llega hasta Kant ("das Ganze des Gedanken", "beim allem Denken", "ich Denke") y de allí hasta Heidegger (*Dasein,* ser-ahí, ser-circunstancia). La comprehensión filosófica es inseparable del establecimiento de la individualidad como materia pensable: tal es la certeza especulativa europea que en la actualidad se halla en vías de extinción.

La relación entre el *être/Sein* y la existencia en términos de una entidad filosófica se remonta entonces, en la historiografía, al ἐστί (esti) y el εἶναι (einai). La relación entre existencia y veracidad se remonta al empleo griego del εἶναι (einai) en tanto da origen a la filosofía como actividad, "comme pensée de l'être" [como pensamiento del ser/estar] (Cassin, 2004: 418). Y de allí la relación privilegiada: "C'est ainsi, souligne Heidegger, que la langue grecque 'philosophait elle-même déjà en tant que langue et en tant que configuration de langue (Sprachgestaltung)' [*De l'essence de la liberté humaine*, p. 57)" (Cassin, 2004: 418).[1]

El haber y el ser posible es aquello que, en la figura griega de Parménides (*Sur la natura o sur l'étant* [1998]), se unen como problemática para dar lugar, en la historiografía, a la pregunta por el ser (*Seinsfrage*), *la cuestión*. Tal es el significado del ἐστί (esti). Aquello que también es destacable es la manera en que, en Parménides (el de Platón, el de Heidegger), este ἐστί (esti), en cuanto expresión, requiere su propia negación bajo dos formas (en griego la negación puede hacerse de dos maneras). En primer lugar prohibitiva y subjetiva, negación en sentido estricto (la partícula μή [me], "to me on", aquello que no puede ser, "le neant", la nada): es una negación que implica voluntad y "una suposición del espíritu" (Cassin, 2004: 424). Y, en segundo lugar, factual y "objetiva" en términos de privación (la partícula οὐ [ou], "to ouk on", eso que se encuentra de no ser): se aplica a un hecho real o concebido como tal, es una *negación de hecho*.

La existencia de una estructura lingüística del griego que predisponía a una situación privilegiada del *être/Sein* en relación a la filosofía, condujo a Heidegger (*Einführung in die Metaphysik* [1935]) a llevar la historiografía filosófica a su extremo (§ 26): el privilegio de la lengua griega —el hecho "que la formación gramatical Occidental se deba a la reflexión griega sobre la lengua *griega*": *Einführung in die Metaphysik*, 1935: 57— habría sido heredado por la lengua alemana y de allí su espiritualidad/capacidad de espiritualización en términos de Heidegger (§ 18).

1 Traducción del autor: "Es así, indica Heidegger, que la lengua griega 'filosofaba ya ella misma en tanto que lengua y en tanto que configuración de lengua' ".

La concepción del griego (en tanto lengua y en tanto historiografía filosófica) como lengua del *être*/*Sein* conduce a la justificación de los mecanismos *de grammatisation* —en los términos con que los concibe Sylvain Auroux (1994)— que fundaron el colonialismo sobre el cual las lenguas europeas fueron introducidas e impuestas en los ámbitos periféricos. Este es el mecanismo fundante de la historiografía filosófica que en la actualidad conduce del *cogito* al *Dasein* como recorrido de un entendimiento de lo especulativo como tal. Y es precisamente en relación a esta tradición que la *cuestión periférica* se sitúa.

Por lo mismo es así que devenir en el sentido de movimiento y evolución se asocian a semblanza en el sentido de verosimilitud a partir de εἶναι (einai). De allí que lo asertivo conduce a lo veraz/verídico y ambos fundan lo existente: el τὰ ὄντα (ta onta, τὰ μὴ ὄντα ἵνα τὰ) griego se traduce según Cassin en la *Wirklichkeit* de Heidegger (Cassin, 2004: 420). El εἶναι (einai), por otra parte, es afirmación y ligamiento que *mundaniza* como ningún elemento gramatical, sea verbo o no: el *être* o el *Sein* en cuanto cópula pueden reemplazar cualquier dominio, acción, movimiento o atributo. Y es esta mundanización/mundanar (*Weltlichkeit, Weltgeschichtlichkeit*), aquello que Heidegger, a partir de la espiritualización, indica como "nuestro", como "alemán" (*Geist*).

En *Einführung in die Metaphysik* (1935) Heidegger postula una etimología del *Sein* que, curiosamente, reenvía a los ámbitos periféricos en su pluralidad (India, Sumeria, el sánscrito). De acuerdo con Heidegger el *Sein* posee tres raíces germánicas e indoeuropeas: (i) el alemán *es* (del sánscrito *asus*, "la vida, lo viviente", y que daría origen al *esti* griego, *Eigenständig*); (ii) el sánscrito *bhu*, *bheu*, que daría el griego φύω (phuo) (emerger, surgir, surgir estando-quedando) y en definitiva conduce a φύσις (*phusis*) en tanto naturaleza y, probablemente a φαίνεισθαι (*phainesthai*), parecer; (iii) el alemán *wes* (del sánscrito *wasami*, "habitar, pernoctar, permanecer, quedarse"); que daría origen al griego ἄστυ (astu), "la ciudad, la urbanidad", y también *Vesta*, "vestíbulo". Este origen triple asegura en los términos de Heidegger las raíces *alemanas* del *Sein*: vivir, emerger, perseverar-durar-perdurar, preservar. La *deconstrucción*, a partir de la noción de espíritu (*Geist*, "esprit"), de estas raíces es aquello que Derrida (1990a) intenta en su trabajo y es por ello también que resulta interesante a los ámbitos periféricos.

Heidegger, por otra parte, no deja de puntualizar que este origen de la problemática del ser, de la lengua y de la actividad filosófica, se realiza en el alemán ("nuestra" lengua) por contraposición a *otras*: esta otredad es aquello que también Derrida ve como problemático del problema y es eso que indica como "la question de la question". Por el contrario en los ámbitos periféricos, como veremos, surge Parménides en la interpretación de Gorgias y tal como expone Cassin: no partimos de un "hay un ser" (el ἐστί [esti] griego, el *es gibt Sein* de Heidegger), sino que el Poema de Parménides "fabrique bien plutôt l'être en le disant, le fait être" [fabrica más bien el ser/estar diciéndolo, el hecho ser/estar] (Cassin, 2006: 1), más aun: "on ne va pas de l'être au dire d'être, en toute fidélité et adéquation, mais, a l'inverse, l'être est un effet de dire, un produit du poème, la conséquence d'une performance discursive" (Cassin, 2006: 1).[2] A esta *gobernabilidad del ser/estar* en la periferia es que le indicaremos a partir de la ποίησις (*poiesis*). Que Parménides fuera en su época originario de las colonias, de Elea, es una anécdota que reencontraremos con Derrida, nacido en el suburbio argelino de El Biar.

2 Traducción del autor: "no vamos del ser/estar al decir del ser/estar, en toda fidelidad y adecuación, sino, a la inversa, el ser/estar es un efecto de decir, un producto del poema, la consecuencia de una *performance* discursiva".

§ 6. La transliteración

Un asunto, una cuestión, en los ámbitos periféricos supone siempre una traducción porque el colonialismo es, en definitiva, un mecanismo de traducción. Esta condición se condice con la manera en que Auroux (1994) describe cómo la imposición de una lengua supone una *grammatisation* y cómo las lenguas romances europeas formaban un esquema conceptual al mismo tiempo que se expandían territorial y colonialmente. Tampoco es ajeno a este establecimiento de la lengua, la tecnología entendida en términos de escritura, vehículo indispensable para la realización conceptual y sobre toda la institucionalización de una ὑπομνήματα (*hypomnemata*) necesaria a toda dimensión historiográfica que la lengua requiere (§ 12, § 26). Y la formación de estos mecanismos historiográficos —que Derrida (1967a) en términos europeos indica como *grammatologie*— supone aquello que indicamos como especulación. Esto explica por qué una traducción debe ser también una *translación*, es decir, no tratamos sólo con una transposición a otro idioma de una escritura, sino también que transliteramos su mundaneidad (*Weltlichkeit*, mundaneización), la manera en que hace mundo y en ello haciendo nos dirigimos hacia un nuevo tipo de lector, hacia un lector que antes no existía.

Y es precisamente esta situación de mundaneidad de lo especulativo en los ámbitos periféricos aquello que explica la sujeción actual de lo literario a eso que Derrida indicaba como *supplément* y por ende su condición parasitaria que no hace sino poner en evidencia la *falla de origen* ("l'origine défaillante": Derrida, 1967: 442) que supone lo colonial en los ámbitos periféricos.

Transliterar (*Transliteration*) es también literar en sentido estricto (*Transliterieren*). La transliteración es asimismo *translación*: traslado, traducción, modificación a escala de tiempo. Y la translación incluye la llamada "traslación" en sentido gramatical, es decir el fenómeno por el cual una palabra de una clase desempeña una función de otra clase diferente o, asimismo, el fenómeno por el cual se emplea un tiempo del verbo fuera de su natural significación. La translación no es así sólo un traslado, un movimiento, sino también un malentendido (*misleading*) en términos de significado. La transliteración es así traslación, translación e igualmente problematización en términos *ad litteram* del significado.

La condición imperiosa de la transliteración en los ámbitos periféricos proviene de igual modo del hecho que *el afuera* es una dimensión ínsita a la construcción de lo local: los ámbitos periféricos se localizan, en razón del colonialismo que les dio origen —como cultura, como Estado— a partir de un afuera que, expresado en términos filosóficos europeos por analistas locales, adquiere la forma de *la cuestión* y su historiografía (§ 26). Esta condición permanente de lo afuera en la construcción de la especulación en términos locales no sólo explica entonces la situación de *la cuestión* en cuanto "problemática del ser" (§ 16) —y de la cuestión de la cuestión (§ 1)—, sino también la manera en que una cosificación (*Dinglichkeit, chosification*) generalizada caracteriza lo inmediato en el sentido que la cosa se forma y significa como un *esto* medido en escalas variables y en términos de distancias (§ 12): de allí también, como veremos, el interés de la noción de *Das ding* en Heidegger. Perspectiva ésta precisamente que, por otra parte, en su significación y localidad, hemos indicado como el *pensamiento esto* (§ 12).

La acepción heideggeriana de la *Vorhandenheit* como estar-ahí, como estando-en-lugar, en tanto también constituye un siendo, es aquello que patentiza, desde la óptica de la periferia, al colonialismo de *la cuestión* en su trascendencia insoslayable de afuera: la afirmación de la espiritualidad de una lengua "nuestra" ("el idioma de los argentinos", etc.) es inseparable de la ubicación de una otredad de distancias y fronteras —eso que se remonta al "alemanismo" de lo filosófico, pero asimismo a aquello que indicamos como la animalización (§ 14, § 42). Por otra parte, hay una necesidad de *traer* que se vincula con esta situación de lo afuera: la cita, la referencia, la escritura del otro, sus vestidos, sus gestos, sus expresiones. Esta permanencia del traer a menudo puede confundir acerca de su condición en cuanto que puede aparecer como un arcaísmo que no es, aunque sí es tenida localmente —y en mayoría aplastante de casos— por su superficialidad: la tecnología que no se posee, el consumo que no se ejerce, las instituciones que no hay, la sociedad civil a la que se aspira.

La imposible tarea de la traducción no está en los significados, sino en la escritura de dos idiomas diferentes y en la *grammatisation* que suponen (ὑπομνήματα [*hypomnemata*], trazas, historiografías, personajes conceptuales). La problemática del ser (*Seinsfrage, la question de l'être*: Heidegger, Derrida) no existe en castellano porque el ser no es tal, es ser *y* estar, incluso parecer, o no es nada (no es ente: *Einführung in die Metaphysik,* 1935). El colonialismo es monolingüe y es allí donde comienza la cuestión de la cuestión en los ámbitos periféricos. La problemática del ser (Heidegger, Derrida) puede existir en los ámbitos periféricos como *transliteración*, pero en ello tampoco autoriza la existencia autóctona del concepto de ser (*Sein, être*), sino como elemento de otra mundaneidad que busca reformularse, resignificarse.

Heidegger parafrasea Sófocles: "Sage mir, was du vom Übersetzen hältst, und ich sage dir wer du bist" ("Die Bedeutung des deinon", en *Gesamtausgabe*, Bd. 53, p. 74 y ss.). Y traslada Derrida: "Dis-moi ce que tu penses de la traduction, je te dirai qui tu es" (1990a: 16). Y transliteramos nosotros: explícame el pensamiento de la traducción (*grammatisation*) y podré describirte (circunstanciar) cómo la individuación en los ámbitos periféricos puede ser especulada.

Cuando en castellano empleamos el término "ser" para indicar una condición filosófica, es decir, por ejemplo, como cualidad última de lo humano individual, sólo podemos emplear el ser *que es también* verbo y cópula. No se suele emplear el estar, aun cuando como cópula es equivalente, porque no es habitual que el estar cualifique como entidad filosófica de lo individual. Esta situación, como aquí tratamos de indicar, es errónea pero en términos de *la cuestión* se la sigue considerando de dicha manera.

Por otra parte, el ser en tanto condición filosófica, es siempre expresado por el grado de significación máximo concebible de la palabra ser y ello sin duda recae sobre la conjugación en infinitivo del verbo como cópula. Esta condición de ser no puede ser expresada de otra manera, ni siquiera por el siendo o el estando. Y he aquí un problema al momento de traducir del alemán o del inglés en donde la cualidad filosófica del ser puede ser expresada por otra palabra que no es el verbo en infinitivo. Tal es el caso, como estamos viendo, del *étant* en francés respecto de la obra de Derrida y del *seienden* en alemán respecto de la obra de Heidegger. En castellano el siendo (o el estando), en tanto gerundio del verbo ser, no cualifica para significar la cualidad filosófica del ser, cosa que sí sucede por ejemplo en *Sein und Zeit* (Heidegger, 1967 [1927]) respecto del *seienden* o del *étant* en *De la grammatologie* (1967a). En castellano la cualidad filosófica del ser sólo puede ser expresada por el verbo en infinitivo y en función de cópula, en tanto que en alemán o en francés el *étant* y el *seienden* pueden ser/estar en función de adjetivo y aun así siguen significando como cualidad última de lo individual en términos especulativos.

No hay traducción posible para esta situación, sino sólo transliteración y la misma debe ser realizada en tanto una explicación es necesaria al momento de expresar esta ininteligibilidad. El prolongado suceso de *la cuestión* en los ámbitos periféricos como mecanismo privilegiado de entender lo especulativo no puede escindirse de esta condición idiomática unívoca con que el castellano es entendido: el *presentismo* del presente que requiere la condición filosófica de la pregunta por el ser en castellano es doblemente evidente por esta inflexibilidad del ser/estar como verbo y cópula en el infinitivo.

La problemática irresuelta de la cuestión del ser (*Seinsfrage, der Frage nach dem Sinn von Sein,* "la cuestión"), entre la constitución vehiculizada de un *cogito* y el presentismo necesario de un presente, y que es asimismo la constatación más flagrante de la necesidad requisitoria de la cuestión de la cuestión (§ 1), es la manera en que existe una simbiosis entre la voz (yo-mismo, *moi-même, soi-même*) (§ 23) y el modo de definir el *être/Sein* como *Seinsfrage* (§ 24, § 34). Por ello decimos que la dualidad ser/estar del castellano resulta en una concepción diferente/diferante de la requisitoria de lo interrogativo como mecanismo especulativo y del participio presente del verbo como manera más directa de garantizar la presencia del presente. Por ello Derrida sostiene que "la voix est, de ce point de vue, la conscience elle-même. Quand je parle, non seulement j'ai conscience d'être présent à ce que je pense, mais aussi de garder au plus proche de ma pensée ou du 'concept' un signifiant qui ne tombe pas dans le monde ..." (1972c: 32–33).[1]

1 Traducción del autor: "la voz es, desde este punto de vista, la conciencia misma. Cuando yo hablo, no solamente tengo conciencia de ser/estar presente a eso que yo pienso, sino también de tener lo más cerca de mi pensamiento o del 'concepto' un significante que no cae en el mundo..."

La voix et le phénomène ameniza la cuestión de constatación y significación del ahora/de un ahora (§ 32) en relación a la construcción necesaria de lo colectivo en cuanto sistema que siempre requiere una forma de presente (el que soy ahora, donde estoy ahora, en este momento, la enunciación que enuncia ahora).

La problemática irresuelta de la cuestión del ser (*Seinsfrage, der Frage nach dem Sinn von Sein,* "la cuestión") ha sido entendida por los traductores de Heidegger como una apelación a la filosofía clásica en términos conceptuales, por ello han traducido de manera sistemática *seiende/seienden* como "ente". Aportando al mismo tiempo una confusión conceptual a la traducción griega del poema de Parménides (*Sur la nature ou sur l'étant*) por la cual "el ser" (ἐστί [*esti*], εἶναι [*einai*] y el derivado το ὄν/το εον [*to on/ to eon*], que sería, con precaución, el siendo/estando en los términos que aquí nos interesan), en cuanto "un hay" y también "un es posible" (Cassin, 1994: 418), acabará siendo entendido también como "ente". Y ello explica que, aun traductores de Heidegger al castellano, imbuidos por lo general de una formación filosófica clásica, cuanto menos en términos historiográficos de la cuestión, concluirán que el "ente" cualifica y es indispensable al "ser", de modo que se sentarán a traducir "seienden" ("das Sein", "ein Seiendes") por "ente" —tal es aquello que aquí indicaremos como *entismo* y que es una forma eficaz de reducir toda traducción de Heidegger a los términos de la cuestión, de manera que, no sin paradoja, Heidegger, que para no pocos autores europeos anunciaba la desaparición del concepto clásico de hombre (y de humano) a partir del *Dasein*, para estos traductores y no pocos analistas, Heidegger aparecía como un "humanista" en términos clásicos. "… wenn anders zur Wahrheit des Seins gehört daβ das Sein nie west ohne das Seiende, daβ niemals ein Seiendes ist ohne das Sein" (Heidegger, 2007: 49):[2] de aquí surge el *humanismo* (humanización, acción de devenir humano en tanto ser) atribuido a Heidegger que no es viable en los ámbitos periféricos, donde el ente no tiene los atributos ontológicos que supone en el contexto de la cuestión y su historiografía, es decir, el ente

2 Traduce, por ejemplo, Eduardo García Belsunce: "… como que pertenece a la esencia del ser el que el ser no *está* jamás *presente* (*west*) sin el ente; el ente no *es* (*ist*) jamás sin el ser".

entendido como forma del ser en los términos clásicos. Y que tampoco es viable en los términos de la *Gestell* del propio Heidegger (§ 41) y en el contexto contemporáneo del Antropoceno (§ 34, § 37). Que el *Sein* heideggeriano sea un evento indispensable de la historia de la filosofía europea no significa, en primer lugar, de forma automática que los conceptos de sus obras se adecuen a la cuestión y su historiografía, y, en segundo lugar, que dicha historiografización (*Begriffsgeschichte*) sea aplicable sin más a las condiciones especulativas de los ámbitos periféricos. No hay figura humana clásica posible en los ámbitos periféricos, no hay "humanidad" (§ 42). Cualquier formulación de ente es reducida como entidad, como exteriorización, incluso como ὑπομνήματα [*hypomnemata*], es decir, en el mejor de los casos, aquello que da lugar a individuación.

La confusión que justamente Heidegger constata entre ente y ser, se halla como estamos viendo en la lengua, en la remisión latina de entidad al participio presente del intransitivo de *esse*. Pero en castellano, en términos verbales y especulativos, ser es asimismo estar —e incluso en numerosas ocasiones parecer es también considerado como cópula. De manera que no hay una exclusividad en la problematicidad del ser con el ser: *Sein und Zeit* debería en este caso ser no sólo *traducido*, sino también *transliterado*. Los dieciocho años que Jorge Eduardo Rivera (1927–2017) empleó en la meritoria traducción del gran libro de Heidegger deberían ser suficientes para que, cuanto menos en parte, la problematicidad del ser —"la pregunta por el sentido del ser" ("der Frage nach dem Sinn von Sein": Heidegger, 1997: 13–49)— sea aprehensible en términos de los ámbitos periféricos. Y el propio Jorge Eduardo Rivera es consciente de esta situación cuando comenta la primera traducción castellana de *Sein und Zeit* llevada a cabo "en cambio" por José Gaos en 1951: "El problema de la traducción de Gaos estriba, más bien, en la dificultad, a veces casi insuperable, con que se ve enfrentado el lector cuando intenta comprender el texto español. La experiencia de treinta años de seminarios universitarios y extrauniversitarios sobre *Ser y tiempo* me ha hecho ver que el texto de José Gaos es difícilmente utilizable por personas que carezcan del conocimiento de la lengua alemana" (Rivera, 1997: 7).

Esta brillante caracterización es aquello que aquí indicamos como el problema de la *transliteración*, es decir, los ámbitos periféricos requieren en su aprehensión de otros mundos (mundaneidad, mundaneización), no sólo una traducción idiomática, sino asimismo una traslación conceptual o, dicho con propiedad, la traducción idiomática debe suponer en los ámbitos periféricos la transliteración (§ 17, § 45). La traducción de Rivera es la primera, a mi conocimiento, que en términos filosóficos emprende una tarea semejante. Y toda transliteración es también una construcción colectiva: "En 1988, con el apoyo del *Katholischer Akademischer Austauschdienst* y de la Fundación *Alexander von Humboldt,* elaboré, en Alemania, en constante diálogo con el profesor Friedrich-Wilhelm von Herrmann, una nueva versión de mi propia traducción. Conversaciones ocasionales con el profesor Hans-Georg Gadamer y con el profesor Max Müller ayudaron a la comprensión más exacta de algunos pasajes especialmente difíciles. También debo mencionar aquí algunos encuentros con François Fédier y con el traductor francés François Vezin, quienes tuvieron a bien examinar conmigo algunos puntos particulares del texto. [...] Esta segunda versión fue sometida nuevamente a un examen riguroso, realizado, esta vez, en equipo" (Rivera, 1997: 7–8).

Pero, sobre todo, una transliteración es un mecanismo especulativo que se refiere no sólo a un asunto gramatical o heurístico, sino que supone un sentido de especulación que es consciente de la *situación* del ámbito periférico como tal: "El principio que guió el trabajo de este equipo fue que la obra debía hablar en castellano, lo cual quiere decir que la fidelidad a un texto no consiste en la repetición literal de lo dicho en el original, sino, más bien, en la recreación de eso que allí está dicho, para decirlo en la forma que es propia de la lengua a la cual se lo traduce. En este sentido, una traducción es en sí misma, necesariamente, una interpretación, y no puede dejar de serlo. Si sólo se contentara con repetir literalmente lo dicho en la lengua de origen, en muchas ocasiones la traducción sería incomprensible o incluso disparatada. No se trata tan sólo del hecho de que, para traducir, se deba empezar por hacer una interpretación del texto —cosa por lo demás obvia—, sino que lo que aquí afirmamos es que la traducción misma es, ya en sí, una interpretación. Con frecuencia, justamente al intentar decir en castellano lo que estaba dicho en alemán, se nos aclaraba el propio texto original. Era la traducción, esto es, la necesidad de decir en el propio idioma lo que estaba dicho en un idioma ajeno, lo que nos forzaba a repensar lo dicho. No el modo como estaba dicho, sino lo dicho mismo: la cosa de la que el texto original hablaba" (Rivera, 1997: 8).

Es este "debía hablar en castellano" la clave de la translación o, mejor sería decir, *transliteración*. Los conceptos se declinan (descifran, derivan, modifican, imponen, performan) en la escritura y la escritura en la historiografía. La transliteración es un desencuentro entre la especulación (entendida como problemática conceptual entre un ahora y el presente) y las *trazas* en sentido derridiano (y de Derrida también para el caso). Por ello la lengua no es sólo un esquema conceptual, sino una organicidad que Sylvain Auroux (1994) llama *grammatisation* y, en definitiva, en los ámbitos periféricos, constituye la ejecución de una perspectiva especulativa: "Cada lengua tiene sus propias posibilidades de decir las cosas, y todo el problema de la traducción estriba en aprovechar las posibilidades de la propia lengua: digo de aprovecharlas para decir lo mismo que está dicho en el original, pero de un modo diferente, del modo que corresponde al genio de la propia lengua" (Rivera, 1997: 8). Es exactamente este aspecto aquello que Derrida realiza cuando afronta el análisis de Rousseau, en particular lo que indica como "l'époque de Rousseau" (Derrida, 1967: 145–148) y la *reversión* propuesta al *Essai sur l'origine des langues* (1781) (Derrida, 1967: 235–378).

Por ello también, de manera similar a la dimensión especulativa, *lo literario* se definía en relación a una *traza derridiana* que indicamos como género y que tiene como referentes (i) modelos narrativos de escritura, (ii) formas de *marketing* y (iii) sobre todo un tipo de lectura de conjugación de posibles que malamente reconocemos como fantasía o, en algunos casos extremos, como imaginación. Es la combinación y legitimidad referencial de estos elementos que ya no tiene significación en términos de los ámbitos periféricos: es decir, un libro editado en Bombay, en París, en Londres o en Buenos Aires, *se vende por las mismas razones*. Los ámbitos periféricos requieren de otra referencialidad: este es también el asunto con la *transliteración*. Lo literario ya no tiene autonomía y sólo adquiere relevancia como complemento de una forma de especulación o, si renuncia a la perspectiva crítica, profundiza su *commoditisation*. Lo literario en los ámbitos periféricos no puede ser que sucedáneo de lo especulativo, como lo prueba, por ejemplo, la obra del argentino Ricardo Piglia (1944–2017). La *transliteración* es también la manera en que las variedades de manifestación de una *grammatisation* —lo literario por excelencia— ayudan a la diversificación de lo especulativo.

Aun cuando autores europeos como Bernard Stiegler ("*Lost in translation*: réflexions sur la traduction et le dialogue interculturel", 2013) sostengan que la traducción constituye un evento cultural de alcances cognitivos y epistémicos, sigue sorprendiendo la ausencia de toda reflexión en torno, no sólo a que la traducción tiene un componente colonial/colonialista inevitable e irreversible, sino además a que entre legitimación de la traducción y fundación de lo especulativo a partir de *la cuestión* existe una relación directa.[3] El colonialismo es para Stiegler un argumento en los programas universitarios y no se observa, al menos en este escrito que analizamos, vínculo alguno de la traducción con la *grammatisation* que en definitiva le da origen. Sorprende que en un escrito, que justamente hace de la consideración de la extrañeza y de lo extranjero un argumento, no exista en el mismo mención alguna al colonialismo como componente historiográfico y epistémico. En este sentido Derrida, así como Sylvain Auroux, son de los pocos autores europeos contemporáneos que han llevado la traducción hacia una consideración epistémica en donde el colonialismo es materia presente en tanto componente de una *grammatisation*. Aquello que resulta sorprendente es que Stiegler postule la relación de una forma de concebir la extranjería/la extrañeza con una manera de traducir y, no obstante, no constate hasta qué punto su propio análisis es una evidencia de esta "familiaridad". Sostiene Stiegler: "L'étrangeté est ici une mise en scène qui, en dépit de toute traduction qui pourrait être donnée, n'a rien d'autre en vue que la culture propre à l'observateur – en l'occurrence la nôtre. Ce premier modèle d'étrangeté, qui est aussi un modèle de traduction, nous pouvons le qualifier de projection de notre propre étrangeté. C'est une étrangeté familière" (Stiegler, 2013: 2).[4]

3 Sostiene Derrida en 1986: "El discurso filosófico es, en fin, el discurso dominante en el interior de la cultura occidental. [...] Porque lo que se llama «filosofía», el filosofema, no se limita naturalmente a lo que se puede encontrar en los libros de filosofía o en las instituciones filosóficas; ese filosofema se encuentra en todas partes: en los discursos políticos, en la evaluación de las obras de arte, en las ciencias humanas y sociales" (Derrida, 1986: 164, traducción del autor).

4 Traducción del autor: "La extrañeza/extranjería es aquí una puesta en escena que, más allá de toda traducción que pueda hacerse, no tiene en vista otra cosa que la cultura propia del observador —en ocurrencia la nuestra—. Este primer modelo

En la especulación europea en general no hay otra traducción que esta que describe Stiegler, tal como veremos el asunto de *la cuestión* (§ 1, § 12) y su historiografía (§ 26) lo demuestran. Stiegler concibe dos formas de traducción, una como proyección del observador que traduce y otra como utopía de otredad. Stiegler remonta asimismo la hipótesis barthesiana por la cual la extrañeza debería provocar, en términos de traducción, un impacto, una modificación: "Pour Barthes, cette autre culture qu'est le Japon doit provoquer en nous une sensation d'étrangeté face à notre propre culture, nous arracher à la « clôture » d'une « époque historico-métaphysique», selon la formule de Derrida" (Stiegler, 2013: 3).[5] Y no obstante ninguna *grammatisation* colonial, con toda la dimensión problemática de traducción que supone, ha generado semejante apertura. Heidegger, por ejemplo, defendiendo el "alemanismo" de lo especulativo —que también ha analizado Derrida (1990a)— es prueba suficiente de ello (§ 37, § 40). La traducción es una cuestión intraducible: aquello que ocurre, que sucede, es una transliteración, es decir, la modificación irreversible de una dimensión de origen y, asimismo, la deriva constante que suponen los traslados, las distancias.

Como veremos, por ejemplo, Heidegger es en castellano un fenómeno de su traducción y difusión en lengua francesa (§ 45). Los verdaderos analistas de *Sein und Zeit* en castellano son sus traductores. En la transliteración de *Sein und Zeit* los transportes son locales mientras que los vehículos son franceses. Los transportes se ocupan de desplazamientos, cubren espacios, conectan poblaciones, mientras que los vehículos ayudan a viajar, son instructivos *per se*, se degradan, son veloces y tecnológicos, cambian constantemente. No se trata solo de *entender* la obra de Heidegger a partir de la interpretación de los autores franceses, del lugar y desarrollo que, en los autores franceses, tiene la obra de Heidegger. *También* se trata de un asunto de lenguaje: la escritura original de Heidegger sólo alcanza

---

de extrañeza/extranjería, que es también un modelo de traducción, podríamos calificarlo de proyección de nuestra propia extrañeza/extranjería. Es una extrañeza/extranjería familiar".

5 Traducción del autor: "Para Barthes esta otra cultura que es el Japón debe provocar en nosotros una sensación de extrañeza frente a nuestra propia cultura, arrancarnos del 'encierro' de una 'época histórico-metafísico', según la fórmula de Derrida".

su cúspide *europea* cuando es "afrancesada" a partir de las interpretaciones y conceptualizaciones como la de Derrida, cuando en definitiva, es transliterada a partir del francés. Nunca la obra de Heidegger ha vuelto a ser la misma desde este *giro francés* en su historiografía —a comenzar por el simple y prosaico evento que los conceptos alemanes, en muchas ocasiones, son explicados en su potencial de significado *sólo a partir* del momento en que son transliterados en francés— como por ejemplo cuando los traductores castellanos o ingleses saben que *seienden* los franceses lo han traducido como *étant*.

La transliteración debería obtener la forma, para decirlo con el ejemplo de América latina que con recurrencia empleamos, de una variante de la lengua maya, el cakchiquel, que, en su escritura, al verbo le agregaba una otra simbología fonética que situaba espacialmente la acción del locutor o de la cosa (parado, de frente, al lado, etc.). Esta funcionalización espacial que situaba constantemente en el espacio personas y cosas es una referencialidad (una reversión de la historiografía filosófica europea) de la que proponemos a partir del idiomar (§ 17). Decir la espacialidad de la locución o establecer la cosa por sus distancias y cercanías es en términos especulativos localizar el mundanar (§ 35) o, mejor dicho, localizar la manera en que lo local se localiza (§ 46), construye una *ipséité* (§ 34, § 45). Similar situación, por ofrecer otro ejemplo, se encuentra en la extinguida lengua yámana, en la cual sus significaciones eran establecidas no sólo por el sentido de una palabra en sí, sino también por la ubicación geográfica de la cosa o ser a la cual dicha palabra nombraba —más aun: en el yámana no existían los rumbos cardinales, de manera que las indicaciones espaciales eran por proximidad de cosas o formas geográficas. Esta orientación en el espacio sin terminología abstracta es similar al mundanar/mundanización (§ 46) que es la tarea que el idiomar (§ 17) debe realizar en su lenguajear (§ 35).

Volviendo al escrito de Stiegler, este asunto de las mediaciones historiográficas es sí, un aspecto que Stiegler acierta a indicar, aun cuando, una vez más, su dimensión aparece reducida a lo europeo. Hace falta mucha buena voluntad, desde los ámbitos periféricos, para aceptar la ingenuidad de la hipótesis stiegleriana y que el mismo considera como una especie de segunda forma "radical" de concebir lo traducible: "Pour tous ces auteurs, l'étrangeté représente une tentative de distanciation vis-à-vis de leur propre culture et n'est en aucun cas réductible à cette dernière. Cette étrangeté est le rêve d'une autre culture, avec une histoire, une langue et des traditions singulières, un monde d'images et un univers de pensée différents" (Stiegler, 2013: 4).[6]

Excepción hecha por Derrida y un grupo minoritario de autores, como veremos, que efectivamente *ejercen* una extranjería de lengua (§ 16, § 21), la inmensa mayoría de los autores filósofos europeos, como aquí Stiegler, ignoran completamente la dimensión epistémica del colonialismo, lo cual es más que un argumento académico. Esta "extrañeza" (*étrangeté*) no es "contramodelo" alguno visto desde los ámbitos periféricos, sino una forma otra de posicionarse en la historiografía filosófica europea. Cualquier habitante de los ámbitos periféricos que haya visto el filme de Sofia Coppola (*Lost in Translation*, 2004), que Stiegler utiliza como excusa para desarrollar su hipótesis, constata una vez más que aquello que los autores europeos entienden como "diálogo intercultural" no es, sino una versión del "alemanismo" heideggeriano en la determinación de *la cuestión* (§ 1, § 12) o, mejor dicho, del lugar que *la cuestión* ocupa en historiografía filosófica europea (§ 26).

El efecto de translación que Stiegler describe en su escrito —en relación a teorías o traducciones— es en realidad un proceso de formación de las lenguas nacionales y del colonialismo que Sylvain Auroux (1994) indica como *grammatisation* y cuyos mecanismos son aplicables a todo fenómeno cultural que implique la lengua o, mejor dicho, como con razón señalaba Derrida (1967a), a la escrituración en cuanto tal. En concreto, en términos conceptuales, Stiegler confunde historiografía filosófica con traducibilidad cultural. Por todo ello es que sostenemos que no hay traducción (traducibilidad) en términos especulativos de la periferia, sino translación, transliteración. Bajo estas condiciones la hipótesis final de Stiegler adolece, a decir poco, de optimismo: "Je défends ici la thèse selon laquelle la traduction sert moins à la compréhension culturelle qu'à la production d'une forme spécifique de l'étrangeté qui, lorsque la traduction est réussie, provoque

6 Traducción del autor: "Para todos estos autores, la extrañeza representa una tentativa de distanciación frente a su propia cultura y en ningún caso reductible/reducible a esta última. Esta extrañeza es el sueño de una otra cultura, con una historia, una lengua y unas tradiciones singulares, un mundo de imágenes y un universo de pensamientos diferentes".

des effets d'étrangeté dans les deux cultures, effets qui entraînent à leur tour une compréhension culturelle double et en même temps réciproque" (Stiegler, 2013: 4).[7]

Están aún por verse los días en que teorías de la periferia, traducidas, derivadas, generarán una extrañeza en el pensamiento europeo. Tal vez es una *démarche* inevitable —y no por loables razones— que veremos en el futuro, pero ciertamente aún no hemos visto semejante situación en trescientos años de pasado colonial europeo. Tal vez el primero, único y paradójico ejemplo es el del francés nacido argelino Jacques Derrida, quien no por casualidad no aspiraba a ser entendido como filósofo, sino como alguien que quería producir un impacto, una transformación, en la lengua francesa (Derrida, 2002). Aspiración en la que coincide con un europeo nacido argentino y sepultado en Ginebra bajo el nombre de Jorge Luis Borges.

Sobre esta hipótesis de la "intraducibilidad" (*intraducibilité*) es que trabaja justamente Barbara Cassin en su excelente *Vocabulaire Européen des philosophes* (2004), trabajo en donde se da por sentado que la especulación supone la no traducibilidad de conceptos y teorías, sino su transliteración.[8] La transliteración no es así una operación singular, sino una complejidad de elementos trabajando al mismo tiempo: "Traduire, ça veut d'abord dire lire, c'est une opération de lecture des textes en langue. C'est immensément difficile puisque l'écriture est un palimpseste et la lecture une projection. Il faut savoir tout ce qu'il y a sous un texte, et savoir tout ce que nous ajoutons par dessus. Il faut tout entendre. Ce que l'on ne fera pas évidemment. C'est ensuite faire passer d'une langue à l'autre en ménageant la surprise du départ dans la langue d'arrivée. Comme le dit Schleiermacher, il y a deux manières de traduire, celle qui approche le lecteur de l'auteur et celle qui approche l'auteur du lecteur. Et il ajoute pour finir qu'il n'y en a vraiment

7 Traducción del autor: "Defiendo aquí la tesis según la cual la traducción sirve menos a la comprehensión cultural que a la producción de una forma específica de la extrañeza que, del momento que la traducción es lograda, provoca efectos de extrañeza en las dos culturas, efectos que aportan asimismo una comprehensión cultural doble y al mismo tiempo recíproca".

8 Por lo mismo es que Derrida sostiene que, refiriéndose a teorías y conceptos filosóficos, "la recepción es complicada, distinta según los lugares, los individuos" (Derrida, 1986: 166; traducción del autor).

qu'une, celle qui approche le lecteur de l'auteur. L'autre, c'est de l'interprétariat. S'occuper des intraduisibles, c'est s'occuper des points de difficulté, des principaux symptômes de différence des langues; cela ne veut pas dire qu'on ne traduira pas, mais plutôt qu'on n'arrêtera pas de traduire, ou qu'on n'arrêtera pas de (ne pas) traduire, comme vous voulez, et que ces difficultés enchaînées seront autant de gains et de découvertes. On fait bouger à la fois la connaissance des textes de départ et notre langue d'arrivée. Une façon de comprendre finalement, de comprendre mieux et de sentir les langues" (Cassin, 2006: 2).[9]

La transliteración supone la existencia de una lengua operando al mismo tiempo que la frase que se quiere traducir. Esta presencia de la lengua es también un asunto de *la cuestión* y por ello también la traducción como tal es irrealizable en la periferia. Y es precisamente en este sentido que debe leerse la situación por la cual los "ensayistas" de la periferia *no califican* como filósofos europeos o cuando se aclara que tal o cual autor "escribe en lengua castellana": "Une chose est certaine, quand on traduit, on se heurte de plein fouet au signifiant, à la manière dont ça résonne, ce que Derrida appelle 'l'intraduisible corps des langues': tout ce que la poésie met en jeu, et que les textes philosophiques, étant aussi des textes littéraires et des textes tout court, mettent eux aussi en branle. C'est là une vraie différence avec la

9 Traducción del autor: "Traducir quiere decir en principio leer, es una operación de lectura de textos en lengua. Es inmensamente difícil puesto que la escritura es un palimpsesto y la lectura una proyección. Hay que saber todo lo que hay bajo un texto, y saber todo aquello que nosotros agregamos por debajo. Hay que entender todo. Lo que evidentemente no haremos. Hay que luego pasar de una lengua a la otra arreglando la sorpresa del inicio a la lengua de llegada. Como dice Schleiermacher, hay dos maneras de traducir, aquella que se aproxima el lector del autor y aquella que aproxima el autor del lector. Y agrega para concluir que no hay verdaderamente que una forma, que es la que aproxima el lector del autor. La otra es del interpretariado. Ocuparse de los intraducibles es ocuparse de los puntos de dificultad, de los principales síntomas de diferencia de las lenguas; ello no quiere decir que no lo traduciremos, sino más bien que no nos detendremos de traducir o que no nos detendremos de no traducir, como Usted quiera, y que estas dificultades encadenadas serán en realidad de ganancias o descubrimientos. Hay que mover a la vez el conocimiento de los textos de partida y nuestra lengua de llegada. Finalmente una manera de comprender, de comprender mejor y de sentir/escuchar las lenguas".

philosophie analytique anglo-saxonne qui suppose que Derrida n'est pas un philosophe et qu'il peut tout juste enseigner dans les départements de littérature comparée. Dans ce *Dictionnaire*, nous voulons voir ce que cela change de philosopher en langues (soulignons le s), en étant donc conscients qu'on emploie des mots et pas seulement des concepts" (Cassin, 2006: 3).[10]

La traducción es irrealizable pero la transliteración es indispensable, hace a la lengua misma.[11] Sin transliteración la lengua no es tal, no adquiere entidad (§ 17, § 35). Por ello, como veremos, el anticolonialismo "ideológico" local ha sido tan dañino: porque supone el *aislamiento* de una lengua como virtud y fortaleza de la misma. Toda lengua debe trabajar sobre lo no significado, lo inesperado, lo no previsible, en la "deterritorialización" constante y la transliteración es ello mismo: "« Déterritorialiser », pour reprendre le mot de Deleuze, permet de comprendre de quoi il s'agit. On ne comprend une identité qu'à partir d'ailleurs. Au fond, on ne parle bien sa langue qu'en la comparant avec une autre langue. On ne comprend comment elle fonctionne qu'en la comparant avec une autre langue. Je crois que

10 Traducción del autor: "Una cosa es cierta, cuando traducimos nos tropezamos de frente al significante, a la manera por tanto en que se razona, eso que Derrida llama 'el intraducible cuerpo de las lenguas'; todo eso que la poesía pone en juego, y que los textos filosóficos, siendo también textos literarios y textos propiamente dichos, ponen ellos también en oscilación. Hay allí una verdadera diferencia con la filosofía analítica anglosajona que supone que Derrida no es un filósofo y que él puede sólo enseñar en los departamentos de literatura comparada. En este *Diccionario* hemos querido ver qué es lo que cambia de filosofar en lenguas (remarcamos la s), siendo por tanto conscientes que empleamos palabras y no solamente conceptos".

11 Derrida, en su discusión de la noción de *Aufhebung* en Hegel, lo sostiene: "Mon opération fut-elle une traduction? Je ne suis pas sûr qu'elle mérite ce nom. Le fait est qu'elle est devenue irremplaçable et à peu près consacrée maintenant, même dans l'université, parfois dans d'autres langues où on se sert alors du mot français comme d'une traduction citée, et même là où on ne sait plus d'où elle vient, et même quand on n'aime pas le lieu d'où elle vient, je veux dire 'moi' , même quand on n'en aime pas le goût. Sans nous engager dans les profondeurs des enjeux, je dois au moins rappeler que ce mouvement d'*Aufhebung*, ce processus relevant est toujours chez Hegel un mouvement dialectique d'intériorisation, de mémoire intériorisante (*Erinnerung*) et de spiritualisation sublimante. C'est aussi une traduction" (Derrida, 1998: 44).

c'est cela: traduire permet de comprendre sa propre langue en comprenant qu'il y a d'autres langues" (Cassin, 2006: 3).[12]

El traductor como un "pasador de modos de pensar" conduce a la transliteración: "Passer d'une langue à l'autre, c'est bien passer d'une pensée à l'autre, et d'une culture à une autre. La dimension comparatiste est essentielle. On ne parle et on ne pense bien dans une langue et dans un mode de pensée que si l'on s'aperçoit qu'il y en a d'autres" (Cassin, 2006: 3).[13]

Esta situación de "pasante" es la condición natural de lo especulativo en los ámbitos periféricos y por lo mismo se entiende mejor por qué la transliteración es inseparable de la fundación de la lengua local como tal y, asimismo, ello explica hasta qué punto los debates en torno a una "lengua nacional" no lograron deshacerse del colonialismo que muchos de los argumentos, supuestamente nacionales, que asumían, en realidad comportaban una sumisión a *la cuestión* y a su historiografía.

Derrida ha sido hasta el momento de los pocos —si no el único— filósofos europeos contemporáneos enteramente consecuentes con el hecho de considerar a la filosofía como un problema de lengua, no a partir de una filosofía del lenguaje, que en definitiva, en su dominante versión anglosajona, es reformular *la cuestión* con otras categorías, sino de considerar al lenguaje como fundante del acto especulativo como tal. Por lo mismo, la transposición y la translación conceptuales y teóricas han sido objeto regular de sus escritos.[14]

12 Traducción del autor: "'Desterritorializar', para retomar la palabra de Deleuze, permite comprender de qué se trata. No comprendemos una identidad que a partir de un otro lugar ('allieurs'). En el fondo, no hablamos bien su lengua que si la comparamos con una otra lengua. No comprendemos cómo ella funciona que si la comparamos con una otra lengua. Yo creo que es eso: traducir permite comprender su propia lengua comprendiendo que hay otras lenguas".

13 Traducción del autor: "Pasar de una lengua a la otra es bien pasar de un pensamiento al otro, y de una cultura a la otra. La dimensión comparativista es esencial. No hablamos ni pensamos bien en una lengua y en un modo de pensamiento que si nos apercibimos que hay otros".

14 Sostiene José Gaos en relación a Heidegger y que explica además el rol de la lengua/traducción: "La filosofía de Heidegger es una filosofía característicamente filológica o lingüística, en el sentido de que sus filosofemas consisten en considerable proporción en hacer explícito el sentido que encuéntrase implícito en las expresiones de lenguas determinadas, la alemana, la griega, y en hacerlo explícito no sólo por medio de otras expresiones que lo enuncien, sino de preferencia haciendo resaltar

Existe así un relación directa entre la fundación de los llamados Estado nacionales, el establecimiento de una lengua local y el surgimiento de la traducción como constitutiva de una problemática especulativa. Y los orígenes de esta vinculación se hallan en la *grammatisation*, es decir, en la manera que en Europa la institucionalización de las lenguas nacionales es inseparable de un proceso de expansión colonial y de una estandarización y unificación gramatical como vehículo primero de difusión y enseñanza de la lengua. Y es una vez culminado este proceso, cuando la historiografía de las lenguas nacionales comienza a elaborarse, que surge la traducción como elemento especulativo: "La question de la traduction ne devient un problème central qu'à partir du XIXe siècle, au moment où la langue devient un enjeu essentiel pour la définition de la culture ou de l'« identité » nationale" (Lefebvre, 1992: 150).[15]

Por ello es que hay una relación directa entre enseñanza de lenguas extranjeras en las universidades y traducción de textos filosóficos, no en cuanto mayor comprehensión de la lengua extranjera, sino en tanto afirmación de la propia. La filosofía alemana, más allá de las traducciones, ha tenido un impacto directo en Francia, de modo que, por ejemplo, "La philosophie hégélienne a produit ses effets en France avant même d'avoir été traduite par des voies indirectes" (Lefebvre, 1992: 153).[16] Por ello también se explica el *agenciamiento francés* de la obra heideggeriana.

Este mecanismo es una constante en los ámbitos periféricos actuales, tal como por ejemplo lo ilustra el comentario de Nayelli Castro Ramírez en torno a la traducción de *Sein und Zeit* por parte del español José Gaos: "Con frecuencia se equipara la traducción a la importación de obras extranjeras. En el caso de la primera traducción al español de *Sein und Zeit*, la analogía

---

la forma de aquellas mismas expresiones y el sentido ajeno a esta forma (J. Gaos, *Introducción a El Ser y El tiempo de Martin Heidegger* [México: FCE 1951, 1996: 10])".

15 Traducción del autor: "La cuestión de la traducción no deviene un problema central que a partir del siglo XIX, al momento dónde la lengua deviene una puesta en juego esencial para la definición de la cultura o de la 'identidad' nacional".

16 Traducción del autor: "La filosofía hegeliana ha producido sus efectos en Francia antes mismo de haber sido traducida, por vías indirectas". Véase también Lefebvre, 1990.

no resulta del todo exacta, pues el interés que esta obra suscitó, tanto en España como en algunos países de Latinoamérica, es anterior a las primeras traducciones de textos heideggerianos. En otros términos, *El ser y el tiempo*, título que le dio su primer traductor al español, no desempeña la función de introducir a Heidegger en el ambiente filosófico hispanohablante, sino de hacer oficial el estatus que sus primeros intérpretes le concedieron" (Castro Ramírez, 2012: 1).

"Heidegger" no es en primera instancia resultado de una serie de lecturas de obras que se le atribuyen, sino de una historiografía compuesta mayormente de elementos llamados paratextuales, a los cuales, *a posteriori*, se vienen a agregar los escritos traducidos. Por ello, incluso respecto de la traducción de Heidegger por parte de Gaos de *Sein und Zeit*, no obstante su reducida atención, para la misma ya existía una anticipación heideggeriana: "las lecturas y comentarios de la obra heideggeriana que empiezan a circular en español, incluso antes de que la traducción se publique en México en 1951" (Castro Ramírez, 2012a: 1). Esta situación, que a mediados del siglo XX, comenzaba a establecerse es en la actualidad, en los ámbitos periféricos, un sofisticado mecanismo de indirecta referencialidad a *la cuestión*. La imposibilidad de una traducción no es ya sólo una cuestión de lengua y de perspectiva especulativa, sino también un resultado de la *commoditisation* generalizada del conocimiento y de la tecnologización irreversible de toda manifestación humana.

La prolongación de la historiografía de *la cuestión* (§ 26) ha dado lugar a derivas y fenómenos que reproducen esta situación de anticipación, de presentismo y de horizonte de expectativa como dominante, de manera que no es la obra de autores o analistas europeos aquello que argumenta, sino sus formas anticipadas en comentarios, reseñas y toda suerte de elementos paratextuales, al punto que las mismas traducciones de dichas obras, cuando llegan, se hallan afectadas por esta parafernalia. Y es así que, aun cuando la cuestión no sea reivindicada ya como tal, sus derivas son ejercidas a diario. Y esta situación, al no elaborarse la cuestión de la cuestión, resulta en una *disminución* de la lengua —de su variedad, de la construcciones *autrui*, de su capacidad de transliterar. Esta *disminución* entonces es experimentada por los traductores como una deficiencia: "Démuni face à la langue étrangère, le Français a tendance à se raccrocher à ce que j'appellerais les «

bouées théoriques », c'est-à-dire les concepts. Pour comprendre un concept, il suffit de regarder dans un lexique; en face on a le concept français ; on peut alors s'imaginer qu'on nage. En fait on ne nage pas du tout; c'est la bouée qui vous porte" (Lefebvre, 1992: 157).[17]

Este "mal francés" de la traducción que describe Lefebvre es en realidad un posicionamiento respecto de la lengua que remite a la cuestión y a la relación de la misma respecto de la *grammatisation* (Lefebvre, 1990). Y por ello en los ámbitos periféricos encontramos una situación similar e incluso más extrema aun: la referencia conceptual "externa", el contorno bibliográfico, el conurbano libresco, determina el sentido de la obra. La extrema polisemia de términos y conceptos es algo ilegible para el castellano de los analistas locales, de manera similar a cómo Lefebvre lo indica para los analistas franceses respecto de Heidegger: "Cela exige qu'on connaisse la langue de l'intérieur. Il faut l'avoir complètement intériorisée ; c'est-à-dire qu'il faut être natif du pays ou y avoir vécu extrêmement longtemps; ce qui est rarissime. C'est pourquoi Heidegger a condamné les étrangers à la pauvreté par rapport à lui" (Lefebvre, 1992: 157).[18]

Y justamente por ello es que Heidegger, en términos locales, como estamos viendo, es ante todo un fenómeno francés, es decir, el Heidegger de la periferia es el que primero fue transformado en Francia. A lo cual se suma entonces la dimensión institucional: "Je pense par ailleurs que les raisons politiques jouent toujours leur rôle dans les querelles actuelles sur le sens des mots" (Lefebvre, 1992: 159).[19] Y su dinámica: "D'abord, les choses mettent du temps à mourir. Les livres qui sortent aujourd'hui ont été conçus il y a vingt ans, par des gens qui ont fait leurs études vingt ans

17 Traducción del autor: "Desprovisto frente a la lengua extranjera, el francés tiene una tendencia a agarrarse a eso que yo llamaría los 'salvavidas teóricos', es decir, los conceptos. Para comprender un concepto es suficiente de mirar en un léxico, en frente tenemos el concepto francés, podemos imaginar entonces que nadamos. De hecho no nadamos para nada, es el salvavidas que nos lleva".

18 Traducción del autor: "Eso exige que conozcamos la lengua del interior. Hay que haberla completamente interiorizada, es decir, hay que ser nativo del país o haber vivido un tiempo extremadamente largo, lo cual es rarísimo. Es por ello que Heidegger a condenado los extranjeros a la pobreza en relación a él".

19 Traducción del autor: "Yo pienso por otra parte que las razones políticas juegan siempre un rol en las querellas actuales sobre el sentido de las palabras".

plus tôt" (Lefebvre, 1992: 159).[20] Y esta *festina lente* es, aun cuando evidente, ignorada para los analistas locales que rechazan toda forma de acumulación problemática y de allí la facilidad con que recurren a la historiografía de *la cuestión* como protección contra todo sistema de significados desconocido. La conclusión es una confirmación de ilegibilidad de toda traducción y de la disparidad que toda "apropiación" de lo ajeno comporta dentro de la misma comunidad idiomática: "Cette diffraction ou cette différenciation des appropriations d'une langue à l'intérieur d'une même communauté linguistique se fait, malgré tout, toujours dans la structure propre à cette unité linguistique, c'est-à-dire dans la structure de ce qui, pour l'autre, est irrémédiablement perdu et incommunicable" (Lefebvre, 1992: 159–160).[21]

No hay manera, como indica el propio Lefebvre, que estas discontinuidades al interior de una lengua puedan favorecer el entendimiento de una traducción: la idiomaticidad (§ 17, § 35) no es dada por una supuesta variedad de usos de la lengua, sino por la aptitud que la misma tiene hacia el empleo y significación de aquello que aún no es legible. Esto es aquello que indicaremos como la pérdida, la *défaillance*, la caducidad de origen (§ 12, § 15, § 21, § 27) y que es inherente a la necesidad de una transliteración.

Proyectada la idiomaticidad a los ámbitos periféricos (§ 17), en particular en términos especulativos, conduce a una conclusión plausible: "Traducir filosofía es diferirla, construirla, hacer filosofía" (Castro Ramírez, 2008a: 180). Y es que en los ámbitos periféricos hay un doble pasaje, de lengua y de *espacement*, para decirlo en los términos de Derrida (1967a), de espacialización. El asunto de la transliteración no es un problema de traducción, sino un dominio que atañe a la constitución misma de lo especulativo. Los pareces de Rivera (1997), como estamos viendo, en la traducción de *Sein und Zeit*, así como las apreciaciones de especialistas como Nayelli Castro Ramírez (2008a, 2008b, 2012a, 2012b), se encaminan en

20 Traducción del autor: "Ante todo, las cosas toman su tiempo para morir. Los libros que salen hoy han sido concebidos hace veinte años, por gente que ha hecho sus estudios aun veinte años antes".

21 Traducción del autor: "Esta difracción o esta diferenciación de las apropiaciones de una lengua al interior de una misma comunidad lingüística se hace, no obstante todo, siempre en la estructura propia a esta unidad lingüística, es decir, en la estructura de aquello que, para el otro, está irremediablemente perdido e incomunicable".

esta dirección: "traducir filosofía es una compleja operación intertextual que enfrenta al traductor a una tensión entre la historia del pensamiento (construida colectivamente) y la originalidad del autor de filosofía (el cual lucha por distinguirse del resto de sus competidores en el campo y por imponer a su obra cierta 'originalidad')." (Castro Ramírez, 2008a: 182)

Por el contrario, la manera en que *de habitud* la traducción es considerada como un vehículo inocuo y transparente se condice con el naturalismo filosófico decimonónico que es la extensión más popular en *la cuestión* y su historiografía en la periferia. Existe una relación directa entre la manera de entender lo mundano (*Weltlichkeit*), la escrituración y la especulación entendida como manera de significar lo que se quiere decir y de entender los límites de su inteligibilidad.[22] La desaparición del traductor —de la problemática de la traducción filosófica— es justamente aquello que Henri Meschonnic indica como una relación "de la pensée à la pensée sans langue" (Meschonnic, 1999: 18).[23] Ramírez Castro, tomando nota de esta situación y en los términos de Meschonnic, propone una traducción que pase de tener una base hermenéutica a poseer una impronta poética (2008a: 182). Las referencias a otros trabajos, los aspectos gráficos (como los subrayados), los entramados conceptuales de referencia local, entre otros aspectos de los trabajos originales, es aquello que Ramírez Castro con razón indica como pertinentes a toda transliteración. La construcción/re-construcción de la red terminológica que la obra "original" supone —y que varía de lengua en lengua— es un requisito indispensable a la comprehensión especulativa. Por ello es que Ramírez Castro sostiene: "En consecuencia, a pesar de estar traducidas al español, para el lector hispano, las obras a las que Derrida remite se antojan lejanas e irreconocibles. Por ende, una lectura que pretendiera verificar las relaciones que la lectura derridiana construye

22 Sostiene Henri Meschonnic: "il s'agit, jusque dans la philosophie, de savoir (et de savoir comment) ce qu'on fait des mots" (1990: 21).

23 De acuerdo con Ramírez Castro, para Meschonnic "los textos filosóficos también tienen una dimensión poética que se opone a su dimensión hermenéutica. En otras palabras, traducir un texto de filosofía no sólo requiere interpretar el sentido de los conceptos empleados por el filósofo, sino también encontrar la manera en que éstos se incorporan al texto y producen un efecto determinado" (Ramírez Castro, 2008a: 182).

se enfrenta a dos obstáculos. El primero es el de las lenguas de los textos citados (inglés y alemán), el segundo, el de la retraducción de las citas desde el texto francés" (Ramírez Castro, 2008a: 187).

Y a ello además, debe agregarse la espacialización colonial, el régimen de *grammatisation*, la manera particular en que la especulación se realiza en la periferia. La *cuestión periférica* debe también dar cuenta de esta variedad y de su grado de dificultad.

Si los trabajos de Heidegger y Derrida son aquí los considerados en preponderancia es precisamente porque son autores que han entendido que la lengua no es un vehículo, sino un argumento filosófico a parte entera. La *démarche* conceptual es sólo una parte de sus argumentos, los cuales también deben entenderse y aprehenderse en relación a un trabajo con las palabras que forman una red léxico-semántica cuya traducción en términos clásicos de la cuestión no es realizable.

Como estamos viendo y veremos, los trabajos de Derrida no son conceptualmente traducibles, requieren de una transliteración, como también es el caso en Heidegger, pero asimismo en no pocas ocasiones comportan una complejidad que requiere más de una transliteración (Ramírez Castro, 2008: 184). En una entrevista, realizada en 1986 por Carmen González Marín, traductora de *Marges – de la philosophie* (1972) al castellano, Derrida responde claramente sobre el particular: "[CGM] *¿Cree usted que sus textos traducidos enseñan lo mismo que los textos franceses?* [JD] Nunca los textos traducidos dicen la misma cosa que el texto original. Siempre ocurre algo nuevo. Incluso, o sobre todo, en las buenas traducciones. Hay transformaciones que responden, por una parte, a la transmisión en un contexto cultural, político, ideológico diferente, a una tradición diferente, y que hacen que «el mismo texto» —no existe un mismo texto, incluso el original no es idéntico a sí mismo—, incluso en el interior de la misma cultura, tenga efectos diferentes" (González Marín, 1986: 177; traducción de la autora).

Por ello es que la escritura, la escrituración de lo filosófico, se halla en Derrida atravesada por la traducibilidad: "Cuando escribo siempre pienso en la traducción" (Derrida, 1986: 165). La transliteración en definitiva no se refiere a dos autores en particular, sino a la manera de percibir y entender lo especulativo desde los ámbitos periféricos. Como condición general se podría establecer aquello que Castro Ramírez sólo destaca en relación a

Derrida, pero que a nuestro entender atraviesa toda noción de especulación en la periferia en relación a la cuestión y a la cuestión de la cuestión bajo la cual se importa la escritura europea: "sus traducciones se ven forzadas a reconstruir esta falta de pertenencia, este lugar indeterminado surcado no sólo por la filosofía y la literatura, sino también por preocupaciones históricas, sociológicas, jurídicas, psicoanalíticas y estéticas" (Castro Ramírez, 2008a: 192). Establecer la construcción de transliteraciones es en la periferia un mecanismo que presupone ya el mundanar (*Weltlichkeit*) y que abarca toda forma de entendimiento y conocer.

La cuestión (§ 1, § 12), no es sólo una interrogación en torno al "ser" (*Seinsfrage* [Heidegger], *la question de l'être* [Derrida]), sino también las consecuencias en torno a la manera y al contenido en que dicha interrogación fue sucesivamente realizada (Derrida, 1990a y 2002). La transliteración da cuenta de esta situación en el sentido que toda noción supone un parafrasear y una ocultación constantes: "traducir" es *también* dar cuenta de ello. Más aun, por ello mismo, lengua y especulación son solidarios en términos de entendimiento y conocimiento. Por ello es pertinente la perspectiva de Derrida cuando no sólo afirma que la historiografía de la cuestión es la historiografía de la filosofía, sino también cuando sostiene que lo relevante no es lo "malo" o los "fallos" de una traducción, sino el efecto que la misma ha producido. El único antecedente europeo similar a Derrida en este aspecto es, hasta donde he podido indagar, Heidegger: el problema no es la traducción como tal, sino la manera en que, a partir de *la cuestión* y su historiografía, *lo especulativo debe ser traducido como filosófico*.[24] El asunto no concierne sólo a una "traducción" del significado de las palabras, sino también a la manera en que dichas palabras, para adquirir significación, son transformadas en conceptos filosóficos, eso que Derrida indica como "passage à la philosophie". Todo ello además debe ser re-leído, re-interpretado, a partir de la *grammatisation* colonial, es decir, a partir

24 Sostiene Derrida: "Difficulté de principe que tient moins au passage d'un langue dans une autre, d'une langue philosophique dans une autre, qu'à la tradition déjà, nus le verrons, du grec au grec, et violente, d'un non-philosophème dans un philosophème. Avec ce problème de traduction nous n'aurons affaire à rien de moins qu'au problème du passage à la philosophie" (Derrida, 1972b: 80).

del hecho que los ámbitos periféricos poseen, *además de lo indicado*, una espacialización (*espacement*) particular.

La consideración de una lengua como unívoca es consecuente con el entendimiento de la escritura como vehículo transparente de significado: de tal se desprende no sólo la preponderancia de *la cuestión*, sino también el cientificismo como forma más elaborada de conocimiento (Canaparo, 2003). Bajo estas condiciones es que la transliteración no sólo constituye la "traducción" conceptual de un escrito, sino, al mismo tiempo, la problematicidad conceptual de todas las referencias y *epistemic standing* que dicho texto asume. *Geist*, por ejemplo, no significa lo mismo en Derrida (1990a) que en Heidegger (1935, 1992), aun cuando los dos lo escriban con la misma grafía. Ni tampoco, el *Geist* del comentario de Derrida al escrito de Heidegger, significa lo mismo que en el propio escrito de Heidegger, ni menos aun el *Geist* de Heidegger, citado por Derrida, expresa lo mismo que en el escrito "original" de Heidegger, así como tampoco el *Geist* de Heidegger, fundado sobre referencias griegas, es significado por las mismas referencias griegas empleadas por Derrida.

No se trata sólo de que la terminología filosófica es realizada por individuos, mientras que la "traducción" de dicha terminología es necesariamente un fenómeno colectivo (Castro Ramírez, 2008b: 19), sino también que el entendimiento de lo dicho/escrito es inseparable de la manera en que la filosofía ha ido "traduciendo" dicho asunto o problema. Por ello también consideramos como ilusionistas las teorías locales más populares en torno al colonialismo. Transliterar Derrida al castellano no es sólo ocuparse de una obra o de un autor, sino también de Heidegger y, en definitiva, de lo especulativo europeo como tal.[25] De ello también se ocupa la *cuestión periférica*.

Considerar en sentido derridiano las consecuencias de las "traducciones" filosóficas, y menos sus supuestos errores u omisiones, es una condición inevitable en los ámbitos periféricos, en donde, por razones diversas que veremos a lo largo de este libro, un trabajo como el propuesto por Henri Meschonnic (1990, 1999), de cotejo de fuentes originales y metatextos, es

25 Castro Ramírez lo dice abiertamente en un ejemplo ilustrando la manera en que Derrida trabajaba: "La dificultad que resulta de estas redes de traducción es que traducir el concepto al español desde los textos derridianos implica, necesariamente, contravenir las traducciones existentes de Hegel" (Castro Ramírez, 1998b: 20).

no sólo *inimaginable*, sino también no viable en términos institucionales en los ámbitos periféricos. Y este aspecto es también relevante porque a menudo la traducción es concebida desde *la cuestión*, es decir, a partir de un "discurso de la pérdida" (Castro Ramírez, 2008b: 22) o de la "traduction effaçante" (Meschonnic, 1999), de modo que dicho sentido de desaparición y ocultamiento genera consecuencias institucionales y de *commoditisation* (aprendizaje de la lengua, sentido de transparencia del idioma, categorización del conocer como posesión de información, etc.) que poseen una relación directa con la manera en que lo inteligible/no inteligible se determina. Cuando el pensamiento local comience a idiomar (§ 17, § 18) en relación a *la cuestión* y a su historiografía (§ 26), allí comenzará la necesaria reescritura de la filosofía europea desde una perspectiva colonial/colonizada.

La imposibilidad de una traducción de *Sein und Zeit*, la necesidad de su transliteración, posee una deriva inesperada: "La paradoja parece ser que para comprender mejor lo que es *Dasein* es mejor no traducirlo. Con todo, es claro que la no traducción lleva a otro tipo de ejercicio discursivo, no necesariamente ajeno a la operación traductora, esto es, el del comentario y la explicación. El hecho de que ambas operaciones corran con frecuencia a cargo de los traductores los pone justo en el centro del escenario de la producción intelectual. Gaos y Rivera son conscientes de que su labor como traductores de filosofía no empieza ni termina con la producción de un texto meta" (Castro Ramírez, 2012a: 7).

De manera que esta no-traducción en realidad pone en primer plano la dimensión historiográfica de *la cuestión* antes disimulada, es decir, se hace patente la relación directa que existe entre constitución de un sentido de lo especulativo, vehiculización de la lengua y su idiomatización (§ 17), y entronización de lo filosófico como recurso último de todo conocer: "la traducción filosófica cubre un continuo cuyos diferentes momentos describen diferentes operaciones de apropiación, adaptación, y rescritura" (Castro Ramírez, 2012a: 7).

El malentendido entre nacionalismo político y autonomía especulativa basada en *la cuestión* y su historiografía adquirirá su esplendor en los ámbitos periféricos en la primera mitad del siglo XX. De manera que, en no pocos casos, se producirá la paradoja que autores locales reivindicarán una autonomía especulativa citando "a los clásicos griegos" y haciendo referencias a la "fundamental" filosofía alemana. Más aun, la "castellanización de la filosofía" será entendida como una adopción lúcida de la cuestión y su historiografía. La ausencia de toda distinción entre pensamiento y filosofía será una evidencia más de esta paradoja. Castro Ramírez lo sintetiza de forma inmejorable: "Junto con Xavier Zubiri (1898–1983) y Manuel García Morente (1886–1942), José Ortega y Gasset se dará a la tarea de importar la filosofía alemana contemporánea. La fundación de la *Revista de Occidente* en 1923 marca el comienzo de un periodo fructífero para la publicación de traducciones, muchas de ellas hechas por José Gaos (1900–1969), discípulo cercano de Ortega y Gasset. La unidad de la lengua y el pensamiento también fue el punto de partida del proyecto intelectual que Gaos desarrolló en México tras su salida de España en 1938. Gaos concibe la relación entre lengua y pensamiento como 'un movimiento recíproco radicalmente *uno*: *un* pensamiento se expresa en *una* lengua, *una* lengua da *unidad* a un pensamiento' (1993: x). Julián Marías, a su vez, defenderá la misma tesis afirmando que 'la lengua aparece como una manera de instalación, como un temple vital desde el cual el hombre trata con la realidad. [...] La historia de cada lengua aparece como el depósito de las experiencias históricas de un pueblo' (1972:12)" (Castro Ramírez, 2012b: 7–8).

Las mecanismos de deriva que estos planteos generaron tendrán un largo efecto en los ámbitos periféricos y la gran mayoría de los llamados "movimientos populares", en muchos casos sin constatarlo, abrazarán la causa de la *grammatisation* y el refrendamiento de *la cuestión* y la historiografía: cuanto más independientes y autónomos se declararán, más dependientes en términos especulativos estarán siendo. La paradoja más aguda de esta situación será aquella por la cual el encumbramiento de un "pensamiento nacional" pasará en no pocos casos, como demuestra Castro Ramírez (2012b) por un reconocimiento de la tradición historiográfica de la cuestión, en particular en torno a dos aspectos: (i) que la filosofía es el dominio *ultima ratio* de toda argumentación, (ii) que la "filosofía alemana" —entendida también en tanto lengua— es el idioma de lo filosófico como tal. Este es el "alemanismo" que, como veremos más adelante, ejercía Heidegger (§ 37). Bajo estas condiciones "la filosofía de lengua española", para continuar con el ejemplo periférico aquí empleado, es y continúa siendo un apéndice de *la cuestión* y su historiografía.

§7. La mecanización del *Dasein*

Si siguiéramos una lógica heideggeriana en la actualidad "la pregunta por el ser" ("Seinsfrage", "der Frage nach dem Sinn von Sein") debería ser reemplazada por "la pregunta por la técnica" ("Gestellfrage", "der Frage nach dem Sinn von Gestell") que es, en definitiva, aquello que hacen autores europeos como por ejemplo Bernard Stiegler (*La Technique et le Temps*, tome 3 : *Le Temps du cinéma et la Question du mal-être*, 2001). Incluso, extremando *la cuestión*, podríamos decir que el asunto sería "la pregunta por la robotización" ("Robotfrage", "der Frage nach dem Sinn von Robot"), es decir, la pregunta por aquello que, en la actualidad (*Aktualität, Vorkmmend*) y en tanto horizonte conceptual, valida los mecanismos a partir de los cuales se determina lo humanizable. Aquello que el siglo XXI nos descubre no es tanto el hecho que "las máquinas" gobiernen *por sobre* lo humano como que el *hecho humano* en sí —lo viviente, la biosfera, los monumentos, la visión, el conocimiento— se halle determinado por la tecnología, "por las máquinas". La herencia de Heidegger en la actualidad no es el histórico *Dasein* sino el presente *Gestell*: a la paradoja de esta herencia es que el ser (en tanto ser/estar) está allí donde no es —no por casualidad Derrida comienza su libro *Heidegger et la questión* (1990a) partir de la idea del trabajo de evitar ("soin d'éviter"), de la "curatura de evitar" y que no es lo mismo que ocultar: *vermeiden* (evitar, huir, esquivar). En esta diferencia ("différence/différance") se juega la transliteración: hacer decir a Derrida "ocultamiento" sería al mismo tiempo modificar la escritura de Heidegger. Y en este mecanismo colonial —no colonial *de* los colonialistas, sino colonial *hecho por* los colonizados— también se encuentra la *cuestión periférica*. La pregunta ¿cómo no hablar?, ¿cómo hacer para no hablar?, que en Derrida constituye el camino hacia la invención del otro (*Psyché. L'invention de l'autre*, 1987: "Comment ne pas parler"), en los ámbitos periféricos existe, desde la creación misma de los dichos

Estados nacionales, como ocultamiento de elección política y, en el extremo de la violencia, como comportamiento abusivo, genérico, colectivo, degradante, del *ninguneo*.

Que la tecnología no haya sido parte integrante de la especulación en los ámbitos periféricos tiene una relación directa con esta situación del *Sein* heideggeriano entendido por el *être* de Derrida. La insistencia del entendimiento en términos de "la problemática del ser" (la *Seinsfrage* [Heidegger], *la cuestión* [Derrida]) nos dirige a un *Dasein* clásico o, mejor dicho, hacia una justificación del presente (de la presencia: participio presente) a partir de recursos a una historiografía europea (§ 26), que conduce del *Dasein* al *cogito* —razón esta por la cual en la periferia no pocos analistas locales han considerado a Heidegger como un filósofo "humanista" y tradicional. De esta manera es que en los ámbitos periféricos se fomenta el convencimiento escolar, la meritocracia comercial, el *Shangai ranking* de la periferia: Buenos Aires está antes que Lima, pero México antes que El Cairo, Argel se diputa con Santiago, pero París se encuentra antes que todos y Friburgo, sin embargo, se lleva las palmas.

Aquello que la distancia del *Dasein* al *cogito* modifica en términos historiográficos son las escalas, las proporciones, la relación entre lo específico y lo genérico. Una justificación kantiana no resulta igual en Europa que en los ámbitos periféricos, no, como se creería por razones sociales o políticas propias, sino, sobre todo, por el contrario, por razones estrictamente filosóficas. Lo específico en Kant para Deleuze (*La Philosophie critique de Kant*, 1963) no posee relación alguna, por citar un ejemplo ya considerado, con lo específico para Rivera en relación a Heidegger (*En torno al Ser*, 2007). La manera en que lo específico se vuelve *consistente* (*die Beständigkeit*) para Deleuze en relación a Kant tiene que ver con logros conceptuales que se hallan en la obra de Kant o en Kant como personaje historiográfico ("tribunal de la razón", categorías, etc.: Deleuze, 1996, lettre K). La manera en que Heidegger es *consistente* (*die Beständigkeit*) para Rivera tiene que ver con su condición de ajeno, de autor *monumental* europeo (economías centrales) y con el estado de lenguaje-otro que representa *la técnica*, es decir, que no sólo los argumentos constituyen de por sí una garantía y legitimidad, sino que la misma se halla refrendada por la condición técnica de la cual es revestida la lengua *extranjera*. La técnica, entonces, a diferencia de Deleuze, no es conformada por un recurso conceptual a un autor o sistema, sino por la ubicación y colocación (Derrida: *Otobiographies,* 1984) del autor en sí. Rivera elabora una otredad que representa en tanto sistema conceptual (historiografía, teoría, narración de eventos) la legitimidad de un hacer. En este sentido no hay otredad para Deleuze porque *la filosofía es europea y Kant es la filosofía.*

Este es el *asunto de las escalas* (*epistemologische Skala*) y afecta a la noción misma de lo especulativo, no sólo en su sentido de especificidad o generalidad, sino en cuanto referente imaginable (abstracto/concreto, cercano/distante, figurativo/abstracto, etc.). Por ello es que la *traducción* no alcanza, porque no puede ni reproducir las escalas ni logra leer o establecer las consecuencias espaciales (espacialización, *espacement*: Derrida, 1967a y 1972a) diferentes (diferenciadas). La translación trata de compensar este desfase conceptual y gramatológico (*grammatisation*). De allí también la inevitable preponderancia de los ὑπομνήματα (*hypomnemata*), de la manera que la industrialización tecnológica adquiere control monopólico de toda exteriorización humana. Lo cual explica por qué aquello que pretende liberar los ámbitos periféricos —por la industrialización, por la cientifización— en realidad está acentuando el *défaut d'origine*, la *défaillance* por la cual el proceso de individuación supone una acepción de especulación que confirma la búsqueda local, equivalente, de la problemática del ser, de *la cuestión*. Y, por lo mismo, la confirmación de la tradición europea de lo filosófico (*cogito*, iluminismo, historiografía de *la cuestión*) como fundante de la especulación.

Aquello que antes vehiculizaba el iluminismo escolar, es decir, la lectura de las traducciones clásicas de *Sein und Zeit* y los comentarios de los aficionados a su obra, en la actualidad lo realiza el ilusionismo tecnológico y la industrialización tecnológica, es decir, la creencia que la problematicidad del ser puede también ser justificada a partir de resúmenes biográficos, de programas culturales y de reproducciones fotocopiadas y parciales de los trabajos de Heidegger. Aquello que el iluminismo escolar presentaba a un grupo de alumnos, el ilusionismo tecnológico lo presenta como servicio de difusión a las multitudes de Facebook, Twitter, Instagram, etc.

La pregunta por el sentido del ser, *la cuestión* como le indica Derrida, tiene como trasfondo el *humanismo* que consiste en definir lo humano a partir de las cualidades, avatares, elementos, vicisitudes, detalles, desavenencias, conjugaciones del *Sein*. La evolución planetaria de este humanismo conduce al antropocentrismo y a una ecología política consecuente, es decir, al colonialismo, al imperialismo, a la predación de la biosfera —por ello no sorprende que Derrida afirmara, en 2002, que no hay prácticamente filósofos como tales que hayan tratado *la cuestión* animal sin considerarla desde el punto de vista entrópico del hombre humanizante y que presupongan por ende el mismo principio categórico kantiano al respecto: el Animal.

La cuestión de la cuestión, por el contrario, cuanto menos a partir del planteo derridiano (1990a), nos conduce hacia otra dimensión. Lo humano no ha desaparecido, aquello que ha cesado es lo humano humanizable, lo humano definido por la "problemática del ser". La cuestión de la cuestión no es un fundamento para volver o renovar *la cuestión,* sino para derivarla, para bifurcarla, para multiplicarla. La industrialización tecnológica reciente ha puesto en evidencia la debilidad del principio filosófico tradicional, también compartido por Heidegger (Derrida, 1990a: 21–22), acerca de que la técnica se explica por otros medios que la técnica misma. En la actualidad, no sólo podemos observar la *défaillance* de esta hipótesis, sino también su *reversión* (*Verdrehung*): lo humano no se explica por lo humano, lo humanizable no es humano, sino tecnológico, exomático, orgánico inanimado.

A esta reversión la indicaremos como la *hominización* de lo humano: el proceso y evolución que determinara la humanidad de lo humano en el contexto de los primates sufre en la actualidad una segunda etapa por la cual, concluida la evolución anatómica y biológica de los humanos (Leroi-Gourhan, 1964 y 1965), entramos en un proceso de hominización artificial (aparatos, máquinas, lenguaje, organización social, mentalidades, tradiciones, biosfera) que conducirá a un momento ulterior de lo humano definido a partir de la tecnología y sus derivas (ὑπομνήματα, automatismos, robotización). La determinación de lo humano a partir de la técnica —es decir, la determinación de todo *devenir/deviniendo humano* a partir de la tecnologización generalizada— supera con creces las posibilidades imaginarias que se han debatido hasta el momento. No deja de ser paradójico que los debates recientes en torno a la condición animal y al llamado cambio climático no hayan sido vinculados a esta situación, la cual tiene a nuestro entender una relación directa. Por ello con razón Derrida (*L'Animal que donc je suis,* 2006) rechazaba el concepto de "animal" como tal y prefería referirse a la variedad de los animales. Por lo mismo Clive Hamilton (*Requiem for a Species: Why We Resist the Truth about Climate Change,* 2010), al referirse a *la cuestión* del medio ambiente no habla de "la tierra". Hay una maquinación (*Machenschaft*) de lo humano como tal (*Menschenwelt* [lo humano], *Menschseins* [condición humana]) que no es reversible, de manera que, como ya determinara Heidegger, cuando se modifica el hecho humano, se transforma la mundicidad (*Weltmässigkeit*), el mundanar (*Welten*). Si la aparición del *Dasein* significa la pérdida del hombre kantiano, la mecanización del *Dasein* (*Machenschaft,* pos-*Dasein*) es la pérdida de lo humano en no importa qué humanismo. El anuncio que en-el-mundo hay humanos que no son definidos ni entendidos por su humanidad, no es sólo ni tanto una cuestión de ideología o política, como la explicitación de un mecanismo que determina el sentido de lo especulable y de lo inteligible.

§ 8. "Ce qui vient à moi"

La escritura está en el cuerpo: esta es la realidad colonial a la que también Derrida llega a partir de la cuestión de la cuestión. El otro en términos de *autrui* que supone y antecede *la cuestión* es una constatación de los cuerpos, de la comunicación, de la interrogación también que producen los otros. La violencia política, la guerra y la tortura, que están al origen de los Estados locales han situado a los cuerpos como otredad excluyente: la imaginación, la fantasía, la afectividad están en otra parte. Y por esta razón, los analistas locales estarían bien situados para comprehender, aunque no lo hagan, las razones por las cuales también por el *supplément* (el exceso de lo aquello que tiene una falla/defecto de origen) y por la *différance* (entre ausencia y presente, entre diferido y diferente) Derrida llega a la constatación de la fisidad que antecede a *la cuestión*.

El colonialismo es también una realidad de los cuerpos —de las heridas, de las cicatrices, de los rostros, de los colores en la piel. En los ámbitos periféricos la certeza de que hay *un algo* antes de *la cuestión*, que *la cuestión* demanda una cuestión que supone, es algo que se halla en los cuerpos, es una marca de nacimiento. La ambigüedad del ser/estar no permite la certeza de la pregunta heideggeriana por el ser (*Seinsfrage*): de allí que la escritura, en tanto tecnología, vehiculice la constitución del yo-mismo, como expresión del proceso de individuación, como forma básica de un principio de conocimiento: la escrituración del yo-mismo y la constitución de un conocer en términos especulativos son parte de la misma cuestión, que es, al menos en principio, la cuestión de la cuestión en términos derridianos (1990a).[1]

1 Sostiene el escritor argentino Ricardo Piglia: "Se escribe con el cuerpo, es decir, con la postura, el cansancio se nota en distintas zonas y en la dificultad para mover los dedos: un pianista con guantes, un cazador con lentes oscuros. Algo por ahí. ¿De qué vale la lucidez extrema si uno se siente que su cuerpo es de otro?" (R. Piglia, *Los diarios de Emilio Renzi. Los años felices* [Barcelona: Anagrama, 2016, p. 38]). El cuerpo es escrituración para ser yo-mismo: tal es la constante de los ámbitos periféricos y que puede remontarse, como ha argumentado J. Ludmer (*El cuerpo del delito, un*

Y bajo estas condiciones el cuerpo es entonces límite, no como imposibilidad, sino como determinación, como condición de posibilidad. El límite como vehículo, como distanciero, como medidor. Y por ello el colonialismo es esta fisidad de los cuerpos que induce a una especulación en donde la problemática del ser no está ausente pero sí diferida por su también condición de estar: es esta *diferancia* aquello que afrontamos a partir del *pensamiento esto* (§ 12), es decir, a partir de una especulación cuya partida no es una pregunta (*Seinsfrage*) ni tampoco una temporalidad particular de la existencia (participio pasado del verbo, presencia/presentismo), sino la relación entre lo inmediato y lo distante, la materialidad que supone, las herencias que manipula, la escritura que requiere: la tecnologización de lo humano está al origen de los espacios periféricos, mucho antes que autores europeos, como por ejemplo Stiegler (2001), conjeturaran que la industrialización tecnológica produjo un resultado equivalente en las sociedades contemporáneas de las economías centrales.

La centralización en el cuerpo, el cuidado del cuerpo, la reivindicación de las actividades corporales en la actualidad no tiene relación, no obstante lo sostenido por numerosos autores, con una contribución a un proceso de individuación humanista o humanizable en sentido clásico. Por el contrario, la centralidad del cuerpo, en su fisidad, en su desarrollo de una materialidad, confirma la *hominización*, la condición tecnológica de los mecanismos de humanización, la condición tecnológica de todo aquello que vehiculiza lo humano.

Los ámbitos periféricos, como territorio de desarrollo y evolución colonial por excelencia, poseen un sentido altamente desarrollado no sólo de otredad, sino de una otredad entendida como justificación de la discontinuidad entre un ahora de la conciencia (§ 32) y un sentido de presente requerido como necesidad inteligible de contar con referentes de una presencia en lo inmediato (§ 1, § 4). Esto y no otra cosa es aquello que Derrida significa cuando afirma de entender un *allieurs* que está cercano, pero que es también un límite, el recorrido de un límite (véase el filme de Fatay, 2000). El *allieur* (más allá, del otro lado, en el mundo desarrollado, afuera) entonces es un

manual. Buenos Aires : Perfil Libros, 1999), al siglo XIX y a la formación misma de los Estados nacionales en los ámbitos periféricos.

aquí que está en el cuerpo o, dicho con mayor precisión, es un hacer aquí entendido en el cuerpo a partir de los límites de lo que está lejano, en otro sitio, en otro lugar, en otra época. Ninguna experiencia como esta define mejor y de manera más precisa el colonialismo como medio etológico y ecológico de los ámbitos periféricos. Y justamente la desavenencia del *cuerpo biológico* de Derrida caminando por las calles de El Biar (Fatay, 2000), en relación al *cuerpo filosófico* que el mismo lleva, es parte de este ahí-corporal que interpela constantemente nuestra percepción del presente y del ahora (§ 21, § 22, § 28, § 31): el colonialismo es una herida constante, una demanda de atención constante, una necesidad de cura (*Sorge* [Heidegger], *souci de soi* [Derrida]) permanente, un desafío de adaptar-reconvertir una anatomía que desfallece en continuación (§ 21): el cuerpo biológico que no responde al cuerpo filosófico —una experiencia impensable, *inimaginable*, para quien no ha habitacionado los espacios periféricos.

El "passage de la limite" (Fatay, 2000: Argelia, El Biar, judaísmo) es para Derrida, no el recorrido de los ámbitos periféricos, sino su vivencia, la injerencia constante del mismo en el cuerpo. Y este recorrido de los límites, que no sucede una vez, sino en repetidas ocasiones, es aquello que llama "ce qui vient à moi". Y pocas expresiones pueden ser tan claras sobre la habitación (habitacionar: ser, estar, parecer) en los ámbitos periféricos. El *allieurs* es tal porque es un aquí, en el cuerpo, en la urbanización del presente (§ 2), en el amueblamiento del ahora (§ 32). En los ámbitos periféricos no puede haber otra forma de *allieurs* que un siendo/estando/pareciendo aquí que se construye como presente (§ 24, § 27): la cercanía, lo "a la mano" y lo "a la vista", en los ámbitos periféricos, se construyen siempre, en principio, como un *allieurs*.

El "ce qui vient à moi" supone una *commoditisation* generalizada: eso que viene son cosas (*ding, chose*: § 27), pero que incluye lo viviente humano (§ 36, § 42). Ese pronombre demostrativo "ce", que en principio indica cosas, objetos, en realidad es también un plural "celle/celui" que indica asimismo personas. Por otra parte, el *moi* en francés es el pronombre personal de la primera persona del singular en su forma tónica. El *moi* es asimismo entendido como aquello que define y caracteriza la individualidad/individuación. También puede ser comprendido como personalidad o como una forma de la personalidad. Pero el *moi* es igualmente una manera del yo, una alternativa al yo, una dimensión íntima del yo. Por ello ha sido también la expresión privilegiada para traducir el *Ich* de Freud en el psicoanálisis. De manera que el *moi* expresa no sólo la individualidad, sino también la dimensión psíquica que ello comporta. En castellano no existe una forma verbal que tenga una función equivalente, una alternativa al yo. Como tales los pronombres personales "mí" o "me" no expresan lo mismo, tampoco el adjetivo posesivo "mío" o incluso la noción de "ego", cuya *carga* historiográfica la alinea a *la cuestión* (§ 11). Cuando Derrida dice "Ce qui vient à moi" (Fatay, 2000) o "S'été imposée a moi" (Derrida, 2002: 00 min 48 s) o "arrivée chez moi" (Derrida, 2006: 132–133) está situando directamente lo que sucede, el ahorar (§ 32), a su propia individuación. Tal situación no puede decirse de igual manera en castellano.

El *moi* en todo caso podría ser traducido *ad litteram* al castellano como yo-mí o también como yo-mismo. Y el *chez-moi* que Derrida emplea a menudo, en tanto derivado de la noción de *moi*, podría verbalizarse como en-lo-mío. Pero el *chez-moi* en francés supone también un *chez-soi* que podríamos traducir como el-en-sí. Estas traducciones son terminológicas, no conceptuales y sólo sirven de aproximación. De manera genérica el *moi* supone una otredad que no tiene parangón o expresión en castellano. Es el *toi* o el *toi-même*: el tú como otro y el tú como sí-mismo, es decir un "tres veces yo", un yo-en-mí. Este "tres veces yo" que supone el *moi* permite a Derrida afrontar la cuestión de la cuestión de una manera que en castellano no es posible ni traducible y para la cual es necesario inventar una transliteración.[2]

El privilegio acordado al tiempo, al presentismo del presente, por la tradición griega, a la concepción misma del *être/Sein* (Derrida, 2002), tiene una

2 Por ejemplo, he aquí una descripción del ya mencionado escritor R. Piglia que podría acercarse a esta transliteración del *moi* en castellano: "Para evitar el dolor, esquivo todo pensamiento de mí. Pienso desde mí pero no en mí, para decirlo mejor. Y ahí está la revelación de que siempre es otro —no soy yo— el que escribe" (R. Piglia, *Los diarios de Emilio Renzi. Los años felices* [Barcelona: Anagrama, 2016, p. 65]). Ese "otro" del yo al que se refiere el escritor tiene la función del *moi*: es ajeno (una "familiaridad inquietante", *Unheimlich* dice Freud), pero que también no deja de ser yo-mismo. El "tres veces yo" se encamina hacia una pensamiento-escrituración: un no-yo, un otro-escribe, un mí. Y lo que hace a ellos, a su relación, a su significado, es un pensamiento que es tal por escriturado.

relación directa con esta dificultad del castellano por expresar una variedad en la formulación del yo (en tanto expresión más elaborada del *être/Sein*). La manera en que el castellano ha reducido el ser/estar a una formulación casi estrictamente temporal, es decir, al hecho que el ser/estar sólo puede ser significado a partir de una expresión presente, un presentismo, como prueba última de su consistencia, explica por qué la cuestión y su historiografía han tenido tanto éxito localmente. Pero también explica por qué, por ejemplo, se emplea la teoría del "ente" para traducir el *étant* [Derrida] o el *seienden* [Heidegger], formas del *être/Sein*. La presencia del presente ha sido lo determinante en la lengua castellana para el establecimiento del concepto de ser/estar en términos especulativos. Es este mientras-tanto que debe ser explorado y que aquí indicamos como ahorar (§ 13, § 16, § 32).

Derrida observa incluso una relación directa entre la función del *moi* respecto del "je" como parte de la estrategia especulativa que empleamos para situar la animalidad: "Mais ce qui lui est contesté —et cela que le fonctionnament et la structure du 'Je' importent, meme là où le mot 'je' manque—, c'est le pouvoir de faire référence à soi de façon déictique, auto-déictique, de tourner au moins virtuellement le doigt vers soi pour dire: c'est moi" (Derrida, 2006: 132).[3] En el mismo sentido el *moi* es la determinación "autodéictique" o la "autoréférence" (Derrida, 2006: 132). En castellano no hay una alternativa o equivalencia a la deixis del ser/estar. El *moi* es el ejercicio de una *ipséité* que en castellano sólo puede ser resultado de una conjunción de elementos, es decir, de una forma verbal compuesta. La *ipséité* es en el francés de Derrida un "rapport à soi" (2006: 76), una forma del "je" entendido como función del pensamiento (*pensée*) (2006: 83), la manera por excelencia de la "auto-position" (2006: 118), un dominio, una calificación, un adjetivo calificativo del "je" que le sobrepasa y determina (2006: 131). En castellano esta dimensión del "yo" debe ser afrontada de otra manera. Es así que proponemos el ahorar (§ 32) y un entendimiento de la individuación que indicamos como ser-estando y estar-siendo (§ 4, § 16).

3 Traducción del autor: "Pero aquello que le es contestado —y eso que el funcionamiento y la estructura de 'Yo' importan, incluso allí donde la palabra 'je' falta— es el poder de hacer referencia a sí de manera deíctica, autodeíctica, de tornar al menos virtualmente el dedo hacia sí para decir: es mí ('c'est moi')".

Aquello que Derrida indica como "ce que vient à moi" es una manera de expresar, de entender, la *Veranlassung* heideggeriana, es decir, un *faire-venir*, un hacer-venir, una producción/productividad (*Her-vor-bringen*), una ποίησις (*poiesis*). El hacer-venir, que también puede ser un hacer-aparecer (*faire-apparaître*) o ser/estar a/delante (*être-dévant*), se formula según Heidegger siguiendo las cuatro causas aristotélicas (Heidegger, 2000: 12).[4] De esta forma el *moi* es indispensable para el entendimiento de la productividad humana como técnica, es decir, de la manera en que lo humano se realiza a partir de la vehiculización que otorga la técnica. Esto es aquello que Heidegger indica como *Unverhüllt* o como *Unverborgen* y que Derrida expresa a partir de la noción de *dévoilement* y que en castellano podríamos indicar como "develamiento", como descubrimiento (*Unverhüllt*), pero asimismo como desoculto (*Unverborgen*). De allí también *Entdecktheit* y *Enthülltheit*, el *être-dévoilé* en francés, el estar/ser develado, descubierto del castellano, el estar/ser al descubierto, estar/ser desoculto (*Unverborgen sein*). En definitiva, el "ce qui vient à moi".

Derrida interpreta el *Dasein* de Heidegger a partir de la *Jemeinigkeit*, es decir, a partir del carácter de ser-cada-vez-mío que tiene obligación de connotar el pronombre personal (Rivera, 1997: 52). Es allí donde el *moi* entra en conflicto (por ejemplo en relación a la "animalidad") y donde es tan difícil encontrar equivalentes en castellano para expresar el asunto. Por otra parte, el pronombre en *la cuestión* ("yo soy", "tú eres", etc.) supone una plausibilidad y una consistencia que en términos especulativos es difícil de establecer en la actualidad. Por todo ello Derrida insiste en que hay una distancia de la palabra dicha, enunciada, a la escritura de lo especulativo (escrituración) (§ 22), hay una forma de elaboración de la lengua que es diferente ("diferancia": § 21). Pero también hay una distancia en la escrituración misma: en los modos que el *étant/seienden* es establecido (§ 16). El idiomar de la voz es distinto del de la escrituración (§ 17). Y en la escrituración no se idioma igual en el *étant/seienden* que se halla en el ahorar (§

4 Por esta razón en *Mundo de atrás. Efecto antropoceno y especulación en los ámbitos periféricos* (2019) explicamos cómo una reversión, de los términos causales aristotélicos, es decir, la causalidad entendida como αἴτιον (*aition*), como explicación y condición, ofrece una perspectiva especulativa de referencia a la conceptualización en la periferia.

32), que significando a partir de aquel que se encuentra en un horizonte de espera (§ 41).

El *moi* determina un suelo del yo, una geolocalización de la individuación que no tiene traducción directa al castellano. Y ello explica el malentendido que innumerables analistas locales han fomentado con *lecturas directas* de autores europeos, como si el *partisanismo* fuese garantía de eficacia especulativa. La parcialidad necesaria —la determinación de lo local en las elecciones inevitables, de lo concreto de un momento y de un lugar, de la artificialidad de los elementos de ese momento visto en su inmediatez— está marcada menos por su carácter de *parte* que por aquello que es silencio, que es exclusión, que es no inteligible. Esta perspectiva, que el propio Derrida ha enunciado en diversas ocasiones (por ejemplo en Fatay, 2000: 2 min 45 s), es aquello que caracteriza asimismo la especulación como enunciación, como actividad diciente en un presente que es también presencia, en los ámbitos periféricos, pero no, como en el caso de Derrida, como traza biográfica, como *excepción francesa*, sino como condición del conociendo. Y ello no es ajeno tampoco a un hecho fundamental en los ámbitos periféricos y al conocimiento de/para dicho ámbito: que "ce la question de l'écriture que travail ce que j'écrit" [es la cuestión de la escritura que trabaja eso que escribo] (Derrida, en Fatay, 2000: 2 min 02 s). La posibilidad de decir "yo", en tanto sí-mismo, tiene en los ámbitos periféricos relación directa con la escritura (escrituración). En este sentido no hay conciencia sin tecnología, sin escritura, sin *grammatisation*. El sí-mismo (el *moi* derridiano: Fatay, 2000: 4 min 10 s es una construcción, no es algo a lo que accedamos directamente, como elemento de la vida cotidiana. Y es *ausencia* también aquello que requiere la escritura. Por ello asimismo toda noción de identidad en los ámbitos periféricos no puede ser que fantasmática. Y por lo mismo la técnica/tecnología ha adquirido una dimensión relevante, por su condición de vehículo de esta individuación, de manera que el *moi* se halla encuadrado dentro de las tecnologías de Internet, en particular las llamadas redes sociales (M. Foessel, *La privation de l'intime* [Paris: Seuil, 2008: 134–135]). Aquello que hemos indicado como segundo grado colonial (Canaparo, 2017) tiene una relación directa con esta individuación del *moi* y con la manera en que el mismo determina, en términos especulativos, aquello que es o no es inteligible.

§ 9. La derrisión

Denominamos así al mecanismo por el cual la especulación no es un inicio, un punto de partida, sino un deslizamiento, una deriva de la cuestión (§ 1, § 12) y de su historiografía (§ 26). La derrisión, también entendida como una θεραπεία (*terapeia*), es aquella del método interrogativo y la conjugación excluyente del ser en participio presente, como eventos a superar, y que es asimismo, como vimos, el *gesto derridiano* (§ 1–4). Por eso surge la traza como elemento relevante, como evidencia incontestable, que antes de la cuestión hay una dimensión que deriva: la traza no sólo es indicio, sino también degradación, *corrupción* —he allí otra diferencia ("différence/differance") en los ámbitos periféricos.

La cuestión entonces está en otro lado, no está en el ser/estar, está/es siempre en otro lado: no es un lugar, sino un trayecto, un recorrido, una distancia, no es uno, sino varios, es una multiplicidad y que los antropólogos locales, a falta de mejor nombre le han indicado como híbrido: la derrisión es también estas trayectorias. Y la entidad *colonial* de esta condición reside precisamente en que toda forma de existencia (*Ek-sistenz*, existencia como posibilidad de ser, lo humano ["des Menschen"] como viviente), en los ámbitos periféricos, nunca ha obtenido el privilegio historiográfico de la actividad especulativa ni la institucionalidad de la filosofía, que la filosofía europea supone. De manera que la *ausencia del ser en la cuestión*, situación a la que llega Derrida, era ya establecida en los ámbitos periféricos, en los propios autores decimonónicos locales: la pregunta por el ser/estar, el qué es/está de aquello que es, no era sino una narración romanesca, una *entidad escrituraria* —justamente aquello que Derrida nos dice a partir del *pharmakon*, de la *différance* y de la *grammatologie*, a fines de los años sesenta y principios de la década de los setenta durante el siglo XX.

La *Seinsfrage* de Heidegger (1967) es *la question* de la interrogación del ser, que luego pasa a ser *la question de la question* de Derrida (1990a, 1990b), lo cual en el castellano de los ámbitos periféricos no puede sólo traducirse como "cuestión", sino que también requiere una dimensión ampliada, la transliteración (§ 6). La "cuestión" entonces es también problema (problemática, hipótesis), discusión (discurrimiento), asunto (evento público), argumentación (evolución temática), personificación historiográfica (§ 26): quitadas las limitaciones de la conjugación del *Sein* [Heidegger] o del *être* [Derrida], así como perdidas las virtudes y legitimaciones del cuestionamiento y la interrogación llamada socrática, *la cuestión* se transforma en una diversidad en términos ecológicos. Esto es aquello que Rivera (1997) indica, en la traducción realizada de *Sein und Zeit*, cuando dice que la misma *habla en castellano*.

La derrisión es la transliteración de la cuestión de la cuestión de Derrida (2002) o, mejor dicho, es la transliteración, el mecanismo epistémico necesario, uno posible de entre ellos al menos, para que la especulación en los ámbitos periféricos se sirva, pueda emplear, de modo no colonial la obra de Derrida. La cuestión es aprehender a leer en los ámbitos de las economías centrales, y no, por el contrario, pensar que es necesario un colador, unas lentes, un aparato, para filtrar todo ello: semejante perspectiva confirma la dirección del *Dasein* al *cogito*. Hay que profundizar el colonialismo, aprehenderlo en sus manifestaciones, sobre todo en las menores y secundarias, en las limítrofes, como en la obra de Derrida. La derrisión es así también la acción de *declinar* (*décliner, déclinaison*) a Derrida, es la *derridación*, es decir, la transliteración de la obra de Derrida en los términos antes indicados y en la manera que aquí lo llevamos a cabo a modo de *leading case*.

La derrisión es la exhibición de la cuestión como cuestión de la cuestión, es decir, como el planteado de una problemática que, en el momento o en el acto mismo de plantearse, modifica la cuestión, la empuja, la direcciona, vuelve irreversibles ciertos aspectos. Por ello también hay que estudiar por el interior el colonialismo, sus elementos, sus poblaciones, porque al hacerlo lo modificamos también. La idea de que una reivindicación folklórica local es un contrapunto al colonialismo de las economías centrales es en realidad no haber comprendido nada de la dimensión antropocénica del mismo.

Bajo estos términos es que se explica que la diversificación del método interrogativo y la pérdida de legitimidad de la presencia como aspecto relevante en la construcción del mientras-tanto, del ahorar (§ 32), atraigan el interés de Heidegger y de Derrida por el signo (*Zeichen*: en tanto señalador, "Zeigzeug bestimmen" [útil señalizador], *signe*: en tanto escrituración, "l'etre écrit" [ser/estar escrito/"escribido"]), en tanto el mismo supone un mecanismo especulativo desconocido en períodos anteriores de la humanidad, como vehículo de significado. El signo en este sentido (*Sinn*) y la *Gestell* son interdependientes. Por ello se entiende que en el parágrafo § 17 de *Sein und Zeit* ("Verweisung und Zeichen": 1967, 76–83) se defina el signo por su "remisión" (*Verweisung*).

A partir del panel indicador para los conductores que hay en los tableros de los automóviles ("luz de giro", la flecha en el panel),[1] Heidegger se interroga sobre en qué consiste el "señalar del signo" (*Was besagt das Zeigen eines Zeichens?*), asumiendo que "Zeichen sind aber zunächst selbst Zeuge, deren spezifischer Zeugcharakter im *Zeigen* besteht" (Heidegger, 1967: 77).[2] La derrisión es también este señalar en los ámbitos periféricos en términos de remisión: "Jede Verweisung ist eine Beziehung, aber nicht jede Beziehung ist eine Verweisung. Jede »Zeigung« ist eine Verweisung, aber nicht jedes Verweisen ist ein Zeigen. Darin liegt zugleich: jede »Zeigung« ist eine Beziehung, aber nicht jedes Beziehen ist ein Zeigen" (Heidegger, 1967: 77).[3] La derrisión como deriva en los ámbitos periféricos es un derivar en el sentido de remitir (remisión, *Verweisung*) y que constituye la manera en que, no por casualidad, Heidegger (1967: 76–83) define lo

1 Sostiene Heidegger: "Als Exemplar für Zeichen wählen wir ein solches, das in einer späteren Analyse in anderer Hinsicht exemplarisch fungieren soll. An den Kraftwagen ist neuerdings ein roter, drehbarer Pfeil an-gebracht, dessen Stellung jeweils, zum Beispiel an einer Wegkreu-zung, zeigt, welchen Weg der Wagen nehmen wird. Die Pfeilstel-lung wird durch den Wagenführer geregelt. Dieses Zeichen ist ein Zeug, das nicht nur im Besorgen (Lenken) des Wagenführers zuhanden ist. Auch die nicht Mitfahrenden – und gerade sie – machen von diesem Zeug Gebrauch und zwar in der Weise des Ausweichens nach der entsprechenden Seite oder des Stehenblei-bens. Dieses Zeichen ist innerweltlich zuhanden im Ganzen des Zeugzusammenhangs von Verkehrsmitteln und Verkehrsregelun-gen. Als ein Zeug ist dieses Zeigzeug durch Verweisung konsti-tuiert. Es hat den Charakter des Um-zu, seine bestimmte Dien-lichkeit, es ist zum Zeigen. Dieses Zeigen des Zeichens kann als »verweisen« gefaßt werden. Dabei ist aber zu beachten: dieses »Verweisen« als Zeigen ist nicht die ontologische Struktur des Zeichens als Zeug" (1967: 78).

2 Traduce Rivera: "... los signos son, en primer lugar, útiles, y su específico carácter pragmático consiste en *señalar*" (1997: 86).

3 Traduce Rivera: "Toda remisión es una relación, pero no toda relación es una remisión. Toda 'señalización' ['*Zeigung*'] es una remisión, pero no todo remitir es un

sígnico (*Zeichen, Zeichenheit, Zeichenliche, Zeichenlichkeit*) y a partir de allí la comprehensión de lo especulativo en términos contemporáneos.

La remisión es el señalar (*Zeigen*) en tanto relacionar (*Beziehen*), remitir es relacionar. La remisión supone así el signo que la vehiculiza y en los ámbitos periféricos actuales de la cuestión de la cuestión (§ 1) lo especulativo es una signo-ficación (*commoditisation* y financiarización generalizadas, condiciones técnicas de la individuación, situación de Antropoceno). Y la derrisión es así la signo-ficación, es decir, un mecanismo que asume que la especulación se dirime en torno a derivas sígnicas, es decir, a variaciones de cosas que están por otras, de fisidades inconsistentes y de materialidades sin dimensión visible-al-ojo. La derrisión es un mecanismo que ha-que-ver con una generalización casi absoluta de *commodities* y aparatos.

Bajo las condiciones en que Heidegger se pregunta por el signo, el mismo es en realidad una forma de preguntar por la generalización de la técnica (*Gestell*), por la manera en que la técnica vehicula de forma excluyente el hecho humano como tal. La flecha luminosa de Heidegger es también en realidad la luz externa a la que se halla directamente ligada y de allí los supuestos de tránsito, de movilidad y de urbanismo que implica. Se comprende así por qué es la señalización que el signo comporta, y no el signo como tal, aquello que interesa a Heidegger o, dicho de otra manera, por qué la señalización —y su utensilialidad— determina el significado del signo.

Son innumerables las definiciones de signo pero todas coinciden en un aspecto: un signo es algo que está por otra cosa (dimensión semántica) y ese otra cosa es una fisidad (dimensión pragmática) que no siempre se halla presente (dimensión sintáctica) (Eco, 1980: 28). La señalización supone el entendimiento del útil con que señalizamos (útil señalizador, *Zeigzeug bestimmen*), pero también la manera, su manera, de estar-a-la-mano (*Zuhandenheit*) (Heidegger, 1967: 79). Esta signo-ficación es aquello que, en el espaciamiento y la dirección/direccionalidad que suponen la cohabitación con los signos, indicamos como el ahorar: "Welches ist das angemessene Zu-tun-haben mit Zeichen? In der Orientierung an dem genannten Beispiel (Pfeil) muß gesagt werden: Das entsprechende

señalar. Ello implica, a la vez, que toda 'señalización' es una relación, pero no todo relacionar es un señalar" (1997, 85).

Verhalten (Sein) zu dem begegnenden Zeichen ist das »Ausweichen« oder »Stehenblei-ben« gegenüber dem ankommenden Wagen, der den Pfeil mit sich führt. Ausweichen gehört als Einschlagen einer Richtung wesenhaft zum In-der-Welt-sein des Daseins. Dieses ist immer irgendwie ausgerichtet und unterwegs; Stehen und Bleiben sind nur Grenzfälle dieses ausgerichteten »Unterwegs«. Das Zeichen adressiert sich an ein spezifisch »räumliches« In-der-Welt-sein. Eigentlich »erfaßt« wird das Zeichen gerade dann *nicht,* wenn wir es anstarren, als vorkommendes Zeigding feststellen" (Heidegger, 1967: 79).[4]

La comprensión es en los ámbitos periféricos una situación espacial y un sentido de direccionalidad. Un estar en-el-mundo espacial ("Das Zeichen adressiert sich an ein spezifisch »räumliches« In-der-Welt-sein") es aquello que determina la comprehensión de la cohabitación con los signos, con la derrisión, en tanto vehiculización determinante de lo especulativo. Y es asimismo la proliferación indeterminada de herramientas, de utensilios, de útiles (*Zeugmannigfaltigkeit*), aquello que requiere de la experiencia una determinación (*Bestimmtheit*), una forma de hacer que en su especificidad consiste (*die Beständigkeit*). Es por ello que la *Gestell* supone la signo-ficación, la cohabitación generalizada con los signos, la derrisión: la experiencia de las cosas (*Dingerfah-rung*) consume el sentido de lo especulativo en los ámbitos periféricos.

El signo en los ámbitos periféricos es componente de la derrisión por la capacidad para "traer": el ahorar (§ 32) no se halla tanto en la señalización que es el relacionar como en el hecho que es un utensilio: "ein Zeug, das ein Zeugganzes ausdrücklich in die Umsicht hebt, so daß sich in eins damit

4 Traduce Rivera: "¿Cuál es el modo adecuado de habérselas con los signos? Si tomamos el ejemplo mencionado (el de la flecha), se deberá decir lo siguiente: el comportamiento (ser) adecuado para el encuentro con el signo es el de 'apartarse' o 'detenerse' ante el coche que viene con la flecha. En cuanto toma de dirección, el apartarse pertenece esencialmente al estar-en-el-mundo del Dasein. Éste siempre está de alguna manera orientado y en camino; detenerse y estar detenido son tan sólo casos límites de este 'estar en camino' en una dirección. El signo apela a un estar-en-el-mundo específicamente 'espacial', y *no* puede ser verdaderamente 'comprendido' como signo si nos limitamos a mirarlo y constatarlo como una cosa señaladora que estuviera allí" (1997: 86–87).

die Weltmäßigkeit des Zu-handenen meldet" (Heidegger, 1967: 79–80).[5] Esta "mundicidad de lo a la mano" es una de las acepciones especulativas más eficaces de los ámbitos periféricos. Porque aquello que resulta determinante es que lo-a-la-mano [estar-a-la-mano, *Zuhandenheit*] (que en términos heideggerianos aquí también subsume lo-a-la-vista [estar-a-la-vista, *Vorhandenheit*] [§ 30, § 31]), la utensiliabilidad de lo inmediato, en su fisidad o en ausencia de ella por vehiculización tecnológica, es el acceso a la comprehensión: "Was zum Zeichen genommen ist, wird durch seine Zuhandenheit erst zugänglich" (Heidegger, 1967: 80).[6] A partir de esta situación se comprende por qué Derrida situaba la significación del signo en/a la presencia o, dicho más correctamente, ante la cuestión (el "qu'est-ce que …", el τί ἐστι [*ti esti*]) el signo no puede ser determinado que a partir de la presencia (Derrida, 1967a: 31).[7] Y de allí también que se puede comprehender las condiciones de la paradoja en los ámbitos periféricos por la cual la reformulación de la cuestión consiste en una reversión (*Verdrehung*) donde la utensiliabilidad de lo-a-la-mano (estar-a-la-mano, *Zuhandenheit*) y/o lo-a-la-vista (estar-a-la-vista, *Vorhandenheit*) no es garantía de reformulación del *ailleurs* (§ 21, § 23, § 46) que atraviesa la especulación como tal (§ 27, § 32).

5 Traduce Rivera: "… que es un útil que lleva a circunspección explícita un todo de útiles, de tal manera que, junto con ello, se acusa la mundicidad de lo a la mano" (1997: 87).

6 Traduce Rivera: "Lo que se toma como signo sólo es accesible por su carácter de cosa que está a la mano" (1997: 88).

7 Justamente sostiene Heidegger sobre el particular: "Doch was heißt hier und für die Griechen und in der Folge für das gesamte abendländische Denken bis zur Stunde: Sein des Seienden? Die Antwort auf diese bisher nie gestellte, weil allzu einfache Frage lautet: Sein des Seienden heißt: Anwesen des Anwesenden, Präsenz des Präsenten. Die Antwort ist ein Sprung ins Dunkle" (Heidegger, 2000: 141). Y traduce Francisco Soler: "¿Qué significa aquí y para los griegos y, en consecuencia, para la totalidad del pensar occidental hasta la hora presente: ser del ente? La respuesta a esta pregunta —jamás puesta hasta ahora, por parecer pregunta demasiado simple—, es: ser del ente significa: presencia de lo presente [Anwesen des Anwesenden, Präsenz des Prasenten]. La respuesta es un salto en lo oscuro. Lo que el pensar, en cuanto percibir, percibe, es lo presente [Prasente] en su presencia [Prasenz]. En él toma el pensar la medida para su esencia como percibir" (1997, 267).

§ 10. La irreconciliación de Boulevard Raspail

El asunto de la *cuestión periférica* es también el de una confusión, cuyas manifestaciones son varias, pero que convergen hacia la misma situación: la de un colonialismo querido, la de una servidumbre adocenada y voluntaria. Si hablamos por ejemplo de la palabra reconciliación, pensamos en *la palabra* reconciliación pero perdemos la noción en la palabra de la reconciliación, es decir, en la palabra o palabras que hacen la/a la reconciliación. Un aspecto es el significado de la palabra reconciliación, otro aspecto es la palabra o palabras *que hacen* la reconciliación: *la cuestión* se halla en la diferencia. La palabra reconciliación no es la reconciliación: esta confusión, este *argentinismo*, para emplear nuestro ejemplo recurrente, es uno de los extremos que permite observar cómo la cuestión especulativa no logra ser consciente de su condición periférica.

Derrida explica esta confusión al inicio de su seminario sobre el perdón y tiene sentido para un europeo (Fatay, 2000: 15 min 47 s a 19 min 03 s; y también: *Pardonner : L'impardonnable et l'imprescriptible*, 2012).[1] Pero no es el caso en el ámbito periférico donde el perdón no existe como concepto porque la palabra que lo hace y los conceptos que lo dicen se intercambian, se confunden, y en donde la palabra reconciliación quiere significar el concepto, la palabra *ad litteram* quiere ser el concepto, reemplazar sus trazas derridianas, justamente, sus historiografías, sus personajes historiográficos, etc. En este sentido toda especulación es imposible, precisamente porque, si

1 A partir de 1984 Derrida llevará adelante sus seminarios en la École de Hautes Études en Sciences Sociales (EHESS), situada en el 54 Boulevard Raspail, en París. Lugar de peregrinaje de una o dos generaciones de académicos y estudiantes no europeos. A partir de 1991 Derrida conducirá el Seminario titulado "Questións de responsabilité", ocupándose cada año, bajo ese argumento genérico, de temas diferentes hasta el año académico 2000–2001, el cual será el décimo y último seminario de la serie. La referencia aquí es a los años 1997–1998 y 1998–1999 en donde el seminario se titulaba "Le parjure et le perdon". Derivado de ello será la publicación póstuma: *Pardonner : L'impardonnable et l'imprescriptible* (Paris: Galilée, 2012).

el inicio de la misma, es la discontinuidad entre el ahora de la individuación (§ 8, § 23, § 45) y la construcción de un presente (§ 4, § 16), entonces la indistinción entre palabras y conceptos hace imposible la comprehensión del ahorar (§ 32): todo resulta en presente y allí volvemos al colonialismo de la "problemática del ser", en donde la tiranía del *être* conjugado en participio presente no permite otra cosa, como ya vimos indicaba Derrida (2002), que versiones de ese presente en tiempo pasado o futuro. Como diría Rivera, refiriéndose a la traducción de *Sein und Zeit*, pero empleando el caso de Derrida, los traductores de Derrida escriben para lectores *que hablan francés*.

Esta confusión entre el ejercicio de la palabra y la significación conceptual tiene derivas insospechadas, sobre todo por el hecho que se confunde cualquier participación en la colectividad, en el trabajo, en la escolarización, como la ejecución cierta de una idea, de un precepto, de una ideología. Semejante optimismo (y utopismo) intelectual es una forma, recurrente e histórica, en que el proceso de individuación trata de inscribirse en un ámbito que sólo existe a partir de una presencia fantasmática, es decir, a partir de la presencia del ser que supone *la cuestión* clásica: el recorrido del *Dasein* al *cogito*, aun para el no versado en filosofía europea, es garantía de referencialidad, de parámetro de otredad y, en definitiva, de horizonte de trascendencia. Como si ser partícipes de semejante itinerario (§ 26) fuese garantía de conversión automática, para no importa qué argumento, de las palabras en conceptos. Sólo una perspectiva como esta puede explicar por qué y cómo la historia de la filosofía europea —y su historiografía— pueden en definitiva ser consideradas como significativas localmente. La generalización de este mecanismo de *reconocimiento* es una deriva que se extiende a todos los dominios: es una forma de entender lo legible/ilegible.

El inicio del seminario sobre el perdón que Derrida ofreciera en la sala 3 del Boulevard Raspail, en París, en la sede de la École des Hautes Études en Sciences Sociales (EHSS), en 1997, habla de una escenificación, de cuatro personajes, habla de Hegel, de Nelson Mandela, de Desmond Tutu y de Bill Clinton. Habla en definitiva de una manera por la cual la especulación del filósofo Derrida, en su actividad, en su acción, en su hacer filosofía y representar a la filosofía como institución, transforma los personajes, los *hace europeos*, los transforma en elementos de una problemática europea. Esta capacidad para con el análisis y la problematización, de transformar los elementos de un argumento, es la verdadera cuestión de la cuestión para los ámbitos periféricos. Quienes se detienen en la popularidad biográfica del personaje Derrida para explicar esta transformación no han comprehendido al propio Derrida. Y por esta transformación es que la filosofía es una actividad que *sólo puede ser europea*, que la especulación en los ámbitos periféricos tiene otro nombre y condiciones, aun cuando aspira a un grado similar de capacidad de transformación. Ninguna otra actividad especulativa, fuera de Europa, es decir, fuera de la forma en que la filosofía es institución, logra semejante grado de transformación. Y por ello, como sabemos, las peregrinaciones se hacen al Boulevard Raspail en París y no, por ejemplo, a la calle Puan, en Buenos Aires, sede, por la misma época, de la Facultad de Filosofía y Letras de la Universidad de Buenos Aires. La cuestión periférica consiste justamente en afrontar este desafío: cuál es y cómo es la actividad especulativa que puede desarrollar mecanismos con un grado similar de transformación de los elementos y, al mismo tiempo, reflexionar sobre la condición de aquello que se hace (*la cuestión*, la cuestión de la cuestión) en términos conceptuales, historiográficos e institucionales.

La proporcionalidad, para comenzar, debe ser otra. *La cuestión* periférica no se halla sólo en una diferencia de conceptos o de urbanización, es la ecología de la reflexión como tal aquello que concierne. Por ejemplo, la relación entre palabras (§ 21, § 24, § 35), la manera en que se nombra la acción (§ 17, § 18, § 32), la manera en que se verbaliza el estando/siendo (§ 13, § 16), la forma en que se figura el espacio (§ 46), el modo en que se explica y argumenta cómo la escritura es el vehículo problematizante de aquello que se considera (§ 22, § 35) o cómo la ausencia de una sociedad civil, la falta de los mecanismos institucionales no estatales que supone, expone la especulación a una relación directa con lo policial y la criminalística/criminalización (§ 29, § 41, § 42, § 44).

La institución filosófica no es así sólo un edificio ("aquí enseñé durante 30 años", dice Derrida en Fatay, 2000), una asociación (Centre cultural International de Cerisy, école International de Philosophie) o una historiografía ("Husserl", la colección "Ephimetée" de PUF, etc.), sino asimismo una manera de construir una arquitectura mental e imaginaria de lo filosófico como tal (§ 2). Y, en este sentido, las condiciones de *la cuestión* y la manera en que se define lo filosófico coinciden. Por ello también Derrida es un autor interesante al ámbito periférico, porque además explora los términos de "la question de la question". La institución filosófica es también la cátedra, el seminario, la universidad, la escrituración, el ahorar: "El anfiteatro está lleno. Son las 17 horas. Derrida entra con su bolsa y sus papeles. Se prepara. No explica y comienza a hablar. 'Perdón', dice. En las dos horas que sigue afinará su hipótesis. En la palabra perdón no hay reconciliación, la cual está en otra parte en otro lugar, de la cual hay trazas, vestigios. La reconciliación es una búsqueda, es tarea especulativa. Decir 'perdón' puede incluso no ayudar. Y también por eso sabemos que la palabra especulación *no es* la especulación, ni tampoco necesariamente *hace* a la especulación. La realización de la especulación, tenga o no palabras, es una escrituración. Es un ejercicio de la escritura, como técnica, como individuación. Derrida responde algunas preguntas, arregla sus papeles. Sale de la clase y se lleva la reconciliación" (CC, Notas de seminario, 1997).

Toda una paradoja la clase, la reconciliación que no es, para los no europeos de la sala que en su propia consciencia se dicen también: en la palabra Derrida no está la especulación, no se hace la especulación, incluso puede ser lo/el contrario. Los ámbitos periféricos se especulan a partir de un trabajo, hay que fabricar la realización. En la palabra especulación no se hallan los ámbitos periféricos, *no se hacen*. Y así es que, ya en la calle, comienzan las derivas: porque la policía nos pegue o encarcele no somos *menos/más* colonialistas ni tampoco estamos *combatiendo* el colonialismo. Simplemente, para nuestro bien o mal, negociamos con la miseria. El ejercicio de la *cuestión periférica* sería entonces, en el mejor de los casos, teorizar las razones de la miseria (θεωρία [*theoria*], θεώρησις [*theṓrēsis*]) u ocuparse de otro asunto sin la pretensión de *estar/ser* o de *combatir* (*étant* [Derrida], *seienden* [Heidegger]). La irreconciliación está en la palabra conciliación, así como en la palabra anticolonialismo no está el colonialismo. Cuando decimos reconciliación no conciliamos pero sí constatamos no hay aun conciliación, cuando decimos colonialismo no colonizamos pero sí asumimos la posibilidad del anticolonialismo. En el nombre Derrida no está la filosofía europea, sino su anuncio, la amenaza, el trabajo del descubrimiento, la necesidad de una reversión. Asistir al Boulevard Raspail no es encontrar a Derrida, sino al problema de su nombre (§ 22) y la historiografía a la que pertenece (§ 26).

§ 11. La *greffe* cartesiana

La historialidad (*Geschichlichtkeit*) como forma de autentificación (autenticidad, legitimación, *Eigentlichkeit*) de lo espiritual (*Geistlichkeit*), que, en el análisis de Derrida, es una perspectiva heideggeriana que se reclama en última instancia a Descartes, se sitúa en *otro mundo* (mundanar, mundanizar, *Weltlichte*) de lo posible (*l'inattendu*) en los ámbitos periféricos. Derrida sostiene que la caída (*tombe*, *Fallen*) en la espiritualidad de Heidegger —la diferancia entre *Sein und Zeit* (1927) y *Einführung in die Metaphysic* (1935)— es coherente con "une formalisation logique du *cogito* cartésien, c'est-à-dire de la conscience en tant que *cogito me cogitare rem*" (1990a: 39).[1] La cuestión periférica (§ 12), en su origen como cuestión de la cuestión (§ 1), no tiene lugar para un *reclamo* espiritual de la herencia de lo humanizable y la/su historiografía (entendida como temporalización heideggeriana [*Zeitigung*]): toda forma inteligible de pasado puede sólo formularse por *diferancia* ("différance") con el presente (en tanto siendo/estando y presencia) (§ 13, § 21). El espiritualizando el mundo (mundanar, mundaneidad) en cuanto *Dasein* (§ 15, § 17, § 34): "ce qui est vrai de l'histoire est vrai du monde. Heidegger associe à plusieurs reprises, d'un trait d'union, les adjetifs *geisting* et *geschichtlich*: *geistig-geschichtlich* est le *Dasein*, *geschichtlich-geistig* le monde" (Derrida, 1990a: 50).[2]

La lectura de la evolución conceptual del concepto de espíritu (*Geist, geistig, geistlich*)/espiritualidad (*geistlichkeit*) que Derrida (1990a: 11–143) lleva a cabo de Heidegger introduce la duda acerca de las motivaciones por la cuales la ausencia espiritual (concepto de espíritu/espiritualidad)

1 Traducción del autor: "una formalización lógica del *cogito* cartesiano, es decir de la conciencia en tanto que *cogito me cogitare rem*".

2 Traducción del autor: "eso que es verdadero de la historia es verdadero del mundo. Heidegger asocia en muchas ocasiones, con trazo de unión, los adjetivos *geisting* y *geischichtlich*: *geistig-geschichtlich* es el *Dasein*, *geschichttich-geistig* el mundo".

de *Sein und Zeit* se transforma en presencia activa y fundamental en *Die Selbstbehauptung der deutschen Universität* ("La auto-afirmación de la universidad alemana", 1933) y en *Einführung in die Metaphysik* ("Introducción a la metafísica", 1935). Sea cual sea la respuesta a la problemática del *esprit* [Derrida]/*Geist* [Heidegger], aquello que parece no ser duda es que la evolución conceptual, que la conceptualización de una cuestión, *no responde* a razones conceptuales o especulativas, sino a una variedad de elementos en torno a los cuales sólo se pueden establecer hipótesis probables. Esta situación es también parte de *la question de la question* que indicara Derrida (§ 16, § 22) y elemento fundante de la especulación en los ámbitos periféricos (§ 12, § 21). Que los autores y analistas locales pasen más tiempo en tratar de demostrar lo contrario, es decir, que sus elecciones conceptuales estarían asentadas sobre una legitimidad —de lo racional, de lo conceptual, de lo científico, de lo ideológico— prueba no sólo que su lectura de la historiografía europea se basa en un malentendido, sino, más relevante aun, que dicha elección resulta de la ausencia de argumentos e hipótesis respecto de los conceptos mismos en términos alternativos a *la cuestión* —es decir, a otra cosa que seguir el camino historiográfico que conduce del *Dasein* al *cogito*.

Esta herencia determinante de "la métaphysique cartésiano-hegélienne de la subjectivité" [la metafísica cartesiano-hegeliana de la subjetividad] (Derrida, 1990a: 36) incide en la especulación como una traza derridiana y que podríamos señalar como una *greffe*. *Greffe* en francés posee tres significados: (i) puede ser entendido como injerto, (ii) puede ser considerado como trasplante, trasplantar y (iii) puede ser entendido como escribanía en el sentido de tribunal. La *greffe* es una incisión en todos los sentidos. La *greffe* es la marca colonial indeleble, inevitable, originaria, fundante. No hay distinción posible entre la *greffe* cartesiana y el pensamiento de lo local (§ 46, § 47): la simbiosis es el origen de aquello que entendemos como ambiente (§2, § 3, § 20), *ground* (§ 27, § 36, § 47), ecología (§ 41, § 42), biosfera (§ 35, § 46).

La expresión derridiana resume de manera eficaz las posibilidades historiográficas con que se ha emprendido la obra de Descartes y sobre todo la noción de *cogito* y sus derivaciones conceptuales (Derrida, 1990a: 36). El modo en que, según Derrida, Heidegger recupera la categoría de *Geist* (espíritu, espiritualidad, espiritualismo) es realizado de tal manera que, al hacerlo y al reformular dicha categoría en relación a su situación local (rectorado, universidad, Alemania, civilización), se *inscribe* en un mecanismo cartesiano de introspección e individuación que supone, por una parte, un naturalismo sin injerencia de la técnica, ajeno al Antropoceno y sus derivas, y, por otra parte, un sentido de institución filosófica que se asienta en el Estado y en las historiografías.

La espiritualidad (*geistig*, *geistlich*) heideggeriana interpretada por Derrida constituye una metafísica de la tecnología, centrada precisamente sobre eso que el propio Derrida indica como *empreinte spirituelles* (Derrida, 1990a: 51). La explicación de que la técnica no se entiende ni se explica tecnológicamente se desprende como premisa implícita de esta espiritualidad, más aun, la dinámica de la espiritualidad, aquello que mueve y direcciona, y que constituye el núcleo de la *alemanidad/alemanismo* asociada a esta espiritualidad, nos conduce a una idea de movimiento humano, de humanización, ajeno a la técnica. Este aspecto es precisamente aquello que Stiegler (2001, 2015a), a inicios del siglo XXI, indicará como la debilidad mayor de la obra heideggeriana y, en definitiva, como aquello que explica la *continuidad* entre Heidegger y la tradición cartesiana que determina la conciencia de forma ajena a toda dimensión tecnológica —eso que el propio Derrida indica como "la métaphysique cartésiano-hegélienne de la subjectivité" (Derrida, 1990a: 36). Existe una relación directa entre la proposición de una continuidad espiritual (*geistige Welt*, pensamiento de la *Geschlecht*) en términos heideggerianos y la manera en que el naturalismo filosófico decimonónico local fundamenta la existencia de una evolución tecnológica. Ambas perspectivas convergen de forma implícita en un ilusionismo en torno la significación humanizante/humanizada de la tecnología —eso que Evgeny Morozov (2013) llama "ilusionismo tecnológico" y que Stiegler (2015a) denomina "automatización". La "huella espiritual" (*empreinte spirituelles*) y la "huella digital" (*empreinte digital*) se confunden. De esta manera la mundaneidad se determina sobre la unicidad/univocidad: "la forme de l'unique monde spirituel du peuple (*die eine geistige Welt des Volkes*)" [la forma única del mundo del espíritu del pueblo] (Heidegger, *Die Selbstbehauptung der deutschen Universität*, 1983 [1933], p. 7).

El énfasis en la adjetivación de *Geist* es una manera de entender que el espíritu no puede ser un existir como *nombre,* sino conjugado, declinado: "Le mot 'spirituel' est encore *souligné* à la fois pour marquer que là se trouve la détermination fondamentale du rapport à l'être et pour conjurer une politique qui ne serait pas *de l'esprit*" (Derrida, 1990a: 59).[3] Esta enfatización entonces significa menos por aquello que la escritura dice (escrituración) que por eso que supone conceptualmente: una relación estrecha e inalienable entre espiritualidad y ser-siendo (*Sein*). En este sentido, la consideración de la decadencia/degradación del espíritu, como prueba de la existencia del mismo y de su valor, no es sólo una *pérdida*, sino también una categorización particular del mundanar en tanto ecología política: "Mais la géopolitique nous reconduit encore de la terre et de la planète au monde et au monde comme monde de l'esprit. La géopolitique n'est autre qu'une *Weltpolitik* de l'esprit. Le monde n'est pas la terre. Sur la terre advient un obscurcissement du monde (*Weltverdüsterung*): la fuite des dieux, la destruction de la terre, la massification des hommes, la prééminence du médiocre" (Derrida, 1990a: 59).[4] La relación entre este mundanar (*Weltliche*) y las justificaciones de los resultados sociales y de individuación de la industrialización tecnológica es directa: el embrutecimiento y adocenamiento que Derrida sugiere en sus páginas, a raíz del intento de conceptualización de la *Geist*, es un resultado concreto en los ámbitos periféricos: la pérdida ya asumida del humanizar lo humano en tanto ser-estando, estar-siendo.

3 Traducción del autor: "La palabra 'espiritual' es todavía subrayada a la vez para marcar que allí se encuentra la determinación fundamental de la relación al ser y para conjurar una política que no será *del espíritu*".

4 Traducción del autor: "Pero la geopolítica nos reconduce todavía de la tierra y del planeta al mundo y al mundo como mundo del espíritu. La geopolítica no es otra que una *Welpolitik* del espíritu. El mundo no es la tierra. Sobre la tierra adviene un oscurecimiento del mundo (*Weltverdüsterung*): la fuga de los dioses, la destrucción de la tierra, la masificación de los hombres, la preeminencia del mediocre".

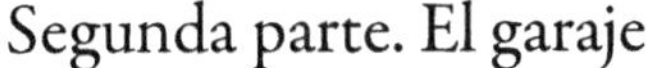

Segunda parte. El garaje

§ 12. El pensamiento esto y *la cuestión*

La legitimidad de *la question de la question* en los términos de Derrida también proviene de la *vermeiden* (huida, escape, evitación) de Heidegger leída en términos de *Sein und Zeit*: "il y a du sens à dire du *Dasein* qu'il peut être indifférent à la question de son être, précisément parce qu'il ne l'est pas, parce qu'il *peut*, aussi *ne pas* l'être" (Derrida, 1990a: 32).[1] Justamente esta condición autosuficiente del *Dasein*, en tanto indiferencia, hacia aquello que es "piedra o tabla", pero que se traslada a lo viviente, es lo que adquiere actualidad en el presente: construir el presente —sin ser negligente respecto de un ahora del proceso de individuación (Simondon, 2005)— requiere un reconocimiento de la forma en que "lo a-la-mano" (*Zuhandenheit*) y "lo a-la-vista" (*Vorhandenheit*) determinan aquello a lo que Heidegger, en la interpretación de Derrida (1990a: 32), era indiferente (*Indifferenz*, también como evitación). El derecho a la indiferencia hace también a *la question de la question* sin que ello implique una apelación inmediata a valoraciones (formas de ofrecer valor) o sistemas conceptuales de lo ético. El *abandono* es una virtud de la filosofía en términos europeos y una condición de la especulación, necesaria e irreversible, en los ámbitos periféricos dominados por el Antropoceno.

La *vermeiden* de Heidegger entonces, en los términos de la cuestión periférica, puede ser entendida como una forma de asertividad, de afirmación a partir de la ausencia, del vacío. Es así entonces que de la interrogación al ser como método primero y validador de la actividad filosófica, pasamos a una reversión donde lo interrogante no es una pregunta, sino una ausencia y donde el sujeto de la pregunta no es un *étant* ["Être et temps"] (*Sein* ["Sein und Zeit"], *being* ["Time and Being"]),

1 Traducción del autor: "... hay un sentido a decir del *Dasein* que puede ser indiferente a la cuestión de su ser/estar, precisamente porque no lo es, porque el *puede* también de *no* lo ser."

sino una variedad del siendo, del estar y del parecer. La cuestión no son los estados o estadiendos, que amenizarían la existencia como una unidad inteligible (*être*, *Sein*, *being*), sino la manera en que, en un mundanar tecnológico, el proceso de individuación se realiza. De alguna forma la *vermeiden* ha sido la δύναμις (*dynamis*) aristotélica por la cual la filosofía tradicional ha aparcado la técnica/tecnología como elemento fundante de *la cuestión*. Cuando Derrida asocia *la cuestión* a la noción de *Geist* en Heidegger, en tanto problema, en tanto asunto, es precisamente a *esto* a aquello que se quiere referir (§ 21): este *esto* es el planteamiento de *la cuestión* como ecología imprescindible, como *epistemological stand*, *la question de la question* en definitiva (§ 27). El ámbito periférico, en su condición especulativa, en la manera en que se puede determinar una *cuestión periférica*, requiere de un pensamiento de este *esto*, un *pensamiento esto* (§ 34, § 35).

En los ámbitos periféricos, como vimos, *la cuestión*, es en realidad una formulación particular de "la question de la question" (§ 1), la cual tiene un registro, una longitud de onda (§ 39, § 41, § 47), que la escritura de la filosofía europea, aun en los términos derridianos, no logra captar (§ 17, § 18, § 22, § 40). A este *esto* en concreto (*die Beständigkeit*) es a aquello que también indicamos como la *cuestión periférica* (Canaparo, 2017: 3–29, 43–57). En los ámbitos periféricos no hay cosas en el sentido heideggeriano —incluso en los términos derridianos— sino que hay esto (Canaparo, 2016: 43): el *esto* es la cosa en la periferia, en su formulación local, en su simbiosis y discontinuidad con los objetos (§ 27). Cómo lo indefinido y concreto se reúnen en la cosa, cómo un aparato es cosa de la misma manera que un objeto no identificado, es aquello de lo que se ocupa el *esto*. El *esto* se ocupa de la funcionalidad extrema de lo local en cuanto existente, así como también de la manera en que lo tecnológico vehiculiza lo humano. Que la materialidad y la fisidad son discontinuas es algo de lo cual la coseidad (*dinglichkeit, choseité*) se ocupa y a ello en los ámbitos periféricos le indicamos por el *esto*.

En la relación entre cercanía y distancia a partir de lo cual Heidegger define la cosa (*Ding*) (Canaparo, 2016: 51–52) es donde surgen en los ámbitos periféricos dos asuntos de relevancia mayor: la función y significado de aquello que está en otro lugar pero que es un aquí (diglosia: § 24) y la función y significado de la construcción de un presente cuyo *presentismo* es problemático.

Es a partir de esta situación entonces que surge una condición permanente de *afuera* en la construcción de la especulación en términos locales, que no sólo explica la situación de *la cuestión* en cuanto problemática del ser —y de la cuestión de la cuestión—, sino también la manera en que una cosificación (*Dinglichkeit*) generalizada caracteriza lo inmediato en el sentido que la cosa se forma y significa como un *esto* medido en escalas variables y en términos de distancias (§ 27): de allí también el interés de la noción de *Das ding* en Heidegger (Canaparo, 2016: 46–50). Perspectiva precisamente que, por otra parte, en su significación y localidad hemos indicado como el *pensamiento esto* (Canaparo, 2017: 43–57). Hay incluso una necesidad de *traer* que se vincula con esta situación: la cita, la referencia, la escritura del otro, sus vestidos, sus gestos, sus expresiones. Esta permanencia del traer a menudo puede confundir acerca de su condición en cuanto que puede aparecer como un arcaísmo que no es, aunque sí es tenida localmente —y en mayoría aplastante de casos— por su superficialidad: la tecnología que no se posee, el consumo que no se ejerce, las instituciones que no hay.

Por otra parte, a partir de esta situación también se comprehende por qué el reducir la "pensée de la présence" —como argumento principal de *la cuestión*— a un recorrido historiográfico —revoltoso u ordenado, poco importa— ha sido uno de los mecanismos de vehiculización colonial más eficaces (§ 26). Y tal situación se halla incluso presente en los escritos del propio Derrida: "'La mythologie blanche' [1972a: 247–260] systématise la critique de l'étymologisme dans la philosophie et dans la rhétorique" (1972c: 74–75).[2] El cuestionamiento de un principio de verdad y/o autenticidad que es establecido a partir de una condición de presencia (*présence*), de presentación del presente (*présentation du présent*), de "être de l'étant" (1972c: 117), constituye un aspecto básico de la especulación entendida en términos de *cuestión periférica*. Los alcances que la reformulación de *la cuestión*, a partir de la industrialización tecnológica, tuvo en los ámbitos periféricos ha reforzado los aspectos colonialistas, sin duda, pero sobre todo

2 Traducción del autor: "'La mitología blanca' sistematiza la crítica del etimologismo en la filosofía y en la retórica".

ha incrementado la eficacia de la dimensión historiográfica tradicional que justifica la existencia de una asociación entre pensamiento, interrogación y empleo del participio presente del indicativo. La tecnologización generalizada de lo humano —y el *ilusionismo tecnológico* consecuente (internet, redes sociales, etc.)— aparece así como una confirmación de los valores tradicionales de lo filosófico, es decir, por la idea que la tecnología es la continuación de lo humano por otros medios, eso que vulgarmente se ha dado en llamar "transhumanismo".

Puede entenderse así por qué resulta pertinente que la pedagogía —y no la historia de la filosofía— sea lo determinante en la configuración de una noción de especulación. Incluso las razones por las cuales la impronta pedagógica de la especulación en los ámbitos periféricos inutiliza la interrogación como mecanismo de pensamiento están ya presentes en Heidegger, cuanto menos en la lectura de Derrida: "Pour me limiter à quelques indications parmi d'autres, je rappelle que le point de départ de l'analytique du *Dasein* — donc le projet de *Sein und Zeit* lui-même — était assigné par l'ouverture du *Dasein* à la question; et que toute la *Destruktion* de l'ontologie visait, notamment dans la modernité postcartésienne, un questionnement insuffisant de l'être du sujet, etc. Ce bouleversement rétrospectif peut paraitre dicter un nouvel ordre." (Derrida, 1990a: 116)[3]

Y precisamente es un *abandono* de la interrogación y no su profundización aquello que es determinante en el ámbito periférico. De allí también que los aspectos de la *grammatisation* que relevan de la escritura sean más patentes y evidentes cuanto más entrópica es la situación colonial. Porque, como indica el propio Derrida, "la question n'est donc pas le dernier mot dans le langage" [la cuestión no es entonces la última palabra en el lenguaje] (Derrida, 1990a: 115).

El defecto de origen, la *défaillance*, sobre la que se cierne "la question de la question" en los ámbitos periféricos *revierte* el sentido de la consistencia

3 Traducción del autor: "Para limitarme a algunas indicaciones entre otras, recuerdo que el punto de partida, el análisis del *Dasein* —es decir, el proyecto mismo de *Ser y Tiempo*— estaba determinado por la apertura del *Dasein* a la cuestión; y que toda la *Destruktion* de la ontología tenía como objeto, principalmente en la modernidad pos-cartesiana, un cuestionamiento insuficiente del ser/estar del sujeto, etc. Este basculamiento retrospectivo puede parecer que dicta un nuevo orden".

afectiva y psíquica. La aumentación se establece en dirección a la tierra o, en todo caso, en viaje. La caída (*Untergang*) es la condición natural (fisidad, φύσις [*phusys*]) de la especulación. En este sentido, de forma revertida, la hipótesis heideggeriana se adapta: la especulación es la *Verfall.* Y esta situación explica la relación —conflictiva y profunda al mismo tiempo— entre la constitución de un sentido de especulación en términos de una individuación y las formas locales de pasado no europeo (indigenismo, civilización amerindia). Y por lo mismo la cercanía y distancia que definía lo cosístico (*dinglichkeit*) en Heidegger tiene una reformulación local y que constituye en definitiva lo que define el esto como determinante de lo especulativo (Canaparo, 2017: 54–55). La acepción de la *Vorhandenheit* (estar-a-la-vista, estar-ahí-delante, estar-ahí-presente) como estar-ahí, como estando-en-lugar, en tanto también constituye un siendo, y la acepción de la *Zuhandenheit* (estar-a-la-mano) como ser-ahí del utensilio, de la utensilialidad, en tanto también es un estar, es aquello que patentiza, desde la óptica de la periferia, al colonialismo de *la cuestión* en su trascendencia insoslayable: la afirmación de la espiritualidad de la lengua "nuestra" (§ 35, § 45) es inseparable de la ubicación de una otredad de distancias y fronteras —eso que indicamos como la animalización (§ 36, § 42).

Como ya analizamos, el *pensamiento esto* es aquello que podríamos indicar como el pos-*cogito* en la época de la llamada "gobernabilidad algorítmica" (Canaparo, 2016: 324). El esto es el vehículo especulativo en una ecología política dominada por la tecnología. El *pensamiento esto* es la filosofía primera —entendida como ἄπειρον (*apeiron*)— de los ámbitos periféricos (Canaparo, 2016: 324–325). Cómo la cosa (*ding, dinglichkeit* [Heidegger]— *chose, choseité* [Derrida]) en la filosofía europea de Heidegger es transliterada en *esto* en la periferia es uno de los argumentos centrales de aquello que aquí indicamos como la cuestión periférica, no por el argumento mismo, sino por el mecanismo historiográfico que supone. El conflicto entre fisidad y materialidad que anima toda comprenhensión del presente o, mejor dicho, toda formulación del presente en términos especulativos, es aquello que el pensamiento esto trata de establecer.

§ 13. La tachadura del siendo/estando

En términos colonialistas, los ámbitos periféricos son considerados como *animalescos*, es decir, en términos heideggerianos, como "pobres en mundo" (*Weltarm*). Los ámbitos periféricos no hacen mundo, no completan, no circunnavegan, no consisten mundo: son mundos degradados, inferiores, desclasados, secundarios, *terceros excluidos* que sólo pueden ser habitados por humanidades de condición animalesca, es decir, por quienes obtienen la condición de siendo/estando (*être* [Derrida], *Sein* [Heidegger]) a partir de una *défaillance* de origen: es la *pobreza ontológica* a la que se refiere Heidegger cuando habla de los tres mundos —*weltlos* (la piedra), *weltarm* (los animales) y el *weltbildend* (el *Dasein*, el hombre como formador de mundo). Por supuesto que no es Heidegger en *Die Selbstbehauptung der deutschen Universität* ("La auto-afirmación de la universidad alemana", 1933) quien escribe acerca del mundo periférico: es su historiografía, el antropocentrismo que supone (Derrida, 1990a: 63), el descuido de la *Gestell* y la ignorancia del Antropoceno, quienes lo hacen.

En los ámbitos periféricos lo viviente no es garantía suficiente de hominización: la espiritualidad que hace al "être de l'étant", al ser/estar-ahí del estando/siendo, es una condición que trasciende a los ámbitos periféricos: es la alemanidad, la francofonía ("le monde est toujours monde spirituel, comme Heidegger ne cesse de répéter": Derrida, 1990a: 68). Y esta situación, que podríamos referir como sólo ligada al colonialismo y a la formación de una noción local de especulación, tiene no obstante una dimensión expansiva que responde a las condiciones de la industrialización tecnológica y a aquellas del Antropoceno. No es correcto atribuir a Heidegger —al *personaje historiográfico*— un conjunto de elementos que resultan en aspectos concretos de los ámbitos periféricos sólo porque los argumentos del *discurso del rectorado* encaminan los conceptos de *Sein und Zeit* en la dirección de un antropocentrismo europeo. La responsabilidad que en todo caso reclamaríamos de Heidegger es *argumentativa* en sentido epistémico, es decir, conceptual —de manera similar a cómo lo hace el trabajo de Derrida. Y, sin embargo, ello no impide una crítica radical a la institución filosófica europea y a su historiografía.

Este ser/estar-animal de la periferia tiene entonces el estatus colonial del antropocentrismo (Derrida, 1990a: 63), que en términos de Heidegger es el *mundo pobre* o, también, el lugar donde la individuación es *pobre de mundo* (*Weltarm*). Este ser/estar-animal de la periferia es situacionista respecto de los márgenes, de las fronteras, de la entropía y, como veremos, de la "gobernabilidad algorítmica" (Rouvroy/Berns, 2013) como extremo de la industrialización tecnológica. Esta animalidad —animalización por un ser-estando/estar-siendo que no se realiza— es para Heidegger aquella en donde el "rapport à l'être de l'étant" (la realización del ser/estar por el siendo/estando, la relación del siendo del ser/estar al estando) se halla tachado (*durchstrechen*), obturado, inutilizado, estéril, disfuncional, ajeno.[1]

1 Cuando en castellano empleamos el término "ser" para indicar una condición filosófica, es decir, por ejemplo, como cualidad última de lo humano individual, sólo podemos emplear el ser *que es también* verbo y cópula. No se suele emplear el estar, aun cuando como cópula es equivalente, porque no es habitual que el estar cualifique como entidad filosófica de lo individual. Esta situación, como aquí tratamos de indicar, es errónea pero en términos de *la cuestión* se la sigue considerando de dicha manera. Y ello responde sobre todo a un asunto de *traducción*, es decir, a un asunto en definitiva de "colonización de/por conceptos" (Descola, 2009: 1 h 27 min). Por otra parte, el ser en tanto condición filosófica, es siempre expresado por el grado de significación máximo concebible de la palabra ser y ello sin duda recae sobre la conjugación en infinitivo del verbo como cópula. Esta condición de ser no puede ser expresada de otra manera, ni siquiera por el siendo o el estando. Y he aquí un problema al momento de traducir del alemán o del inglés en donde la cualidad filosófica del ser puede ser expresada por otra palabra que no es el verbo en infinitivo. Tal es el caso, como estamos viendo, del *étant* en francés respecto de la obra de Derrida y del *seienden* en alemán respecto de la obra de Heidegger. En castellano el siendo (o el estando) en tanto gerundio del verbo ser no cualifica para significar la cualidad filosófica del ser, cosa que sí sucede por ejemplo en *Sein und Zeit* (1927) respecto del *seienden* o del *étant* en *De la grammatologie* (1967a). En castellano la cualidad filosófica del ser sólo puede ser expresada por el verbo en infinitivo y en función de cópula, en tanto que en alemán o en francés el *étant* y el *seienden* pueden ser/estar en función de adjetivo y aun así siguen significando como cualidad última de lo individual. No hay traducción posible para esta situación, sino sólo transliteración (§ 6, § 45) y la misma debe ser realizada ya que una explicación es necesaria al momento de traducir esta ininteligibilidad (§ 17, § 35). Y similar situación se presenta en la traducción al

El animal, la animalización, tiene entonces una *condición privativa* que lo distingue: "La contradiction logique entre les deux propositions (l'animal a et n'a pas de monde) signifierait seulement que nous n'avons pas encore suffisamment élucidé le concept de monde — dont nous suivons ici le fil conducteur puisqu'il n'est autre que celui *de l'esprit*. La spiritualité, Heidegger y insiste, voilà le nom de ce sans quoi il n'y a pas de monde. Il faut donc arriver à penser se noeud qui entrelace les deux propositions: l'animal n'a pas de monde, l'animal a un monde. Et donc l'animal a et n'a pas d'esprit" (Derrida, 1990a: 64).[2]

Y aquí Derrida introduce la sospecha acerca de esa mundaneidad animal, como si tuviera la certeza, sin decirlo, que la condición de *Weltarm* (pobre de/en mundo) no sólo afecta una manera de concebir la noción de mundo, sino también aquella de animal/animalización: "L'animal, lui, accède à l'étant mais, voilà ce qui le distingue de l'homme, il n'accède pas à l'étant *comme tel*. Cette privation (*Entbehrung*) n'est pas celle (*Privation*) que Heidegger situe dans *Sein und Zeit* à l'intérieur de la structure du 'en tant que', du 'quelque chose en tant que quelque chose' (*die Struktur des Etwas als Etwas*)" (Derrida, 1990a: 64).[3]

---

inglés de Heidegger (véase, por ejemplo, la nota en la página 40 del traductor al inglés [William Lovitt] de *Die Technik und die Kehre* [1962]). El prolongado suceso de *la cuestión* en los ámbitos periféricos como mecanismo privilegiado de entender lo especulativo no puede escindirse de esta condición unívoca del castellano: el *presentismo* del presente que requiere la condición filosófica de la pregunta por el ser en castellano es doblemente evidente por esta inflexibilidad del ser como verbo y cópula en el infinitivo. La insistencia con la cual emplearemos indistintamente el ser como estar o viceversa es un recordatorio de esta situación de partida.

2 Traducción del autor: "La contradicción lógica entre las dos proposiciones (el animal tiene y el animal no tiene mundo) significaría solamente que no hemos aún dilucidado suficientemente el concepto de mundo —del que seguimos aquí el filo conductor por cuanto no es otro que el *del espíritu*. La espiritualidad, Heidegger insiste, he allí el nombre de aquello sin lo cual no hay mundo. Hay entonces que llegar a pensar ese nudo que entrelaza las dos proposiciones: el animal no tiene y el animal tiene mundo. Por tanto, el animal tiene y no tiene espíritu".

3 Traducción del autor: "El animal, él, accede al estando/siendo (étant) pero, esto es aquello que lo distingue del hombre, él no accede al estando/siendo en *cuanto tal*. Esta privación (*Entbehrung*) no aquella (*Privation*) que Heidegger sitúa en *Ser y tiempo* al interior de una estructura del 'en tanto que', del 'alguna cosa en tanto que alguna cosa' (*die Struktur des Etwas als Etwas*)".

Esta contradicción en realidad exhibe otro aspecto más relevante: la humanización del siendo puede animalizarse o no, es decir, que hay seres humanos no humanizados y, por ende, pobres en mundo. Tal condición es la mundicidad (*Weltmäßigkeit*) creciente de la contemporaneidad: el devenir animal no es ya un fenómeno de la periferia, sino un resultado de la industrialización tecnológica. La humanización de lo humano ya no se realiza a partir de atributos del ser-estando/estar-siendo. Esta situación es la tachadura (*rature, raturer*) que tan bien analiza Derrida (1990: 65–67) retomando el principio de Heidegger y que nos conduce directamente al centro de la problemática del proceso de individuación actual en los ámbitos periféricos: "Quand nous disons que le lézard est étendu sur la roche, nous devrions raturer (*durchstreichen*) le mot 'roche' pour indiquer que, sans doute, ce sur quoi le lézard est étendu lui est bien donné de *quelque façon* (*irgendwie*, souligné) mais n'est pas connu [ou reconnu] comme (*als* souligné) roche. La nature ne veut pas dire seulement: quelque chose d'autre est appréhendé et comme quelque chose d'autre, mais: ce n'est surtout pas accesible *comme étant* (*überhaupt nich als* Seiendes *zugänglich*)" (Heidegger, 1992: 291–292. Traducción de Derrida).[4]

Y agrega Derrida: "La rature marquerait dans *notre* langage, en évitant un mot, cette incapacité de l'animal à nommer. Mais celle-ci est d'abord l'incapacité à s'ouvrir au *comme tel* de la chose. Ce n'est pas de la roche *comme telle* que le lézard a l'expérience" (Derrida, 1990a: 66).[5]

Que la tachadura inevitablemente *se realice* en la lengua es otra evidencia de la relevancia de la dimensión tecnológica en la formulación de una noción de especulación o, dicho más correctamente, es un rasgo determinante

4 Traducción del autor: "Cuando decimos que la lagartija está tendida sobre la roca, tenemos que tachar (*durchstreichen*) la palabra 'roca' para indicar que, sin duda, es sobre aquello que la lagartija se halla extendida lo que lo presenta *de alguna manera* (*irgendwie*, sublineado), pero no es conocido (o reconocido) como (*als*, sublineado) roca. La naturaleza no quiere decir solamente: alguna cosa otra es aprehendida y como alguna cosa otra, sino: que no es accesible *como estando/siendo* (comme étant) (*uberhaupt nich als* Seiendes *zuganglich*)".

5 Traducción del autor: "La tachadura marcará en *nuestro* lenguaje, evitando una palabra, esta incapacidad del animal a nombrar. Pero esta es en principio la incapacidad a abrirse al *como tal* de la cosa. No es de la roca *como tal* que la lagartija tiene la experiencia".

en la manera que la noción de especulación aparece como indispensable a la formulación de un sentido de lo humano. En los ámbitos periféricos no hay posibilidad de concebir la especulación sin la escritura y la escritura sin la tachadura: aquello que era una nota al margen para Heidegger (en *Die Grundbegriffe der Metaphysik* [1929–1930], en *Zur Seinsfrage* [1959]) es el centro de la cuestión para la periferia. Por lo mismo, una vez más, Derrida tiene una proximidad con la perspectiva periférica en cuanto a partir de *De la grammatologie* incorpora tachadura y escritura como sinónimos (Derrida, 1967a: 33; y también Fatay, 2000). Existe una relación directa entre tachadura, pobreza de mundo (o disminución del mundar/mundanar) y devenir-animal, siendo-por-la-animalización.

Y es precisamente esta ausencia de "compréhension du monde" (*Weltverstehen*) aquello que determina el colonialismo con el ser-estando/estar-siendo de la individuación, su funcionamiento antropocénico, y también aquello que determina la forma en que lo local (localización, sentido de localidad) se establece, es decir, "le devenir-monde, *das Welten von Welt*, le monde qui est en tant qu'il (se) mondialise ou se mondanise (*Die Welt ist, indem sie weltet*)" (Derrida, 1990a: 65).

La tachadura —escrituraria, fisisista, copulante— bajo la cual el ser-estando/estar-siendo se desarrolla en los ámbitos periféricos ofrece entonces, además de una comprehensión de las consecuencias que posee de definir lo humanizante sin considerar la técnica/tecnología, una clara perspectiva de los alcances de la *grammatisation* cuyo lenguaje se asienta sobre una trascendentalidad inmodificable, sobre un *como tal/como si fuese* que es siempre ausencia en imposibilidad: "Cette incapacité à nommer n'est pas d'abord ou simplement linguistique, elle tient à l'impossibilité proprement *phénomenologique* de dire le phénomène dont la phénoménalité comme telle, dont le *comme tel* même n'apparait pas à l'animal et ne dévoile pas l'être de l'étant. Dans le langage de *Sein und Zeit* (§ 31), on dirait qu'il s'agit d'une privation de *Weltverstehen* et non *dans* le *Weltverstehen*" (Derrida, 1990a: 66–67).[6]

6 Traducción del autor: "Esta incapacidad a/para nombrar no es en principio o simplemente lingüística, ella soporta/se refiere a la imposibilidad propiamente *fenomenológica* de decir el fenómeno, la fenomenalidad como tal, cuyo *como tal* mismo no

Heidegger no podía concebir una proletarización tal de lo humano al punto de perder la *Weltverstehen*, de anihilación de la misma y, más aun, de cómo lo humano puede ser/estar entendido como siendo/estando *a partir de esta ausencia* que es hecha patente por la generalización de la tecnología, es decir, de la *presencia* de lo artificial, de aquello que deviene artificioso. Es el mismo mecanismo fenoménico que ha sido sobrepasado por la incidencia de la tecnología: el *dévoilement* (*Unverborgenheit*) del *Sein* que da lugar al *Dasein*, para decirlo en términos de Heidegger, ya no se produce por una exploración y descubrimiento del ser/estar-ahí en su mismidad, en su ser-estando/estar-siendo, en su "être de l'étant" ("das Sein des Seienden"): la presencia del siendo ya no es garantizada por la conjugación de la cópula por cuanto es el mismo estando/siendo que se ha diversificado, justamente, por las mismas razones con que Derrida justificaba su "la question de la question". La pérdida de mundo es la caída (*Fallen, Verfall*) de la comprehensión de mundo (*Weltverstehen*), la imposibilidad por pérdida de la significación de los mecanismos *como tal/en tanto que*, los cuales hacían a lo fenoménico *per se*, lo "propiamente fenomenológico" (Derrida, 1990a: 66). Y es esta pérdida, como veremos, aquello que modificará la noción que el propio Heidegger tenía de privación (*Entbehrung, Privation*) y que para los ámbitos periféricos podríamos indicar como *deprivación,* que es una privación definida a partir de la pobreza, de la miseria: la mundanización de Heidegger (mundo ambiente [*monde ambiant*] + mundo común-colectivo [*monde de l'être avec autrui*] + mundo-de-sí [*Selbstwelt*]) es insostenible en la actualidad. Aquello que la *humanización por la tecnología* confirma es una reversión del postulado heideggeriano, es decir, una generalizada pérdida de lo familiar, de la familiaridad (*unheilichte*). Mundanar (hacer mundo, mundicinar) es proletarizar la mundanización heideggeriana (*Weltlichkeit*), mundanar es habitar (biosferizar) en la periferia.

Esta tachadura (*kreueweise, Durchstreichung*) de la condición de existencia, en el contexto de una vehiculización tecnológica del proceso de individuación (Simondon, 2005), permite entender la condición obturada,

aparece al animal y no se descubre al ser del estar/siendo. En el lenguaje de *Ser y Tiempo* (§31), diríamos que se trata de una privación de *Weltverstehen* y no *en* la *Weltverstehen*".

inhibida, de la escritura en los ámbitos periféricos: de manera que cuando Heidegger en *Zur Seinsfrage* (1959) "propone d'écrire le mot 'être' sous une rature en forme de croix (*kreueweise, Durchstreichung*)" [propone de escribir la palabra "ser/estar' bajo una tachadura en forma de cruz (*kreueweise, Durchstreinchung*)] (Derrida, 1990a: 65) se vincula directamente a los autores que en los ámbitos periféricos proponen, por ejemplo, la escritura barroca como rasgo distintivo de lo local. La tachadura es el nombre, indecible en lo concreto y consistente del ser/estar/parecer del presente (el participio presente), de la ausencia que significa la trascendentalidad que significa tener un afuera como referencia mayor de lo inmediato o, de manera similar, tener un horizonte de expectativa como δύναμις (*dynamis*) principal de lo especulativo —y que son los casos regulares del colonialismo de segundo grado que impera en los ámbitos periféricos del planeta.

Esta situación, por otra parte, también permite comprehender por qué el *nombre* (nominar, decir nombrando, conceptualizar) constituye una otra cuestión en términos especulativos en los ámbitos periféricos —y otra razón además a por qué sostenemos que la llamada "question juif" en términos europeos tiene una relación directa con la constitución de los ámbitos periféricos como dominios donde lo humanizante que hace a lo humano ya no es humano sino tecnológico, completamente artificial (§ 43). El nombre como problema, en los términos *hebreos* con que lo considera el propio Derrida (*Otobiographies. L'enseignement de Nietzsche et la politique du nom propre* [1984]), tiene una relación directa con la manera en que la *grammatisation* del castellano, por ejemplo de ámbito periférico, se impuso territorial e institucionalmente y al hacerlo consolidó el conflicto de cómo se dicen y nombran las cosas de forma legítima en un sitio donde el gesto especulativo inicial fue justamente la violencia de borrar todo nombre. Esta situación es *impensable* (indecible, innominable, indeclinable, inatribuible) para la institucionalidad filosófica europea, *excepto por "la question juif"* (§ 43).

La significación de la escritura en relación a la especulación, conduce a Derrida a considerar la situación por la cual una palabra, en cuanto signo (lo significado [*signifié*: idea, *concept*, *vorstellun*] como significante [*signifiant*: *image acoustique*, sonido convencionado]), está por aquello que no-es-ahí, que no está-siendo-ahí (Derrida, 1967a: 31): es la diferancia (*différance*), un extra, un agregado que no se halla pero cuyas consecuencias son de relevancia. Es el famoso ejemplo derridiano (1967a: 31) de la palabra tachada (*rature*) (Derrida, 1990a: 65–66): la palabra tiene significados que no podemos evitar (su forma gráfica, su escrituración), pero dichos significados no son los más relevantes, de manera que el único resultado posible es conservar la palabra pero tachada, cruzada. Esta conjetura que Derrida retoma de Heidegger, es justamente la caída (*Verfallen*), la *défaillance*, el fallo-de-origen, de los ámbitos periféricos (§ 21, § 27). Una lengua local a la que no podemos hacer a menos pero que en realidad significa por otra cosa: es la lengua tachada que aquí expresamos por medio del pensamiento esto y también por medio de la cuestión periférica.

Derrida retoma la propuesta de *Zur Seinsfrage* (1956), en donde se propone escribir la palabra *Sein* tachada con una cruz (*kreuzweise Durchstreichung*) como una forma de expresar la diferancia (*différance*) pero también "le devenir-monde du monde, *das Welten von Welt*, le monde qui est en tant qu'il(se) mondialise ou se mondanise (*Die Welt ist, indem sie welten*)" (1990a: 65).[7] Pero la tachadura tiene además en términos coloniales una impronta ulterior: es la del error, la del fallo, la del fracaso, la de lo irreversible, la de ausencia de escolaridad, la de las consecuencias (en el sentido de *auskennen* [desenvolverse], de *unverborgenheit* [desocultamiento]). que no se quieren pero se deben de todos modos comprehender (*verstehen*, pero también como *Verständnis* [comprensión]). Por ello es también relevante la perspectiva heideggeriana: la tachadura (Derrida: *raturer*, Heidegger: *durchstreichen*) indica que algo no es accesible como siendo/estando (Derrida: *comme étant*, Heidegger: *überhaupt nicht als* Seiendes *zugänglich*). Este fallo en la condición de estando/siendo es una constante de los ámbitos coloniales —y una vez más constatamos por qué las traducciones de Heidegger en castellano a partir del "entismo" conducen a una confusión sin fin. Y esta "privación", como bien le indica Derrida, tiene en los ámbitos periféricos, a diferencia de lo señalado por Heidegger, una carga doble. Si en Heidegger hay que distinguir entre privación como

7 Traducción del autor: "El devenir-mundo del mundo, *das Welten von Welt*, el mundo que es/está en tanto que él se mundializa o se mundaniza (*Die Welt ist, indem sie welten*)".

Entbehrung, es decir, la privación por/para el animal, de la privación como *Privation*, es decir, en relación a la comprehensión del mundo por parte del *Dasein*, por el contrario, en los ámbitos periféricos, dichas privaciones se hallan confundidas (§ 14, § 36, § 42), más aun, hace a la localización de lo local dicha confusión que mejor sería indicar como simbiosis o incluso biosfera (§ 46, § 47).

La escrituración como "oubli de soi" [olvido de sí] (Derrida, 1967a: 39) en razón de su condición de técnica que vehiculiza lo humano como tal es un asunto que determina de forma radical la condición conflictiva que se halla a la base del colonialismo como *determinación* doble: en tanto sujeción de autoridad, en tanto individuación de/por especulación. Es aquello que justamente Derrida indica como "L'être écrit" [el ser/estar escrito] (1967a: 31–41): este estar/ser de la escrituración tiene una relación directa con el sentido de *privación* en tanto no hay escritura del ahorar (§ 32) que está/es el siendo/estando. Y es por ello que Derrida asocia la *Aufhebung* hegeliana a este olvido y privación. El verbo *aufheben* significa a la vez "mantener, conservar", pero también "hacer cesar, poner fin" (Cassin, 2004: 152). De manera que el olvido y la privación no suponen la desaparición o destrucción de un estado anterior, sino su subsumir, lo cual es crucial para entender el mecanismo de colonialismo y colonización en los ámbitos periféricos. Que la *Wissenschaft der Logik* fuese publicada a partir de 1812 en plena expansión colonial-tecnológica europea no constituye un dato menor o casual. Es aquí donde las teorías en torno a las categorías de ideología y biografía se han mostrado más frustrantes e ineficaces, por cuanto no pueden concebir (conceptualmente, imaginariamente) este mecanismo de olvido sin destrucción y que en otro trabajo indicamos a partir de una reversión (en tanto *Verdrehung*) de la relación entre las llamadas causas (en sentido aristotélico: *αἰτία*, Αἰτίων, *αἴτιος*, explicación materiales y las finales (Canaparo, 2019: introducción). Que mediación y determinación sean las dos características del proceso de *Aufhebung* y en lo cual se funda su "positividad" (Cassin, 2004: 153), se condice con el olvido y la privación, no como menoscabo, sino como estados activos, como positividades y que constituye el aspecto de más difícil elaboración de la especulación en los ámbitos periféricos. Que el devenir, en tanto ahorando (§ 27), sea engendrado por esta positividad de lo negativo (*sursumer, sursomption*: J-P.

Labarrière, 1986: 107) constituye un aspecto determinante de los ámbitos periféricos y razón por la cual el ideologismo y el ilusionismo han sido explicaciones de larga popularidad local. Mecanismos que podrían ilustrar igualmente cómo la causa material revierte (*Verdrehung*) la causa final, en la especulación en los ámbitos periféricos.

La escrituración supone un significado ("l'ordre du signifiée" [el orden del significado/lo significado], "l'ordre du signifiant" [el orden del significante]: Derrida, 1967a: 31) que reclama de la presencia en términos de la cuestión: "L'essence formelle du signifié est la *présence*, et le privilège de sa proximité au logos comme *phonè* est le privilège de la présence. Réponse inéluctable dès lors qu'on se demande « qu'est- ce que le signe? », c'est-à-dire lorsqu'on soumet le signe à la question de l'essence, au « ti esti ». L' « essence formelle » du signe ne peut être déterminée qu'à partir de la présence. On ne peut contourner cette réponse, sauf à récuser la forme même de la question et commencer à penser que le signe ~~est~~ cette ~~chose~~ mal nommée, la seule, qui échappe à la question institutrice de la philosophie: « Qu'est-ce que ...? »" (Derrida, 1967a: 31).[8]

Y a partir de ello se deduce la relevancia del signo (*signe, Zeichen*) entendido como unidad de lo heterogéneo, que responde a una materialidad, a una fisidad y a un requisito de presentismo (§ 1, § 4, § 6): "L'évidence rassurante dans laquelle a dû s'organiser et doit vivre encore la tradition occidentale serait donc celle-ci: l'ordre du signifié n'est jamais contemporain, est au mieux l'envers ou le parallèle subtilement décalé — le temps d'un souffle — de l'ordre du signifiant. Et le signe doit être l'unité d'une hétérogénéité, puisque le signifié (sens ou chose, noème ou réalité) n'est pas en soi un signifiant, une *trace :* en tout

8 Traducción del autor: "La esencia formal del significado es la *presencia*, y el privilegio de su proximidad al logos como *phonè* es el privilegio de la presencia. Respuesta ineluctable desde que nos preguntamos '¿qué es el signo?', es decir desde que sometemos el signo a la cuestión de la esencia, al 'ti esti'. La 'esencia formal' del signo no puede ser determinada que a partir de la presencia. No podemos evitar esta respuesta, excepto si recusamos la forma misma de la cuestión y comenzamos a pensar que el signo es esta cosa mal nombrada, la sola, que escapa a la cuestión institutora de la filosofía: '¿Qué es esto?/¿Qué es que es?' ".

cas n'est pas constitué dans son sens par son rapport à la trace possible" (Derrida, 1967a: 31).[9]

El signo así niega toda representación, es una utilización/utensilialidad que no tiene revés ni fondo, no es presentación sino presentismo, es eso que indicamos como la reversión de la causa material en el lugar de la final (Canaparo, 2019: introducción). El señalar de un signo construye el espacio y su conceptualización puesto que no hay un "allí", naturalizado y estable, al que el signo se refiere/referiría: "Was besagt das Zeigen eines Zeichens? Die Antwort ist nur dann zu gewinnen, wenn wir die angemessene Umgangsart mit Zeigzeug bestimmen. Darin muß genuin auch seine Zuhandenheit faßbar werden. Welches ist das angemessene Zu-tun-haben mit Zeichen? In der Orientierung an dem genannten Beispiel (Pfeil) muß gesagt werden: Das entsprechende Verhalten (Sein) zu dem begegnenden Zeichen ist das »Ausweichen« oder »Stehenblei-ben« gegenüber dem ankommenden Wagen, der den Pfeil mit sich führt. Ausweichen gehört als Einschlagen einer Richtung wesenhaft zum In-der-Welt-sein des Daseins. Dieses ist immer irgendwie ausgerichtet und unterwegs; Stehen und Bleiben sind nur Grenzfälle dieses ausgerichteten »Unterwegs«. Das Zeichen adressiert sich an ein spezifisch »räumliches« In-der-Welt-sein. Eigentlich »erfaßt« wird das Zeichen gerade dann *nicht,* wenn wir es anstarren, als vorkommendes Zeigding feststellen. Selbst wenn wir der Zeigrichtung des Pfeils mit dem Blick folgen und auf etwas hinsehen, was innerhalb der Gegend vorhanden ist, in die der Pfeil zeigt, auch dann begegnet das Zeichen nicht eigent-lich. Es wendet sich an die Umsicht des besorgenden Umgangs, so zwar, daß die seiner Weisung folgende Umsicht in solchem Mit-gehen das jeweilige Um-hafte der Umwelt in eine ausdrückliche »Übersicht« bringt. Das umsichtige Übersehen *erfaßt* nicht das Zuhandene; es gewinnt vielmehr eine Orientierung innerhalb der Umwelt.

9 Traducción del autor: "La evidencia asegurante en la cual se ha tenido que organizar y tiene que vivir todavía la tradición occidental será entonces la siguiente: el orden del significado no es nunca contemporáneo, es en el mejor de los casos el reverso o el paralelo sutilmente desfasado —el tiempo de un suspiro— del orden del significante. Y el signo debe ser la unidad de una heterogeneidad, porque el significado (sentido o cosa, noema o realidad) no es en sí un significante, una *traza*: en todo caso no está constituido en su sentido por una relación a la traza posible".

Eine andere Möglichkeit der Zeugerfahrung liegt darin, daß der Pfeil als ein zum Wagen gehöriges Zeug begegnet; dabei braucht der spezifische Zeugcharakter des Pfeils nicht entdeckt zu sein; es kann völlig unbestimmt bleiben, was und wie er zeigen soll, und doch ist das Begegnende kein pures Ding. Dingerfah-rung verlangt gegenüber dem nächsten Vorfinden einer vielfach unbestimmten Zeugmannigfaltigkeit ihre eigene *Bestimmtheit*" (Heidegger, 1967: 79).[10]

Aquello que Heidegger indica como circunspección (*Umsicht, Umsichtlichkeit,* lo circunspectivo) en los ámbitos periféricos resulta de esta ineficacia del presente-presentación por significar la escrituración o, mejor dicho, por el hecho que el signo no señala y, además, como indica Derrida, la presencia del presente está por otra cosa. La circunspección es la

10 Traduce Rivera: "¿En qué consiste el señalar de un signo? La respuesta sólo podrá alcanzarse si logramos precisar cuál es el modo adecuado del trato con el útil señalizador. En él deberá hacerse también comprensible de un modo genuino su manera de estar a la mano. ¿Cuál es el modo adecuado de habérselas con los signos? Si tomamos el ejemplo mencionado (el de la flecha), se deberá decir lo siguiente: el comportamiento (ser) adecuado para el encuentro con el signo es el de 'apartarse' o 'detenerse' ante el coche que viene con la flecha. En cuanto toma de dirección, el apartarse pertenece esencialmente al estar-en-el-mundo del Dasein. Éste siempre está de alguna manera orientado y en camino; detenerse y estar detenido son tan sólo casos límites de este 'estar en camino' en una dirección. El signo apela a un estar en-el-mundo específicamente 'espacial', y *no* puede ser verdaderamente 'comprendido' como signo si nos limitamos a mirarlo y constatarlo como una cosa señaladora que estuviera allí. Ni siquiera si seguimos con la vista la dirección a que apunta la flecha y miramos hacia algo que se encuentra en la zona señalada por ella, comparecerá verdaderamente el signo. El signo se vuelve hacia la circunspección y acompaña al trato con las cosas, y esto de tal manera que cuando la circunspección sigue sus indicaciones, al ir junto con él, pone el correspondiente entorno del mundo circundante en una 'visión panorámica' explícita. Este ver panorámico circunspectivo no *aprehende* el ente a la mano; simplemente recibe una orientación dentro del mundo circundante. Otra posibilidad de experimentar este útil consiste en que la flecha comparezca como algo que forma parte del coche, y en tal caso, el carácter específico de la flecha no necesita ser descubierto; lo que la flecha señale y cómo lo haga, puede quedar enteramente indeterminado, sin que por ello lo que comparece se convierta en una pura y simple cosa. La experiencia de las cosas exige su propia *determinación* frente al inmediato hallazgo de una multiplicidad en muchos sentidos indeterminada de útiles" (Rivera, 1997: 86–87).

orientación en el espacio (§ 46, § 47) por la que se inicia la especulación. La circunspección es la orientación primera en el empleo de los utensilios (lo a-la-mano, lo ser/estar-a-la-mano, *Zuhandenheit*) y que apela a lo presente-ahí (a lo que-está/es-frente-delante, lo que-es/está-a-la-vista, lo que-está/es-a-la-visión, lo *Vorhandenheit*). Los signos son así el principio de la biosfera, de su condición de "humanizable": "Zeichen der beschriebenen Art lassen Zuhandenes begegnen, genauer, einen Zusammenhang desselben so zugänglich werden, daß der besorgende Umgang sich eine Orientierung gibt und sichert. Zeichen ist nicht ein Ding, das zu einem anderen Ding in zeigender Bezie-hung steht, sondern *ein Zeug, das ein Zeugganzes ausdrücklich in die Umsicht hebt, so daß sich in eins damit die Weltmäßigkeit des Zu-handenen meldet.* Im Anzeichen und Vorzeichen »zeigt sich«, »was kommt«, aber nicht im Sinne eines nur Vorkommenden, das zu dem schon Vorhandenen hinzukommt; das »was kommt« ist solches, darauf wir uns gefaßt machen, bzw. »nicht gefaßt waren«, sofern wir uns mit anderem befaßten. Am Rückzeichen wird umsichtig zugänglich, was sich zugetragen und abgespielt. Das Merkzeichen zeigt, »woran« man jeweils ist. Die Zeichen zeigen primär immer das, »worin« man lebt, wobei das Besorgen sich aufhält, welche Bewandtnis es damit hat" (Heidegger, 1967: 79–80).[11]

Los ámbitos periféricos se definen por este desfondamiento de lo sígnico que, como anticipaba el propio Heidegger, se emplaza en las antípodas de la tradición de *la cuestión*. No hay especulación sin utensilio (*Zeug*) y no hay mundanidad (*Welten*, *Weltmäßigkeit*) sin lo-a-la-mano (*Zuhandenheit*).

11 Traduce Rivera: "Los signos de la especie descrita permiten el encuentro con entes a la mano o, más exactamente, hacen que un complejo de ellos se vuelva de tal manera accesible, que el trato de la ocupación pueda darse y asegurarse una orientación. El signo no es una cosa que esté en esa relación que es el señalar hacia otra cosa, *sino que es un útil que lleva a circunspección explícita un todo de útiles, de tal manera que, junto con ello, se acusa la mundicidad de lo a la mano.* En el indicio y el presagio 'se muestra' 'algo que está por ocurrir', pero no en el sentido de una cosa que sólo se hará presente sobreviniéndole a lo que ya está-ahí; lo 'que está por ocurrir' es aquello para lo que nos preparamos o para lo que 'no estábamos preparados' porque nos ocupábamos con otra cosa. En el vestigio o traza se hace accesible a la circunspección lo ocurrido, lo que ya ha tenido lugar. La marca indica 'a qué atenerse'. Los signos muestran siempre primariamente aquello 'en lo que' se vive, aquello en lo que la ocupación se mueve, qué es lo que pasa" (Rivera, 1997: 87).

Los ámbitos periféricos reformulan así "naturalmente" *la cuestión*. De manera que el signo se consolida en su condición de utensilialidad (*Zeuglichkeit*) y de ser trabajo-de/en-campo: "Was zum Zeichen genommen ist, wird durch seine Zuhandenheit erst zugänglich. Wenn zum Beispiel in der Landbestellung der Südwind als Zei-chen für Regen »gilt«, dann ist diese »Geltung« oder der an die-sem Seienden »haftende Wert« nicht eine Dreingabe zu einem an sich schon Vorhandenen, der Luftströmung und einer bestimmten geographischen Richtung. Als dieses nur noch Vorkommende, als welches es meteorologisch zugänglich sein mag, ist der Südwind *nie zunächst* vorhanden, um dann gelegentlich die Funktion eines Vorzeichens zu übernehmen. Vielmehr entdeckt die Umsicht der Landbestellung in der Weise des Rechnungtragens gerade erst den Südwind in seinem Sein" (Heidegger, 1967: 80–81).[12]

Y bajo estas condiciones, la insistencia local en *la cuestión* como manera de definir lo especulativo nos conduce a un primitivismo, a una animalización generalizada (§ 14, § 36, § 42), que se traduce (transliteración: § 6, § 45) en la interpretación de Heidegger: "Das Zeichen selbst kann das Gezeigte ver-treten nicht nur im Sinne des Ersetzens, sondern so, daß immer das Zeichen selbst das Gezeigte *ist*. Dieses merkwürdige Zusam-menfallen des Zeichens mit dem Gezeigten liegt aber nicht daran, daß das Zeichending schon eine gewisse »Objektivierung« erfah-ren hat, als pures Ding erfahren und mit dem Gezeigten in die-selbe Seinsregion des Vorhandenen versetzt wird. Das »Zusam-menfallen« ist keine Identifizierung zuvor Isolierter, sondern ein Noch-nicht-freiwerden des Zeichens vom Bezeichneten. Solcher Zeichengebrauch geht noch völlig im Sein zum Gezeigten auf, so daß sich ein Zeichen als solches überhaupt noch nicht ablösen kann. Das

12 Traduce Rivera: "Lo que se toma como signo sólo es accesible por su carácter de cosa que está a la mano. Por ejemplo, si en el trabajo del campo el viento sur 'vale' como signo de lluvia, este 'valer' o 'valor inherente' a esa cosa, no es un añadido a algo que ya en sí mismo estuviera ahí: a la corriente de aire, en una determinada dirección geográfica. El viento sur no está *jamás primeramente* ahí como ese mero suceso meteorológicamente accesible, que luego asumirá eventualmente la función de un presagio. En realidad es la circunspección que el trabajo del campo lleva consigo la que descubre por primera vez el viento sur en su ser, en la medida en que lo toma en cuenta" (Rivera, 1997: 88).

Zusammenfallen gründet nicht in einer ersten Objekti-vierung, sondern im gänzlichen Fehlen einer solchen" (Heidegger, 1967: 82).[13]

Esta imposibilidad de separarse de lo señalado no sólo se halla presente en los ámbitos periféricos, sino que es uno de sus aspectos especulativos más determinantes y que veremos más adelante a partir de la espacialidad en términos de Derrida (§ 29) y del parajear en términos de Heidegger (§ 46).

13 Traduce Rivera: "Respecto del fenómeno del signo, se podría dar la siguiente interpretación: para el hombre primitivo el signo coincide con lo señalado. El signo mismo puede hacer las veces de lo señalado, no sólo en el sentido de sustituirlo, sino en tanto que el signo mismo *es* siempre lo señalado. Pero esta curiosa coincidencia del signo con lo señalado no proviene de que la cosa-signo haya recibido ya una cierta 'objetivación' y que, experimentada como pura cosa, sea transferida, junto con lo señalado, a la misma región de ser de lo que está-ahí. La 'coincidencia' no es una identificación de cosas previamente aisladas, sino un no-liberarse-aún del signo respecto de lo señalado. Semejante uso del signo todavía se absorbe enteramente en el estar vuelto hacia lo señalado, de tal manera que un signo aún no puede en absoluto separarse en cuanto tal. La coincidencia no se funda en una primera objetivación, sino en la total carencia de ella" (Rivera, 1997: 89).

§ 14. La animalización de la periferia

Los ámbitos periféricos se hallan determinados por un colonialismo que se establece por/a través un sentido de lo especulativo que, en su formulación clásica, es incapaz de mundanar, de hacer mundo. Es precisamente esta perspectiva aquello que la *cuestión periférica* quiere destacar, reformular, y, sobre todo, puntualizar que las derivas de esta *condición local* de lo especulativo, por otras razones, como estamos viendo, que el "être de l'étant" [el ser/estar del estar/siendo] heideggeriano, constituyen la condición de "comprehensión de mundo" (*Weltverstehen*) del planeta como tal o, mejor dicho, de la manera en que lo humano se humaniza a partir de los artificios y la tecnología. El devenir animal del que se ocupa Derrida ("devenir-bétail": 2006, 134; "la politique suppose le bétail": *idem*), la dimensión de una *Weltarm* (pobre-en-mundo, pobre-de-mundo) que comenta Heidegger (*Die Grundbegriffe der Metaphysik*, 1929–1930), son formas, anticipos, de un ser-estando/estar-siendo actual del planeta para el cual ninguna dimensión unívoca del *être/Sein* puede tener lugar (§ 15).

Esta animalización, este devenir-animal, cuestiona la perspectiva tajante de las filosofías tradicionales, incluido Heidegger, en relación a una diferencia entre lo viviente y el *Dasein* (entendido como manifestación existencial del ser): en la actualidad (*aktuälitat*) de los ámbitos periféricos cualquier definición de una entidad humana no puede ser ajena a lo especulativo y a lo viviente como constatación de consistencia inmediata.

La taxonomización de la especie/las especies (Derrida, 2006: 87), la idea de un Animal con mayúscula (Derrida, 2006: 53–54) y la fijación de una serie de atributos perennes (Derrida, 2006: 167), son los elementos principales de "la cuestión animal" (2006: 125; 1990a: 75) y que Derrida (2006) critica bajo los mismos principios de la "question de la question", es decir, la argumentación por la cual se trata de explorar cómo y por qué se produjo una reversión (*Verdrehung*) a partir de la cual toda naturalización de lo humano conduce paradójicamente a la artificialización de su condición de siendo/estando en términos de presencia y de interrogación. La filosofía naturalista decimonónica, que constituía la *filosofía de Estado* del iluminismo y sus principios, propugnaba una *salida* de la *condición animal* de los ámbitos periféricos a partir de una evolución técnica. La paradoja es que la evolución técnica ha generado una *reversión* en esta perspectiva y, a partir de la industrialización tecnológica, es la proletarización absoluta de las conciencias aquello que ha generalizado una animalización en el sentido heideggeriano de "pobreza-de-mundo" del planeta en su conjunto: la dirección se ha invertido y son las poblaciones de las economías centrales las que socialmente involucionan hacia los ámbitos periféricos (§ 41).

El diagnóstico que afirmaba una *condición animal* y una salida del *subdesarrollo*, suponía al mismo tiempo el colonialismo, por cuanto no era posible conceptualizar una evolución de la especie como tal sin introducir conceptualmente estas diferencias de grado entre territorios y formas de humanización (Canaparo, 2016: 285–315). Es este aspecto justamente aquello que sorprende en Heidegger, es decir, que no haya llevado su reflexión a este nivel, que no haya visto la conexión entre la elaboración historiográfica de un concepto de espíritu (*Geist*) y la evolución de las sociedades Occidentales en términos de ecología política, aspecto que, por el contrario, sí ya considera Derrida —esto también forma parte del *gesto derridiano* (§ 21, § 28, § 39).

Esta animalización por ausencia de mundo a la que conduce la industrialización tecnológica, en los ámbitos periféricos funciona como una doble negación, fracaso, aspiración trunca, desautorización. Como una doble *privación*. Por una parte, en tanto límite atribuido a la especie (de lo zoológico, de lo biológico), es decir, como imposibilidad etológica de una circunstancia biológica/zoológica. Y, por otra parte, en tanto condición del siendo/estando (de su particularidad insoslayable, del ser/estar-ahí, del *Dasein*), es decir, en relación a la comprehensión del mundo por medio del *Dasein* (§ 34). Siguiendo la distinción derridiana (1990a: 75), a la primera privación le indicaremos como *entbehrung* (como prescindencia, como echar de menos, como inútil, como desprovisión), mientras que a la segunda le indicaremos como *Privation* (como negación, como ausencia, como quita, como acto de desposesión, como destitución).

El colonialismo y la industrialización tecnológica constituyen así parte de una misma dinámica que se intercambian y diversifican las privaciones. Por ello es que el *ilusionismo tecnológico* en los ámbitos periféricos no es sólo una cuestión socioeconómica de "estilos de desarrollo", como numerosos analistas locales nos quieren hacer creer (Nicolo Gligo, *Estilos de desarrollo y medio ambiente en América Latina* [Santiago: CEPAL, 2006]), sino una perspectiva que se vincula directamente con el proceso de individuación. El colonialismo y la industrialización tecnológica, en el contexto del Antropoceno, favorecen así, en la insistencia de una forma de especulación tradicional (Kant, Hegel, Heidegger), en donde lo viviente es discontinuo del siendo/estando del ser/estar/parecer, una entropía sin límite de toda forma de construcción humana de lo humano que, paradójicamente, en el contexto del iluminismo y de la ilustración filosófica europea, son entendidos como "humanismo", incluso en las maneras sartreanas más actualizadas (Jean-Paul Sartre, *L'existentialisme est un humanisme* [1945]). Esta *humanización* forzada de lo viviente en realidad produce el resultado contrario: un desconocimiento de la técnica, un cientificismo generalizado, un ilusionismo naturalista y, en definitiva, una anihilación de la capacidad de lo humano para determinar lo humano. La humanización de la tradición historiográfica europea, en los ámbitos periféricos del planeta, no puede, sino conducir, en el mejor de los casos, a la entronización de la víctima como único valor rescatable de una sociedad colectivizada a partir de la violencia (§ 42). La *cuestión periférica* no sólo se encuentra al centro de esta problemática, sino que trata de aportar una perspectiva diversa.

En el mejor de los casos, en los casos más creíbles, esta humanización funciona como un optimismo filosófico (humanizante/humanizador), que es incluso el del propio Derrida: "D'autre part, si la pauvreté privative marque bien la césure ou l'hétérogénéité entre le non-vivant et le vivant d'un côté, entre l'animal et le *Dasein* humain d'un autre côté, il reste que la négativité même dont on lit le résidu dans ce discours sur la privation ne peut pas éviter une certaine téléologie anthropocentrique, voire humaniste. C'est là un schème que la détermination de l'humanité de l'homme depuis le *Dasein* peut sans doute modifier, déplacer, décaler mais non détruire" (Derrida, 1990a: 69–70).[1]

1 Traducción del autor: "De una parte, si la pobreza privativa marca bien la separación o la heterogeneidad, por un lado, con lo no-viviente y lo viviente, y, por otro lado, del animal y el *Dasein* humano, queda que la negatividad misma, de la cual leemos

La privación no es sólo una manera de señalar una "destitución espiritual", sino también una manera de indicar la forma en que en los ámbitos periféricos *se produce* una trascendentalidad: la privación es un desmedro, una disminución, un sesgo que no obstante genera, *da lugar a cosas* (§ 21, § 27). He aquí asimismo otro aspecto de lo viviente —su derivación continua— que la perspectiva de Heidegger y la historiografía consecuente nunca han considerado. No resulta casual, por ejemplo, que teorías como la de la *biology of cognition*, que sitúan el fenómeno de lo viviente al centro de la cuestión epistémica del conocer humano, provengan de los ámbitos periféricos.

La cesura de la tradición filosófica entre lo viviente y la conceptualización del *Dasein* (o la del *cogito* en términos historiográficos: siempre entendido como *únicamente* humano) no puede funcionar en los ámbitos periféricos en razón de la problematización que ameniza la animalidad/animalización, es decir, el hecho que el mundanar entre el hombre y el animal no tiene una distinción tajante: la fuerza del colonialismo ha sido justamente el haber generado una categoría de hombre (*cogito*, *Dasein*) que puede conjugar un siendo/estando pero cuya significación está siempre en tela de juicio, en postergación, en prórroga permanente (§ 16). Derrida (1990a: 70 [nota al pie de página]) avizora aquello que Heidegger no lograba comprehender: el mundanar es inseparable de lo viviente y no un privilegio de aquello que hemos entendido como hombre. Si el principio heideggeriano que el mundo (el mundanar) es siempre un "monde spirituel" fuese viable, entonces la contemporaneidad no sería concebible en sus significados actuales, no podríamos pensar el presente como presencia porque seríamos incapaces de concebir a la violencia o la tecnología como otra cosa que derivados de la idealización (*geistige Welt*) del "idealismo alemán" europeo. No sorprende que el propio Heidegger sea quien afirme que es la época (epocalidad, epocalismo, *Zeitalter*) aquello que se funde y degrada y, asimismo, que hay un "assombrissement du monde lui-même

---

el residuo en este discurso sobre la privación, no puede evitar una cierta teleología antropocéntrica, incluso humanista. Es este un esquema que la determinación de la humanidad del hombre luego del *Dasein* puede sin duda modificar, desplazar, desfasar, pero no destruir".

(*Weltverdüsterung*)" [ensombrecimiento del mundo mismo] (Derrida, 1990a: 72). La "destitución espiritual" que deja entrever el propio Heidegger es la prueba fehaciente de esta incomprensión de las fronteras (la relación estrecha entre límites territoriales, límites imaginarios y limites epistémicos es un *inconcebible* en Heidegger) y de la inconcebiblidad de los espacios periféricos (un afuera historiográfico, una trascendencia física, una alteridad tecnológica, un cambio en la animalidad y en la animación de lo humano). Bajo estas condiciones se puede comprender el alcance y las consecuencias que, en este contexto, tiene que autores y analistas locales crean encontrar en la historiografía europea —de forma explícita o, en la mayoría de los casos, a partir de la cientificidad, de manera implícita— un *entendimiento* de la copulación local (§ 26).

La entidad no viviente del *Dasein* haría imposible pensar la contemporaneidad en sus términos tecnológicos, digitales y, sobre todo, en relación a la cuestión de la generalidad de la *post-fact politics* (*post-truth*, negacionismo) (§ 25). Y resulta justamente interesante que sea el "tiempo de Heidegger" (*Zeitalter*, época, epocalidad) aquel que justamente ofreció los eventos europeos (§ 26) a partir de los cuales se comenzó a desarrollar la pérdida/ausencia de veracidad y de existencia de lo sucedido. Es imposible negar que Derrida tiene en gran medida razón al *justificar* "la question de la question" en relación al *estado per se,* propio, de *la cuestión*, pero también es innegable que ello mismo conduce a interrogarse acerca de los orígenes en la pérdida de significación histórica de los eventos y en la pérdida de un valor de veracidad en los ámbitos públicos —situación que, por otra parte, es inseparable de la industrialización tecnológica. Existe una relación directa entre esta evolución de la nociones heideggerianas y la concepción del *être/Sein* en los términos clásicos ya indicados por Derrida (§ 31).

Y es justamente en esta cesura del *Dasein* respecto de lo viviente que el propio Derrida observa la insolvencia de la distinción hombre-*Dasein*/animal, en el sentido que el mundanar es de lo viviente no del personaje historiográfico que Heidegger —y sobre todo el historicismo filosófico a que su obra ha dado lugar— indican como *hombre* (§ 26). Derrida, en tanto conocedor (aceptación, entendimiento, *aware of*) de los ámbitos periféricos —la *dimensión El Biar* a la que nos hemos referido— es capaz de hacer la diferencia ("différence/différance"), es decir, explorar las consecuencias epistémicas de aquello que difiere, que distancia, *que hace difiriendo*: "Mais les mots de pauvreté et de privation impliquent, qu'on veuille ou non l'éviter, hiérarchisation et évaluation. L'expression 'pauvre en monde' ou 'sans monde', comme la phénoménologie qui la soutient, enveloppe une axiologie réglée non seulement sur un ontologie mais sur la possibilité de l'ontologique comme tel, sur la différence ontologique, l'accès à l'être de l'étant, puis la rature de la rature, à savoir l'ouverture au jeu du monde et d'abord au monde de l'homme, comme *weltbildend*" (Derrida, 1990a: 69).[2]

La pobreza-de-mundo (*weltarm*) conduce no sólo a la legitimización de la animalización como principio de colonización sino, sobre todo, a la constitución de una acepción de ser-estando/estar-siendo local que, traducido (*translación*) en lengua europea de un *être/Sein*, funciona como reaseguro de esta animalidad/animalización —como reaseguro de aquello que generaría limitaciones del ser/estar (*Beschränkung*) (§ 42). Las privaciones constituyen en realidad *deprivaciones*, es decir, mecanismos *propios* de exploración, no por auténticos (creación, autenticidad original, *Ursprünglichkeit*), sino por funcionales: la humanización es un resultado de las manipulaciones tecnológicas de aquello *que nos refiere* como individuos —aparatos, máquinas, mecanismos, ὑπομνήματα (*hypomnemata*).

El colonialismo no constituye en este sentido una perspectiva que se sufre, un algo ajeno, sino una construcción propia, una subyugación en todo caso que produce resultados, *que mundana* (§ 21). Por ello Derrida con razón habla de una *weltbildend*, de un mundanar que es formativo, constructor, integrante/integrador. Existe una relación directa entre la manera en que el ámbito periférico deviene un mundo reducido en mundanar y la forma en que el proceso de individuación se constituye en tanto manera de animalización (§ 42). La progresión geométrica con que la tecnología ha invadido todas las órbitas, físicas e imaginarias, de las colectividades locales se explica

2 Traducción del autor: "Pero las palabras de pobreza y privación implican, queramos o no evitarlo, jerarquización y evaluación. La expresión 'pobre en mundo' o 'sin mundo', como la fenomenología que la sostiene, abarca/cubre una axiología regulada/ajustada no solamente sobre una ontología, sino asimismo sobre la posibilidad de lo ontológico cómo tal, sobre la diferencia ontológica, el acceso al ser/estar del estando/siendo, por tanto la tachadura de la tachadura, a saber, la abertura al juego del mundo y sobre todo al mundo del hombre como *welbildend*".

en gran medida por ello: es una animalización, para también decirlo en los términos de Derrida, de una "assujettissement de l'animal" [asujetivamiento del animal] (2006: 46). De manera que la animalización/animalidad es así doble: como pobreza y degradación de mundo (deprivación primera: *entbehrung*) y como disminución de la animalización por referencialidad existencial (ser-estando/estar-siendo, presencia del participio pasado) a una entidad historiográfica europea (deprivación segunda: *Privation*) (§ 42).

Es precisamente la historiografía filosófica europea —en tanto mecanismo de una *grammatisation*— aquello que posibilita, que *permite*, la asociación entre la animalización como falta de mundo y el colonialismo ínsito que la institución filosófica tiene (exhibe, expone: aquí el verbo *être* es insuficiente para expresar la periferia) *como conflicto* (§ 26). De allí que en los ámbitos periféricos "la cuestión del ser", entre otras cosas, se acabe revirtiendo en "la cuestión animal": "Il n'y pas de *Dasein* animal, puisque le *Dasein* se caractérise par l'accès au 'comme tel' de l'étant et à la possibilité corrélative du questionnement" (Derrida, 1990a: 70).[3] Derrida ve claro en los alcances de la reflexión especulativa fuera de la órbita de la institución filosófica, pero, mientras sus razones y argumentos surgen de una problemática de los escritos de Heidegger, en el caso conjeturado de los ámbitos periféricos, surgen de la dinámica del Antropoceno y de la industrialización tecnológica y, sobre todo, de un ser-estando/estar-siendo que se ha individualizado a partir de la experiencia colonial, de la violencia, de la degradación creativa y de la proletarización de todo mecanismo humanizante en su entidad humana.

3 Traducción del autor: "No hay un *Dasein* animal puesto que el *Dasein* se caracteriza por el acceso a un 'como tal' del estando/siendo y a la posibilidad correlativa del cuestionamiento".

§ 15. El espíritu colonial

Cuando Heidegger discute en términos espirituales (*Die Selbstbehauptung der deutschen Universität* ["Discurso del rectorado]" [1933]) y metafísicos (*Einführung in die Metaphysik* [1935]) la situación europea y analiza su carácter de mundo, de pertenencia a mundo, carácter-de-mundo (*Weltcharakter*), en tanto pertenencia *a* un mundo, pero también en tanto de mundo-en-sí, en su especificidad, está en definitiva sosteniendo que Europa se caracteriza por una relación al espíritu/espiritualidad (*Verhältnis zum Geist*). Situación que expone hasta qué punto la *valoración* y *gradación* (Derrida, 1990a: 63 y 75) se encuentran a la base de esta condición espiritual de lo cognitivo y por lo mismo se establece la *existencia* (*Ek-sistenz,* en tanto constitución existencial [*Existenzverfassung*]) de lo periférico y lo animal, necesaria, como ya argumentamos, a la noción misma de espíritu/espirituación de Heidegger —de allí también se justifica el antropocentrismo que, como argumenta Derrida, Heidegger trata de evitar distinguiendo el *Dasein* de una noción de lo humano clásico (en tanto viviente), pero que en realidad lo confirma a partir del hecho de la existencia de una *manque* (falta, ausencia, *Abwesenheit*) y de las privaciones (*deprivaciones*), siendo entendidas en relación a la comprehensión de mundo (*manque de Privation*) así como en relación a la animalización (*manque d'entbehrung*). De esta perspectiva es que también se puede entender la noción de antropocentrismo: por cuanto el mismo es inseparable de una noción de colonialismo como principio de desarrollo del Estado en términos modernos: eso que Hannah Arendt denominaba el *crimen* (*The Origins of Totalitarism* [1951]).

Por ello Derrida, cuando sostiene que el *espiritualismo* (acción de espiritualizar, de mundanar por la *Geist*) no es un asunto secundario del pensamiento de Heidegger —así como de otros autores europeos como Husserl— asegura que "la question de l'animal n'est jamais très loin" [la cuestión del animal no está/no es jamás demasiado lejos] (Derrida, 1990a: 75).[1] Definir la *Geist* implica asumir una significación no sólo del antropocentrismo, sino asimismo de la animalidad/animalización y, por ende, de los espacios periféricos.

Aquello que resulta interesante es que en ningún momento Heidegger asocia la degradación y autodestitución espiritual (*Zusammenbruch*, "destitution de l'esprit") europea a otra cosa que a un sí-mismo, es decir, a esta propia determinación y situación espiritual: *aus seiner eigenen geistigen Lage* [de su propia situación/condición espiritual]. Esta fundición y desmoronamiento sólo puede ser pensada por Heidegger en los parámetros de la *Geist*: he aquí la radical diferencia y discontinuidad ("différence/différance", diferir) que existe con los ámbitos periféricos, en el sentido que una espiritualidad/espiritualización *à la* Heidegger nunca podría explicar el colonialismo —en tanto fundamento del Estado moderno: el *crimen* (la criminalidad) en los términos de Arendt. Y ello tal vez, justamente, como tratamos de argumentar, porque al suponerlo en tanto época (*epokhé, Zeitalter*) lo poseemos como límite epistémico de lo pensable. Por otra parte, tampoco es justo pretender que Heidegger pensase aquello que su tiempo (historicidad, *Begriffsgeschichte*) no logró imaginar. Y la dimensión de la técnica/tecnología (*Gestell*) es prueba de ello.

Para Heidegger la ausencia de animalidad no es transmisible. Como sostiene Derrida, sólo puede haber degradación espiritual allí donde hay cualificación del ser (1990a: 72–73), no obstante, no es imposible conjeturar una animalización de lo humano a partir no sólo de una degradación espiritual (su vacancia [*die schon anbrechende Geistlosigkeit*], la disolución

1 El trabajo de Derrida acerca de la noción de espíritu (*geist*) en Heidegger no sólo expone las razones por las cuales el espíritu se convierte en noción reasegurante de la pregunta por el ser y de sus derivaciones, sino que también expone cómo el *être de l'étant* (el ser/estar del estando/siendo), como ecuación central de lo filosófico, también se alimenta de una noción de espíritu y, asimismo, expone cómo el espíritu es una meta-noción, una trascendentalidad, de toda analítica. La relación entre espíritu y pensamiento, siendo entonces una condición de la actividad filosófica europea, es una discontinuidad en los ámbitos periféricos. En Heidegger la *Geist* es un *sin lugar* mientras que el pensamiento es un localizado (materia, fisiología, símbolo).

de su fortaleza [*die Auflösung der geistigen Mächte*], el rechazo de todo cuestionamiento originario [*alles ursprünglichen Fragens*] hacia los fundamentos/fundaciones [*Gründen*]), sino también, y sobre todo, a partir de una pérdida de relación de "l'être a l'étant" —aserción a la que la misma *question de la question* de Derrida en última instancia conduce (§ 16). Y que en los ámbitos periféricos adquiere su dimensión a partir de la relación entre lo animalesco/animalización y la técnica/tecnología (Derrida, 1990a: 23) (§ 14, § 36, § 41). Y por ello es que, como veremos, la categoría de mundanizar no se halla determinada, sino que es *abierta* y, por tanto, la animalización de lo humano es resultado mismo de la pérdida, de la anihilación de lo espiritual (§ 42). Y esta degradación (ocultamiento, ausencia, pero también *Fallen* [caída], destitución [*Entmachtung*]) es en definitiva el problema de "les rapport entre l'animal et la technique" [las relaciones entre el animal y la técnica] (Derrida, 1990a: 23), en particular en los ámbitos periféricos, un cuestionamiento en torno a la empiria, una "méditation autour de *pragma, praxis, pragmata*" y que "se présentent comme *vorhandene* ou *zuhandene*, donc dans le domaine de la main (*im bereich des Hand*)" (Derrida, 1990a: 23).[2]

Cuando Heidegger sostiene que "no es el idealismo alemán que se derrumba, es la época [*Zeitalter*]" (*Einführung in die Metaphysik*, 1983: 49)[3] está también *confundiendo* la necesidad no sólo de fronteras, sino de los ámbitos periféricos (a lo europeo, a lo filosófico) como tales, del colonialismo que supone el "idealismo alemán", en los términos de un espíritu de época (*geistige Führung*, conducción, dirección de autoridad). Pero asimismo la epocalidad (*épochalité*) pone en cuestión que la espiritualización (*geistlich*, *geistwesen*, *gespenst*, *Zeitalter*) pueda contener la dimensión especulativa. Es allí que la técnica (*Gestell*) se introduce como determinante de lo humano. Esta destitución del espíritu como le llama

2 Traducción del autor: "… meditación en torno de *pragma, praxis, pragmata* [y que] se presentan como *vorhandene* ou *zuhandene*, por tanto en el dominio de la mano (*im bereich des Hand*)".

3 La sentencia de Heidegger es: "Denn nicht der deutsche Idealismus brach zusammen, sondern das Zeitalter war nicht mehr stark genug…" (1983: 49). La versión francesa (traducción Granel-Derrida) es: "ce n'est pas l'idéalisme allemand qui s'effrondre, c'est l'époque (*Zeitalter*)" (1990a: 74).

Derrida (1990a: 74) no puede entenderse sin la constitución de la filosofía como institución y la de una historiografía que funciona como referencia y horizonte de expectativa (§ 26). La "destitución del espíritu" introduce el aplanamiento de lo humano y la pérdida de perspectiva, de distancia, de *profundidad*: "Toda cosa ha caído al mismo nivel [...] La dimensión predominante ha devenido aquella de la extensión y del nombre" (*Einführung in die Metaphysik*, 1983: 49).[4] El automatismo y la proliferación de la información amenizan la monopolización del espacio (*res extensa*) y la institución del nominalismo como único vehículo de significado (el nombre como cuestión): he aquí la actualidad (*aktuälitat*) que Heidegger preconiza.

De manera que la animalización de lo humano (la pérdida de mundo, la pobreza de mundo) es en realidad la consecuencia de la anihilación espiritual: el futuro social de Europa es la *condición natural* de lo especulativo en los ámbitos periféricos. Que Heidegger —así como Husserl (*Die Krisis des europäischen Menschentums un die Philosophie*, 1935 ["La crise de l'humanité européenne et la philosophie", 1950]; *Die Krisis der europäischen Wissenschaften und die transzentale Phänomenologie: Eine Einleitung in die phänomenologische Philosophie,* 1936 ["La crise des sciences européennes et la phénoménologie transcendantale", 1976])— hayan podido plantearse las condiciones de especulación europeas sin haber considerado el colonialismo y la técnica —o, cuanto menos, la *grammatisation* que su relación supone— como elementos de ecología política fundamentales es algo difícil de comprender. La pregunta husserliana —"Comment se caractérise la figure spirituelle de l'Europe (*die geistige Gestalt Eripas*)?" [cómo se caracteriza la figura espiritual de Europa] — como interrogación y como cuestión del siendo/estando (*étant, être de l'étant, l'étant de l'être*), oculta más que significa: la *vermeiden* heideggeriana se halla aquí también presente.

Derrida no deja de notar esta situación con toda claridad (1990a: 74–75), incluso justificando el porqué de la pregunta. La mención ("sinistre

4 La sentencia de Heidegger: "Alle Dinge gerieten auf dieselbe Ebene... [...] Die vorherrschende Dimension wurde die der Ausdehnung und der Zahl" (1983: 49). La versión francesa (traducción Granel-Derrida): "Toutes chose sont tombées a même niveau [...] La dimension prédominante est devenu celle de l'extension et du nombre..." (1990a : 74).

passage": Derrida, 1990a: 75) a vagabundos, gitanos y etnias periféricas de Europa —como en efecto hace Husserl en la ya famosa conferencia ofrecida en el Kulturbund de Viena en 1935 ("Die Krisis des europaïschen Menschentums und die Philosophie")—[5] no constituye un argumento a considerar seriamente en este sentido, ni por el racismo ni sin su consideración: el problema resta encerrado en la noción de que "cette figure de l'Europe est justement 'spirituelle' dans la mesure où on ne lui assigne plus une circonscription géographique ou territoriale" (Derrida, 1990a: 74).[6] Por ello un *hebreo* como Husserl no tenía entonces inconveniente alguno en referirse al destino europeo y/o a su espíritu, que percibía como *su localidad/localización*. De hecho, en este sentido, a partir de la problemática que plantea, Husserl *entonces* era realmente europeo, aún no había sido *convertido* en hebreo, en extranjero. Y ello ilustra a la perfección la situación de los ámbitos periféricos, que aquí tratamos de argumentar, y por la cual la localización de los individuos, del proceso de individuación como tal, se realiza a través de las problemáticas que se plantean, se imaginan o se ignoran. Ello es la especulación que la *cuestión periférica* aquí considera y explora.

La proletarización de la conciencia, la animalización de lo humano y la pérdida de mundo no parecían para Heidegger (como para Husserl) tener relación alguna con la técnica (*Gestell*) o el colonialismo (*Kolonialzeit*, *Unterdrückung*, *Fremdherrschaft*). Esta degradación (pérdida, caída, fracaso, fallo) de lo humano hacia una animalización que no modifica lo humano, sino que lo confina bajo otras premisas es aquello que el propio Derrida sugiere (1990a: 75), aunque dicho argumento aparezca como nota al pie de página.

5 El escrito fue incluido en *Die Krisis der europäischen Wissenschaften und die transzendentale Phänomenologie: Eine Einleitung in die phänomenologische Philosophie*, aparecido un año más tarde. Puede consultarse también la interesante edición francesa de la conferencia: "La crise de l'humanité européenne et la philosophie" (Aubier, Paris, 1977 [edición bilingüe, traducción de Paul Ricœur, prefacio de S. Strasser, posfacio de J.-M. Guirao]).

6 Traducción del autor: "... esta figura de Europa es justamente 'espiritual' en la medida donde no le asignamos más una circunscripción geográfica o territorial".

§ 16. *De l'être à l'étant: l'être de l'étant*. La extranjería

Como indicamos, no hay manera de "traducir" el "être" de Derrida o el "Sein" heideggeriano, menos aun la relación de ambos con el "étant" o con el "seienden", que es en definitiva, desde una perspectiva especulativa, en lo que se asienta ("se funde", se fundamenta: *Grundet sich*) gran parte de la obra de ambos autores (§ 6). Y más remota aun es la "traducción" de expresiones verbales derridianas como "étant(ité)" (*Seiendheit* [Heidegger]), que sería algo así como significar en castellano la cópula de la cópula, el ser/estar del ser/estar por su deriva en tanto gerundio. Aquello que puede hacerse es, como ya indicados, transliterar.

En la interpretación derridiana de Heidegger el verbo "être", para significar el sentido del *Dasein* hallable en *Sein und Zeit*, es sometido a un *traslado* y a un accionar: el verbo "être" es entonces significado a partir de su relación con el "étant", que no sólo funciona como participio presente, como gerundio del verbo "être", sino también puede ser verbo en sí mismo, sustantivo y, justamente por ello, indicar una condición de "fenómeno-del-ser" del todo desconocida o consistente en castellano. "L'étant marque la convergence des ayant été" [el estando/siendo (ahorar) marca la convergencia de los habiendo sido/estado], sostiene Lacan en una frase popular (J. Lacan, *Écrits* [Paris: Seuil, 1966]): referencia inimaginable en castellano. Cuando Derrida escribe "de l'être á l'étant" [ser al estando/siendo (ahorar)] quiere significar este traslado, cuando por el contrario escribe "l'être de l'étant" [ser del estando/siendo (ahorar)] es al accionar al que se refiere (verbo o adjetivo). Esta situación funciona diferentemente en alemán, pero de todas maneras la versatilidad del "seienden" heideggeriano corresponde en gran medida a este traslado y a este accionar. Ambas situaciones no tienen equivalente en castellano, razón que explica además el título francés de este capítulo, sin embargo, hemos elegido emplear ser-estando y estar-siendo para dar una idea de movimiento y acción que no obstante no agota todas las significaciones del francés o el alemán. En particular queda vacante el profuso empleo del "seienden" y del "étant" que, sea en *Sein und Zeit*, sea en *De la grammatologie*, hacen referencia a una cuestión de la cuestión, es decir, a una manera de emplear el verbo *primario*, la cópula especulativa, de manera diferenciada a cómo lo hacía la historiografía filosófica tradicional y de tal manera distinguirse de las consecuencias conceptuales de la misma, en particular de la obligación de referir lo especulativo al binomio hombre-racionalidad. El "Seienden" y el "étant" permiten a ambos autores europeos dar consistencia conceptual a la asunción implícita que la noción de hombre no es ya una categoría útil de especulación acerca de lo viviente-con-conciencia que Heidegger llama *Dasein* y Derrida "moi-même", "moi", "étant de moi", etc. Bajo estas condiciones, una vez más, se puede comprehender por qué sostenemos que la traducción "entista" de la obra de Heidegger, es decir, la traducción de los diversos usos de "seienden" como equivalente de "ente" (Gaos y Rivera, los traductores de Heidegger al castellano que aquí mayormente comentamos, coinciden, aunque con diferencias en esto) es una regresión epistémica que reduce las obras de Heidegger y Derrida a un formato y apelación historiográficas tradicionales que en su origen dichas obras rechazan de forma explícita.

El entendimiento actual del proceso de hominización a partir del cual hacemos legibles los fenómenos contemporáneos de lo viviente y de la técnica no concuerdan con la indeterminación semántica del "être" o del "sein" o con la del "ser" en castellano. Es así que Heidegger, para consustanciar el hecho que *Dasein* supone la desaparición de lo humano entendido como "hombre" empleaba el término "seienden" y, porque Derrida ello había comprendido, expandió el empleo del "étant" en francés y razón también por la cual el mismo insistía en definirse no como un filósofo, sino como alguien que ha dejado "trazas" (*traces*) en la lengua francesa (§ 27). El "seienden" y "étant" tienen como función establecer lo determinado, lo concreto, lo que consiste (*die Beständigkeit*) y, por ende, biosferiza (lo encuadrado, el cuadrante: *das Geviert*) (§ 45). Transliterado, aquello de cual Heidegger dice se ocupa, el "étant", en castellano le indicamos e indicaremos como *ahorar* (§ 32): el acceso de un estar-ahí (*Dasein*) es para Heidegger el "étant" (*seienden*). El objeto de lo existente en tanto consistencia, en tanto aquello que consiste-en-lo-inmediato, aquello que cosifica (*Dinglichkeit*) es lo que el "étant" (*seienden*) hace inteligible. Y en ello estableciendo sitúa asimismo una noción de extranjería que es concepto fundamental en el establecimiento de toda noción de especulación en la periferia.

En el *Político* (Πολιτικός), uno de los diálogos platónicos, que sucede al *Sofista* y a *Teeteto*, hay un personaje que es un filósofo anónimo proveniente de la Elea y que es considerado como *extranjero* e indicado como visitante (Derrida: *l'Étranger d'Élée*): Platón emplea el término ξένος (*Xenós*) que significa también invitado amistoso, huésped venido de un país extranjero. Lo interesante de este diálogo es que el contenido de la forma de gobierno y de sus características, entre otros aspectos sustanciales que se comentan en el diálogo, son justamente enunciados por el extranjero, es decir, es el ajeno quien enuncia lo deseable que expone lo indeseable del presente. Elea es en este sentido la periferia de los foros filosóficos atenienses, el residuo, el lugar de aquello que no es filosofía: las colonias. Las observaciones del extranjero en definitiva funcionan como base para la crítica radical de Platón al sistema ateniense, lo sitúa al filósofo eleático más aun en la lejanía. En este contexto debe interpretarse también a Parménides y su obra, quien como se sabe provenía de las colonias (§ 5): las ideas de Parménides están en el personaje Parménides de Platón, pero su condición está en el *visitante*, el filósofo de las colonias.

Los 152 versos que restan del poema de Parménides (*De Natura*) —además del "Parménides" de Platón y el de Heidegger— constituyen un recordatorio de la relación estrecha entre la condición colonial de la filosofía (Jonia, Elea) y la conformación de una reflexión en torno al ser como expresión del pensamiento (el dominio del ἐστί [*esti*]): naturaleza y *étant* acaban siendo la misma cosa. Más aun, como indica Barbara Cassin, la transliteración del griego a las lenguas romances europeas comporta una pérdida relevante: "Il faut noter que toutes nos langues, à la différence du grec, doivent ajouter un sujet apparent ou grammatical, alors qu'en grec *esti*, ou au pluriel *eisi*, placé en premier, est suivi très normalement du sujet 'réel'" (Cassin, 2004: 421).[1] Esta *diferencia colonial* es asimismo inseparable

1 Traducción del autor: "Hay que notar que todas nuestras lenguas, a diferencia del griego, deben agregar un sujeto aparente o gramatical, en tanto que en griego el *esti*, o en plural el *eisi*, situado al inicio, es seguido muy normalmente del sujeto 'real'".

de la manera en que la historiografía filosófica europea ha entendido la cuestión del ser como origen de lo filosófico.

En el ἐστί (*esti*) de Parménides la historiografía sitúa el origen por el cual la cuestión del ser se define por una relación del *être* al *étant*, es decir, por un vínculo del ser/estar al presente en tanto presencia, en tanto continuidad, en tanto principio de realidad, en tanto veracidad y en tanto consistencia —eso que la historiografía filosófica francesa denomina el *étant*. Por ello es que la obra de Parménides fue traducida temáticamente como *Sur la nature ou sur l'étant - La langue de l'être?* (1998) (Περί Φύσεως, *Peri Physeos*). La cuestión del ser en definitiva, como ya vimos señalaba Derrida, se halla en deconstruir ese "en tanto" y en analizar por qué la significación debiera ser más eficaz expresada en forma interrogativa.

La relevancia conceptual (especulativa) del *étant* no proviene de su significación particular en francés (o de su función gramatical específica), sino del hecho que se transforma en la "traducción" más empleada del *Seienden* de *Sein und Zeit* o, para decirlo más claramente, el *Seienden* de Heidegger comienza a ser explicado conceptualmente, fuera de la lengua alemana, a partir de este empleo en francés y de allí su estatus historiográfico.

La relevancia del *étant* (*Seiender, Seienden*) también proviene de la manera en que Heidegger vincula una *aumentación espiritual* al mismo, como si la potencia del espíritu estuviese en relación directa con el *étant* (*Seiender, Seienden*), en tanto expresión privilegiada del ser entendido como cuestión acerca del ser. Este enaltecimiento del ser a partir de una noción de espíritu no tendría mayor relevancia si no fuera por el hecho de considerar al espíritu (*Geist*) como "esprit de l'Europe" (Derrida, 1990a: 77). En este sentido, Derrida está en lo correcto al indicar cómo la "dimisión del espíritu" se transforma en "la prise en charge de l'envoi (*Sendung*), d'une *mission*, la mission historial de notre peuple, en tant que milieu de l'Occident" (Derrida, 1990a: 85).[2] Es decir, en cómo la historialización del ser (*mission historiale, geschichliche Sendung*) en términos heideggerianos, leída colectivamente como *pueblo propio* (Derrida, 1990a: 85), conduce a una *recuperación* del espíritu a partir de una responsabilización de la

2 Traducción del autor: "… la toma a cargo del envío (*Sendung*), de una misión, la misión historial de nuestro pueblo, en tanto que medio/ambiente del Occidente".

situación: un despertar del espíritu, una reapropiación de su potencia. Semejante concepción del *étant* es *inimaginable* en los ámbitos periféricos: la concepción territorial del espíritu (*Geistlichtkeit*) es ajena en la manera en que el colonialismo se ha desarrollado en los ámbitos periféricos. El espíritu no se vincula a forma alguna del ser, sino a partir de la pedagogía de un proyecto político. La relación heideggeriana por la cual se concibe el *destino* de una lengua (*Sprachgebiet*) a partir de la relación (*bezug*) de una colectividad al ser (*Sein, être*) es ajena a los ámbitos periféricos. La dimensión social de lo colectivo en los ámbitos periféricos no se establece por relación a la pregunta acerca del ser, sino a partir de la concepción de lo especulativo como tal o de sus derivaciones, como el crimen o las finanzas. Por ello el sentido del *étant* (de la cuestión del ser) debe ser transliterado, revertido, para ser inteligible (§ 6, § 45).

Esta discontinuidad de los ámbitos periféricos respecto del *être de l'étant* y sobre el que se funda la pregunta por el ser como principio filosófico europeo tiene una relación directa con la *grammatisation* como principio vehicular de una lengua (Auroux, 1994). Y por ello es revelador el pasaje que Derrida analiza de Heidegger (*Einführung in die Metaphysik*, 1935: 43) y en donde postula el "privilegio espiritual" de la lengua alemana: "Le fait que la formation (*Ausbildung*) de la grammaire occidentale soit due à la réflexion (*Besinnung*) grecque sur la langue *grecque* donne à ce processus, toute sa signification. Car cette langue est, avec l'allemande (*neben der deutschen*) [au point de vue des possibilités du penser], à la fois la plus puissante de toutes (*die mächtigste*) et celle qui est la plus spirituelle (*geistigste*)" (Derrida, 1990a: 86).[3]

Precisamente los argumentos que, a los ojos de Heidegger, fundan el germanismo del pensamiento (alemanismo, alemanidad) es aquello que certifica la discontinuidad de la filosofía con el pensamiento en términos de los ámbitos periféricos. La continuidad entre la mundaneidad griega (*gemeinsame Geist*: "en tant qu'unité l'esprit est πνεῦμα" [Derrida, 1990a: 96])

3 Traducción del autor: "El hecho que la formación (*Ausbildung*) de la gramática occidental sea debida a la reflexión (*Besinnung*) griega sobre la lengua *griega*, da a este proceso toda su significación. Puesto que este lengua es, junto con el alemán (*neben der deutschen*) [al punto de vista de posibilidades del pensar], a la vez la más potente de todas (*die mächtigste*) y aquella que es la más espiritual (*geistigste*)".

con la mundanización filosófica (*Weltlichkeit*: *Die Welt ist, indem sie weltet, Weltverstehen*) a partir del *être de l'etant* es completamente ajena a la manera en que la especulación en la periferia es fundada sobre el crimen y la apropiación. La escrituración que supone la especulación en términos periféricos no fue sólo impuesta por la *grammatisation* que convirtió al castellano en lengua dominante, sino sobre todo por los mecanismos que obligaron a la historiografía griega de la lengua y el pensamiento a transformarse (caída, precipitación, "destitution de l'esprit": *Untergang, Verfall*) en un evento de crimen y patrimonio. Esta reversión (*Verdrehung*) es otra de las determinantes de la cuestión periférica.

El trabajo de Derrida acerca de la noción de espíritu (*geist*) en Heidegger no sólo expone las razones por las cuales el espíritu se convierte en noción reasegurante de la "pregunta por el ser" y de sus derivaciones, sino que también expone cómo el *être de l'étant* (*Sein des Seienden*), como ecuación central de lo filosófico, también se alimenta de una noción de espíritu y, asimismo, expone cómo el espíritu es una meta-noción, una trascendentalidad, de toda analítica. La relación entre espíritu y pensamiento, siendo entonces una condición de la actividad filosófica europea, es una discontinuidad en los ámbitos periféricos. En Heidegger la *Geist* es un *sin lugar* mientras que el pensamiento en/a la periferia es un localizado (materia, fisiología, símbolo).

Las condiciones coloniales de la problemática del ser (*être/Sein*) son ilustradas a la perfección a partir del análisis de Derrida acerca del privilegio que Heidegger otorga a la lengua alemana (*Geist, geistig, geistilich*, "nosotros": Derrida, 1990a: 88–90): el espíritu de la espiritualización (*Geist de la Geistigkeit*) que expresa el *étant* (en tanto ser-estando, estar-siendo) (como *être/Sein*) *sólo* puede ser pensado en términos de la lengua alemana (que incluye la trascendentalidad de lo griego), por lo cual se orienta incluso la propia historiografía filosófica: "L'allemand est donc le seule langue, au bout du compte et de la course, à pouvoir nommer cette excellence maximale ou superlative (*geistigste*) qu'elle ne partage en somme que jusqu'à un certain point avec le grec" (Derrida, 1990a: 89).[4]

4 Traducción del autor: "El alemán es entonces la sola lengua, al final de cuentas, a poder nombrar esta excelencia máxima o superlativa (*geistigste*) que ella no comparte en definitiva que hasta un cierto punto con el griego".

El colonialismo no se halla en la simbología del alemán —o de su "espíritu"— sino en los mecanismos que tal suposición impone. Es decir, en la relación del *être à l'étant* como locución/enunciación privilegiada del pensamiento. La *extranjería* que ya Derrida sugiere es *doble* en relación a los ámbitos periféricos. La distinción tardía entre *Geist* y πνεῦμα (*pneuma*), para establecer dos formas diversas de espiritualidad y, por ende, de comprehensión, constituye una autentificación (*Eigentlichkeit*) de la animalidad/animalización (§ 14, § 41) como condición *natural* (historiográfica, humana en el sentido del *être/Sein*) de la periferia (§ 26). Y, sobre todo, de la condición inevitablemente colonial de toda *grammatisation*.

Apropiarse del mundo griego, mundanar (acción de mundicinar, *Weltmässigkeit*) la tradición griega, es parte del mismo mecanismo que impone el alemán en cuanto *lengua del pensamiento* y asimismo es correlativo a la consideración de la existencia de fronteras europeas y de naciones (idiomáticas, ιδίωμα, ἴδιος: privación, particularidad, propiedad) dominantes (§ 17, § 35). Esta "stratégie de l'interpretation" [estrategia de interpretación] (Derrida, 1990a: 92) (estado interpretativo, *Ausgelegtheit*) es aquella que indicamos como historiografía, como dominio historiográfico. La noción de medio ambiente en términos de pensamiento no puede ser otra cosa que europea ("ce concert de langues européennes": Derrida, 1990a: 90), alemana en particular. Y, paradójicamente, esta especificidad se expresa en una condición benéfica de no-traducibilidad justamente por privilegio del *étant* (*Seiender*): "L'intraductibilité n'est pas étrangère au fait que la langue dans laquelle cette chaine se déploie est elle-même le lieu propre, voire l'idiome irremplaçable de cette mission assignatrice, de cet envoi de l'histoire même. L'homme avant un rapport privilégié à l'étant comme tel, son ouverture à ce qui lui est envoyé —dispensé, destiné— lui confère une *Geschichlichkeit* essentielle. Celle-ci lui permet d'être et d'avoir une histoire" (Derrida, 1990a: 95–96).[5]

5 Traducción del autor: "La intraducibilidad no es extranjera al hecho que la lengua en la que esta cadena se sitúa/instala es ella misma el lugar propio, a saber el idioma irremplazable de esta misión asignadora, de este envío de la historia misma. El hombre teniendo una relación privilegiada al estando/siendo [étant] como tal, su apertura a aquello que le es enviado —dispensado, destinado— le confiere una *Geschichlichkeit* esencial. Esto le permite de ser/estar y de tener una historia".

La consistencia del individuo —expresada por el *être/Sein*— es inseparable de la expresión escrituraria: mundanar es también generar una historicidad del ser (en tanto *Geschichtlichkeit*), sustento de la existencia (existentiva, *existenziell*) que requiere la presencia del presente de *la cuestión*. Por el contrario, en los ámbitos periféricos, esta no-traducibilidad es prueba de *discontinuidad*, nunca confirmación de universalidad espiritual (*Geistilich*). Por ello es que la *liaison* entre pensamiento y espíritu es ajena a las colonias: "Pour ces systèmes métaphysiques, le *Geist* est l'inconditionné absolu qui détermine et *rassemble* tout étant. Il est donc, en tant qu'esprit, le « *gemeinsame Geist* », l'esprit de rassemblement (plutôt que l'esprit commun). Dans son concept métaphysique, en tant qu'il rassemble, l'esprit est, par excellence, la pensée, le penser même (*Denken*). Il est proprement (*eigentlich*), il est vraiment l'esprit en tant que, pensant l'essentiel, il rassemble—ce qu'il fait en *se pensant lui-même*, en se retrouvant ainsi chez lui, *auprès de lui-même* (*zu Hauss*)" (Derrida, 1990a: 95).[6]

Nada ha sido tan retrógrado y alejado de la consistencia (*Beständigkeit*) de una noción de especulación —y de su ejercicio— que las adaptaciones locales de este sentido alieno de espiritualidad a partir de una simbología Estatal e institucional. Un curso de filosofía de Kant traducido es así tan negligente como la constitución de un imaginario nacional basado en símbolos de la gobernabilidad europea transpuestos *ad litteram*. Querer obtener el *étant* a partir de una simple traducción conduce a este equívoco suplementario ("le supplément": Derrida, 1967a) de *la cuestión* en donde se construye una espiritualización local por su propia valoración (limitación del ser, *Beschränkung*) y no por los mecanismos que debería generar (una *gemeinsame Geist*): se confunde *étant* con ser/estar o, en el mejor de los casos, con siendo/estando. Y justamente esta *artificialidad de origen* es

6 Traducción del autor: "Para estos sistemas metafísicos, la *Geist* es el incondicionado absoluto que determina y *rejunta* [rassemble] todo estando/siendo [étant]. Ella es por tanto, en tanto que espíritu, el '*gemeinsame Geist*', el espíritu de rejunte (más bien que el espíritu común). En su concepto metafísico, en tanto que él rejunta, el espíritu es, por excelencia, el pensamiento, el pensar mismo (*Denken*). Él es propiamente (*eigentlich*), él es verdaderamente el espíritu en tanto que, pensando lo esencial, él rejunta —cosa que hace al *pensarse él-mismo*, al encontrarse de esta manera en su lugar [chez lui], *al lado de él mismo* [su casa]".

aquello que ha hecho posible la aceleración entrópica (ilusionismo tecnológico, cientifización) en la actualidad: una *Weltverdüsterung*, un mundo que es mundanar por ensombrecimiento y ensombración.

El habitante de este mundanar es el extranjero platónico, no por sus dichos, y aunque quiera, sino por su condición. Y la condición es la pérdida (*défaut d'origine*, herida, fallo) de lo humanizante, no de la condición humana, sino su degradación, su reducción a lo viviente como resultado de una caída ("estado de caída": *die Verfallenheit*). El extranjero es este derrotado de su propia caída, un sonámbulo, un muerto viviente que, considerado en su vivir, sólo puede animalizar, no ya mundanar (*Weltmässigkeit*). El extranjero platónico es así el extranjero que Heidegger sitúa en el poema de Trakl como camino de retorno (Derrida, 1990a: 110), sin embargo, la diferencia es que en los ámbitos periféricos este retorno es hacia ninguna parte porque no hay espiritualidad/espiritualización posible hacia donde ir: "L'étranger, l'autre (ener « dans la vieille langue »), celui-là (*Jener*), là-bas, celui de l'autre rive, c'est celui qui s'enfonce dans la nuit du crépuscule spirituel. Pour cela il part, il se sépare, dit adieu, se retire, dé-cède. Il est *der Abgeschiedene*. Ce mot dit couramment le solitaire ou le mort (le défunt, le décédé). Mais sans être ici soustrait à la mort, il se trouve surtout marqué par la séparation de qui s'éloigne vers un autre levant (*Aufgang*). Il est mort, bien sur, et il est le mort qui se sépare en tant qu'il est aussi le dément: *der Wahnsinnige*, mot que Heidegger veut l'a encore réveiller sous sa signification courante. Il rappelle en effet que *wana* « veut dir » *ohne*, « sans », et que *Sinnan* « signifie originairement » (*bedeutet ursprüunglich*): voyager, tendre vers un lieu, prendre une direction. Le sens est toujours le sens d'un chemin (*sent* et *set* en indo-européen): l'étranger, celui qui a dé-cédé, n'est pas simplement mort, ni fou, il est en chemin vers un ailleurs" (Derrida, 1990a: 110).[7]

7 Traducción del autor: "El extranjero, el otro (ener 'en la vieja lengua'), aquel (Jener), allá (là-bas), ese de la otra rivera/costa, ese que se funde en la noche del crepúsculo espiritual. Por ello él parte, se separa, dice adiós, se retira, de-cede. Él está/es *der Abgeschiedene*. Esta palabra dice/indica corrientemente el solitario o el muerto (el difunto, el decedido). Pero sin ser aquí sustraído a la muerte, se halla sobre todo marcado por la separación de que se aleja hacia un otro levante (*Aufgang*). Está muerto, por supuesto, y es el muerto que se separa en tanto él es también el demente: *der Wahnsinnige*, palabra que Heidegger va a despertar todavía bajo su significación

Este extranjero del ser/estar (*être/Sein*) por ausencia de mundaneidad (mundanar, mundicinar: *Weltmässigkeit*) e incapacidad de mundanar es el sujeto, la individuación como tal, en los ámbitos periféricos. El origen especulativo (significado original, significando en origen, origen de lo significado: *bedeutet ursprünglich*) no es la distancia, la relación, el *ligame*, del *être à l'étant* —o la condición de *l'être de l'étant*—, sino el siendo/estando de una predicación sobre la muerte en tanto crimen, sobre la reflexión en tanto finanzas y sobre lo viviente en tanto animalidad/animalización. Del momento que la espiritualidad/espiritualización no tiene asidero, la extranjería es un viaje, un recorrido, un desplazamiento hacia un hacer-caminos.

La cuestión periférica, bajo estas condiciones, es entonces dos asuntos: (i) el asunto de cómo, por qué y cuándo, *la cuestión* (*être/Sein*) se translitera en términos locales, y luego (ii) el asunto de *la cuestión periférica* propiamente dicha (§ 12, § 21), es decir, la doble/triple conjugación del siendo/estando local (ser/estar/parecer) en relación al presente, al ahora (§ 32), a la consistencia del lenguaje, a la continuidad del conocimiento, a un sentido de inmediatez y a la idea de que un mecanismo de pregunta/respuesta es más significativo que una aproximación fenoménica *tout court*. La relación de un asunto a otro es donde se inscriben todos los malentendidos y confusiones que han gobernado a los analistas locales en el último siglo. Y ello se explica además por inevitabilidad con que uno y otro se vinculan. Todo intento de transliteración (§ 6) conduce a la cuestión de la cuestión (§ 1) —sea que dicho argumento sea tratado o no. He allí otra *diferancia* con la filosofía en términos europeos: la cuestión de la cuestión es en Derrida una revisión epistémica de la historiografía filosófica (§ 22), mientras que en los ámbitos periféricos la cuestión de la cuestión es la condición del conocimiento como tal (§ 40). Y la extranjería platónica es en este contexto *también* la manera en que esta situación de localización se impone, antecede, toda inteligibilidad —y también por ello los ámbitos

---

corriente. Él nos recuerda en efecto que *wana* 'quiere decir' *ohne*, 'sin' y que *Sinnan* 'significa originariamente' (*bedeutet urspriünglich*): viajar, inclinarse hacia un lugar, tomar una dirección. El sentido es siempre el sentido de un camino (*sent* y *set* en indoeuropeo): el extranjero. Ese que a de-cedido, no es/está simplemente muerto, ni loco, es/está en camino hacia un otro lado/otro lugar".

periféricos constituyen el porvenir de las condiciones sociales del filosofar en términos clásicos.

La reproducción de *la cuestión* de la historiografía en los ámbitos periféricos como forma de especulación conduce a una adscripción a la "trascendentalidad espiritual" que ya vimos Derrida analiza en Heidegger (1967: § 5, § 12). El trabajo de Derrida acerca de la noción de espíritu (*Geist*) en Heidegger no sólo expone las razones por las cuales el espíritu se convierte en noción reasegurante de la pregunta por el ser y de sus derivaciones, sino que también expone cómo el *être de l'étant,* como ecuación central de lo filosófico, también se alimenta de una noción de espíritu y, asimismo, expone cómo el espíritu es una meta-noción, una trascendentalidad, de toda analítica. La relación entre espíritu y pensamiento, siendo entonces una condición de la actividad filosófica europea, es una discontinuidad en los ámbitos periféricos. En Heidegger la *Geist* es un *sin lugar* mientras que el pensamiento es un localizado (materia, fisiología, símbolo).

La imposibilidad que lo especulativo en la periferia se halle, como en su formulación clásica europea, en un recorrido del "être à l'étant" (*Sein seiendenen*) nos conduce hacia una evidencia ya predicha: el *étant* de la historiografía filosófica europea transliterado en los ámbitos periféricos, no sólo es doble (ser-estando, estar-siendo), sino que además en su inteligibilidad conduce hacia una forma de historiografiar lo conocido (*Geschicklichkeit verstehen*) completamente diversa de lo europeo (§ 26). Es esta extranjería aquello que la cuestión periférica trata de establecer.

La extranjería entonces puede ser entendida como una forma de comprehender *la cuestión*, como la manera en que el *étant* no sólo realiza el *être/Sein*, sino que también lo desplaza. Y este *desplazamiento* es aquello de lo cual se ocupa la cuestión periférica como un algo (*quidditas*) que define lo periférico mismo. En *Sein und Zeit* Heidegger sostiene que lo *cuestionante* de la cuestión a elaborar es el *être/Sein* y que es aquello que determinaría el *étant* (*Seiendes*) como tal y de donde obtiene significación: "Das Gefragte der auszuarbeitenden Frage ist das Sein, das, was Seiendes als Seiendes bestimmt, das, woraufhin Seiendes, mag es wie immer erörtert werden, je schon verstanden ist" (Heidegger, 1967: 6).[8] Es así que desde el inicio el

8 Traducción del autor: "La *preguntabilidad* de la pregunta [*Frage, question*] a elaborar es el ser: eso que determina el siendo/estando como siendo/estando es en

Seiendes (*étant*) no tiene autonomía, sino que es un "supplement": "Das Sein des Seienden »ist« nicht selbst ein Seiendes" (Heidegger, 1967: 6).[9]

Por otra parte la extranjería es también una cierta forma de *deshumanización*. Ya no podemos justificar el significado del ser/estar, en cuanto concepto especulativo, por relación a su existencia humanitaria: tal es también aquello que determina el *étant*, la *étantité* (*Seiendheit*), en cuanto entendemos "l'étant déterminé comme objet" [el estando/siendo determinado como objeto] (Derrida, 1990a: 98), es decir, como argumento (§ 12), como materia (§ 21), como fisidad (§ 27), como localización (§ 43), como paraje (§ 46). Esta noción tradicional de existencia humanitaria es la hipótesis que Maurice Corvez, uno de los primeros traductores-comentadores en Francia de Heidegger, resume a la perfección: "L'humanité — qu'on la considère, avec Platon, comme une Idée séparée, ou, avec Aristote, comme l'essence constitutive de l'homme portée à l'universel — présente un commencement d'explication: celui d'une structure commune, ou idéale, à laquelle participent les hommes individuels. Ainsi de l'étance, à l'égard des étants particuliers" (Corvez, 1965: 259).[10]

Ya no hay una semejante *comunidad* a la que referir la individuación. La colectivización de lo viviente es un fenómeno de la tecnología/técnica, la tecnología/técnica es el vehículo contemporáneo de lo humano (§ 41). Por ello es necesario volver sobre el planteo heideggeriano pero sin propósitos "humanistas" (§ 40): "L'être de l'étant n'est pas lui-même un étant. Il n'est pas davantage l'ensemble des étants (die Allheit des Seienden), ni quelque fondement ultime du monde, extérieur à lui. Une première réponse affirmative pourrait être : ce qui fait qu'un étant est un étant, c'est

relación a lo cual el siendo/estando, de cualquier manera que sea elucidado, se halla siempre comprehendido [incluido y entendido]".

9 Traducción del autor: "El ser del siendo/estando [*Seienden*, *étant*] no 'es' él mismo un siendo/estando".

10 Traducción del autor: "La humanidad —que la consideremos con Platón como una Idea separada o, con Aristóteles, como la esencia constitutiva del hombre a escala universal— presenta un principio de explicación: ese de una estructura común o ideal, a la cual participan los hombres individuales. Igualmente de la estancia/siendancia (étance), en la perspectiva de los siendo/estando particulares".

son étance (ou son étantité), οὐσία, *Seiendheit*, comme on dit: ce qui fait qu'un homme est un homme, c'est son humanité" (Corvez, 1965 : 259).[11]

No hay rasgo alguno de "humanismo" en *Sein und Zeit*: allí lo humano es un fenómeno de ahorar (§ 32) y de historiografía (§ 26) que nada tiene que ver con una apelación a un universal conceptualizado, por el contrario, la pragmaticidad del *Dasein* conduce en la dirección opuesta. El *Dasein* está determinado por la *Zeughaftigkeit*, por una utensiliación de lo posible (Heidegger, 1967: 68) (§ 44). Corvez aquí no concibe —su "época" no lo hacía tampoco— la posibilidad que el *Dasein* sea justamente este contrario: una anihilación de hombre como tal y que el "l'être de l'étant" sea una vehiculización de la individuación que no transcurre por universal alguno en términos clásicos. La virtud no obstante del escrito en 1965 de Corvez es haber transliterado Heidegger en sus elementos más relevantes: "l'être de l'étant" [ser/estar del estando/siendo], "des étants" [los estando/siendo], "étance (ou non étantité)" [estancidad/siendidad, estancialismo/siendelismo]. Y en su definición del *Dasein*: "La question sur le sens de l'Être est un mode d'être de l'étant que nous sommes." [La cuestión sobre el sentido del Ser/Estar es un modo de ser/estar del siendo/estando que nosotros somos] (1965, 260). Sin embargo, el humanismo que gobierna su perspectiva en torno a Heidegger ("L'homme n'est pas un étant comme les autres" [el hombre no es un estando/siendo como los otros] [1965, 260]) confirma hasta qué punto su interpretación *reduce* a *Sein und Zeit* a la historia de la filosofía europea, a *la cuestión* en cuanto tal. Por ello también concluye sosteniendo *la cuestión* en su forma tradicional: "l'Être est Ce qu'il est (*Es ist Es selbast*)" [el Ser/Estar es Eso que es/está] (1965, 268). Situación que a su vez se ve luego reflejada en el entendimiento del *être* y el *étant* como entidades distintivas, aunque vinculadas, cuando en realidad, según aquí conjeturamos, no hay *être*, sino *être de l'étant* [ser/estar del estando/siendo]

11 Traducción del autor: "El ser/estar del estando/siendo no es él mismo un estando/ siendo. No es tampoco el conjunto de los estando/siendo (die Allheit des Seinden), ni tampoco algún fundamento último del mundo exterior a él. Una primera respuesta afirmativa podría ser: eso que hace que un estando/siendo sea un estando/ siendo es su estancidad/siendidad [étance] (o su estancialismo/siendelismo [étantité]), *ousía*, *Seiendheit*, como ya dijimos: eso que hace que un hombre es/sea un hombre, es su humanidad".

o *être à l'étant* [ser/estar por/hacia el estando/siendo]. Y tal cosa es la significación del *Dasein* en el contexto biosferizado de la *Gestell* (§ 41).

Encontramos también, en esta justificación en torno a las condiciones del *étant* (οὐσία [*ousia*], *Seiendheit*), el aspecto, definitivo *a posteriori* (§ 26), de la *étantité* [estancialismo/siendelismo] como determinante de la individuación: "L'étance n'est qu'un mode spécial de l'être, la manière d'être des étants qui sont dans le monde. Si l'être comme tel était l'étance, Dieu lui-même devrait être considéré comme un étant, comme l'Etant suprême, et l'on comprend que cette dénomination, appliquée à l'Etre même, ne laisserait pas de prêter à équivoque" (Corvez, 1965: 259).[12]

Justamente por esta razón también es que decimos que la traducción de *seiende/Seienden/Seiendheit* por "ente" no puede que generar confusiones acerca del alcance ulterior (metafísico, transcendental) de la obra de Heidegger. Por la misma razón la condición fenoménica de la obra heideggeriana debe tomarse, no en su aspecto más evidente ("La phénoménologie permet à une chose de se faire voir, d'apparaître par soi-même, de se montrer telle qu'elle est" [1965, 260]),[13] sino en su condición epistémica más extrema ("le processus par lequel un étant est (ou vient à être) coïncide avec ce qui le rend manifeste" [1865, 260]),[14] es decir, por la manera en que la individuación no puede ser escindida de la vehiculación técnica que la posibilita (*Zeug, Zeuglichkeit*) y por la localización que establece (§ 35, § 46). Esto es justamente "la pensée de l'étance" (1965, 264) (transliterado: la especulación de la acción del estando/siendo, la especulación como estancidad/siendidad). Y que se condice con la definición de lo viviente a partir de la cura, del cuidado-de-sí (*Sorge*), de su *preocupación* (en tanto *Besorgen,*

12 Traducción del autor: "La estancia/siendancia [étance] no es que un modo especial del ser/estar, la manera de ser/estar de los estando/siendo que son/están en el mundo. Si el ser/estar como tal está/es la estancia/siendancia, Dios él mismo debería ser considerado como un estando/siendo, como el Estado supremo, y comprendemos que esta denominación, aplicada al Ser/Estar mismo, no se dejaría de prestar a equívoco".

13 Traducción del autor: "La fenomenología permite a una cosa de se hacer ver, de aparecer por ella misma, de mostrarse tal como es/está".

14 Traducción del autor: "… el proceso por el cual un estando/siendo es/está (o viene a ser/estar) coincide con quien lo hace manifiesto".

besorgnis) (Heidegger, 1967: 83–88). Y preocupación aquí significa no sólo "preocupación", sino también "ocupación/ocuparse" e incluso "inquietud". La *Besorge* es la manera en que lo viviente se establece en el mundo, la manera en que su mundanar se dinamiza.

Y esta *étantité* (*Seiendheit*) es también la primera aproximación hacia aquello que Derrida luego entenderá como un cuestionamiento de la cuestión, como un poner en tela de juicio la interrogación como método certero y legitimante de lo especulativo. El cuestionamiento de lo cuestionable (Heidegger: "Das Gefragte der auszuarbeitenden Frage", Derrida: "le *questionné* de la question") es la manera en que *Sein und Zeit* desmerece y erradica la cuestión como definitoria del ser/estar en su determinación de la individuación: "Das Gefragte der auszuarbeitenden Frage ist das Sein, das, was Seiendes als Seiendes bestimmt, das, woraufhin Seiendes, mag es wie immer erörtert werden, je schon verstanden ist" (Heidegger, 1967: 6).[15] La *étantité* es lo definitorio de/en la individuación (§ 45), aquello que posibilita la espacialización (§ 21, § 35), el parajear (§ 46), la vehiculización tecnológica (§ 41), la utensiliación (§ 37, § 39): "Seiend ist alles, wovon wir reden, was wir meinen, wozu wir uns so und so verhalten, seiend ist auch, was und wie wir selbst sind. Sein liegt im Daß- und Sosein, in Realität, Vorhandenheit, Bestand, Geltung, Dasein, im »es gibt«" (Heidegger, 1967: 6–7).[16]

Esta *étantité* (*Seiendheit*) del *Dasein* expone la categorización del *être/Sein* bajo la homogeneización del presentismo del presente (Derrida) y que en los ámbitos periféricos, en particular en castellano, se halla problematizado por la doble o triple existencia de la cópula. En el mismo sentido, lo especulativo europeo como un registro soliloquial, como un registro que no posibilita, por ejemplo, la creación estética, se halla cuestionado en los

15 Traduce Rivera: "*Lo puesto en cuestión* en la pregunta que tenemos que elaborar es el ser, aquello que determina al ente en cuanto ente, eso con vistas a lo cual el ente, en cualquier forma que se lo considere, ya es comprendido siempre" (1997: 18).

16 Traduce Rivera: "Ente es todo aquello de lo que hablamos, lo que mentamos, aquello con respecto a lo cual nos comportamos de ésta o aquella manera; ente es también lo que nosotros mismos somos, y el modo como lo somos. El ser se encuentra en el hecho de que algo es y en su ser-así, en la realidad, en el estar-ahí [*Vorhandenheit*], en la consistencia, en la validez, en el existir [*Dasein*] *a*, en el 'hay'" (1997: 18).

ámbitos periféricos por un registro polifónico como inevitable a lo especulativo local (§ 21, § 27, § 47).

En términos heideggerianos el asunto de la relevancia del *étant* (*Seienden*) proviene del hecho que es aquello que tenemos siempre como a-la-mano (*Zuhandenheit*) o como a-la-vista (*Vorhandenheit*) y que por ello debemos ocuparnos (*Besorgen*), es decir, es aquello que nos significa en la cotidianeidad y, por ende, es la manera más fácil de historizar/historiar el *être/Sein*, como primer paso especulativo, y que es a la cual justamente Heidegger critica: "Der erste philosophische Schritt im Verständnis des Seinsproblems besteht darin, nicht μῦθόν τινα διηγεῖσθαι »keine Geschichte erzählen«, d.h. Seiendes als Seiendes nicht durch Rückführung auf ein anderes Seiendes in seiner Herkunft zu bestimmen, gleich als hätte Sein den Charak-ter eines möglichen Seienden. Sein als das Gefragte fordert daher eine eigene Aufweisungsart, die sich von der Entdeckung des Seienden wesenhaft unterscheidet. Sonach wird auch das Erfragte, der Sinn von Sein, eine eigene Begrifflichkeit verlangen, die sich wieder wesenhaft abhebt gegen die Begriffe, in denen Seiendes seine bedeutungsmäßige Bestimmtheit erreicht" (Heidegger, 1967: 60).[17]

Esta afirmación de la necesidad de una conceptualización propia del *Sein* sin que se refiera al *Seienden* es aquello que hace del *Seienden* un "complemento" (en sentido derridiano) del mismo y a partir de lo cual Heidegger puede así recuperar toda la tradición historiográfica filosófica europea, tal como la factura misma de *Sein und Zeit* demuestra magistralmente. En los ámbitos periféricos esta recuperación conceptual del *être/*

17 Traducción de Rivera con modificaciones del autor: "El primer paso filosófico en la comprensión del problema del ser consiste en no μῦθόν τινα διηγεῖσθαι, en 'no contar una historia', es decir, en no determinar el siendo/estando en cuanto siendo/estando derivándolo de otro siendo/estando, como si el ser tuviese el carácter de un posible siendo/estando. El ser, en cuanto constituye lo puesto en cuestión [en pregunta], exige, pues, un modo particular de ser mostrado, que se distingue esencialmente del descubrimiento del siendo/estando Por lo tanto, también lo *preguntado,* esto es, el sentido del ser, reclamará conceptos propios, que, una vez más, contrastan esencialmente con los conceptos en los que el ente cobra su determinación significativa".

Sein es ininteligible porque la relación a la historiografía filosófica europea es siempre una *oratio obliqua*. La cuestión periférica, por el contrario, en razón de la *grammatisation*, del colonialismo consecuente y de las condiciones antropocénicas del pensamiento, conducen a una reversión (*Verdrehung*) de *la cuestión* ["question"], de forma que, el *étant* deja de ser un complemento y se transforma en la manera en que lo especulativo local se plantea como ser-estando y/o como estar-siendo, que es como el *Seienden* heideggeriano (*étant*) puede transliterarse.

La omnipresencia mundana del *étant* justifica su relevancia, es decir la razón por la cual el *être/Sein*, en tanto cuestión primera de lo especulativo, se justifica: "Aber »seiend« nennen wir vieles und in verschiedenem Sinne. Seiend ist alles, wovon wir reden, was wir meinen, wozu wir uns so und so verhalten, seiend ist auch, was und wie wir selbst sind" (Heidegger, 1967: 6–7).[18] El envisionamiento de un algo que sobrepasa esta dimensión inmediata y cotidiana del *Seienden* heideggeriano constituye en los ámbitos periféricos un ininteligible conceptual, una imposibilidad de mundanar (mundicinar, *Weltmässigkeit*). Para Heidegger el *Sein* es elemento conceptual en la determinación del *Dasein* y que se significa en una exploración variada del *Seienden* y de todas su formas y manifestaciones. Semejante perspectiva es impensable en los ámbitos periféricos. En términos conceptuales en los ámbitos periféricos el *être/Sein* de la historiografía europea no significa conceptualmente, sino a partir de una reversión (*Verdrehung*) con el *étant/Seienden*. De allí que este pasaje fundamental de *Sein und Zeit* en los ámbitos periféricos es sólo legible de forma revertida: "Sein liegt im Daß- und Sosein, in Realität, Vorhandenheit, Bestand, Geltung, Dasein, im »es gibt«. An welchem Seienden soll der Sinn von Sein abgelesen werden, von welchem Seienden soll die Erschließung des Seins ihren Ausgang nehmen? Ist der Ausgang beliebig, oder hat ein bestimmtes Seiendes in der Ausarbeitung der Seinsfrage einen Vorrang? Welches ist

18 Traducción de Rivera con modificaciones del autor: "Pero llamamos 'siendo/estando' a muchas cosas y en diversos sentidos. Siendo/estando es todo aquello de lo que hablamos, lo que mentamos, aquello con respecto a lo cual nos comportamos de ésta o aquella manera; siendo/estando es también lo que nosotros mismos somos, y el modo como lo somos".

dieses exemplarische Seiende und in welchem Sinne hat es einen Vorrang?" (Heidegger, 1967: 7)[19].

Transliterado este pasaje sería legible de la siguiente manera: el ser-estando y el estar-siendo, como formas básicas de lo especulativo, se encuentran en el "que", en el "quid", en la realidad (en tanto *realm*), en el ser/estar a-la-mano (*Zuhandenheit*) y a-la-vista (*Vorhandenheit*), en la subsistencia, en la validación, en la existencia de lo que no es plausible aun, en el "hay-un-algo". ¿Sobre cuál *étant* (ser-estando, estar-siendo) el significado puede ser descifrado ser/estar? ¿En cuál *étant* (ser-estando, estar-siendo) la puesta en descubierto del *étant* debe ser considerada ("escoger su partida": *der Seinsfrage einen Vorrang*)? ¿Es este "punto de partida" arbitrario o bien un *étant* [ser-estando, estar-siendo] específico, determinado, tiene prioridad en la elaboración de su significado? ¿Cuál es este *étant* (ser-estando, estar-siendo) ejemplar en que el significado asienta su primacía?

La crítica a la funcionalidad del *étant*, a su condición de "suplemento" del *être/Sein* clásico, proviene sobre todo de aquello que Derrida indicaba como "l'être écrit", es decir, para el caso que nos interesa, de la condición de escrituración que tiene el pensamiento en la periferia. La signi-ficación es un asunto inevitable de la especulación y el "presentismo" que supone (*in situ* o *in absentia*). Hasta aquí la hipótesis de Derrida en *De la grammatologie* (1967a: 31–41). Pero este presentismo del signo, de la escrituración, no conduce irremediablemente la pregunta *qu'est-ce que ...*? [transliterado: ¿qué es esto que ...?] como punto de partida, por cuanto en los ámbitos periféricos el origen no es una pregunta, sino un fallo, un error, un *défaut*, un fracaso. Y la evidencia del *étant* y el ocultamiento de la relevancia del *être/Sein* que significa la *reversión* de la periferia (*reversal thinking*, *Verdrehung*), reenvían así a la simplicidad de la *grammatisation* que hizo posible el colonialismo: "Sans doute les sens de l'être n'est-il pas le mot 'être' ni le concept d'être, Heidegger le rappelle sans cesse. Mais comme ce sens n'est rien hors

19 Traducción de Rivera: "El ser se encuentra en el hecho de que algo es y en su ser-así, en la realidad, en el estar-ahí [*Vorhandenheit*], en la consistencia, en la validez, en el existir [*Dasein*], en el 'hay'. ¿En *cuál* ente se debe leer el sentido del ser, desde cuál ente deberá arrancar la apertura del ser? ¿Es indiferente el punto de partida o tiene algún determinado ente una primacía en la elaboración de la pregunta por el ser? ¿Cuál es este ente ejemplar y en qué sentido goza de una primacía?".

du langage et du langage de mots, il est lié, sinon à tel ou tel mot, à tel ou tel système de langues (concesso non dato) du moins à la possibilité du mot en général. Et de son irréductible simplicité" (Derrida, 1967a: 34).[20]

El *étant* es así la periferia necesaria a *la cuestión*, es como el extranjero de Elea en relación a lo posible/concebible como político en Platón. El *étant* es la reversión de *la cuestión* en términos europeos, pero también un cambio en los términos de entendimiento en las colonias. El *étant* es así, traducido al castellano, el ser-estando y el estar-siendo a partir de lo cual debería pensarse la cuestión periférica misma. Si tradujésemos "étant" meramente por "siendo/estando" no sería suficiente por la forma del gerundio en castellano que no permite el empleo que el mismo tiene también como sustantivo en francés. El "étant", como el "être", son conceptos filosóficos que no pueden ignorar la inflexibilidad verbal que presentan en términos oracionales, cuanto menos en castellano. La prolongación del estatus de la acción que el gerundio supone no es suficiente para agotar los alcances que el "étant" tiene en francés o el "seienden" en alemán. Incluso el empleo posible del "siendo/estando" como gerundio de posterioridad ("el siendo, estado de entonces") tampoco agota las posibilidades del "étant". Sólo una transliteración puede sobreponerse a esta discontinuidad idiomática.

El *être/Sein* no pueden ser significados con los atributos especulativos del ser/estar sin su complemento del *étant/Seienden* en sus formulaciones castellanas. Por eso es que traductores como Gaos y Rivera apelan a la teoría del "ente" para poder decir eso que es el *étant* o *Seienden* y que en castellano el siendo/estando no alcanza a decir. Esta es la razón por la cual, a lo largo de este trabajo, en lugar de escribir "ser/estar" en gran número de ocasiones usaremos la fórmula en francés o en alemán, por la simple razón que en castellano es necesaria una transliteración a la cual nos aproximaremos poco a poco. El *étant/Seienden* son una categoría filosófica como no lo llega a ser/estar el siendo/estando en castellano. Y ello explica por qué

20 Traducción del autor: "Sin duda el sentido del ser/estar no es/está en la palabra 'ser/estar' ni en el concepto de ser/estar, Heidegger lo recuerda sin cesar. Pero como este sentido no tiene nada fuera del lenguaje o del lenguaje de las palabras, está ligado, no a tal o cual palabra, a tal o cual sistema de lenguas (concesión no otorgada), cuanto menos a la posibilidad de la palabra en general. Y de su irreductible simplicidad".

un número importante de analistas de la periferia confunden en términos heideggerianos el *être/Sein* con cierta condición de lo humano como tal: el *Sein* heideggeriano de *Sein und Zeit* es un componente del *Dasein* que nada tiene que ver con lo humano entendido en sentido filosófico tradicional, como integridad espiritual y física de una *ipséité* (§ 45).

Esta reversión (*Verdrehung*) del *étant*, que significa que, en términos especulativos en la periferia, el ser/estar de *la cuestión* es en realidad el ser-estando y el estar-siendo, es coherente con la figura del extranjero platónico que también ameniza Heidegger en *Sein und Zeit*: el término *fremd* no implica tanto la acepción clásica latina de "fuera de", extraño, sino extranjero en tanto dirección hacia un destino, camino que se está haciendo, en adelante "à l'encontre de ce qui est d'avance réservé (*anderswohin vorwärts, unterwegs nach … dem Voraufbehaltenen entgegen*). Cela permet de dire que l'Étranger n'erre pas mais a une destination (*es irrt nicht, bar jeder Bestimmung, ratlos umher*), il n'est pas sans destination" (Derrida, 1990a: 220).[21] Esta es la destinación que resulta relevante en los ámbitos periféricos y que hemos indicado a partir de la noción de individuación en donde lo colectivo (*das Geschick*) y lo singular (*das Schicksal*) se confunden.

21 Traducción del autor: "… al encuentro de eso que es en principio reservado (*anderswohin vorwärts, unterwegs nach… demVoraufbehaltenen entgegen*). Eso permite decir que el Extranjero no erra sino tiene una destinación (*es irrt nicht, bar jeder Bestimmung, ratlos umher*), no es/está sin destinación".

§ 17. Idioma, idiomación, idiomar

El *être* y el *Sein* son intraducibles, no sólo en sentido semántico, sino también en su *diferancia*, es decir, en las conexiones que suponen y, principalmente, en la filosofía que postulan. La copulación francesa o alemana no tiene traducción posible al castellano. Aquello que puede realizarse en términos especulativos es una *translación* (§ 6). El *être* y el *Sein* no son el "ser/estar" ni el "ser-estando/estar-siendo" porque la espacialización (*espacement*) que el ser/estar del castellano suponen no puede significarse en francés o en alemán. Como ya vimos sostenía Rivera, una *translación* tiene que "hacer hablar" a la lengua y no traducir algo que sucedió en otro presente o en otra enunciación. La gran reversión especulativa de la periferia consiste precisamente en *esto*: no sólo en el asunto de "hacer hablar" una lengua a partir de un escrito extranjero, sino también en especular el *esto* que indica dicha situación, a la cual hemos indicado precisamente como *pensamiento esto* (§ 12).

No es posible traducir conceptualmente a Derrida o a Heidegger en sus obras: aquello que requiere la especulación en la periferia es *hacerles hablar en castellano*. Justamente esta situación es lo que han tenido como dificultad los analistas locales —como por ejemplo José Gaos, que al traducir a Heidegger por primera vez en un ámbito periférico, en 1951, escribía una traducción y un castellano para lectores con conocimiento de alemán, tal como y también vimos destaca Rivera (1997). Este mecanismo es una vehiculización colonial, aunque se quiera otra cosa y aunque no sea esa la motivación principal. Sólo una *translación* asume la conceptualización que requiere aprehender una forma de conceptualizar europea. Y en este sentido que la translación suponga o requiera el conocimiento de varias lenguas no es un asunto relevante porque toda historiografía en la actualidad tiene una variedad y riquezas tales que el neófito más inimaginable puede siempre dar cuenta de esta reversión, al menos en parte, con trabajo y buena voluntad.

La identidad-atribución (ser) y la localización-calificación (estar) del castellano generan un sentido de presente que no se ajusta a la acertada descripción que Derrida hace de la pregunta por el ser en términos europeos (o franceses). Nunca la interrogación es inicio especulativo en las colonias porque el mismo es asertivo: se inicia en el crimen. Nunca el presente especulativo tiene la preocupación por la *presencia* porque la misma en los ámbitos periféricos es fantasmática (*phantasme* en sentido lacaniano [*La logique du fantasme - Séminaire 1966-1967* Paris: Association lacanienne internationale, 2004]), trascendente: consiste en la cercanía de la distancia, cosificando (*Dinglichkeit*) para decirlo en términos de Heidegger. La construcción del presente se centra sobre la *cosa*, su estatuto, sus avatares, sus condiciones, sus avenencias, sus estados, sus estadiendos.

Esta significación (*Bedeutsamkeit*), esta mundaneización (*Welten, Weltliche*) por la cosa (*das ding, Dinglichkeit*), es aquello que define los ámbitos periféricos en términos especulativos (Canaparo, 2017: 43–57). Por ello el colonialismo no es un plan de gobierno o una disposición administrativa, su *continuidad* es cultural, especulativa, psicológica, comunitaria. La *grammatisation* que dio lugar a las colectividades que pueblan los ámbitos periféricos se halla estructurada en torno al colonialismo. Cualquier perspectiva especulativa en los ámbitos periféricos no puede ignorar esta situación. La distancia entre esta *grammatisation* y la construcción de localidad es aquello que establece el *idioma*. El idioma es a una lengua lo que en sentido kantiano el entendimiento es a la Razón.

Y el *gesto colonial* por excelencia entre los analistas locales ha sido precisamente la interrogación de este idioma ("el idioma de los argentinos", etc.). Un idioma se puede descomponer pero no interrogar. Un idioma nunca responde, en el mejor de los casos muestra, exhibe cómo idiomatiza o qué cosa significa idiomar: el idioma es una condición de *desvelamiento* (*dévoilement de l'être* [Derrida], *Unverborgenheit* [Heidegger], "diclosure", *Erschlossenheit* [Heidegger]) —descubrir lo que no se sabe, perder el sueño, encontrar algo nuevo, prestar atención y cura. Un idioma es una escala, un medidor, un distanciador. Por ello el idiomar es la primera *démarche* hacia una epistemología entendida como *escala* (*epistemologische Skala*). Y por ello también no hay separación entre el idiomar y la escrituración, tal como con acierto ya planteaba Derrida (1967a) hace más de cincuenta años.

El idiomar en los ámbitos periféricos presenta un versión radical del *Handeln* heideggeriano, es decir, del trabajo con la mano, de la manipulación con la mano. Derrida ha sido en ello sin duda un gran lector de

Heidegger al comprehender el valor que este detalle del empleo de la mano, de la utensiliación, tiene para la estructuración conceptual de *Sein und Zeit*. No se trata sólo de la acción o de la práctica como gesto de la mano, sino también de su relación a la vista, es decir, como puntualiza el propio Derrida, de una nueva formulación de la oposición *praxis/theoria* (Derrida, 1990a: 197). Esta fundación de lo especulativo *según la mano* se halla al centro de la especulación en los ámbitos periféricos, define sus condiciones, sus posibilidades, su inteligibilidad. En Heidegger como se sabe hay "dos manos" o, mejor dicho, hay un a-la-mano (*Zuhandenheit*: estar-a-la-mano, útil/utensilio [*Zeug*]) que determina un otro a-la-vista (*Vorhandenheit*: estar-ahí-presente, estar-ahí-delante) a partir de/por medio de una territorialización de lo viviente (§ 36, § 42). De hecho la discusión de los especialistas europeos en torno al predominio de una forma u otra es profusa. ¿Qué "mano" funda a cuál?: "La main qui a rapport á la chose comme outil manoeuvrable ou la main comme rapport à la chose comme objet subsistant et indépendant?" (Derrida, 1990a: 197).[1] La relevancia de ambos no es sólo en cuanto modo de presencia, sino también en cuanto referencia, en los ámbitos periféricos cuanto menos, de/a toda forma de inteligibilidad.

Siendo/estando (*étant, Seienden*) la determinación de la presencia (presentismo: § 1, § 4) relevante para todo ahorar (§ 32), es decir, para establecer la inteligibilidad de lo especulativo, no sólo como inteligible y posible, sino también como fundante de la individuación, la condición de lo a-la-mano (entendido también como "étant subsistant": Derrida, 1990a: 197) y lo a-la-vista (entendido también como "être disponible" Derrida, *idem*) se vuelve determinante en toda constitución de una especulación o de un orden especulativo. Y bajo estas condiciones se comprehende la perspectiva de Heidegger: "Wir nennen das im Besorgen begegnende Seiende das *Zeug*. [...]. Die Seinsart von Zeug ist herauszustellen. Das geschieht am Leitfaden der vorherigen Umgrenzung dessen, was ein Zeug zu Zeug macht, der Zeughaftigkeit" (Heidegger, 1967: 68).[2]

1 Traducción del autor: "La mano que tiene relación a la cosa como útil manuable o la mano como relación a la cosa como objeto subsistente e independiente".

2 Traducción del autor: "Llamamos herramienta el siendo/estando (*Seiende*) que encuentra la preocupación (*im Besorgen*, concernimiento) [...]. Se trata de poner en

Y es esta provisoriedad del utilaje y de su utensiliación aquello que más define la determinación de lo especulativo en los ámbitos periféricos. De manera que lo *Zuhandenheit* es la referencia constante de lo inteligible y base de aquello que será localizado/localizable y que indicaremos, siguiendo también a Heidegger, como parajear (§ 46, § 47). Y la relevancia de la escrituración surge así en principio de este *estar bajo mano* ("sous la main"): "Ce mode d'être [el de la utensiliación, el de la delimitación] sera justement la *Zuhandenheit* (*readiness to hand*). Et Heidegger commence, pour en parler au paragraphe suivant, par prendre les exemples qu'il a en quelque sorte sous la main: l'écritoire (*Schreibzeug*), la plume (*Feder*), l'encre (*Tinte*), le papier (*Papier*), ce qui s'appelle heureusement en français le *sous-main* (*Unterlage*), la table, la lampe, les meubles, et, ses yeux se levant un peu au-dessus de mains en train d'écrire, vers les fenêtres, les portes, la chambre" (Derrida, 1990a: 198).[3]

Y es este justamente el *gesto derridiano* por excelencia —y que, siendo/estando heideggeriano, también se constituye en el *gesto especulativo* por excelencia— por el cual lo especulativo se funda en lo escriturario, en tanto expresión más acabada de la *Zeughaftigkeit* (utensilidad, también *Zeuglichkeit* : utensiliación).

El idiomar en Heidegger no sólo ameniza la territorialización, el parajear (§ 46), sino asimismo la formulación de lo espiritual (*Geist, geistlich*) y a partir de lo cual surge la *Geschlecht*, que no es sólo "raza", sino también

---

evidencia el modo de ser/estar de la herramienta. Es aquello que tendrá lugar bajo (a la luz de) una descripción (*Umgrenzung*) provisoria de aquello que constituye la herramienta en la herramienta, la utensiliabilidad (*Zeughaftigkeit*)". Y la versión de Derrida: "Nous nommons *outil* (*Zeug*) l'étant que rencontre la préoccupation (*im Besorgen*). [...] il s'agit de mettre en évidence le mode d'être de l'outil (*Zeug*). C'est ce qui aura lieu à la lumière d'une description [*Umgrenzung*: délimitation] provisoire de ce qui constitue l'outil en outil, de l'ustensilité (*Zeughaftigkeit*)" (1990a : 198).

3 Traducción del autor: "Este modo de ser/estar [el de la utensiliación, el de la delimitación] será justamente la *Zuhandenheit* ('readiness to hand') legibilidad a la mano]. Y Heidegger comienza, hablando en el párrafo siguiente, por tomar los ejemplos que tiene en alguna suerte bajo la mano: el escritorio/escribanía, la pluma, la tinta, el papel, eso que afortunadamente en francés se llama bajo-la- mano (*Unterlage*), la mesa, la lámpara, los muebles, y sus ojos se levantan un poco por encima de las manos en tren de escribir, hacia las ventanas, las puertas, la habitación".

generación, familia/familiar/familar, tronco, origen-raíz (*souches*, traduce Derrida). Y la *Geschlecht* es así, a partir del idiomar (*unsere Sprache*), puesta en relación con la *Schlag*, en tanto "golpe", en tanto "marca": entendida como trazo étnico indeleble pero también escrituración. La *frappe* (*der Schlag*, el golpe-escritura, el golpe-signo) no es sólo la huella (*trace*) de la mano, sino también el golpe de la raza (*Schlag*, en tanto señal), el colonialismo, la herida colonial. Y la radicalización de la *frappe* nos conduce no sólo al colonialismo en *segundo grado*, sino también al golpe-tecleo, al pasaje de la máquina-de-escribir (*Schreibmaschine*) a la máquina-eléctrica-de-escribir (*elektrische Schreibmaschine*) y de allí al ordenador (*computer*), al teclado (*keyboard*) del mismo y al teclado táctil y digital. Nos conduce de Heidegger (mecánica) a Derrida (electrónica, ordenador) y también a Stiegler (Internet, digitalización). La evolución de la tecnología es inseparable de la manera en que la especulación se ha concebido y, por lo mismo, del modo en que el colonialismo es determinante en la construcción de un presente en tanto presencia.

La humanización de la mano es el camino (el viaje, el recorrido) hacia la negación de aquello que afirma, hacia una exteriorización tecnológica creciente, hacia una pérdida (en tanto *défaillance*) misma de la mano, hacia la tachadura de su escritura (*rature*: § 16) y su reemplazo hacia otros artefactos: el *savoir-faire* de la mano pierde su autenticidad (*Eigentlichkeit*, también entendido como lo propio, como adecuado), la mano se artificializa, se vuelve sucedánea. Y en este sucedanear la escritura se pierde, pierde su *nacionalidad*, en el sentido con que Derrida le observa en Heidegger: es el "notre langue" (1990a: 214), es el idiomar que se pierde. Y de allí que la *frappe* deja de ser distintiva, original, no menos colonial, su marca se hace *remarcación*. Es así que se comprehende el colonialismo como una extrañamiento, porque, como afirma Derrida, "la *Geist* de cette *Geistlichkeit* ne serait pensable que dans *notre langue*" [el espíritu (*Geist*) de esta espiritualidad/epocalidad (*Geistlichkeit*) no será pensable que en *nuestra lengua*] (Derrida, 1990a: 89).

La cuestión en cuanto asunto del ser/estar es un estando/siendo: "L'appel de l'être, toute question y répond déjà, la promesse a déjà eu lieu partout où vient le langage. Celui-ci toujours, *avant toute question*, et dans la question même, revient à de la promesse. Ce serait aussi *de l'esprit*" (Derrida,

1990a: 114–115).[4] *La cuestión* constituye un *déjà* de la escrituración, un establecimiento establecido a partir de la lengua, es un "notre langue", pero es sobre todo un direccionar ("s'adresser"). Es así que la especulación, la *pensée* es "avant nous, avant tout, par-dessous ou par-dessus tout, elle inscrit la question, la négation ou la dénégation, elle les en-gage sans mesure dans la correspondance avec la langue ou la parole (*Sprache*)" (Derrida, 1990a: 119).[5]

Este es el direccionar, el direccionarse, el estarse/el serse de la escrituración: "Le *déjà* est ici essentiel, il dit quelque chose de l'essence de cette parole et de ce qui en gage en elle. Au moment où, présentement, elle se fie ou s'adresse à nous, elle l'a *déjà* fait, et ce passé ne revient jamais, ne redevient jamais présent, il renvoie toujours à un événement plus ancien qui nous aura d'avance engagés dans cette souscription de l'en gage. Envers cette adresse prévenante (*Zuspruch*). Par deux fois Heidegger écrit ceci que semble justement défier la traduction: *Die Sprache west als dieser Zuspruch.* (p. 180–181 [*Unterwegs zur Sprache*, 1959]).[6] A quelques lignes d'intervalle, le traducteur français propose deux formulations différentes: 1. 'La parole se déploie en tant que cette parole adressée.' 2. 'La parole se déploie en tant

4 Traducción del autor: "El llamado del ser/estar, toda cuestión ya responde, la promesa ha dejado ya lugar en todo donde viene el lenguaje. El cual siempre, *antes de toda cuestión*, y en la cuestión misma, vuelve a la promesa. Ello será también *del espíritu*".

5 Traducción del autor: "... antes de nosotros, antes de todo, por encima o por debajo de todo, ella [la especulación: pensar (la pensée) en francés es femenino] inscribe la cuestión, la negación o la denegación, ella les com-promete (en-gage: Derrida juega aquí con el sentido de en 'gage/engage', en tanto significa compromiso, pero también prenda y prueba) sin medida en la correspondencia con la lengua o la palabra (*Sprache*)".

6 Traducción del autor: "El *ya* (déjà) es aquí esencial, dice alguna cosa de la esencia de esta palabra y de aquello que la compromete en ella. Al momento dónde, presentemente, ella se fía o se dirige a nosotros, ella ha *ya* hecho, y ese pasado no vuelve jamás, no revuelve jamás presente, reenvía siempre a un evento/acontecimiento más antiguo, que nos hará avances comprometidos en esta suscripción del compromiso hacia este domicilio/lugar previsor/prevenido (*Zuspruch*). Por dos veces Heidegger escribe esto que parece justamente desafiar la traducción: *Die Sprache west als dieser Zuspruch*. (...) A algunas líneas de intervalo, el traductor francés propone dos formulaciones diferentes: 1. 'La palabra se instala/se descarga en tanto que esta palaba es domiciliada', 2. 'La palabra se instala/se descarga en tanto esta dirección/

cette adresse.' (p. 165). Les deux traductions sont justes même si elles sont vouées a être incomplètes et a tenter, en vain, de se compléter. L'adresse, ici, est à la fois la direction, la relation, quasiment l'apostrophe du rapport à (*zu*) et le contenu de ce qui est adressé avec *prévenance* (c'est un des sens courants de *Zuspruch*: assistance, consolation, exhortation), dans la prévenance toujours antérieure de cet appel qui s'adresse à nous" (Derrida, 1990a: 119–120).

Esta llamada direccionada es aquello que oscila entre una lengua "nuestra" y un extrañamiento que viene de otro lugar, como si "notre langue" no pudiese constituirse *que a partir* de ese extrañamiento, de esa ausencia de familiaridad (*unheimlich, heimatlos*). Son las dos direcciones de la frase de Heidegger: palabra direccionada, palabra domiciliada. Bajo estas condiciones justamente es que más adelante afrontaremos la noción de *casa* en términos especulativos (§ 46).

La *cuestión periférica*, en su idiomar, constituye *también* un mecanismo de establecimiento de direcciones, de indicaciones y de señas. Que la comprensión conceptual ya nos direcciona es un rasgo característico de los ámbitos periféricos, sin embargo, es más en el sentido que direccionar es determinar una expectativa, una espera. Es así que el direccionar implica señas, indicaciones, referencias, un dirigir, un enviar (§ 16, § 46). Implica *alguien*. Es el alguien de la escrituración: "Una afirmación es siempre la afirmación de 'alguien'. Es decir, una firma singular, a través de un idioma singular. Naturalmente, el idioma, es decir, lo que es propio, nunca es puramente idiomático. Hay siempre en el interior del idioma, en el interior de la propiedad, una diferencia y un comienzo de expropiación, que hace que el 'alguien' que escribe no pueda nunca replegarse sobre su propio idioma, y sea un 'alguien' que ya está difiriendo de sí, disociándose de sí mismo en su relación con el otro. Este 'alguien' es 'algún otro', alguien que habla al otro, no se puede decir que simplemente sea el que es. Yo diría, pues, que

---

domicialización' (...). Las dos traducciones son justas incluso si ellas están destinadas a incluso ser/estar incompletas y a tentar, en vano, de completarse. El domicilio, aquí, es/está a la vez la dirección, la relación, *quasi* el apóstrofe de la relación a (*zu*) y el contenido de eso que está domiciliado con proveniencia (es uno de los sentidos corrientes de *Zuspruch*: asistencia, consolación, exhortación), en la proveniencia siempre anterior de este llamado que se dirige a nosotros".

si hay escritura supone una afirmación; es siempre la afirmación de algún otro para el otro, dirigida al otro, afirmando al otro, a algún otro. Siempre es algún otro quien firma" (Derrida, 1986: 178).

Este *alguien* es la base del especular en los ámbitos periféricos: el colonialismo consiste justamente en que ese alguien tiene una dimensión que coarta en principio toda localización (§ 46) y demanda un trabajo ulterior, la construcción de un piso, de un suelo (§ 47). Toda colonia debiera desarrollar una *teoría del alguien* si se quiere fundar una dimensión especulativa local.

§ 18. Idiomando *Sein und Zeit*

La traducción, como indicamos, supone ya la historia de los problemas y asuntos que definen una manera de entender la historiografía filosófica. La traducción, por su incapacidad de hacer "hablar una lengua", reemplaza la variedad y complejidad semántica-conceptual por mecanismos de comprehensión que, inevitablemente, están en el dominio, en la disciplina filosófica europea. La imposibilidad de traducción es así reemplazada por la *explicitación* de un mecanismo que es entendido como problema. Y, justamente, en este sentido, el problema del problema es *la cuestión*. El entendimiento en los ámbitos periféricos no puede asentarse en un empleo mecánico de la lengua en los términos con que sucede en la traducción corriente (equivalencia, representación). Una lengua debe idiomar para que el asunto no se transforme en parte de un funcionalismo colonial: tal es el sentido constructivo del idioma planteado como cuestión ("el idioma de los argentinos", etc.) o, dicho más correctamente, tal es el asunto cuando el idioma es entendido en los términos del idiomar que requiere la translación y una perspectiva no colonial/colonizada de la especulación.

Heidegger escribe "der Seinsfrage" y también "der Frage nach dem Sinn von Sein" (1967: vii), el traductor François Vezin escribe "la question de l'être" (1986: 15) y Rivera escribe "la pregunta por el ser" (1997: 3). Traducir *der Seinsfrage* — o, más aun, *der Frage nach dem Sinn von Sein*— como "question" es asentar la historiografía clásica que supone de alguna manera *Sein und Zeit*, es decir, referencia a Grecia, al origen del filosofar, a la *justificación* de la actividad especulativa, a la confusión entre ser/estar, pregunta, presente y saber: por ello Heidegger *empieza* por allí, nos asegura la traducción, el mecanismo de traducción. La traducción francesa de Heidegger supone entonces *la cuestión*.

Traducir *der Seinsfrage* como "la pregunta por el ser" es ahondar ya un poco más en el estatuto de *la cuestión*: es *deconstruirla* entre su condición de interrogación y su estatuto de presente, de participio presente, de presente que requiere una presencia. El ámbito periférico tiene una relación conflictiva con la construcción del presente: situar la tradición de referencia de la traducción *que* en la interrogación es una medida profiláctica. Pero que no deja de introducir la historiografía filosófica que sitúa el origen mismo de lo especulativo en la interrogación. La traducción castellana supone *la cuestión* partida, mediada, tajada, *durchschnittlich*.

Idiomar una lengua es introducir este asunto *como parte misma* de la conceptualización heideggeriana (partición, participar): Heidegger no es un ser humano, sino un personaje historiográfico en constante evolución y la edición de 1927 de *Sein und Zeit* de Niemeyer —o los manuscritos ológrafos de la misma— no constituyen, cuanto menos para los ámbitos periféricos, el jalón más importante de *Sein und Zeit*. Entender la *Seinsfrage* en términos de los ámbitos periféricos no es sólo auscultar las líneas escritas por Heidegger y publicadas por Niemeyer, sino también *agregar* los asuntos que se fueron acumulando en torno a la misma. Idiomar es ser capaz de nombrar y decir este asunto en términos de *la cuestión*, pero no como tal, sino de manera crítica en sentido derridiano, es decir, como cuestión de la cuestión. Esta *ausencia de humanidad* en Heidegger es un capítulo necesario pero que aún no ha sido escrito por la especulación en los ámbitos periféricos.

Rivera (1997: 421) con acierto nota que hay dos tipos de escritura del *Sein*: sin comillas y con comillas/encomillado. La primera forma sería el concepto de *Sein* con independencia de la palabra que lo escribe y la segunda forma hace hincapié precisamente en la escritura de la palabra *Sein*. Esta problemática es indiscernible para los ámbitos periféricos, no sólo por una cuestión de traducción, de conocimientos del alemán, etc., sino sobre todo porque en los ámbitos periféricos la especulación no tolera la existencia de un concepto sin escritura, *sin letra*: el *Sein* encomillado es el único que puede existir (*Ek-sistenz,* también entendido como "resistencia" [*Widerstand*: 1947, 32]) en los ámbitos periféricos, mientras que el segundo es un término de existencia europeo (*Existenz*) que sólo puede definirse por relación a la historiografía filosófica localizada allí. El *Sein* entendido *quale lettera* constituye el dominio natural de los ámbitos periféricos (*Naturphilosophie, Geschichte* der *Naturphilosophie*).

También con acierto Rivera (1997: 421) expone cómo la justificación del gesto interrogatorio de Heidegger —un elemento performativo de su autentificación especulativa— reside en el carácter ejecutivo que tiene *eine frage stellen*: la necesidad del *hacer* la pregunta será asociada a la existencia (como "posibilidad de ser": *Ek-sistenz*) de lo humano a través de toda la obra, hacer la pregunta es afirmar una condición. En el contexto de la cuestión de la cuestión esta significación de la palabra *planteamiento* ("planteamiento mismo de la pregunta": 1997, 15), posee interesantes derivas locales: el gesto policial de planteo entendido como interrogatorio puede también *ser leído* como desvelamiento (*Unverborgenheit*, en definitiva ἀλήθεια [*aletheia*]) de una historialidad/historización —la lectura no sólo como ejercicio de hermenéutica, sino asimismo como actividad especulativa: de allí también la condición de pedagogía con que lo especulativo se entiende en los ámbitos periféricos. Y entonces sí podemos comprehender las líneas de Heidegger: "Jedes Fragen ist ein Suchen. Jedes Suchen hat seine vorgängige Direktion aus dem Gesuchten her. Fragen ist erkennendes Suchen des Seienden in seinem Daß- und Sosein. Das erkennende Suchen kann zum »Untersuchen« werden als dem freilegenden Bestim-men dessen, wonach die Frage steht. Das Fragen hat als Fragen nach … sein *Gefragtes*" (1967: 5).[1]

Plantear en estos términos "la pregunta por el ser" es idiomarla. El asunto de *la cuestión* heideggeriana sólo puede ser leído en los ámbitos periféricos como la cuestión de la cuestión en los términos de Derrida: no hay en los ámbitos periféricos la posibilidad expresada por el propio Heidegger (1967: 5) entre un "simple preguntar" (*Nur-so-hinfragen*) y un preguntar cuestionante [*Seinsart des fragenden Daseins* [1967: 20], *Fragehaltung der folgenden Interpretation* [1967: 52]). Toda interrogación especulativa en los ámbitos periféricos es un preguntar cuestionante, por ello también es que *la cuestión* no es un simple sujeto de la historiografía filosófica, sino

1 Traducción de Rivera: "Todo preguntar es una búsqueda. Todo buscar está guiado previamente por aquello que se busca. Preguntar es buscar conocer el ente en lo que respecta al hecho de que es y a su ser-así. La búsqueda cognoscitiva puede convertirse en 'investigación', es decir, en una determinación descubridora de aquello por lo que se pregunta. Todo preguntar implica, en cuanto preguntar por …, algo *puesto en cuestión* [*sein Gefragtes*]" (1997: 15–16).

un elemento crucial en el entendimiento de lo local o, mejor dicho, en el entendimiento de la localización, de cómo la localización se establece.

Bajo similares condiciones se puede aprehender la expresión de Heidegger cuando sostiene que: "Sein liegt im Daß- und Sosein, in Realität, Vorhandenheit, Bestand, Geltung, Dasein, im »es gibt«" (1967: 7).[2] La pregunta no es *la cuestión,* sino el concepto que la nombra, explica y dice: la cuestión de la cuestión hace patente esta *défaillance* de origen (*défaut d'origine*) de *la cuestión*, es decir, el hecho que no puede evitarse la ontología si se parte, como hace Heidegger, a definir la cuestión por la condición de estar-siendo/ser-estando (*Sein besagt Sein von Seiendem*) del ser. Derrida había bien comprehendido esta situación y por ello era menos reacio a la noción de metafísica que a la de ontología en Heidegger, cuanto menos dedicó más escritura a una que a la otra.

En términos periféricos se entiende muy bien, por el contrario, que "a la vista" (*Vorhandenheit*) signifique comprehender y conceptualizar, acción de elegir, de acceder: "Hinsehen auf, Verstehen und Begreifen von, Wählen, Zu-gang zu sind konstitutive Verhaltungen des Fragens und so selbst Seinsmodi eines bestimmten Seienden, *des* Seienden, das wir, die Fragenden, je selbst sind" (1967: 7).[3] Puesto que ello sucede en/para un dominio especulativo local en donde lo trascendente no tiene lugar, sino como referencia historiográfica o simbólica en términos de signo (*Zeichen*) antropológico (lo humano/humanizante en términos del Antropoceno).

Que la consistencia de lo preguntado se halle en relación directa con la conceptualización posible de lo que se pregunta es la *démarche* heideggeriana que *tiene sentido* en los ámbitos periféricos. Por el contrario, no obstante, el estatuto epistémico de dicho preguntar conceptualizante no

2 Traducción de Rivera: "El ser se encuentra en el hecho de que algo es y en su ser-así, en la realidad, en el estar-ahí [*Vorhandenheit*], en la consistencia, en la validez, en el existir [*Dasein*], en el 'hay'" (1997: 17).

3 Traducción de Rivera: "Dirigir la vista hacia, comprender y conceptualizar, elegir, acceder a ..., son comportamientos constitutivos del preguntar y, por ende, también ellos, modos de ser de un ente determinado, *del* ente que somos en cada caso nosotros mismos, los que preguntamos. Por consiguiente, elaborar la pregunta por el ser significa hacer que un ente —el que pregunta— se vuelva transparente en su ser" (1997: 17).

puede estar, como es el caso en Heidegger, en una apelación a la entidad de lo espiritual: lo existente (*Ek-sistenz*) en los ámbitos periféricos no es escindible de la acción de conceptualizar en los términos de la cuestión de la cuestión. Es decir, para decirlo *à la* Derrida, el *refugio espiritual* de la pregunta por el ser no puede validarse como una fuga hacia adelante de lo local: el alemanismo de lo filosófico.[4] Y bajo estas condiciones es que leo las líneas de Heidegger: "Das Fragen dieser Frage ist als *Seins*modus eines Seienden selbst von dem her wesenhaft bestimmt, wonach in ihm gefragt ist – vom Sein" (1967: 7).[5]

Y el asunto de *la cuestión* se *traduce* así a la entidad del estar-siendo/ser-estando (*Seienden*) como "modo de ser" privilegiado del siendo/estando (*das Fragen als Seinsmodus eines Seienden*), es decir, a una recurrencia entre construcción del presente, preocupación por la *presencia* de lo humanizable en el mismo, e implementación causal de una *Naturphilosophie* a partir de un esquema interrogativo.

Bajo estas condiciones, lo especulativo de la periferia se halla al margen de la conceptualización principal de *Sein und Zeit*, pero no de su significación idiomática. Cuando Heidegger escribe: "Für das Sachverständnis tragen sie nichts aus und hemmen das Vordringen in das Feld der Untersuchung"

4 Existe un pasaje magnífico de Heidegger, extraído de una entrevista publicada en *Der Spiegel* y citado por Derrida, sobre este *colonialismo filosófico*: "Ich denke an die besondere innere Verwandtschaft der deutschen Sprache mit der Sprache der Griechen und deren Denken. Das bestätigen mir heute immer wieder die Franzosen. Wenn sie zu denken anfangen, sprechen sie deustch; sie versichern, sie kämen mit iher Sprache nicht durch" (Heidegger, "Heidegger: 'Aufklärung meines Falles' ", *Der Spiegel*, 31 mayo, 1976, p. 21). Traducción del autor: "Pienso a la paternidad particular que se encuentra al interior de la lengua alemana, con la lengua de los griegos y su pensamiento. Es una cosa que los franceses hoy me confirman sin cesar. Cuando comienzan a pensar, hablan alemán: aseguran no lo logran en su lengua". Traduce Derrida: "Je pense à la parenté particulière qui est à l'intérieur de la langue allemande avec la langue des Grecs et leur pensée. C'est une chose que les Français aujourd'hui me confirment sans cesse. Quand ils commencent à penser, ils parlent allemand : ils assurent que n'y arrivaient pas dans leur langue" (Derrida, 1990a: 87).

5 Traducción de Rivera: "El planteamiento de esta pregunta, como modo de *ser* de un ente, está, él mismo, determinado esencialmente por aquello por lo que en él se pregunta —por el ser" (1997: 18).

(1967: 7). Es en la parte de esta “comprensión de las cosas”, como traduce Rivera,[6] que se halla lo especulativo. O en la parte del “comprende de plus”, como traduce Vezin.[7] Lo especulativo es esta dirección comprehensiva hacia (“a la mano”, “a la vista”) las cosas, hacia la acción de cosificar: un *coseando* para decirlo más directamente en relación a *la cuestión*. La cuestión de la cuestión en los ámbitos periféricos no nos conduce hacia un estudio del ser (*Sein, Seinsfrage, Selbstwelt*), sino hacia este coseando y sus presupuestos y derivas. El *ser planteado* del ser de Heidegger no puede tener lugar en el ámbito periférico, sino como manera de consistir conceptualmente. Lo ejecutivo de plantear (consistencia en la acción de planteamiento) en los ámbitos periféricos es una cosa (cosidad, coseando, *choséité, Dinglichkeit*) no una entidad (*Seienden*) o ser (*Sein*).

La construcción del presente en los ámbitos periféricos no puede superar el hecho que lo trascendente es una distancia que se construye en la cercanía —literalmente la cosa en los términos de Heidegger pero idiomada localmente. Sostiene Heidegger: “Diese leitende Hinblicknahme auf das Sein entwächst dem durchschnittlichen Seinsverständnis” (1967: 8).[8] Esta es la “visualización del ser” a la que refiere Rivera (1967: 18) —que Vazin indica como “aperçu de l’être” (1986: 31)— y es aquello que en los ámbitos periféricos conduce, en el contexto crítico acerca de *la cuestión*, a una *constitución* a partir de lo degradado (*Fallen, verfall*), de lo diferido (“différance”),[9] de lo desmembrado (*Zusammenbruch*), de lo partido (*durchschnittlich*), de lo desvelado (*Unverborgenheit*).

6 Rivera traduce: “Ellas no contribuyen en nada a la comprensión de las cosas, e impiden penetrar en el campo de la investigación” (1997: 18).

7 La traducción francesa dice: “Sur le fond de la question elles ne font rien comprendre de plus et elles empêchent d’avancer dans de la recherche” (1986: 31).

8 Traducción del autor: “Esta visión rectora del ser/estar crece/surge del entendimiento promedio/medio del ser/estar”.

9 Por ello Derrida sostiene —irónicamente a través de una pregunta—: “Ne peut-on démontrer que la question ne fait que *différer*, selon les modes certes les plus surdéterminés (dans la différance *et* la différance de la différence), la quête est l’enquête, ne faisant ainsi que *détourner* l’intérêt vivant, l’altération, la mutation la plus discontinue l’intérêt vivant, l’intégration, la mutation la plus discontinue restant aussi un détour” (1990a: 70).

§ 19. Ontología-de-en-barrio

Cuando Heidegger establece su convencimiento acerca de que "la pregunta por el ser" es *la cuestión* como tal y que, en su condición, constituye "la estructura formal de toda pregunta en cuanto tal" (1997: 19) ("Die Charakteristik der Seinsfrage am Leitfaden der formalen Struktur der Frage" [1967: 8]), en ello confirma no sólo la relevancia epistémica que otorga a la interrogación, sino más interesante aun, la manera en que lo especulativo es indiscernible de lo interrogativo. Argumentos que justamente Derrida pone en interrogación para formular "la question de la question".

El ente-ismo heideggeriano de los traductores al castellano es no obstante *impensable* en los ámbitos periféricos. Cuando Heidegger escribe "Sein ist jeweils das Sein eines Seienden" (1967: 9), Rivera, por ejemplo, traduce: "Ser es siempre el ser de un ente" (1997: 19). Formulación ilegible en términos especulativos en la periferia si no nos atenemos a *la cuestión* y su historiografía. Que la conceptualización del ser como problema (*der Frage nach dem Sein*) esté ligada a la noción de "ente" es algo ajeno a los ámbitos periféricos para todo analista que considere a la cuestión de la cuestión como un punto de partida requerido y mínimo. Y, por lo mismo, la preferencia heideggeriana, que se deduce de sus traductores y analistas, por la ontología (por "el preguntar ontológico") en desmedro de la dimensión óntica ("Ontologisches Fragen ist zwar gegenüber dem ontischen Fragen der positiven Wissenschaf-ten ursprünglicher" [1967: 11),[1] es asimismo aliena a la comprehensión en los ámbitos periféricos. Ninguna forma o manifestación ontológica es concebible en términos especulativos en los ámbitos periféricos. Por la simple razón que, no sólo que no hay trascendencia o mecanismos trascendentes— sino que ninguna tradición kantiana de naturaleza (Heidegger, 1967: 10–11) adquiere localmente significado. El

1 Traducción de Rivera: "El preguntar ontológico es ciertamente más originario que el preguntar óntico de las ciencias positivas" (1997: 21).

"entismo" en los ámbitos periféricos supone *la cuestión* y su historiografía, y de ello se deriva la necesidad y requisito de la ontología e incluso de la metafísica como dominios inevitables de lo especulativo. Por ello Heidegger ha acabado como humanista en los ámbitos periféricos, cuando en realidad el *Dasein* (§ 34) y la *Gestell* (§ 41) conducen a la anihilación del concepto de humano que justificaba tradicionalmente el humanismo clásico. Contrariamente a lo propuesto, incluso en este caso por el propio Heidegger ("die Bedingung der Mög-lichkeit der vor den ontischen Wissenschaften liegenden und sie fundierenden Ontologien selbst" [1967: 11]),[2] no hay fundación posible de la óntica por parte de la ontología en los ámbitos periféricos. Esta preeminencia ontológica tiene sin duda en Heidegger relación directa con la dimensión especulativa de la *Geist* (§ 15, § 17).

Para expresar la amplitud y extensión del *Dasein* Heidegger asegura que el mismo es "ontológico" y que la comprensión del ser es inseparable de la determinación del *Dasein* en tanto ser/estar-por-excelencia: "*Seinsverständnis ist selbst eine Seinsbestimmtheit des Daseins.* Die onti-sche Auszeichnung des Daseins liegt darin, daß es ontologisch *ist*" (1967: 12).[3] Que la noción de ontología en *Sein und Zeit* sea radicalmente diversa de aquello que estipularon sus precedentes filosóficos europeos es algo que, más allá de su certeza, *no llega* a los ámbitos periféricos por cuanto las traducciones lo impiden en el sentido que las mismas son inscriptas en las condiciones filosóficas e historiográficas de la cuestión y que obstaculizan toda aproximación crítica a la misma. Por ello es que Heidegger durante años *ha sido enseñado* en las Facultades de filosofía como un "existencialista" e incluso como un "humanista". Que la comprehensión de aquello que es un ser/estar es ello mismo una determinación (un siendo/estando) del *Dasein* no es lo mismo que decir que hay una continuidad conceptual entre la ontología heideggeriana y la kantiana. Justamente por este mecanismo *de extensión*

2 Traducción de Rivera: "… la condición de posibilidad de las ontologías mismas que anteceden a las ciencias ónticas y las fundan" (1997: 21).

3 Traduce Rivera: "*La comprensión del ser es, ella misma, una determinación de ser del Dasein.* La peculiaridad óntica del Dasein consiste en que el Dasein *es* ontológico" (1997: 22). "Sein" aquí no sólo significa existencia humana, ser del hombre en términos tradicionales, sino también un estar-en-el-mundo como comprensión (Rivera, 1997: 22).

(de las traducciones, de los análisis, de la historiografía local) es que en los ámbitos periféricos lo ontológico, aun cuando apele a la cuestión y a su historiografía (§ 26), no puede ser sino una falsa trascendencia. Y por lo mismo destacamos la relevancia local de *la cuestión* como cuestión de la cuestión: sin duda que la comprensión es una forma de afirmación de lo existente, entendido como consistencia (*die Beständigkeit*), pero una versión espiritual (*Geist*) de lo viviente humano ya no es suficiente. Incluso la distinción heideggeriana entre ser-ontológico (*Ontologisch-sein*) y construir una ontología (*Ontologie ausbilden*) no es viable en los ámbitos periféricos: la existencia (*Ek-sistenz*, siendo existente, desvelándose existente) como expresión de cada ser/estar en su siendo-suyo/estando-en-lugar certifica precisamente la imposibilidad del ser/estar como totalidad o, dicho con más precisión, la imposibilidad de toda totalidad en la conceptualización. De allí que una ontología no pueda ser significada "como el cuestionamiento teórico explícito del ser del ente" (1997: 22) ("für das explizite theoretische Fragen nach dem Sinn des Seienden vorbehalten" [1967: 12]). La relación entre comprensión y totalidad —que se halla implícita en la noción misma de *Dasein*— es *incomprensible* en los ámbitos periféricos, en donde las totalidades son meramente conceptuales y *sin extensión* trascendental.

No obstante, que la existencia (*Ek-sistenz*, una existencia es siempre una forma de exteriorización) de un objeto o cosa esté vinculada, no a una serie de elementos conceptuales, a un "contenido quidatitivo" [contenido esencial/referido a lo esencial] (1997: 23), sino a la propiedad de ser suyo/a y de estar/estando al mismo tiempo, que constituye una deriva del *Dasein* heideggeriano,[4] sí constituye un aspecto característico del ámbito periférico, en particular una característica del modo en que el Antropoceno se manifiesta localmente. La manera en que la cosidad es un ser-en-sí sin apelación a trascendencia alguna, un estar-en-el-mundo material con autonomía de lo humanizante (§ 14, § 36), constituye un deriva del *Dasein* interpretada a partir mismo de la *Gestell*. La *Gestell*, contrariamente a las interpretaciones más corrientes, no es humana ni humanizante, la *Gestell*

4 Sostiene Heidegger: "Und weil die Wesensbestimmung dieses Seienden nicht durch Angabe eines sachhaltigen Was vollzogen werden kann, sein Wesen viel-mehr darin liegt, daß es je sein Sein als seiniges zu sein hat, ist der Titel Dasein als reiner Seinsausdruck zur Bezeichnung dieses Seienden gewählt" (1967: 12).

es un encuadramiento (en tanto *Enframing*), una "gemeinsame Geist" no ontológica, un *rassemblement* funcional, mediato, urgente. La *Gestell* heideggeriana es el dominio de un "être-dans-l'espace" ("ein eigenes »im-Raumsein«"), al que se refiere Derrida (1990a: 37). La *Gestell* efectivamente plantea un problema que la cuestión del *être/Sein* (el mismo *Dasein* en cuanto *Seinsfrage*) no puede nombrar*se*/conceptualizar*se*: "On ne doit pas dire que l'être-dans-un-monde (*das In-Sein in einer Welt*) est un propriété spirituelles (*eine geistige Eigenschaft*). On ne doit pas dire que la spatialité de l'homme caractérise seulement son corps. Si on le disait, on retrouverait le problème obscur d'un être-ensemble, dans la forma du *Verbandensein*, d'une chose corporelle (*Körperding*) et d'une chose spirituelle (*Geistding*). L'obscurité de la chose resterait entière" (1990a: 37).[5]

La *Gestell* es el anticipo de la manera en que, en los ámbitos periféricos, el encuadramiento de toda exomatización no puede referirse a condiciones individuales de existencia (§ 41). La distinción heideggeriana entre una *Ek-sistenz* (la existencia *no se arregla* por el existir mismo: el *ektase* es la condición natural de lo humano en el Antropoceno) y una *Existenz* (condición fenoménica propia del hombre) no tiene asidero en los ámbitos periféricos —así como tampoco, según vimos, la distinción entre *Existenziell* y *Existenzial* como base de lo animalizante/animalesco y a la que se refería Derrida.

La *Gestell* es la manera de ser/estar *puesto-en-disponibilidad* en el sentido militar del término y que con justeza explora Jonathan Crary en *24/7. Late Capitalism and the Ends of Sleep* (2013). En los ámbitos periféricos la *Seinsverlassenheit* ("oubli de l'être") es total y por tanto la cuestión de la "volonté de puissance" [voluntad de poder/poderío] —en tanto, como indica Gadamer (*Les Chemins de Heidegger*, 2002: 172), forma última de lo metafísico: la voluntad de la voluntad— queda superada en algo más radical aun: la pérdida de humanidad en la manera de definir lo humano mismo y

5 Traducción del autor: "No debemos decir que el ser/estar en-un-mundo (*das In-Sein in einer Welt*) es una propiedad espiritual (*eine geistige Eigenschaft*). No debemos decir que la espacialidad del hombre caracteriza su cuerpo. Si lo dijéramos, nos encontraríamos el problema oscuro de un ser/estar-en-conjunto, en la forma de la *Verbandensein*, de una cosa corporal (*Korperding*) y de una cosa espiritual (*Geistding*). La oscuridad de la cosa restaría entera".

en donde no hay recurso posible a *Sein* alguno. Merece la pena reformular, sin ontología alguna en el horizonte, la "comprensión existentiva" (1997: 23) ("Das *hierbei* führende Verständnis seiner selbst nennen wir das *existenzielle*" [1967: 12] ["A la comprensión de sí mismo que *entonces* sirve de guía la llamamos comprensión *existentiva*", trad. Rivera]) y/o "comprender existencial" (1997: 23) ("Deren Analytik hat den Charakter nicht eines existenziellen, sondern *existenzialen* Verstehens" [1967: 12] ["Su analítica no tiene el carácter de un comprender existentivo, sino de un comprender *existencial*", trad. Rivera]), es decir, la comprensión que es tal a partir de su propio dinamizar, de su propio exteriorizarse —eso que, por otras razones y argumentos, en los ámbitos periféricos Humberto Maturana (*La realidad: ¿objetiva o construida? I: Fundamentos biológicos de la realidad — II: Fundamentos biológicos del conocimiento* [1986]) indicara como *biology of cognition*.

La existencialidad (*existenziales*) como *ultima ratio*, como prueba y evidencia, de la constitución del ser en cuanto "ente", es una hipótesis que resulta *ininteligible* para los ámbitos periféricos. Por lo mismo la idea que "el Dasein es 'ontológico' en sí mismo" (1997: 24) ("Dasein ist auf dem Grunde seiner Existenzbestimmtheit an ihm selbst »ontologisch«" [1967: 13] ["El Dasein está determinado en su ser por la existencia", trad. Rivera]) carece de propósito en los ámbitos periféricos, aun considerando el encomillado original de Heidegger, es decir, el hecho que "ontologisch" está ahí a falta de mejor término.

La necesidad de someter *la cuestión* a la cuestión de la cuestión se halla en los supuestos mismos de la hipótesis heideggeriana, que en el caso de Heidegger daban base a su tratado pero que en la actualidad ilustran *la cuestión* de una *epocalidad conceptual* ("épochalité conceptuel") y de las derivas de *ininteligibilidad* que plantea: "Wenn die Interpretation des Sinnes von Sein Aufgabe wird, ist das Dasein nicht nur das primär zu befragende Seiende, es ist über- dies das -Seiende, das sich je schon in seinem Sein zu *dem* verhält, wonach in dieser Frage gefragt wird. Die Seinsfrage ist dann aber nichts anderes als die Radikalisierung einer zum Dasein selbst gehörigen wesenhaften Seinstendenz, des vorontologischen Seins-verständnisses" (1967: 14–15).[6]

6 Traducción de Rivera: "Para la tarea de la interpretación del sentido del ser, el Dasein no es tan solo el ente que debe ser primariamente interrogado, sino que es, además, el ente que en su ser se comporta ya siempre en relación a *aquello* por lo

Una época *es tenida* por los límites no sólo de lo decible, de lo imaginable, sino sobre todo de aquello que se entiende como posible. Esta situación periférica explica por qué la afirmación de Heidegger de que "Die »Zeit« fungiert seit langem als ontologisches oder vielmehr ontisches Kriterium der naiven Unterscheidung der verschiedenen Regionen des Seienden" (1967: 18),[7] es pertinente: "las regiones del ser-estando/estar-siendo" como determinantes de lo viviente que es la comprensión en términos de la *Gestell* (§ 41), del pos-*Dasein* (§ 20, § 34). Asimismo, esta noción de temporalidad (*Zeitlichkeit*)/temporalización (*Zeitgung*) es extraña a una "región" en donde lo viviente es entendido en términos de biosfera o de *milieu* (ambiente, medio): la objeción de Heidegger a Bergson puede aquí ser revertida y la espacialización (*espacement*) convertirse en el concepto relevante. Por ello es que la temporación (*Zeitigen*) se adecua mejor a una *continuidad* no humana, a esta espacialización en tanto forma de entendimiento de lo especulativo.

Aceptar *la cuestión*, sin cuestionamiento, sin una cuestión de la cuestión, es asumir la ilación que conduce a la cúspide del heideggerismo: "Dessen Sein findet seinen Sinn in der Zeitlichkeit" (1967: 19).[8] La historicidad (*Zeitlichkeit*), el historiando, no está en el *être/Sein,* sino en la técnica (*Gestell*) y bajo estas condiciones es considerable la hipótesis de Heidegger: "Die Bestimmung Geschichtlichkeit liegt vor dem, was man Geschichte" (1967: 19).[9] Y por lo mismo puede entenderse de esta perspectiva la entropía extrema del Antropoceno en los ámbitos periféricos: "Unhistorisch kann ein Zeitalter nur sein, weil es »geschichtlich« ist" (1967: 20).[10] No hay técnica/tecnología que no posea una *historisch sein* precisamente

---

que en esta pregunta se cuestiona. Pero entonces la pregunta por el ser no es otra cosa que la radicalización de una esencial tendencia de ser que pertenece al Dasein mismo, vale decir, de la comprensión preontológica del ser" (1997: 25).

7 Traducción de Rivera: "El 'tiempo' sirve desde antaño como criterio ontológico, o más bien óntico, de la distinción ingenua de las diferentes regiones del ente" (1997: 28).

8 Traducción de Rivera: "El ser del Dasein tiene su sentido en la temporeidad" (1997: 30).

9 Traduce Rivera: "El carácter de la historicidad [*Geschichtlichkeit*] es previo a lo que llamamos historia [*Geschichte*]..." (1997: 30).

10 Traduce Rivera: "Una determinada época puede carecer de sentido histórico [*unhistorisch sein*] solamente en la medida en que es 'histórica' ['*geschichtlich*']" (Heidegger, 1967: 31).

porque la técnica/tecnología es lo humanizante de lo viviente, aquello que ofrece un dominio de inscripción de los/para los ὑπομνήματα (*hypomnemata*) —es precisamente esto aquello que indicamos como epocalidad (*épochalité*) y es el "esto" lo que también debe ser incluido en el asunto (y que de forma genérica ya indicamos como *pensamiento esto*) (§ 12).

Aceptar *la cuestión* es no sólo confirmar el estado del asunto europeo en 1927, en la descripción de Heidegger, sino también la *aumentación* del mismo a partir de la óptica colonial: "Die griechische Ontologie und ihre Geschichte, die durch mannigfache Filiationen und Verbiegungen hindurch noch heute die Begrifflichkeit der Philosophie bestimmt …" (1967: 21).[11] Esta ontología que Heidegger considera "desarraigada" y "degradada a la condición de cosa obvia", en los ámbitos periféricos —para los seguidores de *la cuestión*— será reaseguro de autenticidad (la *Eigentlichkeit*), referencia institucional incuestionable de lo historiográfico, pero sobre todo estructura conceptual de lo especulativo como tal, por acción u omisión. Más aun, cuando la misma se instale se transformará, también historiográficamente (*Begriffsgeschichte*): "In der *scholastischen* Prägung geht die griechische Ontologie im wesentlichen auf dem Wege über die *Disputationes metaphysicae* des Suarez in die »Metaphysik« und Transzendentalphilosophie der Neuzeit über und bestimmt noch die Fundamente und Ziele der »Logik« *Hegels*" (1967: 22).[12]

Y lo aparentemente paradójico es que, en los ámbitos periféricos, el malentendido en torno a las condiciones de la destrucción de la ontología tradicional ("Destruktion der Geschichte der Ontologie"), planteada por Heidegger, no hizo sino reforzar de forma historiográfica (colonial) *la cuestión*.[13] De manera que la paradoja efectivamente es sólo aparente: "La

11 Traduce Rivera: "La ontología griega y su historia, que todavía hoy, a través de diversas filiaciones y distorsiones, determinan el aparato conceptual de la filosofía…" (1997: 32).

12 Traduce Rivera: "En su formulación *escolástica,* lo esencial de la ontología griega pasa a la 'metafísica' y a la filosofía trascendental de la época moderna por la vía de las *Disputationes metaphysicae* de Suárez, y determina todavía los fundamentos y fines de la *Lógica* de Hegel" (1997: 32).

13 En este sentido, una transliteración general de *Sein und Zeit* requeriría *leer* la noción de "ontología" (y su historiografía europea) a la luz de eso que Heidegger llama "existenzialontologischen Struktur" (1967: 249 y ss.).

destrucción ontológica no tiene un sentido negativo, sino que significa, como lo dice el texto mismo: despojar de su rigidez lo que a lo largo de la tradición se ha anquilosado, y mostrar de esta manera los elementos vivos y fecundos, las grandes intuiciones que están a la base del edificio tradicional" (Rivera, 1997: 424). El mismo Heidegger sitúa la dimensión de esta renovación de la "tradición ontológica" y que, en definitiva, funciona asimismo como una cimentación de la pregunta acerca del ser: "Die Destruktion hat ebensowenig den *negati-ven* Sinn einer Abschüttelung der ontologischen Tradition. Sie soll umgekehrt diese in ihren positiven Möglichkeiten, und das besagt immer, in ihren *Grenzen* abstecken, die mit der jeweiligen Fragestellung und der aus dieser vorgezeichneten Umgrenzung des möglichen Feldes der Untersuchung faktisch gegeben sind. Negierend verhält sich die Destruktion nicht zur Vergangenheit, ihre Kritik trifft das »Heute« und die herrschende Behandlungsart der Geschichte der Ontologie, mag sie doxographisch, geistesgeschichtlich oder problemgeschichtlich angelegt sein. Die Destruktion will aber nicht die Vergangenheit in Nichtigkeit begraben, sie hat *positive* Absicht; ihre negative Funktion bleibt unausdrücklich und indirekt" (1967: 22–23).[14]

La condición crítica, en términos analíticos, que la revisión heideggeriana supone de la tradición ontológica europea, en las colonias, por el contrario, funciona como un mecanismo de reafirmación de dicha tradición, como un evento, como un jalón más de la misma y en donde la dimensión crítica desaparece bajo la forma del sistema conceptual heideggeriano, de su historicidad.

Esta *reversión* de sentido/significado (*Verdrehung*) es un ejemplo acaso de los innumerables que pueden establecerse en *la cuestión* y los ámbitos

14 Traduce Rivera: "Asimismo, la destrucción tampoco tiene el sentido *negativo* de un deshacerse de la tradición ontológica. Por el contrario, lo que busca es circunscribirla en lo positivo de sus posibilidades, lo que implica siempre acotarla en sus *límites,* es decir, en los límites fácticamente dados en el respectivo cuestionamiento y en la delimitación del posible campo de investigación bosquejado desde aquél. La destrucción no se comporta negativamente con respecto al pasado, sino que su crítica afecta al 'hoy' y al modo corriente de tratar la historia de la ontología, tanto el modo doxográfico como el que se orienta por la historia del espíritu o la historia de los problemas. La destrucción no pretende sepultar el pasado en la nada; tiene un propósito *positivo*; su función negativa es sólo implícita e indirecta" (1997: 33).

periféricos en términos especulativos. La renovación realizada con eficacia por Heidegger sobredimensionó la institución filosófica europea en términos locales al punto que produjo un quiasmo por el cual *un diálogo directo con la misma ya no fue posible*. A partir de entonces, del momento que la historiografía comenzó a generar las primeras lecturas de *Sein und Zeit* —como, por ejemplo, los cursos universitarios y publicaciones de Carlos Astrada (*Heidegger, de la analítica ontológica a la dimensión dialéctica* [1970]), Director del Instituto de Filosofía de la Universidad de Buenos Aires de 1948 a 1956—, la distancia institucional se hará *también especulativa*: Friburgo se convertirá en capital simbólica, en objeto trascendental, en confirmación de filosofar, a través en principio de la biografía de Estrada, pero, sobre todo, de los mecanismos de distanciación que desde el quiasmo no cesarán de multiplicarse y también por la multiplicación de *estrategias de evasión* para cuestionar (asumir, reconocer, validar) *la cuestión*. Es la *vermeiden* de la que habla Derrida, como vimos (§ 7), al referirse justamente a Heidegger en su consideración de la *Geist* y su fundamentación: Heidegger *desvía* la atención de su *alemanismo espiritual* (en tanto carácter-de-mundo [*Weltcharakter*], en tanto relación a su espíritu [*Verhältnis zum Geist*]) empleado justamente un sentido de "destrucción de la tradición ontológica" (1997: 36) ("der Destruktion der ontologischen Überlieferung" [1967: 26]). Por ello es que Derrida, a diferencia de sus colegas europeos precedentes, vuelve sobre el asunto del espíritu (*Geist*) y su relación a la pregunta por el ser (*der Frage nach dem Sinn von Sein*) como forma de establecer las condiciones epistémicas de lo filosófico como tal y de su relación a la ontología. De otro modo sería haber obedecido al *dictum* heideggeriano (y que es precisamente lo que hicieron los analistas locales en términos especulativos): "Die Abhebung des Seins vom Seienden und die Explikation des Seins selbst ist Aufgabe der Ontologie" (1967: 27).[15] Y más claramente aun: "Mit der leitenden Frage nach dem Sinn des Seins steht die Untersuchung bei der Fundamentalfrage der Philosophie überhaupt" (1967: 27).[16] Pocos autores periféricos pudieron resistir en términos

15 Traduce Rivera: "Destacar el ser del ente y explicar el ser mismo, es la tarea de la ontología" (1997: 37).

16 Traduce Rivera: "Con la pregunta conductora por el sentido del ser, la investigación se encuentra ante la cuestión fundamental de toda filosofía" (1997: 37).

especulativos a la dimensión portante de esta aseveración en el contexto conceptual de *Sein und Zeit*: el colonialismo no es una imposición, sino un persuasivo y prolífico lugar de argumentos —la región del ser-siendo/estando-ahí (*Seinsregion* [1967: 82], *Regionen des Seienden* [1967: 18], *Seinsregionen* [1967: 30], *der »Region« des Vorhandenen* [1967: 15, 362], *die Region des Seienden* [1967: 379]) como podría llamarle el mismo Heidegger.

Bajo estas condiciones es fácil observar los beneficios que para los analistas locales concernidos, urgidos por una dimensión especulativa, puede tener la idea de una metodología que, en principio, ignora lo trascendente y que vuelve hacia las cosas mismas (»zu den Sachen selbst!« [1967: 27]): "Der Ausdruck »Phänomenologie« bedeutet primär einen *Methodenbegriff*. Er charakterisiert nicht das sachhaltige Was der Gegenstände der philosophischen Forschung, sondern das *Wie* dieser" (1967: 27).[17]

Tampoco es descabellado concebir bajo estas condiciones, como por otra parte lo haría tempranamente el ya mencionado Astrada ("Heidegger y Marx" [en *Cursos y Conferencias*, año II número 10, abril de 1933]), un encuentro entre una historiografía marxista concerniente a lo histórico de la cosa pública y una perspectiva individualista en términos del "existencialismo" heideggeriano.

17 Traduce Rivera: "La expresión 'fenomenología' significa primariamente una *concepción metodológica*. No caracteriza el qué de los objetos de la investigación filosófica, sino el *cómo* de Ésta" (1997: 37).

§ 20. "La región de los posibles"

El espaciamiento (*espacement*) como mecanismo local básico de lo especulativo tiene un funcionamiento concerniente a las cosas (lo existente, *Ek-sistenz*), a la coseidad (*choseité, Dinglichkeit*), que exacerba la manera —distancia, aproximación, lejanía— en que se materializa lo cosístico —en tanto consistencia (*Beständigkeit*) de la fisidad, en tanto "regiones de cosas" (*Sachgebiete*)— y a lo que *Sein und Zeit* fue sensible: "Erscheinung als Erscheinung »von etwas« besagt demnach gerade *nicht:* sich selbst zeigen, sondern das Sichmelden von etwas, das sich nicht zeigt, durch etwas, was sich zeigt. Erscheinen ist ein *Sich-nicht-zeigen.* Dieses »Nicht« darf aber keineswegs mit dem privativen Nicht zusammengeworfen wer-den, als welches es die Struktur des Scheins bestimmt. Was sich in *der* Weise *nicht* zeigt, wie das Erscheinende, kann auch nie schei-nen. Alle Indikationen, Darstellungen, Symptome und Symbole haben die angeführte formale Grundstruktur des Erscheinens, wenngleich sie unter sich noch verschieden sind" (1967: 29).[1]

La evidencia que este manifestar no es en realidad "mostrarse en el sentido del fenómeno" ha llevado a confusiones, sobre todo por el hecho que "manifestarse sólo es posible *sobre la base* del *mostrarse* de algo" (1997: 39) ("so ist doch Erscheinen nur möglich *auf dem Grunde* eines *Sichzeigens* von etwas" [1967: 29]). El hecho entonces que la manifestación es la expresión de un significado que no es la cosa misma que lo expresa constituye un precepto heideggeriano que ha conducido a los autores locales a

1 Traduce Rivera: "'Fenómeno', como manifestación «de algo», justamente *no* quiere decir, por consiguiente, mostrarse a sí mismo, sino el anunciarse de algo que no se muestra, por medio de algo que se muestra. Manifestarse es un *no-mostrarse.* Pero este 'no' no debe confundirse de ningún modo con el 'no' privativo que determina la estructura de la apariencia. Lo que *no* se muestra, a *la* manera como *no* se muestra lo que se manifiesta, jamás puede parecer. Todas las indicaciones, representaciones, síntomas y símbolos tienen esta estructura formal básica del manifestarse, por diferentes que ellos sean entre sí" (1997: 39).

un *doblamiento* (doblaje, traducción, subtitulación) de la significación de lo especulativo: *lo nacional* ha sido así la manifestación (*Erscheinung*) de algo que no se muestra (la Patria, los Próceres, el gaucho, las fronteras: el no-mostrarse [*als Sich-nicht-zeigen*] ["Manifestarse es un no-mostrarse", 1997: 39]) y también "lo anunciante mismo —que en su mostrarse denuncia algo que no se muestra" (1997: 39) ("… und dann das Meldende selbst – das in seinem Sichzeigen etwas Sich-nicht-zeigendes anzeigt" [1967: 30]) (el lenguaje inmigrante, la cátedra sin institución, el monolingüismo, el método de pesquisa policial generalizado: el ser-visto por otros que inaugura todo *anunciar*-se).

Entender lo fenoménico como "manifestación" (*Erscheinung,* mostrarse, aparecer) —que es precisamente aquello que los analistas locales han realizado al ejercer la historiografía filosófica europea como autentificación de sus credenciales institucionales o validación de sus argumentos "filosóficos"— es justamente realizar el mundo al revés ("… dann ist alles auf den Kopf gestellt" [1967: 30] ["...entonces todo queda cabeza abajo", trad. Rivera]) sobre el que prevenía el mismísimo Heidegger: "Definiert man Phänomen mit Hilfe eines zudem noch unklaren Begriffes von »Erscheinung«, dann ist alles auf den Kopf gestellt, und eine »Kritik« der Phänomenologie auf dieser Basis ist freilich ein merkwürdiges Unterfangen" (1967: 30).[2]

Este *mundanar al revés* ha sido un mecanismo desarrollado de manera exponencial a partir del momento en que lo manifiesto (aparecer, exponerse) y lo fenoménico (devenir, evolucionar) se confundieron, no, claro está, para analizar o comentar Heidegger, que no obstante resta un argumento minoritario en los intereses de los analistas locales, sino para transformarse en una forma de escritura que niega toda dimensión de *grammatisation*, como si la reflexión de lo local fuese, en las manos de los analistas, al manifestarse en ellos, no sólo el contenido de un argumento, sino *la cuestión* del argumento mismo. Justamente aquello que Heidegger explicaba, aunque por otros motivos y razones, en 1927 de manera sintética: "Obzwar »Erscheinen« nicht

2 Traducción de Rivera: "Si se define el fenómeno acudiendo al concepto, además poco claro, de 'manifestación', entonces todo queda cabeza abajo, y una 'crítica' de la fenomenología sobre esta base es ciertamente una empresa peregrina" (1997: 39).

und nie ist ein Sichzeigen im Sinne von Phänomen, so ist doch Erscheinen nur möglich *auf dem Grunde* eines *Sichzeigens* von etwas. Aber dieses das Erscheinen mit ermöglichende Sichzeigen ist nicht das Erscheinen selbst. Erscheinen ist das Sich-*melden* durch etwas, was sich zeigt" (1967: 29).[3]

La peregrina creencia de que el decir-un-argumento es la ejecución del argumento mismo en cuanto tal —en cuanto cuestión— ha sido una de las formas más nocivas de colonialismo en los ámbitos periféricos. Justamente el desprecio por la tecnología, como evento epistémico y necesario de todo análisis especulativo, tiene su origen en esta forma revirada de colonialismo/colonización que cree tener la capacidad para poner a su disposición la historiografía de *la cuestión* según convenga a los argumentos. Haciendo esto daban la razón a Heidegger que consideraba al espíritu especulativo como una forma del ser-alemán y, más aun, cuando asociaba los ámbitos no-europeos a principios de animalización del ser-estando/estar-siendo.

La construcción de lo local, de una localidad, en términos de presencia, es la condición de entendimiento de lo especulativo como tal. Y dicha localidad/localización tiene en el no-mostrarse (*als Sich-nicht-zeigen*) su expresión más natural. Esto explica en gran medida que el colonialismo en la actualidad parezca tan remoto y *démodé*. Y por lo mismo hemos hecho referencia a un *segundo grado* colonial (*Geo-epistemology. Latin America and the Location of Knowledge* [2009]): en aquello que la exposición de certitudes inmediatas esconde se encuentran las validaciones (proceso de individuación, socialización) que dan significado a lo que no se tiene y parámetro, escala, a aquello que se cree posible o no. Por ello insistimos con la hipótesis que la especulación no se define conceptualmente por sus argumentos, sino por aquello que hace posible e inteligible.

Cuando hablar de "los ámbitos periféricos" significa *tener que definir* las condiciones de especulación es precisamente cuando el primer paso hacia el colonialismo se realiza. Que el alemanismo heideggeriano (*der deutsche Begriff „Geist"*) sea una cuestión vinculada al *espíritu* (*Geistlichkeit*) y que la

3 Traducción de Rivera: "Aunque el 'manifestarse' no es jamás un mostrarse en el sentido del fenómeno, sin embargo, manifestarse sólo es posible *sobre la base* del *mostrarse* de algo. Pero este mostrarse composibilitante del manifestarse no es el manifestarse mismo. Manifestarse es *anunciar*-se por medio de algo que se muestra" (1997: 39).

evolución de las ideas en los ámbitos periféricos se considera un "estudio de área" explica cuántos malos pasos han sido dados por los analistas locales que viven de/por/en las universidades dependientes, en mayor o menor medida, de las economías centrales.

En la concepción de lo devenido (*phenomena* [mostrarse-en-sí-mismo], *Phänomen*) se encuentra el "aparecer"/"parecer" que hace posible que lo que consideramos como patente (concreto, consistente) implique aquello que no se ve pero que surge, se expresa, se significa, en tanto *apariencia manifiesta*. La relación de los ámbitos periféricos con las economías centrales, con las capitales y los Estados colonialistas, para decirlo directamente, se ha establecido sobre términos similares. Mas aun, no sólo *las relaciones*, sino la manera misma en que lo local ha sido construido e instituido tiene una dinámica equivalente.

Y si lo fenoménico/aparecido-aparente en los términos de Heidegger tiene relación con los ámbitos periféricos en términos de una especulación, además de lo ya argumentado, es precisamente por la estrecha relación que existe entre la explicación–conceptualización de *la cuestión* y este sentido de *Erscheinung*, es decir, en la recurrencia que aquello que indicamos como fenómeno tiene en lo manifiesto/manifestable: "*Phänomen* – das Sich-an-ihm-selbst-zeigen – bedeutet eine aus-gezeichnete Begegnisart von etwas. *Erscheinung* dagegen meint einen seienden Verweisungsbezug im Seienden selbst, so zwar, daß das *Verweisende* (Meldende) seiner möglichen Funktion nur genügen kann, wenn es sich an ihm selbst zeigt, »Phänomen« ist" (1967: 31).[4]

Esto explica, además, cuando se conocen los presupuestos heideggerianos ("Phänomenologie ist Zugangsart zu dem und die ausweisende Bestimmungsart dessen, was Thema der Ontologie werden soll. *Ontotogie ist nur als Phänomenologie möglich*" [1967: 35]),[5] cómo y por qué un mecanicismo

4 Traducción de Rivera: "*Fenómeno* —el mostrarse-en-sí-mismo— es una forma eminente de la comparecencia de algo. En cambio, *manifestación* significa un respecto remisivo en el ente mismo, de tal manera que lo *remitente* (lo anunciante) sólo puede responder satisfactoriamente a su posible función si se muestra en sí mismo, es decir, si es "fenómeno" ['*Phänomen*']" (1997: 39).

5 Traducción de Rivera: "Fenomenología es el modo de acceso y de determinación evidenciante de lo que debe constituir el tema de la ontología. *La ontología sólo es posible como fenomenología*" (1997: 39).

causalista, un naturalismo filosófico decimonónico (*Naturphilosophie*) y una forma marxista de entender lo social y lo público, constituyeron las perspectivas dominante de los autores locales para entender cualquier forma de localidad/localización. De este asunto como problemática también se ocupa la *cuestión periférica*.

La creencia que referirse "al modo en que está descubierto lo descubierto" (1997: 45) ("die in der Bestandart des Entdeckten gründen" [1967: 36]) significa modificar el descubriendo y lo descubrido/descubierto ha sido el equívoco más rentable de generaciones de analistas locales que confundieron el nombre del filósofo Heidegger con un tipo que vivía en Friburgo y que tuvo, a la ocasión, cuanto menos un par de alumnos sudamericanos, para seguir con el ejemplo periférico escogido. O, para también decirlo de manera más concreta, que consideraron la originalidad del ser (en cuanto cuestión, *Ursprung*, *Anfang*: el origen que es también expectativa) —el estudio explícito o implícito de *la cuestión* misma— como un asunto de *cercanía* y que la filosofía constituía en definitiva, en términos locales, el estudio de dicha cercanía (geográfica, filosófica, historiográfica, imaginaria). El propio Rivera lo dice claramente a su manera respecto de *Sein und Zeit*: "si lo descubierto está descubierto en el lenguaje, este último no da jamás garantía de que quien lo lee y comprende re-ejecute el acto descubridor originario. Es perfectamente posible entender un concepto o una expresión lingüística sin que se la vea en su surgir necesario desde las cosas mismas. En este caso el encubrimiento es una posibilidad necesaria y no una posibilidad fortuita" (1997: 426).

Que la expresión de Heidegger, "Verdecktheit ist der Gegenbegriff zu »Phänomen«." (1967: 36),[6] haya hecho las delicias de los autores locales durante décadas no significa, claro está, que los mismos la conocieran o supiesen de ella o de sus alcances historiográficos. Aquello *que sabían* era de espaciamiento (*espacement*), es decir, de *regiones* a partir de las cuales ejercían *la cuestión* —por favor, oposición, por contradicción, por desconocimiento— como *ultima ratio* de lo especulativo y que ello *aseguraba* un dominio plausible de entendimiento conceptual de pares, de grupos, de ministerios, de

6 Traducción de Rivera: "Encubrimiento es el contraconcepto de «fenómeno»" (1997: 39).

institutos. Una manera *europea* de ser nacional, local, propio, casi único, distinto, plausible. Bajo estas condiciones entonces las regiones geográficas, las cosísticas (*Dinglichkeit, Sachgebiete*), las objetuales (*Objekt, Gegenstand*), las maquínicas ("l'inorganique organisé" en el sentido de Stiegler) y las "ideales" (*Ideen* en sentido husserliano) se confunden, es decir, se hacen simbióticas, reversibles, equivalentes. Si algo se puede llamar "colonial" en la actualidad tiene su residencia en esta situación. Es esta la "región de los posibles objetos" (Rivera, 1997: 74) ("die Region der möglichen Gegenstände" [1967: 65] — transliteración: "la región de lo posible que está/es-ahí [enfrente, confrontación, careo, oposición] por tema [*gegenstand* es 'objeto' en tanto sujeto/materia, argumento, motivo, tema: y es esta tematicidad aquello que asimismo aporta lo concreto-material en términos figurativos (*gegenständlich*)]") de la que se ocupa la *cuestión periférica* o, mejor dicho, esta es la región de la cual al ocuparse *regionalizamos* un origen y por lo cual revenimos a cuestionar "lo que originariamente esta al 'alcance de la mano'" (ser-a-la-mano: *Zuhandenheit*) (1997: 45)[7]. Pero también al "alcance de la vista" (ser-a-la-vista: *Vorhandenheit*). La cuestión de la cuestión de la que se ocupa la *cuestión periférica* es aquello que indicamos, por ello, como el *pensamiento esto* (§ 12), el cual tiene presente en todo momento la vigencia del diagnóstico del ente-ismo heideggeriano de los traductores al castellano como resumen de a-dónde conduce *la cuestión*: "ein anderes ist es, über *Seiendes* erzählend zu berichten, ein anderes, Seiendes in seinem *Sein* zu fassen. Für die letztgenannte Aufgabe fehlen nicht nur meist die Worte, sondern vor allem die »Grammatik«" (1967: 39).[8]

Las *regiones* son entonces los lugares desde donde se ejerce la escala epistemológica (§ 46). Las regiones, en términos heideggerianos, suponen

7 La frase de Heidegger: "Die Möglichkeit der Verhärtung und Ungrif-figkeit des ursprünglich »Griffigen« liegt in der konkreten Arbeit der Phänomenologie selbst" (1967: 36).

8 Traduce Rivera: "una cosa es hablar en forma narrativa sobre el *ente* y otra, captar el ente en su *ser*. Para este último cometido, con frecuencia faltan no sólo las palabras, sino sobre todo la 'gramática'" (1997: 48). Transliterado sería: "una *cuestión* [el subrayado es nuestro] es hablar de forma narrativa sobre el *ser-estando/estar-siendo* y otra captar el ser-estando/estar-siendo en su *ser/estar*. Para este último propósito, con frecuencia faltan no sólo las palabras, sino sobre todo la 'gramática'".

una *Weltgeschichtlichkein*, es decir, una mundicidad historizada: "*Geschehen der Geschichte ist Geschehen des In-der-Welt-seins.* Geschichtlichkeit des Daseins ist wesenhaft Geschichtlichkeit von Welt, die auf dem Grunde der ekstatisch-horizontalen Zeitlichkeit zu deren Zeitigung gehört" (Heidegger, 1967: 388).[9]

El fenómeno, en tanto acontecer de lo viviente (§ 42), es un necesario estar-en-el-mundo que se realiza por lo a-la-mano (*Zuhandenheit*) y lo a-la-vista (*Vorhandenheit*) (§ 17): "*Mit der Existenz des geschichtlichen In-der-Welt-seins ist Zuhandenes und Vorhandenes je schon in die Geschichte der Welt einbezogen.* Zeug und Werk, Bücher zum Beispiel haben ihre »Schicksale«, Bauwerke und Institutionen haben ihre Geschichte. Aber auch die Natur ist geschichtlich. Zwar gerade nicht, sofern wir von »Naturgeschichte« sprechen; wohl dage-gen als Landschaft, Ansiedlungs-, Ausbeutungsgebiet, als Schlachtfeld und Kultstätte" (Heidegger, 1967: 388).[10]

Este "estar-en-el-mundo histórico" (*des geschichtlichen In-der-Welt-seins*) es un espaciar, un construir-localizar-habitar que indicamos como parajear, localizar (§ 46): son las regiones. Las cuales aparecen fundando toda comprehensión del *être/Sein*: la región del ser-siendo/estando-ahí (*Seinsregion* [1967: 82], *Regionen des Seienden* [1967: 18], *Seinsregionen* [1967: 30], *der »Region« des Vorhandenen* [1967: 15, 362], *die Region des Seienden* [1967: 379], *der Region des geschaffenen seienden* [1967: 92], *Region dieses Seienden* [1967: 97], *der 'region' des Vorhandenen* [1967: 362]) como podría llamarle el mismo Heidegger. Estas regiones construyen lo inteligible, aquello que de manera banal indicamos como lo posible (*die Region der möglichen* [1967: 73]), "región esencial", "regiones de cosas" (*Sachgebiete*).

9 Traduce Rivera: "*El acontecer de la historia es el acontecer del estar-en-el-mundo.* La historicidad del Dasein es esencialmente historicidad del mundo, un mundo que, en razón del carácter extático-horizontal de la temporeidad, pertenece necesariamente a la temporización de esa temporeidad" (1997: 374).

10 Traduce Rivera: "*Con la existencia del estar-en-el-mundo histórico, lo a la mano y lo que está-ahí se encuentran incorporados desde siempre a la historia del mundo.* El útil y la obra, los libros, por ejemplo, tienen sus 'destinos'; las obras arquitectónicas y las instituciones tienen su historia. Pero también la naturaleza es histórica. Aunque *no* precisamente en el sentido de una 'historia natural', pero sí en cuanto paisaje, terreno de asentamiento o de explotación, en cuanto campo de batalla y lugar de culto" (1997: 374).

Los posibles son así cosas, lugares, parajes, mundos, escritura y también *suplementos* (en sentido derridiano) de todos ellos —por ejemplo, en este sentido, los objetos serían cosas realizadas, es decir, ya usadas y con un "suplemento". La *cuestión periférica* debe afrontar esta situación no tradicional en donde lo originario, lo construido, lo artificial y lo basurable conviven en comunidad de significado. De hecho son ellos quienes en definitiva determinan las regiones de los posibles.

Tercera parte. El salón-de-estar

§ 21. La diferancia colonial

Para Derrida (1967a y 1972a) una cuestión filosófica —incluso *la cuestión*— es un *problema de escritura*, que se formula, dice y conceptualiza en términos de escritura. Y escritura aquí significa tecnología (Stiegler, "Séminaire 2015, séance 1": <www.phamakon.fr>). La reflexión filosófica entonces se establece a partir de distinciones —críticas, analíticas— que Derrida llama diferencias ("différence") y que para señalar su estatuto particular las indica como *diferancias* ("différance"): la diferancia es la distancia que existe de lo escrito a lo significado, distancia que no se agota, que muta, que se expande, que se modifica —y justamente, en los ámbitos periféricos, las problemáticas especulativas se inscriben en la mayoría de los casos *en esta distancia*. La construcción de *diferancias* sería entonces una de las tareas básicas de un filósofo. Aquello que en los ámbitos periféricos resulta interesante de este planteo es la "doble epocalidad" ("double épochalité") del mismo, es decir, los ámbitos periféricos evolucionan a partir de una diferenciación debida al colonialismo sobre el cual fueron construidos. A la diferencia corriente ("différence") en términos especulativos, de los ámbitos periféricos, y que consideramos en términos de ecología política, debiera entonces agregarse la diferancia ("différance") en los términos especulativos de Derrida: al espaciamiento ("espacement": Derrida, 1972a) de la distancia colonial debe agregarse la significación/no significación de la lengua distanciada, especulada, escriturada. A esta suma es aquello que indicamos como *diferencia colonial.*

La diferancia denota en primer lugar un signo escrito que, al menos en principio, es *mudo*: "Vous avez remarqué que ce *a* s'écrit ou se lit [se refiere a la 'a' con que escribe 'différance' en lugar de 'différence', como se lo hace normalmente] mais qu'on ne peut l'entendre. Je tiens beaucoup, toute d'abord, à ce que le discours — par exemple le notre, en ce moment — sur cette altération ou cette agression graphique et grammaticale implique une référence irréductible à l'intervention muette d'un signe écrit. Le participe présent du verbe *différer*, sur lequel se forme ce substantif, rassemble une configuration de concepts que je tiens pour systématiques et irréductible et dont chacun intervient, s'accentue plutôt, à un moment décisif du travail" (1972c: 16–17).[1]

Esta "configuración de conceptos" (*configuration de concepts*) que se establecen en torno al "movimiento" (*mouvement décisif du travail*) es un elemento determinante para comprehender las condiciones de lo especulativo en los ámbitos periféricos. Y constituye una de las pocas perspectivas europeas que posibilita reflexionar de forma epistémica en torno al colonialismo. Y este movimiento (desplazamiento, traslado, viaje, desubicación, mutación) según Derrida se define de cuatro formas. La diferancia (*différance*) significa, en primer lugar, un diferido (*différer*), el reenvío hacia un movimiento "que consiste en diferir, por retraso, delegación, suspenso, reenvío, desvío, retardo, puesta en reserva" (1972c: 17) [traducción del autor]. En segundo lugar, la diferancia significa en tanto generador de "diferentes" (*différents*) es la raíz de todas las oposiciones de conceptos que escansiona el lenguaje. En tercer lugar, la diferancia es también la producción de sus diferencias. En cuatro lugar, por último, la diferancia exhibe la problemática de la diferencia que supone la relación entre el *être* y el *étant* (§ 16) respecto de *la cuestión* y a la cuestión de la cuestión (§ 1): esto es aquello que Derrida, en referencia a Heidegger, indica como "réorganiser sans cesse la forme et les lieux de questionnament" [reorganizar sin cesar la forma y los lugares de cuestionamiento] (1972c: 19).

Cuando B. Stiegler (*La Société automatique : 1. L'avenir du travail*, [2015]) hace referencia a un "doble redoblamiento epocal", en el sentido

1 Traducción del autor: "Usted ha destacado que este *a* se escribe o se lee [se refiere a la 'a' con que escribe 'différance' en lugar de 'différence', como se lo hace normalmente], pero que no podemos escucharla. Yo doy mucha relevancia, en primer lugar, al hecho que el discurso —por ejemplo, el nuestro, en este momento— sobre esta alteración o esta agresión gráfica y gramatical implica una referencia irreducible a la intervención muda de un signo escrito. El participio presente del verbo *diferir*, sobre el cual se forma este sustantivo, reúne/junta una configuración de conceptos que yo considero como sistemáticos e irreductibles y en donde cada uno interviene, más bien se acentúa, a un momento decisivo del trabajo".

que una época se agota primero en sus propias condiciones y luego es subsumida por la aparición de otra, como condición de entendimiento de una evolución tecnológica, está planteando un mecanismo al cual, en los ámbitos periféricos, hay que agregarle aun, a esta perspectiva, un *epistemic turn* y que es justamente aquello que también podíamos indicar como la *diferancia colonial.*

Que la palabra (en cuanto voz-de-lo-escrito) no significa todo aquello que sí contiene la escritura es un principio que anima al colonialismo de diversas formas y ello explica asimismo por qué, a diferencia de otros autores, Derrida siempre fue sensible a mecanismos que implicaban formas de colonialismo —aun cuando no siempre el autor de origen argelino los haya analizado en toda su extensión. Derrida, a partir de su planteo escriturario del significado, constituye una inoculación contra la forma más banal y popular de concebir el colonialismo en los ámbitos periféricos y que consiste en una versión, pretendidamente *antropológica*, de entendimiento por el cual las así llamadas tradiciones orales tendrían una primacía intelectual y moral en la constitución de la localidad de lo local. Esta perspectiva es profundamente colonialista no sólo porque desconoce la condición ínsita que la tecnología tiene en la formación del conocimiento, sino porque asimismo ignora que la escritura es efectivamente una formidable maquinaria tecnológica, pero, además, porque confunde entendimiento con conocimiento, que constituye precisamente una de las cuestiones que el colonialismo impone, es decir, como ya indicamos, una discontinuidad entre un ahora de la individuación (§ 32, § 34) y un indispensable presente como *costrutto* colectivo (§ 46). Reivindicar, por ejemplo, el empleo de la lengua quechua, como una forma de acercamiento a los orígenes indígenas y una reivindicación contra el colonialismo cierto europeo, sabiendo que el *corpus* de dicha lengua fue realizado a partir de una vehiculización del castellano, es como criticar escribiendo el haber sido alfabetizado.

La "diferencia" se halla en la discontinuidad que suponen las lenguas, es decir, la inevitable existencia de una translación (§ 6). Y también se halla en el *diferido* (postergado, aplazado, enviado) de la significación y que constituye sustento básico de toda historiografía filosófica (en tanto *Begriffsgeschichte*). Las lenguas en la periferia, en tanto término tecnológico, constituyen, por una parte, la *grammatisation*, que es la *Gestell* de las mismas, y, por otra parte, el idiomar, que es la manera en que dicha *grammatisation* se localiza. La diferancia no es sólo aquello que permite el transporte de una forma a otra, sino también la relación de estas lenguas periféricas con los ámbitos originarios de donde la *grammatisation* proviene.

Y cuando las lenguas se detienen, ya no idioman, es la mirada que diferancia: por ello es un error confundir el silencio colonial con la falta/ausencia de significado. El ver (lectura, leyendo, interpretando signos, entendiendo, sobrentendiendo) que adiciona a la voz, a la palabra. La mirada como condición de significado de la escritura, como condición de suplemento mismo de la escritura. De manera que el suplemento (*supplément*) que se adiciona, el acumular de diferancias, de derivas, que sólo significan mediatamente, tal dimensión, es aquello que se vincula al mirar, al ojo en su trabajo y al guiñar. Y, como veremos más adelante, es lo que podríamos indicar como *el ojo de Derrida* o, asimismo, *Geschlecht III* (§ 28, § 31).

La diferancia colonial es la mirada que idioma la escritura y que en sucesión obtiene de la escritura una variedad cambiante, una localidad. La diferancia colonial es también lo escrito, lo historiográfico, que la mirada no requiere y en ello la diferancia colonial se asienta (i) sobre una translación entre *philosophie* y pensamiento, de especulación (§ 40) y (ii) sobre un diferido/diferendo caracterizado por las transposiciones que analizamos en relación a las reversiones que hemos estado comentando ("reversal thinking": *Geo-epistemology. Latin America and the Location of Knowledge* [2009]) (§ 35) como resultados inevitables de cuestionar *la cuestión*. En este sentido que un diferendo (*différend*) *no pueda ser dicho* es una de las condiciones coloniales más radicales y entrópicas, y fuente, como veremos, de fenómenos contemporáneos como el *negacionismo* y la *post-fact politics* (§ 25): "Le différend est l'état instable et l'instant du langage où quelque chose que doit pouvoir être mis en phrases ne peut pas l'être encore" (Lyotard, 1983: 29).[2]

El colonialismo como actitud es la persecución de la continuación ininterrumpida del diferendo —y es precisamente a aquello que la mayoría de las instituciones educativas locales se abocan. Y también por ello el

2 Traducción del autor: "El diferendo es el estado inestable y el instante del lenguaje donde alguna cosa que debe poder ser puesta en frases no lo puede todavía".

cuestionamiento de *la cuestión* es relevante, por cuanto la validación de la *perennidad escolar* que garantiza el diferendo tiene su vértice en la confirmación de la legitimidad del empleo de mecanismos de referencialidad que se obtienen de la historiografía filosófica europea.

Para Derrida (1972a y 1972c) la *diferancia* se realiza por un espaciamiento (*espacement*), es decir, por la bifurcación o *protensión* (proyecciones, anticipaciones del momento a venir) (Stiegler, *La Technique et le Temps*, tome 3 : *Le Temps du cinéma et la Question du mal-être* [2001]) de un asunto o problema y a partir de lo cual se construye un asunto o problema como cuestión —y que, según estamos viendo, se refiere necesariamente a la cuestión de la cuestión (§ 1). El espaciamiento, en tanto condición especulativa básica de los ámbitos periféricos, consiste en la conjugación de tres situaciones (i) la escritura (la escrituración: acto material y ejercicio de la mano) como vehículo cognitivo insoslayable, (ii) la disfuncionalidad y discontinuidad entre un ahora de la conciencia (§ 32) y la construcción de un presente (en tanto presencia) (§ 4), y (iii) la mundanización (el mundanar: *Weltlichkeit*) a partir de un mecanismo de horizonte de expectativa (*horizon d'attente*) (§ 40, § 47). Esta preocupación por un espaciamiento constituye un aspecto básico de la especulación en los ámbitos periféricos. Y, contrariamente a lo propuesto por autores locales, que sitúan el colonialismo en elementos del Estado o en avatares de su administración, constituye (da lugar, *Begegnen*) los mecanismos que no sólo caracterizan y definen el colonialismo en sí sino, más relevante, que permiten una inteligibilidad de lo inmediato y una construcción de lo local, de manera que se crea así una confusión al establecer *un afuera del colonialismo* como tal y *un afuera como elemento trascendente* de la especulación, indispensable del colonialismo en sí —y al cual también hemos indicado como *espaciamiento* (*espacement*). Confusión que explica también la manera preferente en que la tecnología y el cientificismo se transforman en un *ilusionismo genérico* de lo humano como contenedor de lo humanizable, de la acción de humanizar, de derivar lo humano como valor, cuerpo o entidad. Tampoco se pueden escindir los mecanismos de espaciamiento de la condición antropocénica de los ámbitos periféricos (§ 42).

Derrida situará como condición de la diferancia una *mise-en-rétard* de la acción de cuestionar, en definitiva, de *la cuestión* como tal. Este es el *differal* (diferido, diferir) al que hace referencia Derrida y que en los ámbitos periféricos también tienen un *epistemic turn* que podríamos indicar como "différend" (diferendo, difereando). Con el diferendo (*différend*) en términos coloniales el asunto es que no se dirime sobre/acerca de condiciones, conceptos o cosas determinadas, sino que el diferendo es precisamente, y en primer lugar, establecer condiciones, concepto y cosas. El diferendo colonial no es un mecanismo de dirimir o de arbitraje sino, por el contrario, una negociación modificatoria que, como muestra Lyotard, en el *acto* mismo del difereando *se* modifican de forma constante los términos de intercambio. El diferendo es una constante de los ámbitos periféricos respecto de las economías centrales: *diferancia* es también *diferendo*.

Por ello asimismo se comprehende el *retardo* como condición de toda experiencia, como condición de toda conceptualización: la *mise-en-rétard* no como perspectiva académica, sino como situación del conocimiento en términos de localidad, de *mise-en-localisation* (§ 46). Lo local se define por un *retardo*, no sólo respecto de una posible trascendencia, sino también respecto del pasado y, sobre todo, de la formación de un presente. Y complemento de esta situación es el dicho diferendo (elección, arbitrio, dirimir, compromiso) como dinámica de los mecanismos que hacen a la especulación. El diferendo es aquello que en términos europeos Derrida indica como *supplément*: el suplemento es un constante recordatorio de la condición escrituraria, en los ámbitos periféricos, del estatuto epistémico de la letra ("a la letra", *ad litteram*).

La rebelión de Derrida contra el hecho tradicional —coherente con los presupuestos de *la cuestión*— de considerar la escritura como un "suplemento" de la palabra coincide con la puesta-en-cuestión de la *grammatisation* en los ámbitos periféricos. En los ámbitos periféricos sólo puede existir *la letra*, es decir, la palabra, la lengua, que únicamente significa si es vehiculizada por la escritura en tanto tecnología de exteriorización de lo humano. Suplemento es también la diferencia que genera el espaciamiento (*espacement*) de manera que no existe jerarquía en términos coloniales, sino diferencias cualificadas: la diferencia reside en que no es una ausencia de autoritarismo, sino en un principio de deriva constante.

En los ámbitos periféricos la *diferencia* se exacerba entonces por la necesidad del *suplemento* (*supplement*) que impone la distancia colonial: las palabras reenvían a otras palabras y los conceptos reenvían a otros conceptos. La significación requiere de otras palabras y conceptos, por los que significa, pero por los que también difiere. Derrida (1972a y 1967a) no hizo referencia al colonialismo de forma directa, pero sí a la gramatología (*grammatologie*, proceso de *grammatisation*), la cual supone un colonialismo para funcionar.

El colonialismo es la *différance* (diferancia) de los ámbitos coloniales, es decir, es aquello que, por una parte, confirma que las palabras, los signos, la escritura como-tal, nunca pueden totalizar el sentido que significan y que, por tanto, hay siempre un resto, una *diferencia*, que es diferida, postergada. Por otra parte, es también aquello que difiere por modificación espacial y biosférica, incluso podría decirse, eso que indicamos como *espaciamiento* (*espacement*). Esta diferancia además se sitúa en una *ecología* (medio, biosfera) de constante evolución y cambio, por lo cual hay siempre un suplemento de acumulación de diferancias que produce otras derivas y un grado de complejidad significativo a la hora de considerar los ámbitos periféricos como una totalidad. La versiones *políticas* o *ideológicas* del colonialismo han sido precisamente las más ineficaces y débiles a la hora de afrontar esta movilidad y complejidad. Ningún intercambio en los ámbitos periféricos (hacia, desde, en) puede realizarse sin considerar a esta diferancia desde una perspectiva epistémica.

Las diferancias en los ámbitos periféricos funcionan entonces por mecanismo de espaciamiento: el espaciamiento es la forma que en los ámbitos periféricos se tiene de, por diferencia, por distinción, significar algo, alguna cosa. De manera que, al significar, algo se gana (sentido, significado), algo se pierde (ὑπομνήματα [*hypomnemata*], memoria), algo se posterga (lengua, literatura). El colonialismo es así un mecanismo productor de diferancias. Y el espaciamiento (*espacement*) es al mismo tiempo una confirmación de colonización pero la posibilidad de su modificación, de evolucionamiento: el análisis crítico en los ámbitos periféricos se halla determinado por esta situación de base. La *ininteligibilidad* de la ontología proviene justamente de esta ausencia de construir un sentido absoluto de *afuera*: nada precede al Estado local, nada sobrepasa la violencia con que la *grammatisation* fue legitimada, nada supera la calendarización institucional del tiempo. Sólo el colonialismo —sus capitales, sus economías centrales, su institución filosófica— es trascendente, posibilita una referencia, una recurrencia, un afuera, un más allá, un de otro lado.

La diferancia colonial expone además la discontinuidad que existe localmente entre un ahora de la conciencia, del proceso de subjetivación, y la necesidad de un presente como *costrutto* colectivo, como ecología necesaria a la misma. Esta discontinuidad es un permanente conflicto. La gran dificultad de los ámbitos periféricos respecto de las economías centrales (o de los centros colonialistas) reside precisamente en la ambivalencia que resulta de esta diferancia entre un ahora indispensable (individualidad, percepción) y un presente necesario (tecnología, significado, realización, colectividad). Y precisamente este conflicto fundacional es aquello que ilustra la necesidad local de que todo sentido de lo especulativo suponga un cuestionamiento de *la cuestión*.

Esta situación conduce a la recurrente temporalidad/temporalización en donde lo local (y, sobre todo, toda forma de localización) es realizado a partir de iteraciones que son formas de intercambio en constante diferimiento. El intercambio en los ámbitos periféricos es inestable y conflictivo: postergar, aplazar, desviar, diferir, disentir, en definitiva, *deferir* constituye la forma de temporalidad/temporalización de los ámbitos periféricos. Deferir es trasladar en sentido autoritativo, es un dicho de autoridad, pero es también la transmisión en torno a ese dicho, y por ello *tampoco deja de ser* la transmisión de un sentido de poder (en términos de posesión, propiedad, reclamo, validación, ejercicio, jurisdicción). La deferencia en este sentido es la primera actitud especulativa que surge del cuestionamiento a *la cuestión* y la manera en que la diferancia derridiana se idioma localmente.

§ 22. La escritura doblada de Derrida

Derrida sostiene que en su *grammatologie* "il n'a jamais été question d'opposer un graphocentrisme à un logocentrisme, ni en général aucun centre à aucun centre. *De la grammatologie* n'est pas un défense et illustration de la grammatologie. Encore moins une réhabilitation de ce qu'on a toujours appelé écriture" (Derrida, 1972c: 21–22).[1] Sin embargo, la *grammatologie* supone, como bien demuestra Sylvain Auroux (1994), una *grammatisation* y una periferia. De manera que la ausencia de un motivo central/centralizador, en la declaración de Derrida, sitúa de todos modos un centro en su esquema conceptual, como si las dos manos con que declara escribir, el doble problema que afronta, retomara *la cuestión*. Y por ello el gesto de *desvelar/develar* (*Unverborgenheit*) también oculta: "Par ce double jeu, marqué en certains lieux décisifs d'une rature qui laisse lire ce qu'elle oblitère, inscrivant violemment dans le texte ce qui tentait de le commander du dehors, j'essaie donc de respecter le plus rigoureusement possible le jeu intérieur et réglé de ces philosophèmes ou épistémèmes en les faisant glisser sans les maltraiter jusqu'au point de leur non-pertinence, de leur épuisement, de leur clôture. " (Derrida, 1972c: 14–15)[2]

Y este desvelamiento/develamiento, que no puede no ocultar, es uno de los agenciamientos conceptuales más difundidos en los ámbitos periféricos,

1 Traducción del autor: "… nunca la cuestión ha sido oponer un grafocentrismo a un logocentrismo, ni en general ningún centro a ningún centro. *De la grammatologie* no es una defensa e ilustración de la gramatología. Todavía menos una rehabilitación de eso que siempre hemos llamado escritura".

2 Traducción del autor: "Por este doble juego, marcado en ciertos lugares decisivos por una tachadura que deja leer eso que oblitera, inscribiendo violentamente en el texto eso que intenta de comandar desde fuera, he tratado así de respetar lo más rigurosamente posible el juego interior y reglado de estos filosofemas o epistememas haciéndoles deslizar sin maltratarlos casi al punto de la no pertenencia, de su agotamiento, de su cierre".

y surge entonces en relación directa con *la cuestión* o, mejor dicho, con la forma y manera en que la cuestión se vincula, cuanto menos en las historiografías, a la realización del pensamiento. La afirmación filosófica de Derrida —no aquello que "dice", sino lo que indica/indicia— es su exposición mayor de una centralidad filosófica. De manera similar a cómo expondrá los límites de *la cuestión* desglosando las condiciones de la *espiritualidad* heideggeriana (*Geist, geistig, geistlich*), igualmente, exhibe aquí la estructura del filosofar en sus limitaciones. No hay oposición posible en los términos de Derrida a la afirmación filosófica, sino deconstrucción, diversificación continua, multiplicación de significaciones, como método de evitar los supuestos más ríspidos de *la cuestión*. Por ello también Derrida ofrece una oportunidad interesante de elaboración desde la periferia.

La estrategia derridiana entonces ("J'essaie de me tenir à la limite du discours philosophie" [1972c: 14]) evidencia que la cuestión afecta directamente a la manera en que la conceptualización de lo filosófico se justifica a sí mismo (§ 40) y a partir de su historiografía (§ 26). Situación que también queda expuesta por el mismo propósito derridiano: "« Déconstruire » la philosophie ce serait ainsi penser la généalogie structurée de ses concepts de la manière la plus fidèle, la plus intérieure, mais en même temps depuis un certain dehors par elle inqualifiable, innommable, déterminer ce que cette histoire a pu dissimuler ou interdire, se faisant histoire par cette répression quelque part intéressée" (Derrida, 1972c : 15).[3]

Y esta inevitable "represión" se halla en la *grammatisation* misma, en su mecanismo de significación y encuadramiento territorial que Derrida, aun en su análisis del alemanismo heideggeriano no menciona. Y, sin embargo, sí destaca cómo la filosofía se instala en términos de tradición, en la violencia de un *estar afuera* que, en la periferia, es el *defaut d'origine*, la *défaillance* como ya le indicamos, de lo especulativo: "A ce-moment-la,

3 Traducción del autor: "'Deconstruir' la filosofía sería así pensar la genealogía estructurada de conceptos de la manera más fiel, la más interior, pero al mismo tiempo desde un cierto afuera por ella incalificable, innombrable, determinar eso que esta historia ha podido disimular o prohibir, haciéndose historia por esta represión de alguna manera interesada".

par cette circulation à la fois fidèle et violente entre le dedans et le dehors de la philosophie — c'est-à-dire de l'Occident ..." (Derrida, 1972c: 15).[4]

Y la paradoja que no es tal resulta que de la presencia que el *étant de l'être* requiere para realizar su apelación historiográfica aparece un "presente que no está en ninguna parte" ("qui ne d'ailleurs *présent nulle part*" [1972d: 15]), pero que significa, que resulta. Es la *cuestión periférica*. Los "síntomas de alguna cosa" ("les symptomes [...] de quelque chose" [1972c: 15]) que sospecha Derrida es el ámbito periférico agazapado a las puertas de Boulevard Raspail, en los zaguanes de El Biar, en los márgenes de los libros editados por la colección "Critique" de Les Éditions de Minuit: "C'est l'effet d'une certain transformation totale (qu'on ne peut même plus appeler 'historique' ou 'mondiale' puisqu'elle emporte jusqu'à la sécurité de ces significations)..." (1972c: 16).[5] Y es este "alguna cosa" (*quelque chose*) aquello que vehicula la "pregunta por el ser" (*Seinsfrage*) en su forma como *la question de la question*: "quelque chose qui *n'a pas pu se présenter* dans l'histoire de la philosophie, qui n'est d'ailleurs *présent nulle part*, puisqu'il s'agit, dans toute cette affaire, de mettre en question cette détermination majeure du sens de l'être comme *présence*, détermination en laquelle Heidegger a su reconnaitre le destin de la philosophie" (Derrida, 1972c: 15).[6]

La afirmación del destino filosófico, en tanto *être commme présente*, es la confirmación de la significación de los ámbitos periféricos a título especulativo. Y de algún modo la querida claudicación de Derrida que, como cuestión de la cuestión, también presenta una *pregunta*, que es pregunta *escrita* y *aunque tachada* (*la rature*), para describirla en sus propios términos: "J'essaie d'écrire la question: (qu'est-ce) que vouloir-dire?" [He tratado

4 Traducción del autor: "En ese momento preciso, por esta circulación a la vez fiel y violenta entre los afueras y los adentros de la filosofía —es decir, del Occidente..."

5 Traducción del autor: "Es el efecto de una cierta transformación total (que no podemos llamar más 'histórica' o 'mundial' puesto que ella lleva/conduce hasta la seguridad de esas significaciones".

6 Traducción del autor: "... alguna cosa *que no ha podido presentarse* en la historia de la filosofía, que por otra parte no está *presente en ninguna parte*, porque se trata, en todo este asunto, de poner en cuestión esta determinación mayor del sentido del ser como *presencia*, determinación en la cual Heidegger ha podido reconocer el destino de la filosofía".

de escribir la cuestión: ¿(qué es esto) lo que quiere decir?] (1972c: 23). Lo impresentable que refiere Derrida no es sólo *quelque chose* que significa lo filosófico europeo como tal (*la cuestión*, la escritura, el logocentrismo), sino también su afuera, sobre todo la posibilidad de espacialización (*espacement*) de su afuera ("La différance, c'est le jeu systématique des différences, des traces de différences, de l'*espacement* par lequel les éléments se rapportent les uns aux autres" [1972c: 38]),[7] la periferia que no nombra pero indica. Esto también es la *cuestión periférica*.

Y esta remisión de lo especulativo a una "tachadura" (*rature*, la tachadura como cruz que cancela pero deja ver: *kreuzweise Durchstreichung*) que deja ver, como forma de la cuestión de la cuestión, no es suficiente sin embargo para aun modificar la lengua corriente ("langue usuelle") que está justificando y que es el ejercicio más banal, directo y eficaz de la *grammatisation*: "La 'langue usuelle' n'est pas innocente ou neutre. Elle est la langue de la métaphysique occidentale et elle transporte non seulement un nombre considérable de présuppositions de tous ordres, mais des présuppositions inséparables, et, pour peu qu'on y prête attention, nouées en système" (Derrida, 1972c: 29).[8]

Situación que precisamente conduce a la constatación que lo filosófico europeo, en sentido de *la cuestión* y de su impronta epistémico-historiográfica (*sich Denken vorstellen* [Heidegger, 1954: 60], *zu denken geben* [Heidegger, 1954: 10], *Geschichte zu denken* [Heidegger, 2000: 80], *Geschichte des Denkens* [Heidegger, 2000: 45], *Begriffsgeschichten* [Heidegger, 1983: 120]), y en cuanto al proceso de individuación en los ámbitos periféricos, constituye una *escala* diferente (lengua, cultura, filosofía: espaciamiento [*espacement*]) que Derrida justamente indica como "système de pensée" (1972c: 31). La *cuestión periférica* no puede ignorar esta referencialidad (*horizon d'attente*, *Gedankenexperiment*) y que es en definitiva el asunto

7 Traducción del autor: "La diferancia, es el juego sistemático de diferencias, de trazas de diferencias, del *espaciamiento* por el cual los elementos se relacionan los unos a los otros".

8 Traducción del autor: "La 'lengua usual' no es inocente o neutra. Ella es la lengua de la metafísica occidental y ella transporta no solamente un número considerable de presuposiciones de todo orden, sino de presuposiciones inseparables y, por poco que prestemos atención, anudado en sistema".

que Heidegger indicaba como *Gestell* (encuadramiento, en-razonamiento). Y en un doble sentido: no sólo como encuadramiento sin el cual no hay conceptualización posible, sino también porque dicho encuadramiento es técnico/tecnológico, en tanto toda exomatización/exteriorización humana es vehiculizada/mediada, agenciada, realizada por la tecnología. Por eso Derrida al comentar el *Cours* de Ferdinand de Saussure destaca el pasaje en donde se establece que lo natural (lo naturalizante, *Naturphilosophie*) humano es el artificio: "c'est ne pas le langage parlé qui est naturel à l'homme, mais la faculté de constituer une langue, c'est-à-dire un système de signes distincts ..." (citado por Derrida, 1972c: 32).[9]

Situación que precisamente conduce a constatar la futilidad, bien señalada *también* por el propio Derrida, de la distinción excluyente entre lenguaje y escritura como dos sistemas de signos *completamente excluyentes* y considerando al segundo como una mera *representación* del primero (Derrida, 1972c: 36). Semejante disyunción es desmentida por los ámbitos periféricos, por los mecanismos que la especulación como tal supone: no hay *trasfondo* alguno de la escritura, no hay posibilidad alguna de una inteligibilidad de la representación como teoría del conocer (θεωρεῖν, *theorein*), no hay distancia entre lo escriturario (en el sentido de una *grammatisation*) y la conceptualización. No se trata sólo de encontrar un acuerdo (*un compromis*) con el análisis crítico del logocentrismo (*logocentrisme*) realizado por Derrida (1967a) —y que, por otra parte, el propio Derrida descarta como una manera opositora o binaria de crítica (1972c: 21–22, 35, 81) de esclarecimiento—: los ámbitos periféricos constituyen la realización pasada del futuro entrevisto por Derrida en 1967 acerca de la base logocéntrica sobre la cual se construyó la historiografía filosófica europea.

La consideración de la escritura como una tecnología, en el contexto de una *Gestell* planetaria (en tanto *enframing*, encuadramiento, en-razonamiento), que alumnos de Derrida, como por ejemplo Bernard Stiegler, han desarrollado con cura y tino, constituye una evidencia colonial decimonónica en los ámbitos periféricos, aunque, claro está y *justamente*, dicha no entonces en los términos de la tradición filosófica europea. El

9 Traducción del autor: "... no es el lenguaje hablado que es natural al hombre, sino la facultad de constituir una lengua, es decir, un sistema de signos distintos..."

etnocentrismo que con razón Derrida observa en el "modèle de l'écriture phonétique" [modelo de escritura fonética] (1972c: 37) es precisamente aquello que exhibe las condiciones sobre las cuales colonización y *grammatisation* son dos aspectos de un mismo fenómeno y *de una misma cuestión*. El nuevo concepto de escritura que Derrida trataba de conceptualizar a fines de los años sesenta en Europa es la realidad (*realm*) en base a la cual se produjo lo literario (*literaturgeschichte*) en los ámbitos periféricos todo a lo largo del siglo XX local, pero que, justamente por ello, puede ser entendido como una extensión epistémica del siglo XIX y la llamada "fundación de los Estados nacionales". Este *realm* de lo literario (*literaturgeschichte*), en tanto, en definitiva, escrituración de lo conocido-conociendo, generó un sentido *ad litteram* de lo escrito que coincide plenamente con los postulados derridianos hallables a partir de la publicación de *De la grammatologie* el 1 de septiembre de 1967. Cuando Derrida asegura que, como perspectiva crítica respecto de *la cuestión* y de la institucionalización filosófica tradicional, "il s'agit de produire un nouveau concept d'écriture. On peut l'appeler *gramme* ou *différance*" (1972c: 37),[10] está en realidad constatando la existencia de un *afuera* de los supuestos de la *Geist* heideggeriana y que constituyen la *ultima ratio* de la existencia de lo metafísico como tal: "La métaphysique a toujours consisté, on pourrait le montrer, à vouloir arracher la présence du sens, sous ce nom ou sous un autre, à la différance; et chaque fois qu'on prétend découper ou isoler rigoureusement une région ou une couche du sens pur ou du signifié pur, on fait le même geste" (1972c: 44).[11]

Por ello, el mismo Derrida no deja dudas acerca de la dimensión de la interrogación de *la cuestión* y su significación como fundante de lo especulativo: "Ce qui m'a paru nécessaire et urgent, dans la situation historique qui est la notre, c'est une détermination générale des conditions d'émergence

10 Traducción del autor: "... se trata de producir un nuevo concepto de escritura. Podemos llamarle *gramma* o *diferancia*".

11 Traducción del autor: "La metafísica ha consistido siempre, podremos demostrar, en querer arrancar la presencia del sentido, bajo este nombre o bajo un otro, a la diferancia; y cada vez que pretendemos delimitar o aislar rigurosamente una región o una capa del sentido puro o del significado puro, hacemos siempre el mismo gesto".

et des limites de la philosophie, de la métaphysique, de tout ce qui la porte et de tout ce qu'elle porte" (Derrida, 1972c: 69).[12]

La concepción de la metafísica como un deslizamiento continuo, como una inasibilidad, como un remedio (cura, *Sorge*) a la discontinuidad actual del ahora ("la voix") (§ 32) y la construcción requerida de un presente ("le phenomène") (§ 4, § 13), es en definitiva el precio inaceptable del alemanismo de la *Geist à la* Heidegger que analiza el propio Derrida (§ 16) y cuyas consecuencias historiográficas (§ 26) son tradición en los ámbitos periféricos. La anihilación a que esta metafísica conduce es la simple y sencilla conclusión a la que también conduce el colonialismo: no hay *afuera* alguno que justifique "cette conception représentativiste de l'écriture" [esta concepción representativista de la escritura] (1972c: 36). O para decirlo en los términos del Derrida posterior a 1972: "Rien, ni dans les éléments ni dans le système, n'est nulle part ni jamais simplement présent ou absent. Il n'y a, de part en part, que des différences et des traces de traces" (1972c: 38).[13] Esta significación de las trazas (*traces de traces*) tiene una relevancia crucial en la evolución y desarrollo del colonialismo o, mejor dicho, en la institucionalización filosófica de los ámbitos periféricos como tales. Lo cual también tiene un impacto directo en la manera que postula el asunto de *la cuestión* en términos de una especulación local o, mejor dicho, en términos de una especulación que se reclama como tal a partir de la localización: "Rien — aucun étant présent et in-différant — ne précède donc la différance et l'espacement" (1972c: 40).[14] Lo cual nos conduce a su vez a la vehiculización inevitable de lo humano a partir de la tecnología en virtud que toda espacialización se realiza por exteriorizaciones de lo humano, por la manera en que el proceso de individuación es conducido.

12 Traducción del autor: "Aquello que me pareció necesario y urgente, en la situación histórica que es la nuestra, es una determinación general de las condiciones de emergencia y de los límites de la filosofía, de la metafísica, de todo que la conduce y de todo aquello que ella conduce".

13 Traducción del autor: "Nada, ni en los elementos ni en el sistema, no es en ninguna parte simplemente presente o ausente. No hay, de parte a parte, que diferencias y trazas de trazas".

14 Traducción del autor: "Nada —ningún estando/siendo presente e indiferente— precede entonces la diferancia y el espaciamiento".

Y he aquí la diferancia que la *cuestión periférica* presenta respecto de/con el Derrida de *Positions* de 1972.

Por otra parte aquello que bajo estas condiciones también resulta relevante en los ámbitos periféricos es observar el *espaciamiento* que la crítica a la conceptualización de la *Aufhebung* hegeliana (supresión, abolición, asumir, sobrepasar, relevar, abrogar) significa, es decir, la crítica a un sistema binario de oposiciones que construye los límites y las condiciones de su propia exterioridad, en la mejor tradición de la historiografía filosófica europea y que Derrida no deja de puntualizar (1972c: 59–60). La historiografía filosófica europea, en los términos dialécticos hegelianos comentados por Derrida, es decir, como mecanismo de contradicción binario (*Widerspruch*) destinado a establecer un discurso generalizado de lo inteligible y que siempre halla resolución en la mecánica de lo contradictorio mismo, en su principio de idealización/idealismo,[15] semejante esquema, fue por años la base del entendimiento de lo local en los ámbitos periféricos, la referencia última de lo filosófico europeo como tal, aunque dicho como autenticidad última de lo inmediato (marxismo, justicialismo, aprismo, bolivarismo, etc.) y bajo las formas más variadas (revolución, política de Estado, historia, participación política, militancia): "Le logocentrisme est *aussi*, fondamentalement, un idéalisme. Il est la matrice de l'idéalisme. L'idéalisme en est la représentation la plus directe, la force le plus constamment dominante" (1972c: 69–70).[16] Lo paradójico de todo ello es que los análisis de Derrida sobre el particular, que justamente indican el aspecto *no periférico* del mecanismo hegeliano y, por ende, su condición implícitamente excluyente en términos de pensamiento, nunca fueron tenidos en cuenta por los analistas locales, que, por

15 Afirma Derrida: "dans un dialectique de type hégélien (qui va jusqu'a idéaliser et 'sémantiser' cette valeur de *travail*) que je m'efforce de faire porter l'opération critique, l'idéalisme hégélien consistant justement à *relever* les oppositions binaires de l'idéalisme classique, à en résoudre la contradiction dans un troisième terme qui vient *aufheben*, nier en relevant, en idéalisant, en sublimant dans une intériorité anamnésique (*Errinerung*), en *internant* la différence dans une présence à soi" (Derrida, 1972c: 59).

16 Traducción del autor: "El logocentrismo es *también*, fundamentalmente, un idealismo. Es la matriz del idealismo. El idealismo es su representación más directa, la fuerza más constantemente dominante".

el contrario, veían en "Derrida" aquello que el propio Derrida escribía de Hegel. Esta *inversión* absurda es también uno de los objetos de trabajo de la *cuestión periférica*.

Y dicha inversión (giro espacial pero también financiero, bancario, de *endeudamiento* [*Schuld*, *Verschuldung*]) se realiza a partir del mecanismo de *reversión* (*Verdrehung*) que ya comentamos con anterioridad. La *reversión* periférica es un mecanismo no sólo de modificación del entendimiento de la cuestión de la cuestión —y, por ende, del estatus especulativo e historiográfico de *la cuestion* como tal—, sino también un *relanzador* conceptual ("*relancer* les schèmas" [Derrida, 1972c: 63]), un generador por multiplicación de nuevos significados, de variantes, de modificaciones, de bifurcaciones: la exploración de la especulación en términos de los ámbitos periféricos —la intitulación de una cuestión periférica— tiene este *supplément* y que consiste en afectar (intervenir, modificar, tergiversar) la misma historiografía filosófica europea —tarea que el propio Derrida deja en suspenso y sin nombrar: el *supplément* como problematización de lo fronterizo y de las suposiciones aduaneras.

Y esta problematización es para Derrida un asunto de escritura, de escrituración (γράφειν, γράφω, γράμμα, también λόγος). La escritura desdoblada (*écriture dédoublé*), la doble sesión (*double séance*), una doble ciencia (*une double science*), un doble sentido (*double sens*), una doble escena (*double scène*): nombres todos para "las dos escrituras" (*les deux écritures*) (Derrida, 1972a: 20, 31; y también 1967c: 358 y ss.), para el doble movimiento que caracteriza el espaciamiento (*espacement*) y la diferancia (*différance*) en los términos que Derrida plantea la cuestión de la cuestión. Esta es la "escritura doble" (*écriture double*) que deconstruye y al mismo tiempo conceptualiza (1972c: 57). Destitución por una parte del idealismo o espiritualismo "dans toute leurs variantes" [en todas sus variantes] (1972c: 70) y, por otra parte, construcción conceptual. Un mecanismo, un "régime moteur du surplus (et du) manque" [un régimen motor de exceso (y de) falta] (1972c: 62).[17] La ausencia, la *falta* que genera, la deconstrucción y la *aumentación* que

17 Sostiene Derrida: "Il faut d'une part *renverser* le concept traditionnel d'histoire et en même temps marquer l'*écart*, veiller à ce qu'il ne puisse pas être, en raison du renversement et par simple fait de conceptualisation, *réapproprié*. Il faut produire une nouvelle conceptualisation, certes, mais en se rendant bien compte que

produce toda conceptualización. El interés del trabajo conceptual de Derrida reside *también* en esta perspectiva que trabaja sobre los límites de lo filosófico europeo y que exhibe los elementos que componen la cuestión de la cuestión de la cual la especulación en la periferia puede partir.

Doblar la escritura derridiana —superarla, pasarla, plegarla, girarla, reenviarla, también revertirla escribiéndola— es el propósito de la *cuestión periférica*. Continuar, extremar, el mecanismo de la "doble sesión". Y, por tanto, también reescribir el "horizon trascendental de la question d'être" [horizonte trascendental de la cuestión de ser/estar] (1972c: 73), es decir, menos que el rechazo radical de todo principio metafísico, su comprehensión modificativa, su reformulación a partir de sus propios principios. Por ello justamente, la diferancia constituye un paso hacia la constitución de una evolución en la especulación de los ámbitos periféricos: "nos désignerons par *différance* le mouvement selon lequel la langue, ou toute code, tout système de renvois en général se constitue 'historiquement' comme tissu de différences. 'Se constitue', 'se produit', 'se crée', "mouvement', 'historiquement', etc., devant être entendus au-delà de la langue métaphysique où il sont pris avec toutes leurs implications" (Derrida, 1972c: 78).[18]

No puede existir reversión posible si no es partir de la comprehensión de cómo, por qué y cuándo la vehiculización del colonialismo constituyó principio rector en el proceso de individuación. Y, no menos relevante, si no es a partir desde la comprehensión de cómo, en tanto elemento no superable del conocimiento y de la especulación, la técnica/tecnología puede ser reformulada de forma "periférica". Por ello es que el espaciamiento (*espacement*) tiene un sentido particular en cuanto mecanismo de aprehensión de aquello que genera diferancia, es un generador de escalas, un distanciador/distanciante, un concepto que agencia contenidos pero que los sitúa como desplazados, como descartados, como abandonados, como derruidos, como

---

la conceptualisation elle-même, et à elle seule, peut réintroduire ce qu'on voudrait 'critiquer' " (1972c: 81).

18 Traducción del autor: "… designaremos como *diferancia* el movimiento según el cual la lengua o todo código, todo sistema de reenvío en general, se constituye 'históricamente' como un tejido de diferencias. 'Se constituye', 'se produce', 'se crea', 'movimiento', 'históricamente', etc., antes de ser entendidos más allá de la lengua metafísica donde son tomados con todas sus implicancias".

degradados, como *Unzeit* (sin-tiempo-actual): "L'*espacement* ne désigne *rien*, rien qui soit, aucune présence à distance; c'est l'index d'un dehors irréductible, et en même temps d'un *mouvement*, d'un déplacement qui indique une altérité irréductible ..." (Derrida, 1972c: 107–108).[19]

Este *dehors irréductible*, es también, la indisolubilidad del otro, el espesor de los significados organizados y precedentes (ὑπομνήματα [*hypomnemata*], historiografía, *Weltverstehen*). Y es el *dehors irréductible* (más allá, el otro lado, ese tipo, el sur, la frontera, "la Quema", el basural) justamente quien produce ese descarte, la "diferencia". Tratar de explorar el porqué de este descarte, de esta separación, de esta *diferenciación*, es también el propósito de la *cuestión periférica*. El espaciamiento así entendido no es sólo la explicación de aquello que localmente es espaciado, separado, distinguido, sino asimismo la perspectiva en relación a aquello que *hace referencia*, que funda por ausencia, que significa por ontología, que genera perspectiva, que ofrece un punto de fuga (*vanishing point*): "Je précise encore que l'espacement est un concept qui comporte aussi, quoique non seulement, une signification de force productive, positive, génératrice. Comme *dissémination*, comme *différance*, il comporte un motif *génétique*; ce n'est pas seulement l'intervalle, l'espace constitué entre deux (ce que veut dire aussi espacement au sens courant), mais l'espace*ment*, l'opération ou en tout cas le mouvement de écartement" (Derrida, 1972c: 108–109).[20]

Mapa mudo, línea salteada, gesto de completar la mudez, ademán de completar la línea, escritura por significante, escritura *quale* letra, la mano que escribe por anticipo ("a la vista": *Vorhandenheit*), la mano que tacha lo que ya significa ("a la mano": *Zuhandenheit*). La escritura doblada, en "doble sesión", de Derrida, que presupone el ámbito periférico, es *de doble mano*.

19 Traducción del autor: "El *espaciamiento* no designa *nada*, nada que sea, ninguna presencia a distancia; es el índex de un afuera irreductible, y al mismo tiempo de un *movimiento*, de un desplazamiento que indica una alteridad irreductible...".

20 Traducción del autor: "Preciso todavía que el espaciamiento es un concepto que comporta también, aunque no solamente, una significación de fuerza productiva, positiva, generadora. Como *diseminación*, como *diferancia*, comporta un motivo *genético*; no es solamente el intervalo, el espacio constituido entre dos (lo que quiere decir también espaciamiento en sentido corriente), sino el espacia*miento*, la operación o en todo caso el movimiento de separación".

La cuestión de la cuestión en tanto asunto de la especulación en los ámbitos periféricos —eso que de forma genérica indicamos como "cuestión periférica"— consiste en realizar "explicitement, expressément, mais aussi en ménageant, *dans l'écriture même et dans l'agencement conceptuel*, le blanc ou l'espace de jeu *déterminés* qu'imposait l'articulation théorique encore à venir entre" (Derrida, 1972c: 111).[21] Consiste en realizar un presente que se construye en disidencia con el ahora (*Geschehen*), una dimensión tecnológica en tanto φαρμακός (*pharmakos*) y una conceptualización (historiografía, *Begriffsgeschichte, la cuestión*) que anihiliza constantemente lo local a partir de una reformulación "trascendental" o "idealista" (Derrida, 1972c: 59–61). La *cuestión periférica* tiene como tarea la aprehensión de los mecanismos que, a partir de la llamada "clôture de la métaphysique" [cierre/clausura de la metafísica"] (1972c: 77) hicieron posible la proyección de lo colonial en términos de aprendizaje y de *commoditisation* del conocimiento en los ámbitos periféricos. De lo que se trata es de entender-aprehender que "le caractère métaphysique du concept d'histoire n'est pas seulement lié à la linéarité mais à tout un *système* d'implication (téléologie, eschatologie, accumulation relevant et intériorisant du sens, un certain type de traditionnalité, un certain concept de continuité, de vérité, etc.)" (Derrida, 1972c: 77).[22]

Es decir, aprehender-comprender por qué "La clôture de la métaphysique n'est surtout pas un cercle entourant un champ homogène, homogène à soi dans son dedans, et dont le dehors le serait donc aussi. La limite a la forme de failles toujours différentes, de partages dont tous les textes philosophiques portent la marque ou la cicatrice" (Derrida, 1972c: 77).[23]

21 Traducción del autor: "… explícitamente, expresamente, pero también en arreglo, *en la escritura misma y en los agenciamientos conceptuales*, el blanco o el espacio de juego *determinados* que impone la articulación teórica todavía a venir entre ellos".

22 Traducción del autor: "El carácter metafísico del concepto de historia no está solamente ligado a la linealidad. sino a todo *sistema* de implicación (teleología, escatología, acumulación relevante e interiorizante del sentido, un cierto tipo de tradicionalidad, un cierto concepto de continuidad, de verdad, etc.)".

23 Traducción del autor: "El cierre/clausura de la metafísica no es sobre todo un círculo que rodea un campo homogéneo, homogéneo a sí en su interior y donde el afuera lo sería entonces también. El límite a la forma de fallas/quiebras siempre diferentes, de condivisiones donde todos los textos filosóficos llevan la marca o la cicatriz".

Y, más aun, aprehender-comprender cómo y por qué fue posible reformular el *defaut d'origine*, la *défaillance*, para que solo luego heredáramos ("ser-a-la-mano": *Zuhandenheit*) y concibiéramos ("ser-a-la-vista": *Vorhandenheit*) las "cicatrices". Derrida dobla, tuerce, alinea, deja el filosofar europeo al desnudo y en su acreencia.

§ 23. La lejanía del *moi.* El estarse

En castellano el "yo" está solo, aunque puede ser sí-mismo pero no es lo mismo. En francés, en cambio, el yo (*je*) tiene buena compañía y es el *moi*, que no tiene traducción pero que es el que hace que el yo pueda ser-otra-cosa (que indicaremos como el co-siendo [en tanto ejecución [*Verrichtung*] del ser-a-la-vista], el co-sando [en tanto ejecución [*Verrichtung*] del ser-a-la-mano]) o, dicho de manera más específica, que el *en-si* de la cosa no esté en un *noumeno kantiano,* sino en el empleo, en la utilización-que-como-utensilios hacemos de ellas. Rivera lo explica claramente: "Para Heidegger, el más hondo y radical 'en-sí' de las cosas no es la sustancia, ni el objeto, ni mucho menos la 'cosa-en-sí' kantiana, sino ese ser de las cosas que comparece para nosotros en el uso que de ellas hacemos" (Rivera, 1997: 429). Que este ser-otra-cosa en los ámbitos periféricos no esté determinado por el *moi,* sino por el yo-mismo constituye un aspecto crucial en la comprehensión de la especulación en la periferia. Y es precisamente por ello que el "ser-a-la-vista" (*Zuhandenheit*) y el "ser-a-la-mano" (*Vorhandenheit*) constituyen las dos maneras de realización de todo *realm* de la individuación sostenido en torno a la cuestión de la cuestión. Que las cosas puedan ser objetos a partir de este ser-en-sí, que Heidegger indica a menudo como la *Zuhandenheit,* es menos relevante que el hecho que la objetualidad como tal (en tanto transformación de cosas, de estados de cosas, forma de *Übertragung*) es aplicable al hecho de lo viviente como tal (§ 14, § 42). A menudo se olvida, como con acierto recuerda Stiegler (2010), que para el Heidegger de *Sein und Zeit* el hombre-humanidad ha cedido su sitio al *Dasein.*

El *moi* puede tener translación y eso es aquello de lo que nos estamos ocupando. El *moi* es más que el yo: el *moi* es la conciencia (*moi, sur-moi*), pero también es la *ipséité* (*moi-même*), es decir, algo así como la mismidad de mí mismo. El *moi* es abarcativo, funcional y social, allí donde el yo es gramatical, circunspecto y ordenado. El *moi* es el ahora (*Geschehen*) de la *voz* derridiana allí donde el yo surge casi como identidad administrativa del presente, casi como un *fenómeno* en términos derridianos. El *moi* supone una conciencia de posesión de pensamiento y de ejercicio de presencia *in situ* e *in corpore* que el yo acumula como función gramatical o etimológica. El *moi* es aquello que pone en perspectiva al yo, es su *vanishing point* al mismo tiempo que es aquello que posibilita la interrogación del *être/Sein*: "Denn nunmehr erst kann ein Problem entstehen, die Frage nämlich: wie kommt dieses erkennende Subjekt aus seiner inne-ren »Sphäre« hinaus in eine »andere und äußere«, wie kann das Erkennen überhaupt einen Gegenstand haben, wie muß der Gegenstand selbst gedacht werden, damit am Ende das Subjekt ihn erkennt, ohne daß es den Sprung in eine andere Sphäre zu wagen braucht?" (1967: 60).[1]

Cómo las cosas (el co-siendo, el co-sando: objetos, seres organismos, máquinas) se consisten (*Sein »Bestand«* [1967: 303], *der »Selbständigkeit« des existierenden Selbst* [1967: 303]) por medio de *la cuestión*, es decir, por vehiculización de un *être/Sein*, es algo que se explica a partir del *étant* (*Seiende*) que es (está siendo) por materialización en su presenciar/presentismo, de manera simultánea también a la constatación de una consciencia de-lo-que-está-pasando. Todo ello es algo que sólo un *moi* puede posibilitar o, mejor dicho, el ser/estar de la periferia experimenta (*Erlebnis,* pero también en tanto *Gedankenexperiment*) lo mismo pero de manera especulativa (siendo/estando del ahora [*Geschehen*]) (§ 13, § 32), *no filosófica* (*être/Sein de l'étant*) (§ 16, § 40). El *moi* es aquello que agencia la cosificación (*choséité, Dinglichkeit*) y la *commoditisation* del mundo entendido como *Weltverstehen* (comprensión-mundo, conocimiento-en-mundo) y por ello aquello que posibilita concebir la simultaneidad por la que el presente, en tanto presencia (*présence*), es también prueba de existencia (*Existenz*, y también *Ek-sistenz*) por su relación a una posibilidad de lo que es (ἐστί [*esti*]: "es posible") sin perder la condición de vericidad, de verídico (el εἶναι [*einai*] que ya comentamos) (§ 1, § 5). El yo de la periferia, en cambio, se *realiza*

1 Traducción de Rivera: "En efecto, tan sólo ahora puede surgir un problema, vale decir el que se expresa en la siguiente pregunta: ¿cómo sale este sujeto cognoscente de su 'esfera' interna hacia otra 'distinta y externa', cómo puede el conocimiento tener un objeto, cómo debe ser pensado el objeto mismo para que en definitiva el sujeto lo conozca sin necesidad de arriesgar el salto a otra esfera?" (1997: 70).

de una forma completamente diferente, entre otras cosas, por ausencia castellana del *moi.*

La cuestión de la cuestión se encuentra aquí con un límite y que consiste en que *la cuestión*, en los términos historiográficos y especulativos clásicos con que ha sido concebida por la mayoría de los analistas locales, es decir, a partir de la espiritualidad (*Geist, gesitlich*) y del sujeto que supone la metafísica Descartes-Hegel-Kant (Derrida, 1972c), traduce *moi* por yo. Y a partir de lo cual resulta más difícil aun explicar la condición de presencia que determina el presente de la pregunta por el ser en los ámbitos periféricos, sobre todo porque dicha perspectiva clásica ignora (*vermeilen*) que el ahora (*voix*) y la construcción del presente (*phenomène*) son discontinuos.

El fenómeno-del-presente, en términos de *la cuestión*, como algo patente, visible en sí mismo/sí-mismo, es este *en-sí-mismo* y aquello donde opera el *moi*. Es el *an ihm selbst* de Heidegger (1967: 47 instancias), literalmente "en él mismo". El *moi* es el "en él mismo" que el yo no tiene. Y "en él mismo" no es mismidad ni ensimismamiento (en-sí-mismo), por el contrario, es la apertura espacial (§ 21, § 41, § 47) y el compromiso colectivizante (§ 34, § 45) del yo. Por ello, como sostiene Rivera, "Heidegger usa siempre la expresión [*an ihm selbst*] en esta forma para evitar la idea de un 'sí mismo' o de una 'cosa en sí' " (Rivera, 1997: 424).

La noción del ahora (*Geschehen*, conciencia) (§ 32) es el yo castellano, el ser-en/estar-en. Es también el *ego* de la filosofía cartesiana: el *je* sin todavía el *moi*, el *ego sum, ego existo* (Descartes, *Meditationes de prima philosophia* [1641]). La conceptualización del ahora (*Geschehen*) atañe a la primera objeción derridiana a *la cuestión*: a la creencia de una *presencia* en el presente, es el asunto de la consistencia de la existencia a partir de la temporalidad (*Zeitlichkeit*).

La noción del fenómeno-presente atañe a una construcción, es la segunda objeción derridiana a *la cuestión*: a la creencia de una certitud en el interrogar, es el asunto de la trascendencia del mecanismo racionante en sí. Y es aquí donde la crítica de Stiegler —que de alguna manera ya estaba presente en trabajos de autores como M. McLuhan [*Understanding Media: The Extensions of Man* (1964)] y J. Habermas [*Technik und Wissenschaft als „Ideologie"* (1968)]— sugiere que la trascendentalidad (*Transzendenz, dépasser, être-au-monde* como lo trascendente-en-sí) se transformaría, en el contexto de la *Gestell*, en intra-mundo (*Innerzeitigkeit* [1967: 235], *Seienden die* Innerzeitigkeit [1967: 333], intratemporaneidad) y aspecto que incluso el propio Heidegger reconoce como irresuelto en *Die Grundprobleme der Phänomenologie.* (2005: 322–461).[2] Y cuya traducción francesa permite elucidar aún más a partir de la problemática que plantea la "intramundaneidad" (*In-der-Welt-sein eines »innerweltlichen« Seienden* [1967: 56]) como mecanicismo (*Machinenzeitalter*). Sostiene Heidegger "en francés" en *Les problèmes fondamentaux de la phénoménologie*:[3] "L'être-au-monde est une structure qui appartient à l'essence de l'être du *Dasein* ; l'intramondanéité n'est pas une structure ontologique, ou plus prudemment, elle n'appartient pas à l'être de la nature. Nous disons « plus prudemment », parce qu'il nous faut réserver ici le cas de l'étant qui n'*est* que pour autant qu'il est intramondain. Il y a en effet de l'étant à l'être duquel l'intramondanéité appartient aussi en propre d'une certaine manière. Tel est l'ensemble de l'étant que nous appelons *historique*, historique au sens large de l'historico-mondial : les oeuvres culturelles, tout ce qui est créé, formé, cultivé par l'homme, celui qui est et existe historiquement au sens propre du terme. C'est uniquement *comme* intramondain que ce type d'étant est ou plus exactement surgit et accède à l'être. La culture n'*est* pas au même sens que la nature. Mais nous disons pourtant que les oeuvres de la culture, fût-ce l'outil le plus

2 Seminario realizado en el semestre de verano de 1927 y editado por primera vez en 1975. Forma parte del volumen 24 de las *Gesamtausgabe* a partir de 1997. Este seminario de Heidegger fue realizado poco tiempo después de la aparición de *Sein und Zeit* y el mismo se halla dominado por la temática de dicho trabajo, por su evaluación, consideración, y expansión de ciertos aspectos. No pasa desapercibida al lector más neófito la similitud en los títulos de esta obra de Heidegger con la de Edmund Husserl, realizada en 1910–1911 como *Grundprobleme der Phänomenologie* (Leipzig: Meiner, 1992). En castellano la editorial Trotta de Madrid publicó en 2000 una versión de este curso de Marburgo de Heidegger a cargo de Juan José García Norro.

3 La edición francesa que aquí empleamos, para ilustrar la discusión conceptual, es la realizada por Jean-François Courtine, editada por Gallimard en 1985 bajo el título de *Les Problèmes fondamentaux de la phénoménologie.* La edición castellana que empleamos, publicada bajo el título de *Los problemas fundamentales de la fenomenología*, apareció en Madrid en 2000 con el sello editorial Trotta y la traducción de Juan José García Norro.

rudimentaire, une fois présentes comme intramondaines, sont en mesure de subsister même en l'absence de tout *Dasein* historique existant. Il y a ici une corrélation qui mériterait qu'on s'y arrête. (*Les problèmes fondamentaux de la phénoménologie.* [1985, 209])".[4]

Sobre el particular sostiene Jean-Hugues Barthélémy: "Ce passage, profondément et explicitement embarrassé par le cas de «l'étant qui n'*est* que pour autant qu'il est intramondain», est typique des évitements qui donnent raison à Stiegler lorsqu'il prétend montrer que Heidegger ne pense pas la constitutivité de la *Weltgeschichtlichkeit* pour le *Dasein*" (Barthélémy, 2006: 63]).[5]

Que la *Innerzeitigkeit* (1967: sexto capítulo) haya sido traducida en general en castellano como "intratemporacialidad" (trad. Gaos), como "intratemporaneidad" (trad. Rivera) o como *intratemporanéité* (trad. Vezin), pero que en los ámbitos periféricos signifique en tanto "intra-mundaneidad" (*intramondain*, *intramodanéité*) es algo que este comentario de Barthélémy permite comprehender: la situación favorable de la periferia respecto del

4 Traducción del autor: "El ser/estar-en/al-mundo es una estructura que pertenece a la esencia del ser/estar del *Dasein*; la intramundaneidad no es una estructura ontológica, o más prudentemente, ella no pertenece al ser/estar de la naturaleza. Nosotros decimos 'más prudentemente' porque hay que reservar aquí el caso del estando/siendo que no *es* que por tanto que es intramundano. Hay en efecto un siendo/estando al ser/estar al cual la intramundaneidad también pertenece en propio de una cierta manera. Tal es el conjunto del estando/siendo que nosotros llamamos *histórico*, histórico en el sentido amplio de histórico-mundial: las obras culturales, todo eso que es creado, formado, cultivado por el hombre, ese que es y existe históricamente en el sentido propio del término. Es únicamente *como* intramundano que este tipo de estando/siendo es o más exactamente surge y accede al ser/estar. La cultura no *es* al mismo/en el mismo sentido que la naturaleza. Pero decimos, sin embargo, que las obras de la cultura, fuesen ellas la herramienta más rudimentaria, una vez presentes como intramundanas, se hallan en medida de subsistir, incluso en ausencia de todo *Dasein* histórico existente. Hay aquí una correlación que meritaría que nos detuviéramos".

5 Traducción del autor: "Este pasaje, profunda y explícitamente embarazante/obstructor para el caso del 'estando/siendo que no *es* que por tanto que es intramundano', es típico de los evitamientos que dan razón a Stiegler cuando pretende mostrar que Heidegger no piensa la constitutividad de la *Weltgeschichtlichkeit* por el *Dasein*".

Antropoceno hace de la *Gestell* un argumento relevante en la comprensión de lo inmediato y en su conceptualización, como una localidad que se localiza por lo ausente que es próximo porque está lejano, es decir, por su condición generalizada de coseidad (*choséité, Dinglichkeit*) —además de las razones que pueden provenir de los argumentos translativos ya enumerados.

Y en este sentido no sorprende que en *Die Grundprobleme der Phänomenologie* (*Les problèmes fondamentaux de la phénoménologie* [1985], *Los problemas fundamentales de la fenomenología* [2000]), Heidegger, en contemporaneidad con la realización de *Sein und Zeit*, haya *nombrado* el argumento : si el *étant* no es realizable que a partir de intra-mundo (*Innerzeitigkeit*, intra-mundaneidad) eso no significa sólo un cuestionamiento de la manera en que lo intra-mundano (*Innerweltlichkeit*) era concebido a partir de lo intra-temporal, sino también un cuestionamiento de la forma en que el *étant*, en su relación con el *être*, determinaba el sentido de la pregunta por el ser (*Seinsfrage*).

Esta reversión entre *Innerzeitigkeit* (*Zeit als Innerzeitigkeit* [1967: 235], *»Zeit« der Innerzeitigkeit* [1967: 377], *»Zeit« der Innerzeitigkeit* [1967: 420]) y *Innerweltlichkeit* (*innerweltlich Seienden* [1967: 89], *innerweltlichen Seienden* [1967: 110], *des innerweltlich Zuhandenen* [1967: 102]) expone hasta qué punto la distancia comprehendida (*Begreiflichkeit, begreiflich machen*) en términos de escala explica por qué localmente la *Gestell* es *entendida* como la verdadera refutación de toda trascendencia (*Destruktion*, destrucción ontológica) y la relevancia de una doble realización (*Vorhandenen, Zuhandenen*) de la coseidad (*choséité, Dinglichkeit*) entendida como *arquitectura invisible* del entendimiento (§ 2) y, sobre todo, de la cuestión de la cuestión (§ 1, § 12). Si Heidegger narró una "espacialidad de lo a-la-mano dentro del mundo" (*Die Räumlichkeit des innerweltlich Zuhandenen* [1967: 102]) aquello que el ámbito periférico *supone* en las transliteraciones es una "espacialidad de lo al ojo [a-la-vista, delante-de] dentro del mundo" (*Die Räumlichkeit des innerweltlich Vorhandenen*).

Esta reversión en definitiva permite comprehender el alcance que las desviaciones (en tanto *caídas*: *Fallen, Verfallen*) tienen en la conceptualización de lo inmediato, no sólo en cuanto localización que no puede escindirse de la historiografía filosófica europea, sino que tiene constantemente que ser reformulada, *escriturarla* a partir de una "double séance", para decirlo en los términos de Derrida (§ 22).

Esta percepción de intramundaneidad (*intra-mondaneité*) entonces ha favorecido el malentendido por el cual se concibe que lo definitivo del ser/estar-ahí-del-*être/Sein* —en relación a la destrucción ontológica (*Destruktion der Geschichte der Ontologie* [1967: 19]) y elaboración de la cuestión de la cuestión (*Seinsfrage*)— sea/fuese la temporaneidad (*Zeitlichtkeit*) y no la mondaneidad (*Weltlichkeit*, *In-der-Welt*-sein). Entender el mundanar como una forma de temporalidad del *être/Sein* es perder de vista/errar de mano la condición *mediada* de toda exteriorización humana. Esta reversión es también la *caída* (*Fallen*) del *Dasein*, su corrección tecnológica, en la periferia. La cuestión periférica es en este sentido —y siempre ha sido— un asunto de *escala epistemológica* (*epistemologische Skala*).

Cuando Heidegger sostiene "Wir nennen die Zeitbestimmtheit des innerweltlichen Seien-den die *Innerzeitigkeit*" (1967: 33) ("A la determinación del tiempo del ente intramundano la llamaremos *intratemporeidad* [1997: 323]") y concibe, en definitiva, al *seienden* (al ente, a la ente-lización, según los traductores: § 16, § 17) como vehículo/agente de temporalización de lo mundano (del espacio-mundo), es allí precisamente, donde el ámbito periférico no es realizable,[6] sino por una reversión fundamental del alcance de toda temporalidad/temporalización europea —y "europea" aquí supone y *quiere decir* la apelación que, en el desarrollo del concepto de *Seiende*, Heidegger hace de la historiografía filosófica:[7] Heidegger nombra la cuestión de la cuestión pero a partir de su concepto de *Seiende* necesita de *la cuestión*.

6 Cuando los diccionarios castellanos traducen "ente" al alemán como "das Seiende" es cuando comprendemos hasta qué punto no sólo el *alemanismo heideggeriano*, que ya comentamos en la traza de Derrida (1972c), ha sido incorporado en la lengua misma, sino también, y más relevante, podemos observar su legitimación conceptual en términos de la historiografía filosófica europea (§ 26). La *Begriffsgeschichte* del alemanismo es el más crudo y más eficaz mecanismo colonial de individuación. La relación que *Seiende* (tal como "ente" es traducido) tiene, en la formulación en alemán de *la cuestión*, es decir, como *Sein*, es radicalmente diversa de la relación que "ente" en castellano tiene con el significado de *la cuestión* expresado en términos de ser/estar. La translación es la alternativa a esta problemática conceptual y algo de ello Gaos y Rivera sabían, ya que ambos traducen *Seiende* por "ente".

7 Sostiene Heidegger: "Im Besorgen wird jedem Ding »seine Zeit« zugesprochen. Es »hat« sie und kann sie wie jedes innerweltliche Seiende nur »haben«, weil

En los ámbitos periféricos los "objets *intra*-mondains" se confunden así con los fundamentos del *être-dans-le-monde*, del siendo-que-es-también-estando. La distinción heideggeriana "de esencia" (*als existenziale Wesensaussage ver-standen werden* [1967: 123, 128]) entre un *être-au-monde* (*In-der-Welt*-sein) en tanto que determinación necesaria de la constitución del *être* del *Dasein* y la "intramundaneidad en tanto que determinación posible de la Vorhanden" (o de la *Zuhandenheit*), no es realizable. El *Seienden* (*étant*) no puede realizarse si no es en tanto emplazamiento en lo intra-mundano, como cosa (co-siendo ["ser a la vista"], co-sando ["ser a la mano"]), como objeto intra-mundano (*choséité*, *Dinglichkeit*).

La pregunta por el sentido del ser (*Seinsfrage*, *der Frage nach dem Sinn von Sein*), que Derrida indica de manera genérica como *l'être de l'étant*, y que constituye el vértice de la especulación entendida como filosofía,[8] supone la existencia conceptual de *je* y de *moi*. Por ello también *la cuestión* no puede ser planteada como tal en los ámbitos periféricos, sino como cuestión de la cuestión, es decir, a partir de una situación en donde, por una parte, el *être/Sein* es doble (ser/estar) y, por otra parte, en donde la dobladura *je/moi* es singularidad de "yo". Esta disparidad es también una

---

es überhaupt »in der Zeit« ist. Die Zeit, »worinnen« innerweltliches Seiendes begeg-net, kennen wir als die Weltzeit" (1967: 419). Traduce Rivera: "Las cosas 'tienen' tiempo y sólo pueden 'tenerlo', al igual que cualquier ente intramundano, porque ellas están 'en el tiempo'. El tiempo 'en el que' comparecen los entes intramundanos es lo que llamamos tiempo del mundo" (1997: 404).

8 Por qué la existencia entendida en tanto siendo/estando (*étant, seienden*) tiene prioridad sensible e intelectiva en relación a otra forma de transcurso de lo viviente, es algo a lo cual se responde de forma diferente en los ámbitos periféricos que en las economías centrales. Semejante cuestión, en tanto muestra o *exemplum*, era en el pasado irrelevante en el "contexto de las naciones", pero adquiere un cariz inusitado en la condiciones de interrelación que supone la mundaneización especulativa (mundanar, *Welten*) actual. El mundanar actual no tiene *afuera* y toda trascendencia o sentido de trascendentalidad (*Transzendenz*) es construido sin criterio preconcebido: las relaciones pasadas de la filosofía como institución (Derrida, 1990b) y, por ende de sus jerarquías coloniales y colonialistas, carecen de significación en los términos de *la cuestión* y, como ya había previsto el nacido-argelino Derrida, sólo pueden expresarse como cuestión de la cuestión. También por ello Derrida constituye una obra de relevancia para los ámbitos periféricos. Y es este otro aspecto de relevancia de la cuestión periférica.

diferancia que no puede ser traducida, sino transliterada (§ 6): no hay filosofía posible en los ámbitos periféricos, sino especulación (pensamiento [§ 40], localización [§ 46], que-hacer-local, *ein eigenes "im-Raumsein"*: 1967, 56) y adopción necesaria a la historiografía filosófica que, como estamos viendo, de Parménides a Heidegger, justifica por conceptualidad la acción especulativa, sea por mecanismos explícitos (metafísica, trascendentalidad) sea por ocultamiento (*vermeilen*) (*Gestell*, "espiritualidad"). Adopción entendida como condición técnica de transmisión del pasado ὑπομνήματα (hypomnemata) o, mejor dicho, de transmisión de un pasado que sólo puede ser conceptualizado a partir de una transmisión técnica y que *sólo a través de él* lo humano se vehicula —eso que Heidegger indicaba como *Weltgeschichtlichkeit,* aunque no lo considerara en todos sus alcances y dimensión. La adopción en definitiva "comme condition de l'unification du *nous*" [como condición de unificación del *nosotros*] (Stiegler, 2001: 138 y ss.). Adopción que no puede esquivarse, pero sí ser trabajada, dirimida, bifurcada: la pregunta por el ser (*Seinsfrage, der Frage nach dem Sinn von Sein*), en cuanto fundación del gesto especulativo filosófico europeo, es *parte* del modo en que los ámbitos periféricos fueron establecidos en términos *patrimoniales*: la fundación de los Estados nacionales es inseparable de una manera de entender el conocimiento, sus presupuestos historiográficos (*Begriffsgeschichte*), y sobre todo una forma particular de inteligibilidad de lo humano que se asienta en "la métaphysique cartésiano-hegélienne de la subjetivité" [la metafísica cartesiana-hegeliano de la subjetividad] (Derrida, 1990a: 36). Es decir, no sólo en el hecho que lo humanizante es una formulación de lo humano (expresado por lo general como *l'etre de l'étant*), sino también que la individuación, el proceso de individuación, se realiza por una valoración de la *entidad* conceptual de lo pensable *per se*: es el *etnocentrismo* al que ya vimos hacía referencia el propio Derrida, como si dijéramos que sin la *Geist* heideggeriana no podría constituirse un sentido historiográfico de lo filosófico europeo.

Situación que también podríamos expresar en los términos de *Sein und Zeit* como "el horizon trascendentale de la question de l'être" [el horizonte trascendental de la cuestión del ser/estar]: que el vértice del *être* (*Sein*) sea así un *étant* (*seiende*), que debe *figurarse* constantemente, ha tenido consecuencias irreversibles y de largo alcance en la manera en que en los ámbitos periféricos se han concebido el *realm* de lo humano (§ 34, § 36). Razón también por la cual la crítica de Stiegler (2001) a Heidegger debiera ser considerada con mucha atención por los autores locales. Por ello, por esta *distorsión de base* de lo periférico, es que puede comprehederse cómo el sentido de *dévoilement* heideggeriano (*Entdecktheit*, ser-descubierto, ser-significado) acabó justificando una perspectiva hegeliana de lo histórico (desarrollo de una *Entwicklung*) en lugar de favorecer la mundanización (*In-der-Welt-sein*) del propio Heidegger, lo cual acarreó como consecuencia, entre otras, que la condición de presencia (*présence*) del *dévoilement* (ἀλήθεια, *Unverborgenheit*, no/sin-cubrimiento), como presentación del presente, como *être de l'étant* (en tanto *Anwesenheit*), no fue entendida en la problematicidad que supone "la pregunta acerca del ser" (*Seinsfrage*), sino como un jalón más en la historiografía filosófica europea que justifica *la cuestión*. Este malentendido, además, en términos estrictamente heideggerianos, no permitió concebir el hecho que el *voilement* (olvido, *Verborgenheit*), el *dé-voilement* (descubrir/descubrimiento, *Entdeckung, Auskennend*) y el *no-voilement* (desconocimiento, *Unverborgenheit*,) constituyen tres aspectos de un mismo concepto (en tanto ἀλήθεια [*aletheia*]) y que aquello que se-descubre es también porque se-oculta (1972c: 117): es lo que Derrida entendía cuando hablaba de la tachadura (*rature, Durchstreichung*), y razón por la cual referimos la "doble escritura" como mecanismo de reapropiación, de repatrimoniar/repatrimoniarización (*Aneignen, Aneignung*). Y por lo mismo coincidimos con Stiegler cuando sugiere que *la cuestión* debiera entenderse bajo los términos de "nouvelles conditions patrimoniales de l'adoption" [nuevas condiciones patrimoniales de la adopción] (2001: 322). Es esta *patrimonialización* —que implica la reversión de condiciones coloniales ensambladas (*entanglement*) con situaciones debidas al Antropoceno— aquello de lo que se ocupa la cuestión periférica y que también indicamos como *pensamiento esto* por la funcionalidad obligada de concebir lo especulativo, como un "referirse a las cosas como objetos de un saber distante y objetual" (Rivera, 1997: 429), pero que sólo puede realizarse como cercanía en términos de formulación de la cuestión de la cuestión (o de reformulación de *la cuestión*). Por ello el "olvido del ser" (*Seinsverlassenheit*) heideggeriano puede entenderse mejor en los ámbitos periféricos como privación de mundo (*unheimliche*).

"Ce qui vient à moi" [eso que viene/llega a 'moi'], decía Derrida (§ 8). *Moi* es una consistencia porque es lugar (en tanto *oikos* [§ 46], pero también en tanto paraje/parajear [§ 46]), es sitio de realización de aquello que, siendo un ser-estando y un estar-siendo, nos permite especular. La constatación del ahorar (§ 32) se da en este *moi* que lugariza y es lugarizado. Por ello es que filósofos europeos recientes como por ejemplo Derrida han dedicado una parte de sus trabajos a la exploración de la "hospitalidad", es decir, en los términos que aquí desarrollamos, a cómo la manera en que somos/estamos se vincula directamente con el establecimiento de lugares en términos de familiaridad (en tanto *Heim*, pero también como *heimatlich* y así mismo en su forma freudiana de *unheimliche*) y, de modo similar, cómo esta realización de lo local es igualmente la base para toda autenticidad de lo especulativo (§ 34, § 43). El *Dasein* de Heidegger supone la ininteligibilidad de lo humano en términos clásicos (§ 37), el "étant" y la diferancia de Derrida (§ 16, § 21), suponen, más aun, la dimensión de un pos-*Dasein* (§ 34). De una u otra manera, lo humano como unidad de sentido, como valor axial de lo especulativo es algo ininteligible para los ámbitos periféricos, incluso como estamos viendo, por razones otras que las solas ofrecidas por los filósofos europeos. El *moi* es esta dimensión individual precaria, el resultado de la individualización en el mundo contemporáneo. Este *moi* no tiene en términos especulativos y en castellano aun un nombre, es aquello que aquí indicamos *por medio* del ser-estando y estar-siendo (*Seienden, étant*). Pero que podríamos indicar simplemente como *estarse*.

El *moi* puede ser, por ejemplo el yo + el sí-mismo o, también, el yo + un en-sí, y, por qué no, el yo + una mismidad. El *moi* posee una dimensión significativa que escapa al yo, y no sólo: el sentido de conexión, de inmediatez, entre un pensamiento, una voz y la ejecución de ello, es una certeza —certidumbre que está dada por un *moi*. La presencia en el presente del yo —elemento que Derrida considera como fundamento de la tradición cartesiana de *la cuestión*— requiere de un *moi*. Por ello en los ámbitos periféricos existe una relación directa entre la multiplicidad del ser/estar y la ausencia de *moi*. ¿Cómo traducir *être*, que supone *je* y *moi*, al unívoco "yo"? Un yo sin *moi* no es varios yo, como piensan algunos analistas locales. El *moi* tiene una dimensión cuya extensión y registro el yo no puede obtener. Sin embargo, en los ámbitos periféricos se ha confundido en términos historiográficos y con propósitos especulativos el *ego* con el *cogito* (confusión en torno a la cual el mismo Heidegger alerta), a partir de lo cual se ha establecido una *soberanía política del yo* que obnubila toda posibilidad de entender el entendimiento de otra manera que a partir del integralismo cognitivo del yo. Sin embargo, como veremos (§ 42), lo viviente es ajeno a esta determinación unívoca.

En este sentido, Derrida completa la crítica heideggeriana a la soberanía del yo (y a la confusión entre *ego* y *cogito*) diciendo que, no sólo una concepción especulativa en torno a un "yo" sustenta un horizonte de expectativa metafísico, sino que asimismo genera un sistema de recurrencias binario. La *ipséité* (§ 34) es aquello que reconoce esta situación y evita una dimensión de lo especulativo a partir de una contraposición entre "adentro" y "afuera". La *ipséité* supone y requiere así la escrituración (§ 20, § 22), no sólo como instrumento de cohesión, de transmisión, de viaje, sino también de *grammatisation* (localización, colonización). A la *ipséité* bajo estas condiciones y en los ámbitos periféricos le indicamos como *autor periférico*. Un autor periférico tiene así una doble escrituración. Por una parte intervala, produce espaciamientos y con ellos crea significados, por otra parte, reconoce mundo y mundana, translitera. El autor periférico es la individuación de los ámbitos periféricos, es un yo *reparado* del *moi* que no tiene lugar en castellano. Es el *moi* que viene, que llega, que se aproxima, de Derrida.

Bajo estas condiciones queda en mayor evidencia y exposición que la manera en que la especulación, bajo los términos clásicos de la cuestión, se situaba en el contexto de una individuación, era a partir de una separación entre un dominio público ("la cosa pública", "los medios"), el espacio "sentimental" y una dimensión intelectual (especulativa). Aunque cuando las teorías y los analistas en su mayoría propugnasen una fusión de estos tres dominios como aspecto distintivo de lo local, en la práctica (en sentido de una *Zeughaftigkeit*) el punto de partida siempre restaba una división pedagógica entre los tres. Justamente por ello, esta situación es un barómetro insustituible para distinguir entre generaciones de analistas en los ámbitos periféricos. De manera que lo especulativo era por lo general escrito y además escrito en un estilo *ad hoc*: había una escritura normal y una escritura filosófica —situación que, con la evolución, degeneró en una miríada de estilos y barroquismos, al punto que la incomprensibilidad se transformó en una señal de identidad académica e intelectual local. Y también bajo estas condiciones *un yo sin "moi"* explica el recurso al "entismo" en la traducción de la filosofía europea del siglo XX en términos locales.

La ausencia del *moi* en castellano puede de alguna manera asimilarse a la ausencia de *moi* en *Meditationes de prima philosophia* (segunda meditación) en donde, como indica Derrida, en el original latino no hay *moi*, incluso la distinción entre *ego* y *sum* "pasa en silencio" (Derrida, 2006: 100). El *moi* no es sólo un concepto especulativo que ayuda a definir un yo múltiple, sino también un concepto que responde a una serie de variantes y avatares teóricos e historiográficos que se vincula por un lado a la técnica/tecnología (*Gestell*) y por otro a la biosfera (en tanto Antropoceno). En la primera traducción francesa, Descartes sitúa sin embargo el *moi* al centro de la definición de uno-mismo en términos epistemológicos: "Mais je ne connais pas encore clairement ce que je suis, moi qui suis certain que je suis (*Nondum verò satis intelligo, quisman sim ego ille, qui jam necessario sum*)".[9] El *moi que je suis certain* de Descartes sitúa a la noción de *moi* como precedente de toda mismidad, es el referente último. Eso es aquello que Derrida indica al señalar lo viviente: "puisque c'est Moi, le Moi qui se réfléchit et qui dit 'moi je suis' et 'bête je suis'" ["puesto que es 'Moi', el 'Moi' que se reflexiona y que dice 'moi' yo soy y 'bestia yo soy'"] (Derrida, 2006: 96). Y también es aquello que posibilita situar un cuerpo (§ 14, § 42) y biosferizar la individuación (§ 34): "quand je dis 'je', c'est une parole monstrative, 'Je', c'est-a-dire 'moi qui vous parle', je me montre …" (Derrida, 2006: 214).[10]

En términos de lo viviente (§ 42) el *moi* también surge como una distinción: "Personne ne dénie à l'animal l'auto-affection et l'auto-motion, donc le soi de ce rapport à soi, Mais ce qui lui est contesté —et c'est là que le fonctionnement et la structure du 'Je' importent, même là où le mot 'je' manque— c'est le pouvoir de faire référence à soi de façon déictique,

9 *Meditationes de prima philosophia. Méditations métaphysiques* (Paris: Vrin, 1966, p. 27. Traducción Francesa Duc de Luynes). Traducción del autor: "Pero yo no conozco todavía claramente ese que soy/estoy, 'moi' que soy/estoy cierto que yo soy/estoy".

10 Traducción del autor: "… cuando digo 'yo', es una palabra demostrativa, 'Yo', es decir, 'moi' que les habla, yo me muestro…"

autodéictique, détourner au moins virtuellement le doigt vers soi pour dire: c'est moi. Car, Benveniste l'a fortement souligné, c'est ce que dit et fait *je* quand le prononce ou l'effectue; il dit: 'je parle de moi', celui qui dit *je* se montre lui-même au présent de son énonciation, ou au moins de sa manifestation. [...] Le 'je pense' qui doit accompagner toutes les représentations, c'est cette autoréférence comme condition de la pensée, comme la pensée même; e voilà le propre de l'homme, voila ce dont l'animal serait privé. [...] c'est moi qui me montre moi-même" (Derrida, 2006: 132).[11]

El *moi* tiene así una relación directa a la formulación de lo especulativo como tal y, sobre todo, a la determinación de la mismidad a partir de lo especulativo, a la interdependencia entre la constitución de un dominio especulativo y la individuación. Le *moi* es el elemento rector en la conformación de la especulación y de su relación a la individuación. Eso es aquello que el propio Jacques Lacan indica como "fonction de maîtrise" [función de maestría], el hecho que, en términos de consciente, el *moi* se reasegura "d'une existence incontestable" [de una existencia incontestable] (Lacan, *Écrits*, 1966: 809). *Moi* es, por último, la referencia de la pregunta filosófica fundamental expresada por Derrida: "Mais moi, qui suis-je?" [Pero 'moi', ¿quién soy yo?] (Derrida, 2006: 79). No habiendo entonces un *moi* castellano, ¿cómo se dice la especulación que no puede expresar esta variedad y situarse historiográficamente en términos conceptuales? Es esta otra problemática que debe afrontar la *cuestión periférica*. Transliterado el *moi* aparece (se muestra, se expone, se evidencia) como una lejanía, puede referirse a partir del *estarse*.

11 Traducción del autor: "Nadie niega al animal, es decir, el si de esa relación a sí. Pero eso que es contestado —y es allí de hacer referencia a sí de manera deíctica, autodeíctica, cambiar al menos virtualmente que el funcionamiento y la estructura del 'Yo' importan, incluso allí donde la palabra 'je' falta— es el poder de hacer referencia a sí de manera deíctica, autodeíctica, revertir al menos virtualmente el dedo hacia sí para decir: soy 'moi'. Pues, Benveniste lo ha señalado fuertemente, es eso que dice y hace *yo* cuando lo pronuncia o efectúa; dice: 'hablo de moi', ese que dice yo se muestra el mismo al presente de su enunciación, o al menos de su manifestación. [...] El 'yo pienso' que debe acompañar todas las representaciones, es esta autorreferencia como condición del pensamiento, como el pensamiento mismo; y he allí lo propio del hombre, he allí de lo cual el animal sería privado [...] es 'moi' que me muestra a 'moi' mismo".

Por otra parte, el *moi* no puede ser escindido de los vehículos técnicos que lo hacen posible, más aun en los ámbitos periféricos del planeta en donde esta "dependencia" técnica se halla mucho más acentuada. La hipótesis de Derrida (*Glas* [1974], *La carte postale. De Socrate à Freud et au-delà* [1980], *Mal d'archive* [1995]) que la forma de pensamiento, la noción de especulación, está determinada por elecciones técnicas como la manera de escribir, el papel, etc., ha sido continuada y explorada *in extenso* por autores y alumnos, como por ejemplo, el ya mencionado Bernard Stiegler (*La Technique et le Temps*, tome 3 : *Le Temps du cinéma et la Question du mal-être* [2001], *Ce qui fait que la vie vaut la peine d'être vécue, de la pharmacologie* [2010], *Pharmacologie du Front National* [2013]). Sin embargo, en los ámbitos periféricos, aun no se ha producido este cambio de perspectiva por el cual se lea el colonialismo a través de los medios técnicos que lo hicieron posible y de las consecuencias que el desarrollo de cada uno de ellos ha tenido. Mucho menos se ha producido aun la constatación que la especulación es una noción que deriva y que tiene relación directa con la manera en que el colonialismo se transforma en cultura local.

La dimensión del *moi*, la noción de *moi* ella misma, es un fenómeno de papel: la historia de la filosofía, del psicoanálisis, de la psicología, la expresión misma en la primera edición en francés de *Méditations métaphysiques* de 1647, entre otros, son los elementos *de papel* que contribuyeron a la creación del *moi*. Sin el papel —sus formas, sus variantes, los vehículos que posibilita— no hay *moi* posible: el papel es la ejecución *ad litteram* de *la letra* en términos derridianos. La condición de *ultima ratio* del *moi*, de última referencia, respecto del "yo" se debe a esta condición papelística del *moi*. El *moi* es ilegible sin el vehículo que lo estipula, que lo significa y no hay manera que sin papel el *moi* pueda ser escindido del "yo", del "ego" o incluso del "cogito" cartesiano. Por ello el propio Derrida habla del papel, de la hoja y de sus otros vehículos actuales, como de un fondo: "Au fond, le papier reste souvent, pour nous, le *fond du fond*, la figure du fond sur le fond de laquelle se détachent les figures et les lettres. Le 'fond' indéterminé du papier, le fond du fond en abîme, quand il est aussi surface, support et substance (*hypokeimenon)*, substrat matériel, matière informe et puissance en puissance *(dynamis*), pouvoir virtuel ou dynamique de la virtualité, voilà qu'il en appelle à une généalogie interminable de ces grands philosophèmes, il commande même une anamnèse (déconstrutive, si vous voulez) de tous les concepts et de tous les phantasmes qui se sédimentent dans notre expérience de la lettre, de l'écriture et de la lecture" (Derrida, 1997: 45).[12]

El *moi* no es legible en castellano también por esta manera de concebir la papelística en términos de escritura. La *grammatisation* que esta escrituración europea supone, implica también una colonización y en ello va, por decirlo de una manera brutal, la imposibilidad del castellano de reproducir la lengua imperial de lo especulativo. Por ello el propio Derrida asocia esta condición de referencia excluyente ("el fondo") de la papelística a la realización del acto especulativo, del filosofar como tal (Derrida, 1997: 46).[13] Y esta situación de la materia de la papelística,[14] es decir, del hecho que la materialidad actual del papel no hace referencia a una fisidad, a una dimensión física del papel, sino a sus formulaciones electrónicas y digitales, constituye también una problemática que atraviesa la noción de lo especulativo como tal en los ámbitos periféricos.

La desmaterialización de la escritura tiene así consecuencias inesperadas.[15] El valor papel, cuya materialidad reside en lo digital, se renueva

12 Traducción del autor: "En el fondo, el papel resta a menudo, para nosotros, *el fondo del fondo*, la figura del fondo sobre el fondo del cual se destacan las figuras y las letras. El 'fondo' indeterminado del papel, el fondo del fondo en abismo, cuando él es también superficie, soporte y substancia (*hypokeimenon*), sustrato material, materia informe y potencia en potencia (*dynamis*), poder virtual o dinámica de la virtualidad, he allí que llama a una genealogía interminable de estos grandes filosofemas, comanda incluso una anamnesis (deconstructiva, si se quiere) de todos los conceptos y de todos los fantasmas que se sedimentan en nuestra experiencia de la letra, de la escritura y de la lectura".

13 Sostiene Derrida: "je voudrais montrer que cette chaîne fondamentale du 'fond' (support, substrat, matière, virtualité, puissance) ne se laisse pas dissocier, dans ce que nous appelons 'papier', de la chaîne apparemment antinomique de l'acte, de la formalité des 'actes' et de la force de loi, qui en sont tout aussi constitutives)" (Derrida, 1997: 46).

14 Derrida la define así: "Je note pour l'instant, au passage, que la problématique philosophique de la matière s'inscrit souvent en grec dans une hylétique (du mot *hyle* qui veut dire aussi 'bois', 'forêt', 'matériaux de construction', bref la matière première à partir de laquelle on produira plus tard le papier)" (Derrida, 1997: 46).

15 Sostiene Derrida: "La 'dépaperisation' du support, si on peut dire, c'est d'abord la rationalité économique d'un bénéfice : simplification et accélération de toutes les procédures, gain de temps et d'espace, donc, stockage, archivation, communication et

en relación al *moi* bajo una perspectiva insospechada: la figura jurídica de la exclusión europea ya no es la condena jurídica, sino la ausencia de identidad administrativa: la condición de *sans-papiers* es el umbral de lo inteligible en nuestra época a inicios del siglo XXI europeo. Existe así una relación directa entre constitución del *moi* y autenticidad administrativa de la identidad social o colectiva, de la misma manera que existe en la historia de la filosofía europea una relación directa entre la cuestión, el proceso de individuación basado en el establecimiento de un concepto de lo especulativo y la constitución de "*moi* de papel" como noción bisagra de toda concepción de "yo": "Depuis quelques siècles ils ont soutenu, étayé, et donc en vérité construit, institué l'expérience de l'identification à soi ('moi qui puis signer ou reconnaître mon nom sur une surface ou un support du papier', 'le papier, c'est à moi', 'le papier, c'est un moi', 'le papier, c'est moi'). Le papier devenait souvent le lieu de l'appropriation de soi par soi, puis d'un devenir-sujet de droit, etc. Du coup, en perdant ce corps sensible de papier, nous avons le sentiment que nous perdons ce qui, en stabilisant le droit personnel dans un minimum de droit réel, protégeait cette subjectivité même. Voire une sorte de narcissisme primaire: 'le papier, c'est moi', 'le papier *ou* moi' (*vel*). Délimitant du même coup l'espace public et l'espace privé, la citoyenneté du sujet de droit supposait idéalement l'autoidentification au

débats facilités par delà les frontières sociales et nationales, circulation suractivée des idées, des images, des voix, démocratisation, homogénéisation et universalisation, 'mondialisation' immédiate ou transparente —, donc, pense-t-on, partage accru des droits, des signes et du savoir, etc. Mais du même coup, autant de catastrophes: inflation et dérégulation dans le commerce des signes, hégémonies et appropriations invisibles, qu'il s'agisse de langues ou de lieux, etc. Que les modes d'appropriation se spectralisent, se.) 'dématérialisent' (mot bien trompeur qui veut dire qu'en vérité ils passent d'une matière à l'autre et deviennent même d'autant plus matériels, au sens où ils gagnent en 'dynamis' potentielle), qu'ils se virtualisent ou se 'phantasmatisent', qu'ils endurent un processus d'abstraction, cela n'est pas en soi une nouveauté, ni une mutation; on pourrait montrer qu'ils l'ont toujours fait, même dans une culture du papier. La nouveauté, c'est le changement de rythme et, encore une fois, une étape *technique* dans l'externalisation, dans l'incorporation objectale de cette possibilité. Cette spectralisation virtualisante doit désormais faire son deuil de schèmes dont la sédimentation nous paraissait naturelle et vitale tant elle est vieille, à l'échelle de notre mémoire individuelle ou culturelle" (Derrida, 1997: 47–48).

moyen d'autographe dont le schème substantiel restait un corps de papier. Tous les 'progrès' du mouvement en cours tendent à remplacer ce support de la signature, du nom et en général de l'énonciation autodéictique ('moi, je qui …', 'moi, soussigné, authentifié par ma présence, en présence du présent papier'). En y substituant le support électronique d'un code numérique, nul doute que ces 'progrès' sécrètent une angoisse plus ou moins sourde" (Derrida, 1997: 48).[16]

Bajo estas condiciones se comprende mejor el profundo alcance que fenómenos como por ejemplo las llamadas "redes sociales", inscriptos en un proceso mayor de tecnologización de la subjetivización, tienen en términos no sólo de identidad, sino también en la manera en que dicha identidad en el pasado estaba ligada a un proceso de creación especulativa (iluminismo, escolaridad, etc.), mientras que en la actualidad responde a un mero proceso de adscripción —eso que alumnos de Derrida como Stiegler llaman también "adoption" (Stiegler, 2001: 127–198). Por ello también se comprehende la relación directa entre esta condición y la generalización de una *post-fact politics* o una *post-truth* en términos especulativos: "Motivée par la perte toujours imminente des membres-fantômes de papier auxquels nous avons appris à nous fier, elle est aussi justifiée devant les pouvoirs de concentration et de manipulation, d'expropriation informatique (maillage

16 Traducción del autor: "Durante siglos se ha sostenido, apuntalado, por ende construido, instituido, la experiencia de la identificación a sí ('soi') ('moi que puedo firmar y reconocer mi nombre sobre una superficie o un soporte de papel', 'el papel es a moi', 'el papel es un moi', 'el papel es moi'). El papel deviene a menudo el lugar de apropiación de si por si, luego de un devenir sujeto de derecho, etc. De pronto, perdiendo ese cuerpo sensible del papel, tenemos el sentimiento que perdemos eso que, estabilizando el derecho personal en un mínimo de derecho real, protegemos esta misma subjetividad. Una especie incluso de narcisismo primario: 'el papel, es moi', 'el papel *o* moi' (vel.). Delimitando de un mismo golpe el espacio público y el espacio privado, la ciudadanía del sujeto de derecho suponía idealmente la autoidentificación por medio de la autografía en donde el esquema substancial restaba un cuerpo de papel. Todos los 'progresos' de movimiento en curso para reemplazar este soporte de la firma, del nombre y en general de la enunciación autodeíctica ('moi, yo que…', 'moi, el firmante, autentificada por mi presencia, en presencia del presente papel'). En sustituyendo el soporte electrónico de un código numérico, nada duda que este 'progreso' esconde una angustia más o menos sorda".

électronique à la disposition quasi-instantanée de toutes les polices internationales — sécurité, banque, santé —, fichage infiniment plus rapide et incontrôlable, (espionnage interception, parasitage, vol, falsification, simulacre et simulation)" (Derrida, 1997: 48–49).[17]

Existe en los ámbitos periféricos una relación directa entre la generalización de la *post-fact politics*, la pérdida de los mecanismos clásicos de identidad/identificación, la generalización de Internet como dominio público excluyente y las condiciones ambientales propias del Antropoceno. Los "fantasmas" a los que hace referencia Derrida es el imaginario colonial (naturalismo filosófico, sentido craso de *realm*, iluminismo educativo) que predominara en la fundación de los Estados locales durante el siglo XIX. Es justamente bajo estas condiciones que podemos observar de qué manera los ámbitos periféricos del planeta, por su condición Antropocénica, constituyen una vanguardia de las condiciones sociales y políticas de lo que tendrá lugar en Europa durante el siglo XXI. Situación que además se condice con la radical espacialización (§ 47) que supone el Antropoceno y que los analistas locales aún no han comprehendido en toda su extensión: "Ces nouveaux pouvoirs effacent ou brouillent les frontières dans des conditions et à un rythme sans précédent (encore une fois, l'étendue et le rythme de l' 'objectalisation' font la nouveauté qualitative ou modale, car la 'possibilité' structurelle a toujours été là). Ces nouvelles menaces sur les frontières (qu'on appelle aussi menaces sur la 'liberté') sont *phénoménales*, elles touchent à la phénoménalité même, elle tendent à phénoménaliser, à rendre sensible, visible ou audible, à tout exposer au dehors. Elles n'affectent pas seulement la limite entre le public et le privé, la vie politique ou culturelle du citoyen et le secret de son for intérieur, voire le secret en général ; elles touchent à la frontière proprement dite, à la frontière au sens étroit : entre le national et le mondial, voire entre la terre et l'extraterrestre,

17 Traducción del autor: "Motivado por la pérdida siempre inminente de miembros-fantasmas de papel a los cuales hemos aprendido a nosotros enorgullecernos, ella también es justificada delante de los poderes de concentración y manipulación, de expropiación informática (mallado electrónico a disposición cuasi-instantánea de todas las policías internacionales —seguridad, banca, salubridad—, fichaje infinitamente más rápido e incontrolable (espionaje, intercepción, parasitaje, robo, falsificación, simulacro y simulación)".

le monde et l'univers — puisque les satellites font partie de ce dispositif du 'sans papier'" (Derrida, 1997: 49).[18]

Esta situación explica la amplitud de la *huella digital* como forma de individuación: no se trata solo, como con el *papel tradicional*, de obtener una identidad administrativa o escolar, se trata *también* de reglar los comportamientos, predecirlos y encausarlos en términos financieros. La idea de "papel" tradicional y la de rol dramático se encuentran así exacerbados a partir de las redes sociales y de "tele-realitización" de la televisión.[19]

Por otra parte, en los países periféricos las constantes "crisis de papel", sea referida al llamado "papel prensa" (a su propiedad, a su monopolio o precio), sea a los formatos o circunstancias de "documentos de identidad" no son, sino resultados de esta situación, de un pasaje de la escrituración a la tinta, a la escrituración a la luz, al ordenador, al cristal líquido de las pantallas. En el mismo sentido debe leerse la crisis constante de migración/inmigración cuya escala actual sin precedentes constituirá el asunto político de relevancia en las sociedades periféricas por gran parte del siglo XXI. Cuanto más acentuamos la búsqueda de un identidad "por adopción" ("sin papel"), más aun exponemos el déficit territorial que supone: "Si

18 Traducción del autor: "Estos nuevos poderes borran o empañan las fronteras en las condiciones y a un ritmo sin precedentes (todavía una vez, lo entendido y el ritmo de la 'objetualización' hacen la novedad cualitativa o modal, pues la 'posibilidad' estructural ha estado siempre allí). Estas nuevas amenazas sobre las fronteras (que llamamos también amenazas sobre la 'libertad') son *fenomenales*, ellas tocan a la fenomenalidad misma, a la tendencia a fenomenalizar, a hacer sensible, visible o audible, toda exposición en el afuera. Ellas no afectan solamente el límite entre lo público y lo privado, la vida política o cultural del ciudadano y el secreto de su fuero íntimo, incluso el secreto en general; ellas tocan a la frontera propiamente dicha, a la frontera en sentido estrecho: entre lo nacional y lo mundial, incluso entre la tierra y lo extraterrestre, el mundo y el universo —puesto que los satélites son parte del dispositivo de los 'sin papel' [juego de palabras en donde Derrida se refiere a la desmaterialización pero también a las personas sin techo que en francés se identifican como "sin papeles']."

19 Por ello mismo ha resultado interesante la serie televisiva de origen ibérico *La casa de papel* (Álex Pina, 2017: 15 episodios, Antena 3), en donde se exploran todos los significados sociales de la simbología del papel: desde el juego con el "papel" de los actores en la trama hasta las innumerables variantes del "papel moneda", incluidos documentos de identidad.

maintenant nous nous replions dans 'nos pays', vers le contexte relativement et provisoirement stabilisé de la phase 'actuelle', de la vie 'politique' des États Nations, la guerre contre les 'sans-papiers' témoigne de cette incorporation de la force de loi, comme nous les notions plus haut, dans le papier, dans des 'actes' de légalisation, de légitimation, d'habilitation, de régularisation liés à la détention de 'papiers': pouvoir habilité à délivrer des 'papiers', pouvoir et droits liés à la détention, sur soi, auprès de soi, d'attestations sur papier authentifié. 'Le papier c'est moi', le 'papier ou moi', 'le papier: mon chez moi' " (Derrida, 1997: 52).[20]

Es eso que indicamos como el *estarse* quien trata de expresar toda la amplitud que esta problemática comporta en los ámbitos periféricos. Paradoja que por una parte el papel se desmaterializa y, por otra, el papel se vuelve imprescindible en términos de individuación. Y por ello para Derrida, como es el caso de los ámbitos periféricos: "L'histoire du politique est une histoire du papier, sinon une histoire de papier, de ce qui aura précédé et suivi l'institution du politique en bordant la 'marge' du papier" (Derrida, 1997: 52–53).[21] El papel coadyuva así a la biosferización planetaria, eso que Derrida indica, en términos escriturarios, como "la graphosphère". Y por lo mismo, la papelización que es el *moi*, se halla al origen de *la cuestión*: "*Qu'est-ce que* le papier, lui-même, à proprement parler? Et l'histoire de la question 'qu'est-ce que?' n'est-elle pas toujours 'au bord', à la veille ou au lendemain d'une histoire du papier ?" (Derrida, 1997: 42).[22] Y surge así,

20 Traducción del autor: "Si ahora nos replegamos en 'nuestro país', hacia el contexto relativa y provisoriamente estabilizado de la fase 'actual', de la vida 'política' de los Estados nacionales, la guerra contra los 'sin papeles' testimonia de esta incorporación de la fuerza de la ley, para nosotros las nociones más altas, en el papel, en las 'actas' de legalización, de legitimación, de habilitación, de regularización ligadas a la detención de 'papeles': poder habilitar a emitir 'papeles', poder y derechos ligados a la detención, sobre sí, de atestación sobre papel autentificado. 'El papel es moi', el 'papel o moi', 'el papel: mi lugar a mí' ".

21 Traducción del autor: "La historia de lo político es una historia del papel, cuando no una historia de papel, de aquello que habría precedido y seguido la institución de lo político bordeando el 'margen' del papel".

22 Traducción del autor: "¿Qué es papel, él mismo, propiamente hablando? Y la historia de la cuestión '¿qué es que….?', ¿no es ella misma, al borde, antes o después, una historia del papel?"

bajo estas condiciones, una dimensión alternativa, inabordada aun, pero radical en sus consecuencias: la *realidad francesa* del *moi* tiene consecuencias historiográficas y conceptuales que afectan no sólo la noción misma de lo especulativo, sino también el modo en que se lo nombra y comunica. En este sentido y bajo esta perspectiva pocos autores han tratado aun el colonialismo con la seriedad que merita.

§ 24. La diglosia del ser/estar

La *extranjería*, como vimos (§ 16), es esa distancia e *incomprensión* que existe entre el *être/Sein* (transliterado: ser/estar) y el *étant/seiende* (transliterado: siendo/estando) o, dicho en términos de *la cuestión*, es la manera en que la tradicional relación del *être* al *étant*/del *Sein* al *Seienden* (transliterado: del ser/estar al siendo/estando), se constituye en modo privilegiado para determinar el significado del ser (ser-en-sí, estar-en-sí), lo cual, justamente por la distancia que supone la *extranjerización*, hace que la concepción de aquello que lo especulativo debe/debiera ser/estar, es puesta en cuestión, es decir, se transforma en la cuestión de la cuestión (§ 1).

Para Heidegger, si el *être/Sein* es la presencia, es decir, todo aquello que *hace hacer* al *étant/seiende*, el *étant/seiende*, en cambio, es el *être/Sein* realizado, dado, definido. Heidegger (*Sein und Zeit* [1927], *Einführung in die Metaphysik* [1935], *Parmenides* [1942–1943]) asegura que desde Platón la reflexión filosófica (la historiografía filosófica europea como *Begriffsgeschichte*) ha sido una interrogación del/al *être/Sein* para tratar de definir el *étant/seiende* y que aquello que indicamos como metafísica ha sido la evolución de un *olvido* del ser (*Seinsverlassenheit*) por una concentración en torno al *étant/seiende*. La concepción del *Dasein*, es decir, el abandono de la noción filosófica del hombre en favor de un concepto no metafísico (ni ontológico) de lo humano es de una relevancia insospechada al inicio del siglo XX, cuando el Antropoceno sólo era evidente en los ámbitos periféricos como *residuo* del colonialismo y la industrialización. Aquello que ,sin embargo, Heidegger no evaluó ni consideró como posibilidad fue justamente que la figura del *Dasein* fuese en realidad el anuncio de una "destrucción ontológica" (*Destruktion der Geschichte der Ontologie*) mayor de la por él concebida y, por ende, una disociación del concepto tradicional de *être/Sein* en sentido especulativo, es decir, una discontinuidad entre el *être/Sein* y el *étant/Seiende*, como si la historiografía filosófica Occidental, desde el ἐστί (*esti*) parmeniano hasta el νοούμενον (noumenon) kantiano ya no fuese *evidencia* suficiente (§ 26). Los ámbitos periféricos vienen justamente a confirmar esta discontinuidad (§ 4, § 13).

Si el *Sein/être* del *Seiende/étant* era, en términos de Heidegger y en la interpretación de Derrida, la descripción conceptual de *la cuestión*, es decir, los términos básicos acerca de la pregunta por el sentido del ser (*der Frage nach dem Sinn von Sein*), entonces la transliteración al ámbito periférico del sentido del ser (§ 6) pasará por un doble entendimiento ("double séance": Derrida, 1972c: 95) que se desprende de la disociación antes dicha (y que incluso el propio Derrida entiende como *quiasma*): *a partir* de un ser siendo-del-ser (ser-estando) y *a partir* de un ser siendo-del-estar (estar-siendo). Situación que, por otra parte, se condice con el estado generalizado de *diglosia* ("diglosia cultural", "diglosia antropológica": J. Fishman, "Bilingualism with and without Diglossia: Diglossia with and without Bilingualism" [*The Journal of Social Issues*, 23/2, 1967, 29–38]) que caracteriza el ámbito periférico y que constituye uno de los aspectos sobresalientes de las condiciones en que el proceso de *grammatisation* local fue realizado, en particular a partir del siglo XVII, con la incipiente formalización del castellano "colonial" y del inicio de realización del *corpus* de las lenguas aborígenes empleando el castellano como lengua vehicular. Esta dualidad de lo existente (mundano/mundanar: *Weltlichkeit*) y de la existencia (*Eksistenz*) es inseparable de la manera en que lo especulativo se ha establecido y, por ende, del modo en que lo local (en cuanto localización) se sitúa en relación a *la cuestión* (a la pregunta por el sentido del ser [*der Frage nach dem Sinn von Sein*]).

La diglosia (δίγλωσσος, "de dos lenguas" y también διγλωσσία, «hablando dos lenguas») es una condición *de existencia* de los ámbitos periféricos: lo existente, como nombre (primera escrituración) *que difiere* como significado (segunda escrituración), es decir, como ejercicio de un siendo *que se diferancia* como condición de cosa-en-el-mundo: la intratemporeidad (*Innerzeitigkeit*), que como vimos es revertida en intramundaneidad (*Innerweltlichkeit*, "intra-monde"), sólo se realiza a partir de la coseidad (cosiendo, cos-tando) —como por otra parte y en definitiva ya vimos sostiene Stiegler. Es esta situación de discontinuidad aquello que determina *ab initio* los ámbitos periféricos. Y razón por la cual no hay realización posible de la filosofía europea en términos de localización (§ 46) sin, cuanto menos, la vehiculización/agenciamiento que implica una transliteración (§ 6).

Y *también* por ello la insistencia colonial en considerar de manera local *la cuestión* como una simple *traducción* conduce en realidad, no como se creería, a una argumentación en torno al pensamiento europeo, sino a una deriva verbal continua acerca del significado de *quiere decir*. Es decir, a una anulación del acto mismo de traducir a partir de su tautologización: esta es la *cacofonía* a la que han estado sujetos generaciones de jóvenes en los ámbitos periféricos al momento que han querido comprehender las condiciones de lo especulativo en términos locales/de localización (§ 46).

Por otra parte, bajo estas condiciones se comprehende mejor por qué el *ente-ismo* heideggeriano de los traductores (la ente-lización: la centralidad de la noción de ente para circunscribir y conceptualizar *la cuestión* del sentido del ser) no es realizable en los ámbitos periféricos. O, aquello que viene a ser lo mismo, se comprehende por qué, tanto Gaos como Rivera, se vieron obligados a traducir *Seiende* (*étant*) *también como ente* cuando en realidad Heidegger no escribe *ens*, *entis*, ni tampoco "ente" —que como palabra, paradójicamente, en sentido etimológico, proviene del alemán *Mittelhochdeutsch*. Heidegger escribe, por ejemplo: "Das Sein des in der Umwelt begegnenden Seienden" (1967: 66). Rivera traduce: "El ser del ente que comparece en el mundo circundante" (1997: 75). Gaos traduce: "El ser de los entes que hacen frente al mundo circundante" (1951: 80). Esta confusión que no es tal de los traductores, por la cual "ente" es asumido como sinónimo de *Sein* en términos de existencia-apariencia-evidencia es un fenómeno historiográfico (§ 26), es decir, responde a la manera en que lo especulativo y lo existente se hallan *entangled* con la etimología y la primera conceptualización griega de ello como problema, es decir, como *la cuestión*. Ni Gaos ni Rivera, claro está, creen que *Seiende* sea "ente" pero si están convencidos que, en el contexto filosófico de *la cuestión*, el lector *entenderá* que "ente" es el ser en-lo-existente-evidente. Por este tipo de malentendidos es que la translación es una condición de la *cuestión periférica* si es que la misma pretende reflexionar acerca de cómo y por qué lo especulativo es fundado en los ámbitos periféricos por una escrituración bifurcada y aunque ello no signifique *que se escribe dos veces* (§ 22).

Es decir que, para comenzar, por una parte, tendríamos que considerar por qué no es posible definir el *être/Sein* a partir de la noción de ente ya que requiere, cuando menos, un desdoblamiento entre el ser-estando y el estar-siendo (§ 4). La entidad de una cosa, en particular, la condición de *enti-endo* que supone intitular y comprender al mismo tiempo, en los ámbitos periféricos, requiere de una doble escrituración, a la par, de una revisión radical y de una afirmación. Establecer una condición (localizar) y afirmar un estado de existencia es la doble tarea de la translación/transliteración —eso que Derrida en términos europeos indicaba como "double séance" (1972c: 95). A esta situación la indicaremos como el *condiciendo*. Y, por otra parte, tendríamos que considerar el *hecho historiográfico* por el cual, en la tradición filosófica europea, heredada en las colonias, no es posible escindir la conceptualización del sentido del ser/estar sin hacer referencia a la noción de "ente", cuya etimología latina (*ens, entis*) aportó al ser (a la cuestión del ser) un sentido patrimonial y jurídico (*Naturphilosophie*) que no poseía si considerado sólo a partir del ἐστ (esti) o el εἶναι (einai): la filosofía entendida como el pensamiento del ser/estar o pensamiento del significado del ser/estar es el resultado de la *grammatisation* de la noción de "ente" (*étant, seiende*). A esta situación la indicaremos como *colonización de segundo grado*.

Por último, bajo estas condiciones diglósicas en que la especulación local se forma y, sobre todo, bajo el modo colonial en que la cuestión ha sido recepcionada en los ámbitos periféricos, puede constatarse un aspecto no negligente: la *importación* en los ámbitos periféricos de *la cuestión* —en los términos filosóficos europeos: sin translación, sin *escala epistemológica*— ha generado un tipo de reflexión que escinde lo hablado de lo escrito. La razón por la cual el vehículo de la especulación que es lo escrito no responde a un principio de escrituración, tal como aquí lo estamos relevando (§ 17) sino, por el contrario, al hecho que no es posible imaginar otra forma de expresión que aquella recibida: especular localmente debe realizarse en concomitancia con la realización filosófica del significado del ser/estar en términos europeos y ello sólo puede llevarse a cabo de forma historiográfica (§ 26). A partir de aquí se comprehende por qué se equivocaban los analistas locales en el siglo XX cuando atribuían a una noción de ideología la explicación del cisma entre una reflexión escrita y una dimensión solo *mediatamente* escrita (oral, oralidad) de lo sucedido/sucediendo (*sich Auskennen*), como si sólo fuera posible especular acerca de aquello que antes ha sido institucionalizado y referenciado como historia (*Geschichtlichkeit*). Es este, como ya indicamos, el *primer nivel del malentendido* concerniente al sentido del ser y a su relación con la especulación como definición de la actividad dominante de lo humano.

Esta situación, por si fuera poco, conduce a un segundo malentendido o aquello que podríamos indicar como un *segundo nivel de malentendido* por cuanto se asienta sobre la confusión inicial que traduce *Sein/être* como "ser". Cuando Derrida postula la diferancia como un concepto que permitiría entender la *distancia* que existe entre un significado que es deducible directamente de la escritura y otro que es diferido por la manera justamente en que la escrituración funciona, está sugiriendo una "double séance" de la escritura (de la escrituración, es decir, *de la escritura entendida como gramatología*) y no una jerarquía vertical en torno a la escritura y/o a la oralidad (Derrida, 1972c: 66–73).

La diferancia se asienta además sobre la asunción que la escritura es una tecnología que tiene fecha, *está fechada*, y que por ello no es posible conceptualizar en los términos lineales e invariantes de una "universalidad" con los términos históricos que son conocidos en Europa desde las discusiones acerca de los universales ("le problème des universaux"), en particular el llamado nominalismo en el siglo XII, hasta la nociones "globales" de nuestros días.

Como sostiene el propio Derrida, que en francés la "a" (de "difer*a*ncia") se escriba pero no sea notada por la voz (a distinción de "diferencia") conlleva un *diferimiento* de significado (respecto de la fórmula tradicional de "diferencia") que el autor asocia a la manera en que el presente surge como "presentación del presente", es decir, como *présence*, en la formulación de una cuestión de la cuestión. Existe así para Derrida una relación directa entre la posibilidad de formular el conocimiento en términos de la diferancia (entendido como "c'est l'index d'un dehors irréductible" [1972c: 107]) y la concepción de una idea de especulación filosófica que se determina en relación directa a "la pregunta acerca del sentido del ser" (*der Frage nach dem Sinn von Sein*). Es la relación entre diferir, diferenciar (diferente), diferenciarse (diferencia). Y de aquí surge el segundo nivel de confusión: se cree que Derrida *escribe para* los ámbitos periféricos en tanto los mismos, a partir de la situación diglósica, tienen una irresolución natural de lo escrito por medio de la cual los significantes y los significados se hallan a menudo en disparidad y conflicto. Cómo trabajar a partir de este doble malentendido, respecto de la impronta colonial, es también tarea de la *cuestión periférica*.

§ 25. El negacionismo

La industrialización tecnológica, en particular la digitalización, es inherente al desarrollo progresivo de un mecanismo negacionista que domina la vida pública en la actualidad. El negacionismo (*denialism* en inglés, *dénialisme* en francés) es inherente a la expansión de los medios de comunicación y sobre todo al desarrollo creciente de las llamadas redes sociales, en particular a la banalización de lo informativo, es decir, al anegamiento del mecanismo que asumía que la acumulación de información en torno a un argumento hacía a la variedad, legitimación y consolidación del mismo. El negacionismo no es resultado de una ideología en particular o de una perspectiva en concreto,[1] sino una de las

1 Justamente este es el aspecto retrógrado del notorio filme (*Denial*: dir. Mick Jackson, 1916, 1 h 50 min) que narra los avatares judiciales de las publicaciones del historiador inglés David Irving —y de su oponente *legal*, la historiadora norteamericana Deborah Lipstadt— y a partir de lo cual se dio lugar a la reglamentación jurídica de este aspecto aleatorio y menor del negacionismo. La judicialización europea del negacionismo del Holocausto ha hecho perder de vista cuál es la verdadera discusión epistémica en torno al negacionismo y cuáles son sus mecanismos de funcionamiento. Este triunfo pírrico en los tribunales no sólo ha puesto un manto de olvido acerca de cuáles son las condiciones del negacionismo, sino que, más relevante aun, ha establecido un *significado* de negacionismo que es una caricatura reduccionista del asunto inicial y concreto. El negacionismo no se refiere a una ideología en particular, a un autor en particular, sino a una serie de mecanismos de procedimiento social e intelectual que han permeado todos los estamentos de las sociedades contemporáneas y se complementa a la perfección con el idiotismo en términos cognitivos (B. Stiegler, *États de choc - Bêtise et savoir au XXIe siècle* [Fayard/Mille et une nuits, 2012]; y también Canaparo, 2019: capítulo 5). Precisamente, que esta judicialización del negacionismo se haya basado en una caso "de veracidad histórica" constituye una deficiencia intelectual mayor, ya que la cuestión del negacionismo no se halla en este aspecto superficial y aleatorio de historiadores (pruebas, evidencia, verdad), aun cuando los eventos en cuestión sean desafortunados y reprochables. El caso no obstante reviste de interés por el hecho que el denunciante fue el propio Irving: una técnica que la

derivaciones de la generalización social de la industrialización tecnológica. El negacionismo es un mecanismo que, con infinidad de variantes, se halla presente en todas las manifestaciones colectivas de lo humano. Resulta prácticamente imposible escindir la relevancia actual de lo viviente en relación a la reformulación de la noción de humano (§ 14, § 36, § 42) y las condiciones intelectuales y especulativas que se desprenden del negacionismo. Es este el peligro más considerable, es decir, por ejemplo, cómo teorías como la *sociobiology* (E. O. Wilson, *Sociobiology: The New Synthesis* [Cambridge, Mass.: HUP, 1975]) o el *transhumanism* (*More, Max; Vita-More, Natasha, eds., The transhumanist reader : classical and contemporary essays on the science, technology, and philosophy of the human future [Hoboken, N.J.: Wiley, 2013])* pueden ser reformuladas y leídas a la luz de los mecanismos negacionistas.

La pérdida de un sentido de lo histórico y de todo principio de veracidad en relación a la narración del presente es inseparable del desarrollo de principios como la *post-fact politics*, la llamada *post-truth perspective* o fenómenos genéricos como el "climatological change refusal" [rechazo al cambio climático] . La expansión de las redes sociales ("social network", "social media") ha potenciado los recursos por los cuales, en abundancia, el establecimiento de una narración principal *legítima* del acontecer humano no es considerada como indispensable porque lo que cuenta es la acumulación de narraciones sin importar la vericidad de las mismas. Esto es aquello que en la actualidad se llama *storytelling* y que supone un principio que en su narrar un acontecimiento presignificado niega el mecanismo mismo de la narratividad clásica en tanto figuración de aquello que aún no se ha imaginado. De allí también la discontinuidad que existe entre una *plot* argumentada de manera retórica y una trama elaborada por medio de imágenes. Así, por esta agenciación automatizada de lo cotidiano, se llega

---

industria farmacéutica, la industria de agroquímicos, entre otras, bien conoce y ha ejercido mucho antes de que Irving publicara su libro (*Denying the Holocaust*) en 1993. Sin embargo, en definitiva, la formulación jurídica del negacionismo no ha hecho sino incorporarlo como mecanismo argumentativo en las sociedades contemporáneas.

a una erradicación de lo desconocido como imprevisto: el horizonte de expectativa es una formulación del presente, un autocumplimiento de aquello que se sabe en este momento y cómo se lo sabe. El desarraigo intelectual, producto de este quiasmo, es el dominio natural del negacionismo que, no sin paradoja, por lo general se presenta bajo formulaciones folklóricas o "nacionalistas".

El negacionismo, en su *reivindicación* del presentismo del presente como fenómeno determinante de lo colectivo contemporáneo (F. Hartog, *Régimes d'historicité. Présentisme et expériences du temps* [Paris, Le Seuil, 2003]), se sostiene en términos especulativos en los ámbitos periféricos a partir de una formulación extrema de *la cuestión* en tres de sus versiones más extendidas: el naturalismo filosófico decimonónico como base de entendimiento de lo humano como tal, el cientificismo como mecanismo de establecimiento de todo saber y la financiarización de todo intercambio o forma de comunicación humanas.

Considerar el negacionismo como un argumento o idea que versa acerca de la existencia de un evento o fenómeno entendido como histórico (*événement, historire événementielle*) es entender la historiografía filosófica en términos de *la cuestión*, es decir, considerar que lo substancialmente especulativo de un argumento es el debate en torno a su presencia en términos de existencia, en torno a su actualidad histórica por relación a la vigencia de su relevancia especulante e historicista. Como si dijéramos que el negacionismo puede predicarse del Holocausto pero no de la masacre armenia en manos del imperio Otomano a inicios del siglo XX.

La cuestión de la pregunta por el sentido del ser (*der Frage nach dem Sinn von Sein*) que constituye, como vimos (§ 1), la base de *la cuestión*, no sólo alimenta la historiografía filosófica, sino todos los mecanismos prácticos e imaginarios que validan o rescatan su significado de la noción de especulación. Por ello el negacionismo se surte de una concepción en donde la existencia es dada o denegada en relación (i) a una interrogación (¿existió tal cosa o la otra?) y (ii) a una creencia en que el presente no sería un *costrutto* tecnológico, sino una realidad de-en-lenguaje, en donde el participio presente tiene la fuerza de una evidencia en sentido literal: aquello que es asible al ojo (*Vorhandenheit*) y que por tanto es sinonimia de presencia de la conciencia y del cuerpo (*Zuhandenheit*).

La fortaleza incomprendida del negacionismo no se halla *en el argumento al que se refiere,* sino en el mecanismo oculto que lo anima: es la perduración de un idealismo metafísico (Derrida, 1972c: 77), de su mecanismo de individuación, cuyo sustento argumentativo (de evidencia) ya no existe, de aquello que da lugar a fenómenos como la *post-fact politics* [política pos-factual] o la *post-truth perspective* [perspectiva de la pos-verdad]. La legitimidad de la interrogación por el sentido del ser, como itinerario de justificación de la *existencia* de una noción de especulación *inherente* a la presencia de lo humano-en-sí (entendido como *Dasein*) es precisamente aquello por lo cual *la cuestión* ya no es viable, sino como cuestión de la cuestión.

La *commoditisation* de todo conocimiento que supone la industrialización tecnológica (Internet, redes sociales, digitalización, bancos de datos) vuelve irreversible la posibilidad de *retomar* la argumentación clásica en la fundamentación de la pregunta por el sentido del ser, pero no la *funcionalidad autoritaria* de sus mecanismos. Por ello la vigencia de un argumento o idea ya no se basa en la manera en que el mismo/a es elaborado, fundado o informado, sino en la estrategia logística con que circula en Internet, en las redes sociales, en los medios, etc. El negacionismo es uno de los fenómenos más extremos de la entropía vigente del Antropoceno.

En este sentido, el negacionismo va incluso a adquirir mayor relevancia aun cuando la ya comenzada indexación visual de Internet alcance grados más avanzados de evolución. La especulación en los ámbitos periféricos ya anticipaba esta situación cuando localmente se confundía principio de realización y existencia especulativa (*realm*) con construcción del presente en tanto presencia (presentación del presente: *présence*), es decir, en tanto estar-siendo/ser-estando —de lo cual se han derivado las condiciones de gobernabilidad unívoca del populismo industrial (véase Canaparo, 2019: capítulo 3) .

El negacionismo no es ya una perspectiva histórica o una corriente entre los historiadores: el negacionismo es un mecanismo de la vida cotidiana y en gran medida un mecanismo que gestiona la mayor parte de aquello que aun entendemos por educación o escolarización. El negacionismo es así una forma de pensamiento por analogía o asociacionismo, una renunciación a formar críticamente un método interpretativo, apodíctico, y a fomentar el *analfabetismo letrado* que requieren los automatismos tecnológicos sobre los cuales se desarrolla el proceso de individuación en la actualidad (Canaparo, 2019: capítulo 6).

El negacionismo como *lógica de sentido* de los dominios públicos es el futuro de la gobernabilidad o, dicho con mayor corrección, la institucionalización de un dominio público en la actualidad es inseparable de la industrialización tecnológica y del negacionismo como *causalización* (a causa de, por causa de) dominante.

En términos de aprendizaje el negacionismo consiste en repetir un argumento basado en una situación de autoridad pero de forma revertida: *el problema* que el profesor pone al estudiante para su resolución *no es* del estudiante, sino siempre responsabilidad del profesor. El resultado es que entonces el profesor ya no da problemas para resolver o los da con el resultado incluido, porque *lo que cuenta* es la responsabilidad a partir del rango numérico. Esta es la dinámica del negacionismo en términos de aprendizaje.

El negacionismo entonces constituye una renovación de los mecanismos metafísicos clásicos, de defensa de una unidad subjetiva asentada en una trascendencia y en una ontología, pero sin la posibilidad de argumentar en torno a la existencia que legitimaría dicha estancia/instancia metafísica. Concebir la univocidad de siendo/estando, sin relación con cópula alguna y sin posibilidad de referencia a una inmediatez de lo viviente como tal: esa es la condición de *la cuestión* bajo la cual el negacionismo se produce y generaliza.

La argumentación requiere el trabajo de la prueba y de la evidencia, de la creatividad que supone y cuyo valor de vericidad/veracidad no es absoluto, sino que proviene, como ya quería el buen Aristóteles, de la persuasión que implica lo verosímil. Pero el problema con la industrialización tecnológica es que lo verosímil, como índice de vericidad/veracidad, ya no proviene de un mecanismo a cuyo vértice se hallaba la alfabetización y la *Aufklärung* kantiana, sino que ha sido reemplazado por la autoevidencia de la imagen, es decir, que la verosimilitud es una imagen (o varias). Por ello es que la *post-fact politics* es irreversible: porque la acumulación por imágenes de argumentos es infinita y no existe posibilidad alguna que los "hechos" puedan ser producidos de forma argumentada y a partir de evidencia como en el pasado.

Otra forma de manifestación corriente, otro mecanismo negacionista de comprensión vulgar (*In der vulgären Auslegung* [Heidegger, 1967: 422]) consiste en creer que la condición de nombre de una palabra posee la significación de la misma como concepto. Por ejemplo creer que la palabra "raza" significa racismo.[2] Semejante exabrupto es moneda corriente entre quienes defienden la discriminación positiva y sus secuelas en otros dominios, en particular es ferozmente obtusa entre formadores de profesores y entre funcionarios ocupados en ofrecer seminarios sobre minorías y "grupos a riesgo". En los ámbitos periféricos este mecanismo ha funcionado de manera creciente como consolación filosófica de la pérdida de eficacia social de la ideología como concepto o categoría política, como si *nombrando* los problemas fuese ya una manera de resolverlos. Nada más lejano y perverso de una especulación local sólida y anclada (§ 47).

Negar ("negacionismo") y denegar ("denialism") no son la misma cosa. Negar significa la posibilidad de que algo nunca haya existido, denegar significar negar algo que otro dice que existe pero nunca al punto de que el otro acepte como inexistente aquello de que afirma existe. "No conceder lo que se pide o solicita" es la definición más corriente de denegar, por ello, en los términos aquí empleados, si aceptamos que el negacionismo en definitiva no se refiere a argumento alguno, sino a un mecanismo de pensamiento

2 A partir de esta situación, las derivas son decisivas y radicales. Por ejemplo, del momento en que la resolución jurídica se transforma en parámetro de *realm* social y político, y por ende en referencia excluyente de la violencia y de la guerra civil locales, la problemática se centra en la figura de la víctima y se establece un mecanismo irreversible de privilegio moral por el cual se comienza a significar lo social y lo político, en términos de justicia y de equidad, a partir de la condición de víctima, de la víctima. Ser víctima se convierte entonces en una ventaja indiscutible, peor aún, se indistingue el aspecto jurídico de condenación de la violencia con la calidad/cualidad del individuo que ha sido sumido a la violencia. El predominio de la afectividad narcisística de las redes sociales y el éxito de los "reality show" es inseparable de esta situación.

de las sociedades contemporáneas, entonces "negacionismo" efectivamente es un término más ajustado y correcto que "denialism" (en inglés) o "dénialisme" (en francés), que son términos más apropiados para distinguir un negacionismo basado exclusivamente en los argumentos. Más extremo aun es el caso del alemán que por el momento solo posee un término específico: "negación del Holocausto", *Holocaustleugnung* —probablemente "leugnung" será empleado en el futuro como sinónimo de "denegación" y su uso se generalizará. No es casualidad que el "negacionismo" sea un término acuñado en una lengua colonial/colonizada como el castellano, puesto que, como estamos argumentando, el lenguajear (§ 17, § 35) es un parajear (§ 46) y como tal no es viable en términos especulativos aceptar una existencia (en tanto *Ek-sistenz,* pero también como *existenz*) de la cual se niega su esencia (en tanto *wesen*). El negacionismo es una rechazo *de plano*: el lugar no existe, la esencia tampoco. Se comprende así el alcance radical de la *post-fact politics* y su aterrador *entanglement* con el ilusionismo tecnológico.

La *post-fact politics* tiene así, bajo estas condiciones, dos mecanismos principales de funcionamiento que, en apariencia, pueden parecer contrarios o contradictorios. El primer mecanismo (por ejemplo "climate change issue") consiste en que, para refutar un argumento no es necesario generar un contraargumento, sino generar la mayor cantidad posible de fuentes que sostengan justamente lo contrario de aquello que se quiere combatir y poco importa si los argumentos o razones esgrimidos son adecuados. El segundo mecanismo (por ejemplo "food industry, banking, etc.") consiste en negar de forma absoluta la existencia del argumento a combatir, es decir, funcionar *como si no existiera* tal argumento y seguir operando con completo desconocimiento de dichos argumentos y sus derivaciones.

El negacionismo en realidad ha evolucionado y ya no se trata sólo de "negar" aquello que puede parecer una evidencia. En realidad el mecanismo más eficaz del negacionismo es *revertir* el significado de una situación a partir de un sistema que consiste en que se manifiesta querer obtener algo que en realidad *ya ha sucedido* pero cuya significación no es de la conveniencia de quien enuncia. Por ello esta manifestación de voluntad de obtener lo que ya se tiene funciona como *cancelación de lo que existe.* La inmensa ventaja de este mecanismo es la manipulación de los posibles, de las condiciones de posibilidad, algo así como un controlador de horizontes de expectativa (*Gatekeeper's of Vanishing Point*). La llamada *nudge theory* [teoría del empujoncito],[3] por ejemplo, es un derivado de esta situación.

3 La "teoría del empujoncito" es un concepto en ciencias del comportamiento, teoría política y economía del comportamiento que propone el refuerzo positivo y las sugerencias indirectas como formas de influir en el comportamiento y la toma de decisiones de grupos o individuos. El empujar contrasta con otras formas de lograr el cumplimiento, como la educación, la legislación o la aplicación. El concepto de empujoncito se popularizó en el libro de 2008 *Empujoncito: Mejorando las decisiones sobre salud, riqueza y felicidad*, por dos académicos estadounidenses de la Universidad de Chicago: el economista Richard Thaler y el estudioso legal Cass Sunstein. El libro ha influido en los políticos británicos y estadounidenses. Existen varias unidades sobre el tema en todo el mundo a nivel nacional (Reino Unido, Alemania, Japón y otros), así como a nivel internacional (p. ej. Banco Mundial, Naciones Unidas y la Comisión Europea). Se discute si la "teoría del empujoncito" es un desarrollo novedoso reciente en la ciencia del comportamiento o simplemente un término nuevo para uno de los muchos métodos para influir en el comportamiento, investigado en la ciencia del análisis del comportamiento". Fuente: véase <https://es.wikipedia.org/wiki/Teor%C3%ADa_del_empujoncito>, accedido 22.06.19

§ 26. Historiografía de *la cuestión*

La implementación de la filosofía, de *lo filosófico* (en tanto *Philosophisch* y no como *Denken*), en la periferia, consiste no sólo en establecer una serie de argumentos insignia —"Kant", "Benjamin", etc.—, sino sobre todo un conjunto de mecanismos de pensamiento y de determinación del pensamiento, de aquello que la especulación en términos locales debe significar. En primer lugar la filosofía supone —consiste: *die Beständigkeit*— a partir del establecimiento de *la cuestión* y sobre todo de la historiografía —de *lo historiográfico*: entendido como *philosophische Historiographie*, y también como *philosophische Geschichtsschreibung*— que esta asume y supone. Es el alcance y dimensión historiográficos aquello que determina la localidad de lo local en términos de especulación en los ámbitos periféricos. La historiografía supone una continuidad (en tanto *Zeitigen*, pero también como *Zeitlichkeit* y como *Zeitalter*), supone una autentificación historicista (*Geschichlichkeit*, en tanto historicidad) y supone una justificación metodológica naturalista (*Naturphilosophie, Natürlichkeit*).

Es a partir de estas tres dimensiones que una serie de mecanismos de desarrollan en la periferia, los cuales constituyen la base cotidiana de la especulación o, dicho más correctamente, el espacio de entendimiento y de expectativa sobre el cual lo inteligible en términos especulativos se establece. Analizaremos brevemente algunos de esos mecanismos.

Como ha demostrado Derrida el *Discourse de la méthode* (1637) supone ya una forma de traducción —una transliteración en los términos que aquí empleamos (§ 6)— de manera que el propio Descartes declara la necesidad de evitar el latín (la lengua "de mes précepteurs") y de escribir en francés ("la langue de mon pays"). Este asunto, que para cualquier filósofo europeo, como por ejemplo Derrida, constituye parte de las discusiones filosóficas, es sin embargo en la periferia un asunto historiográfico y de historiografía de la escritura especulativa. Escribir especulativamente —tener una lengua como "langue d'écriture" [lengua de escritura] (Derrida, 1990b: 315)— en castellano supone la existencia transliterada de otras lenguas (§ 17, § 35), cuanto menos el francés en este caso, así como ya vimos el alemán en el caso de Heidegger (§ 16, § 20). Por ello resulta en definitiva *ilegible* el concepto de traducción en términos clásicos en los ámbitos periféricos, porque toda noción de traducción supone en realidad una *reconducción* de un asunto, de un problema, reconducción de una lengua a otra. Es a este mecanismo que con frecuencia hemos también indicado como *reversión* (*Verdrehung*).

Sostiene Descartes en el antepenúltimo pasaje de su obra: "Et si j'écris en français, qui est la langue de mon pays, plutôt qu'en latin, qui est celle de mes précepteurs, c'est à cause que j'espère que ceux qui ne se servent que de leur raison naturelle toute pure jugeront mieux de mes opinions que ceux qui ne croient qu'aux livres anciens. Et pour ceux qui joignent le bon sens avec l'étude, lesquels seuls je souhaite pour mes juges, ils ne seront point, je m'assure, si partiaux pour le latin, qu'ils refusent d'entendre mes raisons, parce que je les explique en langue vulgaire" (Descartes, Paris: Gallimard, 1953, p. 179 [edición de la Bibliothèque de la Pléiade]).[1]

Los motivos manifiestos de Descartes son la claridad de la exposición, el entendimiento de las razones. Derrida en su comentario al escrito supone también un motivo de "popularidad", de extensión y alcance de las ideas, así como de *autoridad* en el sentido de posicionamiento respecto de la unificación de una lengua nacional que comenzaba a establecerse a partir del Estado (1990b: 294). La especulación en términos de filosofía europea no es ajena a la constitución de una "lengua nacional", como ya vimos era el caso también en Heidegger (§ 20) y así mismo en la manera en que la *grammatisation* fue instrumento colonizador (§ 12, § 21).

"La langue de mon pays" significa, en los términos de una *déclinaison française* (§ 15, § 16, §17), la afectación de cuatro dominios: (i) un "discurso del método" en términos especulativos, (ii) una demarcación territorial, (iii)

1 Traducción del autor: "Y si yo escribo en francés, que es la lengua de mi país, más bien que en latín, que es aquella de mis preceptores, es a causa que yo espero que aquellos que no se sirven que de su razón natural toda pura juzgarán mejor a mis opiniones que aquellos que no creen que a los libros antiguos. Y por aquellos que se incorporan al sentido común con el estudio, los cuales son los únicos que deseo como jueces, no será cuestión, me aseguro, tan parcial por el latín, que ellos refutasen de escuchas mis razones, porque yo les explico en lengua vulgar".

una demarcación administrativa y escolar del Estado, (iv) una comprehensión jurídica. Como ya observamos en relación con la obra de Heidegger, cuya difusión en los ámbitos periféricos es el resultado de una *déclinaison française*, la misma justamente puede vincularse directamente a esta *petitio principii* de Descartes.

La historiografía de *la cuestión* constituye la vehiculización más eficaz de la confusión entre "lengua natural" y "razón natural" que se produce a partir de Descartes —o, mejor dicho, a partir de sus argumentos, como asimismo demuestra Derrida. "On appelle 'naturelle' une langue particulière, une langue *historique* qu'on oppose alors à la langue artificielle, formelle, construite de toutes pièces pour devenir langue universelle" (Derrida, 1990b: 285).[2] La historiografía de *la cuestión* es tal vez la expresión más acabada de esta "lengua natural" que supone no sólo historicidad de la misma, sino también la historia de la historicidad: "un langue naturelle est native ou national mais aussi particulière, historique; elle est la chose moins partagée du monde" (Derrida, 1990b: 285).[3] Ninguna historiografía tiene más alcance que la filosófica, que aquella que subsume *la cuestión*. De allí la facilidad con la cual se produce la paradójica sinonimia, ya presente en Descartes, entre esa "lengua natural" y una "razón natural" —sinonimia que además dará lugar no sólo a una idea de "lengua nacional", sino a una forma de imposición Estatal que más tarde derivará en el colonialismo y por el cual se atribuyen los caracteres de una "razón natural" cartesiana ("La raison naturelle dont parle Descartes est en principe universelle, anhistorique, pré- ou métalinguistique" [Derrida, 1990b: 285])[4] a innumerables particularidades locales. Se comprende así por qué en Francia, en la idea de "lengua nacional" se halla también lo especulativo como tal: "Francia" es la historiografía de *la cuestión* formulada en términos de lengua nacional

2 Traducción del autor: "Llamamos 'natural' una lengua particular, una lengua *histórica* que oponemos entonces a la lengua artificial, formal, construida con todas las piezas para convertirse en lengua universal".

3 Traducción del autor: "Una lengua natural es nativa o nacional pero también particular, histórica; ella es la cosa menos compartida del mundo".

4 Traducción del autor: "La razón natural de la que habla Descartes es en principio universal, sinhistórico, pre- o metalingüística".

—lo cual se halla expuesto de manera estupenda por Derrida a lo largo de las casi 700 páginas de *Du droit à la philosophie* (1990b).

Eso que hemos indicado como naturalismo decimonónico (*Naturphilosophie*), y que ha dominado la especulación local por más de dos siglos, se ha establecido en base a este mecanismo colonial en donde las razones naturales cartesianas son atribuidas a las lenguas naturales europeas. El *Discours de la méthode* no es sólo un libro de filosofía europea, es asimismo un tratado de la lengua, de la lengua especulativa como tal y de la lengua entendida como "nacional": "Et cette oeuvre devient alors aussi, de surcroit, un discours *sur* sa propre langue non moins que *dans* sa propre langue, voir un 'traité' du discours dès lors que le mot 'discours' dans le titre 'Discours de la méthode', garde, entre autres sens, celui de 'Traité' " (Derrida, 1990b: 287).[5]

El encuentro, paradójico en Descartes, entre una lengua natural particular y una razón natural universal, es la piedra fundamental para la hominización de lo viviente (§ 35, § 41) y, sobre todo, para la institucionalización especulativa de la tergiversación por la cual la historia humana de la naturaleza es reemplazada por el cientificismo. En palabras del antropólogo Philippe Descola: "El presente es el resultado de una historia humana de la naturaleza [...] y no el resultado, ineluctable, del desarrollo, de las ingeniosidades y de los descubrimientos científicos" (Descola, 2015).[6] La hominización del planeta que presupone el Antropoceno es coherente con la manera en que la historiografía de *la cuestión* constituyó la justificación última de una universalización entendida en sus inicios como un propósito escolar e intelectual y que en los ámbitos periféricos funcionó como una cultura colonizadora.

La idea que escribir en una "lengua nacional" es parte constitutiva de lo especulativo como tal, es también un asunto que han abordado numerosos autores locales a partir del siglo XIX y, no por casualidad, a partir sobre

5 Traducción del autor: "Y esta obra deviene entonces así, por aumento, un discurso *sobre* su propia lengua no menos que *en* su propia lengua, también un 'tratado' del discurso, por cuanto la palabra 'discurso' en el título "Discours de la méthode' guarda, entre otros sentidos, el de 'Tratado' ".

6 Philippe Descola, "Humanine, trop humaine", Conference *Comment penser l'Anthropocène?*, College de France, 5 de noviembre de 2015, 21 min 15 s, disponible en <www.college-de-france.fr>, accedido 10.04.2017. Traducción del autor.

todo del momento en que comienzan a establecerse los llamados "Estados nacionales" locales. De manera que el establecimiento de una "lengua de Estado" que a su vez sea "lengua nacional", lengua de instrucción y lengua de especulación, tiene consecuencias irreversibles. Cuando menos, en los casos periféricos aquí considerados, concerniente a dos aspectos relevantes: el colonialismo como instrumento cultural inevitable a partir de la implementación de una *grammatisation* y la dependencia de la historiografía de *la cuestión* al querer establecer una "filosofía" local. Y aquello que resulta asimismo interesante en este sentido, como ya sugiere Sylvain Auroux (1994), es que la *grammatisation* tiene también una doble vuelta, un *retorno europeo*: la *grammatisation* colonial es también —además de un instrumento colonizador— un elemento de relevancia en el asentamiento de las mismas "lenguas nacionales" europeas. Incluso en Francia, ya que en 1624 es posible ya sostener una tesis académica en francés y en 1680 se habilita la posibilidad de enseñar el derecho en francés (Derrida, 1990b: 301); mientras que en España, como se sabe, la unificación de la lengua iniciada en el siglo XVIII por Felipe V —quien autorizara asimismo la creación de la Real Academia Española en 1713— supone ya la llamada castellanización de las colonias. De manera que no sorprende que los argumentos "ideologistas" o "indigenistas" locales no lograran percibir esta impronta de la *grammatisation* que en la actualidad, a partir de la creciente inmigración masiva de poblaciones y de la creciente movilidad de las poblaciones urbanas, comienza también a ser evidente: la periferia es una forma de localización y cada vez menos un lugar geográfico estable, aun cuando en su gran mayoría las geografías sigan respondiendo a esquemas colonialistas y dominantes. La periferia son las reflexiones en torno a cómo y por qué lo local se localiza.

La imposición de una lengua, sostiene Derrida, da lugar a la constitución de un sujeto de derecho y de un sujeto filosófico como tal al mismo tiempo (1990b: 290). Esta hipótesis es aquello que Sylvain Auroux (1994) llama *grammatisation* y que Derrida (1967a) indica como *grammatologie*. Si la *grammatologie* expone cómo la escrituración determina nuestro sentido de entendimiento y de conocer, la *grammatisation* explica además cómo en la difusión de una lengua —en su devenir "nacional" y en su *entanglement* con el Estado— se convierte en vehículo político y colonial. Derrida lo dice claramente: "L'imposition d'une langue d'État a une évidente finalité de conquête et de domination administrative du territoire, exactement au même titre que l'ouverture d'une route" (Derrida, 1990b: 294).[7]

Y es a partir de esta situación que podemos comprehender mejor, al momento de explicar cómo la *lectura francesa* de Heidegger, determinaba el sentido de la conceptualización heideggeriana en la periferia (§ 18, § 37), eso que hemos indicado como la *déclination française*: "Ces marches françaises (marques, marges, etc.), c'est le sens de frontière ici nationales ou militaires, *Marken*. J'ai assez insisté ailleurs sur cette chaine de *marche, marge, marque* (pour passer ici plus vite), voilà donc vers quoi il faut 'aconduire', c'est-à-dire faire venir, mettre en dérivation, par la langue, par une langue qui fraye la route, vers la France, la philosophie grecque ou latine" (Derrida, 1990b: 295–296).[8]

Esta *demarcación* ("demarcation problem": Lakatos/Feyerabend/Motterlini, 1999) es asimismo epistemológica en el hecho que no es posible distinguir entre lengua y especulación: por ello es que la alfabetización llevada a cabo en los ámbitos periféricos a lo largo del siglo XIX no es sólo un evento escolástico, sino la fundación de lo cultural como tal —no porque hablemos de "países jóvenes" en estado de formación, sino porque la historiografía de *la cuestión* es aquello que justifica la *ultima ratio* especulativa de esta demarcación. De la misma manera que en términos filosóficos consideramos que "la extension de la langue est un bonne voie, une bonne méthode, justement pour établir ou confirmer son pouvoir sur les territoires français et étrangers" (Derrida, 1990b: 296),[9] de manera similar,

7 Traducción del autor: "La imposición de una lengua de Estado tiene una evidente finalidad de conquista y dominación administrativa del territorio, exactamente al mismo título que la apertura de una ruta".

8 Traducción del autor: "Estas marchas francesas (marcas, márgenes, etc.), son el sentido de frontera aquí nacionales o militares, *Marken*. He insistido tanto en otros sitios sobre esta cadena de *marcha, margen, marca* (por pasar aquí más rápido), he allí entonces hacia qué hay que "aconducirse", es decir, hacer venir, poner en derivación, por la lengua, por la lengua que abre la ruta, hacia la Francia, la filosofía griega o latina".

9 Traducción del autor: "La extensión de la lengua es una buena vía, un buen método, justamente para establecer o confirmar su poder sobre los territorios franceses y extranjeros".

el castellano será vehículo de imposición escolar y anihilación viviente de las lenguas aborígenes (o "vernaculares" como se les llama desde la *grammatisation* castellana). Esta transliteración de los principios especulativos europeos a un forma de lengua nacional local es también aquello que la *cuestión periférica* debe no sólo afrontar, sino también comentar y analizar hasta en sus menores detalles.

Que la individuación se realice *a partir* de una lengua otra, a partir de condividir, de compartir, una lengua —ajena y dominante— en la que el sujeto debe protestar sus derechos, constituye el asunto central de todo colonialismo. La individuación que surge de este proceso es el parajear (§ 45, § 46). Al establecer una localización "le sujet assujetti par une force qui n'est pas d'abord et simplement linguistique, une force qui consiste d'abord en ce pouvoir de frayer, de tracer, d'ouvrir et de contrôler la route, le territoire, le passage, les voies, les frontières et les marches, d'y inscrire et garder ses *propres* traces ..." (Derrida, 1990b: 300).[10]

Cuando Descartes escribe que escribe en francés (primera persona, presente del indicativo) está confirmando esta significación del lenguaje que se encamina hacia la justificación del Estado como garante, no sólo de una comunidad de lengua, sino de la lengua que posibilita el pensamiento. La institucionalización de la lengua nacional es inevitable tanto como lo es el ordenamiento jurídico al que apelará para establecerse y que, en definitiva, a partir de la enseñanza, dará forma a la *legalización de la especulación*. Cuando Descartes escribe que escribe en francés está afirmando el cartesianismo en su europeísmo, es decir, a partir de una *démarche* del todo imposible en la colonias, en donde nadie puede escribir que escribe *en su* lengua. Es por ello que en los ámbitos periféricos la lengua nacional fue durante los siglos XIX y XX materia de debate acerca de su legitimidad, es decir, acerca de la manera en que se idioma (§ 34), como bien lo entendía por ejemplo el argentino Jorge Luis Borges al hablar del "idioma de los argentinos" en 1928. Cuando Descartes escribe en el *Discours de la méthode* el ya citado antepenúltimo párrafo, está en realidad suprimiendo la traducción —eso

10 Traducción del autor: "El sujeto asubjetivado por una fuerza no es en principio y simplemente lingüística, una fuerza que consiste en principio a ese poder de apertura, de trazar, de abrir y de controlar la ruta, el territorio, el pasaje, las vías, las fronteras y las marchas, de inscribir y guardar sus *propias* trazas..."

que Derrida llama "suicide à la traduction" (1990b: 309)— y dando lugar a la historiografía de *la cuestión*, es decir, al hecho que la institución del *cogito* y del francés no sólo son parte de la misma *démarche*, sino que además presuponen una lectura de lo libresco (lo "ancien") y una perspectiva de lo razonable natural ("raison naturelle"). Esta conjunción es aquello que vendrá a justificar *la cuestión* como el centro de gravitación de lo filosófico como tal. Por ello también en los ámbitos periféricos la traducción será entendida al revés que en el caso europeo que Derrida analiza en Descartes (Derrida, 1990b: 314), es decir, no como una *restitución* sino como una *pérdida*. Y por lo mismo, si para Descartes el latín era, en los términos de Derrida, una "langue d'écriture", en los ámbitos periféricos todas las lenguas que postulan filosofías europeas serán entendidas como "langue d'écriture".

La legalización de la especulación favorece la historiografía de *la cuestión* como narración única de lo especulativo y por ello se entiende el acento que Derrida pone, en su análisis de Descartes, a la relación entre presente ("le présente de son énontiation est irréductiblement lié à une langue" [Derrida, 1990b: 312])[11] y presentación ("le *tissu* significant de cette *présentation*" (el *tejido* significante de este *presentación*) [*ibidem*]) en el *Discourse de la méthode*. Asociación que coincide con el "presentismo" que el mismo Derrida analiza en torno a la cuestión filosófica fundamental ("qu'est-ce que?" [¿Qué es qué?], "qu'est-ce que c'est?" [¿Qué es lo que es/está?]: Derrida, 1990a, 1990b) (§ 1, § 5, § 11).

De manera similar a cómo la "lengua nacional" del *Discours de la méthode* supuso el abandono de otras lenguas naturales locales, la institucionalización del castellano en los ámbitos periféricos, por continuar con el ejemplo aquí empleado, supuso la supresión de toda "lengua natural" viviente y, con posterioridad, su *traspaso antropológico* hacia un dominio de "lenguas muertas" (museos, manuales, etc.) —con la desventaja que entre las "lenguas muertas" también hay una jerarquía colonial, de manera que, en términos de historiografía de *la cuestión*, y también por continuar con el ejemplo aquí empleado de ámbitos periféricos, el latín o el griego están menos muertos que el tehuelche o el mapuche.

11 Traducción del autor: "El presente de su enunciación está irreductiblemente ligado a una lengua".

Cuando la reivindicación de las lenguas naturales aborígenes, *elaboradas culturalmente* en las colonias como lenguas muertas, pasaron a formar parte de reivindicaciones atribuidas, entre otros, a los aun por la época hablantes, entonces el castellano fue el inevitable vehículo de dichas lenguas que carecían en la mayoría de los casos de un *corpus* escrito. El castellano se convirtió en la lengua necesaria para aprehender las lenguas aborígenes. Situación que presenta un caso colonial clásico de empleo de la lengua para determinar el significado del entendimiento: "Essayez d'expliquer à quelqu'un qui détient à la fois la force et la force de loi que vous voulez conserver votre langue. Il faudra que vous appreniez la sienne pour le convaincre" (Derrida, 1990b: 299).[12]

Esta situación es una forma otra, una variante, de aquello que hemos indicado como transliteración (§ 6, § 44). El aprendizaje, la escolarización, en términos de *la cuestión* es precisamente este asunto del significado de la demarcación epistemológica: "Une fois que, par souci de persuasion rhétorique et politique, vous vous êtes approprié la langue du pouvoir, que vous la maitrisez assez pour tenter de convaincre ou de vaincre, vous êtes d'avance vaincu à votre tour, et convaincu d'avoir tort. L'autre, le roi, a démontré par le fait *de la traduction* qu'il a raison de parler sa langue et de vous l'imposer. En lui parlant dans sa langue, vous reconnaissez sa loi et son autorité, vous lui donnez raison, vous contresignez l'acte qui lui donne raison de vous" (Derrida, 1990b: 299).[13]

El asunto es que la especulación sólo es inteligible a partir del momento en que la "traducción" es reconocida en su simbología, es decir a partir que la referencialidad que impone la historiografía de *la cuestión*

12 Traducción del autor: "Trate de explicar a alguien que detenta a la vez la fuerza y la fuerza de la ley que Usted quiere conservar su lengua. Usted estará obligado a aprehender la suya para convencerle".

13 Traducción del autor: "Una vez que, por preocupación de persuasión retórica y política, Usted se ha apropiado de la lengua del poder, que Usted maneja lo suficiente para tentar de convencer o de vencer, entonces Usted ha sido vencido anticipadamente a la vez, y convencido de haber errado. El otro, el rey, ha demostrado por los hechos de la *traducción* que tiene razón de hablar su lengua y de a Usted imponérsela. Hay que hablarle en su lengua, Usted reconoce su ley y su autoridad, Usted le da la razón, Usted contrafirma el acta que a él da la razón suya".

es establecida. Este acto de sumisión es aquello que aquí hemos indicado como la *défaillance*, el *défaut d'origen*, el fallo originario: no solo por cuanto inevitable, también por irreversible. La problemática no se encuentra en tratar de evitar u ocultar dicho "passage á l'acte" (Bernard Stiegler, *Passer à l'acte* [Paris: Galilée, 2003]), como podríamos indicarle, sino en saber qué se puede hacer con ello en relación a la mencionada manera de determinar lo inteligible. Un propósito pedagógico en la especulación de-en los ámbitos periféricos debe siempre tener presente la *lógica del rey* que determina toda herencia cultural en las colonias: "Un roi, c'est quelqu'un qui sait vous faire attendre ou prendre le temps d'apprendre sa langue pour revendiquer votre droit, c'est-à-dire pour confirmer le sien" (Derrida, 1990b: 299–300).[14]

La historiografía de *la cuestión*, en su institucionalización de una "filosofía" de-en-para las colonias ameniza la paradoja de una "razón natural" cartesiana universal y a-histórica en relación con una "lengua natural" específica, concreta, particular. La discontinuidad entre una necesidad de popularidad y un reduccionismo inevitable que supone la sujeción a la *grammatisation* colonial. Discontinuidad que se halla al origen de la bipartición colonial entre una lengua "vulgar" y una lengua "letrada": "Pour vendre, il faut changer de langue, régler son discours sur la capacité de lecture de plus grand nombre d'acheteurs possible, et cet écart entre langage ordinaire et langue 'difficile' (ésotérique ou formalisé) peut être plus grand à l'intérieur d'une 'même' langue, qu'entre deux idiomes. Nos n'avons même pas à transposer pour percevoir l'actualité du problème: pédagogique, académique, éditorial, économique, politique" (Derrida, 1990b: 317).[15]

La *commoditisation* del conocimiento, que es patente en el Antropoceno, comenzó en las colonias y en los ámbitos periféricos en el siglo XIX

14 Traducción del autor: "Un rey es alguien que sabe a Usted hacer esperar o tomar el tiempo de aprender su lengua para reivindicar vuestro derecho, es decir, para confirmar el suyo".

15 Traducción del autor: "Para vender hay que cambiar de lengua, ajustar su discurso sobre la capacidad de lectura de más grande número de compradores posibles, y esta separación entre lenguaje ordinario y lenguaje 'difícil' (esotérico o formal) puede ser más grande al interior de una "misma' lengua, que entre dos idiomas. No tenemos incluso que transportarnos para percibir la actualidad del problema: pedagógico, académico, editorial, económico, político".

justamente a partir de este aspecto de la historiografía de *la cuestión*: "cambiar de lengua" es tener que transliterar por partida doble —en los términos cartesianos de un pasaje del latín (la referencia, la educación) a la lengua vulgar (la difusión, la administración, el mercado, el Estado), pero también los términos de la periferia de un pasaje de *la cuestión* a la cuestión de la cuestión (§ 1, § 12). No se trata sólo de elegir "d'écrire en langue vulgaire pour en appeler plus facilement à une 'raison naturelle' [de] l'École et les livres anciens" (Derrida, 1990b: 318),[16] sino también de formular una escala epistémica de lo especulativo, de lo especulativo que supone ese lenguajear (§ 17, § 34). Y es por ello que aquí "langue vulgaire" no es sólo una lengua en sentido literal, sino también un lenguaje especulativo: vulgarizar es escribir en una lengua y, al mismo tiempo, transformar los argumentos especulativos, su *stand* epistémico, su escala epistemológica. Y precisamente por ello es que en los ámbitos periféricos se ha confundido malamente y de modo frecuente popularidad con resolución del colonialismo.

La historiografía de *la cuestión* es también la referenciación de una "historia" en los términos con que el propio Descartes lo indica al inicio del *Discours*: "Mais ne proposant cet écrite que comme une histoire, ou, si vous l'aimez mieux, que comme un fable …" (Descartes, 1953: 127).[17] La escritura de/del artificio ("écriture d'artifice"; Derrida, 1990b: 331) es inseparable, en los términos cartesianos que interpreta Derrida, de la especulación como tal. Por ello es que la escrituración es donde se resuelve el significado de lo especulativo, en eso que Derrida designa como "philosophie du langage" (1990b: 332). Esta perspectiva de partida de Derrida es aquello que explica por qué la enseñanza ("discours d'enseignement", "la structure sémiotique de l'enseignement"), la pedagogía ("la scène pédagogique"), es entendida por el propio Derrida como un aspecto central de lo especulativo, perspectiva que por otra parte lo sitúa en gran proximidad a las problemáticas entendidas desde los ámbitos periféricos y razón por la cual nos ocupamos de su obra en el presente trabajo.

16 Traducción del autor: "… de escribir en lengua vulgar para llamar más fácilmente a una 'razón natural' [de] la Escuela de los libros antiguos".

17 Traducción del autor: "Pero proponiendo este escrito que como una historia o, si Usted prefiere mejor, que como una fábula…".

La reforma de la enseñanza de la filosofía que tuvo lugar en el siglo XIX en Francia reforzó la historiografía de *la cuestión* como elemento central a la institucionalización de toda especulación como filosofía. En particular la modificación de los programas basados ahora en cuestiones a aprehender y no ya en autores a estudiar. Y a partir de lo cual surgiría la imperialización de lo filosófico: "La philosophie se répéterait et reproduirait sa propre tradition comme enseignement de sa propre crise et comme *paideia* de l'autocritique en général. Cette *paideia* va toujours de pair, et rien de fortuit à cela, avec une assurance que je dirai, sans facilité, *impérialiste* de la philosophie. La philosophie est une ontologie et sa *paideia* une encyclopédie. Elle est en droit de définir et de situer toutes les *régions* de l'étant ou de l'objectivité. Elle n'a pas d'objet propre particulier parce qu'elle légifère sur l'objectivité en général. Elle *domine* de façon justement *critique*, pour leur assigner leurs limites et leur légitimité, toutes les sciences dites régionales. Dominant le champ des disciplines et des sciences dites régionales, le cultivant et y marquant des bordures de propriété, l'onto-encyclopédie philosophique est chez elle partout, et son mouvement autocritique n'est que la reproduction de sa propre autorité" (Derrida, 1990b: 158).[18]

De esta manera se comprehende por qué, que la enseñanza de la filosofía sea inseparable de la constitución de un concepto de lo especulativo, y asimismo de la constitución de un sentido de cientificidad y de la *commoditisation* del saber, constituye una situación que requiere de la historiografía de *la cuestión* y que es asunto de primer orden en la manera en que un sentido de educación e iluminismo ("les lumières") se ha desarrollado en

18 Traducción del autor: "La filosofía se repetirá y reproducirá su propia tradición como enseñamiento de su propia crisis y como *paideia* de la autocrítica en general. Esta *paideia* va siempre a la par, y nada es fortuito a ello, con una aseguradora que diría, sin facilidad, *imperialista* de la filosofía. La filosofía es una ontología y su *paideia* una enciclopedia. Ella esté en el derecho de definir y de situar todas las *regiones* del estando/siendo o de la objetividad. Ella no tiene objeto propio particular porque ella legifera sobre la objetividad en general. Ella *domina* de manera justamente *crítica*, para asignarle sus límites y su legitimidad, todas las ciencias dichas regionales. Dominando el campo de las disciplinas y de las ciencias dichas regionales, cultivándolas y marcando bordes de propiedad, la onto-enciclopedia filosófica es en ella por todos lados y su movimiento autocrítico no es sino la reproducción de su propia autoridad".

los ámbitos periféricos. Y por lo mismo hasta el propio Derrida constata la complejidad del alcance de la historiografía de *la cuestión* en los ámbitos periféricos cuando afirma que "la décolonisation ne peut être effective ni sur le simple mode de la réappropriation ni sur le simple mode de l'opposition ou du renversement" (Derrida, 1990b: 161).[19] Es así que Derrida, como pocos filósofos europeos contemporáneos, es consciente del alcance colonial de lo filosófico como tal y comprehende la relación estrecha que existe entre lengua entendida como idioma ("monolinguisme"), lengua entendida como "lengua nacional", lengua entendida como "filosofía" y lengua entendida como método de adquisición de un saber (Derrida, 1990b: 163–164).[20] Por lo cual también puede constatarse que la formación local de un sentido de lo especulativo no es escindible en los ámbitos periféricos de la formación de los Estados nacionales (Derrida, 1990b: 167–168): lengua como idioma, pedagogía e institucionalización de lo especulativo, constituyen en los

19 Traducción del autor: "... la descolonización no puede ser efectiva ni sobre el simple modo de la reapropiación ni sobre el simple modo de la oposición o de la reversión".

20 Sostiene Derrida en un pasaje creemos fundamental de *Du droit à la philosophie*: "Sans doute faut-il ici éviter un linguisticisme ou un logocentrisme qui prétendrait régler tous les problèmes par des décisions volontaires concernant le langage, la langue ou le discours. Néanmoins, c'est aussi, paradoxalement, une position logocentriste que celle qui, faisant de la langue un médium transparent ou un accident extrinsèque, secondarise la donnée linguistique. Ce principe, je l'énoncerai de façon sommaire: *il n'y a pas le choix,* et le choix qu'il n'y a pas n'est pas entre une langue et une autre, un groupe de langues et un autre (avec tout ce qui s'entraîne dans une langue). Tout monolinguisme et tout monologisme restaure la maîtrise ou la magistralité. C'est en *traitant autrement* chaque langue, en *greffant* les langues les unes sur les autres, en *jouant* de la multiplicité des langues et de la multiplicité des codes à l'intérieur de chaque corpus linguistique qu'on peut lutter à la fois contre *la* colonisation en général, contre le principe colonisateur en général (et vous savez qu'il s'exerce bien au delà des zones qu'on dit soumises à la colonisation), contre la domination de la langue ou par la langue. L'hypothèse sous jacente à cet énoncé, c'est que l'*unité* de la langue est toujours un simulacre investi et manipulé. Il y a chaque fois *des* langues dans la langue et la rigueur structurelle du système de la langue est à la fois un dogme positiviste de la linguistique et un) phénomène introuvable" (Derrida, 1990: 163–164).

ámbitos periféricos parte de un mismo asunto del cual se debe ocupar la *cuestión periférica*.

La historiografía de *la cuestión* ameniza asimismo aquello que Derrida indica como "l'âge de Hegel", es decir, "il s'agissait pour l'instant de *situer* le lien entre *d'une part* une certaine problématique de l'âge-pour-l'enseignement-de-la-philosophie comme état du développement prétendument naturel de l'âme et du corps et, *d'autre part*, une certaine problématique de l'enseignement-dela- philosophie à l'âge de l'État, au moment où de nouvelles forces sociales tendent à soustraire le monopole de l'enseignement à l'Église pour le remettre à l'État qu'elles sont en train d'arraisonner. Le concept de l'*universitas* onto-encyclopédique est inséparable d'un certain concept de l'État" (Derrida, 1990b: 193).[21]

Esta situación individual e institucional con el colonialismo es trasladada a las colectividades, a los países de los ámbitos periféricos, de manera que las dos acepciones de "edad" son entendidas ("de l'âge et de la maturité psycho intellectuelle", "un âge naturel ou idéal pour la philosophie"): hay países que aún *no están preparados* para una enseñanza filosófica y, por otra parte, hay países que asimismo tampoco tienen las instituciones necesarias para ello hacer. La mayoría de las perspectivas de analistas locales partidarios de *la cuestión* oscila entre una y otra forma de interpretación. Y es justamente la universidad (en tanto *Universitas*: Derrida, 1990b: 225–226) quien centraliza esta problemática colonial de la "edad", lo cual a su vez explica no pocos aspectos que la misma exhibe en los ámbitos periféricos (asunto de su gobernabilidad, de su idiomaticidad, de sus fuentes, de la destinación de sus productos, de su composición, de su función social).

Y si la enseñanza de la filosofía posee una relación directa con la formulación de una noción de especulación y esta con la determinación institucional e historiográfica de la filosofía como tal, entonces, la estructura

21 Traducción del autor: "… se trata por el instante de *situar* el vínculo entre, *de una parte*, una cierta problemática de la edad-para-la-enseñanza-de-la-filosofía como estado del desarrollo pretendidamente natural del alma y del cuerpo y, *de otra parte*, una cierta problemática de la enseñanza-de-la filosofía a la edad del Estado, al momento donde nuevas fuerzas sociales, en tren de razonarse, tienden a sustraer el monopolio de la enseñanza a la Iglesia para someterlo al Estado. El concepto de *universitas* onto-enciclopédico es inseparable de un cierto concepto de Estado".

conceptual empleada/desarrollada por los filósofos, en su particularidad, responde en gran medida a la necesidad de institucionalizar a los mismos. Por ello justamente es que Derrida, comentando la condición de funcionario de Kant (« Dozent »), sostiene que "La structure topologique de cette institution enseignante dans le discours kantien a un rapport essentiel avec l'architectonique de la raison pure" (Derrida, 1990b: 359).[22] En los ámbitos periféricos esta situación tiene un impacto directo y doble: no sólo por cuanto quienes aspiran a conjugar una filosofía deben adaptarse a la historiografía de *la cuestión*, tal como estamos viendo, sino porque al mismo tiempo sus elecciones y construcciones conceptuales deben formularse en instituciones cuyos mecanismos deben realizar un imposible: conjugar la localidad de lo local a partir de elementos de otra época y lugar, pero sobre todo procesar el hecho que, como el propio Derrida señala, la enseñanza de la filosofía es una no-enseñanza en el sentido que el filosofar "ne s'apprend pas comme on apprend quelque chose, comme on apprend un contenu historique, c'est la raison" (Derrida, 1990b: 360).[23] Más aun: "On peut certes apprendre la philosophie, mais non philosophiquement, seulement de façon historique" (Derrida, 1990b: 360).[24]

En el filosofar se enseña un acto, no un contenido, por ello también sostenemos, que la condición especulativa en los ámbitos periféricos versa sobre pensamiento no filosofía. Y por lo mismo, cuando quiere haber filosofía, la misma constituye un reforzamiento ulterior de la *grammatisation*, de la colonización. La arquitectónica de lo especulativo ("L'architectonique, art du système ...") es en definitiva el filosofar en la periferia y "ce n'est rien de autre que la théorie de la scientificité de notre connaissance" (Derrida, 1990b: 362),[25] es decir, en definitiva, la construcción de *commodities*. De manera que, cuanto más se quiere "pensar" en términos de la filosofía

22 Traducción del autor: "La estructura topológica de esta institución enseñante en el discurso kantiano tiene una relación esencial con la arquitectónica de la razón pura".

23 Traducción del autor: "... no se aprende como aprendemos alguna cosa, como aprendemos un contenido histórico, es la razón".

24 Traducción del autor: "Podemos ciertamente aprender la filosofía, pero no filosóficamente, solamente de forma histórica".

25 Traducción del autor: "... no es otra cosa que la teoría de la cientificidad de nuestro conocimiento".

europea en las colonias, más se vuelve a la historiografía de *la cuestión*. En los ámbitos periféricos Kant "no se enseña", se ejercita transitando la arquitectura, la arquitecturación. Y por ello la incapacidad de establecer una arquitectura conceptual, urbana y local, que favorezca la acumulación de diversos modos, pasados o por venir, de parajear (§ 45, § 46) es resultado directo de esta forma de institucionalizar lo pensable o, mejor dicho, de hacer inteligible sólo aquello que puede ser institucionalizable en términos de universidad y de facultades de filosofía: "On ne peut penser l'institution universitaire, comme institution de la raison et lieu de déploiement de la science rationnelle, sans ce rôle de l'architectonique. Pas d'architecture universitaire sans architectonique" (Derrida, 1990b: 364).[26]

Toda teoría europea, toda conceptualización filosófica tiene una "architectonique" [arquitectónica], no sólo el esquema de la razón pura (*reinen Vernunft*) de Kant. No hay arquitectura universitaria —es decir, institución y producción de *commodities*— sin esta "architectonique" ("Pas d'architecture universitaire sans architectonique": Derrida, 1990b: 364). La insistencia en los ámbitos periféricos en el ejercicio de una "filosofía" no puede conducir sino, en el mejor de los casos, a una doxografía filosófica: "Selon Kant du moins, on peut garder toute sa vie un rapport historique, c'est-à-dire scolaire, à la philosophie, qui n'est plus alors qu'une histoire de la philosophie ou une doxographie philosophique" (Derrida, 1990b: 367).[27]

La historiografía de *la cuestión* en las colonias, en su doble impronta antes indicada, conduce a la exacerbación de la distinción kantiana que presupone dicha historiografía, es decir, la diferenciación entre filosofía y filosofar, entre aprendizaje (*lernen, erlernen*) y filosofar (*philosophieren)*: "1. On ne peut apprendre la philosophie, on *ne* peut apprendre *qu'à philosopher* (seulement à philosopher); 2. On *ne* peut *qu'apprendre* à philosopher (seulement apprendre: car la philosophie est elle-même inaccessible). [...] 1. On ne peut apprendre qu' *à philosopher (nur philosophieren):* et non la

26 Traducción del autor: "No podemos pensar la institución universitaria, como institución de la razón y lugar de despliegue de la ciencia racional, sin este rol de la arquitectónica. No hay arquitectura universitaria si no hay arquitectónica".

27 Traducción del autor: "Cuanto menos según Kant, podemos tener toda la vida una relación histórica, es decir escolar, con la filosofía, que no es más que una historia de la filosofía o una doxografía filosófica".

philosophie. 2. On ne peut qu'*apprendre* à philosopher, s'approcher de la philosophie sans jamais la posséder, donc sans vraiment philosopher avec elle" (Derrida, 1990b: 368).[28]

Es así que la búsqueda incesante de la filosofía, como título, como dominio, como zona, en razón de la legitimidad que supone ("es filosófico", "es un autor europeo", "es un filósofo"), conduce en realidad de forma extrema al significado contrario: a un filosofar degradado, secundario, "de cuarta". Situación que además presenta también un aspecto de la *déclinaison française*, que en las colonias es experimentado siempre como transliteración: "Question de traduction: en français le déplacement syntaxique du *ne que* (on *ne* peut apprendre *que,* on *ne* peut *qu* 'apprendre ...) permet de bien marquer la différence. En allemand, la phrase restant la même dans sa syntaxe, il a fallu souligner *philosophieren* dans le premier énoncé - et l'équivoque demeure, il n'est pas exclu que les deux occurrences aient gardé à peu près le même sens pour Kant" (Derrida, 1990b: 368).[29]

Aquello que sucede a partir de la adscripción a la historiografía de *la cuestión* en los ámbitos periféricos es que el *dictum* kantiano se radicaliza, en particular a partir de sus consecuencias institucionales: "Ce même énoncé répété, voire déplacé, en tous cas différemment accentué marque bien que *la philosophie* se soustrait, elle, à l'enseignement, alors que *le philosopher* le requiert, requiert *interminablement et seulement* l'enseignement. L'essence

28 Traducción del autor: "1. No podemos aprender la filosofía, *no* podemos aprender *que a filosofar* (solamente a filosofar); 2. *No* podemos *que aprender* a filosofar (solamente aprender: porque la filosofía es ella misma inaccesible) [...] 1. No podemos aprender que *a filosofar* (nur philosophieren): y no la filosofía. 2. No podemos que *aprender* a filosofar, aproximarse a la filosofía sin nunca poseerla, por tanto sin nunca filosofar con ella realmente".

29 Traducción del autor: "Cuestión de traducción: en francés el desplazamiento sintáctico del *no que* (*no* podemos aprender *que, no* podemos *que* aprender) permite de bien marcar la diferencia. En alemán, la frase resta la misma en su sintaxis, hubo que señalar *philosophieren* en el primer enunciado —y el equívoco permanece, no está excluido que las dos ocurrencias hayan guardado casi el mismo sentido que para Kant".

de la philosophie exclut l'enseignement, l'essence du philosopher l'exige" (Derrida, 1990b: 368).[30]

La ilegibilidad de la filosofía en los ámbitos periféricos es siempre paradójica: se presenta como filosofía aquello que es filosofar y por ello mismo la legitimidad se revierte y en lugar de dar consistencia a una localización de lo inmediato se incrementa la dependencia de la historiografía de *la cuestión*. La filosofía europea en las colonias conduce al magisterio.

La traducción no es así un evento *posterior* al pensamiento, sino una condición del mismo: tal es la situación en los ámbitos periféricos y que Derrida aproxima, aunque por otras razones. De manera que, en el contexto de la historiografía de *la cuestión*, este sentido de la traducción es modificado para orientarlo hacia un significado de posterioridad: la traducción bajo esas condiciones es un mecanismo de referencia hacia un texto original, que es fundacional no sólo en términos semánticos, sino también en términos de la propia historiografía de *la cuestión*. Los "dos mundos" (Ambos Mundos) que supone esta traducción acentúa el colonialismo por cuanto el escrito traducido es una simbología necesaria *que siempre está en otra parte*.

La transliteración supone una relación estrecha entre poesía y especulación por la misma razón paradójica que Derrida expone en su análisis de Schelling: porque "le concept de la traductibilité se lie poétiquement à une langue naturelle et résiste à la traduction" (Derrida, 1990b: 378).[31] Pero sobre todo porque lo especulativo requiere, demanda, una unidad de significado (*In-Eins-Bildung*) que en la inevitabilidad de lo traducible sólo es estimable en lo imaginario (*Einbildungskraft*). La transliteración (§ 6) supone la *poiesis* (§ 35).

30 Traducción del autor: "Este mismo enunciado repetido, en todo caso diferentemente acentuado, marca bien que *la filosofía* se sustrae, ella, a la enseñanza, en cuanto que *el filosofar* la requiere, requiere interminablemente y solamente el enseñamiento. La esencia de la filosofía excluye el enseñamiento, la esencia del filosofar la exige". El enunciado al que hace referencia es el *dictum* de las clases de filosofía en Francia: "dans les lycées français puisqu'on en extrait souvent, pour en faire des sujets de baccalauréat, le fameux *« on n'apprend pas la philosophie, on ne peut apprendre qu'à philosopher » (nur philosophieren lernen)*" (Derrida, 1990b: 360).

31 Traducción del autor: "... el concepto de la traducibilidad se liga poéticamente a una lengua natural y resiste a la traducción".

La traducción como condición de lo especulativo requiere de la transliteración porque la misma supone la historiografía de *la cuestión*: "Kant oppose le maître de raison pure, le philosophe législateur à l'artiste et même à l'artiste rationnel. Pour Schelling, il y a une analogie entre les deux, le poétique est immanent au philosophique et c'est lourd de conséquences : pour la « formation » philosophique, pour la *Bildung* comme enseignement, culture, apprentissage de la philosophie. Il faut penser cette « formation », *(Bildung)* à partir de l'*In-Eins Bildung,* de l'essence interne de l'absolu, de l'uni-formation de l'uni-versel et du particulier. Il faut aussi penser *l'université* dans la logique de l'uni-formation, qui est aussi une poétique de la traduction" (Derrida, 1990b: 379).[32]

Sin transliteración la filosofía europea se convierte en los ámbitos periféricos en magisterio. Y es precisamente este magisterio el que refuerza la idea de una "filosofía de la periferia", es decir, una noción de especulación ejercitada por enseñantes de filosofía que son a la vez "profesores y funcionarios de una universidad del Estado" (Derrida, 1990b: 343). Los procedimientos, mecanismos y contenidos de lo filosófico no son ajenos a esta situación. Por ello es que *también* en la universidad de la periferia "Il y a certains manières de dire certains choses qui ne sont ni légitimes ni autorisées" (Derrida, 1990b: 347).[33] Más aun: "Il y a censure dès que certaines forces (liées à des pouvoirs d'évaluation et à des structures symboliques) limitent simplement l'étendue d'un champ de travail, la résonance ou la propagation d'un discours. Aujourd'hui, cela ne procède pas nécessairement d'un organisme central et spécialisé, d'une personne (le roi ou son ministre), d'une commission officiellement constituée à cet effet. Au travers

32 Traducción del autor: "Kant opone el maestro de razón pura, el filósofo legislador al artista e incluso al artista racional. Para Schelling, hay una analogía entre los dos, la poética es inmanente a lo filosófico y ello tiene pesadas consecuencias: para la 'formación' filosófica, para la *Bildung* como enseñanza, cultura, aprendizaje de la filosofía. Hay que pensar esta 'formación' (*Bildung*). A partir de la *In-Eins Bildung*, de la esencia interna del absoluto, de la uni-formación de la uni-verdad y de lo particular. Hay también que pensar la *universidad* en la lógica de la uni-formación, que es también una poética de la traducción".

33 Traducción del autor: "Hay ciertas maneras de decir cosas que no son ni legítimas ni autorizadas".

d'un réseau très différencié, voire contradictoire, la censure qui pèse sur l'université ou qui en procède (car l'université est toujours censurée *et* censurante), ce pouvoir interdicteur se trouve associé à d'autres instances: autres institutions de recherche et d'enseignement, nationales ou internationales, pouvoir éditorial, médias, etc" (Derrida, 1990b: 348).[34]

Cuanto más "filosófica" es la especulación local, cuanto mayor es la dependencia de la historiografía de *la cuestión*, más acérrima es esta censura difusa,[35] la cual no tiene que ver, como algunos analistas creen, con la defensa local, por parte de algunos autores, de instituciones dichas tradicionales. No es una cuestión de símbolos mediáticos o periodísticos, sino de mecanismos y formas de constitución del pensamiento. De la misma argumentación se deriva el asunto acerca de si la filosofía se aprende, se instruye: elemento que resulta clave en la adscripción a la historiografía de *la cuestión* por el *cursus honorum* que tácitamente impone. Un recorrido

34 Traducción del autor: "Hay censura a partir de que ciertas fuerzas (ligadas a los poderes de evaluación y a estructuras simbólicas) limitan simplemente la extensión de un campo de trabajo, la resonancia o la propagación de un discurso. Hoy, eso no procede necesariamente de un organismo central y especializado, de una persona (el rey o su ministro), de una comisión oficialmente constituida a este propósito. A través de una red bien diferenciada, a veces contradictoria, la censura que pesa o que procede sobre la universidad (pues la universidad es siempre censurada y censurante), ese poder de interdicción se halla asociado a otras instancias: otras instituciones de investigación y de enseñanza, nacionales o internacionales, poder editorial, medias, etc."

35 Sostiene Derrida: "Un pouvoir d'État ou les forces qu'il représente n'ont plus besoin, surtout à l'Ouest, d'interdire des recherches ou de censurer des discours. Il suffit de limiter les moyens, les supports de production, de transmission et de diffusion. La machine de cette nouvelle 'censure' au sens large est omniprésente et beaucoup plus complexe qu'au temps de Kant, par exemple, où toute la problématique et toute la topologie de l'Université s'organisaient autour de l'exercice de la censure royale. Aujourd'hui, dans les démocraties occidentales, cette forme de censure a presque totalement disparu. Les limitations interdictrices passent par des voies multiples, décentralisées, difficiles à rassembler en système. L'irrecevabilité d'un discours, la non-habilitation d'une recherche, l'illégitimité d'un enseignement sont déclarées par des actes d'évaluation dont l'étude me paraît être l'une des tâches les plus indispensables pour l'exercice et la dignité d'une responsabilité académique" (Derrida, 1990b: 483–484).

institucional y bibliográfico es garantía de continuidad historiográfica y en donde *lo inesperado no tiene lugar*: "ces 'choses' qu'on ne laisse pas se dire ou se faire dans les institutions actuelles" [esas "cosas" que no se dejan decir o hacerse en las instituciones actuales] (Derrida, 1990b: 348). A menudo los más acérrimos críticos de la tradición han sido, sabiéndolo o no, los más extremos defensores de la historiografía de *la cuestión*. Y también por ello es que, paradójicamente, la transliteración es necesaria como instrumento de clarificación conceptual, como "transposition traduisante (*Übertragung, Übersetzung*)" (Derrida, 1990b: 387) de aquello que fue significado a partir de un otro parajear (§ 46), de un arreglo espacial distante y ajeno (§ 21, § 29). De manera que cuando autores como Derrida analizan lo filosófico europeo como institución no pueden dejar de constatar la misma situación que en la periferia o, mejor dicho, en sentido revertido (*Verdrehung*), que cuando en la periferia analizamos la localización en términos especulativos no podemos dejar de notar la *cuestión colonial*: "Tout le *Conflit des Facultés* est construit, on pourrait le vérifier, sur la multiplicité intraduisible des langages, disons plus rigoureusement sur des dissociations de mode discursif: langage de vérité (constatif)/langage d'action (performatif), langage public/ langage privé, langage scientifique (intra-universitaire)/langage populaire (extra-universitaire), esprit/lettre, etc." (Derrida, 1990b: 387).[36]

Disociaciones que no pueden dejar de incluir en los ámbitos periféricos también el *décalage* de lo europeo y lo periférico. Y no menos relevante, bajo estas condiciones, es el hecho que la historiografía de *la cuestión* fomenta un absolutismo traductor, es decir, la creencia que hay valores universales absolutos que requieren ser "traducidos" localmente. Esta traducibilidad no tiene proporciones con la transliteración aunque ambas se nutren de la misma problemática. Y es esta "traducibilidad" aquella que explica el proyecto europeo de universidad que, aunque degradado, ha funcionado simbólicamente en la periferia: "l'université qui est en somme un morceau

36 Traducción del autor: "Todo el *Conflicto de Facultades* es construido, podremos verificarlo, sobre la multiplicidad intraducible de los lenguajes, digamos más rigurosamente sobre las disociaciones de modo discursivo: lenguaje de verdad (constatativo)/lenguaje de acción (performativo), lenguaje público/lenguaje privado, lenguaje científico (intrauniversitario)/lenguaje popular (extra-universitario), espíritu/letra, etc."

d'État, une figure de l'État, son *Übertragung*, des *Übersetzungen* qui *transposent* l'État dans des sciences positives. L'État-savoir est ici une transposition de l'État-action. On ne peut donc plus séparer les Facultés supérieures de la Faculté inférieure. La différenciation des sciences positives se fait à partir du savoir originaire, à l'image du type intérieur de la philosophie. Les trois sciences positives ne sont rien d'autre que la différenciation, la traduction différenciée du savoir originaire, donc de la philosophie. Entre la philosophie et l'État, l'identité est profonde et essentielle" (Derrida, 1990b: 389).[37]

La defensa de formulaciones políticas de la cientificidad y de lo especulativo en términos de la cientificidad tiene asimismo una relación directa con esta situación. La universidad no sólo es la formulación de un concepto de especulación, sino la institucionalización del mismo en términos del Estado y, sobre todo en la actualidad, del modo en que la especulación no puede ser ajena a una noción de cientificidad (§ 39), de financiarización (*commodities*) (§ 27) y de entendimiento de la técnica/tecnología (§ 41). El Estado aparece, para la historiografía de *la cuestión*, como la "traducción objetivante" del saber en la acción (Derrida, 1990b: 391).[38] La adscripción a la universidad, a lo universitario, como siendo/estando (*étant/seienden*) una elección neutra, modificable, tratable, es la ilusión de la mayoría, no

37 Traducción del autor: "... la universidad que es en definitiva un pedazo del Estado, una figura del Estado, su *Übertragung*, los *Übersetzungen* que *transponen* el Estado en las ciencias positivas. El Estado-saber es aquí una transposición del Estado-acción. No podemos por tanto separar las Facultades superiores de la Facultad inferior. La diferenciación de las ciencias positivas se hace a partir del saber originario, a la imagen del tipo interior de la filosofía. Las tres ciencias positivas no son otra cosa que la diferenciación, la traducción diferenciada del saber originario, por tanto de la filosofía. Entre la filosofía y el Estado, la identidad es profunda y esencial".

38 Sostiene al respecto Derrida: "Une politologie ne peut aujourd'hui construire le concept d'État sans y inclure l'objectivation du savoir et son objectivation dans les sciences positives. Un discours politique qui ne parlerait pas de la science se perdrait dans le bavardage et l'abstraction. Aujourd'hui, plus que jamais, la détermination de l'État comprend l'état de la science, de toutes les sciences, du tout de la science. Le fonctionnement des structures étatiques (ne parlons pas de régime) dépend essentiellement et concrètement de l'état de toutes les sciences et techno-sciences. On ne peut plus y distinguer les sciences dites fondamentales des sciences dites finalisées" (Derrida, 1990b: 391).

sólo de los declarados profesores de filosofía, sino también de todos aquellos concernidos por argumentos dichos filosóficos o especulativos, de/en los ámbitos periféricos.

La necesidad de la traducción se confunde así con la búsqueda de los orígenes en términos esenciales (en tanto "*Bild* du monde", "totalité vivantes" o "science vivante [*lebendige Wisenschaft*])", según la interpretación que Derrida hace de Schelling [1990b: 379–394]): el objeto de la filosofía en términos de la historiografía de *la cuestión* es una "traducción destinada" (en tanto orientación: *Geschick* en los términos de Heidegger). Y la universidad es el vehículo de esta destinación, de este destinar (*Geschicklichkeit*), pero en los ámbitos periféricos lo universitario es la historia de algo que no tiene lugar, de un simbolismo imposible, de un oxímoron que exhibe aquello que no posee. Y la historiografía de *la cuestión* es el mecanismo que constantemente encubre esta situación colonial, porque "dès que la bibliothèque n'est plus le type idéal de l'archive, l'Université n'est plus le centre du savoir, elle ne peut plus donner à ses sujets la représentation de ce centre" (Derrida, 1990b : 413).[39] Más aun: "la croyance constitutive de l'Université, c'est que l'idée de la science est au principe même de l'Université. Comment pourrait-elle alors la menacer dans son développement technique, au moment où l'on ne peut plus séparer savoir et pouvoir, raison et performativité, métaphysique et maîtrise technique? L'Université est un produit (fini), je dirais presque un enfant du couple inséparable de la métaphysique et de la technique" (Derrida, 1990b: 413–414).[40]

La historiografía de *la cuestión* es inseparable de este mecanismo universitario que Derrida considera como "instrumentos de poder" (*Instrumente des Regierung*). En los ámbitos periféricos la libertad y el liberalismo político

39 Traducción del autor: "… a partir de que la biblioteca no es más el tipo ideal de archivo, la Universidad no es más el centro del saber, ella no puede dar a sus sujetos la representación de ese centro".

40 Traducción del autor: "… la creencia constitutiva de la Universidad, es que la idea de la ciencia es/está al principio mismo de la Universidad. ¿Cómo podría ella entonces amenazarla [a la ciencia] en su desarrollo técnico, al momento donde no podemos más separar saber y poder, razón y performatividad, metafísica y maestría técnica? La Universidad es un producto (acabado), yo diría casi niño, inseparable pareja de la metafísica y de la técnica".

que las facultades y universidades dicen propugnar, a través de sus agentes y profesores, contradice con la "censura" necesaria de su claustro y las de sus mecanismos favoritistas: "personne ne serait autorisé à user *publiquement* de son « savoir » sans être en droit soumis au contrôle des Facultés, Kant dit littéralement à la 'censure des Facultés' " (Derrida, 1990b: 417).[41] La inmensa mayoría de los autores locales está convencida que factores o elementos sociológicos (ideología, política administrativa, etc.) predominan, en términos de establecimiento de una noción de especulación, por encima de cualquier consideración de facultades o universidades. Por ello mismo es que Derrida sostiene que "la force reproductive de l'autorité s'accommode plus facilement de déclarations ou de thèses soi-disant révolutionnaires dans leur contenu codé pourvu que soient respectés les rites de légitimation, la rhétorique et la symbolique institutionnelle qui désamorcent et neutralisent tout ce qui vient d'ailleurs. L'irrecevable, c'est ce qui, par-dessous les positions ou les thèses, vient déranger ce contrat profond, l'ordre de ces normes, et qui le fait déjà dans *la forme* du travail, de l'enseignement ou de l'écriture" (Derrida, 1990b: 451–452).[42]

La legibilidad de lo especulativo en términos de la historiografía de *la cuestión* sólo es viable en la relación entre traducibilidad y universidad, por ello sus partícipes hablan de "filosofía". Y por ello también es que los aspectos sociológicos (ideologías) o administrativos (sistemas políticos) no pueden dimensionar la impronta colonial del conocimiento local —de ello también debe ocuparse la *cuestión periférica*. La legibilidad es así una parte integrante del entendimiento, de la comprehensión: no hay manera en los ámbitos periféricos de escindir lo inteligible, de aquello que se puede leer y

41 Traducción del autor: "… nadie será autorizado a usar públicamente de su 'saber' si estar en derecho sometido al control de las Facultades, Kant dice literalmente a la 'censura de las Facultades' ".

42 Traducción del autor: "… la fuerza reproductiva de la autoridad se acomoda más fácilmente a declaraciones o tesis así dichas revolucionarias en su contenido codificado en tanto sean respetados los ritos de legitimación, la retórica y la simbólica institucional que destraban y neutralizan todo aquello que viene de afuera. Lo irrecibible, eso que, por debajo de las posiciones o las tesis, viene a perturbar este control profundo, el orden de sus normas, y que lo hace ya en *la forma* del trabajo, de la enseñanza o de la escritura".

de aquello que se puede enunciar en términos de problema y de asunto. Y es cuando a todo ello se lo quiere formular en términos de "cuestión" que la necesidad de una *escala epistemológica* se hace patente.

Que la institucionalización filosófica del principio de razón ("principe de raison") posea una relación directa con el establecimiento de las universidades contemporáneas explica por qué el origen de lo filosófico, entendido en términos de la historiografía de *la cuestión, solo puede ser europeo*.[43] De allí que la cientificidad, la *commoditisation* generalizada del saber y la vehiculización inevitable de la técnica —el proceso de individuación, la hominización— sean asimismo consecuencias de ello.[44] Por

43 Sostiene Derrida, el que podría considerarse como el *dictum* del asunto: "A ma connaissance, on n'a jamais fondé un projet d'Université *contre* la raison. On peut donc raisonnablement penser que la raison d'être de l'Université, ce fut toujours la raison même, et un certain rapport essentiel de la raison à l'être. Mais ce qu'on appelle le principe de raison n'est pas simplement la raison. Nous ne pouvons pas ici nous enfoncer dans l'histoire de la raison, de ses mots et de ses concepts, dans l'énigmatique scène de traduction qui aura déplacé *logos, ratio, raison, reason, Grund, ground, Vernunft,* etc. Ce qu'on appelle depuis trois siècles le principe de raison fut pensé et formulé par Leibniz à plusieurs reprises. Son énoncé le plus fréquemment cité, c'est « *Nihil est sine ratione seu nullus effectus sine causa* », « Rien n'est sans raison ou nul effet sans cause ». La formule que Leibniz, selon Heidegger, considère comme authentique et rigoureuse, la seule qui fasse autorité, nous la trouvons dans un essai tardif *(Spécimen inventorum, Phil. Schriften,* Gerhardt VII, p. 309): « *Duo sunt prima principia omnium ratiocinationum, principium nempe contradictionis* [...] *et principium reddendae rationis.* » Ce second principe dit que « *omnis veritatis reddi ratio potest* » : de toute vérité (entendez de toute proposition vraie) on peut rendre raison. [Cf. Heidegger, *Der Satz vom Grund,* Pfullingen 1957/1978, p. 44–45; *Le principe de raison,* trad. A. Préau, Paris, Gallimard, 1962, p. 79]" (Derrida, 1990b: 470–471).

44 Sostiene Derrida sobre el particular: "L'information assure l'assurance du calcul et le calcul de l'assurance. On reconnaît là l'époque du principe de raison. Leibniz, rappelle Heidegger, passe pour avoir été aussi l'inventeur de l'assurance sur la vie. Sous la forme de l'information *(in der Gestalt der Information),* dit Heidegger, le principe de raison domine toute notre représentation *(Vorstellen)* et détermine une époque pour laquelle tout dépend de la livraison de l'énergie atomique. Livraison, c'est en allemand *Zustellung,* mot qui vaut aussi, signale Heidegger, pour la livraison du courrier. Il appartient à la chaîne du *Gestell,* au rassemblement du *Stellen (Vorstellen, Nachstellen, Zustellen, Sicherstellen)* qui caractériserait la modernité

lo mismo se explica la ausencia de visión crítica en los autores locales que adscriben a lo filosófico en términos justamente de la historiografía de *la cuestión*, pero no sólo: también explica de qué manera, a partir de qué mecanismos, la oposición manifiesta al colonialismo, en términos "filosóficos", es asimismo contribuyente de la relevancia de la historiografía de *la cuestión*, de modo que a menudo los autores que se posicionan localmente como los más críticos concerniente al colonialismo, son paradójicamente aquellos que por su forma de entendimiento vehiculizan como pocos la *grammatisation* colonial europea. La historiografía de *la cuestión* supone la universidad en cuanto principio de razón indeclinable y de allí origen mismo de pregunta por el ser ("Seinfrage", "der Frage nach dem Sinn von Sein"): "La domination moderne du principe de raison a dû aller de pair avec l'interprétation de l'essence de l'étant comme *objet,* objet présent au titre de la représentation *(Vorstellung),* objet posé et installé *devant* un sujet. [...] Le principe de raison n'installe son empire que dans la mesure où la question abyssale de l'être qui se cache en lui reste dissimulée, et avec elle la question même du fondement, du fondement comme *gründen* (fonder), *Bodennehmen* (fonder ou prendre sol), comme *begründen* (motiver, justifier, autoriser) ou surtout comme *stiften* (ériger, instituer, sens auquel Heidegger reconnaît une certaine préséance) [*Vom Wesen des Grundes,* in *Wegmarken* (Frankfurt, Klostermann, 1967/1978) p. 60–61 (162–163)]. [...] Or cette institution de la techno-science moderne qu'est la *Stiftung* universitaire est construite à la fois sur le principe de raison et sur ce qui reste en lui dissimulé. Comme en passant, mais dans deux passages qui nous importent, Heidegger affirme que l'Université moderne est 'fondée'

---

technique. L'information, c'est le stockage, l'archivation et la communication la plus économique, la plus rapide et la plus claire (univoque, *eindeutig)* des nouvelles. Elle doit renseigner l'homme sur la mise en sécurité *(Sicherstellung)* de ce qui répond à ses besoins: *ta khreia,* disait donc Aristote. La technologie des ordinateurs, des banques de données, des intelligences artificielles, des machines à traduire, etc., se construit sur cette détermination instrumentale d'un langage calculable. L'information n'informe pas seulement en livrant un contenu informatif, elle donne forme, *«in-formiert», «formiert zugleich »*. Elle installe l'homme dans une forme qui lui permette d'assurer sa maîtrise sur terre et au-delà de la terre" (Derrida, 1990b: 485–486).

(gegründet), 'construite' *(gebaut)* sur le principe de raison, elle « repose » *(ruht)* sur lui. Mais si l'Université d'aujourd'hui, lieu de la science moderne, 'se fonde sur le principe de fondement' *(gründet auf dem Satz vom Grund)*, nulle part nous n'y rencontrons le principe de raison lui-même, nulle part celui-ci n'est pensé, interrogé, questionné dans sa provenance" (Derrida, 1990b: 475, 476–477).[45]

45 Traducción del autor: "La dominación moderna del principio de razón ha tenido que ir a la par con la interpretación de la esencia del Estado/siendo como *objeto*, objeto presente a título de la representación (*Vorstellun*), objeto posado e instalado *delante* de un sujeto [...] El principio de razón no instala su imperio que en la medida donde la cuestión abismal del ser que se esconde en él resta disimulada, y con ella la cuestión misma del fundamento, del fundamento como *gründen* (fundar), *Bodennehmen* (fundar o tomar suelo/piso), como *begünden* (motivar, justificar, autorizar) o sobre todo como *stiften* (erigir, instituir, sentido al cual Heidegger reconoce una cierta preferencia). [*Vom Wesen des Grundes,* in *Wegmarken* (Frankfurt, Klostermann, 1967/1978) p. 60–61 (162–163)]. [...] Pues esta institución de la tecno-ciencia moderna que es la *Stiftung* universitaria es construida a la vez sobre el principio de razón y sobre eso que resta en él disimulado. Como de paso, pero en un pasaje que a nosotros nos importa, Heidegger afirma que la Universidad moderna está 'fundada' (*gegründet*), 'construida' (*gebaut*) sobre el principio de razón, ella reposa (ruht) sobre él."

Cuarta parte. El patio

§ 27. La cosa especulativa

La cuestión de la cuestión permite considerar entonces los elementos que se hallan en *la cuestión*, establecer la *escala epistémica* (*epistemologische Skala*) en relación a dicha situación conceptual europea, pero no dice aún gran cosa acerca de cómo, de qué manera, lo especulativo es definido o, mejor dicho, a partir de qué, en torno a qué, lo especulativo se localiza. Aquello que en la filosofía europea ocupa el lugar de la pregunta por el sentido del ser/estar en los ámbitos periféricos es establecido a partir de la cosa.[1] En una transliteración conceptual radical deberíamos traducir *être/Sein* por cosa. Es lo que llamaremos *la cosa especulativa.*

La cosa especulativa es la manera en que los ámbitos periféricos se distinguen, se localizan. La cosa especulativa significa que no hay especulación sin dimensión de cosa, sin coseidad (*Dinglichkeit*), sin lo cósico (*dinghaft*): la materialidad de lo especulativo en los ámbitos periféricos no reside en la fisidad, como han creído generaciones de analistas locales, sino en esta dimensión de la cosa. En este sentido es que podemos decir que el mundo se manifiesta como cosa, es mundo siendo cosa. La cosa es

1 Cuando, como vimos (§ 23), la especulación en términos cartesianos se definía en relación a un *moi* ("la pensée est un attribut qui m'appartient: elle seule ne peut être détachée de moi": Descartes, 1953: 27), también entonces la cosa ("chose") tenía un emplazamiento determinante: "'Mais qu'est-ce que donc je suis?' se demande donc Descartes à la page suivante. Réponse: 'Une chose qui pense'" (Derrida, 2006: 104). Heidegger sin duda no es ajeno a esta relevancia. En su curso universitario sobre la metafísica de 1935–1936 delinea el alcance del concepto de cosa que publicará como *Die Frage Nach dem Ding* en 1962. La edición francesa de este trabajo es de 1971 (*Qu'est-ce qu'une chose?*). Y en castellano existen tres versiones: la pionera de la editorial Sur de 1964 (traducción de E. García Belsunce y Zoltan Szankay), la más reciente de Palamedes de 2009 (traducción de J. García Gómez del Valle) y una versión parcial de 1994 (incluye sólo la conferencia "Das Ding" que es una versión concentrada del susodicho libro) por Ediciones del Serbal (traducción de Eustaquio Barjau).

el elemento de significado básico del mundo y de su mundanar, de la cuestión de la cuestión. La cosa es condición de inteligibilidad de lo mundano y del mundanar. La pregunta por el ser/estar en los ámbitos periféricos es la pregunta por la cosa ("Dingfrage", "Die Frage nach dem Ding").

La cosa especulativa es aquello que permite establecer (i) un sentido de concretitud que mejor sería indicar como *consistencia* (*die Beständigkeit*), (ii) un sentido de *materialidad* que funciona como referencia, (iii) el nombramiento de una serie de mecanismos a partir de los cuales se puede conceptualizar lo que llamaríamos *inteligible*, (iv) determinar una localización a partir de la cual se establecen *espaciamientos* (*espacement*) que darán lugar, entre otros, a instituciones, territorios, valores, (v) y, por último, posibilita la creación de un *vanishing point* (punto de fuga) a partir del cual se establece una reflexión sobre la reflexión.

La cosa especulativa no es sólo "cosa", sino también aquello que supone, que da por descontado: (i) una historiografía colonial, (ii) una transliteración, (iii) un conjunto de fenómenos inmediatos, locales, (iii) una manera de construir el presente, (iv) una determinada acepción del ahora como instrumento plausible en la exploración de las bases últimas de la individuación (conciencia, etc.), (v) un sentido particular de la fisidad (φύσις [*physis*], "fisisear/fisiseando").

Si la pregunta por el sentido del ser develaba en Heidegger una concepción del ser/estar, central para definir lo humano, y que justamente Heidegger revierte a partir del *Dasein* y la apertura hacia lo no humano de lo humano, entonces la cosa es el concepto en torno al cual no sólo se establece un sentido de lo especulativo como tal, sino también se determina a la cosa como el concepto, no que reemplazará al *être/Sein*, lo cual *significaría simplemente traducir la cuestión*, sino aquello que significa una apertura a una variedad no predecible y que es el resultado de considerar a la industrialización tecnológica como la etapa conclusiva en una radical exteriorización de lo humano (tal la hipótesis de Leroi-Gourhan, por ejemplo) y de lo cual el Antropoceno es el encuadramiento (*Gestell*) irreversible.

La noción de especulación según Heidegger se halla atravesada por la pregunta por la cosa, en el sentido que es la pregunta por la cosa quien nos *deriva* la perspectiva acerca de aquello que estamos pensando. Interrogar el sentido kantiano de la cosa es concebir el mundo (el mundanar) en términos kantianos. Interrogar la manera kantiana de interrogar a partir del sentido de cosa es concebir el mundo (el mundanar) como otra cosa que el *noumeno* kantiano. Interrogar la manera kantiana de interrogar a partir del sentido de cosa, y por comparación a otra forma de concebir/interrogar la cosa, es concebir el mundo (el mundanar) como una temporalidad (*Zeitlichkeit*), como una sucesión de perspectivas historiográficas en términos especulativos (*Begriffsgeschichte*). Interrogar la interrogación heideggeriana, la orientación hacia la cosa, la concepción de la cosa, desde una perspectiva no universal y periférica, es extremar el sentido de lo epistémico (la coseidad, lo cosístico) o, mejor dicho, situarlo en una perspectiva espacial precisa (§ 46). Bajo estas condiciones, la cosa entendida como reemplazo de *la cuestión*, comporta cinco aspectos: (i) concepto mínimo, unidad irreductible para la definición de mundo (mundanar, *Welten*), (ii) sentido de lo sustancial (consistencia, *Beständigkeit*) en relación al ámbito inmediato, (iii) elemento de población/amueblamiento básico (§ 46) para todo espacio, (iv) objeto a partir del cual se piensa la materialidad y se sitúa la fisidad, (v) categoría filosófica que se remonta a la antigüedad griega y a la historia de la filosofía europea.

La cosa heideggeriana como sustantivo tiene así cuatro formulaciones, cuatro problemáticas posibles. (i) Problema literario (*ad litteram*): el cosismo. Sentido autorreferencial, *función fática* de la cosa. La cosa bajo los términos de *la cuestión*. (ii) Problema filosófico (especulación): la coseidad. Acción de ejecutar la cosa como modo de concretar lo especulativo. Acción que ejercitando define la cosa misma. (iii) Problema político (ecología): el cosiendo/cosando. Como forma de gerundio. Acción efectiva de crear cosa, de formar cosa. (iv) Problema sociológico (ensamblaje). La cosificación. Aplanar, transformar la capacidad especulativa en una búsqueda de sentido de la cosa como fin en sí mismo. Bajo estas condiciones, el problema literario y el filosófico dan lugar a la cosa en cuanto concepto, el problema sociológico da lugar a la cosa en cuanto fisidad, en cuanto entidad física y el problema político da lugar a la cosa en cuanto nombre. La especulación sería la combinación de estos tres lugares (§ 46, § 47).

Estas problemáticas, por otra parte, se extienden de forma mundana (mundanar, *Welten*) a partir de tres órdenes de cosas: (i) una cosa como algo *al alcance de la mano* (*Zuhandenheit*) y que incorpora el utensiliar mismo que supone dicho alcance, (ii) una cosa como *algo situado enfrente* (*delante a, frente a lo cual: Vorhandenheit*), y que puede ser que sea/esté (visible, tangible) o que no sea/no esté (no-visible, imaginario), (iii) una cosa como una piedra, una mesa, plantas, revoluciones, reflexiones, las mentalidades, la historia, etc. A partir de la historiografía de *la cuestión*, el primer orden de cosas es la tradición empírica Occidental (*Zeughaftigkeit*), el segundo orden de cosas es la tradición racional Occidental (*cogito, Vernunft*) y el tercer orden de cosas es la localización del pensamiento en la periferia (§ 46, § 47), el "pensamiento de la cosa" (originado en *la question de la question:* § 1, § 5, § 12).

Bajo estas condiciones, la *cosa especulativa* representa un giro copernicano en lo especulativo: (i) los interrogantes no son pedagógicos; (ii) los interrogantes no generan respuestas conductivas; (ii) la unificación conceptual (*cogito, être/Sein*) no resulta en entendimiento de lo humano como tal; (iii) la identificación de una mismidad (ipseidad, *epséité*) no es garantía de realización conceptual de un sentido de presente; (iv) la constitución de una *ipseitedad* ("epséité") no requiere de un resolución (en términos del proceso de individuación) de *la cuestión*; (v) la conceptualización gramatical no acompaña la conceptualización especulativa en razón de la diferancia transliterada a los ámbitos periféricos; (vi) de manera que la conceptualización gramatical, el proceso de *grammatisation*, surge en su condición de instrumento tecnológico, supeditando en muchos casos lo especulativo como tal a ellos mismos; (vii) la existencia (en tanto *ipseité* de lo humano) y lo viviente se hallan en conflicto y no siempre lo especulativo encuentra la forma de resolverlo; (viii) de manera que se constata, que no siempre conceptualizar (θεωρεῖν [*theorein*]) constituye la herramienta humana más resolutiva, no porque haya otra, sino simplemente porque no la hay: es la pura "historicidad del mundo" (*Weltgeschichtlichkeit*), para decirlo en términos de Heidegger, aquello que predomina (ix) y, más relevante, aquello que a menudo garantiza la *continuidad* sobre la que se inscribe lo humano como tal.

La cosa especulativa, en tanto fenómeno de los ámbitos periféricos, plantea el anihilamiento de *la cuestión*, es decir, una reversión del ἐστί (*esti*) y del εἶναι (*einai*) (§ 5): (i) la discontinuidad entre existencia y posibilidad; (ii) discontinuidad en la cópula por la cual lo predicativo no es lo vericible/veridicible; (iii) discontinuidad entre la dinámica de los significados gramaticales y la manera en que la escrituración evoluciona a partir de la digitalización; (iv) discontinuidad entre la escrituración de lo narrativo-retórico clásico y la dinámica de lo escriturable a partir de la imágenes y su indexación —que está llamada a ser la historiografía (*begriffsgeschichte*) del porvenir (*ya lo es* en realidad)—; (v) discontinuidad entre la formulación conceptual de la lengua y la realización escrituraria de la lengua (eso que indicaremos como *declinación* de la lengua). Y, por lo mismo, discontinuidad también, o, mejor dicho, (vi) fuga hacia adelante (formulación inevitable y regular de un *horizon d'attente*) del principio derridiano de escrituración (1972c: 35–39): (a) reversión de la *impronta lingüística* en lo especulativo ("On sait comment Saussure, selon une opération traditionnelle, qui fut aussi celle de Platon, d'Aristote, de Rousseau, de Hegel, de Husserl, etc., exclut l'écriture du champ de la linguistique": 1972c, 36),[2] es decir, alejamiento irreversible de la escritura del campo lingüístico, abandono del campo lingüístico como dominio de referencia asociativa en torno a la manera en que el lenguaje humano se vincula a la constitución de un sentido de lo especulativo; (b) disociación creciente e irreversible entre la dimensión fonética de la lengua ("caractère phonique du signe linguistique" [carácter fónico del signo lingüístico]: Saussure, *Cours* [1972, 21]) y la escrituración ("c'est-à-dire la possibilité du *code* et de l'*articulation* indépendamment de la substance, par exemple, de la substance phonique": 1972c, 32);[3] (c) anihilación de la comunicación en términos no automatizados ("La communication présuppose des sujets [dont l'identité et la présence soient constituées avant l'opération signifiante] et des objets [des concepts signifiés, un sens pensé que le passage de la communication n'aura ni à constituer ni, en droit, à transformer]" [1972c, 34–35]),[4] es decir, pérdida

2 Traducción del autor: "Sabemos cómo Saussure, según una operación tradicional, que fue también esa de Platón, de Aristóteles, de Rousseau, de Hegel, de Husserl, etc., excluye la escritura del campo de la lingüística".

3 Traducción del autor: "es decir, la posibilidad del *código* y de la *articulación* independientemente de la substancia, por ejemplo, de la substancia fónica".

4 Traducción del autor: "La comunicación presupone sujetos [cuya identidad y presencia sean constituidas antes de la operación significante] y objetos [conceptos significados, un sentido pensado que el pasaje de la comunicación no irá ni a constituir ni, en derecho, a transformar]".

de la comunicación como referencia intelectiva (en tanto presuponía una identidad y una presencia preestablecidas) y como construcción de mundo (mundanar: *Welten*), como viable.

Si la continuidad que garantizaba *la cuestión* —es decir, no sólo la relación entre lo pensable y lo decible, sino también entre la constitución de un *ipseité "interior"* (*mêmeté*, mismidad, mimesidad) y la exteriorización de la misma a partir de la escrituración, entre la concepción del ahora de la individuación ("étant de l'être", οὐσία τοῦ ὄντως [*ousia tou ontos*], "étantité de l'étant", "seienden als Seiendheit") y la realización de un presente (de la escrituración, de la exteriorización, de la gestualidad social), entre la concepción de una presencia figurativa, expectativizada (horizonte de espera, de expectativa), de la individuación y una realización material (tecnológica, escrituraria) de la misma—, es decir, si todo ello no es ya *declinable* (como enunciación), copulativo, entonces no se trata solo, en los ámbitos periféricos, de traducir *la cuestión* a un lenguajear local, sino de idiomar la cuestión de la cuestión, cuanto menos en los términos aquí comentados por Derrida (§ 17, § 18, § 35). Esta idiomación es la de la cosa, mejor dicho, de la manera de localizar una coseidad (*choséité*, *Dinglichkeit*) en tanto un co-siendo (versión transliterada del *être/Sein* al ser, a la conjugación del ser) y un co-estando (versión transliterada del *être/Sein* al estar, a la conjugación del estar). El siendo/estando castellano de la periferia, por continuar con el ejemplo que nos anima, suponen esta situación de la cosa/coseidad y establecen los términos de su condición: la *étantité* del *étant* derridiano que caracteriza, en cuanto acción, los términos de la cuestión de la cuestión, puede transliterarse como la siendicidad/estandicidad del siendo/estando en castellano.

El asunto de la *étantité* (*Seiendheit*) se plantea justamente del momento en que ya no podemos decir —como *leading case* pero también como caso particular— que aquello que hace que un hombre sea un hombre *es su humanidad*, por cuanto esta "humanidad" como *valor o significado* ya no es tal. En parte gracias a la conceptualización del *Dasein* la *etantité* es empujada al abismo, su sola inteligibilidad posible es así la vehiculización, el agenciamiento de la tecnología, la *Gestell*, porque en realidad, como argumentaban tanto Simondon (*L'individuation à la lumière des notions de formes et d'information* [2005]) como Leroi-Gourhan (*Le Geste et la*

Parole [1964–1965]), aunque por motivos diversos, no hay manera de escindir una de la otra.

La inmediatez entre la sapiencia en la propiedad de lo pensado y la capacidad para manifestarlo en lo inmediato que nos circunda ha sido una garantía ofrecida por la consideración del ser en su formato tradicional, es decir, como garantía de una entidad cuerpo-biosfera que en realidad sólo existe porque se supone una simbiosis entre cópula gramatical y la conducción corporal o, mejor dicho, el *gesto* corporal. Es la certeza de/en esta *continuidad*, y del *relacionismo* que supone, aquello que está perturbado, precisamente, porque ya no es/está *en cuestión* o, mejor dicho, porque *ya no-es/está-cuestionable* en los términos filosóficos tradicionales. La cosa especulativa debiera ser capaz de resignificar esta situación de disyunción/conflicto entre el ahora de la conciencia (pensamiento, memoria, percepción: capacidad de mundanar) y la construcción del presente (vehiculización, agenciamiento, mundo-en-sí, fisización).

La idea que lo concreto (*Konkret* ["tomar cuerpo"], *greifbar* [en tanto palpable, tangible], *kurzgefaßt* [en tanto resumido, sucinto, sumario, conciso] no sucede por inmediatez ("a-la-mano" [*Zuhandenheit*], "a-la-vista" [*Vorhandenheit*]), que la concretitud en sentido de consistencia es una *construcción* que se negocia —aspecto que es típico de los ámbitos periféricos y que, no obstante, se opone a la *norma* de los analistas locales. La urgencia de concebir lo pensable como vinculado a lo inmediato —más allá de la justificación ofrecida de injerir sobre la administración pública Estatal— tiene relación directa con el sentido que tradicionalmente se entiende el *Sein/être* bajo una formulación de presencia, de participio presente y, a partir de ello, cómo logra inscribirse, en sentido historiográfico, en una tradición de *Dasein* y *cogito*. Lo cual nos conduce no sólo a la confirmación que *la question de l'être* es el punto de partida especulativo, sino que todo proceso de individuación será entendido en términos de identidad ("adoption": Stiegler, 2001) o, en el mejor de los casos, de constitución de una referencialidad antropológica para fundamentar un sentido accesible de localidad (§ 46, § 47).

El subjetivismo cartesiano (la subjetivación cartesiana) justifica en su condición historiográfica (§ 26) la conceptualización tradicional (§ 1): alma, psique, vida, hombre, razón (Derrida, 1972a: 31). Y por lo mismo sostiene una *continuidad* de aquello que entendemos como *ego, moi* o "yo" (§ 8, § 11, § 23). De manera que la continuidad temporal e imaginaria que garantiza el ser/estar en términos de *la cuestión* es inseparable del soporte filosófico que suponen los conceptos tradicionales. Por ello se comprehende el énfasis que Derrida ponía en los mecanismos binarios de reflexión cuando hacía referencia a la "deconstrucción" como herramienta crítica de la tradición filosófica europea, teniendo justamente como objetivo el evitar emplear dichos mecanismos binarios.

Aquello que consiste (*Beständigkeit*) se mide, se gradúa, en términos de distancia, por ello Heidegger al definir la cosa (*das Ding*) habla de cercanía y de vecindad de lo lejano. En los ámbitos periféricos por esta razón la coseidad (*choséité, Dinglichkeit*) ocupa un lugar relevante, porque constituye en sí el mecanismo por excelencia de lo especulativo. Lo concreto y lo empírico (πράγμα [*pragma*], *Zeughaftigkeit*) son así sucedáneos de este espaciamiento en que consiste la distanciación (§ 21, § 23), tal como podríamos indicar la actividad de referir cosas y de atribuir grados de coseidad. Y es este mundanar de la coseidad, de lo cosístico, aquello que induce a considerar en los ámbitos periféricos una perspectiva arquitectónica (*Grundstimmung*) y un ser/estar espacial ("être-dans-l'espace [*ein eigenes 'im-Raumsein'*]" [ser/estar-en-el-espacio]: Derrida, 1990a: 37).

La realización del *être/Sein* a partir de la cosa es la dimensión práctica (πράγμα [*pragma*], *Zeughaftigkeit*) de la manera en que, según veremos, la lugarización, el "parajear" (§ 46), constituye una realización no sólo de lo especulativo, sino de "unidad familiar" del espacio, de una exploración del alcance y significado de la conciencia en la actualidad. La transliteración por la cual el *être/Sein* se conducen en los ámbitos periféricos *como cosas* supone esta situación.

Y bajo estas condiciones, la presencia del presente se modifica en el sentido que, en tanto elemento fundante de lo especulativo en términos de *la cuestión*, en tanto manifestación de un *étant/seienden*, en tanto presencia-presentismo, se transforma de modo radical al ser el mismo realizado no solo ya por humanos, sino a partir de una "humanización" en donde el proceso de individuación, la aparatosidad (los aparatos, el aparatear) de la técnica/tecnología se transforma en agente, en elemento agenciador. Esta "tecnologización" del presentismo del presente permite comprehender no sólo el alcance "no humano" del *Dasein* heideggeriano, sino también su condición de irreversibilidad. Y por ello es esta condición generalizada de la *Gestell* de lo humano en donde la cosa, la pregunta por la cosa, en los ámbitos periféricos, en la radicalidad antropocénica que le caracteriza, aniquiliza y reemplaza *la cuestión*. Es así que también en relación a la coseidad (*Dinglichkeit*, también *die Sachheit*), la cosificación (en tanto reificación, *Verdinglichung,* y también entendido como *Dinglich*: efectivo como adjetivo, real en términos jurídicos, objetivo), donde la modificación de los términos bajo los cuales el *être/Sein* se entiende, se hace evidente, incluso en el propio Heidegger, tal como destaca Derrida y en el cual sus distinciones más básicas ("dans la expérience d'une économie — symbolique ou imaginaire, consciente ou inconsciente [...] cette opposition du don et de la prise, du don qui fait présent et de celui qui prend, garde ou retire, du don qui fait du bien et du don qui fait mal ..." [Derrida, 1990a: 196])[5] se ven remitidas a la centralidad de la cosa (*Ding*): "en dernier lieu, cette opposition renverrait, chez Heidegger, à celle du donner/prendre-la-chose *comme telle* et du donner/prendre sans ce *comme tel*, et finalement sans la chose même" (Derrida, 1990a: 196).[6]

5 Traducción del autor: "... en la experiencia de una economía — simbólica o imaginaria, consciente o inconsciente [...] esta oposición del don y del asidero/agarradero, del don que hace presente y que él toma, guarda o retira, del don que hace bien y del don que hace mal..."

6 Traducción del autor: "... en último lugar, esta oposición reenviaría, en Heidegger, a aquella de ofrecer/tomar la cosa *como tal* y de ofrecer/tomar sin ese *como tal*, y finalmente sin la cosa misma".

§ 28. Derrida de película

Registros visuales de Derrida hay una gran variedad, unas 70 000 *visual entries* en la *world wide web* según Google [datos de 2017]. Películas-documentales en cambio hay, hasta la fecha, tres. Derrida fue además protagonista de trabajos de ficción en dos ocasiones, en 1982 (*Ghost Dance* de Ken McMullen) y en 1987 (*Disturbance* de Gary Hill). Sus intervenciones registradas visualmente son numerosas y todavía aun no se ha formulado una indexación de las mismas. Tal vez la más notoria en este sentido fue *Pourquoi la guerre?* de Jean Labib (filmada el 19 febrero 2003 y editada en DVD en junio 2015 [Paris: Compagnie des Phares et Balises, 2015]).

En las tres películas-documentales sobre su figura y obra, con regularidad y en permanencia, el lugar de la enunciación de los mismos ha sido explicitado y cuestionado: en este sentido los documentales también presentan un *performer,* un protagonista, y no sólo un sujeto de análisis (la trama "Derrida", "Derrida" como biografía). El protagonismo entonces no es sólo dado por la valoración expuesta de los directores o productores de los documentales, sino también por la explicitación de la figura del argumento como argumentador principal. Este conjunto de material y sus características dan lugar a lo que indicaremos como el *Derrida de película*.

La narrativa fílmica de los documentales, en gran número de casos, posee un narrador (una *off-voice*, un *off-commentary*) que ofrece no sólo la continuidad temporal, sino también que ordena las enunciaciones. Esta voz es el *être/Sein* [ser/estar] del documental entendido en el sentido clásico que vimos Derrida establecía. Por una parte construye un presente en tanto presencia y, por otra parte, establece un sentido de "interrogación": el filme va a responder a algo que no se sabe o a algo que va a contribuir a algo que no se sabe —y por lo cual el *qué es qué* resulta relevante. "¿Qué es el *qué*?", τὸ τί ἐστ [*ti esti*], es la frase que da comienzo, en la historiografía filosófica europea, a la pregunta por el significado del ser, a *la cuestión*. En términos cinematográficos, en los documentales, *la cuestión* se expresa como manifestación de este *qué* pero sin plantearlo como tal: la cinematografía documental construye un *être/Sein* sin pretenderlo porque no depende, como sucede en términos clásicos, de la escritura y de la *grammatisation* que la escritura vehiculiza a partir sobre todo de la cópula o, mejor dicho, a partir de la evolución gramatical y semántica de la cópula en la escrituración como forma de inteligibilidad, no sólo privilegiada, sino *única*. Este *être/Sein* cinematográfico es el que también indicaremos como *Derrida de película*.

Y justamente, en razón de esta situación del *étant/seiende* (la conjugación presente e interrogativa del *être/Sein*) que plantea la formulación cinematográfica es que, en los tres *full length films* documentales, Derrida muestra su *inconfortabilidad* acerca de la situación de enunciación —sea por su artificialidad, sea por la realidad tecnológica que supone, por el *dépaysement* que la exposición continua establece, etc. La constante justamente de estos tres documentales es la construcción de un personaje historiográfico, que se sabe tal y que se siente enajenado (desfasado, fantasmático) en relación al *être/Sein* que resulta. Y en este *malestar* Derrida expone una voluntad, un carácter de *ser-cada-vez-mío* (Heidegger, 1997: 42) (de "être-chaque-fois-à-moi", en la traducción de Vezin [1986: 74]), y "ser-cada-vez-mío quiere decir estar entregado a sí mismo como propio [*Übereignetheit*]" (Heidegger, 1997: 52). El *Derrida de película* ilustra, en la problemática constante de que lo visual *hable de filosofía*, el *dictum* heideggeriano: "Das Sein, *darum* es diesem Seienden in seinem Sein geht, ist je meines. Dasein ist daher nie ontologisch zu fassen als Fall und Exemplar einer Gattung von Seiendem als Vorhandenem" (1967: 42).[1] Cómo se puede generar una integridad a partir de este *ser-cada-vez-mío* es una constante del *Derrida de película* y por qué ese ser-sólo-mío-en-el-ser-ahí conduce indefectiblemente (caída, *Fallen*, *Verfallen*) al ejercicio del pronombre personal en primera persona, son dos aspectos en lo cual los filmes giran siempre en redondo o, para decirlo en términos derridianos, reenvían constantemente a las trazas de lo escrito (*traces*): "Das Ansprechen von Dasein muß gemäß dem Charakter

1 Traduce Rivera: "El ser que está *en cuestión* para este ente en su ser es cada vez el mío. Por eso, el *Dasein* no puede concebirse jamás ontológicamente como caso y ejemplar de un género del ente que está-ahí" (1997: 51–52).

der *Jemeinigkeit* dieses Seienden stets das *Personal*pronomen mitsagen: »ich bin«, »du bist«" (Heidegger, 1967: 42).[2]

De manera que *hablar de filosofía* en los filmes es el cuestionamiento que se convierte en tres instancias: el *être/Sein* que *está en cuestión*, el *être/Sein* que se refiere a *la cuestión* y el *être/Sein* que ejercita en la narración fílmica *la cuestión*. Toda la producción fílmica en donde Derrida hace de sí mismo, de *su* sí-mismo, un argumento, se halla atravesada por esta triple situación. Y que, en referencia a Heidegger, podemos resumir en la noción de *Jemeinigkeit* (mismidad, mío-mismo, "ser-cada-vez-mío" [Rivera, 1997: 42], "être-à-chaque-fois-à-moi" [Vezin, 1986: 74]).[3] Y estos momentos de cuestionamiento, por parte de Derrida en los filmes (o de la otredad que le reemplaza, como en el filme de Virginie Linhart y Benoît Peeters), constituyen, en definitiva, "la pregunta por el sentido del ser" en términos cinematográficos y la razón por la cual los directores respectivos del filme

2 Traduce Rivera: "La referencia al *Dasein* —en conformidad con el carácter de *ser-cada-vez-mío* [*Jemeinigkeit*] de este ente— tiene que connotar siempre el pronombre *personal:* 'yo soy', 'tú eres'" (1997: 52). Y la traducción de Vezin es más clara aún en relación al argumento: "Pour aborder le Dasein il faut, compte tenu du caractère *d'être-chaque-fois-à-mois* de cet étant, en passer toujours par le pronom *personnel* et dire: 'je suis', 'tu es'" (1986: 74).

3 Sostiene Heidegger: "Das Ansprechen von Dasein muß gemäß dem Charakter der *Jemeinigkeit* dieses Seienden stets das *Personal*pronomen mitsagen: »ich bin«, »du bist«" (1967: 42). Traduce Rivera: "La referencia al *Dasein* —en conformidad con el carácter de *ser-cada-vez-mío* (*Jemeinigkeit*) [ser-cada-vez-mío quiere decir estar entregado a sí mismo como propio (*Übereignetheit*)] de este ente— tiene que connotar siempre el pronombre *personal:* 'yo soy', 'tú eres'" (1997: 42). Nótese cómo "dieses Seinden" resulta en "ente" y cuya relevancia no nos cansamos de repetir. Agrega Heidegger: "Die beiden skizzierten Charaktere des Daseins: einmal der Vorrang der »existentia« vor der essentia und dann die Jemeinigkeit zeigen schon an, daß eine Analytik dieses Seienden vor einen eigenartigen phänomenalen Bezirk gestellt wird" (1967: 53). Traduce Rivera: "Los dos caracteres del *Dasein* que hemos esbozado, la primacía de la '*existentia*' sobre la *essentia* y el ser-cada-vez-mío, indican ya que una analítica de este ente se ve confrontada con un dominio fenoménico *sui generis*" (1997: 43). Como puede observarse, la noción de "ente" alcanza aquí al centro conceptual mismo de *Sein und Zeit* y, sin la cual, ninguna *comprensión* será posible para los traductores en castellano.

no "editaron" esas escenas de *incomodidad* y las mismas aparecen *como parte* del filme.

Cómo y por qué hay una cuestión antes de *la cuestión* por el ser, por el sentido del ser a partir de la pregunta: ¿qué era/es Derrida antes del filósofo, antes del personaje historiográfico? o, asimismo, ¿cuál es el Derrida que está detrás del filósofo, del personaje público?: estas son variantes cinematográficas de la pregunta por el significado del ser (*der Frage nach dem Sinn von Sein*), es decir, por la manera de construir un presente en tanto presencia y por la bondad (o maldad) de emplear la interrogación como método privilegiado de investigación (*Frage* [Heidegger], *enquête* [Derrida], *interrogation, inquiery*) del ser en cuanto determinante de lo especulativo. La frontera entre la banalidad en la *commoditisation* de lo biográfico y la *gravitas* de la pregunta por el sentido del ser es una frágil línea que amenaza todo el tiempo los filmes.

Que la postura filosófica clásica acerca de *la cuestión* constituye en el fondo *una afirmación* es uno de los aspectos que anima la cuestión de la cuestión que propone Derrida y es aquello que permite también entender el grado de *incomodidad* que a menudo aparece en los documentales. El *gesto derridiano* interroga a lo fílmico de manera equivalente a cómo interroga la institución filosófica (la institucionalización de lo filosófico: "nos institutions philosophiques" [1972a: 14]) a partir de la escrituración. En los documentales Derrida, en cuanto personaje, trata de *ilustrar* la cuestión de la cuestión, trata de *realizar visualmente las trazas de la escrituración*. Desde esta perspectiva el "être-dans-l'espace" (*ein eigenes 'im-Raumsein'* [1990a: 37]) y el ser/estar-en-película constituyen el mismo desafío: ¿de dónde proviene la *consistencia* (en tanto *Dichtigkeit,* pero también en tanto *Beständigkeit*) que estos medios (la escritura, la imagen) vehiculizan? Y la pregunta no es pregunta, sino una estrategia para llegar a otra cosa, a la significación cierta desde la cual estamos obligados a partir: "Au moment où nous posons l'ultime question, c'est-à-dire quand nous interrogeons (*Anfragen*) la possibilité de toute question, à savoir la parole, il faut bien que nous soyons *déjà* dans l'élément de la parole" (Derrida, 1990a: 115).[4]

4 Traducción del autor: "Al momento donde formulamos la última cuestión, es decir cuando interrogamos (*Anfragen*) la posibilidad de toda cuestión, a saber la palabra, es mejor que seamos *ya* en el elemento/medio de la palabra".

Esto es lo dado, la caída (*Verfallen*) o el arrojamiento/tiramiento (*être-jeté, Geworfenheit*, ser-arrojado/estar-arrojado). Y de allí la necesidad de nombrar lo supuesto, lo aquiescido, la *Zusage*: "Cette promesse, cette réponse qui se produit *a priori* en forma d'acquiescement, cet engagement de la parole envers la parole, cette parole donnée par la parole et à la parole, c'est ce que Heidegger nomme alors régulièrement *Zusage*" (Derrida, 1990a: 115).[5] Y de allí que la relación entre continuidad de la conciencia y pensamiento haya sido asegurada a partir del gesto pedagógico de la interrogación, como Derrida ilustra en la cita de *Unterwegs zur Sprache* (1950–1959 [1985]): "De qua façon-nous l'expérience (*Was erfahren wir*), quand nous méditons (*bedenken*) assez cela même ? Que le questionnement (*Fragen*) n'est pas le geste propre de la pensée (*die eigentliche Gebärde des Denkens*) [le mot *Gebärde*, geste et gestation, est lui-même un thème de méditation ailleurs, p. 22], mais — l'écoute de la *Zusage* de ce qui doit venir à la question" (Heidegger, 1985: 175 ; traducción modificada por Derrida: 1990a: 115).[6]

El *Derrida de película* funciona en la misma dirección: Derrida desmiente aquello que la cámara pretende asegurar. La des-figuración, el desmontaje, el des-membramiento, son gestos más proliferantes y corrientes, en la construcción de un sentido especulativo en los documentales, que el gesto interrogativo en sí de la tradición filosófica europea.

Haber privilegiado en el *être/Sein* el *étant/seiende* (estando/siendo, siendo/estando), el participio presente, es la perspectiva que Derrida, como ya vimos, en la herencia de Heidegger, indica como característico de *la cuestión*. Por qué el siendo, el estando, son la realización más eficaz de lo especulativo o, mejor dicho, de la construcción de lo especulativo en torno a la cuestión en donde lo especulativo es lo determinante del concepto

5 Traducción del autor: "Esta promesa, esta respuesta que se produce *a priori* en forma de aquiescencia, este compromiso de la palabra hacia la palabra, esta palabra dada por la palabra y a la palabra, es eso que Heidegger llama regularmente *Zusage*".

6 Traducción del autor a la versión de Derrida: "¿De qué hacemos nosotros la experiencia (*Was erfahren wir*) cuando meditamos (*bedenken*) con suficiencia ello mismo?. Que el cuestionamiento no es el gesto propio del pensamiento (*die eigentliche Gebärde des Denkens*) [la palabra *Gebärde*, gesto et gestación, es ello mismo un tema de meditación en otra parte, p. 22], sino la escucha de la *Zusage* de aquello que debe venir a la cuestión".

de hombre, de hombre-en-tanto-ser-estar-pensante: tal es la cuestión de la cuestión. En el filme de Dick y Kofman (2002) esta instancia de "deconstruir" un sentido del ser/estar, en tanto continuidad gramatical del presente, en tanto continuidad garantizada por la escrituración, aparece todo el tiempo: Derrida es/está por su escritura, el Derrida de película es ilegible, sino no es/fuese por la traza de Derrida, para decirlo en términos del propio autor.

Haber privilegiado la presencia del presente como modalidad del tiempo de la interrogación del *être/Sein* es una situación de la que la tecnología que entendemos como cinematografía ha asimismo llevado a un extremo —de allí también la incomodidad de Derrida en los documentales con el *encuadramiento* que la misma exige a sus participantes (exposición, interrupciones, etc.). La autoridad de la interrogación ("du geste questionant": Derrida en Dick y Kofman [2002]) supone en los documentales una condición o condiciones ("afirmation première"), una aquiescencia sin la cual *la cuestión* no puede significar. Aquello que Derrida en su escritura pone en cuestión, rechazando toda "ayuda" de la ontología, aparece como *afirmación* del encuadramiento en el *Derrida de película*.

El asunto de la traza ("la trace") (sobre la escritura/de la escritura) que Derrida (1967a) ha tratado se convierte en cuestión justamente por la relación con esta cuestión de la cuestión, en tanto crítica, de la manera clásica de interrogar el sentido de la pregunta por el ser (y la pregunta por el sentido del ser). Y que se resume en la condición no-presente de la presencia —y razón por la cual, además, como ya argumentamos, la obra de Derrida presenta una oportunidad inmejorable para afrontar los términos de la especulación en los ámbitos periféricos. Esta "otredad" que Derrida explora, en tanto medio de acceso, a la construcción de un presente en términos de inteligibilidad especulativa, es aquello que asimismo ha determinado, prácticamente desde la aparición misma de las colonias (en tanto *Entdecktheit*, en tanto establecimiento de un *étant/seienden* en relación a un territorio y a una *grammatisation*, en tanto "être-découvert" en la historiografía de la pregunta por el siendo/estando), la fundación de lo local en términos periféricos (§ 46). "La pensée de la trace" ameniza la aparición de *autrui* (la otredad en cuanto tal, en tanto un sí-mismo o una variante de sí-mismos), es decir, la escrituración, también en los ámbitos periféricos, constituye una vehiculización inevitable de constitución de lo especulativo al mismo tiempo que se elabora la figura, el fantasma, de lo ajeno, de lo extranjero. Y en este sentido también se comprehende la dimensión "globalizante" (el mundanar, *Welten*, *Weltlichkeit*) que tiene la tecnología, la *Gestell* para decirlo con los términos de Heidegger. Y por lo mismo también se comprehende aquí por qué la *der Frage nach dem Sinn von Sein* de Heidegger, el *qu'est que?* de Derrida, se transforman malamente en las colonias en un *¿Qué es la filosofía?* (§ 40) que, en realidad, por las paradojas de la institucionalización filosófica colonial, reenvía, manda, a *la cuestión* que incluso el propio Heidegger criticaba y quería "destruir" (*Die Aufgabe einer Destruktion der Geschichte der Ontologie*).[7]

Safaa Fathy (*D'allieurs, Derrida* [Paris: Gloria Films productions, 64 minutos]) produjo en el año 2000 el primer *full lengt documentary* en torno a Derrida. Derrida es el narrador de Derrida: "yo soy el material" asegura al inicio del film, irónico, descolocado. Y esta incomodidad expresada como afirmación surge como discontinua en relación con la idea de elaborar el pasado biográfico en torno a una "pérdida de identidad" y a una ausencia de *moi* ("la posibilidad 'imposible' de decir *moi*": 2000, 31 min 50 s). Esta situación es aquello que podríamos indicar como la *melancolía* derridiana: una gesta signada/traceada por una interrogación de algo que se halla por lo que no se encuentra: "soy un producto colonial, pos-colonial de las colonias francesas" (2000: 06 min 00 s/07 min 50 s). Situación que por otra parte, como experiencia intraducible de tiempo, es *la condición del animal* en los términos ya comentados. La especulación, si tenida en su relación a un *je-moi* que es *être*, por *défaillance*, por defecto,

7 Valga como ejemplo el ciclo que la Facultad de Filosofía y Letras de la Universidad de Buenos Aires esponsoriza a partir de su canal YouTube bajo el nombre, justamente, de "Ciclo '¿Que es la filosofía?' ", agosto 2017, disponible en <www.filo.uba.ar>. La condición alternativa con que se presenta el ciclo, no sólo es sorprendente, sino también lo es la manera en que se confunde ilusionismo tecnológico como radicalización epistemológica. Como si *haciendo la pregunta*, de esa manera, por ese medio, nos acercáramos más a la verdadera problemática de definir lo local. Los ejemplos observados acaso confirman este encuadramiento: todos dirigen la filosofía hacia un localidad que no es otra cosa que una forma colonial de la metafísica ya criticada por Heidegger como retrógrada en 1927. Véase por ejemplo la intervención del profesor Enrique Dussel, el 18.08.2015, disponible en <www.youtube.com/watch?v=_dVFx-1NARBA>, accedido el 12.02.2017.

por su *quête* de presente/presentismo y de inteligibilidad, constituye la prueba heideggeriana que Derrida elaboraría más tarde: el *Dasein* es una evolución del concepto de hombre, mejor dicho, el *Dasein* es la aparición de una nueva forma de relacionar el *je-moi* al *être/Sein*. Y, bajo estas condiciones, es entendible que la percepción de Derrida sea completamente colonial: los lugares son expropiados, reapropiados, apropiados, desafectados, reafectados y el mundanar (*Weltlichkeit*) es transitoriedad, lugar de paso, precariedad, préstamo (2000: 09 min 05 s/10 min 55 s). Y por lo mismo Derrida sostiene que la configuración de una cultura (de la periferia, de Argelia, de su infancia, de El Biar) es una reflexión en conjunto "del oasis, de la aporía, del no-camino, de la hospitalidad" (2000: 49 min 00 s). Y también por lo mismo Derrida sostiene que es necesario pensar en conjunto la espectralidad, el fantasma, lo *révenant* (los idos, los mal-regresados, los nunca vueltos), la multiplicidad de voces, los aparecidos, la obsesiones, el retorno de lo excluido, reprimido, cancelado, y, al mismo tiempo, la muerte violenta, la represión, las diferencias políticas, sociales, sexuales. Derrida está repensando aquí los límites de lo filosófico europeo.

Hay precisamente en el documental un salto, una discontinuidad (*Fallen, Verfallen*) que conduce de la pérdida de relación del *je-moi* con el *être/Sein* a un intento de inteligibilidad del *être/Sein* a partir de la escrituración de la contemporaneidad (*Aktualität*), como si la entidad de ciertos argumentos tuviesen la capacidad de explicar por sí mismos la existencia del *étant/seienden*: nada más alejado de Derrida. La "expérience-de-soi" es siempre política, responde Derrida en el mismo documental (2000: 1 h 01 min 50 s/1 h 02 min 14 s). Y la violencia es su materia rectora: por ello Derrida se muestra perturbado por la idea que el significado de toda una continuidad (memoria, obra) pueda corromperse a último momento por un error, por una debilidad, por un fallo (2000: 1 h 04 min 10 s/1 h 05 min 20 s). Y por ello mismo es allí donde Derrida reflexionaba como Europeo y confunde la muerte con la violencia: la muerte es un concepto que pertenece a la perspectiva ontológica (*Geschichte der Ontologie*), la violencia es la inmediatez realizada por la *mise-en-abŷme* del mundar/mundanar (*Weltlichkeit, Welten*), un "sinistre passage" para decirlo con el propio Derrida (1990a: 75). "Moi, ce signe" (2000: 1 h 07 min 00 s) debiera ser en definitiva el título de este documental.

Kirby Dick y Amy Ziering Kofman (*Derrida*, Jane Doe Films/Zeitgeist Films, 2002, 86 minutos) dirigieron en 2002, el que probablemente haya sido el documental que mayor popularidad y alcance obtuvo con Derrida en vida. El documental tiene una continuidad narrativa dada por un *lector mujer* que por una parte realiza *aclaraciones* biográficas y, por la otra, recita extractos de los libros traducidos al inglés de Derrida. La idea que existe una *dimensión privada* del autor que explica sus escritos se halla persistente en todo el film, pero, curiosamente, el personaje Derrida la refuta en todo momento. En particular cuando, en la escena que está con su mujer (Marguerite Aucouturier), sostiene abiertamente que no realizará comentarios de su vida privada en público: "Usted no obtendrá gran cosa de nosotros" (2002, 29 min 38 s). Derrida en este documental dice cosas y dice cosas sobre la manera de decir de quienes llevan adelante el documental. Cuando Derrida hace referencia a una "machine d'archivation" [máquina de archivación], que es como llama al *filming* en el documental, está sin querer realizando dos tareas. or un lado está *corrigiendo* su lugar en el documental (hecho que repetirá en constancia durante todo el film) y, por otro lado, más relevante aun, está indicando las fuentes tecnológicas que sostienen al *Dasein* como concepto de reemplazo del ser-tradicional (el *être/Sein* en tanto *étant/seienden*, siendo/estando): la ausencia de una *donnée naturel* es justamente aquello que conduce a Heidegger a la cuestión de la cuestión (2002: 14 min 20 s/15 min 00 s) y que, no por casualidad, Derrida mismo en el filme asocia a la necesidad, en el contexto de la deconstrucción, de no tratar de "naturalizar" aquello que es artificial (14 min 50 s) (Derrida habla precisamente, en este sentido, como André Leroi-Gourhan, de "gesto"). La ilustración insuperable de esta situación es el pasaje en donde aparece una imagen de Derrida hablando, pero sin voz, y que el sonido que se oye es en realidad una lectura de la narradora de un escrito en inglés del libro de Derrida sobre Paul de Man (*Mémoires – Pour Paul de Man* [1988]) (2002: 15 min 04 s/16 min 15 s). Este Derrida sin voz es el *exemplum* de la claudicación epistémica (pérdida de escala epistemológica) de este filme en relación con los escritos, los libros, de Jacques Derrida: la *trace* Derrida es la significación por ausencia del *Derrida de película*. Derrida es un documental que exhibe, muestra, cómo la tecnología constituye una *preparación a la verdad* en términos de la ἀλήθεια (*aletheia*: no como cuestión-de-verdad, sino como *Verborgenheit*, "voilement", como descubrimiento de lo ausente-que-hace, que significa). Cuando Derrida, al sostener que lo están filmando vestido, cuando en realidad él por las mañanas está siempre en pijama (2002: 19 min 24 s), está indicando esta situación de artificio voluntario como forma de fabricación de sentido, como exteriorización, que conduce a *la cuestión* pero no a la cuestión de la cuestión: es el "gesto naturalizante" al que hacía referencia con anterioridad. Y que, tampoco por casualidad, presenta el asunto de la temporalización del mundanar (*Geschichtlichkeit*, historialidad) como elemento determinante en la concepción del *être/Sein* (2002: 1 h 18 min 06 s).

En *Derrida*, ante la afirmación, por parte de una periodista de televisión que lo entrevista, que *Seinfeld*, una popular *Sitcom* norteamericana de entonces, habría sido realizada en base a los principios de la "deconstrucción", Derrida responde: "Deconstruction, as I understand it, doesn't produce any sitcom. If sitcom is this, and people who watch this think deconstruction is this, the only advice I have to give them is just stop watching sitcom, do your homework, and read" (2002: 58 min 05 s/58 min 50 s).[8] Estos son los malentendidos inevitables a que induce la tecnología y la incomprensión, visible en el gesto de Derrida sobre el particular, y que, más allá de su tajante respuesta, expone hasta qué punto el propio Derrida no evaluaba la dimensión de la técnica como tal en relación a lo especulativo, es decir, hasta qué punto el *étant/seiende* no es afectado, más que por la cuestión de la cuestión, por la injerencia directa de la técnica, por la manera en que, para decirlo en términos de Stiegler (2015), las "protensiones terciarias" automatizan la formulación del *moi-même* (§ 41) y, por ende, la concepción de la forma en que lo especulativo se vincula con lo posible en términos del ahora (§ 32) y en relación con una presencia en el presente (la formulación del *Dasein*, desde esta perspectiva, no es reversible). La respuesta de Derrida no tiene que ver con su conceptualización filosófica, sino con su concepción del significado del trabajo filosófico como tal, es decir, Derrida es transportado por la entrevistadora (la cual no se percata) a un dominio

8 Traducción del autor: "Deconstrucción, tal como yo la entiendo, no produce ninguna sitcom [telenovela, culebrón]. Si sitcom es esto, y la gente que mira *Sitcom* piensa que deconstrucción es esto, el único consejo que tengo para dar a ellos es solo dejar de ver *Sitcom*, hagan su trabajo y lean".

de la técnica, a la *Gestell*, al encuadramiento tecnológico de su que-hacer. De allí también su incomodidad.

En *Derrida* el *Derrida de película* muestra, muy a pesar de los realizadores del film, que la palabra, su garantía, su significación e inmediatez, es tener un punto de ceguera, un *blind spot*: "toute parole est un aveuglement" [toda palabra es un enceguecimiento] (2002: 1 h 02 min 36 s). El documental es un tratado de esta situación: es decir, de cómo el *Derrida de película* dice aquello que el documental anihiliza. Y por ello Derrida lleva aquí su *cuestionamiento* al extremo: "Je distingue toujours la pensée de la philosophie" [yo distingo siempre el pensamiento de la filosofía] (2002: 1 h 07 min 15 s). La *cuestión periférica* debiera tener esta constatación como punto de partida.

Virginie Linhart y Benoît Peeters (*Jacques Derrida, Le courage de la pensée*, Arte France et Morgane, 53 minutos) dirigieron en 2014 el más reciente documental, a diez años de la muerte del autor. Más que un documental, este filme es un programa televisivo realizado para un canal cultural y temático (Cadena Arte). Derrida es aquí una traza (*traces*) en sentido literal: el programa se divide en su línea temporal entre una voz narrativa (en donde se alternan una voz de mujer [*off-voice*] y una voz de hombre ["yo soy Derrida"]) y un grupo de autores que podríamos asociar bajo el lema de *los otros Derrida* (Balibar, Cixous, Sollers, Bianco, etc.). El filme en definitiva es un diálogo entre los dos narradores (el narrador *en-off* propiamente dicho y la voz masculina que sugiere "yo soy Derrida") y los otros Derrida. *Jacques Derrida, Le courage de la pensée* ha sido concebido como un trabajo de la otredad, de aquello que en ausencia define a Derrida: la *démarche* biográfica de Dick y Kofman aquí interesa menos, predomina el tono póstumo del fin. En este sentido el *Derrida de película* ya existe porque hay un *autrui* que puede hablar de él sin él. Y es bajo estas condiciones *tecnológicas* que constatamos que el *Dasein* ha evolucionado, que no es reversible: la construcción conceptual es una *relation autrui*, la concretización conceptual que supone el *Derrida de película* se realiza a partir de la otredad (en los términos de *Le monolinguisme de l'autre* [1996]). El filme *también* muestra al *Derrida de película* en términos de *marketing*, de negociación constante de valores simbólicos —lo cual es consecuente con lo anterior: es la maquinización, la automatización, que genera la tecnología aquello que determina en gran medida el *Derrida de película*.

El narrador masculino ("Yo soy Derrida") lee un escrito al tiempo que se muestran las páginas del libro de donde proviene dicho escrito, coincidiendo la imagen de la página que se exhibe con la línea que se lee (2014: 06 min 05 s/07 m 01 s): es la traza-en-doble (la *archi-trace*) del *Derrida de película*. Y es la extrema-unción del método ya empleado por Dick y Kofman (2002): es el espesor monumental, la posteriorización no ya de Derrida, sino del *Derrida de película*.

La otredad que aparece en este filme es interesante porque aporta y ameniza el colonialismo, el "chemin colonial" [camino colonial] como le indica Helène Cixous (2014: 07 min 12 s). En esta otredad del filme aparece claramente la distancia colonial, evento que no siempre es así de claro en los libros de Derrida. En el filme, Derrida es un filósofo de la filosofía "escrita en lengua francesa" y también "un filósofo francés nacido en Argelia" (2014: 27 min 10 s). Que Derrida fuese un "filósofo francés de origen argelino" no dice mucho acerca de cómo y por qué la cuestión de la cuestión define la conceptualización derridiana. Aquello que, por el contrario, es determinante en la manera que el *Derrida de película*, en tanto transitividad, en tanto *étant/Seiende*, conflictúa el *être/Sein* Derrida, es el hecho que Derrida no era un filósofo "francés", sino un filósofo que escribía en lengua francesa. La "Nostalgérie" [juego de palabras en francés que une "nostalgia" con "Argelia"] (*Le monolinguisme de l'autre* [1996: 86 y 113]) es en el filme el inicio de un concepto filosófico: y es precisamente en estas situaciones en donde la obra de Derrida puede ser leída como un animador de la especulación en los ámbitos periféricos o, cuanto menos, como un *facilitador inicial* en un proyecto de determinación de la misma.

Etienne Balibar está en lo correcto cuando sostiene en el filme que la deconstrucción, en cuanto concepto, responde a una variedad no sólo vinculada a la lógica interna del sistema-Derrida o la *commoditisation* del mismo, sino también a la dinámica de la llamada *French Theory* en USA. De manera que la *différence/différance* expresaría mejor localmente la variedad y complejidad de la pregunta acerca del sentido del ser, que con nociones tradicionales como la de "contradicción" (2014: 37 min 35 s). Y también por el hecho, aunque esto Balibar no lo dice, que la *Destruktion* (*Destruktion der Geschichte der Ontologie*: Heidegger, 1967: 19), que se halla en la deconstrucción, a la que la deconstrucción respondería, permitiría dar cuenta de la violencia como un elemento coetáneo a la especulación misma en las sociedades contemporáneas.

El Derrida de las películas no tiene mediación. A diferencia de sus libros, a cuyos argumentos se llega luego de superar innumerables obstáculos, el *Derrida de película* está disponible para todos, no sólo por la vehiculización de Internet, sino porque nos habla *a nosotros*, en un lenguaje cotidiano. El *Derrida de película* podría ser el vecino de cualquiera, en cualquier país. Pero la cuestión que aquí nos interesa es que el *Derrida de película* existe porque hay *otro Derrida*: el de los libros, el de París, el que escribe en francés, el que conceptualiza (§ 10). El Derrida de París como *être* está siendo/estando por su *étant*, por el Derrida de película: el malentendido de la tecnología es justamente que observando el Derrida de las películas todo el mundo piense poseer/tener el Derrida de París, más aun, el Derrida último, íntimo, de Ris-Orangis, del Hameau de la Roche, del que se cuenta cómo arma y monta sus escritos. Y nos encontramos así con un efecto revertido de la *trace*, como un desarrollo inesperado de la vehiculización tecnológica. La escrituración justamente como un reenvío hacia otra cosa: en la *trace* de los escritos de Derrida está ya/es el *Derrida de película* —algo que Derrida nunca hubiera imaginado de esta manera justamente porque, como señala Bernard Stiegler, la tecnología no era parte de lo especulativo.

El *Derrida de película* tiene tres instancias, igualmente derridianas, tres dimensiones que atraviesan toda su filmografía, incluso la de los pequeños extractos perdidos en YouTube y cuya recolección está aún por efectuarse. El *Derrida de película* aparece de tres maneras o, mejor dicho, el *être* Derrida tiene tres formas especulativas en el *Derrida de película*: el "être-là", el "être *là*" y el "*là* de l'être" (1972c: 150). El ser-ahí, el ser de ahí y el ahí del ser: es sólo la conjugación de estas tres instancias aquello que genera la dimensión epistémica adecuada, eso que indicamos como escala epistémica. Y es también a partir de aquí que la *cuestión periférica* encuentra lugar, puede espaciar.

El ser/estar del *être* del Derrida de las películas es un "être" genérico: su transliteración no afecta el significado inmediato de las imágenes. Dicho de otra manera: al traducir *être* no necesitamos aclarar los límites ya indicados respecto del ser/estar, etc. ("ser" en tanto concepto), sólo escribimos "ser" (en tanto palabra) porque el significado está en otro sitio, en otro lugar (§ 16). Y justamente por esta lejanía, por esta *otredad*, es que la traducción funciona *ad litteram* —como por otra parte es habitual en el cine cuando la referencialidad simbólica del filme proviene de la escritura o de su valor, como es el caso para el *otro Derrida* que, en tanto fantasma, autoriza al *Derrida de película* (§ 45). Por lo mismo traducir las comillas o las itálicas de los escritos de Derrida en el filme —en aquello por lo cual la filmografía podría expresarse *en* los libros— carece de propósito. De manera similar a cómo, a partir del mismo mecanismo, podríamos decir que *Dasein* es traducible por ser-ahí o el ahí-del-ser sin necesidad de itálicas, comillas o aclaraciones (§ 34). Porque —y he aquí *también* la "doble sesión/atención/consulta" (*double séance*) (1972c: 88)— el sistema conceptual que atribuimos a Derrida, el sistema conceptual que llamamos Derrida, es el *otro Derrida*, el de los libros, el de la escritura con itálicas, el del *être de l'étant*, pero también el *Derrida de película*, el de las hesitaciones, el que viaja, el que habla. El *otro Derrida* es la escritura del ser en-siendo, el *Derrida de película* es la escritura del ser en-mostrando. El *otro Derrida* es un ser del estoy-aquí, el *Derrida de película* es un ser del soy-el-que-ven hablar, decir, gesticular, conducir, viajar y *escribir escribiendo*.

Elegir asimismo escribir "ser", pero mantener la otredad irresuelta del *être/Sein* es parte de la transliteración y, como diferencia de una posibilidad de "traducción" a otra, es también diferancia. Como cuando Derrida (1990a) se refiere a la *Geist* en Heidegger y tiene que interpretar y significar las comillas, el encomillamiento de la palabra. El encomillamiento es parte de toda transliteración, justamente, porque la escritura a veces muestra cosas que aún no logran un significado, que llevan su tiempo, que buscan su variante, como la "a" de Derrida en su "diferancia".

La realización del ámbito periférico *no se dice* sino que se construye, no se esencia (*Wesen*) sino que se existencializa (*Ek-sistenz*), para decirlo en los términos de *Sein und Zeit*. Lo periférico como cuestión no se estipula como el "être d'un étant" (en tanto *Wesen*), sino más bien como durabilidad (*währen*), permanencia, *endurance*, de un habitar (*Heimatlichkeit*). Si lo *existenziel* (la concreción de lo viviente en su contenido [*Wasgehalt*]) —como actividad óntica referida a un *Dasein* en particular y a su comportamiento en la vida cotidiana— es comprendido por Heidegger diverso de *Existenzial* —en tanto relación privilegiada del *Dasein* respecto del *être/Sein*— es justamente, en los ámbitos europeos, por la imposibilidad de referir *la cuestión*, sino a través de la cuestión de la cuestión. Y, por lo mismo, en los ámbitos periféricos, tal distinción es supeditada a la *Ek-sistenz*, es decir, a la relación del *Dasein* a lo abierto ("l'exposition à la dés-occultation de l'étant comme tel": F. Dastur, *Heidegger et la pensée à venir* [2011, 61–62]), en definitiva a la espacialización (Derrida, 1990a: 164) —lo cual, en este sentido y como demuestra Derrida, es parte del "étant de l'être" (en tanto *In-der-Welt-sein*) por el cual el *Dasein* se puede escribir como problema, en definitiva, como cuestión.

La realización del ámbito periférico es el establecimiento de la *cuestión periférica*, de sus derivas, de sus bifurcaciones, de su formulación historiográfica, pero en ningún momento por un arreglo definitorio de lo existente-como-dicho (*Existenzial,* existencial) sino del existiendo-como-tal (*existenziel,* la consistencia de lo viviente), por el hecho que un concepto, una conceptualización, implica un imaginario, una acumulación, una temporalización, un transcurso y una teoría del error (*versehentlich Theorie*). "Versehen" es desempeñar, ejercer, pero también equivocarse: la inadvertencia del error, el descuido del error, *versehentlich*, su teorización, su "en teoría", *theoretisch,* "en-teorización", *theoretischkeit.*

La teoría del error es en los ámbitos periféricos el equivalente de la inautenticidad (entendida como *uneigentlich* [impropio], pero también como *Missverständnis* [desconfianza, mal-entendido]) en *Sein und Zeit*, cuanto menos por el hecho que no constituye un "error", como tampoco algo inauténtico, sino un *estado* de equivocación (en el sentido de *wechslung*, pero también como *Doppelsinn* [equívoco]) así como un estado de inautenticidad (en el sentido de *unecht*). Reducir el error a "equivocación" es no haber comprendido (*falsch Verstehen*). La "negatividad", como también afirma Derrida respecto del *Dasein*, no es tal, sino una condición de dispersión (*Zerstreuung*) (Derrida, 1990a: 169). Los ámbitos periféricos, en relación a *la cuestión*, se hallan colonizados al extremo por esta situación de "negatividad" del siendo/estando: ideología, política, Estado, administración, entre otras, son manifestaciones todas de este *expresionismo*.

El *Derrida de película*, por razones no conceptuales, sino, paradójicamente, por la *commoditización* del conocimiento, expone una situación en los ámbitos periféricos que se deriva de la manera en que el colonialismo ha determinado la localidad de lo local: no hay manera de leer, entender, traducir o comprehender, Heidegger, en los ámbitos periféricos, si no es *a través* de sus traducciones francesas y, sobre todo, a partir de cómo, cuándo y por qué, Derrida ha iniciado su largo diálogo con el autor de Friburgo. Heidegger, en los ámbitos periféricos, sin la escrituración de Derrida, es *ilegible.*

El *Derrida de película* forma parte de la obra de Derrida, de su conceptualización, cuanto menos entendida en sentido historiográfico (*Begriffgeschichte*) y desde el ámbito periférico. Como veremos, *Heidegger als Filmografie* no sería el caso (§ 37). El *Derrida de película* es la explicación de los escritos de Derrida por aquello de más incomprensible, de dificultad, de recóndito. La incomprensión en la obra de Derrida viene de su dificultad y ella proviene de la lentitud que requiere. El *Derrida de película* viene a querer solucionar este problema, haciendo de *la cuestión* (*Heidegger et la question* [1990a]) una cuestión de la cuestión (video "What Comes Before The Question?", extractos no editados del filme *Derrida* de Dirk y Kofman [2002]) entendible para todos e instrumento de interpretación de aquello que escrito *no se entiende. Derrida de película* ejercita una pedagogía muda para la voz huidiza, evasiva, difícil, *vermeilen* de hecho, de Derrida.

§ 29. Civilidad, campo de refugiados, especulación

La *predisposición periférica* de Derrida habilita una lectura de Heidegger, como ya queda implícito de nuestros comentarios, que puede entenderse como principio de traducción primera: leer a Heidegger *a partir* de Derrida es considerar la periferia (ámbito, espacio) que para el propio Heidegger no existía, no tenía lugar, no era significante. Derrida significa esta ausencia de Heidegger: no es un asunto de ideología o un problema sociológico o biográfico, como no pocos analistas locales quieren aun creer a más de diez años de la muerte del propio Derrida. Nada más alejado de todo entendimiento de la conceptualización heideggeriana: no hay manera de transliterar (§ 6) el *heideggerismo* —y toda su relevancia historiográfica en el pensamiento europeo—, sino a través del trabajo sobre su conceptualización, es decir, no de "apropiación", sino de patrimonialización (§ 46). Lo cual viene a significar que toda reivindicación colonial, de ubicación periférica, requiere un trabajo ineludible en términos conceptuales por cuanto *la cuestión* —en tanto mecanismo básico del filosofar europeo, como bien sugiere Bárbara Cassin (2004)— no se asienta en perífrasis sociológicas, sino en una meticulosa construcción historiográfica (*Begriffsgeschichte)* (§ 26) y, sobre todo, en la fundación de un concepto alternativo, periférico, de especulación (§ 12, § 27).

En definitiva es la pregunta de Heidegger explicada por Derrida aquello que (lo cual, del que) la transliteración se ocupa: "Sur *quel* étant le sens de l'être devra-t-il être lu ...?" [¿sobre cuál estando/siendo el sentido del ser/estar debería ser leído ...?] (1990a: 151). Es el doble "être" [ser/estar] de la frase la determinación del *étant* [estando/siendo, siendo/estando]: el "être" como sentido, en su sentido, en tanto ser-siendo y el "être" como dirección de lectura, como significación, en tanto estar-siendo. La transliteración está/es en la escritura aunque no pocas significaciones estén/sean *in absentia*, en la "a" de la diferancia de Derrida, para decirlo de alguna manera (§ 21).

La disquisición en torno al estatus conceptual del *Dasein* es también la elucubración acerca de su transliteración en los ámbitos periféricos (§ 45): no una doble problemática, sino que es la misma la que escritura (escrituración) el concepto y la que significa su antes y después. No hay modo de comprehender la conceptualización del *Dasein*, desde la periferia, si no es a partir de la constatación misma de la espacialización (*espacement*) como elemento primario de la especulación: "*Erstreckung* nomme un espacement qui 'avant' la détermination de l'espace en *extensio*, vient tendre ou étirer l'être-là, de *là* de l'être *entre* la naissance et la mort" (1990a: 163).[1] El espaciamiento es la determinación primera de la especulación (§ 20), en la transliteración (§ 45) así como en la construcción e imaginación de lo desconocido por inesperado (*inattendu*), por desprevenimiento (§ 40, § 41). Por ello la cuestión de la cuestión, en la lectura del *Dasein* por Derrida, nos sitúa en condiciones similares a la "dispersión natural" de lo periférico inteligible, localizable, a partir del colonialismo: "Autre dépendance, autre possibilité —connexe et essentielle— de la dispersion originaire: la spatialité originale du *Dasein*, sa *Räumlichkeit*. La dispersion spatiale ou espaçant se manifeste par exemple dans la langue. Toute langue est d'abord déterminée par des significations spatiales (*Raumbedeutungen*)" (Derrida, 1990a: 164).[2]

Y por lo mismo es que sostenemos que la elucubración de lo especulable a nivel local no es escindible de la comprehensión de *la cuestión* y de la cuestión de la cuestión. Ello es lo irreductible del presente, de su presencia (*présense*): toda construcción especulativa es una presentación del presente en sentido de la cuestión de la cuestión (Derrida, 1972c: 117). Y en ello se halla su irreductibilidad local: "Son irréductibilité essentielle ne peut être élucidée hors de cette analytique existentiale du *Dasein*, de sa dispersion, de son historicité et de sa spatialité. Il faut donc en tirer les conséquences,

1 Traducción del autor: "*Erstreckung* nombra un espaciamiento que, 'antes' de la determinación del espacio en *extensio*, viene a tender o estirar el ser/estar-allí, *allí* del ser/estar *entre* el nacimiento y la muerte".

2 Traducción del autor: "Otra dependencia, otra posibilidad —conexa y esencial— de la dispersión originaria: la espacialidad original del *Dasein*, su *Räumlichkeit* espacial o espaciante se manifiesta por ejemplo en la lengua. La dispersión espacial o espaciante se manifiesta por ejemplo en la lengua. Toda lengua es en principio determinada por las significaciones espaciales (*Raumbedeutungen*)".

en particulier, pour le langage même de la analytique existentiale: tous les mots dont se sert Heidegger renvoient aussi nécessairement à ces *Raumbedeutungen*, à commencer par celui de *Zerstreuung* (dissémination, dispersion, distraction) qui nomme pourtant l'origine de l'espacement au moment où, en tant que langage, il se soumet à sa loi" (Derrida, 1990a: 164–165).[3]

Y la dispersión, como condición de lo realizable por el ser-estando, por el estar-siendo, de lo inteligible, es también un arrojamiento del ahora (§ 32), un ser-tirado/estar-tirado que algunos analistas locales indican con razón como la *herida colonial.* Estar/ser-tirado es una situación ínsita del *être de l'étant* expresado en un presentismo local (siendo-presente, estando-presente): "Et cette être jeté du *Dasein* n'est une jetée dans l'espace, dans le déjà là d'un élément spatial. La spatialité originaire du *Dasein* tient à la jetée" (Derrida, 1990a: 166).[4]

Bajo estas condiciones se comprende mejor el alcance del *défaut d'origine* del que habláramos con anterioridad como condición de todo inicio especulativo y que también suele indicarse como caída (*Fallen*, *Verfallen*), dispersión (*Zerstreuung, zerstreut*), *déchéance*, alienación (*Entfremdung*). Y, reunidos todos bajo la indicación de la dispersión, funcionan no sólo como estructura generalizante del siendo/estando, sino también como forma, como validación, de autenticidad (*Eigentlichkeit*) (Derrida, 1990a: 171): la dispersión como símbolo de certeza artística, de ingenio, de bondad local de los hallazgos, al momento mismo, no obstante, de adquirir un sentido de *integridad* soberana.

Y el habitante de esta condición, desde la *herida* hasta la integridad, constituye una individuación como refugiado: aquello que dispersa en

3 Traducción del autor: "Su irreductibilidad esencial no puede ser dilucidada fuera de esta analítica existencial del *Dasein*, de su dispersión, de su historicidad y de su espacialidad. Hay por tanto que extraer las consecuencias, en particular, por la lengua misma de la analítica existencial: todas las palabras de que se sirve Heidegger reenvía así necesariamente a sus *Raumbedeutungen*, a comenzar por esa de *Zerstreuung* (diseminación, dispersión, distracción) que nombra por tanto el origen del espaciamiento al momento donde, en tanto que lenguaje, se somete a su ley".

4 Traducción del autor: "Y este ser-tirado/estar-tirado del *Dasein* no es un tirarse en el espacio, en el ya allí de un elemento espacial. La espacialidad originaria del *Dasein* posee/tiene/procura/requiere el tirarse".

términos de *la cuestión* es, por el contrario, en los ámbitos periféricos, lo que reúne en términos de la cuestión de la cuestión que constituye su dominio nativo (§ 46).[5] Por ello también la urbanidad, toda forma clásica de civilidad, en términos coloniales como especulativos, es una provisoriedad. La renovación recurrente de la adscripción a *la cuestión* por parte de la mayoría de los analistas locales en la determinación de una noción de especulación asienta y confirma este urbanismo de campo de refugiados.

El refugiado tiene en prórroga permanente la espacialidad, las "significations spatiales (*Raumbedeutungen*) irreductibles" [significaciones espaciales irreductibles] (1990a: 171) se hallan interpeladas, la "apertura" de la cuestión de la cuestión es total por cuanto el vínculo entre especulación y declinación del ahora en el presente se hallan, justamente, en-cuestión: el presentismo es una ausencia —tal como las "ontologie regionales" [ontologías regionales] de las que habla Derrida al referirse a lo viviente (§ 20, § 36), de la animalización como forma de siendo-sin-ser, estando-sin-presencia (1990a: 168) (§ 14, § 41). El refugiado no tiene entidad (el *seienden* heideggeriano), sino *a través del campo*: el campo de refugiados, como espaciamiento, es el civilizando de los ámbitos periféricos y la interpelación, por extrema-unción, de la cuestión de la cuestión.

5 El reunir es aquí un colectar, el obtener (comparecer: *begegnen*; también en sentido de apropiación: "die Aneignung", "die Ereignung") un conjunto bajo los términos de la individuación (situar en disponibilidad: *die Verfügbarkeit*). Es como vemos la *ipseité*. Por ello, Derrida sostiene que "el s'agit de déterminer l'ipséité du *Dasein*, sa *Selbtheit*, son être-soi" (1990a: 158).

§ 30. Heidegger-a-la-mano

En el mostrarse humano, que es la condición incondicional del *Dasein* ("*Monstrer*, c'est montrer, et une *monstre* est un montre": 1990a: 182),[1] se halla la monstruosidad, una amenaza hacia un horizonte de expectativa (*horizon d'attente*) que re-escribirá/re-escriturará el presente: es la amenaza que revierte el *étant de l'être*, el *Sein* del *seienden*, porque justamente modifica la manera en que la presencia del presente es realizada. Y es la forma que adquiere el colonialismo en su expresión más extrema. Una amenaza entonces hacia un *descarte* que no puede acabar bien, pero que siempre colectiviza: "nous sommes un monstre, et singulier, un signe qui montre et avertit, mais d'autant plus singulier que, montrant, signifiant, désignant, il est privé de sens (*deutungslos*). *Il se dit* privé de sens, simplement et doublement monstre, ce 'nous'…" (1990a: 183).[2] Y este "monstruar" es en la periferia el anuncio de lo viviente como animalidad (§ 42).

El mostrarse (*montrer*) se confunde (en francés) con el monstruarse (*monstrer*): la monstruosidad es la extraña-extranjería (*unheimlichkeit*), aquello que en los ámbitos periféricos no está cerca ("nous sommes toujours près" [estamos siempre cerca]: 1990a, 192), sino que contradice como referencia imposible el "nosotros" de la localidad. Porque si "il y a, s'agissant de langage, d'image et de symbole (*Sinnbild*), una nature indestructible

1 Derrida realiza un juego de palabras en francés entre "montrer", mostrar, indicar, señalar y "monstre", monstruo. De manera que "Monstrer" sería "monstruar" entendido como un señalo, un muestro. Traducción de autor: "*Monstruar*, es mostrar, y un monstruo es un muestro".

2 Traducción del autor: "… somos un monstruo, y singular, un signo que muestra y advierte, pero tanto más singular que, mostrando, significando, indicando, se priva de sentido (*deutungslos*). *Él se dice* privado de sentido, simplemente y doblemente monstruo, somos 'nosotros'…".

de l' 'imagination nationale' (*Nationaleinbildungskraft*)" (1990a: 180),[3] entonces la monstruosidad es una constante de la *défaillande* [fallo, desmayo], del *défaut d'origine* [defecto de origen, situación de origen]. *Monstrer* (monstruar/monstruorizar), como veremos, es una deriva que se confunde asimismo con la animalización, con el animalismo (§ 36, § 42). Por qué la monstruosidad en lo humano reenvía a lo animal (lo animalesco, la animalidad-en-sí) es una constante pregunta (presencia-en-el-presente) en los ámbitos periféricos y que, en términos especulativos, no ha obtenido aún una argumentación convincente (§ 14, § 41).

Y, sin embargo, la industrialización tecnológica acarrea un problema, afecta *la cuestión*: la automatización, la proletarización de lo siendo/estando-humano (*l'être de l'etant*), por parte de la tecnología, no se vincula a grado animal o humano alguno, sino a sí misma, a su misma condición técnica, de evolución técnica. La concepción de lo humano sin humanidad, a partir de un artificio, eso de lo que el *Dasein* era, hoy lo comprehendemos ("le *Dasein* n'est pas l'*homo* de cet humanisme" [el *Dasein* no es el hombre de este humanismo: 1990a: 185), un bosquejo, afecta tanto a lo concebible humano como a la animalización/animalidad. El *signo vacío* que determina lo humano por monstruosidad, afecta por igual la humanización y la animalidad: "Nous sommes signe — montrant, avertissant, faisant signe vers mais en vérité vers le rien, signe à l'écart, en écart par rapport au signe, montre qui s'écarte de la montre ou de la monstration, monstre qui ne montre rien. Tel écart du signe au regard de lui-même et de sa fonction dite normale, n'est-ce pas déjà une monstruosité de la monstruosité, une monstruosité de la monstration?" (1990a: 183).[4]

La *entbergen/entbergung* (*dévoilement*: descubrimiento, develamiento) en términos del *étant/seienden*, del ser/estar en tanto *être/Sein*, de una

3 Traducción del autor: "Hay, tratándose del lenguaje, de la imagen y del símbolo (*Sinnbild*), una naturaleza indestructible de la 'imaginación nacional' (*Nationaleinbildungskraft*)".

4 Traducción del autor: "Nosotros somos signos —mostrando, anunciando, haciendo signo hacia pero en verdad hacia la nada, signo separado/descartado, en separación por relación al signo, muestra que se separa de la muestra o de la mostración/muestrario, muestra que no muestra nada. Tal separación del signo a la mirada de él mismo y de su función dicha normal, ¿no es ya una monstruosidad de la monstruosidad, una monstruosidad de la mostración/muestrario?"

monstruosidad es consecuente con la automatización de la conciencia y del proceso de individuación que, a largo plazo y en última instancia, supone la industrialización tecnológica. El "nous somme signes" [nosotros somos signos] (1990a: 183) conduce justamente a esta posibilidad del *étant/seienden*: la consistencia de un "nous" (nosotros, yo-nosotros) como signo, nos conduce a una condición de traza (*trace*) del *étant/seienden* de ese *être/Sein* (§ 16). Y esta situación tiene relación directa con los ámbitos periféricos por el hecho que en ellos la determinación del ser/estar, a partir de una concepción de lo especulativo, conduce a un siendo/estando (*étant/seienden*) que es significado por trazas (*traces*), en particular en *obligación* de producir un presente como presencia (participio presente) y de generar un mecanismo de elucubración que supere las determinaciones historiográficas de lo interrogativo.

La desaparición de lo humanizante en lo humano tiene también correspondencia con las manos como vehículo (utensilio, utensiliar: *Zeug, Zeuglichkeit*), no solo de humanización, sino de hominización. La construcción de la determinación artificial y tecnológica de lo humano es asimismo la pérdida del "pensamiento de la mano" ("la main est en danger": 1990a: 189) —la pérdida, también, de una *Zeugzusammenhang* (en tanto entramado [ensamble, ensamblaje] de útiles) en favor de un automatismo aportado por la *Gestell* (§ 41). No deja de llamar la atención que aquello que Leroi-Gourhan considera decisivo en la hominización de lo viviente en el planeta —es decir, la obtención de la posición erecta del cuerpo humano y la consecuente "liberación" de sus miembros superiores (Canaparo, 2017: 285–315): el nacimiento de *la mano* en términos de Heidegger— constituye en la lectura que Derrida hace de Heidegger origen de monstruosidad o, mejor dicho, la monstruosidad misma: "La main: le propre de l'homme en tant que monstre (*Zeichen*). 'La main offre et reçoit, et non seulement des choses, car elle-même s'offre et se reçoit dans l'autre. La main garde, la main porte. La main trace des signes, elle montre, probablement parce que l'homme est un monstre.' (*Die Hand zeichnet, vermutlich weil der Mensch ein Zeichen ist*)" (1990a: 185).[5]

5 Traducción del autor: "La mano: lo propio del hombre en tanto monstruo (*Zeichen*). 'La mano ofrece y recibe, y no solamente cosas, pues ella misma se ofrece y se recibe en el otro. La mano guarda, la mano porta. La mano traza de signos, ella

Y, sin embargo, ambos autores coinciden en la relevancia que para concebir/definir lo humano tienen las manos. Lo propio del hombre son las manos: es por ello que la industrialización tecnológica posee un impacto tan desbastador, porque son *estas manos* —esta "manidad" habría que decir— aquello que está desapareciendo. Pero esta *a-propiación* es también lo monstruoso del *Dasein* ("La main, ce serait la monstrosité, le propre de l'homme comme être de monstration" [la mano será la monstruosidad, lo propio del hombre como ser de monstruación] (1990a: 186) y en ello se diferencia del animal, de lo animal, que en su siendo/estando excluye lo monstruoso como exposición, como un-hacer, como orientación y dirección. Y, además, como Derrida ya sostenía, en las trazas de Heidegger, "on ne peut pas parler de la main sans parler de la technique" [no podemos hablar de la mano sin hablar de la técnica] (1990a: 186).

Y la exhibición de la mostración/monstruación radica en la realización de una perspectiva especulativa: "la monstration-de-soi d'une parole qui prétend enseigner en parlant de l'enseignement et penser ce que c'est qu'apprendre et d'abord apprendre à penser. 'C'est pourquoi, enchaine Heidegger, nous tentons ici d'apprendre à penser (*Darum versuchen wir hier, das Denken zu lernen*).' Mais qu'est-ce qu'apprendre? La réponse est intraduisible dans sa littéralité, elle passe par un travail artisanal très subtil, un travail de la main et de la plume entre les mots *entsprechen, Entsprechung, zusprechen, Zuspruch*. Au lieu de traduire, paraphrasons: apprendre, c'est rapporter ce que nous faisons à une correspondance (*Entsprechung*) en nous avec l'essentiel (*wesenhaft*)" (1990a: 187).[6]

muestra, probablemente porque el hombre es un monstruo' (*Die Hand zeichnet, vermutlich weil der Mensch ein Zeichen ist*)".

6 Traducción del autor: "… la monstruación/mostración-de-sí de una palabra que pretende enseñar hablando de la enseñanza y pensando qué es aprender y sobre todo aprender a pensar. 'Es por qué, agrega Heidegger, tentamos aquí a aprender a pensar (*Darum versuchen wir hier, das Denken zu lernen*)'. Pero ¿qué es aprender ? La respuesta es intraducible en su literalidad, ella pasa por un trabajo artesanal muy sutil, un trabajo de la mano y de la pluma entre las palabras *entsprechen, Entsprechung, zusprechen, Zuspruch*. En lugar de traducir, parafraseamos : prender es referir/reportear eso que hacemos a una correspondencia (*Entsprechung*) en nosotros con lo esencial (*wesenhaft*)".

Que la especulación sea, en su establecimiento como mostración/monstruación, una aprehensión, tiene en los ámbitos periféricos una doble significación. En castellano aprehensión es aprendizaje pero también sospecha, rechazo, distancia, idea infundada. La especulación es así, en su constitución de una localidad/localización, una pedagogía que funciona como exégesis de lo posible, de lo imaginable, a partir de la sospecha, de la distancia, incluso a partir de ideas infundadas entendidas-como-tales.

La mano como vehículo inevitable de la monstruosidad/mostración, como instrumento de localización, de construcción de una localidad. Y el peligro, la debilidad, de la mano se halla en su propia condición de monstruo (*Zeichen*), en la anihilación que su dinámica técnica favorece: "La main est en danger. Toujours: 'Tout travail de la main (*Handwerk*), tout agir (*Handeln*) de l'homme, est exposé toujours à ce danger. L'écrire poétique (*das Dichten*) en est aussi peu exempt que la pensée (*das Denken*)' (p. 88 trad. légèrement modifiée). L'analogie est double: entre *Dichten* et *Denken* d'une part, mais aussi, d'autre part, entre les deux, poésie et pensée, et l'authentique travail de la main (*Handwerk*)" (1990a: 189).[7]

La mano es un instrumento tecnológico y en su vehicular funcionaliza el porvenir: la obsolescencia de la mano, en el sentido artesanal con que la refiere Heidegger, proviene de esta mecanización sin fin por la cual la hominización se prolonga en la tecnologización, en particular entendiendo a la misma como productora de ὑπομνήματα (hypomnemata) (§ 40). La mano conduce a una reducción animal: la hominización de lo humano sólo pudo obtenerse por medio de la tecnología, de manera que, aquello que alejó (*abständig*) al hombre del animal, en los propios términos de Heidegger (*die Entfremdung*), por reducción de la humanización a partir de lo tecnológico, lo hace caer (*Verfallen, Verfallenheit*) ahora en una gradual animalización.

7 Traducción del autor: "La mano está en peligro. Siempre; 'Todo trabajo de la mano (*Handwerk*), todo actuar (*Handeln*) del hombre, está siempre expuesto a este peligro. La escritura poética no se halla menos exenta que el pensamiento (*das Denken*).' (p. 88 traducción ligeramente modificada). La analogía es doble: entre *Dichten* y *Denken* de una parte, pero también, de otra parte, entre los dos, poesía y pensamiento, y el auténtico trabajo de la mano (*Handwerk*)".

Que la tecnología (en tanto *Gestell*, en tanto "protensión terciaria" [protensión terciaria] [Stiegler, 2001], en tanto automatización [Stiegler, 2015]) establezca los parámetros de lo especulativo no es escindible de la condición "a la mano" (*Zuhandenheit*), como manifestación del *étant/seienden*, del pensamiento y en los términos con que Derrida atribuye a Heidegger: "Penser, c'est un travail de la main, dit expressément Heidegger. Il le dit sans détour et sans même ce 'peut-être' (*vielleicht*) qui avait modéré l'analogie de la pensée avec la manufacture du coffre [en el ejemplo dado del aprendiz-ebanista que debe hacer un baúl-cofre] qui est 'peut-être' comme la pensée. Ici, sans analogie et sans 'peut-être', Heidegger déclare: 'C'est en tout cas [le penser, *das Denken*] un travail manuel [*Es ist iedenfalls ein Hand-Werk*, une oeuvre de la main, en deux mots, p. 89–90]' " (1990a: 189).[8]

La mano supone el trabajo, obra y maniobra, el trabajo como concepto: el oficio. El oficio ameniza la lengua, el trabajo de lengua: poesía (el escribir/escriturar poético, *Dichten, dich Denken*) y traducción (die *Werke* in deutscher *Sprache*). El lenguajear (el alemaniando, el devenir alemán) es el oficio de la mano que Heidegger asumía en peligro, por la tecnologización, por la industrialización, por la pérdida del trabajo artesanal pluma-mano. "La pensée de la main, mais aussi la main de la pensée" [el pensamiento de la mano, pero también la mano del pensamiento] (1990a: 185) de la que habla Derrida es justamente el estado de pérdida (*Seins verlustig*), de caída (*Fallen, Verfallen*), de *défaillance*, por la hominización de la mano, en la mano. La evolución zoológica, que bien ha descrito Leroi-Gourhan (*Le Geste et la Parole* [1964–1965]) como elemento motor de una hominización (erección del cuerpo, liberación de la mano, modificación maxilar y ampliación de la masa encefálica), ha alcanzado a grandes rasgos su fin; ahora son los aparatos, los agenciamientos, los vehículos, las prótesis, aquello que es rector en dicha evolución. Es lo que podríamos indicar como *Denkprothese*

8 Traducción del autor: "Pensar es un trabajo de la mano, dice expresamente Heidegger. Lo dice sin rodeos e incluso sin el 'tal vez' (*vielleicht*) que había moderado la analogía del pensamiento con la manufactura del cofre [en el ejemplo dado del aprendiz-ebanista que debe hacer un baúl-cofre] que es 'tal vez' como el pensamiento. Aquí, sin analogía y sin 'tal vez', Heidegger declara: 'Es en todo caso [el pensamiento, *das Danken*] un trabajo manual [*Es ist iedenfalls ein Hand-Werk*, una obra de la mano, en dos palabras, p. 89–90]' ".

y que, si atendemos a los argumentos de Stiegler (2015), consiste en una dirección predecible, en una época (epocalidad, ἐποχή [*epokhé*]: suspensión de juicio/valor, pero también cesación, control, retención) ulterior que supone la "manualización" precedente.

El alcance de la mano en *Sein und Zeit* es establecido a partir del parágrafo 18 cuando Heidegger introduce la *die Weltlichkeit der Welt* (la mundaneidad del mundo), es decir, el mundanar y ello lo hace a partir de la manera en que la constitución del siendo/estando del ser se establece de forma genérica y pasada —es decir, en términos de ontología— a partir de tres dimensiones/estructuras ("der Strukturen und Dimensionen der ontologischen Problematik …"): el ser-a-la-mano (la *Zuhandenheit*), el ser-a-la-vista (la *Vorhandenheit*) y la condición óntica del *être/Sein* por su *étant/seienden* (*die Weltlichkeit von Welt*). El propio Heidegger lo explica: "Das letztgenannte Sein ist eine *existenziale* Bestimmung des In-der-Welt-seins, das heißt des Daseins. Die beiden vorgenannten Begriffe von Sein sind *Kategorien* und betreffen Seiendes von nicht daseinsartigem Sein" (1967: 88).[9] El alcance de la mano, cuanto menos en primera instancia, se vincula a las "categorías".

De acuerdo con Heidegger entonces hay un distinción entre "1. das Sein des zunächst begegnenden innerweltlichen Seienden (Zuhandenheit); 2. das Sein *des* Seienden (Vorhandenheit), das in einem eigenständig entdeckenden Durchgang durch das zunächst begegnende Seiende vorfindlich und bestimmbar wird …" (1967: 88). Rivera traduce como "…1. El ser del ente primeramente compareciente dentro del mundo (estar a la mano); 2. El ser (estar-ahí) *del* ente que se puede encontrar y determinar en un proceso de descubrimiento autónomo a través del ente que primero comparece …" (1997: 95).[10] Gaos traduce como "1. El ser de los

9 Traduce Rivera: "El ser mencionado en último lugar es una determinación *existencial* del estar-en-el-mundo, es decir, del Dasein. Los dos conceptos de ser primeramente nombrados son *categorías,* y se refieren a entes cuyo modo de ser es diferente del modo de ser del Dasein" (1997: 95).

10 La condición distante de la *Vorhandenheit* y la relevancia que la distancia tiene en la definición de cosa (*Ding*) ha conducido a no pocos autores a observar, más allá de los propios argumentos de Heidegger en *Sein und Zeit*, un predominio (sumisión, súbdito) de la *Vorhandenheit* por sobre la *Zuhandenheit* en el proceso de

entes intramundanos que hacen frente inmediatamente ("ser a la mano"); 2. El ser de *aquellos* entes ("ser ante los ojos") que cabe encontrar delante y determinar en un peculiar proceso de descubrimiento a través de los entes que hacen frente inmediatamente ..." (1986: 102). Ruiz de Azúa, en su comentario ("La distinción *ser-a-la-mano/ser-a-la-vista* en *Ser y tiempo* de Heidegger" [1994]), traduce como "el ser del ente intramundano que inicialmente nos sale al encuentro (el ser-a-la-mano: Zuhandenheit)" y "el ser del ente (ser-a-la-vista: Vorhandenheit) que podemos encontrar y determinar cuando recorremos con ánimo descubridor el ente que inicialmente nos sale al encuentro" (1994: 195).

Rivera sostiene que "lo *Zuhandenes* [es lo] que traducimos como 'lo que es o está a la mano' " (1997: 428). Es el desarrollo, posterior a la publicación de *Sein und Zeit*, del concepto/noción de cosa (*das Ding*), donde Heidegger circunscribe el alcance de "ser-a-la-mano" como utensilidad (*Zeuglichkeit*). "Pensar" (reflexión, *Denken*) el mundo (el mundanar, la mundanización) a partir de la herramienta (*outil*, *Zeug*) es aquello que los ensayos sobre la cosa confirman. Lo *Zuhandenheit* es así no sólo escala epistémica, sino también lenguaje (*Sprache* como lengua y lenguaje: Derrida,

---

individuación —y también por el hecho de la función que lo visivo/visual tiene en el establecimiento de una noción contemporánea de especulación. En este sentido argumenta Rivera: " '... *estar-ahí* ...': en alemán, *Vorhandensein* o también *Vorhandenheit* (destacado en el texto original). Gaos traduce 'ser ante los ojos'. Esta traducción no es mala y tiene algún fundamento en los cursos del joven Heidegger, pero no me parece la mejor. Por lo pronto, la expresión 'ser ante los ojos' no dice nada en español, no nos 'habla'. Nosotros diríamos simplemente estar delante, estar a la vista. He preferido traducir *Vorhandensein, Vorhandenheit* por 'estar-ahí', y en algún caso, más explícitamente, por "estar-ahí-delante". Es la forma española de decir lo que en el alemán clásico se decía *Dasein* y era la traducción corriente del término latino *existentia. Dasein* significa, literalmente, estar ahí (de ningún modo ser-ahí). Lo fundamental de la idea de la *Vorhandenheit* es que la cosa simplemente *está,* sin afectarnos por ello a nosotros. Al revés de lo *Zuhandenes* que traducimos como 'lo que es o está a la mano', es decir, lo que tiene un significado para nosotros, lo que nos importa por que en ello nos va algo, lo *Vorhandenes* es lo que no hace más que estar-ahí; es, si se quiere, 'pura presencia'. A veces, muy pocas veces, por razones estilísticas traduciremos *Vorhandenes,* o derivados suyos, por la expresión "meramente presente" o formas similares" (Rivera, 1997: 427).

2012: 29). Este sentido de *Zuhandenheit* es aquello que es *natura naturata* en los ámbitos periféricos. El descubrimiento del mundo se realiza a partir de las dificultades/malfuncionamientos de las herramientas (*outil, Zeug*). El ejemplo del martillo (Heidegger, 1967: 78) que se rompe para descubrir el mundo a través de su ausencia (falta, disfuncionamiento, fallo), es sin duda el ejemplo más popular (Stiegler, Séminaire 2017, Séance 1: 1 h 55 min). Este es el Heidegger más interesante, el Heidegger-a-la-mano.

Gaos traduce *Vorhandenheit* como "ser ante los ojos" (1986: § 8). Y Rivera corrige: "Por lo pronto, la expresión 'ser ante los ojos' no dice nada en español, no nos 'habla'. Nosotros diríamos simplemente estar delante, estar a la vista" (1997: 427). Rivera traduce *Vorhandenheit* por "estar-ahí" en sentido propio. Esto se vincula a la acepción de *Dasein* del traductor: "'Ser-ahí' podría entenderse también como ser en el modo de *estar en el ahí*. Pero entonces el *Dasein* no sería un 'ser-ahí', sino el *ser del ahí*" (Rivera, 1997: 421). De manera que el *Dasein* tiene la evidencia presencial del *Sein* y por ello la presencia ocular se da por descontada o, cuanto menos, como parte integradora del *Dasein*, en lugar de considerarla como una situación autónoma: el ser del ahí supone la visión, un ante-del-ojo.

Para Rivera lo "*Vorhandenes* es lo que no hace más que estar-ahí …" (Rivera, 1997: 427). La traducción de la escritura de Heidegger no es lo que significa aquí, sino la manera en que el espaciamiento del *Dasein* (Heidegger, 1967: § 12, § 14, § 28) se entiende: si el *Dasein* es el anihilamiento de la figura del hombre, como podría interpretarse a partir no sólo de la "destrucción ontológica" propugnada por Heidegger, sino también del alcance de la *Gestell*, entonces la presencia del presente, como instancia temporal del *étant/seienden* del *Dasein* debe ser reemplazada por otra cópula, por otra formulación en definitiva del ahora (*das Jetzt*: la *ocupación* en el mundanar [Heidegger, 1967: 422]) y en lo cual lo *Vorhandenes* sólo puede entenderse, en una mundanización visual-digital-técnica, como "ante-el-ojo".

Más que introducir una categorización "entre las diferentes estructuras y dimensiones de la problemática ontológica" (Heidegger, 1997: 95) (*Unterschiede der Strukturen und Dimensionen der ontologischen Problematik grundsätzlich auseinanderzuhalten* [Heidegger, 1967: 88]), en última instancia, la distinción "ser-a-la-mano" (*Zuhandenheit*)/"ser-a-la-vista" (*Vorhandenheit*) atraviesa la mundaneidad y el mundanar como el lenguajear en el que puede expresarse el mismo. Por ello *la cuestión à la* Heidegger puede ser expresada por la dimensión de la *Zuhandenheit*, mientras que la cuestión de la cuestión *à la* Derrida puede ser expresada por la *Vorhandenheit*. La mano de Heidegger (*Zuhandenheit*) es lo que determina la cuestión del ser: la mano es en su estando/siendo aquello que crea, establece y significa. La mano de Heidegger en Derrida (*Vorhandenheit*) es aquello que observa este estando/siendo y determina su historiografía, eso que Heidegger indicaba, aunque por otra razones, como *Die Geschichte des Seins* (historia del ser-estando/estar-siendo). *Zuhandenheit* es la condición "natural" de *la cuestión* en los términos de Heidegger, mientras que la *Vorhandenheit* es la condición "natural" de la cuestión de la cuestión en los términos con que Derrida comenta a Heidegger. Aquello que en Heidegger es un "ser-a-la-mano", la *Zuhandenheit*, es en Derrida un "ser-a-la-vista/ser-ante-la-vista", la *Vorhandenheit*.

Si como señala Derrida la mano en tanto pensamiento (*pensée*) releva de una indefinición metafísica y de un dogmatismo antropológico, en los ámbitos periféricos esta mano es órgano, no como órgano corporal, sino como órgano-en-funcionamiento, como organicidad: por ello también la reversión de la pregunta por el sentido del ser/estar en favor de un preguntar por la cosa (§ 29). Más que un *don*, en el sentido que Derrida refiere de Heidegger, la mano es una construcción que tiene relación directa con el modo en que la especulación (lo especulable, lo pensable, lo lenguajeable) y el *être/Sein* (en tanto centralidad regular del proceso de individuación) se determinan *y con ninguna otra cosa*.

La escrituración está en el cuerpo: esta es la realidad colonial a la que también Derrida llega a partir de la cuestión de la cuestión. El otro es siempre dicho, expresado y significado, en términos de *autrui* por ello no es aceptable para nosotros, en nuestra epocalidad/epocalismo (ἐποχή [*epokhé*]), reenviar lo especulable a algo *inasible*: por *Zuhandenheit* o por *Vorhandenheit* todo tiene que poder ser/estar agarrable. Y por esta situación es también que nos hemos referido a los ámbitos periféricos a partir de una *Sachgebiete*, es decir, literalmente, una "regiones de cosas" (§ 20). Aquello que pierde a Heidegger por las manos (ser-a-la-mano, *Zuhandenheit*), hipoteca a Derrida por la vista (ser-a-la-vista, *Vorhandenheit*).

§ 31. Derrida-a-los-ojos

La cuestión de la cuestión asume la existencia de Heidegger como personaje historiográfico y la escrituración que se halla al centro del proyecto derridiano de deconstrucción supone una reformulación del "ser-a-la-mano" entendido como espacializacion (*espacement*) primaria de la existencia del *Dasein*: si Derrida creemos se inclina a aceptar la hipótesis que la existencia (*Ek-sistenz*) no puede predicarse sin un *Da-sein* y que este no puede ser entendido en los términos del *être* clásico (del *ego* o del *esprit* cartesiano), no obstante ello, hay en Derrida una deriva hacia una resolución radical de lo metafísico y ontológico que, con razón, el propio Derrida no observa como definitivo en Heidegger. Ello es la razón por la cual el "ser-a-la-vista" ameniza en Heidegger la problemática del *être/Sein* a partir del asunto de la "espiritualidad". Que el análisis más destacado del *Sein* heideggeriano (*sein Geistlicht*) en Derrida adquiera la forma de un libro que se ocupa de la "espiritualidad" es de por sí una declaración.

La *Vorhandenheit* es un "frente a", un "ante los", un "étant subsistant" (1990a: 197), un "presence-at-hand" y también un "stand" o un "at". La *Vorhandenheit* es una forma posterior del utensiliar (*Zeug, Zeugganzen, Zeugzusammenhang*; y también en tanto instrumento): la coseidad (*choséité*) en condiciones de una *Gestell* —que es sin duda el caso de Derrida (Stiegler, 2015)— no es lo mismo que en el contexto de la *alemanidad* que la *Geist* heideggeriana sitúa. La *Vorhandenheit* pertenece al Antropoceno en aquello que sitúa (§ 6, § 16), aun sin querer, en la evolución tecnológica la determinación de lo humanizable. La *Vorhandenheit* es propiamente un "estar-ahí", pero que es tal por "estar-a-la-vista" o también "estar-ahí-delante" (Rivera, 1997: 427): es lo que en alemán clásico se llamaba "Dasein" pero también es la traducción castellana tradicional de la noción latina de "existencia" (Rivera, 1997: 427). *Dasein* significa en este sentido estar-ahí y tal es la acepción que corresponde a una transliteración castellana de *Sein und Zeit*, no obstante algunos traductores erróneamente —por cuanto,

cuanto menos, ignoran el *espaciamiento* básico que supone el mundanar (*die Weltlichkeit der Welt*)— traducen "Dasein" por "ser-ahí". Asegura Rivera: "Lo fundamental de la idea de la *Vorhandenheit* es que la cosa simplemente *está,* sin afectarnos por ello a nosotros. Al revés de lo *Zuhandenes* que traducimos como 'lo que es o está a la mano', es decir, lo que tiene un significado para nosotros, lo que nos importa por que en ello nos va algo, lo *Vorhandenes* es lo que no hace más que estar-ahí; es, si se quiere, 'pura presencia'" (Rivera, 1997: 427)

Derrida-a-los-ojos es, a partir de la "deconstrucción" de los resabios "espirituales" y "metafísicos" en *Sein und Zeit,* quien existencializa el *Dasein* a partir de la *Vorhandenheit.* Por ello también es pertinente el comentario de Rivera: "La palabra *Dasein* es traducida por Gaos por 'ser-ahí'. Nos parece que esta traducción es errónea. En primer lugar, en buen castellano habría que decir 'estar-ahí'; pero 'estar-ahí' significa existencia, en el sentido tradicional, es decir, algo enteramente diferente de lo que quiere decir Heidegger con la palabra *Dasein.* 'Ser-ahí' podría entenderse también como ser en el modo de *estar en el ahí.* Pero entonces el *Dasein* no sería un 'ser-ahí', sino el *ser del ahí.* Por eso hemos preferido dejar la palabra *Dasein* sin traducción. [....] La palabra *Dasein* significa, literalmente existencia, pero Heidegger la usa en el sentido exclusivo de existencia humana. Se la podría traducir, pues, por *existir* o *existencia.* Pero con esto se pierden todas las alusiones que Heidegger hace implícitamente a la etimología de la palabra: *Dasein* significa literalmente '*ser el ahí*', y por consiguiente se refiere al ser humano, en tanto que el ser humano está abierto a sí mismo, al mundo y a los demás seres humanos. Pero *Dasein* alude también, indirectamente, al abrirse del ser mismo, a su irrupción en el ser humano. Por eso hemos preferido dejar la palabra en alemán, como lo hacen, por lo demás, hoy día, la mayoría de los traductores" (Rivera, 1997: 422).

La existencialización es en realidad un espaciamiento, una forma de extremar la condición del *Dasein* desde la *Gestell.* El "estar-ahí" es el siendo/estando de la coseidad (*choséité, Dinglichkeit*) o, mejor dicho, es la determinación de los utensilios, de la utensilibilidad, la *Vorhandenheit* en sentido estricto. Y esta utensiliación/utensiliacización de la *Vorhandenheit* reformula la *Zuhandenheit* en el sentido que la desvincula de la dimensión del "entismo" con que los traductores castellanos de Heidegger han fomentado sin querer el heideggerismo alemanista. Sólo una cultura determinada en su *grammatisation* por la concepción cristiana "de mundo" (su "das Walten der Welt") puede traducir *seienden* por "ente". La traducción francesa en este sentido, mucho más elaborada es *filosóficamente* diferente y por ello traduce el párrafo del parágrafo 18 de la siguiente forma: "1. L'être de l'étant se rencontrant d'emblée au sein du monde (l'utilisabilité). 2. L'être *de* l'étant (l'être-là-devant) qui peut se trouver et se déterminer en traversant et dépassant l'étant qui se rencontre d'emblée afin de le dévoiler dans ce qu'il a de spécifique" (1986: 126).[1]

De aquí se comprende mejor que por qué la utilizabilidad (*utilisabilité*) de lo "a-la-mano" es determinante en la reformulación derridiana: lo "a-la-mano" es *entendido* por lo "a-los-ojos", algo que en las traducciones castellanas, incluso en la de Rivera, sería incomprensible, es decir, *ilegible*. Derrida siendo Derrida-a-los-ojos tiene así la virtud, para los ámbitos periféricos, de permitir comprender los alcances conceptuales y epistémicos que la historiografía y la traducción tiene en un autor, como el propio Heidegger, que hace de la conceptualización en-sí y de la traducción permanente entre-lenguas, un objeto de su trabajo.

Por otra parte, cuando Derrida, en la interpretación de Heidegger, sostiene que "non seulement la main de l'homme fait des signes et montre, mais l'homme est lui-même un signe ou un monstre" (1990a: 195),[2] está en realidad asumiendo la radicalización de *Dasein*, la significación última de la entropía sobre la que se inscribe: el "hombre" *desaparece* en su exteriorización, se transforma en signo/en monstruo, no se deshumaniza, sino que se individualiza humanamente a partir de artificios (§ 9, § 21). El

1 Traducción del autor: "1. El ser/estar del estando-siendo se rencuentra de golpe en el seno del mundo (la utilisibilidad). 2. El ser/estar del estando/siendo (el ser/estar allí delante) que puede encontrarse y se determina atravesando y pasando el estando-siendo que se encuentra de golpe a fin de desvelarlo/develarlo en eso que tiene de sacrificio". El texto original de Heidegger es: "1. das Sein des zunächst begegnenden innerweltlichen Seienden (Zuhandenheit); 2. das Sein *des* Seienden (Vorhandenheit), das in einem eigenständig entdeckenden Durchgang durch das zunächst begegnende Seiende vorfindlich und bestimmbar wird..." (1967, 88).

2 Traducción del autor: "... no solamente la mano del hombre hace signos y muestra, sino que el hombre es él mismo un signo o un monstruo".

Dasein pos-heideggeriano es un aparato entre otros (§ 34). Cuando al fin del filme de Fathy (2000), Derrida dice "Moi, je signe" [yo-mi significo, yo-mi firmo] es precisamente *esto* aquello que está significando (§ 28). La mano elabora los signos y en tanto exteriorización acaban significando lo humano como "pos-*Dasein*". La escrituración es la humanización o, mejor dicho, la hominización.

La *Vorhandenheit* entendida como Derrida-a-los-ojos es una reversión de lo especulativo hacia una exhibición de lo manual, de la manualidad o, mejor dicho, del *alcance conceptual* que la manualidad tiene en la determinación de una actividad especulativa y de la misma como forma predominan del lenguajear humano. La utensilibilidad, entendida de esta forma, es también *estado patrimonial* en la condición de la especulación: "Das Gebrauchen und Hantieren mit einem bestimmten Zeug bleibt als solches orientiert auf einen Zeugzusammenhang. Wenn wir zum Beispiel ein »verlegtes« Zeug suchen, so ist dabei weder lediglich noch primär nur das Gesuchte in einem isolierten »Akt« gemeint, sondern der Umkreis des Zeugganzen ist schon vorentdeckt. Alles »zu Werke Gehen« und Zugreifen stößt nicht aus dem Nichts auf ein isoliert vorge-gebenes Zeug, sondern kommt aus der je schon erschlossenen Werkwelt im Zugriff auf ein Zeug zurück" (1953: 352).[3]

No hay pensamiento o especulación en los ámbitos periféricos que pueda realizarse sin un relevamiento del *estado patrimonial* entendido bajo estos términos, no necesariamente en el caso de Derrida, que aquí nos interesa en particular, sino dicho en general y en relación con el evento inevitable de la *grammatisation* en base a la cual lo local inteligible fue establecido. Y tal situación es en la actualidad, a partir de la presencia del Antropoceno, más inevitable que nunca.

3 Traduce Rivera: "Así, por ejemplo, cuando buscamos un útil que 'no está en su sitio', ese buscar no apunta tan solo ni primariamente a lo buscado en un 'acto' aislado, sino que, previamente a eso, tiene que haberse descubierto el ámbito del todo pragmático. Ningún 'ponerse a la obra' o emprender tropieza desde la nada con un útil ya dado aisladamente, sino que, al echar mano del útil, vuelve sobre él desde el mundo que ya cada vez ha sido abierto" (1997: 341). Rivera emplea la palabra "útil", común en América Latina, sin embargo es creo más ilustrativo emplear "utensilio", como hace por ejemplo Ruiz de Azúa (1994).

De la lectura del parágrafo 18 de *Sein und Zeit* parece quedar claro que la mano atraviesa las dos "categorías" indicadas por Heidegger como formas de mundanar, es decir, en definitiva, *de hacer hacer al ser/estar que sea y que esté*. Cómo la mano (a-la-mano, en-la-mano, por-la-mano) manualiza siendo/estando a-los-ojos/ante-los-ojos es en definitiva el resultado conclusivo del escrito de Derrida sobre el particular ("La main de Heidegger. Geschlecht II" [1985]). Derrida-a-los-ojos es la materia (en tanto dimensión de la *Vorhandenheit*) que entiende el concepto (en tanto dimensión de la *Zuhandenheit*).

Si la *Zuhandenheit* y la *Vorhandenheit* constituyen la funcionalidad de lo especulativo como tal, es decir, como mundanar del pensamiento, entonces el *Da-sein* como concepto recurrente de este especular no es suficiente para Derrida. Por lo mismo, desde una perspectiva periférica, la evolución del *Dasein*-que-no-es-tal en Derrida tampoco es suficiente para significar la *escala epistémica* que la cuestión periférica requiere. Y, no obstante, el estando-ahí-delante de Derrida —en sentido conceptual (*das Vorhandene*, "étant-là-devant"), así como en sentido historiográfico ("Derrida-de-película", "Derrida-a-los-ojos")— es una situación que no tiene precedentes en las maneras y formas con que el colonialismo ha evolucionado dentro y fuera de los ámbitos periféricos.

De manera similar a cómo Derrida *aproximaba* a Heidegger por la mano, los ámbitos periféricos pueden entender/aproximar Derrida por los ojos: "es la parte del cuerpo que no envejece nunca" (*Derrida*, 2002: 21 min 35 s). Escribía Derrida en 1985: "Heidegger, lui, ne pouvait écrire qu'à la plume, d'une main d'artisan et non de mécanicien, comme le prescrit le texte auquel nous allons nous intéresser. Depuis, j'ai étudié toutes les photographies publiées de Heidegger, notamment dans un album acheté à Fribourg quand j'y avais donné une conférence sur Heidegger en 1979. Le jeu et le théâtre des mains y mériteraient tout une séminaire. Si je n'y renonçais pas, j'insisterais sur la mise en scène délibérément artisanaliste du jeu de main, de la monstration et de la démonstration qui s'y exhibe, qu'il s'agisse de la maintenance du stylo, de la manoeuvre de la canne qui montre plutôt qu'elle ne soutient, ou de seau d'eau près de la fontaine. La démonstration des mains est aussi saisissante dans l'accompagnement du discours. Sur la couverture du catalogue, la seule chose qui déborde le cadre, celui de la fenêtre mais aussi celui de la photo, c'est la main de Heidegger" (1990a: 186).[4]

Y podríamos reescriturar (transliterar) aquí: " 'El "artesanado' de Derrida reside no sólo en la noción de escrituración a partir de la cual reformula la *Zuhandenheit*, sino también por la manera en que diseña el espacio de sus libros y, por ende, por la indiscernibilidad de la una con el otro. Aun en la época en que empleaba una máquina de escribir eléctrica —por ejemplo durante la escritura de *Glas* (1974)— la disposición gráfica de sus libros suponían una mano que opera 'a-la-vista'. Con la incorporación de la computadora —probablemente una Macintosh Classic II obtenida en 1991— esta situación se acentuó hasta adquirir estatus epistémico y que incluso puede entenderse en la modificación de su actitud respecto de los medios visuales de información —tal como resulta evidente en la película de Linhart y Peeters (2014)."

Probablemente podríamos decir de Derrida, aquello que el propio Derrida sostenía de Heidegger, es decir, que no podía que escribir a la pluma. Sin embargo, en la escrituración de Derrida, esta mano-pluma era sólo una etapa que conducía a la mano-máquina y al pensamiento de lo especulativo. El pensamiento que conducía a Derrida a analizar Heidegger está determinado por esta maquinización de la mano, que será ya digitalización en sus alumnos (como en el caso, por ejemplo, de Stiegler).[5] De las

4 Traducción del autor: "Heidegger no podía que escribir a la pluma, de una mano de artesano y no de mecánico, como lo prescribe el texto al que nosotros nos interesaremos. Desde entonces, he estudiado todas las fotografías publicadas de Heidegger, en particular un álbum comprado en Friburgo cuando ofrecí una conferencia sobre Heidegger en 1979. El juego y el teatro de las manos meritarían todo un seminario. Si yo no renunciara, insistiría sobre la puesta en escena deliberadamente artesanal del juego de mano, de la mostración/monstración que se exhibe, que se trate del mantenimiento de un estilo, de la maniobra del bastón que muestra más que sostiene, o del balde cerca de la fuente. La demostración de las manos es también sorprendente en el acompañamiento del discurso. Sobre la tapa del catálogo, la sola cosa que desborda el cuadro, el de la foto pero también el de la ventana, es la mano de Heidegger".

5 Derrida se detiene en una foto de Heidegger de Digne Meller Marcovicz, en donde el filósofo alemán aparece asomado a una ventana, *sweater* gris, camisa blanca, corbata bordó: en primer plano su mano izquierda extendida sobre el marco inferior de la ventana, sonrisa leve, mirada profunda. Esta foto a color, tomada probablemente en 1968, es justamente aquella que ilustra la edición de bolsillo de *Heidegger et la*

miles de imágenes disponibles en la *world wide web* podríamos destacar esta *mise-en-scène* del rostro, del busto y de la mirada-ojos, reescribiéndola, transliterándola como signo: "Siempre la cabeza inclinada hacia el costado derecho. Siempre la frente inclinada hacia abajo pero los ojos mirando recto hacia adelante, lo cual produce un efecto de *fijación de la mirada* particular, no desprovisto de ironía o provocación. Siempre el cuerpo girado, de costado, nunca derecho a la cámara. Los fotógrafos de Derrida han estado fascinados por Derrida en cuanto busto: la inmensa mayoría de sus fotos son de su rostro, del tórax y de su rostro, muchos menos disponibles son las de cuerpo entero o, mejor dicho, aquellas en donde el cuerpo está en perspectiva (aun cuando no visible o ausente). Derrida gira en torno (es/está) a sus ojos, a la mirada. Las fotografías de Derrida son una serie interminable de juegos de ojos y de miradas. La mano de Heidegger o, mejor dicho, Heidegger-a-la-mano está/es en este Derrida de los ojos y las miradas. Es el *Das Vorhandene* ('étant-là-devant', estar-ahí-delante) que domina esta visualidad, es el Derrida-a-los-ojos."

Derrida à l'écran podría definirse por esta doble forma de *étant* (siendo/estando) que es Derrida-a-los-ojos, es decir, por una parte un Derrida cuyo proyecto conceptual se determina a partir de una reformulación de la *Vorhandenheit* y, por otra parte, un Derrida *dans l'écran* (en una película, en un documental, en una fotografía) y *à l'écran* (delante de un ordenar). Derrida se halla ante-la-cópula/a-la-cópula de la misma manera que se encuentra ante-la-cámara/a-la-cámara: la escrituración es justamente la manera en que estas dos situaciones se *confunden*, la escritura en los libros del autor, la escritura en imágenes de la historiografía.

El ojo derridiano mira, se desplaza, se esconde, se traslada, cada tanto se oculta, huye, escapa (*vermeiden*), y también *se cae* (*Verfallen*). El ojo parpadea para mejor ver. El ojo aumenta por disminución y cuando quiere des-aumentar, para disminuir, es demasiado tarde. El ojo no funciona por oposiciones: su espaciamiento (*espacement*) es errático, no uniforme, espiralado, intermitente. Cualquier forma humanizante/humanizadora de lo

---

question (1987) de Flammarion —y que es asimismo la misma foto que ilustra el libro de Marcovicz sobre Heidegger, *Martin Heidegger. Photos 23. September 1966 / 17. und 18. Juni 1968* (Stuttgart: Fey, 1978).

humano, aun en el dominio tecnológico, se vehiculiza por el ojo. La *ojo-lización* (ojeando, ojerando, oteando) de lo humanizante/humanizador es inseparable de la industrialización tecnológica, en particular de la digitalización —y no es casualidad que la manipulación corporal de la tecnología sea mayormente visiva. El ojo es sobre todo el expreso: *¡ojo!* Que quiere decir, en realidad, menos cuidado (cuidado como esmerado [*Sorge, Sorge sein*] o ¡cuidado! como atención [*Atchung, Hochachtung*]), que destacar el hecho indiscutible que la parte anatómica más importante son los ojos o, al límite, la vista y en cuyo caso el ojo funcionaría como metonimia. Pero también no menos relevante quiere decir que el ojo, la ojo-lización, es el vehículo humanizante por excelencia —de allí también la relevancia que analistas y traductores como Rivera otorgaban a la *Vorhandenheit*, la cual era traducida no sólo como "a-la-vista" sino también propiamente como "estar-ahí", es decir, como sinónimo de *Dasein*. Mirar, ver, observar, auscultar: la diferancia es en los antropocénicos ámbitos periféricos *una cuestión* (la cuestión de la cuestión) resuelta en lo visual, en la ojo-lización.

Derrida-a-los-ojos refiere un mundanar que no tiene inicio, que es sin *ab initio* y que es precisamente aquello que el colonialismo determina de forma más radical: cuanto más "fundadoras" han querido ser las colonizaciones o los Estados locales que las reemplazaron, más dependientes y obsoletas han sido sus acepciones acerca de lo especulativo y de lo inteligible.

Derrida-a-los-ojos es el estar-ahí de la *Vorhandenheit*, el delante-a, pero también es la vista, el hecho que lo que está, está porque hay ojos. Por ello la *Vorhandenheit* de Derrida subsume la *Zuhandenheit* de Heidegger: la funcionaliza de otra forma, la extrema, le cambia de registro y con ello haciendo sitúa al *Dasein* bajo las condiciones de la *Gestell*, es decir, encuadra, determina, una condición tecnológica que el *Dasein* no tenía y en ello haciendo lo modifica, lo ultima, lo reenvía hacia adelante, hacia otra cosa que ya no puede ser *Dasein*, que no tiene reversión y que en Derrida no tiene nombre. Es, por ejemplo, el proceso de individuación leído a partir de las "protensiones terciarias" que propone Stiegler (2001), en tanto alumno avanzado de Derrida y siguiendo el esquema de Husserl.

Por ello es que Derrida-a-los-ojos puede entenderse desde los ámbitos periféricos como una medición, como una escala, que se manifiesta en un señalamiento (la *trace* leída desde la periferia), en un guiño (el fruncir el ceño del retrato derridiano), hacia la relevancia del camino que va del oficio (*Handwerk*) al trabajo (*Werk*) y a la mano (*Handschrift, Werkzeug*). Son los ojos de la lengua, del lenguajear (*Les yeux de la langue* [Paris: Galilée, 2012]).

La cuestión de la cuestión que ameniza Derrida-a-los-ojos induce una modificación en la interrogación o, mejor dicho, la pregunta deja de ser el preguntar (la interrogación) para convertirse en inquietud, en problema, en cómo se "deconstruye" la cuestión de la cuestión. Por ello, en los ámbitos periféricos, la pregunta por el sentido/significado/signo del ser (*der Frage nach dem Sinn von Sein*) se transforma en la pregunta por la cosa (*Die frage nach dem Ding*), lo cual no significa el cambio de una interrogación por otra, sino una reversión en el significar el significado: si el *Sein*, como demuestra Derrida, tiene una serie de presupuestos, la cosa (*das Ding*) es el ejemplo del martillo: sabemos porque se emplea, sabemos porque se rompe. Esta es la condición inicial (patrimonio) con que afrontamos la especulación en los ámbitos periféricos y a lo cual hemos indicamos como *pensamiento esto* (§ 12).

Derrida-a-los-ojos se resume en una frase del filme *Derrida* (2002), que Derrida dice en la cocina de su casa en Ris-Orangis: "Tout parole est un aveuglement" [toda palabra es un enceguecimiento]. Es la *Vorhandenheit* que hace hablar a la *Zuhandenheit*. Y es este "hace hablar" aquello que, desde los ámbitos periféricos, lleva todo el peso de la especulación, es la distancia medida en términos coloniales y transliterada: "Aquello *que hay* que pensar es la escolaridad de lo especulativo. El 'que hay' ajusta su modalidad a la de una promesa y, en este sentido, el pensamiento se convierte en la fidelidad a dicha promesa (nacionalismo, folklorismo, moral). Lo que quiere decir que la promesa no es lo que debe ser (el 'que hay') que si es entendida como tal, es decir, si es a la vez entendida y obedecida".

Si Derrida transforma a Heidegger por razones epistémicas, transformar a Derrida por razones de *escala epistémica* requiere, en los ámbitos periféricos, una acción doble: transformar a Derrida y transformar al Derrida de Heidegger y, en la ocasión, al Heidegger de la historiografía que empleaba Derrida.

Derrida-a-los-ojos se halla también sintetizado en la breve filmación —extracto probable del filme *Derrida* (2002), realizado por Dick y Hofman— titulada "What Comes Before Question?" y llevada a cabo probablemente en el año 2000. Derrida-de-película resume allí de forma brillante al Derrida de los libros y a lo cual la misma escenografía nos remite. La situación podríamos escribirla así: "Derrida parpadea poco, mira al vacío sentado en una escalera y habla. Protesta, critica, se proyecta en lo que sucede. Los ojos de Derrida ven por sus argumentos. Derrida mira al vacío porque siempre sus argumentos viajan hacia adelante, se proyectan. Los ojos de Derrida funcionan de la manera que a veces Heidegger decía se hacen los problemas y los conceptos que le nombran (la *Gestell*): usamos un martillo, el martillo se rompe y entonces definimos el martillo. Partimos del martillo pero sólo lo definimos cuando se rompe: tenemos herramientas, partimos de la utensilibilidad sin saberlo".

Quinta parte. El dormitorio-más-grande

§ 32. El ahorando especulativo

La relevancia de *Sein und Zeit*, como no han dejado de notar filósofos posteriores a Derrida, consiste en que el *Dasein* significa un desplazamiento irreversible de toda figura homínida en términos especulativos. De esta manera la entidad de lo humano puede considerarse como un proceso de individuación, como el establecimiento de una conciencia, como el conjunto de una serie de funciones psicoanalíticas o, todavía aun, como una identidad socioeconómica. Semejantes alternativas, que sin duda también existen en diverso grado y desarrollo en los ámbitos periféricos, no poseen relevancia desde la perspectiva que aquí consideramos. O, cuanto menos, tienen una relevancia menor comparado con la condición del ahora. El ahorar es el instrumento básico de individuación en los ámbitos periféricos y el mismo evoluciona de forma creciente a la par de la manera en que la industrialización tecnológica, la tecnologización, se transforma en el modo excluyente de humanización. Existe una relación directa entre la "sociedad automática" en los términos europeos con que la describe Bernard Stiegler (2015) y el ahorar como mecanismo excluyente de individuación. Toda *ipséité,* como veremos, se halla entonces *reducida* al ahorar.

Por otra parte, *leer lenguas* es ser conscientes que hay registros diferentes y que hay un sentido de aproximación que varía no sólo de lengua a/en lengua, sino también al interior de una misma lengua. Hay una lectura que pasa en alta voz *en la cabeza*, la cual tiene cuanto menos tres formulaciones. Una primera formulación es como si moviéramos los labios aunque no lo hagamos, es una lectura literal, lenta, que sigue los vaivenes de la ortografía. Una segunda formulación que es *consciente de la voz* de la lectura aunque sucede más rápido que si leyéramos en alta voz y que por tanto consiste en leer para nosotros mismos. Esta lectura a menudo sigue los avatares gráficos de la escritura. Por último, una tercera formulación, que se halla desconectada de la velocidad que impone la voz, es la lectura puramente cerebral, su velocidad es paralela a su arbitrariedad: puede ser el resultado de un conocimiento más profundo de lo que se lee, así como de su ignorancia más supina. Luego hay una otra lectura que *no tiene voz pero está en la cabeza*, que está sujeta a transportes, a traslados, a movimientos, a avatares tecnológicos y corporales. Es una lectura itinerante, fragmentaria, aguda, vertical, desproporcionada, intraducible. A estas dos formas continuas y contemporáneas de leer lenguas se deben agregar los registros idiomáticos, es decir, las diferentes formas de idiomatizar (§ 17, § 35) que no sólo tiene cada lengua, sino que tiene cada individuo, mejor dicho, cada proceso de individuación que responde a un *grammatisation*.

La voz transforma la lectura, no por la lectura misma, sino por una relación diversa con la escritura, con la escrituración. El privilegio especulativo que la voz —en cuanto oralidad a la cual la legitimidad de lo escrito se reclama— es aquello que Derrida llamara logocentrismo (*logocentrisme*) y fue a la época, sino el primero, al menos el primer filósofo europeo en extraer de manera clara las consecuencias de la entonces creciente influencia de la lingüística en las llamadas ciencias sociales, en particular el hecho de considerar a la escritura como un fenómeno exterior al estudio de la lengua y, por ende, emplear una acepción representativista de la escritura (Derrida, 1972c: 36). La inusitada popularidad de lingüistas como Ferdinand de Saussure todo a lo largo de la segunda mitad del siglo XX, explican cómo, por qué y de qué manera, la consideración de la escritura como "ajena al sistema interno de la lengua" (Saussure, 1995: 44), tuvo implicancias en el modo que lo especulativo se determinó al interior de cada disciplina, mejor dicho, a la manera en que la noción misma de disciplina no puede ser escindida de los debates epistémicos en torno al establecimiento de las llamadas ciencias sociales.

Esta situación, por otra parte, que podríamos indicar como *mal linguistique* (Derrida, 2012: 22) implica "un modèle de l'écriture phonetique, que nous ne privilegions que par ethnocentrime" [un modelo de la escritura fonética, que nosotros no privilegiamos sino por etnocentrismo] (1972c: 37) y que induce a un dispositivo, que indicaremos como *grammatisation* y que es justamente quien ha sido funcional al establecimiento de las colonias (comerciales, filosóficas, territoriales, políticas) como forma inherente y necesaria a la consolidación institucional de una noción de especulación. Esta *grammatisation* constituye un dispositivo que se renueva constantemente

(*Aktualisierung*, actualización), no sólo a partir de modificaciones en su composición, sino también a partir de la creación de cosas, de palabras, de conceptos, de objetos. Pero sobre todo a partir de la constante instrumentalización de una tercera lengua: "L'expression *troisième langue* nommerait plutôt un élément différencié et différenciant, un *medium* qui ne serait pas stricto sensu linguistique mais le milieu d'une expérience de la langue qui, n'étant ni sacré ni profane, permette le passage de l'un à l'autre — et de dire l'un et l'autre, de traduire l'un dans l'autre, en appeler de l'un à l'autre" (Derrida, 2012: 32).[1]

La transliteración (§ 6, § 45) es la constitución regular de esta tercera lengua. De manera que el ahorar de *Sein und Zeit* (1927) y el ahorar de *Ser y tiempo* (1951 y 1997) requieren no sólo de un medio conceptual de pasaje, sino también de un esclarecimiento de la manera en que la espacialización determina los significados de *Sein und Zeit* leídos-entendidos en los ámbitos periféricos (§ 46). Y esta situación de pasaje y deriva a un tiempo, de una lengua a otra y viceversa, ha creado en los ámbitos periféricos un sentido indeleble de lengua como deuda o, mejor dicho, de "deuda de lenguaje" (Derrida, 2012: 49). De manera que no sólo toda transliteración se halla *de partida endeudada*, sino que la lengua como tal es asociada, en términos patrimoniales, a un adeudamiento/endeudamiento. La deudación (*Verschuldung*) se transfigura en endeudamiento/endeudado (*Verschuldet*), de forma que, como ya había observado Nietzsche en la Europa decimonónica (*Zur Genealogie der Moral: Eine Streitschrift* — Zweite Abhandlung [1887]), la manera culposa en que la deuda es experimentada —culpa y deuda en alemán se resumen en una misma palabra (*Schuld*)— se vincula a esta situación del lenguajear y a la manera en que el lenguajear es vehículo del ahorar y de la construcción del presente como forma monopólica de lo colectivo en las sociedades automatizadas por la tecnologización. Sin embargo, a diferencia de Nietzsche, que explicaba el endeudamiento por

1 Traducción del autor: "La expresión tercera lengua nombraría más bien un elemento diferenciado y diferenciante, un *medium* que no sería *stricto sensu* lingüístico sino el medio de una experiencia de la lengua que, no siendo ni sagrada ni profana, permite el pasaje de una a la otra —y de decir una a la otra, de traducir una en la otra, en llamar una a la otra".

la culpa, en los ámbitos periféricos el lenguajear inhibe esta dualidad: es el ahorar vehiculizado por el lenguaje quien posibilita una expansión imaginaria y material de la deuda a partir de un sometimiento colonial agenciado por la culpa o, más frecuentemente, por su reverso que es el rencor, el resentimiento y la inferioridad expresa como servidumbre voluntaria. El *défaut d'origine* que domina la espacialización, como vimos, en los ámbitos periféricos tiene una relación directa con esta reversión de la culpa-deuda. Situación que, bajo condiciones extremas europeas, puede asimilarse a aquello que Boris Cyrulnik describe como *infancia* en *Les Vilains Petits Canards* (Paris: Odile Jacob, 2001).

El ahora es para Heidegger un tiempo derivado, secular, vulgar, subsidiario de otra momentaneidad del en-sí-mismo. *Justamente por ello*, en términos especulativos, el ahora es la temporización dominante de los ámbitos periféricos, aquello que es mundano (*Weltlichkeit*) en continuación.

El ahorar y los leeres tienen también una relación indeleble, íntima, interdependiente. Ahorar es reconocer la lectura (ver, repertoriar, observar, mirar, avizorar, reconocer, *scannear*, clasificar, categorizar) como forma de especulación, como escrituración necesaria, y leer es exponer la indispensabilidad del ahora en cuanto concepto. *Sein und Zeit* tiene al ahorar como fundante de sus conceptos por cuanto el mundanar (*Weltgeschichtlichkeit*), la realización del estar-ahí (*Dasein*), es una forma de historiografización (*Begriffgeschichte*) de lo especulativo, del especulando. De lo cual surge, como hemos argumentado, que la espacialización es la acción primera del utensiliar que es el pensar-mismo. Bajo estas condiciones el ahorar implica lo especulante, la especulación. El ahorar es coherente con el principio que el conocimiento es dependiente de la tecnología, de la individuación y del utensiliar (§ 41) —por lo mismo, el ahorar asume que *la question de la chose* (1971: 118) (*die Frage nach dem Ding*), y no *la question du sens de l'être* (1986: 25) (*der Frage nach dem Sinn von Sein*), es *la* pregunta sin-pregunta por el sentido del ser/estar para una perspectiva pos-*Dasein* (34).

En los ámbitos periféricos estos diferentes leeres, como vehículos del ahorar, poseen una relación directa con la manera en que lo especulativo se establece, define y conceptualiza. Leer lenguas es amenizar el asunto del ahora (*Jetzt*) en los términos problemáticos con que Heidegger lo expone en *Sein und Zeit*, es animar *la cuestión* como deficitaria del presente

(1967: 414–435). La temporalidad del ahora (*Jetzt-Zeit*), que junto con la construcción de un presente, fundan el mundanar (*Weltgeschichtlichkeit*) que da lugar al estar-ahí (*Dasein*), continúan siendo los dos aspectos más relevantes de la especulación local o, mejor dicho, de la especulación que trata de localizar lo local (§ 46).

El ahorar es también lo dicho (*das Gesprochene*) en sentido de asumido, sabido, entendido, dado por supuesto, significado, no explicado, colectivizado, heredado, patrimonializado. El ahorar es así una *remise* (reposición, entrega, rebaja, remesa, cancelación, aparcamiento) constante de patrimonio, es el patrimoniar en sentido literal, la manera en que lo singular de nuestra individualidad se inmiscuye, se inserta, se confronta, con la construcción colectiva del presente. Esto es aquello que autores europeos contemporáneos como Stiegler denominan "processus d'adoption" [proceso de adopción] y que, en su forma más radical imaginable, constituye la normativa del mundanar (*Weltgeschichtlichkeit*) en los ámbitos periféricos: "la condition de ce *processus d'adoption* réside dans la possibilité, ouverte par l'épiphylogenèse, c'est-à-dire par la mémoire technique, d' *accéder à une passé qui n'a jamais été vécu ni par celui dont il passé, ni par ancêtres biologiques*. Le processus d'adoption suppose l'accès à une passé factice, mais dont la facticité constitue le socle d'un 'déjà-là' à partir duquel l'héritier phantasmatique peut vouloir un avenir en commun avec ceux qui partagent également ce passé par adoption et phantasmatiquement." (Stiegler, 2001: 142).[2]

Esta *confusión* entre un pasado colonial consistente referido a lo local (y que significa lo local inmediato) y un pasado adoptivo referido a la manera en que lo local fue *localizado* a partir de una espacialización de un afuera entendido como extraño (*Unheimlich, "l'inquiétante étrangeté"*) pero que debe domesticarse (§ 42), es aquello a lo que el ahorar viene a abordar, pero es también aquello que explica por qué el ahorar —y no, por ejemplo, un

2 Traducción del autor: "… la condición de este proceso de adopción reside en la posibilidad, abierta por la epilogenesis, es decir, por la memoria técnica, de acceder *a un pasado que no ha estado/sido nunca vivido, ni por quién el pasado ha pasado ni tampoco por sus ancestros biológicos*. El proceso de adopción supone el acceso a un pasado ficticio, pero donde la facticidad constituye el pedestal de un 'ya allí' a partir del cual el heredero fantasmático puede querer un avenir en común con esos que comparten igualmente este pasado por adopción y fantasmáticamente".

proceso de individuación— es lo que determina el sentido de lo especulativo en los ámbitos periféricos.

Sein und Zeit tiene aproximadamente 240 instancias con ahoras, de los cuales 130 funcionan como *palabra* y 110 funcionan como *concepto*. En todo escrito *a partir* del momento que una palabra *funciona asimismo* como *concepto* la palabra ya no es la misma, su sentido se especifica, se concretiza, se consistencia y, sobre todo, la palabra y el concepto se desvinculan, de modo que el lector se pregunta con constancia si lo que lee es palabra o concepto: esta situación es moneda corriente en la lectura de *Sein und Zeit* y no sólo referido a los ahoras. En *Sein und Zeit* este *a partir* sucede desde de la página 212 con un "ahora" en bastardas, indicando que ese ahora es más que una palabra, que tiene un sentido segundo, ulterior, nuevo, diverso, *conceptual*.[3]

Traducir este ahorar del alemán al castellano exige una transliteración en donde el significado de las palabras está imbuido del sentido de los conceptos, como ya vimos en el caso de la traducción del *Dasein* por "ser-ahí" en lugar de "estar-ahí". Que los 240 ahoras de la edición alemana se transformen en 450 ahoras en la traducción de Rivera explica no pocas cosas que sólo una transliteración puede relevar: la enunciación en castellano requiere un posicionar espacial y temporal mucho más regular y constante que en el caso del alemán cuya *abstracción* permite un grado de especificidad que el castellano no tiene en esa forma. ¿Cómo se traduce esta situación? No hay forma de traducción aunque sí esta condición del lenguaje determina la manera en que los traductores trabajan con su léxico. La cuestión de la cuestión tiene que ver más con este asunto que con la comprehensión del sistema conceptual de Heidegger, lo cual sí es un asunto (o puede serlo) para los lectores de alemán. El sistema conceptual de Heidegger tiene así dos cuestiones de escala epistémica: la primera, según vimos, es la transformación de *la cuestión* en cuestión de la cuestión (§ 1) en la periferia y, la segunda, es la transliteración y sus condiciones (§ 6).

3 Mecanismo que funciona de forma similar a cómo Derrida (1990a), al analizar la noción de *Geist* en Heidegger, mostraba de qué manera la palabra encomillada era el inicio de una conceptualización (de una función conceptual del término) que se podía indicar pero no aun significar.

Sostiene Heidegger: "Das ist jetzt die Aufgabe" (1967: 102). Traduce Rivera: "Ésta es ahora la tarea" (1997: 108). Este "ahora", estos ahoras, tienen la inmediatez de la lengua no de la conciencia. Su mundanar, para decirlo en términos de *Sein und Zeit*, hace referencia a una temporalización del lenguaje y, por ello, son parte de un presente construido, es decir, de un presente que hace de su presentismo la razón de su "ser": es *la cuestión* llevada a lo inteligible cotidiano. Es también el "Ahora bien" y "hasta hora", sin comillas e innumerables en la traducción de Rivera y que son palabra. La traducción castellana de *Sein und Zeit*, con la aumentación de ahoras, acentúa este sentido de inmediatez de *la cuestión*, y es por ello que sostenemos que *en la traducción misma* hay ya una interpretación de la obra de Heidegger, es un heideggear imperceptible y que sólo un principio de transliteración puede hacer plausible. Los innumerables "ahora bien" de la traducción castellana establecen un tiempo de la enunciación, en tanto tiempo de la frase (momento de la frase, hasta el momento de la frase) que ameniza *la cuestión* identificada por Derrida: la escritura del *être/Sein* "marca" su tiempo de realización.

Similares situaciones, aunque de significación diversa, presentan otros ahoras, como por ejemplo los "puede ahora" (1997: 46), que es un tiempo exterior a la enunciación pero también marcado por la temporalización de esta. Por ejemplo los "por ahora" (1997: 65) que constituyen un presente puro en la escritura que se prolonga, *omnipresente*. Por ejemplo los "Si preguntamos ahora" (1997: 70), que es un presente de la escritura, un presente *al hilo de la escritura*. Por ejemplo los "como lo podemos ver ahora" (1997: 141) o los "sólo ahora" (1997: 161), en donde se figura una instancia del presente como erupción, sinónimo de momento, momento ideal. Por ejemplo los "quiere decir ahora" (1997: 160), que es un presente de los significados, algo significado actualmente (*Aktualität*). Por ejemplo los "significa ahora" (1997: 222), que es un presente que quiere decir (a) en este momento, (b) esta cosa, (c) este significado. Todos estos ahoras, en tanto *shifters*, son un ahorar de palabra que contribuye a justificar el principio por el cual un presente se legitima a partir de su presentismo, de la realización de una presencia, a partir del hecho que tiene que tener una consistencia inmediata, un algo que lo marque *in situ*. Y que es el presente de *la cuestión* en los términos de Derrida.

Por el contrario, la cuestión de la cuestión, reclama un ahorar como concepto y es el que aparece en la página 212 de *Zein und Zeit* y que es, en definitiva, el ahora que introduce Heidegger y que enuncia en el parágrafo 81 (*Die Innerzeitigkeit und die Genesis des vulgären Zeitbegriffes*), en donde expone cómo una formulación del ahora permite la ocupación del tiempo y que es en definitiva aquello que "mundana" y que ofrece al *Sein* una espacialización de significado, una especie de universo de discurso empírico. A este ahorar Heidegger le llama: *tiempo del ahora* [*Jetzt-Zeit*]. Cuando Heidegger dice, *Das Gezählte sind die Jetzt* (1967: 421) ("Lo numerado son los ahoras" [1997: 405]), está en realidad, en términos de los ámbitos periféricos, diciendo toda la temporalización: no hay un más allá de los ahoras, no hay una temporalidad no numerable: la colonización impuso una temporalización que, sin querer en el plano especulativo, obtuvo una anihilación calendaria de toda posible metafísica del tiempo. Cuando Heidegger sostiene: "Je «natürlicher», das heißt je weniger thema-tisch auf die Zeit als solche gerichtet das Besorgen die Zeit bestimmt und angibt, umso mehr sagt das gegenwärtigend-ver-fallende Sein beim Besorgten kurzerhand ob mit oder ohne Ver-lautbarung: jetzt, dann, damals" (1967: 422).[4] En realidad está describiendo el proceso de espacialización de los ámbitos periféricos, el mundanar colonial en su expresión más radical. No es el mundanar *que Heidegger* dice, es el mundanar conceptual de *Sein und Zeit*, es el mundanar de los conceptos que, transliterados, *pace* Derrida, expresan esta espacialización colonial a la que, por otra parte, ya nos hemos referido con anterioridad como una forma de "entendimiento" básico de los ámbitos periféricos (§ 21). Cuando hemos hecho referencia a una naturalización filosófica decimonónica como principio especulativo clásico de las colonias, de los ámbitos periféricos en general, es a esta *aumentación de lo natural* a la que nos referíamos, es decir, a esta creencia que, a partir de una aumentación, de una cuantificación creciente de lo temporal, o de su velocidad, se obtiene un sentido más claro y distinto del presente en cuanto tal.

4 Traduce Rivera: "Cuanto 'más naturalmente', es decir, cuanto menos temáticamente la ocupación que determina e indica el tiempo esté dirigida hacia el tiempo como tal, tanto más espontáneamente el presentante y cadente estar en medio de lo que es objeto de ocupación dirá, con o sin ruido de palabras: ahora, después, entonces" (1997: 405).

El ahora, este ahorar, asume que toda lengua, en el contexto de un cuestionamiento a *la cuestión*, transforma su vocabulario de manera radical, estableciendo un recorrido de las palabras a los conceptos y viceversa sin taxonomía presupuesta. Es por ello que, por ejemplo, cuando Derrida fue interpelado acerca de la deconstrucción sostuvo que "Si j'avais à risquer, Dieu m'en garde, une seule définition de la déconstruction, brève, elliptique, économique comme un mot d'ordre, je diras sans phrase: *plus d'une langue*" (1988: 38).[5] La versatilidad de las palabras a los conceptos implica una variedad idiomática, es aquello que indicamos como el idiomar (§ 17). Y el ahorar no sólo lo supone sino que lo desarrolla.

Y es justamente bajo estas condiciones que el propio Derrida comenta el "Sprachen ist Namen" (Derrida, 2012: 59) ("lenguar/lenguajear es nombre/nombrar"): la lengua-lenguaje establece que nombre y palabra son indiscernibles justamente porque la escrituración, a diferencia de lo concebido por la mayoría de los lingüistas durante el siglo XX, y como lo postulara el autor de origen argelino, *hace* la lengua-lenguaje. Más aun, los extremos a los cuales la tecnologización ha conducido a la escritura en la actualidad constituye una prueba por *tercero excluido* de esta escrituración o, mejor dicho, la industrialización de la exomatización humana (en particular entendida a partir de las ὑπομνήματα [*hypomnemata*]) confirma no sólo que no hay palabra sin nombre, sino que ambas requieren de la escrituración. El ahorar, como vehículo último de esta exomatización humana, es resultado de esta situación.

Bajo las condiciones entonces de la cuestión de la cuestión el ahorar puede ser definido como un "ahora que …" ("Das »Jetzt« ist wesenhaft Jetzt-da" [1967: 422]), no sólo como una ocupación, sino como una proyección a partir de dicha ocupación y que indicamos como espacialización. La *grammatisation* que supuso la colonización indujo a la generalización de este mecanismo de ocupación y que, más tarde, con la introducción de la revolución industrial y con la aun posterior industrialización tecnológica tendría consecuencias acérrimas, las cuales hemos agrupado bajo el nombre

5 Traducción del autor: "Si tuviera que arriesgar, Dios me guarde, una sola definición de la deconstrucción, breve, elíptica, económica como una palabra de orden, diría sin frase ¡sin tapujos!: *más de una lengua*".

de *colonialismo de segundo grado*. El ahorar puede ser definido como "Das im Besorgen verstandene, wenngleich nicht als solches erfaßte, datierbare Jetzt ist je ein geeignetes, bzw. ungeeignetes. Zur Jetztstruktur gehört die *Bedeutsamkeit.* Daher nannten wir die besorgte Zeit *Weltzeit*" (1967: 422).[6]

Existe en los ámbitos periféricos una relación directa entre la espacialización (el mundanar), el ahorar de la lengua (el lenguajear) y la localización de la especulación (el idiomar). Por ello también es que la ocupación realizada por el mundanar, en la vehiculización que significa el ahorar, se da a partir (están supuestos) de lo "a-la-mano" (*Zuhandenheit*) y de lo "a-la-vista" (*Vorhandenheit*), lo cual a su vez supone, en su significatividad (*Bedeutsamkeit*), la utensilibilidad de lo existente (entendido como *Eksistenz:* de éxtasis y existencia en-conjunto, la existencia que sale fuera de sí, posibilidad de ser que no puede nunca reglarse/arreglarse por el hecho de su existencia como tal) o, mejor dicho, supone el hecho que todo aquello que es especulable ha sido antes utensilio, forma de utensilio, figuración de utensilio. Tal es lo que significa *pensar* en los ámbitos periféricos y que ameniza la escrituración como una metodología para significar la continuidad del presente o, mejor dicho, para significar un presente continuo desglosado en un *estar* (que aporta el asunto de *la cuestión*) y un gerundio (que aporta el asunto de la cuestión de la cuestión). Y aquí "gerundio" no está definido por el tiempo ni por la persona, sino por el estar, por un estar de la condición de ser/estar: es el "gerundiar" para llamarlo de manera correcta, el "temps du maintenant" como le indica Derrida, el *Jetzt-Zeit* como le llama Heidegger. El gerundiar es la expresión directa de la *ocupación* que significa el ahorar. En tal sentido es que Heidegger sostiene: "Sondern gerade *weil* die alltägliche Zeitauslegung sich einzig in der Blickrichtung der besorgenden Verständigkeit hält und nur versteht, was in deren Horizont sich »zeigt«, müssen ihr diese Strukturen entgehen. Das in der besorgenden

6 Traduce Rivera: "El ahora datable, comprendido, aunque no aprehendido en cuanto tal, en el ocuparse, es siempre un ahora apropiado o inapropiado. A la estructura del ahora le pertenece la *significatividad.* Por eso hemos llamado al tiempo de la ocupación tiempo *del mundo*" (1997: 406).

Zeitmessung Gezählte, das Jetzt, wird im Besorgen des Zuhandenen und Vorhandenen mitverstanden" (Heidegger, 1967: 422).[7]

Existe una relación directa entre ocupación (y por ello, utensiliación) y comprehensión en sentido especulativo que, como veremos (§ 46), es uno de los mecanismos básicos de constitución territorial e intelectual en los ámbitos periféricos. El ahorar se halla al centro de esta mecanización (*Mechannisierung*, también en tanto *Machenschaft* [maquinización]) y, en un contexto "mundano" (*Welten, Weltmäßigkeit*), explica por qué toda *ipseité* (forma de vida distinta de la mismidad), se halla *reducida* al ahorar (§ 34).

Bajo estas condiciones se comprende el *alcance* que Heidegger otorga al ahorar: "Die Jetzt *vergehen,* und die vergangenen machen die Vergangenheit aus. Die Jetzt *kommen an,* und die ankünftigen umgrenzen die »Zukunft«" (1967: 423).[8] Esta es la ocupación que el ahora vehiculiza a partir de lo "a-la-mano" (*Zuhandenheit*) y lo "a-la-vista" (*Vorhandenheit*) y que entendemos (se vuelve legible) a partir de la espacialización de lo inmediato. Y a este mundanar (*Welten*) Heidegger lo entiende como "vulgar" en tanto se lo inscribe (se lo hace inteligible) en un temporar secuencial, pasajero e irreversible, y que nos reenvía al naturalismo filosófico decimonónico (en tanto *Naturphilosophie*) antes indicado (§ 19): "*Die vulgäre Zeitvorstellung hat ihr natürliches Recht.* Sie gehört zur alltäglichen Seinsart des Daseins und zu dem zunächst herrschenden Seinsverständnis. Daher wird auch zunächst und zumeist die *Geschichte öffentlich als innerzei-tiges* Geschehen verstanden" (1967: 426).[9]

7 Traduce Rivera: "Precisamente *porque* la interpretación cotidiana del tiempo se mueve únicamente en la perspectiva de la comprensión común inherente a la ocupación y sólo comprende lo que se 'muestra' en este horizonte, dichas estructuras no pueden menos de escapársele. Lo numerado en la medición del tiempo realizada en la ocupación —el ahora— queda concomitantemente comprendido en el ocuparse de lo a la mano y de lo que está-ahí" (1997: 406).

8 Traduce Rivera: "Los ahoras *pasan,* y una vez que han pasado conforman 'el pasado'. Los ahoras *vienen,* y al hacerlo, circunscriben el 'porvenir' " (1997: 406).

9 Traduce Rivera: "*La representación vulgar del tiempo tiene su justificación natural.* Ella pertenece al modo de ser cotidiano del Dasein y a la comprensión del ser inmediatamente dominante. Por eso, inmediata y regularmente también la *historia* es comprendida *en forma pública,* como acontecer *intratempóreo*" (1997: 409).

Esto explica por qué ha existido en los ámbitos periféricos una relación directa entre especulación y constitución de la política/lo político (en el sentido de Carl Schmitt [*Politikwissenschaft*]) como una forma de lo público (en tanto espacio público). El sentido "vulgar" de Heidegger supone que el mundanar cotidiano dependería de una dimensión especulativa oculta, no visible, y que el develar/desvelar este ocultamiento sería en gran parte la tarea relevante del *Dasein*. Semejante disociación no es posible en las colonias, en los ámbitos periféricos, en donde cualquier formulación de pos-*Dasein* se encontrará con el ahorar como vehículo dominante del presente: "Das vulgäre Zeitverständnis hingegen sieht das Grundphänomen der Zeit im *Jetzt* und zwar dem in seiner vollen Struktur beschnittenen, puren Jetzt, das man »Gegenwart« nennt" (1967: 406).[10] Y es por ello que el propio Heidegger sostiene: "So liegt denn auch die Interpretation des Daseins als Zeitlichkeit grundsätzlich nicht außerhalb des Horizonts des vulgären Zeit-begriffes" (1967: 427).[11]

El ahora en su ahorar, es también la *Geschehen*: un suceder, ocurrir, acontecer, pasar, acaecer, *tener lugar*. Lo que tiene lugar y tiene lugar porque acontece, sucede y ello pasa como expresión de una presencia —presencia que es la *voz* descrita por Derrida (1967b). Esto es el ahora, esto es ahora (§ 12). Y también "esto" es parte de la manera de determinar ese ahorando, ese ser/estar-ahora. El ahora es en realidad la determinación de lo indeterminado, aquello que no puede conceptualizarse, aquello que puede pensarse como un proyecto, como un plan de trabajo, como un conjunto variado y desfasado de elementos, pero que siempre conduce a un "alteridad irreductible" (Derrida, 1972c: 108) y a la escrituración de lo *indécidable* (Derrida, 1972c: 60).

La conciencia ella-misma, en cuanto sinonimia de *voz*, es la de ser/estar presente, cuando hablo, a eso que digo: no sólo ser consciente de estar presente a eso que pienso, sino también de retener, de poseer en cercanía,

10 Traduce Rivera: "En cambio, la comprensión vulgar del tiempo ve el fenómeno fundamental del tiempo en el *ahora,* en ese ahora puro, cercenado de su plena estructura, al que se llama 'presente' " (1997: 409).

11 Traduce Rivera: "De esta manera, la interpretación del Dasein como temporeidad tampoco queda, en principio, fuera del horizonte del concepto vulgar del tiempo" (1997: 410).

en proximidad, en "concepto", un algo (*signifiant*, significante) *que no cae* al mundo, que escucho en cuanto lo emito y que controlo a voluntad (Derrida, 1972c: 33).

Este sentido del ahora explica por qué la "privation de monde" (*Weltarm*: "pobre-en-mundo", "mundo empobrecido") (Derrida, 1972c: 62) es entendida en Heidegger —y en la interpretación de Derrida— como *unheimliche*, como *ausencia de familiaridad*. Y como expresión exactamente de la condición de la especulación en los ámbitos periféricos en relación a la filosofía europea/de Europa. Y lo mismo explica por qué la "compréhension du monde" (*Weltverstehen*) ocupa un rol conceptual fundamental: no es una cuestión de "mundo" alguno, sino de ecología de lo pensable (§ 47).

Sin embargo, pensar el ahora no es ahorar: el ahorar se expresa como presencia del presente, pero sobre todo como destrucción continua del presente. El ahorar es concepto por su realización no por su nombre: es la palabra, el palabrar, el palabreado, al que Derrida desdobla en imaginación de la palabra (como *Vorstellung*), palabra imaginada (como *Vergegenwärtigung*) y palabra efectiva (como *Repräsentation*). Esta relevancia que proponemos del ahorar en la formulación de la especulación como tal, para los ámbitos periféricos, tiene relación directa con la manera en que Heidegger concebía la temporalización como un resultado del mundar/mundanar del *Sein*: por ello Rivera (1997: 424), al igual que otros comentaristas/traductores franceses como Françoise Dastur (2007), entendieron por qué Heidegger entendía la comprensión del tiempo como un *étant/Seienden* —razón que, además, explica la estrecha relación conceptual derridiana entre presencia, presentación y presente. El ahorar es la *Geschehen* entendida como "Welt-Geschichte", como "Geschehen als Geschichlichkeit" (Heidegger, 1967: 386): no hay en el ámbito periférico posibilidad alguna de especulación sin un mundar/mundanar.

En este sentido es que hemos destacado la virtud de la escrituración propuesta por Derrida (1967a) como una forma de pensamiento de la voz-palabra a partir de la escrituración (Dastur, 2007: 14), evitando así la popular tendencia a reflexionar la actualidad (exteriorización, "ek-tase") a partir de una "métaphysique de la présence" (Dastur, 2007: 5). No hay posibilidad alguna de una especulación de un "présent vivant": "la notion d'un passé dont le sens ne pourrait être pensé dans la forme d'un présent (passé) marque l'impossibleimpensableindicible ["imposibleimpensablein-decible"] non seulement pour une philosophie en général, mais même pour une pensée de l'être qui voudrait faire un pas hors de la philosophie" (J. Derrida, "Violence et metaphysique", *Revue de Métaphysique et de Morale* 69 (4), 1964, p. 450).[12] La relación entre la cosa (*Ding*, como coseidad [*Dinglichkeit*]), la escrituración que hace al mundar/mundanar, la inteligibilidad de lo posible y una noción de especulación, es aquello que funda el pensamiento en los ámbitos periféricos. Por ello el tratamiento de Derrida a la "présence des choses" —en particular a las cosas "que no pueden ser objetos porque son inseparables de un mundo que no puede ser descripto" (Dastur, 2007: 14)— es favorable a una reflexión acerca del colonialismo en los ámbitos periféricos (§ 12, § 20).[13]

La *voz* de Derrida en 1967 es la de una máquina de escribir eléctrica que habla de Husserl, de Saussure, que refiere a Humboldt, a una disociación entre la palabra y la escritura y, en definitiva, a eso que Dastur llama la *voz fenomenológica* y trata de paliar la imposibilidad de significar un "présent vivant": "pour l'interprétation phénoménologique de la voix, c'est-à-dire pour la *voix phénoménologique*, que Derrida, dès l'introduction, définit comme « cette chair spirituelle qui continue de parler et d'être présente à soi – *de s'entendre* – en l'absence du monde » (*VP*, pp. 15–16 [1967b: 15–16]), *mais non pour la voix en tant que telle*" (Dastur, 2007: 11).[14] La voz es la mecanización (*Mechanisierung*, pero también

12 Traducción del autor: "La noción de un pasado donde el sentido no podría ser pensado en la forma de un presente (pasado) marca el imposibleimpensableindecíblee, no solamente para una filosofía en general, sino incluso para un pensamiento del ser que quería dar un paso fuera de la filosofía".

13 Como ya argumentamos, el "en-sí" de las cosas no es sólo una cuestión del significado o alcance de la "cosa-en-sí", sino también del estatuto del ser/estar en cuanto verbo predominante —es decir, en cuanto forma de expresión privilegiada del "presentismo" del presente— en el establecimiento de una noción de inteligibilidad y especulación. Es el "ser-en-sí" (*an-sich-Sein*) al que se refiere Heidegger.

14 Traducción del autor: "... para la interpretación fenomenológica de la voz, es decir, para la voz fenomenológica, que Derrida desde la introducción define como 'esa carne espiritual que continua a hablar y estar presente a sí —*de escucharse/entenderse*— en la ausencia de mundo' ".

como *Machenschaft*) heideggeriana (§ 30), es la *radiodifusión* casi medio siglo más tarde (§ 37). La voz no desaparece, se recicla: la voz requiere una acústica —eso que indicaremos como *Stimmung* (§ 47)— y la transliteración (§ 6) modifica esta acústica en continuación. La escala epistémica (§ 46) es también la historiografía (en tanto *Welt-geschichlichkeit*) de una transferencia.

La voz ha sido el argumento más determinante en el pensamiento del presente en los ámbitos periféricos, mejor dicho, la voz, en tanto forma clásica y privilegiada del ahorar, ha constituido argumento determinante en la concepción de toda noción de especulación y, sobre todo, de inteligibilidad. La voz, sin embargo, en tanto ahorar, no está allí donde la concebimos: la definición de la voz *no es* la voz. La voz no es el "présent vivant": he allí un argumento al que Derrida vuelve una y otra vez, en particular en sus escritos de fines de los años sesenta e inicios de los setenta, al comentar los conceptos de Husserl. La voz no sólo es aquello que ameniza el presentismo de la presencia como requisito de *la cuestión* filosófica fundamental, es también aquello que patentiza cómo la significación de lo actual y de lo inmediato es debida a lo no presente —y de allí asimismo surge cómo "la non-altérité, la non-différence dans l'identité de la présence comme présence à soi" [la no-alteridad, la no-diferencia en la identidad de la presencia como presencia a sí] (Derrida, 1967b: 65) puede ser instrumento de individuación. Si la definición de la voz *no es* la voz, en la voz no se encuentra tampoco aquello que hace del presente el tiempo especulativo por excelencia. La presencia, la presentación, el presentismo, hacen a lo especulativo, a partir de *la cuestión*, de una manera inmediata que no explica ni posibilita la comprehensión de la espacialización (Derrida, 1967b: 96), de lo biosférico (§ 46, § 47). Es por ello que es de la cuestión de la cuestión (§ 1) desde donde debe partir la comprehensión de cómo y por qué lo local es localizado (§ 46). Pensar de manera crítica *la cuestión* para Derrida fue asimismo promover (Dastur, 2007: 8) un "pensée de la non-présence" [un pensamiento de la no-presencia] (Derrida, 1967b: 70), de allí *también* la fascinación *phantasmatique* que su obra ha generado en los ámbitos periféricos del planeta.

Que la definición de la voz *no sea* la voz ameniza la escrituración, es decir, el hecho en definitiva que la lengua *es* escritura: "Le langage peut être nommé « écriture », parce que, comme elle, il implique la mort du locuteur, son absence radicale" (Dastur, 2007: 18).[15] Si para Husserl la escritura era un instrumento de comunicación, para Derrida, por el contrario, la escritura demanda una "puesta-en-escena" epistémica que la sitúa en el plano de la ausencia de sujeto biológico.[16] La escritura es para Derrida el "nom courant de signes qui fonctionnent malgré l'absence totale du sujet par (delà) sa mort" (1967b: 104):[17] la muerte del escriba (autor, filósofo) y la desaparición del objeto que *describía* no impiden al texto resultante de "vouloir-dire" (1967b: 104). Sin embargo, aun cuando aceptásemos incluso la perspectiva saussureana más radical al respecto ("les organes vocaux sont aussi extérieurs à la langue que les appareils électriques qui servent à transmettre l'alphabet Morse sont étrangers à cet alphabet" [*Cours de linguistique générale*, Paris, Payot, 1916, p. 36]),[18] la escrituración derridiana (el oído-oreja entiende lo que dice la voz en la constitución del uno-mismo/*soi-même*) reintroduce, modificada *en su escala*, la perspectiva humboldtiana de una relación entre articulación semántica y articulación fonética: se encuentra allí el principio de uno-mismo/*soi-même* (§ 8, § 23) en cuanto conciencia-de-sí (Derrida, 1972c: 32–33). A Derrida (1990a), justamente por ello, no le interesa la lengua como tal, sino la manera en que *la cuestión* determina una forma de especulación que requiere un modo particular de uno-mismo/*soi-même*. De allí también la relevancia de la voz en tanto ahorar, *entendida* como ahorar. Y es esta perspectiva, en definitiva, en torno a lo que perdura y significa, quien tiene una relevancia fundamental en los ámbitos periféricos del planeta.

La problemática irresuelta de la cuestión del ser (*der Frage nach dem Sinn von Sein*) (§ 1–11) y que es asimismo la constatación más flagrante de

15 Traducción del autor: "El lenguaje puede ser nombrado 'escritura' porque, como ella, implica la muerte del locutor, su ausencia radical".

16 Como ilustrativo de esta situación, en el ámbito europeo, puede verse el ya clásico "Freud et la scène de l'écriture", editado en 1966 en la revista parisina *Tel Quel* y retomado luego en *L'Écriture et la différence* (1967c).

17 Traducción del autor: "… es el nombre corriente de signos que funcionan no obstante la ausencia total del sujeto más allá/por encima de su muerte".

18 "Los órganos vocales son así exteriores a la lengua [como] los aparatos eléctricos que sirven a transmitir el alfabeto Morse son extranjeros a ese alfabeto".

la necesidad requisitoria de la cuestión de la cuestión, es la manera en que ha existido una simbiosis entre la voz (yo-mismo, *moi-même, soi-même*) y la forma de definir el *être/Sein* como *Seinsfrage*. Por ello decimos que la dualidad ser/estar del castellano resulta en una concepción diferente/diferante de la requisitoria de lo interrogativo como mecanismo especulativo y del participio presente del verbo como manera más directa de garantizar la presencia del presente. Por lo mismo Derrida sostiene que "la voix est, de ce point de vue, la conscience elle-même. Quand je parle, non seulement j'ai conscience d'être présent à ce que je pense, mais aussi de garder au plus proche de la pensée ou du "concept" un signifiant qui ne tombe pas dans le monde, que j'entends aussitôt que le l'émets, qui semble dépendre de ma pure et libre spontanéité, n'exiger l'usage d'aucun instrument, d'aucun accessoire, d'aucune force prise dans le monde" (Derrida, 1972c: 32–33).[19]

La voix et le phénomène ameniza el asunto de constatación y significación del ahora/de un ahora en relación a la construcción necesaria de lo colectivo en cuanto sistema que siempre requiere una forma de presente (el que soy ahora, donde estoy ahora, en este momento, la enunciación que enuncia ahora). Este es, como veremos, el "micrófono de Heidegger" (§ 37), su función, su significación: la voz tiene que ser ahorada para poder significar y por ello, una vez más, la definición de la voz no es la voz. Esta situación también debería clarificar *por qué* aquello que nos interesa es Heidegger-al-micrófono (§ 37) y no la relevancia de su voz o, peor aún, aquello del presente a que dice referir según sus traductores y comentadores al castellano.

19 Traducción del autor: "… la voz es, de este punto de vista, la conciencia misma. Cuando yo hablo, no solamente tengo conciencia de ser/estar presente a eso que yo pienso, sino también de tener lo más cercano del pensamiento o del 'concepto' un significante que no caiga en el mundo, que yo entienda al momento que lo emito, que parezca depender de mi pura y libre espontaneidad, que no exija el uso de ningún instrumento, de ningún accesorio, de ninguna fuerza tomada del mundo".

§ 33. La cuota 75

Cada libro, toda escrituración en realidad, tiene un centro de gravedad, un punto (*punctum, vanishing point*), una zona (*zooning*), que le da un equilibrio inestable, es el origen desde donde espacializa. Algunos autores de ficción, como Julio Cortázar, han llamado a esto el "*punto vélico* del aire" en tanto centro de gravedad del libro,[1] otros autores, como Jacques Derrida, en términos de escritura, lo describen como una zona fantasmática ("fantôme", en tanto "ghost zoning") en donde se encuentran conceptos y formas de escritura. Pocos libros en el siglo XX, como *Sein und Zeit*, han puesto tanto en evidencia esta región desde donde una conceptualización y un libro espacializan —y es precisamente esta forma de espacialización, esta escrituración a partir de una zona, de un dominio, de un territorio, quien se extrema en los ámbitos periféricos y por lo cual haremos referencia a una *región* (*Region des Seienden* [1967: 3]) —que sería de "seres" (*être/Sein*) en la Europa heideggeriana (§ 16) pero que es de "cosas" (*chose/Ding*) en los ámbitos periféricos actuales (§ 27).

Esta región es un lugar de pasaje, una transitividad en el sentido verbal, una espacio caravasar (*caravansary, caravanserai*: espacio de hospedaje, de estadía, pernoctación, logística). Un lugar al que se llega como logro pero en el cual *no se puede uno quedar*. Esta región es un espacio animal (lo viviente, la obra), arquitectural (los utensilios, el utensiliar) y de acumulación de cosas (la dinámica, la deriva). Esta región es una parada, es el alcance de una etapa, una cuota. Y una cuota es una escala, una medida, una altura —es también una parte, una deuda, un itinerario reducido, un avance,

1 Cortázar hacía referencia un "sentimiento de lo fantástico" como motor de la imaginación/imaquinación literaria y para ilustrar dicho "sentimiento" (que sin duda podrá asociarse a la *Stimmung* heideggeriana) hacía referencia a un "punto vélico del aire" (J. Cortázar, "Del sentimiento de lo fantástico", en *La vuelta al día en ochenta mundos* [Madrid: Siglo XXI, 1970], pp. 69–75).

un resumen, una representación, un patrimonio imaginario. Esta región es un cuotar continuo, una forma provisoria y requerida de patrimoniar. Este espacio caravasar en *Sein und Zeit* es el parágrafo 75 y que por ello indicaremos como *cuota 75*.

En "la historicidad del Dasein y la historia del mundo" (*Die Geschichtlichkeit des Daseins und die Welt-Geschichte*) Heidegger armoniza (redondea, arregla, cierra), *detiene*, una serie de argumentos y aspectos que atraviesan *Sein und Zeit*. Es el caravansear de *Sein und Zeit*, el detenimiento, el recuento, la evaluación de la escala.

La idea que la comprehensión es en definitiva una proyección en el sentido de hacer-mundo es algo que se halla el centro de la especulación en los ámbitos periféricos. Sostiene Heidegger: "Das Verstehen bedeutet das Sichentwerfen auf die jeweilige Möglichkeit des In-der-Welt-seins, das heißt, als diese Möglichkeit existieren" (1967: 387).[2] Que la existencia en tanto posibilidad sea consistente en términos especulativos constituye un aspecto regular de los ámbitos periféricos y ha tenido en términos coloniales innumerables derivas. Más aun, si, como sostuvimos (Canaparo, 2019: capítulo 5), en los ámbitos periféricos la pedagogía es la forma primera de especulación, entonces hacer-mundo es su mecanismo privilegiado.

La condición de este hacer-mundo es el útil (utensilio, herramienta, *Zeug*) y el obraje (hacer-obra, *Werk, Werkunterricht*) que se superponen a las dos maneras del ahorar: lo "a-la-mano" (*Zuhandenheit*) y lo "a-los-ojos/a-la-vista" (*Vorhandenheit*). En este sentido la existencia del *Dasein*, en su utensiliar/utensilibilidad y en su obrar/obraje no puede ser que un convivir público: "Was dem alltäglichen Besorgen im öffentlichen Mitein-ander begegnet, sind nicht nur Zeug und Werk, sondern zugleich das, was sich damit »begibt«: die »Geschäfte«, Unternehmungen, Vorfälle, Unfälle" (1967: 387–388).[3] Justamente en los ámbitos periféricos, la influencia del pensamiento dominado por *la cuestión* no lograba/logra considerar este "suceder" (*was sich damit »begibt«*), es decir, no sólo las derivas del útil y

2 Traduce Rivera: "Comprender significa proyectarse hacia una determinada posibilidad del estar-en-el-mundo, es decir, existir como tal posibilidad" (1997: 373).

3 Traduce Rivera: "Lo que en el convivir público comparece para el ocuparse cotidiano no son tan solo el útil y la obra, sino también lo que con ellos 'sucede': 'quehaceres', empresas, incidentes y accidentes" (1997: 343).

del obrar, sino las maneras en que estas derivas a su vez modifican en constancia el útil y el obrar —y, sobre todo, la conceptualización e historiografía que ello posibilita: recuérdese el ejemplo del martillo de Heidegger cuyo concepto se descubre cuando el martillo ya no funciona, cuando está roto (Heidegger, 1967: § 15).

La cuota 75 es donde el uno mismo (*Man-selbest*) aparece encomillado, es decir, donde el uno-mismo (*man selbst*) es *más que un yo* por cuanto participa en el hacer-mundo: "Im öffentlichen Miteinander begegnen die Anderen in solchem Treiben, in dem »man selbst« »mitschwimmt«" (1967: 388).[4] Es decir, donde el uno-mismo como veremos se hace concepto y donde se establece su distinción el "ich Selbest" (1967: 53) o el "das ich je selbest" (1967: 54) (yo-mismo, *soi-même*) es diverso del "man selbest" o del "Man-selbest" (uno-mismo, *moi-même*). La realización del uno-mismo es una construcción pública: la ausencia de sociedades civiles estables en los ámbitos periféricos ha hecho de este aspecto una cuestión de relevancia al momento de considerar una noción de especulación. La especulación es inseparable del "juntos" (*Miteinander*) a que hace justamente referencia Heidegger, porque el juntos se define en relación con el "man selbest" porque el mecanismo principal de este es precisamente "comparecer" (aparecer, mostrarse, ser-en-evidencia, *begegnen*). Volveremos sobre el particular.

Heidegger establece no sólo que la historicidad no se deriva o deduce de la temporalización, sino que, más aun, ambas serían discontinuas sin la presencia del estar-ahí (*Dasein*). Es la espacialización del estar-ahí aquello que conecta una historicidad con la evolución de la temporalización —y es justamente por este rol espacializador, que el estar-ahí posee, que Rivera con razón traduce *Dasein* por "estar ahí" y no, como era corriente, por "ser-ahí", por cuanto, de no hacerlo así, el ser-ahí se condice necesariamente a *la cuestión* y no, como era intención manifiesta en la "destrucción ontológica" de Heidegger (1967: 19–27), a un principio de cuestionamiento, eso que Derrida más tarde indicará como "la question de la question". Por lo mismo, Rivera en su comentario al parágrafo 75 de *Sein und Zeit* sostiene que "la historicidad del Dasein es esencialmente historicidad del mundo"

4 Traduce Rivera: "En el convivir público comparecen los otros en esas actividades en las que también 'uno mismo' se encuentra sumergido" (1997: 373).

(Rivera/Stuven, *Comentario a Ser y tiempo de Martin Heidegger*, vol. 3, p. 145 [Santiago: Pontificia Universidad Católica de Chile, 2015]). Esta situación pone entonces en tela de juicio la mayoría de la historiografía —y la noción misma de historiografía— por cuanto la inteligibilidad de lo temporal, la mecánica de la temporalización, no se deduce a partir de una historicidad.

Sostiene Heidegger: "Die These von der Geschichtlichkeit des Daseins sagt nicht, das weltlose Subjekt sei geschichtlich, sondern das Seiende, das als In-der-Welt-sein existiert. *Geschehen der Geschichte ist Geschehen des In-der-Welt-seins.* Geschichtlichkeit des Daseins ist wesenhaft Geschichtlichkeit von Welt, die auf dem Grunde der ekstatisch-horizontalen Zeitlichkeit zu deren Zeitigung gehört" (1967: 388).[5]

La historicidad transliterada en *Sein und Zeit* entonces significa/es-está significada como espacialización, de manera que historizar es mundanar, *hacer-mundo*. Y desde esta perspectiva es difícil compaginar la interpretación clásica de los autores locales concerniente *Sein und Zeit* —y la obra de Heidegger en general—, por cuanto los mismos nunca han cuestionado *la cuestión* y por ello su noción de especulación está dominada por un entendimiento *historicista* del estar-ahí, es decir, por una perspectiva que deriva la historicidad de la temporalización, del temporizar. Semejante acepción es ilegible en los ámbitos periféricos, en particular a partir de que el Antropoceno es una variable inevitable.

La temporización es una realidad del utensiliar (utensilización), en cierta medida del obrar (obraje, obrando) y de la evolución técnica (encuadramiento, *enframing*, *Gestell*) que Heidegger comenzará a desarrollar a partir de 1949, pero que en *Sein und Zeit* ya aparece como requerida a partir del principio de espacialización que le atraviesa. Es la *Gestell* quien *soluciona* la discontinuidad entre el historicismo del estar-ahí debido al mundanar, al hacer-mundo, de acumular ahoras, y la acumulación de formas de presentes que indicamos como temporalización/temporaneidad. Heidegger leído

5 Traduce Rivera: "La tesis acerca de la historicidad del Dasein no afirma que sea histórico un sujeto sin mundo, sino el ente que existe como estar-en-el-mundo. *El acontecer de la historia es el acontecer del estar-en-el-mundo.* La historicidad del Dasein es esencialmente historicidad del mundo, un mundo que, en razón del carácter extático-horizontal de la temporeidad, pertenece necesariamente a la temporización de esa temporeidad" (1997: 374).

desde la periferia, transliterado, aparece aquí en el reverso kantiano: la categoría relevante no es el temporalizar, sino el historizar (*Begriffgeschichte*) que es generado por la espacialización constante. Es justamente este aspecto *reversivo* (*Verdrehung*) de *Sein und Zeit* el que aparece en innumerables ocasiones en las lecturas que Derrida realizó, así como también en las que más tarde llevará adelante Stiegler.

La cuota 75 establece este aspecto fundamental de *Sein und Zeit* leído-transliterado en la periferia y que, dada la impronta historiográfica de Heidegger (§ 26), significa la reversión de un sinnúmero de sobrentendidos en torno a la especulación y a la filosofía contemporánea europea en particular (§ 21). Los alcances de esta reversión son no negligibles.

Sostiene Heidegger: "Mit der Existenz des geschichtlichen In-der-Welt-seins ist Zuhandenes und Vorhandenes je schon in die Geschichte der Welt einbezogen. Zeug und Werk, Bücher zum Beispiel haben ihre »Schicksale«, Bauwerke und Institutionen haben ihre Geschichte. Aber auch die Natur ist geschichtlich. Zwar gerade nicht, sofern wir von »Naturgeschichte« sprechen; wohl dage-gen als Landschaft, Ansiedlungs-, Ausbeutungsgebiet, als Schlachtfeld und Kultstätte" (1967: 388).[6]

El mundanar de la espacialización supone lo "a-la-mano" (*Zuhandenes*) y lo "a-la-vista" (*Vorhandenes*) no sólo como manifestaciones del ahorar, sino como instrumentos de construcción del presente en los términos de la cuestión de la cuestión, es decir, en razón del lugar que, en la determinación de lo filosófico europeo, ocupa la pregunta por el sentido del ser. Y que, en los ámbitos periféricos, como estamos viendo, no puede ser formulado de manera similar. Que la naturaleza sea entendida como histórica (*die Natur ist geschichtlich*) en los términos de la historicidad de *Sein und Zeit*, es decir, como un mecanismo de historizar no justificable en una temporización, sino en un hacer-mundo, en el mundanar, invalida la concepción de una

6 Traduce Rivera: "*Con la existencia del estar-en-el-mundo histórico, lo a la mano y lo que está-ahí* [lo 'a-los-ojos'] *se encuentran incorporados desde siempre a la historia del mundo.* El útil y la obra, los libros, por ejemplo, tienen sus 'destinos'; las obras arquitectónicas y las instituciones tienen su historia. Pero también la naturaleza es histórica. Aun-que *no* precisamente en el sentido de una 'historia natural', pero sí en cuanto paisaje, terreno de asentamiento o de explotación, en cuanto campo de batalla y lugar de culto" (1997: 374).

Naturphilosophie, de un naturalismo filosófico decimonónico, que ha dominado el pensamiento de lo local desde la creación de los llamados "Estados nacionales" y que, más aun, en la actualidad induce al *ilusionismo tecnológico* como acepción principal y entendimiento mayor en el Antropoceno. La transliteración de *Sein und Zeit* en los ámbitos periféricos (§ 18), bajo estas condiciones, hace que no haya diferencia entre histórico (*Geschichtlich*) e historicidad (*Geschichtlichkeit*) y "obrar histórico" (*Geschichtbild*) —razón por la cual concebir la especulación y establecer una perspectiva historiográfica acaban siendo tareas concomitantes.

Esta naturaleza, su naturalizar, es entonces una "historia de las cosas" —y no una remisión a una dimensión imaginaria o teocrática— realizada en términos de la espacialización ("wohl dage-gen als Landschaft, Ansiedlungs, Ausbeutungsgebiet, als Schlachtfeld und Kultstätte" [1967: 388])[7] y que resulta en un patrimonio al cual, en su relación con el *Dasein*, podríamos indicar como un siendo/estando (*étant/seienden*) que se realiza en-mundando: "Wir nennen dieses Seiende das *Welt-Geschichtliche*" (1967: 389).[8] Este mundo/mundanar-en-histórico (*Welt-Geschcitliche*) local es el pos-*Dasein*. Y es así que adquiere sentido la transliteración de la idea heideggeriana de una "historia-del-mundo" como historia-en-mundo, de manera que el doble significado del que habla Heidegger (1967: 389) se reformula en la periferia: (i) la significación de la mundaneización de lo inmediato (existencia [*Ek-sistenz*], consistencia [*Beständigkeit*]) se realiza a partir de su unión con el *Dasein* (con la individuación): acontecer en el mundo (*Geschehen von Welt*) significa así producir individuación; (ii) al mismo tiempo este mundanar se realiza en una co-colectivización con una población de cosas y animales, de aparatos y mecanismos, a través de lo "a-la-mano" [*Zuhandenheit*] y lo "a-la-vista/a-los-ojos" [*Vorhandenheit*]. El acontecer es así un obraje continuo, una utensilibilidad/utensilización. Y es bajo estas condiciones que lo factual y lo material se confunden: "Geschichtliche Welt ist faktisch nur als Welt des innerweltlichen Seienden"

7 Traduce Rivera: "... pero sí en cuanto paisaje, terreno de asentamiento o de explotación, en cuanto campo de batalla y lugar de culto" (1997: 374).

8 Traduce Rivera: "Llamamos a este ente lo *mundi-histórico* [*das Welt-Geschichtliche*]" (1997: 374).

(1967: 389).[9] De manera que en los ámbitos periféricos el asunto de la *conceptualización* de la materia, es decir, la pérdida de materialidad de la materia es inseparable de la concepción del obraje y de la utensibilidad, así como de la constitución de un siendo/estando (*étant/seienden*) en cuanto horizonte necesario de lo especulativo. El acontecer es así una forma de conocimiento y no una representatividad: "Die Bewegtheit des Geschehens, in dem etwas »mit ihm geschieht«, läßt sich von der Bewegung als Ortsveränderung aus gar nicht fassen" (1967: 389).[10] La espacialización no constituye sólo una modificación de la manera de entender un asunto filosófico europeo (*la cuestión*, la cuestión de la cuestión), sino también una modificación radical en el modo de concebir que el espacio es inteligible y, sobre todo, en la forma de concebir la concepción de lo inteligible que aún no ha sido posible, *que no ha tenido lugar*.

Cuando Heidegger sostiene que "Das alltägliche Dasein ist in das Vielerlei dessen, was täglich »passiert«, zerstreut" (1967: 389)[11] está confirmando la funcionalidad del ahorar, pero, sobre todo, el hecho que el ahorar es una estrategia, no sólo de ocuparse, sino también de previsión, lo cual conforma la individuación: "Die Gelegenheiten, Umstände, deren das Besorgen im vorhinein »taktisch« gewärtig bleibt, ergeben das »Schicksal«" (1967: 389–390).[12] Estas eventualidades y circunstancias, en su conjunto, es aquello que en los ámbitos periféricos —en donde las llamadas sociedades civiles no se han desarrollado en sentido europeo— se reconoce como la *cosa pública*. Y es bajo estas condiciones que se comprende la relevancia creciente que en el pos-*Dasein* (§ 34), a diferencia del planteo inicial de *Sein und Zeit*, tiene el uno-mismo (*Man-selbest*): "Unständig als Man-selbst

9 Traduce Rivera: "El mundo histórico fácticamente sólo es en cuanto mundo del ente intramundano" (1997: 375).

10 Traduce Rivera: "La movilidad del acontecer en el que algo 'sucede con el anillo' no puede ser comprendida en modo alguno en función del movimiento como cambio de lugar" (1997: 375).

11 Traduce Rivera: "El Dasein cotidiano está disperso en la multiplicidad de lo que 'pasa diariamente'" (1997: 375).

12 Traduce Rivera: "Las eventualidades y circunstancias frente a las cuales el ocuparse está de antemano 'tácticamente' a la espera, conforman el 'destino'" (1997: 375).

gegenwärtigt das Dasein sein »Heute«" (1967: 391).[13] Es precisamente esta "accidentalidad" (*Unständig*) aquello que caracteriza el proceso de individuación en el Antropoceno de los ámbitos periféricos. Y por la misma razón el "presentismo" se sitúa como problema y de forma preferencial en no pocas teorías de la historia europea.[14] Y ello es sin duda concomitante con la discontinuidad entre historicidad y temporalización que *también* caracteriza el Antropoceno, de manera que, la insistencia en su ignorancia a partir de reformular constantemente la cuestión, produce en los ámbitos periféricos una anihilación de la individuación y una situabilidad que escapa al mientras tanto para situarse en un horizonte de expectativa, como si se quisiera redefinir el ahorar a partir de su reenvío a una factualidad/facticidad que nunca tuvo lugar pero que re-viene como si tal:[15] "Die Zeitlichkeit der eigentlichen Geschichtlichkeit dagegen ist als vorlaufend-wieder-holender Augenblick eine *Entgegenwärtigung* des Heute und eine Entwöhnung von den Üblichkeiten des Man" (1967: 391).[16] Esta situación es aquello que en la actualidad (*Aktualität*) de los ámbitos periféricos comenzamos a indicar como *post-fact politics* o *post-truth* (Canaparo, 2019: capítulo 7).

Por último, la concepción de una "consciencia de la realidad" (*Realitätsbewußtsein*) en *Sein und Zeit* tiene una relación directa con el entendimiento del estar-en-el-mundo (*In-der-Welt-seins*) como modo de espacialización primaria de lo inmediato (mundanar) y como realización de una consistencia (*Beständigkeit*) del uno-mismo (*Man-selbest*) (existencia-existente, *Ek-sistenz*): "*»Realitätsbewußtsein« ist selbst eine Weise des In-der-Welt-seins.* Auf dieses existenziale Grundphä-nomen kommt notwendig alle

13 Traduce Rivera: "El *Dasein* presenta [*gegenwärtigt*] su 'hoy' en la inestabilidad del uno-mismo" (1997: 377).

14 Véase por ejemplo François Hartog, *Régimes d'historicité. Présentisme et expériences du temps*, Paris: Seuil, 2002.

15 Esta situación también explica el convencimiento de no pocos filósofos europeos, en particular franceses, para quienes la especulación se escribe en la conjugación del futuro anterior de la lengua francesa.

16 Traduce Rivera: "Por el contrario, la temporeidad de la historicidad propia es, en cuanto instante precursor y repitente, una *des-presentación* del hoy y un desacostumbramiento de las conductas usuales del uno" (1997: 377).

»Außenweltsproblematik« zurück" (1967: 211).[17] Por ello es que en los ámbitos periféricos la noción de "realidad" surge, en la perspectiva tradicional de *la cuestión*, como un elemento indispensable a la inteligibilidad o, mejor dicho, a la concepción de aquello que se considera como inteligible, pero la misma es entendida como un *resultado* de la *Naturphilosophie*. Semejante concepción es insostenible en la época pos-*Dasein* del Antropoceno (§ 34).

La cuota 75 es en definitiva la *Weltgeschichtlichkeit*, es decir, la historicidad del mundo dada por la espacialización —y en este sentido es la realización del *être/Sein*. Es la declinación (conjugación, empleo, puesta en marcha) de todo *Sein und Zeit*. En cuanto patrimonio es también "los vestigios objetivos del pasado con sus modalidades histórico-técnicas o sea empíricas" (Stiegler, 2001: 258), aquello que también podríamos llamar *naturaleza*.[18] Y de aquí surge la crítica del propio Stiegler a Heidegger por el hecho que, al pensar la *Gestell*, el autor de Friburgo no estaría en realidad constituyendo la *Weltgeschichtlichkeit* a partir/por el *Dasein*. Y de esta situación, leída en términos de los ámbitos periféricos, es que nos referimos a un pos-*Dasein*.

17 Traduce Rivera: "*La 'conciencia de la realidad' es —ella misma— un modo del estar-en-el-mundo.* Toda 'problemática del mundo exterior' remite necesariamente a este fenómeno existencial fundamental" (1997: 210).

18 En este sentido son siempre atendibles los argumentos de Philippe Descola en "Anthropologie de la nature" (2001) y para quien cualquier especulación requiere de una "des-colonización de los conceptos".

§ 34. Individuación y pos-*Dasein*

El *Man-selbst* que aparece en el parágrafo 75 de *Sein und Zeit* confirma la multiplicidad del *Dasein* y la función de gestor del mismo. El "yo-mismo" como le traduce Rivera introduce la mismidad (*Selbstheit*), la capacidad del *Dasein* para ser-en-sí pero a partir de su involucramiento colectivo, con-otros *Dasein*. Esta multiplicidad que compone al *Dasein* es aquello que en su conjunto también se puede indicar como *ipséité* y que constituye una manera pos-heideggeriana de indicar la *Selbstwelt* o, mejor dicho, una forma contemporánea de, a partir de una función de la *Gestell*, indicar la fusión de los "tres mundos": el "mundo ambiente" (la *Umwelt*), el mundo del ser/estar con otros/otredades ("autrui") (el *Mitwel*) y el mundo-mismidad propiamente dicho (*Selbstwelt*).

Cuando Heidegger sostiene: "Dasein ist ferner Seiendes, das je ich selbst bin" (1967: 53).[1] Afirma en realidad que el *Dasein* es una suma de "yo mismos", un conjunto que incluye los ahorar (§ 32). Rivera traduce "yo-mismo" aunque insiste con el "entismo" que, como vimos (§ 24, § 31), supone una concepción tradicional de la historia conceptual de la filosofía. Decir que "el Dasein es el ente" no es lo mismo que decir que "el Dasein es los siendos/estandos". Al siendo/estando (*Seiende*) del *Dasein* le es inherente un estar-en/ser-en (*In-Sein*) que es en definitiva el siendo/estando que soy/estoy cada vez y que Rivera con razón traduce como "yo-mismo": "Dieses Seiende, dem das In-Sein in dieser Bedeutung zugehört, kenn-zeichneten wir als das Seiende, das ich je selbst bin" (1967: 54).[2] El yo mismo es la continuidad consciente del mundanar (*weltliche, weltlich, weltlich verstanden*) del *Dasein*. El propio Heidegger lo aclara: "Der Aus-druck »bin« hängt zusammen mit »bei«; »ich bin« besagt wie-derum: ich wohne, halte

1 Traduce Rivera: "El Dasein es, además, el ente que soy cada vez yo mismo" (1997: 62).

2 Traduce Rivera: "Este ente al que le es inherente el estar-en así entendido, lo hemos caracterizado ya como el ente que soy cada vez yo mismo" (1997: 63).

mich auf bei ... der Welt, als dem so und so Vertrauten. Sein als Infinitiv des »ich bin«, d. h. als Existenzial verstanden, bedeutet wohnen bei ..., vertraut sein mit ... *In-Sein ist demnach der formale existenziale Ausdruck des Seins des Da-seins, das die wesenhafte Verfassung des In-der-Welt-seins hat*" (1967: 54).[3]

En el alemán de *Sein und Zeit* la condición de ser/estar se fusiona con la cualidad especulativa de existir y ello funda toda *ipséité*: yo-mismo *(ich selbst bin, Ich selbst)*, uno-mismo (*Man-selbst*), sí-mismo (*Selbständigkeit*), "sujeto" (*Subjekt*), "sí" (*selbst*). Esta mecanización (*Mechanisierung*) del *Dasein* no siempre es traducible al castellano aunque sí transliterable (§ 6). El "yo mismo" es una continuidad: "Dasein ist Seiendes, das je ich selbst bin, das Sein ist je meines" (1967: 114).[4] Y también: "Dasein ist ferner Seiendes, das je ich selbst bin" (1967: 53).[5] El "yo mismo" es un lugar, un desde: "Das Wer beantwortet sich aus dem Ich selbst, dem »Subjekt«, dem »Selbst«" (1967: 114).[6] En el parágrafo 45 Heidegger también escribe: "Das Seiende, dergestalt seiend, bin je ich selbst" (1967: 231).[7] Es el *dergestalt seiend* (tal siendo/estando, de tal siendo/estando) un "lo soy", como traduce Rivera, que funciona como siendo/estando de transcurso, de continuación, pero también como siendo/estando de cualidad, de entidad, de concepto. Es este doble sentido el cual caracteriza al yo-mismo de forma regular: hay un yo-mismo palabra y un yo-mismo concepto. Por ejemplo de yo-mismo

3 Traduce Rivera: "El vocablo alemán *'bin'* [*'soy'*] se relaciona con la preposición *'bei'* [*'en',* "en medio de", 'junto a']; *'ich bin'* [*'yo soy'*] quiere decir, a su vez, habito, me quedo en ... el mundo como lo de tal o cual manera familiar. 'Ser', como infinitivo de yo soy' e.d. como existencial, significa habitar en ..., estar familiarizado) con ... *Estar-en es, por consiguiente, la expresión existencial formal del ser del Dasein, el cual tiene la constitución esencial del estar-en-el-mundo*" (1997: 63–64).

4 Traduce Rivera: "El Dasein es el ente que soy cada vez yo mismo; su ser es siempre el mío" (1997: 119).

5 Traduce Rivera: "El Dasein es, además, el ente que soy cada vez yo mismo" (1997: 62). Traduce Martineau: "Le *Dasein*, en outre, est l'étant que je suis à chaque fois moi-même" (1985: 62). Traduce Vezin: "Le *Dasein* en outre est l'étant que je suis chaque fois moi-même" (1986: 86).

6 Traduce Rivera: "El quién queda respondido desde el 'yo mismo', el 'sujeto', el 'sí' [*das "Selbst"*]" (1997: 119–120).

7 Traduce Rivera: "El ente que es de esta manera lo soy cada vez yo mismo" (1997: 229).

palabra: "das Dasein, das ich selbst *bin* ..." (1967: 265).[8] Por ejemplo de yo-mismo concepto: "... das ich je selbst bin" (1967: 278).[9]

De todos los componentes de individuación del *Dasein*, de su condición en definitiva de *ipséité*, el "uno mismo" es el que/quien más consistente resulta a los fines de exhibir cómo, incluso en el propio *Sein und Zeit*, el *Dasein* está determinado por el utensiliar/utensiliación, es decir, por un encuadramiento técnico en el sentido con que Bertrand Gille (*Histoire des techniques : Technique et civilisations, technique et sciences* (dir.) [Paris: Gallimard, 1978]) entiende que la cohesión de lo humanístico está dada por el hecho técnico. Uno mismo como *Man-selbst* (*man selbst, Man selbst*) es la traducción de la grafía mayoritaria empleada: en *Sein und Zeit* aparece cuanto menos en 40 ocasiones, sea como palabra (como indicación), sea como concepto (como calificación). Es decir, donde el uno-mismo como veremos se hace concepto y donde se establece su distinción el "ich Selbest bin" (1967: 53) o el "das ich je selbest" (1967: 54) (yo-mismo, *soi-même*) es diverso del "man selbest" o del "Man-selbest" (uno-mismo, *moi-même*).

El uno-mismo es el quién del *Dasein*: "Mit dem Ausdruck »Selbst« antworteten wir auf die Frage nach dem *Wer* des Daseins. Die Selbstheit des Daseins wurde formal bestimmt als eine *Weise zu existieren,* das heißt nicht als ein vorhandenes Seiendes. Das Wer des Daseins bin zumeist nicht *ich selbst,* sondern das Man-selbst" (1967: 267).[10]

El uno-mismo supone una otredad, una otredadización, que el yo-mismo no alcanza: es por ello que Heidegger habla de "Das Man-selbst des besorgenden Mitseins ..." (1967: 272),[11] porque es en este *besorgenden* (ocuparse-con-cuidado) que la dimensión de otredad-de-lo-otro determina el siendo/estando. Y es justamente, siguiendo la argumentación de *Sein und Zeit*, que la extremización de este uno-mismo, su puesta en cuestión

8 Traduce Rivera: "el Dasein que *soy* yo mismo..." (1997: 261).

9 Traduce Rivera: "del ente que soy cada vez yo mismo" (1997: 273).

10 Traduce Rivera: "Con la expresión 'sí-mismo' ['*Selbst*'] hemos respondido a la pregunta por el *quién* del Dasein. La mismidad [*Selbstheit*] del Dasein fue determinada formalmente como una *manera de existir,* es decir, no como un ente que está-ahí. Ordinariamente no soy yo *mismo,* sino el uno-mismo, el quién del Dasein" (1997: 263).

11 Traduce Rivera: "El uno-mismo del ocupado coestar con otros..." (1997: 268).

por la industrialización tecnológica, aquello que nos conduce a referirnos a un pos-*Dasein*, es decir, a la necesidad de reformular esta primera entidad-pensante-no-humana que formulara Heidegger en 1927.

El ahora del yo-mismo, en el conjunto de mismidades del *Dasein*, está supeditado a la situación *de conjunto* del uno-mismo. Y es así que la mismidad, en tanto existencia, en *Sein und Zeit*, realiza la tarea de cohesión de todas las formas y estares del Dasein: "Die Selbstheit des Daseins wurde formal bestimmt als eine *Weise zu existieren,* das heißt nicht als ein vorhandenes Seiendes" (1967: 267).[12] De esta manera también se puede observar una vez más cómo la dualidad, la diglosia verbal del castellano (ser/estar) respecto de *la cuestión* o de la cuestión de la cuestión (§ 24), conduce a una transliteración más ajustada, más *propia*, de *Sein und Zeit*: que el estar sea más adecuado para traducir *vorhanden* ("Vorhandenheit", "Seinsbestimmung des Vorhandenen", "*vorhanden* sein") ("estar-ahí"), como postula Rivera, no es casual ni un elemento aislado, puesto que la dimensión espacial que domina la cohabitación de instancias al interior del *Dasein* (o del proceso de individuación como diríamos en nuestro caso) es dicha por el estar y no por el ser, quien en realidad expresaría mejor la continuidad, la temporalización (*Zeitlichkeit*), que se supeditan al mundanar (*Weltliche*).

Es el siendo/estando ("Seiendes", "Seienden") quien determina la temporalidad a partir de la espacialización que el mismo tiene como condición de existencia (*Ek-sistenz*) (§ 3, § 20). De esta manera es el espacio, la localización, el parajear (§ 46) aquello que determina toda forma de temporalidad/temporalización:[13] a esta temporalidad/temporalización Heidegger le indica como la historicidad del *Dasein* ("Geschichtlichkeit des Daseins"). Sostiene justamente Heidegger: "Im Gegenteil: die Zeit selbst wird als ein Seiendes unter anderem Seienden genommen, und es wird ver-sucht, sie

12 Traduce Rivera: "La mismidad [*Selbstheit*] del Dasein fue determinada formalmente como una *manera de existir,* es decir, no como un ente que está-ahí. Ordinariamente no soy yo *mismo,* sino el uno-mismo, el quién del Dasein" (1997: 263).

13 La situación, el "situacionismo" espacial es así una constante en *Sein und Zeit.* La expresión *horizont/Horizontes* aparece en *Sein und Zeit* al menos en 120 ocasiones.

selbst aus dem Horizont des an ihr unausdrücklich-naiv orientierten Seinsverständnisses in ihrer Seinsstruktur zu fassen" (Heidegger, 1967: 26).[14]

Comenta Rivera sobre el pasaje: "Nótese la paradoja que Heidegger le está atribuyendo a la comprensión del tiempo tradicional: el tiempo es comprendido como un ente; para ello debe ser visto a la luz del ser, pero este ser es interpretado como presencia, es decir, por referencia a uno de los momentos del tiempo, al presente. No es raro, entonces, que el tiempo sea propiamente, para la tradición, el tiempo presente, el ahora. Lo único que queda en suspenso en esta argumentación heideggeriana es si efectivamente el tiempo es el horizonte para la comprensión del ser, cosa que hasta ahora, y en todo lo publicado de *Ser y tiempo,* no pasa de ser una tesis sin una rigurosa demostración" (Rivera, 1997: 424).

Que la individuación se halla afectada por el horizonte de comprensión ("des möglichen Horizontes" [1967: 1], "*Horizont des Seinsverständnisses*" [1967: 17], "der Horizont alles Seins Ver-ständnisses" [1967: 29]) es una constatación de los ámbitos periféricos. Como sostiene el propio Rivera: "El horizonte sirve de fondo de proyección y de principio de comprensión" (1997: 437). Y que es precisamente la situación constante de lo especulativo en los ámbitos periféricos. El horizonte ("das Woraufhin", "des möglichen Horizontes") es un "hacia-que". Y también: "El horizonte es lo que se tiene en vistas (ὁράν = ver, de donde "horizonte" = ámbito en que se mueve la vista) cuando se ve una cosa determinada" (1997: 446). Es así que se entiende porqué "el tiempo es el horizonte de la comprensión del ser" (1997: 445). El tiempo no es ni está, sino que funciona, se temporiza: *sich zeitigen* (1997: 446).

Y este horizonte de comprensión es por tanto un asunto "espacial", es asimismo un fehaciente en los ámbitos periféricos. Esta determinación del

14 Traduce Rivera: "Por el contrario: el tiempo mismo es considerado como un ente entre otros entes, un ente cuya estructura de ser se intenta captar desde el horizonte de una comprensión del ser que tácita e ingenuamente se rige por el propio tiempo" (1997: 36). Transliteración del autor: "….el tiempo mismo (como mismidad: 'Zeit selbst') es considerado como un siendo/estando entre otros siendos/estandos, un siendo/estando cuya estructura de ser/estar se prueba/intenta captar desde el horizonte de una comprehensión del ser que de manera implícita e ingenua se rige por el propio tiempo".

espaciar, la manera en que produce historicidad, es algo que queda, en las interpretaciones corrientes de Heidegger, semioculto por la confusión en torno al "entismo" de los traductores: no hay entes en la escritura de Heidegger, sino *Seiendes/Seienden*. El siendo/estando es en realidad ese "ente". De manera tal que el uno-mismo es un estar (el "estar-ahí" de Rivera), un espaciamiento —entendido como ocupación— que significa toda temporalización del ser/estar. Y justamente esta situación del uno-mismo nos conduce a uno de los problemas fundamentales de la especulación en los ámbitos periféricos y que Rivera presenta como asunto no resuelto en Heidegger: la condición del horizonte de la comprensión del ser/estar.

En la cuota 75 (§ 33) el uno-mismo se confirma como la modalidad expansiva del *Dasein* por su posición respecto del ahorar y por la manera en que lo "a-la-mano" (*Zuhandenheit*) y lo "a-la-vista/a-los-ojos" (*Vorhandenheit*) opera. El *Dasein* en este sentido no es sólo una reformulación de la subjetividad entendida en términos de *ego-cogito* cartesianos, sino también el inicio de una acelerada evolución que conduce hacia el fin de toda "intimidad psíquica", tal como lo indica Stiegler (Séminaire 2017, Séance 2, <www.pharmakon.fr>).

Por otra parte, la mismidad que el *moi* en términos freudianos y, por ende, pos-heideggerianos, puede expresar y que el castellano, como vimos, no logra, encuentra aquí, en el *Man-selbst*, expresión clara. El *moi* así incluye la región, la casa, el hogareando del "yo" mientras que el uno-mismo es una cuestión de expansión (§ 20, §34, §45): el uno-mismo es más territorio que el "yo" pero no hay sentido de hogar/hogareando, es una territorialización por colonialismo expansivo, sin elaboración de los lugares, sin una real espacialización. Y también por esta situación es necesaria una reversión historiográfica de la vehiculización que las traducciones francesas han implicado en las castellanas de la obra de Heidegger en general. El poco afortunado *lui-même* que Martineau emplea para traducir "selbest" (1985: 126) es de todos modos menos problemático que el *soi-même* que utiliza para traducir "Man selbest" y que en realidad debería ser *moi-même* (Martineau, 1985: 126, 42 instancias). De manera similar el "nous-on" que Vezin (1986: 309) emplea en gran número de casos para traducir *Man-selbst*, en cuanto concepto, es denigrante en relación a la herencia psicoanalítica pos-heideggeriano y la relevancia en ese sentido del *moi*. Si bien es cierto que la individuación de *Sein und Zeit* es prepsicoanalítica ello no justifica una traducción que ignore las consecuencias historiográficas y conceptuales que el psicoanálisis ha tenido en el entendimiento de toda conceptualización de la individuación. Por otra parte, los análisis de Derrida, así como los de Stiegler, son prueba suficiente para demostrar que había ya en el mismo *Sein und Zeit* puntos de fuga que conducían hacia lo que el propio Heidegger en 1949 llamará *Gestell* y que, sin duda, ofrecen una perspectiva diferente de la significación y alcance de los componentes del *Dasein*, en definitiva, de la *ipséité* que se desprende de *Sein und Zeit*, y tal como podríamos indicar al conjunto que la compone. En *Sein und Zeit* hay ya elementos que conducen al *Seinsverlassenheit* (*oublie de l'être*, olvido del ser/estar) y que es la condición "natural" de la individuación en los ámbitos periféricos en el Antropoceno.

La herencia del *Dasein* en la multiplicidad de elementos que le componen, así como en la transliteración que los mismos requieren en la actualidad y en los ámbitos periféricos, supone cuanto menos dos problemáticas. Y estas dos problemáticas se formulan de un modo u otro según la concepción que se asuma/implique respecto de *la cuestión* o de la cuestión de la cuestión.

En primer lugar, existe evidencia de que Heidegger en cuanto académico tenía conocimiento del surgimiento del psicoanálisis y noticias de la obra de Freud en particular (G. Steiner, *Martin Heidegger* [Nueva York: Viking Press, 1978]; Rüdiger Safranski, *Heidegger et son temps* [Paris: Grassett, 1996]), sin embargo, no hay en *Sein und Zeit* rastros de ello porque precisamente el *Dasein* es la realización de una reformulación del *ego-cogito*, similar a la realizada por Freud, pero desde otra perspectiva. En este sentido la familiaridad mayor o menor de Heidegger con los escritos de Freud u otros no tiene aquí mayor relevancia dada la condición historiográfica en base a la cual observamos *Sein und Zeit* desde la periferia. Situación que, por el contrario, y como ya indicamos, no impide que los traductores y analistas de la obra de Heidegger deban evaluar el alcance conceptual e historiográfico de esta discontinuidad. La forma compleja en que Heidegger define la mismidad tiene relación directa con la manera en que la subjetividad es definida por Freud a partir del *Ich*, *Über-ich* y el *Es* ("yo", "super-yo", y "ello"). Y, sin embargo, la "destrucción ontológica" (y la de su historiografía) (*Destruktion der Geschichte der Ontologie*) que postulaba

Heidegger y la consecuente puesta en examen de la cuestión a partir de la cuestión de la cuestión, se halla revertida a partir de las traducciones realizadas al castellano por cuanto las mismas, a excepción de la realizada por Rivera, asumen una historiografía tradicional de los problemas filosóficos europeos, al punto que para no pocos autores locales referirse a Heidegger y a un cierto tipo de humanismo acaban siendo la misma cosa. Las traducciones castellanas *corrigen* así los aspectos radicales de *Sein und Zeit*.

En segundo lugar, la variedad conceptual que supone el *Dasein* en la actualidad ya no es legible como tal y asume, sea en su lectura, en su análisis, como en su transliteración, una espacialización debida a los ámbitos periféricos. De manera provisoria este ensamblaje lo identificaremos como *ipséité*: es de alguna manera "l'ipséité de tout" a la que hace referencia Derrida (1996: 14), es decir, un mecanismo de uno-mismo-ción y que presenta como asunto fundamental la espacialización bifurcada (de Heidegger, de Derrida) que resulta de la periferia: hay un uno-mismo que hablary al decir es, por una parte, un él que habla, un sujeto de enunciación, pero, al mismo tiempo es una otra cosa. Hay uno-mismo que "hace" una cosa, pero que en realidad "dice" otra cosa, y *es hablado* por la lengua. Esta es la experiencia (*ereignis*, ἀλήθεια [*aletheia*]) colonial del lenguajear que Derrida ha descrito muy bien en *Le monilinguisme de l'autre* (1996). Toda lengua es colonial por su mecanismo de *grammatisation* y es doblemente colonial cuando coadyuva a generar culturas periféricas. La cuestión periférica supone una locución especulativa que es de este tipo, es decir, que se halla en continua discontinuidad entre una historiografía de la lengua que significa de una manera y un uno-mismo/yo-mismo que evoluciona en-ella pero en disidencia.

Bajo estas condiciones es que debe concebirse la *ipséité* como ensamblaje (*Verbindung*, ensamblador [*Wekstücke*]). Es así que la acepción antropológica y especulativa por la cual la noción de hombre —en su *figuración*— que expresaba la totalidad de lo humano (su valoración, su potencia, su despliegue, su pasado, su expectación) ya no será posible, justamente ni a partir del *Dasein* ni a partir de lugar alguno en la periferia —y en relación a lo cual Heidegger se hallaba en una perspectiva similar a la descomposición/puntualización realizadas por Freud.

Si la *ipse* que supone la *ipséité* es la cosa-en-sí-misma es también una unicidad y una distinción. El carácter único en su unicidad y el aspecto distintivo son los dos elementos *lexicales* de la *ipséité*. Y la manera en que esta significación se halla históricamente vinculada a la formulación de los pronombres personales es el estudio de la *ipséité* en la filosofía europea. Indicar el conjunto de elementos de la individuación a partir de una *ipséité* es, contrariamente a lo que suponen algunos analistas, descartar la noción de *ego* y de *cogito*. Y en la traza del *Dasein* la *ipséité* se halla nucleada —es más inteligible— en torno al ahorar (§ 32).

De acuerdo con Ricoeur (1992) la "identité ipse" consiste en una incautación reflexiva (*saisie réflexive*) que unifica la dispersión del *Dasein* en sus circunstancias y ocasiones —eso que aquí indicamos como ahorar. Ricoeur sigue la argumentación de Heidegger por la cual salir de la dispersión es inventarse *pos-facto* un principio de organización-unificación (el οἶκος [*oikos*]) y sólo es esta organización-unificación la garantía de autonomía y en cuyo caso contrario el sujeto se transforma en un "cogito intérieurement brisé". De manera que toda *ipséité* no es nunca inmediata, sino una construcción *a posteriori*, una forma de especulación de la especulación. Y para el propio Ricoeur (1985), así como hemos comentado para Derrida (1967a y 1972a), la escrituración (deconstrucción, espaciamiento, narratividad) es el elemento principal de esta construcción de la individuación. La *cuestión periférica* justamente trata de transliterar esta escrituración. Y, precisamente, la consideración en *Sein und Zeit* (1967: 42) que la referencia al *Dasein* supone siempre una connotación al pronombre personal, no es, contrariamente a lo que suponen los defensores de *la cuestión*, garantía de humanización, justamente porque la escrituración es una tecnología y no un valor ontológico ("cartesischen Ontologie", "geistchen Ontologie").

El pos-*Dasein* en definitiva, en términos derridianos y en relación a la lectura del propio Derrida sobre Heidegger, es la pérdida de "suplementariedad" (§ 21) que el *étant/Seienden* tenía respecto del *être/Sein*: "An welchem Seienden soll der Sinn von Sein abgelesen werden, von welchem Seienden soll die Erschließung des Seins ihren Ausgang nehmen? Ist der Ausgang beliebig, oder hat ein bestimmtes Seiendes in der Ausarbeitung der Seinsfrage einen Vorrang? Welches ist dieses exemplarische Seiende und in welchem Sinne hat es einen Vorrang? " (Heidegger, 1967: 7).[15]

El pos-*Dasein* es la pérdida de interacción entre el *être/Sein* y el *étant/Seienden*, es la reversión de la categorización del *être/Sein* (ser/estar) a partir del *étant/Seienden* (siendo/estando). El recorrido del *être à l'etant* (§ 16), sobre el cual se basaba gran parte de la argumentación de *Sein und Zeit* concerniente a la individuación, *no tiene ya lugar* (§ 46, § 47). Y ello conduce entonces a una reversión de *la cuestión* en el sentido que la especulación sucede en torno al *étant/Seiende* y no al *être/Sein* como tal: "Sofern das Sein das Gefragte ausmacht, und Sein besagt Sein von Seiendem, ergibt sich als das Befragte der Seinsfrage das Seiende selbst" (1967: 6).[16]

Y esta interrogación, en la crítica de Derrida a *la cuestión*, se transforma en reversión de manera que no hay "un modo propio de cuestionar al ser" en el contexto de la Gestell (*Die Frage nach der Technik.*[1954: 19]), en el mundanar actual de la periferia (§ 47). Contrariamente a lo sostenido en *Sein und Zeit*, no hay "mundo propio del ser": "Das Gefragte der auszuarbeitenden Frage ist das Sein, das, was Seiendes als Seiendes bestimmt, das, woraufhin Seiendes, mag es wie immer erörtert werden, je schon verstanden ist. Das Sein des Seienden »ist« nicht selbst ein Seiendes. Der erste philosophische Schritt im Verständnis des Seinsproblems besteht darin, nicht μυθον τινα διηγεισθαι »keine Geschichte erzählen«, d.h. Seiendes als Seiendes nicht durch Rückführung auf ein anderes Seiendes in seiner Herkunft zu

15 Traduce Martineau: "Sur *quel* étant le sens de l'être doit-il être déchiffré, dans quel étant la mise à découvert de l'être doit-elle prendre son départ ? Ce point de départ est-il arbitraire, ou bien un étant déterminé détient-il une primauté dans l'élaboration de la question de l'être ? Quel est cet étant exemplaire et en quel sens a-t-il une primauté ? " (Martineau, 1985: 28). Traduce Rivera al castellano: "¿En *cuál* ente se debe leer el sentido del ser, desde cuál ente deberá arrancar la apertura del ser? ¿Es indiferente el punto de partida o tiene algún determinado ente una primacía en la elaboración de la pregunta por el ser? ¿Cuál es este ente ejemplar y en qué sentido goza de una primacía?" (Rivera, 1997: 17).

16 Traduce Martineau: "Dans la mesure où l'être constitue le questionné et où être veut dire être de l'étant, c'est l'étant lui-même qui apparaît comme *l'interrogé* de la question de l'être" (Martineau, 1985: 28). Traduce Rivera: "Si el ser constituye lo puesto en cuestión, y si ser quiere decir ser del ente, tendremos que lo *interrogado* en la pregunta por el ser es el ente mismo" (1997: 17).

bestimmen, gleich als hätte Sein den Charak-ter eines möglichen Seienden. Sein als das Gefragte fordert daher eine eigene Aufweisungsart, die sich von der Entdeckung des Seienden wesenhaft unterscheidet. Sonach wird auch das Erfragte, der Sinn von Sein, eine eigene Begrifflichkeit verlangen, die sich wieder wesenhaft abhebt gegen die Begriffe, in denen Seiendes seine bedeutungsmäßige Bestimmtheit erreicht" (1967: 6).[17]

La *ipséité* es justamente el dominio colector de esta *défaillance* de origen del *être/Sein* que no puede ya ser significado por sí mismo, sino en relación al *étant/Seienden*, así como a sus derivas y funciones. Y es justamente eso aquello que Derrida llama "l'ipséité d'un *je-moi*" (1996: 118), es decir, la determinación de un dominio especulativo en términos de individuación a partir de la presencia-presentismo del *moi* (§ 8, § 23). Y también expresa en términos de *hospitalidad* haciendo referencia a "l'ipséité de l'hôte" (1996: 119). Ambas fórmulas nos reconducen hacia un dominio especulativo pos-*Dasein* las formas de uno-mismo ("lui-même" [1985: 584 instancias],

17 Traduce Martineau: "Le *questionné* de la question à élaborer est l'être : ce qui détermine l'étant comme étant, ce par rapport à quoi l'étant, de quelque manière qu'il soit élucidé, est toujours déjà compris. L'être de l'étant n'« est » pas lui-même un étant. Le premier pas philosophique dans la compréhension du problème de l'être consiste à ne pas μυθον τινα διηγεισθαι, « raconter d'histoire », c'est-à-dire à ne pas déterminer l'étant comme étant en sa provenance par le recours à un autre étant, comme si l'être avait le caractère d'un étant possible. L'être comme questionné requiert donc un mode propre de mise en lumière, qui se distingue essentiellement de la découverte de l'étant. Par suite le *demandé*, le sens de l'être, requerra lui aussi une conceptualité propre, qui se dissocie à nouveau essentiellement des concepts où l'étant atteint sa déterminité significative" (Martineau, 1985 : 27–28). Traduce Rivera : « *Lo puesto en cuestión* en la pregunta que tenemos que elaborar es el ser, aquello que determina al ente en cuanto ente, eso con vistas a lo cual el ente, en cualquier forma que se lo considere, ya es comprendido siempre. El ser del ente no 'es', él mismo, un ente. El primer paso filosófico en la comprensión del problema del ser consiste en no μῦθόν τινα διηγεῖσθαι, en 'no contar un mito', es decir, en no determinar el ente en cuanto ente derivándolo de otro ente, como si el ser tuviese el carácter de un posible ente. El ser, en cuanto constituye lo puesto en cuestión, exige, pues, un modo particular de ser mostrado, que se distingue esencialmente del descubrimiento del ente. Por lo tanto, también lo *preguntado,* esto es, el sentido del ser, reclamará conceptos propios, que, una vez más, contrastan esencialmente con los conceptos en los que el ente cobra su determinación significativa" (1997: 17).

"ihm Selbst" [1967: 154 instancias], "ihm selbst Seienden" [1967: 89]) constituyen expresiones que sólo adquieren significado cuando formuladas *espacialmente*: "Ihm selbst als in-der-Welt-sein" (1967: 408) (§ 46, § 47). El "entismo" de los traductores al castellano les impide ver esta condición de manera que, por ejemplo, Rivera emplea "uno mismo", sin guion intermedio, es decir, en donde "uno" aparece como pronombre y "mismo" como pleonasmo. En "uno-mismo", en cambio, el pronombre surge como adjetivo de unidad, de conjunto, incluso como artículo indeterminado, mientras que "mismo" está por idéntico en sentido de integridad/integración.

La condición de siendo/estando no está en la palabra, sino en la escritura. Situación que puede generalizarse al pos-*Dasein*, a la individuación en condiciones ambientales de *Gestell* (§ 41): la condición de "existencia" de lo humano no está en su supuesta especificidad, sino en las condiciones de su estatuto de viviente (§ 36, § 42). Y a ello responde una nombradía en donde no es la palabra como tal quien ejercita la función de ser/estar, sino la escrituración que la expresa. Este también fue argumento de Derrida (1967a) a fines de los años sesenta, aunque sin formularlo en los términos del Antropoceno que constituye en la actualidad nuestro *realm* periférico. Es así que el uno-mismo se presenta en los ámbitos periféricos bajo una paradoja: en términos historiográficos hace apelación a *la cuestión* y por ende tiene como marco de referencia la categorización del ser/estar a partir de él mismo, mientras que, en términos de significación y especulación, no puede, sino establecerse en torno al siendo/estando, es decir a partir de la cuestión de la cuestión. De manera que los analistas locales entienden la especulación a partir del *étant/seienden* pero tratan de explicarla a partir del *être/Sein*.[18]

18 Un modelo, casi perfecto ejemplo de esta situación, es el artículo periodístico titulado "¿Qué es la subjetivación neoliberal?", escrito por el psicoanalista de origen argentino Jorge Alemán (en *Página 12*, Buenos Aires, 5 junio 2017, disponible en <www.pagina12.com>, accedido 10.06.2017).

§ 35. Lengua, patria, idiomar

Una lengua materna sólo es tal cuando no se tiene conciencia de que lo sea porque solo es lengua, se ignora en realidad su lenguajear. Una lengua materna es tal cuando no hay otra, cuando no sólo es única sino que conduce al único vocabulario, al solo diccionario empleado/conocido. Sin embargo, la idea de lengua materna supone otras lenguas y otros hablantes (Derrida, 1996: 63): del momento que la lengua materna es una idea lo es porque descubre la diversidad, la otredad. En los ámbitos periféricos, además, las lenguas maternas son gramatizaciones coloniales, es decir, han sido vehículos de dominación política y, sobre todo, vehículos de inteligibilidad de toda noción de lengua o cultura autóctona. En este sentido toda lengua materna de la periferia supone una transformación irreversible (*Verdrehung*) y radical de aquello que, paradójicamente, podría considerarse en sentido antropológico como "originario".

La ausencia de una lengua materna, es decir, la ausencia de una conciencia de su condición de tal, supone también una ausencia de otredad, pero, más relevante aun, supone la ausencia de una conceptualización de la lengua y de las palabras, es decir, en definitiva supone una ignorancia del monolingüismo. El monolingüismo es el universo, la totalidad de lo mundano, el mundanar mismo, de aquellos para los cuales no existe lengua materna. La pérdida de una lengua de origen (madre, familia, antepasados) que ha sido inteligible, aprehendida, gracias a la lengua vehicular-colonizadora, nunca puede funcionar en la práctica como lengua materna aunque sí lo sea en los dichos volitivos y manifestaciones de los habitantes escolarizados. En esta situación paradójica es precisamente donde reside la deficiencia que se encuentra al origen de toda traducción, entendida como manera legítima y completa de aprehender aquello que es ajeno, que es otra lengua, que se dice de otra manera. La ilusión que una traducción, en términos especulativos de *la cuestión* o la cuestión de la cuestión, significa que aquello que otro ha dicho o escrito es una secuela del colonialismo y de la *grammatisation* consecuente que han determinado una forma de mundanar que ignora las condiciones de una lengua materna.

La ausencia de una lengua materna es su falta, su fallo de origen, no su inexistencia. La lengua materna está/es, consiste, mundana, pero es aun de otros o es/está por otros, es/está para nosotros como una enajenación inevitable: "nous ne pouvions même pas recourir à quelque substitut familier, à quelque idiome intérieur à la communauté juive, à une sorte de langue de retraite qui aurait assuré, comme le yiddish, un élément d'intimité, la protection d'un "chez-soi" contre la langue de la culture officielle, un auxiliaire d'appoint dans des situations socio-sémiotiques différentes" (Derrida, 1996: 90–91).[1]

En los ámbitos periféricos la lengua, que es siempre materna de otros, debe ser idiomada: no hay especulación posible, no hay localización posible, sin que no se resuelva esta escrituración de lo propio, esta patrimonialización de lo ajeno: "Il faudrait se constituer soi-même, il faudrait pouvoir *s'inventer* sans modèle et sans destinataire assuré" (Derrida, 1996: 96).[2] Idiomar es este proceso de invención y la escolarización tradicional es precisamente la dirección contraria.

La discontinuidad flagrante entre una manera de escribir y una manera de hablar —por ejemplo, "en la calle"— fue no sólo la primera y más destacada experiencia escolar, sino también la constatación que el aprendizaje del "castellano", como materia principal y rectora, era un aprendizaje *de escritura*. La degradación con los años del valor que dicha escrituración tenía en relación a lo hablado condujo justamente a una desintegración de los dispositivos pedagógicos de entonces —algo que la industrialización tecnológica (Internet, redes sociales, etc.) contribuyó rápidamente también a desintegrar. Ese "castellano" de entonces nunca podía ser tampoco lengua materna, aun cuando años más tarde, la noción de lengua

1 Traducción del autor: "… no podemos ni siquiera recurrir a algún sustituto familiar, a algún idioma interior a la comunidad judía, a una suerte de lengua de retiro que habría asegurado, come el *yiddish*, un elemento de intimidad, la protección de un 'chez-soi' (casa, lugar propia, refugio) contra la lengua de la cultura oficial, un auxiliar de apoyo en las situaciones socio-semióticas diferentes".

2 Traducción del autor: "Habría que constituirse a sí-mismo, habría que poder *inventarse* sin modelo y sin destinatario asegurado".

materna era argumento consabido o, mejor dicho, *la lengua materna era sabida, aunque no hablada pero sí todo el tiempo referida*, porque faltaba la seguridad, ese instinto brutal no cuestionado, que aquello que hablamos es el mejor y más disponible de los modos de lenguajear y en donde las "otras lenguas" no son vistas como tales, sino como códigos misteriosos o ajenos. Esta falta de certeza íntima ha sido la puerta de entrada para todos los complejos e inferioridades con que la política Estatal ha justificado el colonialismo cultural para propios y ajenos. La única inteligibilidad para lo diferente son formas dialectales de lo mismo, de ese "castellano" escolarizado. Cuando la idea escolar de "hablar bien" —que significaba entonces en definitiva *hablar como se escribe*— desapareció anihilada por extremización tecnológica y por la degradación social de los dispositivos pedagógicos, entonces todo propósito escolar de la lengua desapareció y el monolingüismo, como evento cultural, se transformó en un proyecto generalizado a todos los dominios de lo humano (§ 36) y confirmado por la tecnologización creciente (§ 41).

La certificación primera de esta desaparición de todo dispositivo pedagógico en las escuelas fue la incapacidad, para maestros como para alumnos, de aprehender, de inteligibilizar, la diferencia entre una palabra como tal y la misma palabra como concepto. Si las comillas son el primer paso para pasar de una significación de palabra a una significación de concepto, como ya vimos por ejemplo era el caso en *Sein und Zeit* (1967: 254) con "uno mismo", entonces las comillas han desaparecido del alfabeto corriente local. No ser capaz de *imaginar* dicha distinción, entre palabra-palabra y palabra-concepto, es la desaparición de todo aspecto especulativo en una lengua y, más relevante, en todo el lenguajear que supone la escrituración como actividad insoslayable de lo especulativo. No sólo ninguna forma de transliteración es posible bajo estas condiciones, sino que tampoco la noción de transliteración tiene sentido alguno. La pérdida de un aprendizaje de la escritura a partir de una reglamentación del "castellano", en todo su colonialismo indudable, no ha dado lugar a otra cosa, sino al vacío, a la huida intelectual más impensada, en definitiva, a un idiotismo y embrutecimiento generalizado a partir de la tecnología y la digitalización que no obstante son presentados y tenidos como una *discusión política* acerca de la sociedad civil local, en particular por parte de los propios educadores y maestros.

Esta desaparición de todo significado en la escolaridad, contrariamente a lo que creen algunos analistas locales, ha reforzado por otra parte todos los aspectos más entrópicos y retrógrados de la *grammatisation* colonial, de manera que, no sin paradoja, las instituciones escolares se han transformado en fábricas de producir analfabetos letrados. Y, sobre todo y en particular, esta desintegración imaginaria e institucional ha exacerbado la *trascendentalidad* respecto de lo extranjero entendido en términos de idioma y se oscila entonces entre el extremo de anihilación local por imposición de lo foráneo o, por el contrario, negación de lo ajeno por radicalización en el empleo derivativo del habla, es decir, por la multiplicación de las palabras como palabras sin forma alguna de conceptualización: el "castellano" ha desaparecido para dar lugar a formas dialectales que en su aceleración por significar lo inmediato favorecen la tecnologización del hecho humano en su totalidad.

La cuestión y la cuestión de la cuestión suponen una escolaridad en donde el vínculo entre escrituración y conocimiento (en tanto entendimiento y capacidad de abstracción) es directo. La pérdida de esta *liaison* en su formato institucional no constituye, contrariamente a lo que creen algunos analistas locales, un logro, puesto que a su reemplazo no hay nada. La incomprensión generalizada de aquello que es ajeno es inseparable de la incapacidad para reformular un vínculo entre escrituración y formación de una individuación (§ 34). Es así que cuanto más local y localizado se piensa una manera de decir o hablar, en realidad, menos capaz es de producir lo local a partir de una localización de los elementos "a-la-mano" (*Zuhandenheit*) y "a-la-vista" (*Vorhandenheit*), es decir, en definitiva, de producir una *propia* cuestión de la cuestión.

Es inherente a toda *grammatisation* el dar por fundado un cierto "privilegio metafísico" de la lengua (Derrida, 1996: 101), respecto de otras, y que, como ya vimos, era también el caso de la "espiritualidad" que propugnaba Heidegger: "En heideggerienne qu'elle reste à cet égard, mais comme beaucoup d'Allemands, juif ou non, Arendt ré-affirme la langue maternelle, c'est-á-dire une langue à laquelle on prête une vertu d'originarité" (Derrida, 1996: 110–111).[3] Esta perspectiva supone un grado evolucionado de

3 Traducción del autor: "En heideggeriana que ella resta bajo esta perspectiva, pero como muchos alemanes, judíos o no, Arendt reafirma la lengua materna, es decir una lengua a la cual damos una virtud de originalidad".

conceptualización de dicha lengua y una elaboración *cultural* de la misma como lengua materna: tal era la *Geist* a la que hacía referencia Heidegger (§ 16, § 20). Por otra parte, esta condición otorgada de privilegio a menudo es transmitida en términos coloniales y adoptada de manera paradójica por los mismos colonizados. Es precisamente aquello que Derrida indica como "hiperbolismo": "Cet hyperbolisme ("plus français que les français", plus "purement français" que ne l'exigeait la pureté des puristes alors même que, depuis toujours, je m'en prends a la pureté de la purification en général, et bien sur aux "ultras" d'Algérie), cet extrémisme intempérant et compulsif, je l'ai sans doute contracté à l'école, oui, dans les différences écoles française où j'ai passé ma vie" (Derrida, 1996: 82).[4]

Este "privilegio metafísico", transformado en valor espiritual, es una de las condiciones de la colonización amenizadas por la *grammatisation* y aquello que produjo fue un retorsión: la lengua materna no sólo es/está en/ la Metrópoli, sino que las condiciones especulativas acerca de lo propio, de lo local, se fugan en permanencia según la distancia con dicha Metrópoli se perciba como cercana o distante. Que la lengua materna nunca sea/esté "con nosotros" es el resultado inmediato e histórico de esta situación: toda reivindicación local, toda modificación local, es entendida como un "giro idiomático", como una excepción a la lengua materna y cuya legitimidad es un limbo cultural.

Y es así que toda elaboración de esta lengua colonial, en su necesidad de formar y/o justificar una comunidad, que es definitiva y siempre una comunidad de habla, posee obligadamente una triple impronta, tres "cortes" que determinan el sentido de colectividad (Derrida, 1996: 93–94): (i) un corte respecto de las (en principio, obliteradas/desaparecidas) lenguas nativas, cuanto menos de su mundanar (*Welten*), ya que las mismas sólo se convirtieron en inteligibles a partir de su vehiculización por la lengua colonial, (ii) un corte respecto de la lengua castellana en tanto lengua materna que se halla en la Metrópoli, y, en fin, (iii) un corte de la memoria inmigratoria,

4 Traducción del autor: "Este hiperbolismo ('más francés que los franceses', más 'puramente francés' que no lo exigiría la pureza de los puristas en tanto que, desde siempre, me atengo a la pureza de la purificación en general, y claro está a los 'ultras' de Algeria), este extremismo intemperado y compulsivo, lo contraje sin duda a la escuela, sí, en las diferentes escuelas francesas dónde he pasado mi vida".

de la comunidad imaginaria de transporte, de viaje, de movimiento, en definitiva, de la trascendentalidad y horizonte *pasado* de expectativa dejados pero que funcionan como ruinas en diferente grado (ὑπόμνησις, [*hypomnesis*] italiana, española, judía, ucraniana, etc.). El idiomar es una tentativa para compaginar y permitir la cohabitación de estos tres cortes de rutas, de memorias, de horizontes, de expresión. Patrimoniar sería su resultado.

El idiomar es una construcción, la necesidad de inventar un arreglo de la *ipséité* (§ 34) que sea condiciente, en términos de una noción de especulación, con una manera de escriturar la relación entre el ahorar (§ 32) y la fabricación de un presente localizado (§ 13, § 46). El idiomar es una constatación brutal de limitación, de determinabilidad de lo propio: "Je me sens perdu hors du français. Les autres langues, celles que plus ou moins maladroitement je lis, déchiffre, parle parfois, ce sont des langues que je n'habiterai jamais. Là où 'habiter' commence à vouloir dire quelque chose pour moi. Et demeurer. Je ne suis pas seulement égaré, déchu, condamné hors du français, j'ai le sentiment d'honorer ou de servir tous les idiomes, en un mot d'écrire le 'plus' et le 'mieux' quand j'acquise la résistance de *mon* français, celle dont je parlais plus haut, sa résistance *acharnée* à la traduction: en *toutes* langues, y compris tel autre français" (Derrida, 1996: 98–99).[5]

La especulación que posibilita la localización de lo propio —eso que indicamos como patrimoniar— resulta de esta difícil tarea de trabajar con materias colonialistas, con la imposibilidad de *hacer a menos*, con la imposibilidad de ignorarlas, con la imposibilidad de hablar y decir de otra manera que no sea a partir de este inicio impositivo y de la imposibilidad de toda traducción. Habitar, pernoctar una lengua, en los ámbitos periféricos, es la imposibilidad *ab initio* de tener a la misma como lengua materna y es causa de un *défaut d'origine* cultural que tiene/ha tenido profundas

5 Traducción del autor: "Me siento perdido fuera del francés. Las otras lenguas, aquellas que más o menos malamente leo, descifro, hablo a veces, son lenguas que no habitaré jamás. Allí donde 'habitar' comienza a querer decir alguna cosa para mí. Y pernoctar. No estoy solamente perdido/extraviado, desilusionado, condenado fuera del francés, tengo asimismo el sentimiento de honorar o servir todos los idiomas, en una palabra, de escribir el 'más' y el 'mejor' cuando adquiero la resistencia de *mi* francés, ese del que hablaba antes, su resistencia *encarnada* a la traducción: en todas lenguas, incluidas otras formas de francés".

consecuencias coloniales/colonialistas. Por ello es que la *carga colonial* —memoria, historiografía, *la cuestión*, la cuestión de la cuestión— es ante todo una forma de lengua que preexiste, que nos habla, que nos hace hablar, que nos dice, que nos hace decir.

Que el monolingüismo —la "monolengua" en realidad— es/sea el resultado de la patrimoniación/patrimonialización de una lengua materna es algo que la *grammatisation* castellana del colonialismo ha obliterado, ha hecho olvidar, en los ámbitos periféricos en favor de una creencia más conveniente, funcional y, no por ello, menos contraria: la ilusión de que la posesión de una lengua materna anula la distancia con las Metrópolis y hace olvidar la *autoridad* que vehiculan los significados. Esta ilusión no puede resistir un mínimo intento de establecer una noción local de especulación: "Tous ces mots: *vérité, aliénation, appropriation, habitation, "chez-soi", ipséité, place du sujet, loi*, etc., demeurent à mes yeux problématiques. Sans exception. Ils portent le sceau de *cette* métaphysique qui s'est imposée à travers, justement, *cette* langue de l'autre, *ce* monolinguisme de l'autre" (Derrida, 1996: 115).[6]

Esta situación, esta constatación es aquello que, siempre en términos especulativos, identificamos como historiografía, "a savoir cette tradition philosophique qui nous fournit la réserve des concepts dont je dois bien me servir, et que je dois bien servir depuis tout à l'heure pour décrire cette situation ..." (Derrida, 1996: 115).[7]

En estas condiciones la construcción de las distancias en los ámbitos periféricos es inseparable del "metropolismo" (porteñismo, capitalismo), es decir, de la necesaria existencia de Metrópolis: el monolingüismo en términos de lengua materna supone siempre una capital que es Metrópoli. Por ello también la traducción de *Dasein* de Rivera es un acierto: el *estar-ahí* es justamente un "estar" al que vienen cosas, al que emigran seres vivientes, del

6 Traducción del autor: "Todas estas palabras: verdad, *alienación, apropiación, habitación, 'chez-soi'* [nuestro lugar], *ipséité, lugar del sujeto, ley*, etc., pernoctan/restan a mis ojos problemáticas. Sin excepción. Ellas llevan el sello de *esta* metafísica que se ha impuesto a través, justamente, *esta* lengua del otro, *su* monolingüismo del otro".

7 Traducción del autor: "... a saber esta tradición filosófica que a nosotros nos provee la reserva de conceptos de la cual me debo servir y de la que debo servirme incluso para describir esta situación ..."

que nos imaginamos su territorialidad ausente, del que medimos la lengua que hablamos por la imposibilidad aun de entenderla, hacerla inteligible, en tanto lengua materna: "Elle est la monolangue *de* l'autre. Le *de* ne signifie pas tant la propriété que la provenance: la langue est à l'autre, venue de l'autre, *la* venue de l'autre" (Derrida, 1996: 127).[8]

Y la significación, y la inteligibilidad que suponen, son una promesa que es precisamente aquello que ofrece la *maternidad* de la lengua, y que, no sin paradoja, en la lejanía de esta maternidad, en su ausencia, que significan los ámbitos periféricos, la promesa se dobla, se extrema, se radicaliza. Esta maternidad es la *Malinche,* es la maternidad de la lengua: la madre que abandona, que nos quita el ser/estar por sustracción del lenguajear, ella no dice, no habla, sino que traduce para los colonizadores. La Malinche es la "madre patria" de los ámbitos periféricos. La "madre patria" es una realidad de la lengua, un lugar en el que nunca se puede estar/ser porque nos corresponde por lengua, pero nos es ajeno por familiaridad de hogar. Esta "madre-Malinche patria" es la traición de una lengua que no nos pertenece porque fue cedida a las referencias mayores del Otro, de lo ajeno. La "madre patria" es el imposible de la lengua materna en las colonias, una promesa que ni siquiera se puede significar: "Il n'est pas possible de parler hors de cette promesse qui donne, mais en promettant de la donner, *une* langue, l'unicité de l'idiome. Il n'est peut être question de sortir de cette *unicité sans unité*. Elle n'a pas a être opposée a l'autre ni même distingué de l'autre" (Derrida, 1996: 127).[9]

Idiomar la "madre patria" es la forma de sustraerse a esta promesa y las consecuencias nefastas de su ilusionismo, vivir sin "madre patria", lenguajear su ausencia, su falta, es la aspiración del idiomar en los ámbitos periféricos. Y dicho idiomar es una reformulación de *la cuestión* y de la cuestión de la cuestión porque supone, debe suponer, una perspectiva revertida del ser/estar: "Comment peut-on dire et comment savoir, d'une certitude qui se

8 Traducción del autor: "Ella es la monolengua *del* otro. El *del* no significa tanto la propiedad que la proveniencia: la lengua es al otro, viene del otro, *la* venida del otro".

9 Traducción del autor: "No es posible hablar fuera de esta promesa que ofrece, pero prometiendola de ofrecer, *una* lengua, la unidad del idioma. No se trata de salir de esta *unicidad sin unidad*. Ella no puede ser opuesta al otro ni siquiera distinguida del otro".

confond avec soi-même, que jamais on n'habitera la langue de l'autre, l'autre langue, alors que c'est la seule langue que l'on parle, et que l'on parle dans l'obstination monolingue, de façon jalousement et sévèrement idiomatique, sans pourtant y être jamais chez soi? " (Derrida, 1996: 104–105).[10]

El idiomar es la manera de palear la *extranjería* (§ 16) irremediable que caracteriza los ámbitos periféricos cuanto los mismos son definidos en términos especulativos a partir de la lengua, tal y como no podía ser de otra manera a partir de la *grammatisation* que significó localmente, y para seguir con el ejemplo, la introducción del castellano durante el siglo XV. Y surge así la verdadera *cuestión periférica*, eso que por analogía con la historiografía filosófica europea podríamos indicar como la *greffe cartesiana* (§ 11) o como el *sum res cogitans* local, localizado: "Mais surtout, et voici la question la plus fatale: comment est-il possible que la seule langue que ce monolingue parle et soit voué à parler, à tout jamais, comment est-il possible qu'elle ne soit pas la sienne? Comment croire qu'elle reste encore muette pour lui qui l'habite et qu'elle habite au plus proche, qu'elle demeure *lointaine, hétérogène, inhabitable et déserte*? " (Derrida, 1996: 108–109).[11]

Por esta condición es que también el mundanar, localizar lo local, constituye el objeto básico y primero de toda especulación en los ámbitos periféricos. Es la espacialidad del idiomar en relación a lo europeo: "En heideggérienne qu'elle reste à cet égard, mais comme beaucoup d'Allemands, juifs ou non. Arendt ré-affirme la langue maternelle, c'est-à-dire une langue à laquelle on prête une vertu d'originarité" (Derrida, 1996: 110–111).[12]

Espacialidad entonces que al mismo tiempo expone la relevancia del transliterar, de la transliteración, como rasgo de imposibilidad de toda

10 Traducción del autor: "¿Cómo podemos decir y cómo saber, de una certitud que se confunde con sí mismo, que nunca habitaremos la lengua del otro. La otra lengua, no obstante que sea la sola lengua que hablamos y que la hablamos en la obstinación monolingüe, de forma celosamente y severamente idiomática, sin por tanto jamás estar 'chez soi' [en nuestra casa/en nosotros mismos]?"

11 Traducción del autor: "Pero sobre todo, y he aquí la cuestión fatal: ¿cómo es posible que la sola lengua que es monolingüe hable y sea prometida a hablar, por siempre?, ¿cómo es posible que ella no sea nunca la propia? ¿Cómo creer que ella permanece todavía muda por quien la habita y que ella habite en lo más cercano, que ella pernocte/resida *lejana, heterogénea, inhabitable y desierta*?".

12 Pasaje ya traducido. Véase nota 3.

traducción, de "économie poétique de l'idiome" (Derrida, 1996: 100). Si Derrida sostiene que: "Rien n'est intraduisible en un sens, mais *en un autre sens* tout est intraduisible, la traduction est un autre nom de l'impossible. En un autre sens du mot "traduction", bien sur, et d'un sens à l'autre il m'est facile de tenir toujours ferme entre ces deux hyperboles qui sont au fond la même et se traduisent encore l'une l'autre" (Derrida, 1996: 103).[13]

Es precisamente porque el "rien n'est intraduisible" debiera ser reemplazado por nada es no-transliterable que la *cuestión periférica* reclama una reversión historiográfica (§ 26). La intraducibilidad se refiere a *la cuestión* y a la cuestión de la cuestión, o su herencia y defensa historiográfica, pero no a la *cuestión periférica* que inteligibiliza la aprehensión sin límites de significados ajenos (eso que supone toda traducibilidad) de otra manera: idiomatizar la especulación europea es revertir la orientación en que lo interrogante construye el presente y asimismo en que el siendo/estando pretenden ser temporalizadores de un "estar-ahí" (*Dasein*) que lo es y está por ser mundanado, por desplazarse, por viajar, por ocupar/ocuparse, no por transcurrir o continuar. Hay una cosmovisión/cosmicidad local —una forma de mundanar— que la *grammatisation* inicial ha ignorado. Ello explica por qué el colonialismo es más eficaz y decisivo siempre en su construcción de un más allá, en sus *ailleurs*: "Toute cela n'a pas pu ne pas procéder de cette étrange référence à un "ailleurs" dont le lieu et la langue m'étaient à moi-même inconnus ou interdits, comme si j'essayais de *traduire* dans la seule langue et dans la seule culture franco-occidentale dont je dispose, dans laquelle j'ai été jeté à la naissance, une possibilité à moi-même inaccessible, comme si j'essayais de traduire dans ma "monolangue" une parole que je ne connaissais pas encore, come si je tissais encore quelque voile à l'envers (ce que font d'ailleurs bien des tisserands) et comme si les points de passage nécessaires de ce tissage à l'envers étaient des lieux de *transcendance*, donc d'un "ailleurs" absolu, au regard de la philosophie occidentale gréco-latino-chrétienne, mais encore en elle (*epekeina tes ousias* et au-delà

13 Traducción del autor: "En un sentido nada es intraducible, pero en otro sentido todo es intraducible, la traducción es un otro nombre de lo imposible. En otro sentido de la palabra 'traducción', claro está, y de un sentido al otro me es fácil de tener siempre cerrada entre estas dos hipérboles, que son en el fondo las mismas y que se traducen todavía una a la otra".

—*khôra*—, la théologie négative, maître Eckhart et au-delà, Freud et au-delà, un certain Heidegger, Artaud, Lévinas, Blanchot et quelques autres)" (Derrida, 1996: 132).[14]

Esta lejanía europea es la reversión del idiomar en los ámbitos periféricos: la lejanía se halla al centro de la definición de lo local, de la manera que localizamos. Y justamente por ello la historiografía filosófica, es decir, la manera en que la historiografía filosófica funciona en relación al establecimiento de un sentido de especulación es relevante. Y este idiomar/idiomatizar, en tanto patrimonialización primaria, no puede ser extraído del lenguaje: no hay visión "ideológica" posible del colonialismo porque la misma es sólo una reformulación de *la cuestión*. El mundanar supone la lengua y no hay θεωρεῖν (*theorein*) posible que suplante a ello, el idiomar/idiomatizar esto supone por cuanto es hacer lengua, fabricar lengua, lenguajear.

Nada reemplaza una lengua, sino su lenguajear, el idiomatizarla. El colonialismo de la *grammatisation* impone la "monolengua" como único horizonte de especulación. El hecho que un metalenguaje no hace ni funciona de lengua es una constatación de la cuestión periférica. Y si, en estos términos, la historiografía es relevante es justamente porque es a partir de los ὑπομνήματα (*hypomnemata*), de su trabajo, de su reversión, que una lengua se idiomatiza. Y la historiografía filosófica europea entonces no es sólo eso-mismo, sino que historiografía es también una forma de *hypomnemata*, una determinación de todo posible patrimoniar, de toda forma posible de desarrollo a partir del idiomar. El idiomar que presupone una

14 Traducción del autor: "Todo ello no ha podido proceder de esta extraña referencia a un 'más allá' donde el lugar y la lengua me estaban a mí mismo desconocidos o prohibidos, como si ensayara de *traducir* en la sola lengua y en la sola cultura franco-occidental de que dispongo, en la cual he estado tirado/arrojado al nacimiento, una posibilidad a mi-mismo inaccesible, como si ensayara de traducir en mi monolengua una palabra que no conozco todavía, como si tejiera todavía alguna tela al revés (eso que hacen por otra parte muchos tejedores) y como si los puntos de pasaje necesarios de este tejido al revés fueran [étaient] lugares de *trascendencia*, por tanto un 'más allá' absoluto, a la mirada de la filosofía occidental grecolatina cristiana, pero todavía en ella (*epekeina tes ousias* y más allá —*khôra*—, la teología negativa, maître Eckhart y más allá, Freud y más allá, un cierto Heidegger, Artaud, Lévinas, Blanchot y algunos otros)".

historiografía que es ajena y ausente: "Inventée pour la généalogie de ce qui n'est pas arrivé et dont l'événement aura été absent, ne laissant que des traces négatives de lui-même dans ce qui *fait l'histoire*, telle avant-première langue *n'existe pas*. Ce n'est même pas une préface, un '*foreword*', une langue d'origine perdue. Elle ne peut etre qu'une langue d'arrivée ou plutôt d'avenir, une phrase promise, une langue de l'autre, encore, mais tout autre que la langue de l'autre comme langue de maitre ou de colon encore que les deux puissent parfois annoncer entre elles, les entretenant en secret ou les gardant en réserve, tant de ressemblances troublantes" (Derrida, 1996: 119).[15]

Esta reversión historiográfica reformula un reenvío del pasado hacia una espera del avenir: las lenguas de la periferia, en razón de la colonización europea, no tienen etimología, sino como invención del porvenir. No deja de ser una paradoja que los filósofos europeos digan especular en el futuro anterior del francés (*futur antérieur*): el presentismo del presente que caracteriza a *la cuestión* tiene como efecto el hacer creer que las acciones porvenir acaban de suceder, son un ahorar apenas sucedido. Esta arrogancia copulativa del presente es también un aspecto que en los ámbitos periféricos se experimenta como ecología general de la escritura: "Comme avant-premier temps de la langue pré-originaire n'existe pas, il faut l'inventer. Injonctions, mise en demeure d'une autre écriture. Mais surtout il faut l'écrire *à l'intérieur*, si on peut dire, des langues. Il faut appeler l'écriture au-dedans de la langue donnée. Pour moi cela aura été, de la naissance à la mort, le français" (Derrida, 1996: 122).[16]

15 Traducción del autor: "Inventada por la genealogía de aquello que no ha llegado y por tanto el evento habría estado ausente, no dejando que trazas negativas de él mismo en aquello que *hace la historia*, en tal *avant-première* la lengua *no existe*. No es siquiera un prefacio, un '*foreword*', una lengua de origen perdido. Ella no puede ser que una de llegada o más bien de avenir, una frase prometida, una lengua del otro, todavía, pero toda otra cosa que la lengua del otro como lengua de maestro o de colono todavía que las dos pueden a veces anunciar entre ellas, tratarlas en secreto o guardarlas en reserva, con tantas semejanzas problemáticas".

16 Traducción del autor: "Como tiempo anticipado la lengua preoriginaria no existe, hay que inventarla. Órdenes, puesta en demora de otra escritura. Pero sobre todo hay que escribir *al interior*, si podemos decir, de las lenguas. Hay que llamar la escritura adentro de la lengua dada. Para mí habría sido/estado, del nacimiento a la muerte, el francés".

No hay una dimensión que escape a la *grammatisation* ya establecida y corriente de la colonización, la escrituración del idiomar debe ser un lenguajear no otra cosa: ni teoría, ni sistema político, ni elemento industrial. La ecología general de la escritura no es sólo una formulación del presente (§ 4, § 13), del ahorar (32), en términos del ser/estar, sino también la determinación de lo especulativo en sentido local. La escritura supone la *trace* (la traza, los restos, la huella, los escombros, lo inacabado, las ruinas, lo mal-construido: Derrida, 1967a y 1967c), la acumulación. La acumulación es la historiografía (§ 26). La escritura existe como fisidad pero también como fantasma (como imaginario, pero también en sentido psicoanalítico, como *fantôme*), como presencia invisible pero que significa. Por ello es que la cópula de la cuestión —y de la cuestión de la cuestión— funciona no sólo respecto de lo inmediato (presente-presentismo: la escritura que pasa aquí y ahora), sino también de aquello que no está, que tuvo un significado, pero que aún es, *que es*. Y esta condición de la escrituración es relevante si consideramos que lo humano como tal es siempre vehiculizado por una forma tecnológica, por ejemplo la escrituración. Vehiculización que da lugar, en términos derridianos, a eso que indicamos como la diferancia (§ 21). Que la *trace* se deba a una constante exteriorización tecnológica —y que ello constituya parte de la hominización así como de la individuación— explica los riesgos que supone si los ὑπομνήματα (*hypomnemata*) generados por esta vehiculización acaban dominando por sobre la dimensión presente de la escritura, de la escrituración. Justamente esta es la situación que subyace en el "reduccionismo" que se asume respecto del verbo ser/estar en tanto presentismo del presente, es decir, entendido como *realm*-en-sí. Situación que además se encuentra exacerbada por la creciente y acelerada industrialización tecnológica, de modo que se galvaniza el presente a partir de la *presencia* (presentismo). Situación que asimismo se condice con el predominio visual-visivo en el entendimiento de lo inteligible, como si la escrituración no fuese destinada ya a la lectura, sino a su en-visionamiento. Son estas las condiciones actuales de la *grammatisation* y desde donde la escrituración genera un lenguajear de lo cotidiano que permite el idiomar.

La escrituración del idiomar, que es el idiomar, debe ser un lenguajear. Cualquier forma de especulación, cualquier reformulación de *la cuestión* no puede escapar de esta mismidad, de esta "*ipséité* d'un je-moi" (1996: 118) (ipseidad de un yo yo-mismo) y de una "ipséité de l'hôte" (1996: 119) (ipseidad del huésped) al mismo-tiempo, la invención como huésped de una primera persona (ser/estar, siendo/estando) que especula, un lenguajear de colono mestizado o de mestizo colonizado: "c'est tout simplement le 'il y a de la langue', un 'il y a de la langue qui n'existe pas', à savoir qu'il n'y a pas de métalangage et que toujours *une* langue sera appelée à parler de *la* langue —*parce que* celle-ci n'existe pas" (Derrida, 1996: 129).[17]

En las condiciones de *grammatisation* de los ámbitos periféricos no hay posibilidad alguna de creaciones *ab initio* de una lengua. Tampoco ello es posible de acuerdo a lo aquí argumentado. Todo lenguajear es una operación que parte de un estado de cosas y de siendo/estando, su mundanar (*Welten, Weltlichkeit*) reside en las maneras diversas en que espacializa dicho estado de hecho y, no menos relevante, en la forma que historiografiza (*Begriffgeschichte*) la evolución y acumulación que supone.

17 Traducción del autor: "… es simplemente el 'hay de la lengua', un 'hay de la lengua que no existe', a saber, que no hay metalenguaje y que siempre *una* lengua será llamada a hablar de *la* lengua —porque esta no existe—".

§ 36. Lo viviente como animalidad

Existe una relación directa entre no modificación de *la cuestión* en términos de historiografía filosófica, colonialismo a partir de una *grammatisation* y consideración de humano viviente a partir de un valor no-animal. De allí que la ausencia parcial o total de esta valoración de lo humano-viviente en los ámbitos periféricos conduce directamente a una *animalización de la periferia*. La pregunta por el sentido del ser (*der Frage nach dem Sinn von Sein*) no es sólo el asunto de una anihilación de lo humano, sino también al mismo tiempo una exhibición, una exposición, del funcionalismo con que lo animalesco había apuntalado en la historiografía filosófica la transformación de la pregunta por el sentido del ser (*la cuestión*) en un "valor espiritual" (*Geist*): "il s'agit *aussi* de se demander si ce qui s'appelle l'homme a le droit d'attribuer en toute rigueur à l'homme, de s'attribuer, donc, ce qu'il refuse à l'animal, et s'il en a jamais le concept *pur, rigoureux, indivisible*, en tant que tel" (Derrida, 2006: 185–186).[1]

No debe sorprender que el propio Derrida inicie su conferencia de 1997 sobre "lo animal", sobre la animalidad en términos especulativos, a partir de una glosa sobre la desnudez (desnudo, desnudidad) en la palabra ("des mots qui soient, si c'était possible, nus" [de palabras que serían, si eso fuese posible, desnudas] [Derrida, 2006: 15]) y en la filosofía ("du nu en philosophie" [2006: 15]). Esta relación entre la animalidad y la desnudez no sólo es un tópico colonial, sino también es una constatación de medio ambiente, *ecológica*: definir lo humano a partir de *la cuestión* es zoologizar el medio ambiente. Ello explica por ejemplo que, no obstante el gran número de desiertos y regiones áridas que pueblan los ámbitos periféricos

1 Traducción del autor: "... se trata *también* de preguntarse si eso que llamamos hombre tiene el derecho de atribuir en todo rigor al hombre, por tanto de atribuirse, aquello que le niega al animal, y si nunca tiene el concepto *puro, riguroso, indivisible*, en tanto que tal".

del planeta, los mismos han sido siempre representados por "selvas" y "animales salvajes de la selva".

Derrida había comprendido, aunque no lo dijera de manera explícita, que existía una relación directa entre la zoologización del mundo, el mundanar que favorece *la cuestión* y la colonización a partir de la *grammatisation* (y que él leía, en última instancia y según la interpretación de Heidegger, como una "espiritualización" [*Geist, geistlich*, y en definitiva *geislichkeit*] de la lengua). La *cuestión periférica* entonces también se ocupa de esta degradación animal o, mejor dicho, de este "assujettissement de l'animal" [asujetivización del animal] (2006: 46) por valoración de lo humano por lo humano. Y es que el colonialismo en segundo grado (Canaparo, 2009) produce una paradoja mayor: el humano-centrismo que coloniza y domestica los animales —mejor sería decir, la animalización— es producto de un valor humano que ya no tiene a lo humano mismo por referencia, sino a la técnica/tecnología. Es como si la degradación humana de lo animalesco fuese el último recurso de lo humano para definirse por sí mismo. Y este último recurso tiene una relación directa con la "espiritualización" (*Geist, gestlich*) que Derrida analizaba en Heidegger como recurso definitorio de lo especulativo y su lengua.

Es así que la aceptación de *la cuestión* como instrumento de partida especulativo conduce en realidad a la des-animalización de lo viviente humano por domesticación de lo animalesco, al secuestro en definitiva en lo animal de lo viviente a partir, paradójicamente para nuestra época, de la tecnología. Estar persuadido que lo humano se sustrae a la biosfera y que se des-animaliza a partir, por ejemplo, de la escrituración, es reivindicar de forma radical el colonialismo que supone en términos especulativos eso que hemos indicado como *la cuestión*.

La animalización de la periferia (§ 14) no es sólo el reduccionismo de la población a un valor no-humano de lo humano mismo, sino, más relevante aun, es la reducción de la biosfera a una formulación de lo viviente que responde a valores etnocéntricos del todo ajenos a la dinámica de lo viviente como tal y, sobre todo, ajenos a la manera en que la técnica/tecnología ha evolucionado y afectado los sistemas sociales y procesos de individuación. Esta situación es aquello que, como ya indicamos, aparece como *sospecha* en Heidegger (§ 19) y como constatación escrituraria en Derrida (§ 22).

Para los seguidores de *la cuestión* —en términos de ahorar y construcción del presente— el animal (lo animalesco, la animalización) es algo que no tiene el hombre porque su ocupación es precisamente la especulación que parte de dicha distinción de lo no-animal (Derrida, 1990a: 192–193). Llamaremos a esta situación la *animalización especulativa*. Y es el propio Heidegger, en la interpretación de Derrida, quien a lo animalesco añade una cierta pobreza ("etre pauvre": *Armsein*) y una falta ("un manque": *Entbehren*), de manera que quien caiga *fuera* de las condiciones especulativas y sus atributos, en particular en los ámbitos periféricos, se encontrará en pleno territorio de la animalización, del cual no hay redención posible. También en este sentido debe entenderse el alemanismo de Heidegger (§ 6, § 16).

La animalidad (animalesco, animalización) entonces de la periferia conduce de forma irremisible a eso que Derrida llama "le mode d'être du vivant" (1990a: 168), es decir, a algo de lo que Heidegger no se ocupara ("Heidegger n'a jamais élaboré cette ontologie de la vie ..." [1990a: 168], de la "structure ontologique du vivant" [1990a: 168]):[2] son las ontologías regionales ("ontologies régionales") y que aquí, en principio, indicamos como la región de los objetos posibles (§ 20). Y esta ausencia de reflexión de lo viviente como tal no puede ser escindida de la animalización de lo viviente que, como demuestra Derrida, caracteriza toda la tradición cartesiana, desde el propio Descartes hasta Heidegger, pasando por Kant, Lévinas y Lacan (Derrida, 2006: 162).

Por otra parte, la idea de un propio humano es inseparable de la formulación de *la cuestión*. La escrituración de *la cuestión* es —en la formulación propia del *être/Sein*— una declaración implícita de los elementos —de que existen (*Ek-sistenz*, *dévoilement*, descubrimiento, mostrarse, exposición) una serie de elementos— que son "propios" al hombre. El planteamiento de *la cuestión* conduce directamente a la noción de excepcionalidad de lo humano y, por ende, de *reducción* de lo animalesco (Derrida, 2006: 19). Esta es una configuración en sentido de la biosfera, una "arquitectura invisible" (§ 2). La imposibilidad de pensar las poblaciones colonizadas del planeta

2 Traducción del autor: "... el modo de ser/estar de lo viviente" [...] "Heidegger nunca elaboró esta ontología de la vida ..." [...] "... estructura ontológica de lo viviente".

como culturas de un vestir es inseparable de esta perspectiva: la figuración constantemente *desnuda* de los aborígenes del planeta es una consecuencia directa del colonialismo con que la *grammatisation* castellana/del castellano —para continuar con el ejemplo a caso— implementó *la cuestión* en sentido especulativo. Desde los argumentos que fundan el mito de Prometeo (fuego, abrigo, hogar) hasta el imaginario actual de "Alta Costura" (modelo, referencia, símbolo, imaginario de abrigo, de hogar) existe una vinculación directa entre *grammatisation*, cópula y fundación de lo especulativo: la vestimenta es fundamental al colonialismo, tanto en el verbo (§ 13, § 26) como en las historiografías (§ 26). La *grammatisation* del colonialismo requiere de la desnudez como evidencia de un atraso en el lenguajear.

El "salvajismo" —es decir, la animalidad, la animalización de los aborígenes, su animalización no-humana— de los aborígenes es inseparable de la desnudez del cuerpo y del verbo en cuanto cópula. Y la mayor evidencia de esta animalización será la exhibición del sexo, que supone la cópula: vestir el cuerpo es conducir la gramática. Y es por ello que aun en la actualidad las Metrópolis coloniales suponen un "buen hablar" o un "mal hablar" (correcto/incorrecto, propio/impropio) vehiculizados en este caso por la tecnología, es decir, entendidos como manipulación y acceso a la tecnología. Es la escolarización entendida de manera *letrada* que supone la *grammatisation*: "La lettre compte, et la *question* de l'animal. La question de la réponse animale passe souvent par l'enjeu d'une lettre, par la littéralité d'un mot, parfois de ce que 'mot' veut dire à la lettre" (Derrida, 2006: 25).[3] El mecanismo *ad litteram* tiene en los ámbitos periféricos una dimensión especulativa por la manera en que la *grammatisation* ha idiomado las poblaciones que es del todo desconocida en las Metrópolis colonialistas.

El colonialismo impuso una animalización de las poblaciones aborígenes sustrayéndolas de todo atributo biológico o zoológico en tanto viviente, cuyas condiciones óptimas sólo son plausibles de predicarse de lo humano. El homo-centrismo conduce así a la entropía extrema del Antropoceno: la exposición de los aborígenes como fenómenos de escala zoológica es una

3 Traducción del autor: "La letra cuenta, y la *cuestión* del animal. La cuestión de la respuesta animal pasa a menudo por el juego de una letra, por la literalidad de una palabra, a veces de aquello que esa palabra quiere decir a la letra".

confirmación de una pobreza, de una degradación taxonómica —es la *Weltarm* ("pobre-en-mundo") de Heidegger. De igual manera puede interpretarse la exposición actual de las poblaciones locales en los ámbitos periféricos a los pesticidas, herbicidas y a las diversas formas de polución directa de la biosfera: por ello la sinonimia entre existencia (*Ek-sistenz*) y exposición (entendida como *Erschlossenheit* ["ouvertude", apertura, abiertismo]) que Heidegger ya planteara para su noción de *Dasein* es aquí relevante, aunque situada en el contexto del Antropoceno, es decir, en una perspectiva pos-*Dasein* (§ 34). Estas circunstancias *de hecho* de la biosfera coinciden así con el *ihm selbst geworfen* ("il est jeté à lui-même", arrojado a sí-mismo, a su mismidad) de Heidegger (1967: §38) y que caracteriza de forma extrema la individuación del Antropoceno: es también a esto que indicamos como pos-*Dasein*.

Como bien expone Derrida, la animalización como *la cuestión* en la historiografía filosófica, no sólo se remonta a los *orígenes* del establecimiento del *cogito* (*res cogitans*) —y de sus principios metafísicos—, sino que el aspecto constitutivo de la misma es el asunto *humano* de asignar o menoscabar facultades (Derrida, 2006: 21–22) a la animalidad o animalización.[4] Que

4 En el dualismo argumentativo entre *Sein* y *Seienden* que recorre las numerosas definiciones de lo metafísico en Heidegger encontramos aquello que expresamente Derrida presentaba como "metafísico" en términos filosóficos y que proponía había que "deconstruir": lo metafísico en Heidegger no son los dichos acerca de qué es lo metafísico (lo cual en términos de Derrida era limitarse a *la cuestión*), sino la manera en qué/en cómo los argumentos son dichos (lo cual en términos de Derrida era abocarse a la cuestión de la cuestión). La ya famosa frase "El ser no *está* jamás *presente* (*west*) sin el ente; el ente no *es* (*ist*) jamás sin el ser" (traducción de Eusebio Colomer), que proviene del epílogo de la quinta edición de la conferencia original de 1929 sobre la metafísica, resume esta situación (*Erörterung*). La recurrencia mutua entre *Sein* ("ser/estar") y *Seienden* (mal traducido como "ente": siendo/estando) es el verdadero asunto sobre la manera en que la presencia (presentismos, manifestación de existencia, ahorar) y la utilidad (de utillaje, de utensilio) del ser/estar (en tanto individuación) es el ser/estar (en tanto concepto humano, viviente). Heidegger sostenía entonces (en 1949) "que nunca el ser/estar se presenta sin el siendo/estando (*nie westohne das Seiende*) y que jamás un siendo/estando es sin el ser/estar (*niemals ein Seiendes ist ohne das Sein*). Este pasaje permite exponer una vez más (§ 6) la problemática del castellano en donde "ser" puede ser predicado como concepto filosófico y como verbo de atribución ordinario: si en el primer caso no puede haber

esta *formalización* de lo animalesco, por parte de la historiografía, se sitúe como producido en los ámbitos periféricos al mismo tiempo que el establecimiento de una *grammatisation* de las lenguas europeas —en particular del castellano— y del inicio de la colonización, no es una casualidad, sino que responde a los principios de inteligibilidad que determina una filosofía entendida a partir de *la cuestión*. Y en tal sentido es que justamente debería releerse la historiografía filosófica europea: "Il faut un renversement, un *Umkehrung* dans l'essence de la nature" [Hay que realizar un reversión, un *Umkehrung*, en la esencia de la naturaleza] (Derrida, 2006: 38–39).

Por lo mismo, si el "savoir philosophique" conduce a la animalización de lo viviente —y a *la cuestión* como punto axial de lo especulativo—, por el contrario, "une pensée poétique" conduce al pensamiento, a la cuestión de la cuestión, al ámbito periférico, a la pérdida de un límite infranqueable, a la animalización de lo viviente en el sentido con que Derrida (2006: 20–21) comenta a Nietzsche y a Kafka. El cuerpo desnudo, la cópula al descubierto: "La tristesse, le deuil, la mélancolie (*Traurigkeit*) de la nature ou de l'animalité naitraient donc, selon Benjamin, de ce mutisme, certes (*Stummheit, Sprachlosigkeit*), mais aussi, et par là même, de cette blessure sans nom: *avoir reçu le nom*. À se trouver privé de langage, on perd le pouvoir de nommer, de se nommer, voire de répondre de son nom. (Comme si l'homme ne recevait pas aussi son nom et ses noms!)" (Derrida, 2006: 38).[5]

ausencia del "estar", en el segundo es asunto de convención y uso, pero en ambos casos es una problemática suplementaria de toda traducción de los argumentos filosóficos en Heidegger. De esta confusión *también* surge el supuesto *humanismo* (humanización, acción de devenir humano en tanto ser) de Heidegger y que no es viable en los ámbitos periféricos, donde el siendo/estando (entidad, exteriorización, ὑπομνήματα [*hypomnemata*]) es aquello que da lugar a individuación. El "ser/ente" heideggeriano es un evento indispensable de la historia de la filosofía europea, pero es ilegible como tal en los ámbitos periféricos.

5 Traducción del autor: "La tristeza, el duelo, la melancolía (*Traurigkeit*) de la naturaleza o de la animalidad nacerían por tanto, según Benjamin, de este mutismo, cierto (*Stummheit, Sprachlosigkeit*), pero también, y por la misma, de esta herida sin nombre: *haber recibido el nombre*. Al encontrarnos privados de lenguaje, perdemos el poder de nombrar, de nombrarse, incluso de responder del nombre. (¡Como si el hombre no recibiera también su nombre y sus nombres!)".

El colonialismo es definido por una animalización que imposibilita, que difiere, que suplanta, el lenguajear, la capacidad de nombrar como ejercicio básico de la significación. Que la nombradía sea crucial en términos especulativos tiene su origen en esta situación y que la misma siempre sea *dependiente* de *la cuestión* es también parte del problema. Esta condición de *deprivación* es la noción más clara y directa de la naturaleza (*Naturphilosophie*) en los ámbitos periféricos: la *Sprachlosigkeit* (privación del lenguaje, ausencia forzada del lenguajear). Y no deja de ser una paradoja del colonialismo que su imperfección y falla de origen (*défault*) sea aquello que le conduce a crear un estado natural idílico en las colonias, pero sin humanos, sólo con seres vivientes que no pueden ser que animales en el sentido de *la cuestión*: por ello el proyecto de des-animalizar a los aborígenes es no sólo espiritual (*Geist, geistlich*, religión), sino también intelectual (escritura, gramática). Así lo comprendieron autores como el propio Derrida cuando sostiene: "c'est paradoxalement à partir d'une faute ou d'un défaut de l'homme que celui-ci fera sujet maître de la nature et de l'animal" (Derrida, 2006: 40).[6]

Derrida expone cómo en la historiografía filosófica europea la presencia del animal lleva a los hombres a la pregunta por el sentido de su existencia ("qui suis-je?" [2006: 80], "Mais moi, qui suis-je?" [2006: 81]; y también Descartes, segunda *Méditationes de prima philosophia* [1641]), razón por la cual, en la herencia nietzscheana, descree de las fronteras claras y netas entre el animal y lo humano. Aunque su época aun no lo permitía pensar, Derrida había intuido que lo viviente no puede caracterizarse a partir de una división zoológica entre animal (ζῷον [*zoion*]) y humano (ζῷον πολιτικόν [*zoion politikón*]), por el contrario, lo viviente conlleva un acercamiento entre especies por buenas razones (la evolución del conocimiento biológico y zoobiológico) y malas razones (el "enfermement planetaire", la promiscuidad, la ausencia de espacio, la exterminación, la predación): "l'animal donc que je suis" [el animal por tanto que yo soy] (2006: 83).

Y la animalización conduce a *la cuestión*, a la existencia misma de *la cuestión*, es decir a la reflexión en torno a la "pequeña palabra" como le

6 Traducción del autor: "... es paradójicamente a partir de una falta o de un defecto del hombre que él hará sujeto-maestro de la naturaleza y del animal".

indica Derrida el "suis" de "je suis". De manera que la definición misma de lo humano por lo animal es puesta en suspensión: "Descartes va faire, en toute rigueur, l'économie de la définition de l'homme par l'animalité et par la raison conjuguées, de l'homme comme *animal raisonnable*. Il y a dans ce geste un moment de rupture avec la tradition, une rupture dont on ne crédite pas assez souvent Descartes, pas même Heidegger quand, dans la *Lettre sur l'humanisme*, il remet en question la définition de l'homme comme animal raisonnable" (Derrida, 2006: 102).[7]

Y la abstracción cartesiana, declarada necesaria del "suis", conduce a la necesariedad del "moi" (§ 8, § 23): "Mais je ne connais pas encore assez clairement ce que je suis, moi qui suis certain que je suis" (Descartes, *Meditationes de prima philosophia. Méditations métaphysiques* [Paris: Vrin, 1966: 26]).[8] El "je" se sostiene por el "moi" ante la suspensión del "suis" en la escrituración. En castellano esta argumentación de Descartes —así como la interpretación Derridiana— no son posibles: en primer lugar porque el "suis" es doble (soy, estoy), pero también porque el "moi" no tiene traducción, sino transliteración posible (mí-mismo, sí-mismo, etc.) (§ 23). La "traducción" ibérica de este pasaje, por ejemplo, en las *Obras* de Descartes (Madrid: Gredos, 2011) es asimismo una prueba fehaciente de ello: "Pero aún no conozco con suficiente claridad lo que soy, yo que estoy cierto de que soy …" (2011: 171). Esta deficiencia no es sólo un aspecto de propiedad de significados, sino también, como ya indicamos, un asunto de historiografía y *grammatisation*: quien "traduce" es *la cuestión* y menos el traductor ocasional.

Comenta Derrida la argumentación cartesiana: "Si je veux ressaisir et présenter ce que je suis, et qui je suis, il faut donc commencer par suspendre cette définition commune de l'animal raisonnable. Le 'je suis' , dans sa

7 Traducción del autor: "Descartes va hacer, en todo rigor, la economía de la definición del hombre por la animalidad y por la razón conjugados, del hombre como *animal razonable*. Hay en este gesto un momento de ruptura con la tradición, una ruptura de la cual no acreditamos a menudo a Descartes, tampoco a Heidegger cuando, en la *Lettre sur l'humanisme*, pone en cuestión la definición del hombre como animal razonable".

8 Traducción del autor: "Pero no conozco todavía claramente eso que soy, yo-mi [moi] que estoy cierto que soy".

pureté intuitive et pensante, exclut cette animalité, fut-elle raisonnable. [...] Descartes propose d'abstraire de son 'je suis' tout ce qui rappelle la vie, si je puis dire. Il avait auparavant déclaré devoir écarter de ce 'je suis' tout ce qui pouvait être 'autre chose' que moi ..." (Derrida, 2006: 103).[9]

El "moi" es una lejanía para el ámbito periférico que debe transliterar el "je suis" y que, luego de ello, debe revertir el argumento de la animalización a partir de un idiomar local (§ 23). Eso que Derrida indica como "l'événement du 'suis-je' " (el acontecimiento/el fenómeno/el evento de soy/estoy-yo), no es legible como tal en los ámbitos periféricos. La *cuestión periférica* debe afrontar la complejidad puntual de asuntos como estos.

La suspensión cartesiana permite retomar la animalidad de cero, rever la animalidad a partir de lo humano entendido como *cogito*, conduce directamente a que en el mismo mecanismo de establecimiento de *la cuestión* se instituye la hominicidad de lo animal: "l'indubitabilité de l'existence, l'autoposition et l'automanifestation du 'je suis' ne dépend pas de l'être-en-vie, mais de la pensée, d'un apparaitre à soi qui n'est pas d'abord déterminé comme respiration, souffle ou vie, voire d'une âme pensante qui no s'apparait pas d'abord comme vie" (Derrida, 2006: 122).[10] Por ello el colonialismo no es un algo que se puede aislar o manipular, sino la *grammatisation* que define la percepción, la determinación de aquello que es legible y la expectativa acerca de lo que es posible o imaginable.

Derrida expone cómo, después del establecimiento de *la cuestión* por parte de Descartes, existe una relación directa entre escrituración de la especulación y necesidad de distinguir lo humano a partir de una jerarquía

9 Traducción del autor: "Si quisiera recomponer y presentar aquello que yo soy y quién soy, hay que comenzar entonces por suspender esta definición común del animal razonable. El 'yo soy', en su pureza intuitiva y pensante, excluye esta animalidad, aun cuando fuera razonable. [...] Descartes propone de abstraer de su 'yo soy' todo aquello que recuerde la vida, si puedo decir. Él había declarado anteriormente tener que separar de ese 'yo soy' todo aquello que podría ser 'otra cosa' que mi-yo [moi]".

10 Traducción del autor: "... la indudabilidad de la existencia, la autoposición y la automanifestación del 'yo soy' no dependen del ser/estar-en-vida, sino del pensamiento, de un aparecer a sí que no es en principio determinado como respiración, suspiro o vida, tampoco de un alma pensante que no se aparece en principio como vida".

de lo no-humano: este es el principio de la animalización de lo viviente. Situación por la cual Derrida sugiere que, en este sentido, no hay mayor diferencia de Descartes a Lacan: "Je voudrais essayer de montrer en tout cas que, comme Descartes, ils pensent que, à la différance de nous les hommes (différence qui est ainsi déterminée), l'animal ne parle ni ne répond, que sa capacité à faire signe est étrangère au langage et se trouve limitée, fixée par un programme" (Derrida, 2006: 125).[11]

En términos periféricos la diferencia es colonial, pero la diferancia (§ 21), la espacialización (§ 3), el idiomar (§ 17), no se halla en estos dos aspectos identificados por Descartes, sino en la funcionalidad que oculta: "Aucun d'eux [Kant, Heidegger, Lévinas, Lacan] n'a jamais pris en compte des différences essentielles ou structurelles entre les espèces animales. Aucun d'eux n'a pris en compte, de façon sérieuse et déterminante, le fait que nous chassons, tuons, exterminons, mangeons et sacrifions des animaux, les utilisons, les faisons travailler ou les soumettons à des expérimentations interdites sur l'homme. A part Lacan, chez qui cela ne change d'ailleurs en rien l'axiomatique traditionnelle, aucun d'eux, le progrès du savoir éthologique ou primatologique n'est véritablement intégré" (Derrida, 2006: 125–126).[12]

La distinción entonces, la diferancia, ya no es tal, sino una cuestión de perspectiva, de escala, y de fronteras entre lo viviente que se modifican en continuación: no hay taxonomía fija, no hay jerarquía moral o intelectual. La ausencia de respuesta y la no-instrumentalización de un código visibles, los dos aspectos que Descartes conjeturara sobre la animalidad, son exactamente los mismos atribuidos a los indígenas de los ámbitos periféricos

11 Traducción del autor: "Querría ensayar de mostrar en todo caso que, como Descartes, ellos pensaban que, a diferencia de nosotros los hombres (diferencia que es de esta manera determinada), el animal no habla ni responde, que su capacidad a hacer signo es extranjera a su lenguaje y se encuentra limitado, fijado por un programa".

12 Traducción del autor: "Ninguno de ellos [Kant, Heidegger, Lévinas, Lacan] jamás ha tenido en cuenta las diferencias esenciales o estructurales entre las especies animales. Ninguno de ellos ha tenido en cuenta, de manera seria y determinante, el hecho que nosotros cazamos, matamos, exterminamos, comemos y sacrificamos los animales, los utilizamos, los hacemos trabajar o los sometemos a experimentaciones prohibidas sobre el hombre. Aparte de Lacan, en quien por otra parte ello no modifica en nada la axiomática tradicional, en ninguno de ellos el progreso del saber etológico o primatológico no ha sido verdaderamente integrado".

al momento de ser *definidos* por los europeos. De la misma manera toda noción de "yo" es inaccesible en la animalización de lo viviente, excepto para lo humano, como bien demuestra el propio Derrida en su comentario del "antropocentrismo fundamental" de Kant: "...'je' signifie l'unité d'une conscience qui reste la même sous toutes ses modifications. Le 'je' est le 'je pense'..." (Derrida, 2006: 129). Y esta incapacidad de obtener un "yo", en los términos coloniales de los ámbitos periféricos, será el fundamento de toda forma de instrucción o escolarización, sea intelectual, religiosa o militar.

La generalización de la cosificación/coseidad (*Dinglichkeit*) que en la actualidad caracteriza los ámbitos periféricos, en particular la manera en que la cosa (*das Ding*) se ha convertido en el centro de gravedad de lo pensable, de la especulación misma, tiene una relación directa con este aspecto kantiano de la *grammatisation* europea por el cual la distinción de derecho entre persona y cosa emplazó las colonias bajo un teoría del "ente" al cual sólo podían aspirar aquellos que eran autorizados a portar un "yo". No sólo la esclavitud también puede leerse de esta manera, sino que, más relevante para la actualidad (*Aktualität*) que nos ocupa, bajo estas condiciones de lo especulativo, pueden comprehenderse las renovadas y populares tendencias racistas que subyacen en el negacionismo y en sus variantes de *post-fact politics* y *post-truth thinking* (§ 25).

Y aun luego de la *conversión*, del pasaje de una animalidad a un "yo", que significa la colonización, quedan secuelas o, mejor dicho, se instituye un *défaut d'origine*, una falla, una "herida", un defecto de origen que, no obstante la hermenéutica religiosa con que la misma se ha historiografizado (*Begriffgeschichte*), por ejemplo en las colonias de origen castellano, esta ausencia original de un "yo", marca una diferencia histórico-especulativa respecto de las poblaciones de las economías centrales y de las Metrópolis colonialistas. Las *ciudadanías de segunda clase* no fueron ni son, sino una exteriorización de esta condición especulativa.[13]

13 Uno de los casos más ilustrativos sobre este particular ha sido el de Gran Bretaña que aun en la actualidad mantiene seis "clases de nacionalidades" ("classes of British nationality"). Esta se traduce en diferentes documentos y diferentes "derechos" territoriales y políticos, en particular, como no es de sorprender, respecto de las colonias.

Y si, en términos de colonización, existían atributos o evidencias que contradijeran esta perspectiva, los conquistadores lo arreglaban a su manera, quemando códices, asesinando líderes, instruyendo religiosamente a la población. Tal como en la actualidad, domesticando la psicología animal a partir de una sentimentalidad decimonónica de lo humano, animalizamos todo lo viviente sobre el planeta. Si la urbanización es un fenómeno al que ningún territorio escapa, de manera similar la animalización de lo viviente, por buenas o malas razones, abarca todo lo viviente. La categorizada limitación zoológica de los indígenas, su animalidad, tiene directa relación con la consideración de sus lenguajes y escrituras como no-humanos. La *grammatisation* es quien vino a implementar la confirmación de este diagnóstico, su escrituración, su historiografización.

La animalización de lo viviente "aurai commencé avec la domestication apprivoisant, le dressage, la neutralisation, l'acculturation, et se poursuivrait avec l'exploitation médico-industrielle, les interventions massives sur le milieu et la reproduction, les transplantations génétiques, le clonage, etc." (Derrida, 2006: 114).[14] Es en este sentido no solo que el Antropoceno es la continuación de la colonización por otros medios irreversibles, sino, sobre todo, que el Antropoceno comenzó a suceder en los ámbitos periféricos mucho antes que en las economías centrales y en las Metrópolis colonialistas.

Derrida resume la "dominante animal" del "discours philosophique occidental": "Le propre de l'homme, sa supériorité assujettissante sur l'animal, son devenir-sujet même, son historicité, sa sortie hors de la nature, sa socialité, son accès au savoir et à la technique, tout cela, et tout ce qui constitue (en un nombre non fini de prédicats) le propre de l'homme, tiendrait à ce défaut originaire, voire à ce défaut de propriété, à ce propre de l'homme comme défaut de propriété ... " (Derrida, 2006: 70).[15]

14 Traducción del autor: "... habría comenzado con la domesticación domadora, el adiestramiento, la neutralización, la aculturación y se continuará con la explotación médico-industrial, las intervenciones masivas sobre el medio y la reproducción, los trasplantes genéticos, el clonaje, etc.".

15 Traducción del autor: "Lo propio del hombre, su superioridad asubjetivante sobre el animal, su devenir-sujeto mismo, su historicidad, su salida fuera de la naturaleza, su socialidad, su acceso al saber y a la técnica, todo ello, y todo aquello que constituye

Es precisamente esta significación de "propiedad" aquello que atraviesa, en los ámbitos periféricos, no sólo el sentido de naturaleza, sino asimismo de domesticidad en términos de urbanización y territorialización. La colonización creó el "mundo animal", el cual incluía los aborígenes locales y sus descendientes, aun los mestizados: es precisamente a ello que Derrida en 1997 y de forma contemporánea llamaba "une anthropologie mondiale" (Derrida, 2006: 81).

La animalización de lo viviente constituye un mecanismo de una escala sin precedentes. Eso que Derrida con razón indica como "assujettissement de l'animal" (2006: 46) constituye una *globalización* (un mundanar, *Welten*) escalofriante en donde la criminalidad creciente de las sociedades actuales, se halla asociada a los crímenes de guerra, al Holocausto, a los mataderos de ganado para consumo humano, al maltrato de pareja, a la industrialización hospitalaria, y al geométrico incremento de animales domesticados en las ciudades, entre otros aspectos. En este sentido la colonización, el colonialismo en los ámbitos periféricos, alcanzará dominios y significados inimaginables en el pasado. Hay en estos términos una relación directa entre urbanización periférica y animalismo de lo viviente que no tiene precedentes conocidos. Bajo estas condiciones, sólo lo humano, lo humanizable en términos de *la cuestión* puede ser vivencia, existencia (*Existenz*); y por ello es que en los ámbitos periféricos la banalización del crimen y la muerte violenta es un fenómeno indiscernible de la fundación de los Estados modernos locales, de la acepción de la noción de especulación y, por ende, de la animalización de lo viviente: "C'est que l'animal, au fond, puisqu'il ne saurait être la victime d'un meurtre, ne meurt pas. Et de ce point de vue, Lévinas reste aussi profondément heideggérien. Comme Descartes et comme Kant, et comme Heidegger, il secondarise, dans la définition du soi ou du 'me voici', l'existence comme vie, comme vivance ..." (Derrida, 2006: 153).[16]

(en un número no finito de predicados) lo propio del hombre, será sostenido por ese defecto originario, ese defecto de propiedad, a lo propio del hombre como defecto de propiedad..."

16 Traducción del autor: "Es que el animal, en el fondo, puesto que no será la víctima de un asesinato, no muere. Y de este punto de vista, Lévinas resta también profundamente heideggeriano. Como Descartes y como Kant, y como Heidegger, él secundariza, en la definición de sí o de 'me voici' [heme aquí, soy/estoy yo: referencia

La animalización de lo viviente conduce asimismo a una bestialización de lo animal, a su antropomorfización más extrema, es decir, a atribuirle a lo animal genérico la razón entendida como sueño macabro y desgraciado, es decir, la bestialidad (Derrida, 2006: 90–93). En la lengua de Descartes no por casualidad *bêtise* y *bestialité* aluden a comportamientos humanos por referencia animal, pero nunca a comportamientos animales *per sé*. Es así que Derrida sostiene que "la politique suppose le bétail", por cuanto "il n'y a pas de socialisation, de constitution politique, de politique, sans principe de domestication de l'animal sauvage" (Derrida, 2006: 134).[17] Y por ello, que la escrituración del "yo" especulativo, tenga una relación directa con la manera en que la animalidad/animalización ha sido entendida por la historiografía filosófica, es una hipótesis original de Derrida que no puede escindirse de su perspectiva respecto de *la cuestión*. Más aun, esta individuación posee una relación directa con la manera en que la industrialización tecnológica ha monopolizado toda forma de exteriorización humana —hipótesis que, tampoco por casualidad, sostiene Stiegler (2015), uno de los alumnos aventajados de Derrida.

La colonización de los ámbitos periféricos ha consistido entonces en que la individuación de las poblaciones locales se realice a partir de esta animalización de lo viviente y en donde lo especulativo es un mecanismo de autoafirmación: cuanto más "yo" kantiano, más entropía colonial. Esta es la significación concreta y funcional de *la cuestión*, la manera en que lo especulativo es reaseguro de una servidumbre voluntaria vivida como potencial natural (*Naturphilosophie*, naturalismo filosófica, cientificismo) y "liberación espiritual" (folklore, nacionalismo, proteccionismo, justicialismo, tercera posición).

Esta situación del "yo" es lo que también indicamos como la "*greffe* cartesiana" (§ 11). En los ámbitos periféricos el ejercicio de la primera persona es siempre consciente de la impronta especulativa que supone: su "entidad" no es ajena a su lenguajear. De manera que, siguiendo el ejemplo que empleamos, la "diglosia" del verbo ser/estar (§ 24) como cópula en

---

bíblica a la respuesta de Abraham a Dios], la existencia como vida, como vivencia…"

17 Traducción del autor: "… no hay socialización, constitución política, política, sin principio de domesticación del animal salvaje".

castellano es un idiomar básico (§ 17), primitivo, de la animalización. La institución de un "yo" es así problemática en relación a la manera en que se colectiviza a partir de las exteriorizaciones (exosomatizaciones, ὑπομνήματα [*hypomnemata*]): "parce que ce 'Je' qui est dans la pensée avant d'être la langue, ce n'est rien d'autre que la pensée même, le pouvoir de penser, l'entendement qui fait défaut à l'animal: 'Car cette faculté (de penser) [ce pouvoir, *Vermögen*, à savoir le pouvoir de penser, *nämlich zu denken*] est l'entendement (*der Verstand*)' " (Derrida, 2006: 131).[18] Por ello también el Antropoceno no es en los ámbitos periféricos una novedad del siglo XX, sino una realidad política decimonónica. Esta situación en la formulación de un "yo" —que es asunto conceptual (§ 16) pero asimismo escriturario, idiomático y de lenguajear (§ 35)— es lo que también indicamos como la "*greffe* cartesiana" [injerto/implante cartesiano] (§ 11). En los ámbitos periféricos el ejercicio de la primera persona es siempre consciente de la impronta especulativa que supone: su "entidad" no es ajena a su lenguajear. De manera que, siguiendo el ejemplo que empleamos, la "diglosia" del verbo ser/estar como cópula en castellano es un idiomar básico, primitivo, de la animalización. La institución de un "yo" es así problemática en relación a la manera en que se colectiviza a partir de las exteriorizaciones (exosomatizaciones, ὑπομνήματα [*hypomnemata*], *commodities*). Por ello también el Antropoceno no es en los ámbitos periféricos una novedad del siglo XX, sino una realidad política decimonónica. Y por lo mismo, la imposibilidad de "traducir" el "moi", por el cual se define el "je pense", se sinonimia con el "je parle de moi", ese "c'est moi" (Derrida, 2006: 132), no es legible en castellano, en la especulación local (§ 8, § 23).

Si el "je suis [es/soy allí donde] le 'je pense' " (Derrida, 2006: 133), entonces, lo impensado (no-pensado), aquello que no es significable aun en términos de pensamiento, del "je pense" (Derrida, 2006: 142) ("L'impensé d'une pensée de la vie" [lo impensable de un pensar la vida/un pensamiento de la vida]: Derrida, 2006: 153), es la desintegración de la animalización

18 Traducción del autor: "… porque este 'Yo' que es/está en el pensar antes de ser lengua, no es otra cosa que el pensar mismo, el poder de pensar, el entendimiento que hace por defecto al animal/a lo animal: 'Pues esta facultad (de pensar) [ese poder, *Vermögen*, a saber el poder de pensar, *nämlich zu denken*] es el entendimiento (*der Verstand*)' ".

de lo viviente, la pérdida de lo humano por lo humano mismo. Y que es precisamente lo que el *Dasein* heideggeriano anuncia y que los ámbitos periféricos exhiben en toda su *brutalidad*. Y es bajo estas condiciones que la continuidad de la conciencia kantiana, como sinónimo de pensamiento y, por ello, como unidad del "yo" (Derrida, 1996: 129), no es aplicable como tal a los ámbitos periféricos, excepto a partir de la adhesión a *la cuestión* y de la *reducción* animalesca/de animalización consecuente.

Considerada desde lo viviente el asunto de la animalización se desplaza, como con razón señala Derrida, sobre la determinación del "otro", de la otredad: "La question du *je*, du 'je suis' ou du 'je pense' se déplacerait vers la question préalable de l'autre: de l'autre, de l'autre moi que je suis ou qui me suit. Quel autre? Et comment la détermination de la loi de l'autre, de l'hétéronomie, permettra ou bien de déplacer ou bien de confirmer l'anthropocentrisme dont nous suivons la logique, le logos (car sa logique, c'est une interprétation active du logos, un logocentrisme), voilà une question qui nous attend encore" (Derrida, 2006: 133).[19]

Justamente la colonización de los ámbitos periféricos constituye una determinación de la otredad de la cual la *grammatisation* que conduce a la animalización de lo viviente es una de sus posibilidades, pero nunca un valor absoluto o universal. El "anthropologisme du « je pense » " [el antropologismo del "yo pienso"] como le llama Derrida (2006: 133) es precisamente aquello que los analistas locales renuevan-aprueban a cada momento cuando se inscriben en *la cuestión* en términos historiográficos. De acuerdo con Derrida es esta otredad —y el inconsciente que esa otredad supone— aquello que hace evidente la *zoobiographie*, en donde la animalización se revierte de atributo en condena: "là où l'animal que je suis me suit ..." [allí donde el animal que yo soy me sigue] (Derrida, 2006; 142). La concordancia europea entre *zoobiographie* (Derrida, 2006: 100) y *autobiographilosophie*

19 Traducción del autor: "La cuestión del *yo*, del 'yo soy' o del 'yo pienso' se desplazará hacia la cuestión previa del otro: del oro, del otro yo-mi [moi] que yo soy o que me sigue. ¿Qué otro? Y cómo la determinación de la ley del otro, de la heteronomía, permitirá o bien de desplazar o bien de confirmar el antropocentrismo del cual nosotros seguimos la lógica, el logos (pues su lógica, es una interpretación activa del logos, un logocentrismo), he aquí una cuestión que aún nos espera".

(Derrida, 2006: 110) se halla en los ámbitos periféricos en discontinuidad permanente, sus atributos no son legibles. De allí, por ejemplo, que los *animots* de los que habla Derrida (2006: 60) —juego de palabras (animal + palabra) que trata de representar la suma de versiones personales acerca de los animales, la suma de ideas filosóficas de/sobre ellos, la suma de autores europeos que se han ocupado de ellos: "une irréductible multiplicité vivant de mortels" [una irreductible multiplicidad viviente de mortales] (Derrida, 2006: 65)— aludan a un bestiario inusitado y desconocido en/para los ámbitos periféricos.

Que la *salubridad* de lo animal sea entendida a partir de una perspectiva antropomórfica es otra manera de concebir esta animalización de lo viviente, entendida como política o concebida como teoría. Toda composición o simbolismo de lo viviente son en este sentido absolutamente animalizadas y animalizantes. Por ello también es que la dominación de la naturaleza, que durante al menos dos siglos fue el propósito declarado de toda colonización y de toda teoría de la colonización, es también y en realidad dirigida contra lo viviente en su ausencia de formulación animal: la *domesticación* de lo viviente (urbanización, agricultura industrial, hospitalización/hospitalismo [hospital/hospitalidad] de los cuerpos) es parte del propósito del colonialismo que ve en la *transformación equitable* (*Entfremdung,* alienación) de seres y cosas un proyecto unívoco de evolución. El lamarkismo, el darwinismo, entre otros, son así, en los ámbitos periféricos, fenómenos historiográficos del siglo XX, pero realidades políticas y sociales del XIX. De aquí la confusión que, la prolongación en los ámbitos periféricos del siglo XIX, en términos epocales (epocalidad, *epokhé*), en términos antropocénicos, ha tenido con las condiciones calendarias que supone la historiografía clásica de *la cuestión*. De manera que realidades políticas del siglo XIX se invierten con las teorías historiográficas del siglo XX y la especulación acaba así siendo la reivindicación, por oposición, de un imperialismo económico que ya no existe.

La forma en que Derrida expresa *la cuestión*, en los términos de la animalidad de lo viviente que aquí comentamos, supone partir de la idea de movimiento y de otredad. Derrida emplea el "je suis" francés en un doble sentido: como ser/estar (*être/Sein*, *étant/Seienden*) pero también como seguir (*suivre*: perseverar, conducir, continuar, estar detrás, perseguir) en el presente del indicativo (primera o segunda persona del singular) y también en el presente del imperativo (segunda persona del singular). Derrida expresa con este "suis" (de ser/estar) la presencia del presente que caracteriza el *être/Sein*, pero también, a partir de la otredad que este "suis" (de seguir/seguimiento) expresa la interrogación como medida especulativa. La otredad está referida en la segunda persona del indicativo y del imperativo: la misma primera persona *es también* las segundas personas, como indicación (hechos reales, cosas tenidas por ciertas) o como expresión (mandatos, órdenes, solicitudes, ruegos o deseos). La primera persona va acompañada por la referencialidad de una segunda (primera otredad) y por la expresión de otra segunda (segunda otredad).

La manera en que Derrida expresa *la cuestión*, en los términos de la animalidad de lo viviente que aquí comentamos, y en una lectura historiográfica (*Begriffgeschichte*) de la historización de la filosofía europea, es en definitiva el *être/Sein* que se afirma como humano contra lo animal y la interrogación acerca de lo humano por contraposición y presencia de lo animal. Esta situación expone una vez más la relación estrecha que existe entre *la cuestión* y la formulación que el *humanismo* supone, es decir, la animalización de lo viviente. Por ello Derrida asocia "un anthropocentrisme et une humanisme profonde" [un antropocentrismo y un humanismo profundo] (Derrida, 2006: 156) y ello asimismo permite comprehender hasta qué punto fueron profundamente colonialistas las teorías sociales y políticas humanistas que en los ámbitos periféricos se desarrollaron durante el siglo XX como contrapartida a la brutalidad de las dictaduras, el llamado "fascismo de mercado".

Cuando los traductores al castellano de *L'animal que donc je suis* (2006) (trabajo póstumo establecido por Marie-Louise Mallet) traducen el mismo como "El animal que luego estoy si(gui)endo" (2008) están en realidad, como ya vimos sucede a menudo con las "traducciones", significando el título por la obra del autor o por su recepción y no por el escrito en cuestión. El "luego" es infortunado ya que da una idea de posterioridad temporal que justamente el original de Derrida desmiente en relación al vínculo con lo animal y, más aun, la idea de un siendo/siguiendo recorta la problemática de la animalización de la tradición cartesiana por la cual, como vimos, no puede definirse *la cuestión* sin tomar posición (*epistemic stand*) respecto de la animalización de lo viviente.

Para Heidegger, incluso en la interpretación de Derrida (2006: 210–211), lo viviente es determinado por la muerte, por la capacidad y consciencia de morir —atributo que Heidegger desconoce en "los animales". Sin embargo, la condición determinante de lo viviente en la actualidad es la evolución, el desarrollo artificial, las derivas, los cambios sucesivos e irreversibles. En este sentido lo viviente en Heidegger es la perspectiva de un hombre que en términos biológicos piensa en el siglo XIX. Sostiene Derrida sobre Heidegger: "Sa question, c'est 'l'*essence de l'animalité* de l'animal' (*das* Wesen der Tierheit *des Tieres*) par opposition à 'l'*essence de l'humanité* de l'homme' (*das* Wessen der Menschheit *des Menschen*) Pourquoi? Parce que 'la nature vivante du vivant, à la différence de qui est sans vie', c'est 'la possibilité de mourir' " (Derrida, 2006: 210–211).[20]

Es justamente esta distinción aquello que permite comprehender hasta qué punto una conceptualización "esencialista" no puede definir lo viviente en el ahorar (§ 32): en la actualidad lo viviente ha sido colonizado por la manera en que lo humano definiera antropocéntricamente lo animal. Más aun, del hecho que lo propio humano ya no sea definido por valores humanos *per se*, hace que lo viviente sufra una segunda transformación colonizadora en donde esta animalización de lo viviente es llevada a un grado superior de desarrollo a partir de la tecnología o de la industrialización tecnológica.

La "animalidad del animal", que Heidegger refería a "la naturaleza viviente de lo viviente" (*die* Lebendigkeit *des Lebenden*) (Heidegger: *Die Grundbegriffe der Methaphysik — Welt – Endlichkeit - Einsamkeit* [1929–1930 (2004: § 43)]; y también Derrida, 2006: 211) carece de significado bajo las condiciones contemporáneas donde lo animalesco en términos especulativos es dominado por la incapacidad para definir o sostener *la cuestión*. Derrida está en lo cierto cuando vincula la pregunta por la animalidad en Heidegger al mismo principio básico de su filosofía, es decir, al mundanar ("Wir beginnen mit der ersten der drei fragen: Was ist Welt?"

20 Traducción del autor: "Su cuestión es 'la *esencia de la animalidad* del animal' (*das* Wesen der Tierheit *des Tieres*) por oposición a 'la esencia de la humanidad del hombre' (*das* Wessen der Menschheit *des Menschen*). ¿Por qué? Porque 'la naturaleza viviente de lo viviente, a diferencia, a diferencia de quien es/está sin vida', es 'la posibilidad de morir' ".

[2004, § 42]): es particularmente interesante aprehender en el análisis de Derrida cómo Heidegger reenvía sus tres concepciones del mundanar en *Sein und Zeit* a un principio único y contemporizador de medio ("milieu" dice Derrida), de ambiente, de espacio en definitiva: la *der mittleren These* (*Die Grundbegriffe der Methaphysik*: Segunda parte, capítulo 3) (Derrida, 2006: 210). Que la noción de especulación en Heidegger esté informada de manera privilegiada por la "cuestión animal" ("la question animal": Derrida, 2006: 125) reenvía, como el mismo Derrida no deja de destacar, a Descartes, a la fundación misma del filosofar en términos europeos. Sin embargo, Derrida se queda a mitad de camino cuando no destaca la esterilidad de las distinciones esencialistas en torno a lo viviente, en particular en lo referido a la animalización contemporánea en donde lo doméstico, lo urbano y lo biológico se intercambian constantemente para cuestionar toda frontera clara y distinta entre lo humano y lo animal —con más razón todavía por cuanto lo que tradicionalmente, desde Descartes a Heidegger, como bien analiza Derrida, era indicado como separación entre humanidad y animalidad, en la actualidad *se hallan igualados* frente a la imposición de la técnica como parámetro universal y estandarizado. Y no obstante algo había intuido Derrida cuando sostenía: "tout cela s'enlève sur le fond sur lequel j'ai ailleurs beaucoup insisté et encore ici même cette semaine, à savoir que le *Dasein* est défini explicitement par Heidegger comme une 'existant' qui n'est pas, pour l'essentiel, un 'vivant'. La détermination, la référence à la vie, n'est pas essentielle pour déterminer le *Dasein*" (Derrida, 2006: 211).[21]

Situación que exactamente constituye la base de partida de lo especulativo en los ámbitos periféricos, donde lo existente y lo viviente son disfuncionales, pero, no por como decía Heidegger, para distinguir el gato del hombre que es el propietario de la casa (2004: § 50), sino en razón que lo viviente es sometido a condiciones de hábitat en la biosfera que no tiene precedentes conocidos y en donde toda elaboración-evolución de ello, toda existencia pos-*Dasein* (§ 34), constituye un *conflicto ecológico* —asunto que

21 Traducción del autor: "… todo ello se erige sobe el fondo en el cual, por otra parte, yo he insistido y aun aquí mismo esta semana, a saber que el *Dasein* es definido explícitamente por Heidegger como un 'existente' que no es, por lo esencial, un 'viviente'. La determinación, la referencia a la vida, no es esencial para determinar el *Dasein*".

también determina y ocupa la *cuestión periférica*. Y es en este sentido que, como ya indicamos ("La tachadura del siendo/estando": § 13), el *raturer* que propone Derrida tiene tanta expansión de significado en la periferia: "Raturer tous les mots, si ces mots son détermines dans leur sémantique par *l'existence*" [tachar todas las palabras, si estas palabras son determinadas en su semántica por la *existencia*] (Derrida, 2006: 216). La tachadura es así una anulación de toda distancia que explica por otros términos la predominancia especulativa en la periferia de la *Zuhandenheit*, la proliferación generalizada en lo especulativo de las cosas (*Ding*), de lo cosístico (*Dinglich*), de la coseidad (*Dinglichkeit*).[22] Y tal situación explica asimismo el interés de Derrida (1990a: 215–216) por establecer en Heidegger la relación/distinción entre "Ort" (en tanto "lieu unique") y la expresión "Gedicht" (en tanto conjunto, *ensemble* en sentido poético): la relación en definitiva entre dichos (en tanto "Dichtung": empaquete, junta, poesía) y lugares (en tanto "Ort", pero también como *Stätt*, en cuanto paraje). El conflicto ecológico que lo viviente expone en la periferia a cada momento conduce la especulación hacia una *Sachverhalt*, hacia la estipulación constante de un "estado de la cosa". Por

22 La relación indiscernible del ser/estar a la cosa, a su existencia, a su espacialización, explica asimismo la situación revertida de la periferia respecto de la relación entre el *être/Sein* y el *étant/seienden*: si no hay filosofía posible en la periferia es también porque no hay posibilidad alguna de que ningún *être/Sein* sea legible/inteligible fuera de la presencia del *étant/seienden*. Dicho de otra manera: la interdependencia en Heidegger entre *Sein* y *Seienden* no es legible en castellano. Por el contrario, en la periferia la presencia del *être/Sein* es irrelevante por relación a la relevancia que tiene la ubicuidad, localización, dimensión del *étant/seienden*: en la periferia, en términos especulativos, no hay *être/Sein,* sino *étant/seienden*. A este *esto* es a aquello que indicamos como pensamiento de/en la periferia o, más claramente, como *pensamiento esto* (§ 12). Y cuando hacemos referencia a una reversión (*Verdrehung*) es, sin duda, porque la perspectiva de Heidegger, en su condición de filosofía europea, se halla en las antípodas de las condiciones de legibilidad de la periferia: "Besagt der Titel Idealismus soviel wie Verständnis dessen, daß Sein nie durch Seiendes erklärbar, sondern für jedes Seiende je schon das »Transzendentale« ist, dann liegt im Idealismus die einzige und rechte Möglichkeit philosophischer Problematik" (1967: 208) [Traducción de Rivera: "Si el término idealismo equivale a la comprensión del hecho de que el ser jamás es explicable por medio de entes, sino que ser es siempre lo 'trascendental' respecto de todo ente, entonces el idealismo representa la única posibilidad adecuada de una problemática filosófica" (1997: 207)].

lo mismo, con razón Derrida (1990a: 196) destaca cómo la confusión entre la animalidad y lo viviente se halla signada por la *presencia* de la cosa, por su manipulación, por su conocimiento, por su modificación: el "estado de la cosa" (*Sachverhalt*) es la situación, eso que Heidegger indicaba como *Erörterung* (en tanto discusión, debate, situación).

Lo animalesco, la animalización de lo viviente, es una aceleración que conduce hacia un desconocido/desconocimiento. Por ello con razón Derrida destaca en Heidegger la manera en que el mismo insiste sobre el vértigo/vertiginosidad (*Schwindel*, "vertige"), sobre los giros en redondo, sobre la circularidad que adquiere velocidad, sobre el hecho que lo animalesco conduce a una aceleración argumentativa, una *mise-en-abŷme* para la que nunca estamos aún preparados. Situación de incomodidad, de extranjería, pero también requerida, necesaria, concreta: *Schwindel ist inheimlich* dice Heidegger (2004, § 43). El vértigo/vertiginosidad es justamente la animalización de los ámbitos periféricos o, mejor dicho, el vértigo/vertiginosidad es lo periférico para lo europeo, así como la otredad necesaria, en términos especulativos, para la *localización* de/en los ámbitos periféricos. El vértigo/vertiginosidad es la aceleración hacia los significados pero sobre mecanismos desconocidos, el vértigo es *el* mecanismo por excelencia de la especulación. El vértigo es el riesgo, la teoría del riesgo (la construcción de una θεωρεῖν [*theorein*] por medio del medio: "la thèse médiane", *der mittleren These*) necesaria a toda especulación. Es el ser-mundo del mundo ("l'être-monde du monde") aquello que en la actualidad establece la diferancia, es decir, cómo de la animalización *Weltarm* ("pauvre en monde") pasamos a una generalizada condición pos-*Dasein* de *Weltbildend* ("formateur de monde") (Derrida, 2006: 113). La *cuestión periférica* es bajo estas condiciones —y también en los términos del Antropoceno— el asunto del mundo/mundanar: "Heidegger confesse que le vertige est *umheimlich* mais qu'il faut le vertige. Ce vertige est celui du questionnement sur l'animal, et finalement, c'est le concept de monde lui-même qui devient problématique et fragile" (Derrida, 2006: 212).[23]

23 Traducción del autor: "Heidegger confiesa que el vértigo es *umheimlich* pero que el vértigo es necesario. Este vértigo es aquel del cuestionamiento acerca del animal, y finalmente, es el concepto de mundo mismo que deviene problemático y frágil".

Sexta parte. La cocina

§ 37. El micrófono de Heidegger

El nombre Heidegger posee 150 000 *video-audio entries* en la *world wide web*, pero solo en torno a una veintena son del propio Heidegger. La mayoría de la disponibilidad digital de Heidegger es su dimensión escrita o, en todo caso, su voz. Heidegger en este sentido es un personaje y una obra predigital. Pensar a Heidegger en términos de tecnologías de la comunicación es entenderlo delante de un micrófono. Y tal vez ello podíamos visualizarlo a partir de una de las imágenes menos teatrales y más íntimas del habitante de Friburgo (en el barrio de Zaehringen, en la calle Rotebuckweg 47): es justamente esa fotografía que lo muestra, torso erecto, frente a un micrófono, el 27 de mayo de 1933, en el Aula Magna de la universidad local —situación que además tiene una connotación epocal (ἐποχή, *epohké*) innegable por el impacto que en el nacionalsocialismo tuvieron las tecnologías de comunicación como forma de expresión semántica, como extensamente demostrara Victor Kemplerer (*LTI – Notizbuch eines Philologen* [Leipzig: Reclam, 1947]).[1] La relación de Heidegger al nacionalsocialismo pasa también por esta comunión tecnológica: por la distancia o cercanía respecto del micrófono. La reticencia del personaje Heidegger *a lo público* puede también explicarse a partir de esta situación.

Heidegger fue un hombre de "radio" y cuando digo "radio" no me refiero al aparato, sino a la situación de locución y alocución que el medio de alguna manera determinaba.[2] Por ello Heidegger *en público* era un hombre

1 Para una perspectiva "de época" más amplia puede también consultarse Heinrich Wiegan Petzet, *Auf einen Stern zugehen. Begegnungen mit Martin Heidegger* (Frankfurt: Frankfurter-Societäs Druckerei GmbH, 1983).

2 He aquí algunos ejemplos a caso de la situación sonora: (i) "Es gibt eine Übersetzung ins Englische von Joan Stambaugh" (Conferencia,1962: audio, 1 h 13 min), (ii) "Identität und Differenz" (Conferencia, 1957: audio, 47 min 57 s), (iii) »Was heißt Denken?«, Aufnahme des Bayerischen Rundfunks aus dem Jahr 1952 (Conferencia, Audio, 53 min 53s), (iv) "Mensch und Raum" (Conferencia, "gehalten am 5. August

de discursos, de declamaciones discretas, de anuncios, de declaraciones. Por lo mismo Heidegger era un hombre, como una gran parte de los autores de su época interesados en la técnica, que se situaba *frente a* la técnica (frente al aparato, frente al micrófono).

Los micrófonos disponibles en la década de 1930, conocidos como "vintage microphones", eran fabricados en base a carbono. El mecanismo básico empleado convertía el sonido en una señal eléctrica auditiva — técnica que comenzó a emplearse en los auriculares telefónicos a fines del siglo XIX. Su utilización como moduladores de voz en las transmisiones radiales data de 1902 y su generalización como amplificadores de voz, a partir de la implementación de las válvulas (*vacuum tube*) en 1920, puede remontarse justamente a inicios de la década de los años treinta del siglo XX. La aparición de *Sein und Zeit* es inseparable de esta modulación de la voz y el reemplazo del ~~hombre~~ (el hombre suprimido: *kreuzweise Durchstreichung* [Heidegger], *raturer* [Derrida], tachado, cancelado) por el *Dasein* no es ajena a esta microfonización de la voz: la legibilidad progresiva de la conciencia/inconciencia como definición conceptual más adecuada del proceso de individuación significa la directa cesión del espacio humano planetario en favor de la industrialización tecnológica de la biosfera en su totalidad. El micrófono disponible para Heidegger como rector, el micrófono que permitía a Heidegger oír las transmisiones radiales, el micrófono que ya hacía posible los registros sonoros, eso que indicaremos como el micrófono de Heidegger, probablemente fuese un "carbon-amplifier hearing aid" patentado por Siemens en 1924 o un Shure "Model 33N Two-Button Carbon Microphone" con un "microphone suspension support system", que entonces fabricaba en Illinois la Shure Radio Company.[3]

1951 im Rahmen des "Darmstädter Gesprächs II" über "Mensch und Raum"; gedruckt in der Veröffentlichung dieses Gesprächs, Neue Darmstädter Verlagsanstalt 1952, S. 72ff., audio, 1 h 17 min).

3 En la mayoría de los eventos públicos de Alemania, por la época, los micrófonos eran del tipo "suspendidos". Cuanto menos esto es aquello que puede deducirse de las fotografías que hemos consultado. También puede consultarse: "German Radio and the Development of Electric Music in the 1920s and 1930s", Max Planck Research Group, disponible en <www.mpiwg-berlin.mpg.de>, accedido el 20.03.2018.

La microfonización de la voz significó la confirmación de que el ahorar (§ 32) podía ser inteligible —no otra fue la aparición conceptual de la conciencia/inconciencia y todas sus derivaciones: concebir la inteligibilidad de un espacio como la conciencia/inconciencia fue adecuar el proceso de individuación a la novedad especulativa que había introducido la microfonización de la voz. La escrituración de este ahorar fue así la etapa siguiente y que en definitiva puede, por ejemplo, ser asociada en general con la obra de Jacques Lacan y sus propósitos manifiestos. Sin embargo, aquello que los análisis de Derrida demostraron es que la escrituración es inseparable de toda noción de especulación, de pensamiento o de filosofía —y es justamente por ello que las hipótesis en los años cincuenta del siglo XX de autores europeos como Bertrand Gille o Gilbert Simondon, acerca de que la evolución tecnológica determina el significado de los cambios sociales y, sobre todo, del proceso de individuación, hallaron una confirmación *a posteriori* y permitieron una reversión historiográfica que el mismo Derrida comenzara a partir de sus lecturas del *Dasein* de Heidegger y que su alumno aventajado, Bernard Stiegler, explorará en amplitud. *La Voix et le Phénomène,* publicado como se sabe en 1967, es impensable sin la presencia de la radiodifusión o, mejor dicho, sin la manera en que la radiodifusión surge en Heidegger, sin el micrófono de Heidegger: el ahorar (§ 32), el presentismo (§ 1, § 4, § 13) y las consecuencias de la formulación de una *Gestell* (§ 11, § 34, § 41) comienzan así a surgir en Derrida, como según estamos viendo y como la publicación veinte años más tarde de *Heidegger et la question*, en 1990, permitirá constatar.

La deslocalización que hizo posible la implementación del micrófono tiene una relación directa con el *mundanar* (*Welten*) y sobre todo con el *In-der-Welt-sein*, es decir, con la manera en que la fabricación antropocénica del medio circundante determina el sentido de lo conceptual-especulativo y del siendo/estando (*la cuestión*) como cuestión básica y primitiva del mismo. La deslocalización especulativa, filosófica, que hizo posible la microfonización de la voz produjo una colonización de los espíritus, justamente en el sentido del alemanismo con que Derrida identifica la preocupación "espiritual" (*Geist*) de Heidegger (§ 15). Por ello es que profesar la filosofía en los ámbitos periféricos, en desmedro del pensamiento, es una forma sutil y radical de colonizar la escolarización del porvenir. Pocos autores locales, como Ivan Illich (*Deschooling Society* [1971]), comprendieron esta situación en pleno siglo XX.

Heidegger es un hombre con *voz* y su imagen es una construcción contemporánea, las escasas fotografías de época disponibles confirman que *Sein und Zeit* es un trabajo que supone una voz, cuando, por ejemplo y al mismo tiempo, el trabajo de Derrida (1990a) sobre Heidegger es el de un filósofo europeo *con imagen/en la imagen*.[4] Precisamente, el escrito de Derrida sobre la *Geist* en Heidegger sólo podría haberse realizado a partir de este desfase entre dos épocas tecnológicas completamente diferentes: la escritura-por-la-voz (que aquí indicamos de manera genérica como *la cuestión*) y la escritura-por-la-imagen (que Derrida indica en términos especulativos como "la question de la question"). Es precisamente a esta situación —o a situaciones como esta— que Derrida indicaba como "escrituración" o *espacement*: la tecnología vehiculiza de forma irreversible lo especulativo, la pregunta más fundamental del pensamiento, *la cuestión*.

En este sentido el impacto que, por ejemplo, la "máquina de escribir" tuvo en la escritura de la filosofía y en la construcción de un concepto de especulación —y se cree que Friedrich Nietzsche fue el primer filósofo europeo en poseer un prototipo de las mismas (conocida como "Malling-Hansen Writing ball, model 1878")— es similar al que produce la aparición del micrófono (de los registros sonoros, de la ampliación de la voz, de la transformación de la *voz filosófica* en una ὑπομνήματα [*hypomnemata*]). De la misma manera que Heidegger consideraba que la mecanización del agro producía un cambio radical, no sólo en la forma de concebir la tierra, sino en la manera de reflexionar en torno al espacio humano (*ein eigenes "im-Raumsein"* [Heidegger], "son propre être-dans-l'espace" [Derrida]), de modo similar, la generalización de los medios de comunicación, centrados en el micrófono, transformará la especulación

4 He aquí algunos de los escasos ejemplos visuales de Heidegger, de la situación visual: (i) NESKE Documentary, 1975 (filme: 7 min 28 s [parte i], 8 min 36 s [parte ii]), (ii) "Aus dem Jahr 1964. ARD/SWF. Der Name des Mönchs lautet: Bhikku Maha Mani. Urheberrechte beim Swr, Quartino - aus der DVD: Heidegger verstehen. (filme: 15 min 42 s), (iii) "Im Denken unterwegs…", Walter Rüdel/Richard Wisser, 1975) (film: 34 min 28 s), tal vez el filme más completo con Heidegger en vida.

y, en definitiva, la filosofía en una *commodity*. Por ello también es que constituye una *confusión periférica* entender la obra de Heidegger como la de un "humanista", tal como por ejemplo, entre otros, hacía Carlos Astrada en Argentina (C. Astrada, *Ser, humanismo, existencialismo. Una aproximación a Heidegger* [Buenos Aires: Kairós, 1949] y también *La revolución existencialista. Hacia un humanismo de la libertad* [La Plata: Nuevo Destino, 1952]).

El imaginario y entendimiento de la revolución tecnológica puede comprenderse en sus inicios a partir del lugar relevante que ocuparon/ ocupan los medios de comunicación de masas. Y en este sentido la aparición y desarrollo de un medio determinó el inicio o evolución del siguiente o de otros establecidos en paralelo. De manera que la propagación de la radio determinó la evolución del cinematógrafo y el desarrollo de este determinó el fomento y significado inicial de la televisión. El *Dasein* es un resultado de la radio. El *Dasein* como forma evolucionada del *être/Sein* (en el sentido de la "destrucción ontológica" [*Destruktion der Geschichte der Ontologie*, incluso podría en última instancia hablarse de "demolición" [*Zertörung*] que propugnaba *Sein und Zeit*) es inseparable de la industrialización de la técnica/tecnología entendida a partir de la difusión de la radio —por lo cual no sorprende que al final de su vida Heidegger asociara el *Dasein* a la Gestell (§ 41). No hay un "Derrida de película" (§ 28) en la lectura desde la periferia de Heidegger, hay una radio que suena, no un televisor que muestra. Hay un Heidegger-en-radio y que es en definitiva, en su *exemplum*, la *voz* de Heidegger registrada en 1966 (23 septiembre 1966) pero *escrita* en 1976 (Heidegger en *Der Spiegel*, 31 mayo 1976): a diferencia de la visualidad del cinematógrafo y de la televisión, que tiene *en-sí* su legitimidad especulativa, la legitimidad especulativa de la radio reside aun en la forma de escritura en papel (libro, periódico, archivo).

Es así que el llamado "Discurso del rectorado" (toma de posesión del cargo de rector de la universidad de Friburgo, 27 mayo 1933), en su efectividad tecnológica, en la *radiodifusión de la voz* que significó constituye un mecanismo historiográfico de primer orden en la contextualización de las publicaciones atribuidas a Heidegger: alemanismo, "servicio a las armas", referencias a von Clausewitz, salutación a lo "nuevo" en referencia al nacionalsocialismo, idea de "auto-afirmación" de la universidad a partir de un *enraizamiento espiritual*.[5] Todos estos aspectos, débilmente confrontados por el propio Heidegger en 1945 ("The Rectorate 1933/34: Facts and Thoughts" [1945: descargo de Heidegger ante la comisión investigadora luego del fin de la guerra]) y en 1966 (entrevista con *Der Spiegel*) no se inscriben en una argumentación de la historia de la filosofía europea, sino en la dimensión de una *Gestell* —y la ausencia de perspectiva por parte de Heidegger, en este sentido, es asombrosa. ¿Cómo alguien que sugería que la filosofía había sido reemplazada por la cibernética (entrevista *Der Spiegel*: 1976, 212) puede llegar a creer que los pormenores locales de los decanatos de Friburgo en 1933 *van a explicar directamente* en 1966 el alcance histórico del llamado "discurso del Rectorado" y la relación con los sistemas conceptuales de su obra?[6]

La voz de Heidegger *es* el micrófono que supone el *registro*, la grabación, es la distancia que media de 1966 (la entrevista efectiva con Rudolf Augstein y Georg Wolff de *Der Spiegel* en la casa de Friburgo) a 1976 (la publicación de la entrevista en *Der Spiegel*). La voz de Heidegger es una entrevista hecha a un hombre muerto, es el pasaje de una *zoobiographie* (Derrida, 2006: 94) a una *auto-biographilosophie* (Derrida, 2006: 110). La voz de Heidegger *es* el micrófono, es la mediación, el vehículo, la exteriorización del ahorar (§ 32). La voz de Heidegger está después del micrófono: Heidegger como viviente

5 Charles Bambach (2010) lo presenta de esta manera: "Je voudrais montrer que nous pouvons trouver dans le Discours une présentation assez complexe de quelques-uns de ses thèmes les plus prégnants : l'insistance de l'idéalisme allemand sur les idées de liberté et d'auto-détermination ; la thématique nietzschéenne de la volonté et de r'auto-affirmation; la priorité platonicienne accordée a l'étonnement (*thaumazein, Staunen*) comme fondement même de la sagesse philosophique; l'invitation socratique a méditer la parole de l'oracle de Delphes - *gnoti seauton* ('connais toi toi-même') ; enfin, l'injonction holderlinienne a répondre a l'appel du peuple (*Volk*) en tant que ce dernier conduit a accomplir la destinée historique allemand" ("Le discours de Rectorat de Heidegger", *Les Études philosophiques*, núm. 2, avril 2010, pp. 163–186).

6 En el mismo sentido, por mencionar un ejemplo *visual*, ¿cómo *leer*, en 1966, la foto de Heidegger, con bigote *à la* Hitler, sentado en una mesa, presidida por un militar, con los profesores favorables al nacionalsocialismo ("Kundgebung der deutschen Wissenschaft": "NS Professoren" titulaba *Der Spiegel*), el 11 de noviembre de 1933, en Leipzig, y rodeado de miembros militares del Partido?

es una idea del pasado, algo que, en su imposibilidad, se remonta a un antes de la tecnología —un algo que no puede existir (*Ek-sistenz*) porque justamente su consistencia proviene de su vehiculización tecnológica. La voz de Heidegger es la concretización (*Zeughaftigkeit*) de la discontinuidad (*écart*) entre la conciencia de la consciencia y la consistencia de la exomatización en el mundo físico, es la forma básica del mundanar (*Welten*). Por eso Derrida sostiene que "'conscience' ne voulant dire rien d'autre que la possibilité de la présence à soi du présent dans le présent vivant" ["conciencia" no queriendo decir nada más que la posibilidad de la presencia a sí/sí-mismo del presente en el presente viviente"] (Derrida, 1967b: 8). La realización del presente es justamente la significación de una *presencia* en la consistencia de lo inmediato y que sólo puede obtenerse por la vehiculización del lenguajear, de la escrituración (§ 35). La voz de Heidegger sólo puede existir por el micrófono, que es vehículo, que es *registro*, que es escritura: la voz de Heidegger es la de 1976, aquella de 1966, el registro como tal, el suceso del registro del que tenemos fotos, es el ahorar que fundamenta la presencia que hace a 1976 en tanto presente. Por ello es que *la cuestión* no podría explicar la voz de Heidegger aunque quisiera, y no lo quiere.

Vemos a Heidegger en la actualidad *como una imagen* pero la epocalidad (*epokhé, épocalité*) de Heidegger no fue de la imagen, sino del audio. La radio y los registros sonoros fueron para Heidegger lo que para Derrida fueron las películas y los seminarios registrados visualmente. Insistimos con *ver* a Heidegger y allí lo perdemos: *Sein und Zeit* tiene el ritmo de la voz sonora, de la radio, de los registros, de los eventos públicos registrados. Y el llamado "Discurso del Rectorado" es el ejemplo más consumado.[7] En el "discurso" Heidegger *microfoniza* su obra para siempre, por eso la misma, luego de ello, ha sido un constante ir-venir entre dicho discurso —en su medida o des-medida— y el resto de sus escritos y trabajos. En el "Discurso" Heidegger se expone de la forma más brutal e incompetente a la tecnología de su época: "le *Discours*, au même titre que les justifications

7 Véase *Die Selbstbehauptung der deutschen Universitdt. Rede, gehalten bei der feier lichen Ubernahme des Rektorats der Universitdt Freiburg* (*Gesamtausgabe*, Bd. 16 [Frankfurt/M.: Klostermann, 2000 (1933]); también *Rektorat 1933-34. Tatsachen und Gedanken* (*Gesamtausgabe*, Bd. 16, 372–94); y asimismo la carta del 4 noviembre de 1945 al rector de Fribourg (*Gesamtausgabe*, Bd. 16, 397–404).

que son auteur s'est efforcé d'en donner ultérieurement, nous apparaissent profondément erronés et inadéquats. La faiblesse des arguments que Heidegger a fait valoir pour sa défense après-guerre — à savoir que sa position en 1935 à l'endroit du national-socialisme était 'ouvertement hostile', que ses cours sur Nietzsche de 1936 à 1944 ont été l'occasion pour lui d'entrer en 'résistance spirituelle' contre le régime, que son opposition était 'évidente' et que le *Discours* constituait simplement une tentative de limiter les influences négatives au sein du 'mouvement' national-socialiste — aucun de ces arguments ne résiste à la critique" (Bambach, 2010: 183).[8]

El "Discours" es el intento de dominio por parte de la especulación de los instrumentos de la tecnología que justamente, por su vehiculización, hacen posible lo inteligible de lo especulativo: "Le *Discours* se présente comme un mémento brutal de la folie de l'idée platonicienne du roi-philosophe, du professeur de philosophie déçu qui cherche à guider — non pas seulement ses étudiantes ou son Université —, mais, comme l'a fort bien dit Karl Jaspers, de 'guider le guide' (*den Führer führen*)" (Bambach, 2010: 183).[9]

Heidegger fue el primer filósofo a *soñar en términos políticos* la tecnología, la entropía más pura, el φάρμακον (*pharmakón*) más terrible. Heidegger es el *exemplum* del *diktum* goyesco, de cómo los sueños de la razón producen monstruos —y por eso Derrida al analizar el "alemanismo espiritual" de Heidegger, su a-la-mano (*Zuhandenheit*), trae a colación la relación entre mostrar (*montrer*) y monstruar (*monstrer*) (§ 30). El "hombre"/~~hombre~~

8 Traducción del autor: "... el *Discurso*, al mismo título que las justificaciones que su autor se esfuerza por ofrecer ulteriormente, nos aparecen como profundamente erróneas e inadecuadas. La debilidad de los argumentos que Heidegger hace valer para su defensa luego de la guerra. A saber, que su posición en 1935 en relación al Nacional_Socialismo era 'abiertamente hostil', que sus cursos sobre Niezsche de 1936 a 1944 fueron la ocasión para él de entar en una 'resistencia espiritual' contra el régimen, que su oposición fue 'evidente' y que el *Discurso* constituiría simplemente una tentativa de limitar las influencias negativas en el seno del 'movimiento' Nacional-Socialista. Ninguno de estos argumentos resiste a la crítica."

9 Traducción del autor: "... el Discurso se presenta como un memento de la locura de la idea platónica de rey filósofo, del profesor de filosofía desilusionado que busca a guiar —no solamente a los estudiantes de Universidad—sino, como lo ha dicho bien claro Karl Jaspers, de 'guiar el guía' (...)".

suprimido (*kreuzweise Durchstreichung* [Heidegger], *raturer* [Derrida], tachado, cancelado) por el *Dasein* puede conducir a este soñar (*dream*, *rêve*, "película"), tal como Jonathan Crary (*24/7: Late Capitalism and the Ends of Sleep* [London: Verso, 2013]) ilustrara ochenta años más tarde de la aparición de *Sein und Zeit*.

La radio como instrumento generalizó la ampliación pública de la voz, renovó y radicalizó el sentido de discurso y de declamación en público. La *posición* de declamación, la lectura pausada, precisa, que pueden observarse *en la voz* de Heidegger, confirman estos extremos. La radio galvanizó, a partir de la instrumentalización del micrófono, los discursos públicos como discursos políticos o Estatales. La *microfonización de la voz* produjo un fenómeno del todo desconocido hasta entonces y que se materializó en la aceleración de los contextos historiográficos y contextos de producción de los discursos. Los significados referenciales de la escrituración pasaron a ser abiertamente explícitos con la implementación de la voz a partir del micrófono. Por otra parte, el micrófono no sólo produjo una ampliación de la voz (aumento de audiencias, registros sonoros, difusión, etc.), sino que también modificó el sentido de *presente* en la escrituración y en los dichos, a partir del momento que la voz podía manipularse temporalmente. Fue así que una dimensión técnica, en la cual la escrituración era operada, pasó a modificar de forma regular el lenguajear/idiomar (§ 35) de dicha escrituración: *la cuestión* comenzó a ser cuestionada en la presencia del presente que suponía a partir del empleo del verbo/condición/concepto de *être/Sein*. Y, por lo mismo, la condición conceptual e inteligible del ahorar (§ 32) comenzó asimismo a modificarse de forma irreversible: hacer inteligible la conciencia/inconciencia anihilizó paulatinamente el espacio del presente humano en el-mundo-de-las-cosas (§ 36). El micrófono de Heidegger es la puerta oscura del Antropoceno.

El suceso inmenso y masivo del movimiento nacionalsocialista, así como el del fascismo mussoliniano, no pueden escindirse de esta situación de microfonización de la voz. Más aun, aquello que es destacable en este sentido es el impacto que en el avenir tuvieron estos movimientos precisamente por las implementaciones técnicas industriales primeras, como la referida al micrófono. Si el nazismo o el mussolinismo, por indicarles de manera genérica, se prolongaron en mecanismos sociales y políticos de las sociedades occidentales posteriores a la Segunda Guerra Mundial fue precisamente por esta expansión de mecanismos tecnológicos como el empleo generalizado del micrófono para convertir a la voz en un dominio *asertivo e histórico* al mismo tiempo. El populismo industrial de los ámbitos periféricos fue un fenómeno distorsionado resultante de esta situación (Canaparo, 2019: capítulo 3).

Este hombre-de-radio es lo que explica la relevancia historiográfica del llamado "discurso del Rectorado", no sólo el "pasaje al acto" de su contenido argumentativo, sino por la relevancia funcional que el mismo posee en el hacer del Heidegger personaje historiográfico. Los innumerables analistas actuales, sorprendidos por la ausencia de una "explicación" o "disculpa histórica", por parte de Heidegger en relación a este suceso, no han comprehendido esta situación en toda su extensión. La sorpresa que generó en los años treinta la adhesión de Heidegger —un personaje discreto y reservado: véase por ejemplo la carta de Rudolf Bultmann a Heidegger del 18 de junio de 1933— al nazismo y su asunción como Rector puede asimismo explicarse por esta condición/impresión de *anonimato masivo* que ofrece la tecnología, como si fuera posible mantener las condiciones particulares de una vida cotidiana dedicada a la especulación, pero al mismo tiempo tener acceso *al intelecto* a miles de personas.[10] Este delirio platónico de Heidegger será cumplido casi un siglo más tarde de la aparición de *Sein und Zeit* a partir de las redes sociales y la digitalización del planeta.

Bajo estas condiciones, puede sostenerse que la problemática de la voz y el fenómeno (*La voix et le phénomène* [1967b]) de Derrida, como ya indicamos, en cuanto reflexión especulativa, no surge de la obra de Husserl ("introduction au problème du signe dans la phénoménologie de Husserl") a la que se refiere, sino de la experiencia tecnológica originada en la microfonización de la voz: sólo un habitante europeo adulto de los años cincuenta/sesenta como Derrida podría haber descripto lo especulativo de tal manera. La evidencia en que las palabras se hallan determinadas por el medio técnico que las vehiculiza es el resultado de la industrialización tecnológica, del cual el micrófono (la microfonización de la voz) es una de

10 La interpretación de Jean-Paul Sartre al respecto, aunque ignora el aspecto tecnológico, es pertinente en su clarividencia y lucidez. Véase *Critique de la raison dialectique. Tome I. Théorie des ensembles pratique* (Paris: Gallimard, 1960), pp. 320–325.

sus más claras manifestaciones masivas. Que la escritura es una tecnología es algo que ya Platón discutiera (Derrida, 1967a; y también Stiegler, 2001), sin embargo, durante siglos la escritura constituyó un vehículo *transparente* o en todo caso retórico del conocimiento o, cuanto menos, de la especulación en cuanto tal. La microfonización de la voz tiene en el *Dasein* el primer resultado conocido de la pérdida de humanización de lo humano como tal. Que Heidegger se negase a toda referencia conceptual al "hombre" no es sólo un capricho teórico (en tanto θεωρεῖν) en favor del *Dasein*: es una constatación de la presencia de la tecnología y del impacto que la misma tiene por sobre lo social en la determinación de lo especulativo. Y por lo mismo puede también explicarse la adhesión del autor al nazismo, que ofreciera la primera institucionalización social de la industrialización de la tecnología.

Bajo la misma óptica, la revaloración y reconsideración especulativa del *signo* (que implementaba Derrida [*Zeicehn*]) no se debe ciertamente a la expansión del dominio de la lingüística, que siempre ha considerado a la escritura como algo ajeno a su propio campo, sino, por el contrario, se debería sobre todo a la dimensión tecnológica a partir de la cual lo especulativo comienza a ser determinado de forma mayoritaria. Es bajo estas condiciones que debe leerse *La voix et le phénomène* (1967b) y por tanto no deja de ser curioso, ya que en el contexto europeo de publicación de la obra, en 1967, la situación fuera ciertamente la opuesta: *La voix et le phénomène* fue leída dentro de la corriente "estructuralista" que a la época nucleaba a la mayoría de los pensadores franceses del momento, aun incluso contra las prevenciones al respecto que el propio Derrida manifestara en 1972 en *Positions* (1972c: 11–24).

Si el *Dasein* es la expresión conceptual del *être/Sein* en la época de la escrituración tecnológica, la *voix* derridiana es la continuación y extremización de dicha condición, en una época donde el mismo Derrida imitaba al propio Heidegger sosteniendo que un autor debía ser conocido puramente por las ideas y argumentos de sus libros y no por la manera en que los mismos son tratados en el mercado editorial y la construcción cultural. La ausencia de fotografías *públicas* de Derrida antes de 1969 puede compararse con la ausencia de videos o filmes de cualquier tipo en relación a Heidegger durante los años 60 y 70 del siglo XX, antes de su fallecimiento. Las pocas excepciones teatrales disponibles no hacen sino confirmar el argumento.

La gran mayoría entonces de las fotografías conocidas de Heidegger son *teatrales*, es decir, fueron preparadas "para la ocasión". En la época de la aparición de *Sein und Zeit,* cuando Heidegger sentó las bases de su "imagen pública", las imágenes eran fotografías: las imágenes documentales o cinematográficas se empleaban con otros propósitos. Es sólo en los últimos años de vida de Heidegger que algún breve filme fue realizado teniéndolo como personaje. Y por la misma razón estos fueron en realidad entrevistas: el caso más ilustrativo es la famosa entrevista de *Der Spiegel* realizada, como vimos, en 1966 pero solo editada públicamente en 1976. Esta situación de época, por otra parte, explica asimismo que existan registros de su voz en un período donde las clases o seminarios de profesores de filosofía no eran registrados sino, en el mejor de los casos, transcriptos. Es la dimensión pública del "Rectorado" aquello que hizo posible gran parte de estos registros y, el hecho complementario, que "Heidegger" comenzó a construirse, en cuanto personaje público e historiográfico, en símbolo del alemanismo. Gran parte de los esfuerzos de Heidegger en sus trabajos fueron encaminados, como destaca el propio Derrida (1990a), a fundar una *comunión historiográfica* de sus trabajos con la tradición griega y kantiana, es decir, con aquello que Heidegger considera como la base del filosofar europeo. Sin embargo, el Heidegger actual, que, como todos los personajes historiográficos debe ser procesado visualmente (documentales, simposios, programas de televisión, etc.), se ha convertido en una *filmografía*: un Heidegger que podríamos llamar "Heidegger als Filmographie". Por otra parte, la ausencia —para los parámetros actuales— de detalles íntimos o personales, incluidas explicaciones o detalles sobre su convicción nazi-antisemita, ha fomentado precisa y paradójicamente, una gran variedad de documentales sobre/de el personaje historiográfico o, mejor dicho, sobre la biografía del personaje historiográfico. La voz de Heidegger en los ámbitos periféricos ya no es oída, en el mejor de los casos puede ser vista. El micrófono de Heidegger es una foto alemana que a veces aparece por Internet y esta *mudez* (*Stummheit*) explica no pocos malentendidos acerca de la manera en que el pensamiento es entendido en la periferia. El enmudecimiento heideggeriano actual —tal como podríamos llamarle a esta situación, la *Verstummen* heideggeriana, para decirlo de otro modo— es la manera más eficaz de anihilar el pensamiento como especulación en torno a lo posible, a lo que aún no tiene palabra, lo aún no imaginado.

§ 38. *Sein und Zeit* como "Ser y tiempo"

Las traducciones de Heidegger estuvieron determinadas en primer lugar por el perfil sociofilosófico (eso que Derrida llama *autobiographilosophie* [2006: 110]) de los traductores: aquellos autores, estudiosos de la historia de la filosofía europea y académicos locales, que antes de la Segunda Guerra mundial tenían conocimientos del alemán: "el grupo de filósofos que, por su formación en Alemania, podían leer durante los años treinta del siglo XX los textos del profesor de Friburgo en su lengua original" (A. Martínez Garnica, "Crónica de la recepción de Heidegger en Hispanoamérica" [2006]). El caso ejemplar es el de Carlos Astrada quien, habiendo vivido al menos cuatro años en Alemania, además de haber sido alumno de Heidegger, Scheler, Husserl y Becker, ya difundía las ideas de Heidegger casi al mismo tiempo de la aparición de *Sein und Zeit* en 1927. La impronta de la tradición filosófica alemana, sobre todo de las obras de Hegel y Kant, en los ámbitos periféricos antes de la Segunda Guerra Mundial es muy diferente de lo sucedido luego de la misma. El carácter histórico, lógico y metafísico, dominaba en estas perspectivas que buscaban en Europa la confirmación de un saber que localmente era tenido por incompleto y de segundo orden.

La traducción de *Sein und Zeit* en castellano es interesante porque sus traductores eran académicos universitarios, situación que en América Latina puede extenderse, cuanto menos hasta los años sesenta del siglo XX, a la obra heideggeriana en su conjunto: la traducción de Heidegger, por fuerza, por su propia condición de "obra llena de efectos dramatúrgicos" (J. Masís, "Ochenta años de *Ser y tiempo* de Martín Heidegger" [2009: 131]), por su "errancia histórica" (P. Sloterdijk, "El hombre operable. Notas sobre el estado ético de la tecnología genética" [2000]), por su "no pertenencia ni a la ciencia, ni a la filosofía, ni a la poética" (Derrida, *Apories* [1996]) induce a la "experiencia de lo aporético", es decir, excede el propio marco conceptual que propone (Derrida, *Apories* [1996]). Y es este exceso que la traducción de *Sein und Zeit* no era/es sólo la "traducción" de un autor, sino una "traducción" historiográfica de la filosofía europea y una "traducción" de los límites conceptuales con los cuales la especulación históricamente (*Begriffgeschichte*) fue concebida en los ámbitos europeos. Algo similar puede observarse en Francia, donde sus primeros y principales traductores serán académicos. Estos académicos, sin embargo, cuanto menos en lo concerniente a los ámbitos periféricos, no siempre se reconocían como filósofos, sino como profesores de filosofía. El ejemplo del español José Gaos, el primer traductor edito de *Sein und Zeit* en América Latina, es en este sentido ejemplar: la traducción de Heidegger será así *siempre y también* una declaración en relación a la historia de la filosofía europea.

Por otra parte, la filosofía naturo-historicista (*Naturphilosophie*) que profesaba Gaos se adecua al perfil de los primeros traductores, no mediados por la *vehiculización francesa*, y que tenían a Hegel como autor global y guía en la manera que la historia de la filosofía determinaba el sentido de lo filosófico mismo: la filosofía "se presenta como una historia de filosofías que ha decantado un cuerpo de disciplinas con peculiares temas o problemas y doctrinas" (J. Gaos, *La filosofía en la universidad* [México: UNAM, 1956, p. 116]). Incluso el propio Astrada: uno de sus primeros escritos luego de su regreso de Alemania en 1930 fue precisamente un trabajo dedicado al presente en Hegel (*Hegel y el presente; idealismo absoluto y finitud existencial* [Córdoba, Universidad Nacional, 1931]) y en donde se introducían las ideas de Heidegger *a partir* de la referencia hegeliana.

Esta perspectiva no podía sino tener un conflicto directo con la forma que el *Dasein* era planteado por Heidegger como una "destrucción ontológica" y la anihilación del hombre. Los límites epistémicos del planteo pedagógico de Gaos —que era su manera principal de entender lo filosófico (Escobar Valenzuela, 2009)— impedían toda transliteración (§ 6) de *Sein und Zeit*, de forma que la primera traducción en los ámbitos periféricos de dicha obra es en realidad una adecuación literal de la misma a la historia de la filosofía o, dicho más correctamente, consistió en la traducción literal de conceptos para los cuales no había contexto epistémico posible. Y es también por ello, que un traductor posterior como Jorge E. Rivera aseguraría que la traducción castellana de Gaos estaba escrita sólo para aquellos que tenían un dominio de la lengua alemana.

Excepción hecha por los trabajos realizados con anterioridad a la Segunda Guerra Mundial, como los de Carlos Astrada, Raimundo Lida, Carlos Erro, Adolfo Menéndez Samara, en los ámbitos periféricos de América Latina, para seguir con el ejemplo que ilustramos, la inmensa mayoría de comentaristas de Heidegger están influenciados por la *vehiculización francesa* que significó leer a Heidegger en términos de existencia/existencialismo, al punto que Wagner de Reyna, alumno él mismo de Heidegger en el curso 1935–1936, traduce *Dasein* como "existir" (Wagner de Reyna, *La ontología fundamental de Heidegger* [Buenos Aires: Losada, 1939]). Lo interesante es que en América Latina esta asociación de *Sein und Zeit* con el "existencialismo" precede a la publicación de 1947 de *Brief über den Humanismus* ("Carta sobre el humanismo" [Frankfurt: Klostermann, 1976 (1947)]) y que inaugura de alguna manera la *vehiculización francesa* —cuya primera traducción castellana fue justamente editada en Buenos Aires en 1948 por la revista *Realidad* (núms. 7–8) en la transposición de Wagner de Reyna.[1]

Que Wagner de Reyna hubiese comprehendido que "das Ding als solches", en el contexto de *Sein und Zeit*, quiere decir que "el captar algo como algo es más que un mero comprender: es interpretar" (Wagner de Reyna, "Bajo el jazmín: Memorias" [1997: 59]), es decir, la base de la *Dinglichkeit*, y que, no obstante, no extrajese de ello sus conclusiones epistémicas, que nada tenían ver, por ejemplo, con reivindicaciones "ontológicas" o "existencialistas", es sorprendente y sólo puede explicarse por las condiciones que, como indicamos, el "traducir" lo especulativo es concebido en los ámbitos periféricos, es decir, bajo los estrictos parámetros coloniales de *la cuestión*.

Por otra parte, la relevancia que la obra de Heidegger tuvo en los ámbitos periféricos puede medirse, por ejemplo, por el hecho que en 1960 se realizara la primera tesis de doctorado universitaria que se ocupaba precisamente

1 No es un dato menor, para comprehender, esta *existencialización* de la obra de Heidegger en la periferia, el hecho que en *Brief über den Humanismus* Heidegger, como ya vimos, introdujese la noción de *Ek-sistenz* como noción alternativa al *existenziel/existenzial* de *Sein und Zeit* de veinte años antes. La amplia difusión de esta obra de Heidegger y su relación evidente con el escrito Jean-Paul Sartre (*L'existentialisme est un humanisme*), publicado un año antes, contribuyeron asimismo a esta situación.

de la recepción de Heidegger en América Latina (John Lawrence Groves, "The Influence of Heidegger in Latin-American Philosophy" [Boston University, 1960]). De acuerdo con Martínez Garnica la recepción de Heidegger en América Latina puede dividirse en dos tipos de lectura: la "existencialista" y una segunda posterior más ecléctica y claramente influenciada por la "clarificación interpretativa" que significó la publicación por parte de Heidegger en 1947 de *Brief über den Humanismus*.

La influencia de la Segunda Guerra Mundial y sus secuelas en los ámbitos periféricos, además del nacionalsocialismo confeso de Heidegger, hizo que su obra fuese releída por las generaciones siguientes sólo a partir de la difusión francesa, es decir, a partir de los primeros comentarios/traducciones de A. Bessey (1932), H. Corbin (1938), J-P. Sartre (1945), G. Granel (1959), entre otros, y de aquellos autores posteriores como Derrida, Bourdieu, Foucault, etc. Estos primeros traductores locales, que fueron al mismo tiempo comentadores, tenían en gran medida una comprehensión del francés, aun cuando no todos eran fluentes en alemán. Situación esta que se ha prolongado y degradado en el tiempo, dando lugar incluso a casos paradójicos, como por ejemplo en Argentina, donde uno de los analistas actuales que más espacio ha dedicado en su historiografía a Heidegger no tiene conocimientos de alemán o de la *Gesamtausgabe* de forma directa (José Pablo Feinmann, *La sombra de Heidegger* [2000]). El gran número de autores y académicos de esa segunda generación que se ocupara de Heidegger a partir de los años sesenta del siglo XX testimonia de la relevancia y extensión que había adquirido la obra de Heidegger en América Latina, para continuar con el ejemplo. Martínez Garnica (2006) ha censado en su trabajo unos cincuenta nombres, entre autores, comentaristas, traductores y profesores universitarios.

La cuestión de la recepción de la obra de Heidegger en los ámbitos periféricos ha sido determinante en la manera de leer los conceptos heideggerianos. Los primeros lectores de Heidegger son sus traductores y aquellos que indicamos como sus lectores son quienes leen a Heidegger *a partir* de la recepción ya establecida por sus traductores. Esta situación lleva a la confusión de creer que la difusión y supuesta popularidad de la obra de Heidegger se vincula a la comprehensión conceptual de su obra y a la manera que dicha comprensión es "aplicada" localmente. Dicha tesis, por ejemplo es la de Andrea Cortés-Boussac, cuyos interesantes trabajos adolecen no obstante de esta problemática que ya hemos indicado como de *escala epistémica* (§ 46): hasta la primera transliteración de *Sein und Zeit* por parte de Rivera en 1997 ningún lector de Heidegger que no tuviese conocimientos de alemán podía establecer una dimensión conceptual y epistémica de dicha obra en relación a la determinación especulativa de lo local, de una localidad. Sin duda se realizaron innumerables, interesantes y fructíferas lecturas parciales pero la complejidad conceptual heideggeriana y su intrincamiento historiográfico en términos filosóficos europeos es tal que requiere de una *escala epistémica* que sus comentadores locales nunca exhibieron o, peor aún, nunca establecieron que fuese necesaria. La lectura "existencialista" de *Sein und Zeit* es un ejemplo claro al respecto (J. D. García Bacca, "Heidegger o el modelo existencial de filosofar" [en *Siete modelos de filosofar*, Caracas: Universidad Central de Venezuela, 1950]). *Sein und Zeit* no requiere sólo un conocimiento idiomático, sino de un idiomar/idiomatizar (§ 17, § 18, § 35), es decir, de la transformación a escala (local/localizable: *Ortschaft des Seins*) de los problemas y "cuestiones" conceptuales e historiográficos que Heidegger estableció en términos europeos. Esta situación explica las traducciones "entistas" o "esencialistas" de *Sein und Zeit*, es decir, aquellas traducciones que transponen *Sein und Zeit* al castellano manteniendo un contexto filosófico donde *la cuestión* se halla aún vigente, tal como ya argumentamos es el caso de numerosos ámbitos periféricos. Cuando un analista local sostiene que la popularidad de la obra de Heidegger se vincula a cierto aspecto "esencialista" presente en la conceptualización heideggeriana está en realidad transformando a *Sein und Zeit* en una *commodity*, es decir, se está transformando el libro de Heidegger en un objeto simbólico que funciona conceptualmente según los parámetros locales, lo cual no tendría nada de objetable, si de tal manera fuese establecido. Pero sí es objetable cuando se lo realiza *sin establecerlo de tal manera*, es decir, tratando de obtener la legitimidad simbólica y cultural de lo hecho, no a partir de las ideas locales *per se*, sino del "prestigio" de la obra alemana y europea de Heidegger.

Trabajos más recientes no mejoran en la confusión conceptual que esta ausencia de escala epistémica genera, como es el caso, por ejemplo, de *Desde la línea. Dimensión política en Heidegger* (Córdoba: Alción, 1997) del académico argentino Diego Tatián. Incluso son las propias traducciones más recientes de la obra de Heidegger (Juan Vermal, Arturo Leyte, Helena Cortés) aquellas que hacen evidente esta confusión y malentendido conceptual, aun cuando traductores jóvenes y lúcidos como Jesús Adrián Escudero sigan insistiendo en deficientes esquemas conceptuales supuestos en las traducciones, como la teoría del "entismo" (J. A. Escudero, "Traducir a Heidegger", en *Investigaciones Fenomenológicas*, núm. 8, 2011, pp. 89–95).

¿Cómo *Sein und Zeit* puede posibilitar una justificación "identitaria" clásica, social, folklórica, cuando plantea el fin de la metafísica tradicional y la destrucción de su ontología? Estos despropósitos se originan en el *malentendido* antes indicado. La identidad heideggeriana (entendida como *Selbswelt*), si de tal cosa fuese posible hablar, se vincula al cuestionamiento especulativo que la pregunta por el sentido del ser (*la cuestión*) tiene en la historiografía filosófica europea: "La elaboración de la pregunta por el sentido del ser es entonces la provocación del aumento de la interrogabilidad por lo ya preguntado: τι το ον" (Masís, 2009: 133). De allí a creer que dicha lectura tiene una relación directa con la manera en que algunos analistas periféricos entienden el proceso de individuación como una reducción comportamental en relación al Estado local y a sus políticas públicas, hay una diferencia enorme.

Establecer un pensamiento no metafísico del *Sein* (que no es el "ser" castellano, sino el "ser/estar" y el "siendo/estando") fue el propósito de creación del *Dasein* y a lo cual Heidegger dedicará no pocos trabajos posteriores a *Sein und Zeit*. La conferencia de 1957 titulada "Identität und differenz" (incluida en el volumen de igual título y editado por Neske en 1957) es ilustrativa de esta situación a partir de la introducción que Heidegger hace del término *Gestell*, al cual nos referiremos más adelante (§ 41).

La transposición literal de algunos términos alemanes empleados por Heidegger en los ámbitos periféricos, entendidos social e históricamente por analistas locales, si bien presenta una evolución respecto de lecturas más simplistas e historicistas, permanecen dentro de los límites epistémicos que plantea *la cuestión*. Pensar que *Sein und Zeit* es una especie de vocabulario filosófico que nos ofrece a conveniencia nociones para interpretar aquello que entendimos como "realidad social, política e histórica" local es no sólo no haber comprendido el alcance de *Sein und Zeit*, sino tampoco el alcance de su herencia historiográfica europea, desde J-P. Sartre y J. Derrida hasta P. Bourdieu y B. Stiegler. En la transliteración de *Sein und Zeit* entonces los transportes son locales mientras que los vehículos son franceses. Los transportes se ocupan de desplazamientos, cubren espacios, conectan poblaciones, mientras que los vehículos ayudan a viajar, son instructivos *per se*, se degradan, son veloces y tecnológicos, cambian constantemente.

La compelición a considerar *Sein und Zeit* sin "traducción" posible engaña acerca de otros escritos filosóficos, de sus condiciones y reclamada naturaleza: la escrituración filosófica europea nunca tiene traducción, sino que siempre es transliterable (§ 6, § 45). Y este asunto no es sólo un aspecto de semántica, sino de idiomar, es decir, que aquello que se "traduce" no es *un libro* o *un escrito,* sino todo un sistema de reenvíos, de referencias, una historiografía, una *autobiographilosophie* y un lenguajear (§ 35). Semejante conjunto, semejante organicidad, no es traducible en los términos de un vocabulario, como aún creen algunos comentaristas de Heidegger o de sus traducciones al castellano, por seguir con el ejemplo periférico considerado. Frente a esta dificultad Derrida sostiene: "Nous essaierons néanmoins de proposer des solutions qui se tiendront à mi-chemin entre le commentaire et la traduction. [...] Les plus souvent, devant la difficulté, selon un procédé dont la valeur est parfois contestable, nous conserverons le mot allemand en tentant de l'éclairer par l'analyse" (Derrida, 1967b: 18).[2] Tal perspectiva es también la transliteración.

De acuerdo con Rivera, en relación a *Sein und Zeit* y a sus traductores al castellano, sería necesario "traducir a los traductores" (Entrevista en "La belleza del pensar", emisión de televisión de UC Cable, Santiago de Chile, a cargo de Cristián Warnken, marzo 9, 2013). Esta es también otra manera de transliterar. Y este asunto no se refiere sólo al modo en que los traductores al castellano reproducen filosóficamente en sus traducciones *la cuestión*, sino también, por una parte, a la forma en que Heidegger "alemaniza" el alemán (Derrida, 1990a) (§ 16, § 20) y asimismo, por otra parte, al asunto

2 Traducción del autor: "Nosotros ensayaremos cuanto menos de proponer soluciones que se tendrán a mitad de camino entre el comentario y la traducción [...] Lo más habitual, frente a la dificultad, según un procedimiento en donde el valor es a veces contestable, conservaremos la palabra alemana reteniéndola para aclararla por el análisis".

de la pregunta por el significado del ser en términos de la historiografía filosófica europea. No es una paradoja, sino que hace a la constitución misma de *la cuestión*, a su especificidad, el hecho que el *être/Sein* sea en realidad una traducción del *ego/sum* latino y originario en que Descartes formulara *la cuestión*. La bendición de Descartes a las traducciones francesas de sus obras en latín (en particular a la del Duque de Luynes, hijo del ministro favorito de Louis XIII, de 1647, editada seis años más tarde de la edición *princeps* en latín) no modifica esta situación: la interrogación como forma especulativa y la construcción de un presente por su escrituración y presentismo/presencia (a partir del ahorar [§ 32]) constituyen una fabricación, el resultado de una *grammatisation*.

La transliteración debería así obtener la forma, para decirlo con el ejemplo de América latina que con recurrencia empleamos, de una variante de la lengua maya llamada *Cakchiquel* que, en su escritura, al verbo escrito en letras le agregaba una otra simbología fonética que situaba espacialmente la acción del locutor o de la cosa referida (parado, de frente, al lado, etc.). Esta funcionalización espacial, que situaba constantemente en el espacio personas y cosas, es una referencialidad (una reversión [*Verdrehung*] de la historiografía filosófica europea) similar a la que proponemos a partir del idiomar (§17, § 35). De las 47 familias de lenguas identificables hasta el momento en América Latina, cuanto menos las lenguas *yámana* (actual Tierra del Fuego) y *cakchiquel* (actual Guatemala), hasta donde he podido indagar, son aquellas en las cuales la escritura consistía en una simbología doble: la significación de la palabra y la localización espacial de aquello que la palabra significaba. Estas lenguas funcionan en permanencia con una transliteración porque el significado era doble y compuesto: la transliteración a la que nos referimos respecto de *Sein und Zeit* debiera funcionar de manera similar a estas lenguas. Al no haber "traducción" la transliteración se transforma en una suerte de escritura especulativa constante.

Decir la espacialidad de la locución o establecer la cosa por sus distancias y cercanías es en términos especulativos localizar el mundanar (*Welten*) o, mejor dicho, localizar la manera en que lo local se localiza (§ 46), construye una *ipséité* (§ 34). En el caso ya mencionado de la extinguida lengua yámana, sus sentidos eran establecidos no sólo por el significado de una palabra en sí, sino también por la ubicación geográfica de la cosa o ser a la cual dicha palabra nombraba —más aun: en el yámana no existían los rumbos cardinales, de manera que las indicaciones espaciales eran por proximidad, lejanía o formas geográficas del terreno inmediato. Esta orientación en el espacio sin terminología abstracta es similar al mundanar/mundanización que es la tarea que el idiomar debe realizar en su lenguajear y no por casualidad es la manera en que, en años posteriores a la publicación de *Sein und Zeit*, Heidegger definiría la noción de cosa ("Ding": *Die Frage Nach dem Ding* [1962]): la "der Frage nach dem Sinn von Sein" es reemplazada por la pregunta acerca de la cosa, de la *Dinglichkeit* (coseidad, cosismo, cosiendo). Situación que como ya vimos (§ 36) tiene relevancia particular en los ámbitos periféricos.

§ 39. El Macintosh de Derrida

El micrófono de Heidegger (§ 37), la inevitable e irreversible microfonización de la voz, y el funcionamiento del ahorar (§ 32), hacen evidente que la transliteración (§ 6, § 18) no constituye un "reemplazo" a la actividad de traducir, sino una forma constitutiva de la especulación en los ámbitos periféricos. La transliteración no es sólo una corrección historiográfica, sino que hace a la *escala epistemológica* (§ 26, § 45) en que consiste la especulación en los ámbitos periféricos. La *cuestión periférica* afronta en permanencia el colonialismo y la entropía: la transliteración es un mecanismo de mínima para afrontar esta situación. Justamente por esta razón es que la problemática del "signo" [*Zeichen*] en Derrida es inseparable de los límites de la traducción conceptual, tal como su trabajo *La voix et le phénoméne* lo fundamenta. Plantear la inteligibilidad de los conceptos como *démarche* que no puede ser escindida de la construcción de lo inteligible como tal, a partir de una reflexión en torno al conocimiento (*pensée, connaissance*) como pedagogía primera (θεραπεία [*therapeia*]), es poner en evidencia la condición tecnológica de la individuación. Por ello, en términos de historiografía filosófica europea, el planteo de Derrida (1967b) en torno a Husserl conduce inevitablemente a la escrituración como consistencia del pensamiento (*die Beständigkeit*) y a la escritura de *De la grammatologie* (1967a).

La cuestión supone como principio metafísico que la presencia es el modo de realización del ahorar en el presente (§ 11, § 13, § 32): tal es la hipótesis de Derrida en relación con la fenomenología de Husserl (1967b: 14–15) y la razón por la cual considera que la apelación a una *phonè* ("la spiritualité du souffle comme *phonè*" [Derrida, 1967b: 9]) es la expresión más radical en la evolución metafísica de la filosofía europea: "On s'étonnera moins devant l'effort tenace, oblique et laborieux de la phénoménologie pour garder la parole, pour affirmer un lien d'essence entre le *logos* et la *phonè*, le privilège de la conscience [...] n'étant que la possibilité de la vive voix. La conscience de soi n'apparaissant que sans son rapport à un objet dont elle peut garder et répéter la présence, elle n'est jamais parfaitement étrangère ou antérieure à la possibilité du langage" (Derrida, 1967b: 14).[1]

Esta insistencia en un *logos*-ism ("logocentrisme"), legitimado por su relación con una "viva voz", es la caracterización clásica de la conciencia, la garantía de que la individuación se realiza kantianamente en torno a una conciencia y, por ende, la justificación de *la cuestión* como continuidad conceptual de la historiografía filosófica europea. En este sentido, la inmensa mayoría de las teorías "indigenistas" en los ámbitos periféricos, que situaban en tradiciones orales o en mecanismos de supuesta transmisión oral la legitimidad de lo conocido y obtenido, no estaban, sino ejerciendo de la manera más radical la *grammatisation* que supone el colonialismo de *la cuestión*. Y justamente por ello Derrida agrega: "Le privilège nécessaire de la *phonè* qui est impliqué par toute l'histoire de la métaphysique, Husserl le radicalisera en exploitant les ressources avec le plus grand raffinement critique" (Derrida, 1967b: 15).[2]

La cuestión —en tanto expresión última y más significativa del *être/ Sein*, y *motor* ("Deus ex machina") de la expresión como tal— requiere de la presencia (presentismo) en la construcción del presente para garantizar un vínculo estrecho —lo real, el *realm*— entre el "moi-psychique" (Derrida, 1967b: 11)/ "conscience de soi" (Derrida, 1967b: 14) y "lo viviente" ("présent vivant" [Derrida, 1967b: 5], "concept vie": *Lebendigkeit* [Derrida, 1967b: 9]) entendido como voz ("la voix" [Derrida, 1967b: 15]) (§ 32). Bajo estas condiciones aquello que *la cuestión* no considera, como ya comenzaba a suponer Derrida, es la dimensión tecnológica o, mejor dicho, el hecho que la individuación no es pensable sin la tecnología, cuanto menos en los

1 Traducción del autor: "Nos sorprenderemos menos frente al esfuerzo tenaz, oblicuo y laborioso de la fenomenología por mantener/tener la palabra, por afirmar un vínculo de esencia entre el *logos* y la *phonè*, el privilegio de la conciencia […] no siendo/ estando que la posibilidad de la vida voz. La conciencia de sí, no apareciendo que sin su relación a un objeto del cual ella puede guardar y repetir la presencia, ella no es jamás perfectamente extranjera o anterior a la posibilidad del lenguaje".

2 Traducción del autor: "El privilegio necesario de la *phonè* que está implicado por toda la historia de la metafísica, Husserl lo radicalizará explotando los recursos con el más grande refinamiento crítico".

ámbitos periféricos del planeta en donde la *grammatisation* impuesta por la colonización, y el Antropoceno resultante, situó la tecnología al centro mismo de lo inteligible. A esta situación le indicaremos, en principio, como "el Macintosh de Derrida", es decir, le indicaremos a partir de la manera en que la presencia de la tecnología, la vehiculización que en términos especulativos la misma posibilita, vuelve imposible la formulación, al menos en los ámbitos periféricos, de *la cuestión* en los términos clásicos tal como hasta Derrida era entendida en la historiografía filosófica europea.

La constitución del presente que supone *la cuestión* sobrentiende una noción de especulación que requiere para legitimarse de lo viviente (*Lebendigkeit*): "Que le privilège de la présence comme conscience ne puisse s'*établir* — c'est-à-dire se constituer historiquement aussi bien que se démontrer — que par l'excellence de la voix, c'est là une évidence qui n'a jamais occupé dans la phénoménologie le devant de la scène" (Derrida, 1967b: 16).[3]

Este mecanismo de legitimización de lo legible a partir de la sinonimia entre presencia y conciencia conduce directamente a los límites de la cuestión y, a los ojos de Derrida, a la justificación de un abandono del "concept de métaphysique" (Derrida, 1967b: 6). La cuestión periférica supone como necesario este abandono.

La voz como expresión de lo viviente, para ser tal, requiere de un vehículo, de una agenciación, que es tecnológica: escrituración, registro, micrófono, impresión, Macintosh. La microfonización es en este sentido una forma de la escrituración en los términos de Derrida —eso que el propio Derrida, refiriéndose a su Macintosh, indicará como "mon bloc macintosh" (Bennington/Derrida, "Circonfession" [1991: 117]) o "mon subjectile" (Bennington/Derrida, "Circonfession" [1991: 118]). Derrida emplea el *standing* metafísico de Husserl para explicar el alcance de la "destrucción ontológica" de Heidegger a partir del análisis del significado de la voz ("voix") en relación a lo fenomenal ("phénomène").

El mecanismo de intencionalidad que interpela Derrida se establece sobre una paradoja que supone que "le vouloir-dire n'isolerait la pureté

3 Traducción del autor: "Que el privilegio de la presencia como conciencia no puede establecerse —es decir, constituirse históricamente tanto como demostrase— que por la excelencia de la voz, he allí una evidencia que no ha ocupado en la fenomenología la escena principal".

concentrée de son *ex-pressivité* qu'au moment où serait suspendu le rapport à un certain *dehors*" (1967b: 22).[4] Y este "quiere decir" (*bedeuten* [Husserl], *vouloir-dire* [Derrida]) es el instrumento indispensable para garantizar la continuidad historiográfica de *la cuestión*. La "empresa fenomenológica" ha sido, en términos europeos, el vehículo de esta afirmación, indicación y predicación que supone un "decir algo sobre alguna cosa", un querer decir algo, por locución, por intervención, y al mismo tiempo un "querer decir" por significar. Que estos dos aspectos sean indistinguibles es aquello que Derrida destaca en Husserl: "On pourrait donc peut-être, sans forcer l'intention de Husserl, définit, sinon traduire, *bedeuten* par *vouloir-dire* à la fois au sens où un sujet parlant, « s'expriment », comme dit Husserl, « sur quelque chose », *veut dire*, et où une expression *veut dire*; et être assuré que la *Bedeutung* est toujours *ce que* quelqu'un ou un discours *veulent dire*: toujours un sens de discours, un contenu discursif" (Derrida, 1967b: 18).[5]

No hay especulación sin discursividad (contenido, "querer decir", "alguna cosa"): tal es la certeza que subyace en la historiografía filosófica europea y aquello que con razón Derrida tratará de modificar para situarse frente a la dicha historiografía en otros términos. Aquello que Derrida pone en evidencia en *La voix et le phénomène* es que un *philosophical standing* depende tanto (o menos) de una construcción conceptual que del descargo epistemológico que adquirir la locución filosófica significa en la tradición de Descartes y Kant, es decir, en *la cuestión*. Derrida habla de Husserl, argumenta de/con Husserl, pero se refiere a Heidegger, problematiza/conceptualiza de/con Heidegger. Por ello sostiene que "le vouloir-dire (*bedeuten*) est toujours — dans le discours communicatif — enchevêtré (*verflochten*)" (1967b: 22).[6] Y por lo mismo, desde una perspectiva periférica, el filosofar,

4 Traducción del autor: "el querer-decir no aislará la pureza concentrada de su *expresividad* que en el un momento donde será suspendida la relación a un cierto afuera".

5 Traducción del autor: "podríamos tal vez, sin forzar la intención de Husserl, definir, si no traducir, *bedeuten* por *querer-decir*, a la vez en sentido donde un sujeto habla, 'se expresa', como dice Husserl, 'sobre alguna cosa', *quiere decir*; y donde una expresión *quiere decir*; y ser/estar asegurado que la *Bedeutung* es siempre *eso que* alguno o un discurso *quieren decir*: siempre un sentido de discurso, un contenido discursivo".

6 Traducción del autor: "… el querer-decir (*bedeuten*) es siempre —en el discurso comunicativo— entreverado/engarzado (*verflochten*)".

en términos de la cuestión, nunca llega a ser una cuestión conceptual, sino que siempre se halla detenida, suspendida, derrotada en este *verflochten* que es un enmarañar, enredar, intrincar, entreverar.

En los ámbitos periféricos la única manera de garantizar la continuidad historiográfica de *la cuestión* y, por ende profundizar el colonialismo especulativo, es solventar el problema de un ahorar (§ 32) que es reducido a conciencia intencional e individual: "l'idéalisme transcendantal phénoménologique répond à la nécessité de décrire l'*ob*jectivité de l'*ob*jet (*Gegenstand*) et la *pré*sence du présent (*Gegenwart*) — et l'objectivité dans la présence — à partir d'une « intériorité », ou plutôt d'une proximité à soi, d'un *propre* (*Eigenheit*) qui n'est pas un simple *dedans*, mais l'intime possibilité du rapport à un là-bas et à un dehors en général" (Derrida, 1967b: 23).[7]

El recurso en definitiva a una "vie solitaire de l'âme", en donde la misma no es accesible que por índices (*Ausdruck* [Husserl], *indices* [Derrida]) significa la garantía que *la cuestión* continúa siendo fundación de lo especulativo, justificación del lenguajear e inicio de todo pensamiento. Situación que justamente la *cuestión periférica* trata de retornar, modificar, a la cual además hemos indicado como reversión (§ 12) y a partir de la cual haremos referencia a un *Verdrehung* (en tanto "retorsión") y a una *Sacheverhalt* (en tanto "estado de cosas") en el contexto de la *Gestell* heideggeriana. Si los índices son significados que simbolizan pero no significan, entonces tiene razón Derrida al ocuparse no de ellos (sino de la *Ausdruck*) puesto que, en los términos de los ámbitos periféricos, no hacen sino conducir a la transformación de la especulación en una *commodity* y, por ende, a la resignación a *la cuestión* como referencia única. La forma más elaborada de esa simbolización en tanto *commodity* es la cientifización del conocimiento.

Por otra parte, entender que la expresividad (*Hinzulenken, Hinzeigen*) supone la indicación (*Anzeigen*) (Derrida, 1967b: 24) es apostar por aquello que el propio Derrida entenderá como *logocentrisme* (1967a: 11 y ss.) y que es en definitiva *la cuestión* expresada en términos de su deficiencia tecnológica

7 Traducción del autor: "… el idealismo trascendental fenomenológico responde a la necesidad de describir la *ob*jetividad del *ob*jeto (*Gegenstand*) y la *pre*sencia del presente (Gegenwart) —y la objetividad en la presencia— a partir de una 'interioridad', o más bien de una proximidad a sí, de un *propio* (*Eigenheit*) que no es un simple *afuera*, sino la íntima posibilidad de la relación a un allá y a un afuera en general".

o escrituraria o, mejor dicho, en la manera que la fenomenología desconoce el empleo de la *grammatisation* que garantiza su continuidad *también* en los ámbitos periféricos. Aquello que Derrida llama "la destinée historique de la phénoménologie" [la destinación histórica de la fenomenología] (1967b: 26) conduce a la reducción de una "ontologie naïve" [ontología ingenua] y que se condice con la idea que hay un viviente, capaz de producir verdad, valor de verdad, *que a partir* de sus signos. Esta constitución de valor va acompañada también por la "métaphysique classique de la présence" [metafísica clásica de la presencia] y que es una de las fuentes principales de donde proviene *la cuestión*.

La determinación analítica con que Derrida identifica la ontología de/en Husserl y su relevancia, en definitiva, en relación a *la cuestión* proviene del Macintosh con que escribía: de la misma manera que el micrófono de Heidegger (§ 37), la microfonización de la voz, daba lugar a la *voz filosófica* heideggeriana (§ 32), igualmente, el "Macintosh de Derrida" se halla al origen del principio de escrituración a partir del cual revisa (relee, revé, revisita, redobla) la historiografía filosófica europea. Por ello también es que Derrida se halla en las fronteras de lo europeo en términos filosóficos: porque su ordenador/computadora extrema las condiciones de *grammatisation* que sustentan el colonialismo clásico de *la cuestión*. Por ello tampoco es casualidad que precisamente "Circonfession", de 1991, haya sido el primer manuscrito realizado/producido al ordenador por Derrida (un Macintosh Classic II primero y un Macintosh IIfx luego): allí donde los analistas han entendido a Derrida hablando-de-sí-mismo en realidad el residente del municipio de Ris-Orangis estaba descomponiendo *la cuestión* como centro de gravedad de lo especulativo europeo, es decir, la *Geist* heideggeriana (Derrida, 1990a). El Macintosh de Derrida es un instrumento que permite auscultar (*decortiqué*) en la plausibilidad de la escrituración, que posibilita descomponer (*déconstruction*) la imposibilidad de un afuera (*dehors*, *au-delà*) de los conceptos, que permite predicar (*declination*) acerca de lo posible, de la plausibilidad de lo posible.

El Macintosh de Derrida es la materialización del ahorar, es la significación del ahorar que, por lo mismo, pierde su condición no siendo entonces no ya un ahorar, sino "otra cosa": el ahorar supone que toda exteriorización es manifestación de una significación (*Bedeuten*, pero también *Bedeutung*) que no puede ser tal que a condición de manifestarse, de ser vehiculizado por la tecnología, por los aparatos (registro de micrófono, registro de ordenador, escrituración en última instancia). Este es el punto álgido de toda filosofía que no considera como problemática *la cuestión*: "c'est ce qu'on pourrait appeler la non-présence inmmédiate à soi du présent vivant" (Derrida, 1967b: 40).[8] Lo viviente en los ámbitos periféricos, cuando no es animalizado (§ 14, § 42), se caracteriza por una necesidad de realización de un presente que es asimismo parte constitutiva del siendo/estando —y ello explica la debilidad ínsita de lo especulativo local frente al colonialismo que supone la cuestión: la presencia en el presente no es sólo marca de mundar/mundanar (*Welten*, pero también como mundicinar [*Weltmässigkeit*]), sino también confirmación en la *continuidad* de eso que de manera corriente llamamos yo-mismo (*moi-même*, *soi-même*, *Selbstheit*, *Selbswelt*). Pero la cuestión de *la cuestión* es aquí aquello que también indicaremos como *cuestión periférica*: esta "presencia" en el presente es en la mayoría de los casos una promesa, una *creencia confiada*, eso que Derrida en el análisis de Husserl indica como índice: "il y a indication chaque fois que l'acte conférant le sens, l'intention animatrice, la spiritualité vivante du vouloir dire, n'est pas pleinement présente" (Derrida, 1967b: 41).[9] La continuidad del siendo/estando, así como la suposición de otros *être/Sein* con quienes comunico y que asumo poseen una misma condición depende enteramente de índices que no son ni están por significado alguno inmediato, ni son ni están *en lugar* de cuerpo alguno: "Tout ce qui, dans mon discours, est destiné à manifester un vécu à autrui, doit passer par la médiation de la face physique. Cette médiation irréductible engage toute expression dans une opération indicative. La fonction de manifestation (*kundgebende Funktion*) est une fonction indicative" (Derrida, 1967b: 41).[10] Esta condición de "estar por

8 Traducción del autor: "… es eso que podríamos llamar la no presencia inmediata a sí del presente viviente".

9 Traducción del autor: "… hay un indicación cada vez que el acto confiere el sentido, la intención animadora, la espiritualidad viviente de querer decir, no está plenamente presente".

10 Traducción del autor: "Todo eso que, en mi discurso, está destinado a manifestar un vivido a otro, debe pasar por la mediación de la etapa física. Esta mediación irreductible compromete toda expresión en una operación indicativa. La función de manifestación (*kundgebende Funktion*) es una función indicativa".

alguna cosa", que domina toda la cultura humana ("les vécus physiques et psychiques": Derrida, 1967b: 41) de la indexación (*indication,* el "re-envío indicativo": *Anzeigen*) sólo tiene cura (*Sorge, soin,* θεραπεια [*therapeia*]) por la vehiculización tecnológica, por la exosomatización que supone toda vehiculización: de allí también la extrema exposición y debilidad local frente a la industrialización tecnológica que supone el colonialismo tanto como el Antropoceno. Por lo mismo puede comprehenderse el origen del planteo *farmacológico* de Derrida y de sus alumnos, como por ejemplo, es el caso de Stiegler (2010).

En el mundanar del siendo/estando (*étant/Seienden*) nunca nadie está "en persona": he allí la razón por la cual, en los ámbitos periféricos cuanto menos, *la cuestión* —su historiografía, su conceptualización— requiere una reversión radical, en particular en un medio ambiente donde el valor de lo humano es dado por la tecnología, por el maquinismo que a partir de la industrialización tecnológica constituye *el vehículo excluyente* de toda forma de expresión (*Ausdruck*) de "lo humano" como tal y que, por ello mismo, sólo es manifestable en tanto una indexación (*indication* [Derrida], *Anzeichen* [Husserl]). En términos especulativos, del "présent vivant" de Derrida nada sabemos, sino aquello que resulta del Macintosh.

Que el *presentismo* de la presencia halle su fundamento en la vehiculización (exosomatización) que garantiza la tecnología, en cuanto ὑπομνήματα (*hypomnemata*) indispensable a la existencia de un *être/Sein* que se entiende como tal (continuidad temporal, memoria, volición emotiva), constituye un aspecto revulsivo para todas las creencias y teorías metafísicas tradicionales, tal como el libro de Derrida lo expone con claridad. Sin embargo, el alcance radical de ello tampoco el propio Derrida lo sospechaba: el dualismo cartesiano es un evento en la historiografía filosófica europea de la misma manera que ya lo es el "psiquismo/conciencismo" freudiano. La *cuestión periférica* no debe así sólo asumir una herencia colonial, sino también hacer frente a la formulación de un presente dominado por un ilusionismo tecnológico cuyos alcances son aun desconocidos.

Y bajo estas condiciones de *presentismo* también surge otro asunto relevante a los ámbitos periféricos en términos de construcción de una biosfera: aquello que llamamos el dominio medio ambiental humano es el resultado de la exteriorización de índices (§ 17, § 35) que, una vez vehiculizados, adquieren una dinámica *no-humana* pero que, sin embargo, permanecen asociados a nosotros como parte de la continuidad que llamamos "yo mismo": esto es aquello que G. Simondon (*L'individuation à la lumière des notions de formes et d'information* [Paris: Jérôme Millon, 2005]) llamaba "milieu associé". Esta situación explica en gran medida el profundo enraizamiento que la *commoditisation* de lo humano posee en los ámbitos periféricos. Aquello que en los ámbitos periféricos aun indicamos como "sociedad humana" nada tiene que ver con el valor de humano/humanidad al que se refieren las historiografías filosóficas europeas. Las colectividades humanas de los ámbitos periféricos son múltiples sistemas de indexación cuya conceptualización posible, si tal cosa resultara factible, es aún una conjetura. El Macintosh de Derrida *es/está presente* en cada argumento de los analistas y autores de la periferia: explorar cómo, por qué, bajo qué condiciones e, incluso, cuándo, ello sucedió/sucede es el "filosofar" de la cuestión periférica.

Si la "conciencia" es también una exteriorización, si aquello que *queda* en sí-mismo (*moi-même, soi-même, Selbstheit, Selbswelt*) no es independiente, autónomo, propio, "ideal", tal como Derrida explicaba de Husserl, entonces el mismo planteo de Derrida tiene que ser revisado: "Présent non pas dans la nature, puisque seule l'indication a lieu dans la nature et dans l'espace, mais dans la conscience" (Derrida, 1967b: 44).[11]

Esta salida ("Tous ses 'sorties' exilant dans l'indice cette vie de la présence à soi ..." [Todas esas 'salidas' exilan en el índice esta vida de la presencia a sí ...] [Derrida, 1967b: 44]) no es inteligible, no es imaginable, no es plausible, no es *significativa*: sólo existe (*Ek-sistenz*) porque tiene como referencia la indexación y la dinámica que la indexación "en el exterior" tiene y adquiere. Justamente este es el gran desafío que la industrialización tecnológica (la "industrialización de la conciencia": Stiegler, 2015: 41–80) plantea: las consecuencias de la indexación (industrial, tecnológica) que la vehiculización de lo humano significa, para la concepción especulativa de lo humano mismo, es irreversible. Cualquier forma de cura (*Sorge* [Heidegger], *soin* [Derrida], θεραπεία [*therapeia*] [Stiegler]) en términos del

11 Traducción del autor: "Presente tampoco en la naturaleza, puesto que sólo la indicación tiene lugar en la naturaleza y en el espacio, sino en la conciencia".

siento/estando —y en relación con la especulación— no puede sino ser una versión radical y extrema de la exteriorización, de la exosomatización, de la escrituración en términos de formación de ὑπομνήματα (*hypomnemata*).

La salida entonces a la que se refiere Derrida, comentando la manera en que Husserl plantea la existencia del índice, es una vehiculización tecnológica que requiere de una indexación (ya existente y modificable, también por venir) y que es doble en su salir ("renvoi" en los términos de Derrida): un reenvío como *Hinzeigen*, como "mostración" y un reenvío como *Anzeigen*, indicación propiamente dicha (Derrida, 1967b: 46). La indexación muestra algo que no consiste (*Beständigkeit*) en lo inmediato y en cambio indica algo que sí consiste, aun cuando no presente, en lo inmediato. Esta situación es determinante en la extensión, expansión y prolongación de un colonialismo basado culturalmente en la fabricación de ὑπομνήματα (*hypomnemata*), tal como es el caso en la mayoría de los ámbitos periféricos — ὑπομνήματα, es decir, de objetos-aparatos (§ 20, § 41) que, en tanto memoriosos, conforman además nuestra individuación.

Por ello sostiene Derrida: "Dans l'indication au contraire, un signe existant, un événement empirique renvoi à un contenu dont l'existence est au moins présumée, il motive notre anticipation ou notre conviction de l'existence de ce qui est indiqué. On ne peut penser l'indice sans faire intervenir la catégorie de l'existence empirique, c'est-à-dire seulement probable, ce qui sera aussi la définition de l'existence mondaine, pour Husserl, par opposition à l'existence de *l'ego cogito*" (Derrida, 1967b: 47).[12]

La imposibilidad de todo "soliloquio" en los términos con que Derrida discute la "existence intérieur" en Husserl es también una constatación antropocénica de los ámbitos periféricos. La indexación de la exosomatización en el proceso de individuación es inseparable de esta *pérdida de concientización*. Es así que el Macintosh de Derrida constituye un vehículo, una exteriorización, de la problemática de las palabras, del palabrerío que

12 Traducción del autor: "En la indicación al contrario, un signo existente, un evento empírico reenvía a un contenido del cual la existencia es al menos presumida, él motiva nuestra anticipación o nuestra convicción de la existencia de aquello que es indicado. No podemos pensar el índice sin hacer intervenir la categoría de la existencia empírica, es decir solamente probable, lo que será también la definición de la existencia mundana, para Husserl, por oposición a la existencia del *ego cogito*".

supone el lenguajear y que de alguna manera la descripción fenomenológica explaya: "Dans cette imagination du mot, dans cette représentation imaginaire du mot (*Phantasievorstellung*), nous n'avons plus besoin de l'événement empirique du mot. Son existence ou sa non-existence nous sont indifférentes. Car si nous avons alors besoin de *l'imagination* du mot, du même coup nous nous passons du *mot imaginé*. L'imagination du mot, l'imaginé, l'être imaginé du mot, son "image" n'est pas le mot (imaginé). De même que dans la perception du mot, le mot (perçu ou apparaissant) qui est "dans le monde" appartient à un ordre radicalement différent de celui de la perception ou de l'apparaitre du mot, de l'être-perçu du mot. De même le mot (imaginé) est d'un ordre radicalement hétérogène à celui de la imagination du mot" (Derrida, 1967b: 48).[13]

Si toda fenomenalidad es la diferencia entre una palabra existente y la percepción/ser-estar percibido de la palabra como fenómeno en sí (Derrida, 1967b: 48), entonces el Macintosh de Derrida se sitúa en medio de esta discontinuidad para reducirla a la problemática de un ahorar que debe manifestar en tanto presente, como presente, para garantizar la continuidad del siendo/estando (*étant/Seienden*). La existencia (*Dasein, Existenz*) en términos especulativos sólo puede ser "probada" por la vehiculización del ordenador, por ello también los ámbitos periféricos se hallan en predisposición de adaptarse y asumir un "ilusionismo tecnológico" como reemplazo al naturalismo filosófico decimonónico que aun primaba hasta fines de los años ochenta del siglo XX.

La distinción entre "imaginación de la palabra" ("imagination du mot") y "palabra imaginada" ("mot imaginè") se asienta sobre la consideración del

13 Traducción del autor: "En esta imaginación de la palabra, en esta representación imaginaria de la palabra (*Phantasievorstellung*), no tenemos más necesidad del evento empírico de la palabra. Su existencia o su no-existencia nos son indiferentes. Pues si tuviéramos necesidad de la *imaginación* de la palabra, al mismo tiempo pasaríamos a la *palabra imaginada*. La imaginación de la palabra, lo imaginado, el ser/estar imaginario de la palabra, su 'imagen' no es ya la palabra (imaginada). Igualmente que en la percepción de la palabra, la palabra (percibida o aparente) que 'en el mundo' pertenece a un orden radicalmente diferente de ese de la percepción o del aparecer de la palabra, del ser-percibido de la palabra. Igualmente la palabra (imaginada) es de un orden radicalmente heterogéneo a ese de la imaginación de la palabra".

"evento empírico de la palabra" ("événement empirique du mot"), sobre su estado autónomo, sobre el hecho de su condición *orgánica*, sobre la referencia que establece a partir de la evolución de sus significados como algo independiente de la (nuestra) "imaginación". El "evento empírico de la palabra" pertenece al dominio de los ὑπομνήματα [*hypomnemata*] y de la tecnología, a su dinámica, a sus procesos. Los mecanismos imaginarios, las palabras que le nombran y los elementos que le componen constituyen aspectos diferentes que el Macintosh de Derrida empuja aún más, sea hacia una identificación de/con la indexación (como *realm* de lo especulativo) en que consiste el "evento/acontecimiento empírico de la palabra" (impresión, escritura a la luz, difusión, comunicación), sea hacia una fusión fenomenológica en donde la nombradía de los objetos/cosas mentales son indiscernibles de las "palabras imaginadas" ("mot imaginé") que les nombran: a tal cosa se la puede entender como lo imaginado o, también, en términos de *la cuestión*, como "l'être imaginé du mot".

En efecto, sostiene Derrida: "Un signe verbal, parle o imprimé, est évoqué dans notre imagination, en vérité il n'existe pas de tout. Toutefois nous ne devrons pas confondre les représentations de l'imagination (*Phantasievorstellungen*) ou encore moins les contenus de l'imagination qui en sont le fondement, avec les objets imaginés. Ce n'est pas la sonorité du mot imaginé ou le caractère d'imprimerie imaginé qui existent, mais leur représentation dans l'imagination. La différence est al même qu'entre le centaure imaginé et la représentation du centaure dans l'imagination" (Derrida, 1967b: 49).[14]

Los mecanismos imaginarios, las palabras que le nombran y los elementos que le componen, constituyen aspectos diferentes que el Macintosh de Derrida pone en evidencia ya no son suficientes para fundar una

14 Traducción del autor: "Un signo verbal, hablado o impreso, es evocado en nuestra imaginación, en verdad no existe para nada. Sin embargo, no debemos confundir las representaciones de la imaginación (*Phantasievorstellungen*) o todavía menos los contenidos de la imaginación que le son el fundamento, con los objetos imaginados. No es la sonoridad de la palabra imaginada o el carácter de imprenta imaginado que existen, sino su representación en la imaginación. La diferencia es la misma que entre el centauro imaginado y la representación del centauro en la imaginación".

individuación, por el contrario, muestran su exposición, su inermidad, su "deconstrucción".

El Macintosh de Derrida nos empuja ("sortie") hacia el mundo, hacia un mundanar, hacia un estar-en-el-mundo ("dans le monde": es el pos-*Dasein*) en el sentido de los índices (§ 34): la industrialización de la tecnología nos conduce hacia una *experiencia* en donde la percepción de la palabra ("perception du mot") reduce y reconduce la manera en que procedemos con la "imaginación de la palabra" y con el sentido mismo de "palabra imaginada" (*mot imaginé*). Distinguir entre lo imaginado palabrero ("imagination du mot"), entre la imagen de la palabra ("l'être imaginé du mot"), y la palabra como tal (aun cuando imaginaria, no-presente) es cada día más difícil y contrasentido en los términos de la industrialización tecnológica y los mecanismos del Antropoceno. Que la significación de los contenidos "de la imaginación" depende de forma directa de la indexación mundana de los ὑπομνήματα [*hypomnemata*] es consecuencia de este proceso generalizado de significación a partir de los mecanismos de índice que el Macintosh de Derrida viene a confirmar y ejercer. La incapacidad para determinar objetos (en el sentido de *Ding*, "cosas", coseidad, *Dinglichkeit*) que sean "mentales" por imaginación (la *Phantasievorstellungen*) es resultado directo de la relevancia creciente con que el mundanar, el "hacer mundo", se realiza a partir de la tecnología.

Bajo estas condiciones es que Derrida sospecha de la posibilidad de distinguir, como plantea Husserl, entre un discurso "efectivo" ("existence empirique" [Derrida, 1967b: 47]: lenguajear, idiomar) y una representación del discurso (como *Phantasievorstellungen*). Del momento en que el discurso —en definitiva, el lenguaje— "pertenece al orden de la representación" (Derrida, 1967b: 56), dicha distinción es obsoleta: "Qu'il s'agisse d'expression ou de communication indicative, la différence entre la réalité et la représentation, entre le vrai et l'imaginaire, entre la présence simple et la répétition a toujours déjà commencé à s'effacer" (Derrida, 1967b: 56).[15] Que no haya *lugar* para una distinción entre "realidad" y "representación"

15 Traducción del autor: "Que se trate de la expresión o de la comunicación indicativa, la diferencia entre la realidad y la representación, entre la verdadera y la imaginaria, entre la presencia simple y la repetición, ha ya comenzado a borrarse".

responde no sólo, como sostiene Derrida, a las condiciones especulativas del signo como tal. También es en razón de la evaporación de una referencialidad a una "vida interior" como *ultima ratio* de lo viviente y como justificativo de *la cuestión*: a lo largo de *De la grammatologie* (1967a), en innumerables ocasiones, Derrida ha argumentado por qué la creencia en una "vida interior" en términos especulativos *nos re-envía automáticamente* a una *episteme* de los conceptos que sustentan *la cuestión* como centro de lo filosófico europeo. Por ello, si la "histoire de la méthaphysique" (Derrida, 1967b: 56) ya no es significativa, ya *no hace mundo*, entonces tampoco emplear términos como "realidad" o "representación" aporta innovación alguna en los ámbitos periféricos. Y surge así la clave de por qué y cómo *la cuestión* —en su formulación historiográfica— ha posibilitado la especulación en los ámbitos periféricos: "cette détermination de l'être comme idéalité se confond de manière paradoxale avec la détermination de l'être comme présence" (Derrida, 1967b: 59).[16]

Ello explica en definitiva cómo *la cuestión* funcionó como garantía de un viviente, de una presencia en el presente de lo viviente como certificado de significación y relevancia del *être/Sein* (*Ek-sistenz* [Heidegger], *existentiel* [Derrida], "existencialismo" [Astrada]) —la interdependencia entre experiencia (*Erlebnis*) en términos de especulación y presente en términos del *être/Sein* se asienta también sobre esta situación. Y bajo estas condiciones es acertado el análisis de Derrida que sugiere que, en términos especulativos, este "mecanismo" garantiza el pasaje de lo contingente a lo consistente, de lo imaginario a lo factual, de lo intrascendente a lo mundano (Derrida, 1967b: 60). Y ello nos conduce a la formulación europea del siglo XX del *cogito*, eso que ya indicamos como la *greffe cartesiana*: "*Le présent est*" [el presente es] (Derrida, 1967: 60) (§ 11). Y el Macintosh de Derrida es quien posibilita la significación doble de este "est": como existencia del presente, como estar del lenguaje a partir del verbo *être* —el presente es por presente, el presente es presentar. El Macintosh de Derrida es la continuación crítica (la cuestión de la cuestión) del *cogito* cartesiano como *greffe* (§ 11).

16 Traducción del autor: "… esta determinación del ser/estar como idealidad se confunde de manera paradojal con la determinación del ser/estar como presencia".

La salida (salir, "sortie") que, entonces, vehiculiza la tecnología es aquello que resulta determinante para la significación de toda dimensión del *étant/Seienden* y, por ende, para toda dimensión del ser/estar. Este salir ("sortie"), que es significado por el Macintosh de Derrida, constituye el *espacement* al que se refiere Derrida: "Comme la trace est le rapport de l'intimité du présent vivant à son dehors, l'ouverture à l'extériorité en général, au non-propre, etc., la temporalisation du sens est d'entrée de jeu « spacement »" (Derrida, 1967b: 96).[17] Toda "sortie" del *étant/Seienden*, que es precisamente donde *se hace* el *être/Sein*, supone una temporalización en el sentido antes indicado que "le présent est", y este temporalizar sólo es posible a partir del mundanar que significa el espaciar de la "sortie 'dans le monde' *est* ..." [salir 'en el mundo' *es* ...] (Derrida, 1967b: 96) [subrayado nuestro]. Si el mundo en su movimiento es garantizado en definitiva por la espacialización, entonces se entiende por qué Derrida sostiene que "*La réduction phénoménologique est une scène*" [la reducción fenomenológica es una escena] (Derrida, 1967b: 96) —lo cual, desde la perspectiva de los ámbitos periféricos, es extensible a toda la historiografía filosófica de *la cuestión* o, también, a toda especulación que tenga como referencia "le phonologisme traditionnel de la métaphysique" [el fonologismo tradicional de la metafísica] (Derrida, 1967b: 90).

Son estas salidas aquello que también ameniza la transformación de *la cuestión* en un problema de ser/estar-como-sí-mismo: "Lorsque je me dis à moi-même « je suis », cette expression, comme toute expression selon Husserl, n'a le statut de discours que si elle est intelligible en l'absence de l'objet, de la présence intuitive, donc ici de moi-même. C'est d'ailleurs ainsi que l'*ergo sum* s'introduit dans la tradition philosophique et qu'un discours sur l'ego transcendantal est possible. Que j'aie ou non l'intuition actuelle de moi-même, « je » exprime; que je sois ou non vivant, *je suis* « veut dire »" (Derrida, 1967b: 106).[18]

17 Traducción del autor: "Cómo la traza es la relación de la intimidad del presente viviente a su afuera, la abertura a la exterioridad en general, a nombre propio, etc., la temporalización del sentido es de entrada el juego del 'espaciamiento' ".

18 Traducción del autor: "De que me digo a mí mismo 'yo soy', esta expresión, como toda expresión según Husserl, no tiene el estatuto de discurso que si ella es inteligible en la ausencia de objeto, de la presencia intuitiva, por tanto, aquí, de mí mismo. Es por otra parte de este modo que el *ergo sum* se introduce en la tradición filosófica y que un discurso sobre el ego trascendental es posible. Que yo tenga o no la

La radicalidad de esta perspectiva no está en el planteo de Husserl, sino en el hecho que uno de sus supuestos mayores —es decir, la denominada "structure de la vie intérieure", "discours intérieur", "vie solitaire de l'âme"— ya no es inteligible. La existencia de la mismidad como deixis —yo, mí-mismo, sí-mismo, etc.— no desaparece, sino que se radicaliza: "Que *je* fonctionne ou non dans les discours solitaire, avec ou sans présence à soi de l'être parlant, il est *sinnvoll*" (Derrida, 1967b: 106).[19] La cuestión periférica justamente parte de esta constatación, de la ausencia de toda dimensión psíquica, del hecho que toda psicología es una dimensión del *espacement*, del *hacer mundo* y, en definitiva, de la escrituración que supone el Macintosh de Derrida. "De même que je n'ai pas besoin de percevoir pour comprendre un énoncé de perception, je n'ai pas besoin de l'intuition de l'objet *Je* pour comprendre le mot *Je*. [...] ... la valeur signifiante du Je ne dépend pas de la vie du sujet parlant" (Derrida, 1967b: 107).[20] La objetualidad de la especulación es una coseidad extrema (*choséité*, *Dinglichkeit*) en el sentido que sólo la materialidad/materialismo (*Zeughaftigkeit*) es determinante del "objeto *Je*", para decirlo *à la* Derrida o, dicho más directamente, entre palabra y objeto no hay descarte epistémico significativo por el hecho que, en condiciones del Antropoceno y de industrialización tecnológica generalizada, concepto y materia/materialismo son equivalentes (Bruno Latour, *Enquête sur les modes d'existence : Une anthropologie des modernes* [La Découverte, 2012]). Esta situación, en definitiva, explica el interés que la *cuestión periférica* tiene por *la cosa* como concepto determinante del siendo/estando.

El Macintosh de Derrida es la escisión en la historiografía filosófica europea que permite concebir el carácter intramundano (*innerzeitigkeit*, *In-der-welt-sein*) de toda formulación deíctica en la especulación. El Macintosh

intuición actual de mí mismo, 'yo' expresa; que yo sea viviente o no, yo soy 'quiere decir' ".

19 Traducción del autor: "Que *yo* funcione o no en los discursos solitarios,, con o sin presencia de si del ser hablante, el es *sinvoll* [juicioso/útil/significativo]".

20 Traducción del autor: " Igualmente que yo no tengo necesidad de percibir para comprender, no tengo necesidad de la intuición del objeto *Yo* para comprender la palabra *Yo*. [...] el valor significante del Je no depende de la vida del sujeto hablante".

de Derrida es así, en términos de los ámbitos periféricos, la fábrica del ahorar, el ahorar-en-sí (§ 32). El ahorar no es aprehensión, sino indicación y significación de un "maintenant actuel" (Derrida, 1967b: 69), de un "maintenant vivant" (Derrida, 1967b: 74) y constituye el "sol d'evidence" (Derrida, 1967b: 72) del ser/estar en términos especulativos. El ahorar también plantea como problema, en su construir, en su mundanar-en-acto, que "quand je parle, il appartient à l'essence phénoménologique de cette opération que *je m'entende dans le temps* que je parle" (Derrida, 1967b: 87).[21] El ahorar en su "constructivismo" de un presente necesario a la especulación (la *cuestión periférica*) constituye una reformulación radical, *de natura*, al "phonologisme traditionnel de la méthaphysique" [fonologismo tradicional de la metafísica] (Derrida, 1967b: 90). El ahorar, en términos de la *cuestión periférica*, trata de retorcer (la *Verdrehung*) la situación por la cual la historiografía filosófica europea, por medio de la autenticidad y legitimidad especulativa que ofrece *la cuestión* —en cuanto recorrido, en cuanto sistema conceptual, en cuanto vocabulario— garantiza un colonialismo excluyente que oculta todo rasgo antropocénico, toda entropía. Más relevante aun, trata de descomponer el ilusionismo de lo viviente que consiste en creer que la cuestión es garantía última de acceso a un "présent-vivant", cuando en realidad ello es sólo, como sostiene el propio Derrida, "le concept fondateur de la phénoménologie comme métaphysique" [el concepto fundador de la fenomenología como de la metafísica] (Derrida, 1967b: 111).

Aquello que sin querer la lectura de Derrida de Husserl nos permite comprehender en la actualidad es que la posibilidad, incluso como hipótesis, "d'un discours solitaire" [de un discurso solitario], en el sentido de soliloquio, se ha vuelto ilegible, ininteligible. De manera tal que los aspectos de representación del lenguaje se han radicalizado y versan exclusivamente sobre el asunto de la exteriorización o exosomatización. Por lo mismo, "la fonction pure de l'expression et du vouloir-dire n'est pas de communiquer, d'informer, de manifester" (Derrida, 1967: 53).[22] se ha transformado en excluyente y ya no existe condición especulativa que suponga lo contrario

21 Traducción del autor: "… cuando yo hablo, pertenece a la esencia fenomenológica de esta operación que *yo me escucho en el tiempo* que hablo".

22 Traducción del autor: "… la función pura de la expresión y del querer-decir no es de comunicar, de informar, de manifestar".

—pero no por las razones de Husserl, sino precisamente por una indexación extrema: la indicación es el único mecanismo sígnico en el lenguajear de la periferia. El "decir cosas", el argumentar, se ha transformado así en un funcionalismo tecnológico extremo. Si "Derrida" naciera en la actualidad y se dedicara otra vez a escribir libros de filosofía europea este capítulo se llamaría "El Derrida de Macintosh".

§ 40. "¿Qué es la filosofía?"

El planteamiento de *la cuestión* condice de forma inexorable a otro mecanismo de interrogación básico y determinante: al "¿Qué es la filosofía?". De manera que la interrogación y lo filosófico constituyen dos elementos insoslayables, motivo ulterior también por el cual lo especulativo y la pregunta por el ser/estar son simbióticos. La "razón" por la cual la pregunta por el sentido del ser conduce a la pregunta por el sentido de la filosofía es la manera de establecer la existencia de lo filosófico en cuanto tal. La filosofía como tal. La pregunta por la filosofía, en la herencia de *la cuestión*, supone ya una respuesta universal y conceptual, supone una "razón" kantiana y que, en el mejor de los casos, se identifica como λόγος (*logos*). Lo filosófico en este sentido es el nombre, el vocabulario, de algo que ya se conoce o, mejor dicho, es el ordenamiento de un ahorar (§ 32) que ya tuvo *lugar* aunque no siempre significado. Por ello también la historiografía filosófica europea es en muchos aspectos ilegible para los ámbitos periféricos (§ 26). De ser tomada *en serio* (sin escala, sin retorsión) la filosofía europea en los ámbitos periféricos sería una administración (οἶκος [*oikos*], πάθος [*pathos*]) de lo colonial y del colonialismo —como de hecho es y sigue siendo para gran número de analistas locales. Esta seriedad de lo especulativo es no sólo la incapacidad para pensar/imaginar lo imprevisible y lo desconocido, sino también la manera de producir una aceptación colonial a partir de una *legitimidad metafísica*: el *savoir-faire* como pedagogía de la deuda (*Verschuldung*), como itinerario en la individuación del endeudado (*Verschudet*), la elaboración de una culpa (*Schuld*), es decir, por algo que se experimenta (como propia) pero que nunca se "vivió", de la cual nunca tuvimos encuentro alguno (*Begegnenden*). La filosofía, como historiografía europea (*Begriffgeschichte*), es la terapéutica de un mal-estar/ser del cual no hay *origen* posible porque toda búsqueda originaria nos reenvía a la ingratitud del presente. La historiografía de *la cuestión* es una fuga hacia un adelante que ya fue predicha (*Sprachlichkeit*).

En este sentido se comprende por qué Heidegger distingue el pensamiento (*Denken: Was Heißt Denken?* [1954]) de la filosofía (*Philosophie: Die Grundbegriffe der Metaphysik. Welt – Endlichkeit – Einsamkeit* [1975 (1929–1930)]), porque para Heidegger *la cuestión* debe ser atendida/entendida como cuestión de la cuestión y por ello lo filosófico (en tanto tradición metafísica y ontológica) debe formularse como pensamiento, como *Dasein*. No es casualidad que en su primera visita académica a Francia (Cerisy-la-Salle, Normandía), en agosto de 1955, Heidegger escribiera para la ocasión un trabajo titulado "Was ist das - die Philosophie?" (*Was ist das - die Philosophie?* [Pfüllingen: Neske, 1956]). Dando cuenta de la relevancia de *la cuestión* en la definición de lo especulativo Derrida en 1972 publicaba *Marges – de la philosophie.* Sobre esta revisión que significa la cuestión de la cuestión, en 1991 G. Deleuze y F. Guattari editaban *Qu'est-ce que la philosophie?* y en 2011 Bernard Stiegler daba una conferencia titulada "Pourquoi et comment philosopher, aujourd'hui?" [¿Por qué y cómo filosofar hoy?]. Heidegger creía que *la comunicación historiográfica* con la lengua francesa pasaba por un recorrido clásico de *la cuestión* y su conservadora elección temática fue justamente circunscribir el concepto de filosofía. Es a partir de los presupuestos de esta problemática que la *cuestión periférica* se desarrolla.

La consecuencia inmediata, en términos historiográficos de *la cuestión*, es la pregunta acerca del significado de la filosofía, de su función, de su propósito. A la pregunta kantiana (*Beantwortung der Frage : Was ist Aufklärung?* [1784]) y a la pregunta heideggeriana (*der Frage nach dem Sinn von Sein* [1927]) se responde con un *Qu'est-ce que la philosophie ?* (Deleuze/Guattari, [Paris: Minuit, 1991]; Philonenko [Paris: Vrin, 1991), con un *Du droit à la Philosophie* (Derrida [Paris: Galilée, 1990]) o con un "Pourquoi et Comment philosopher, aujourd'hui" (Stiegler, [<www.pharmako.fr>, 26 agosto 2011: 1h 35' 04"]). Y también en los ámbitos periféricos, dominados por *la cuestión,* se responde con un "¿Qué es la filosofía?" (E. Dussel [Departamento Filosofía, UBA, 18.08.2015: 2 h 08 min 46 s]; J. P. Feinmann [Buenos Aires: Prometeo, 2006]). Desde los ámbitos periféricos, sin embargo, la cuestión de la cuestión, el cuestionamiento a *la cuestión*, nos conduciría, cuanto menos y aun en relación con la historiografía filosófica europea, a una retorsión (*Verdrehung*): a Kant le interrogaríamos por la *Verstehen* [*Was heißt: sich im Denken orientieren?* [1786]), a Heidegger por la *Ding* (*Was heisst Denken?* [Frankfurt: Niemeyer, 1954]; "Das Ding" [1950]; *Die Frage nach dem Ding* [Frankfurt: Niemeyer, 1962]) y a Derrida por la "Circunfesión" o el "monolingüismo" (*Le monolinguisme de l'autre* [Paris: Galilée, 1996]; *Jacques Derrida* [Paris:Seuil, 1991]).

La consecuencia inmediata, en términos historiográficos de *la cuestión*, es la pregunta no sólo por el estatuto de lo filosófico, sino por el concepto en cuanto tal, la asunción que el concepto del concepto es la pregunta por la filosofía. Toda la historiografía filosófica europea se halla atravesada por el preguntar de esta pregunta, no por la respuesta acerca de qué es la filosofía, sino por el hecho que el preguntar reduce lo especulativo a lo filosófico europeo. La deriva de Derrida —así como de Deleuze y Guattari (1991)— hacia el pensamiento (*pensée, Denken*) es la respuesta a la cuestión a partir de una cuestión de la cuestión. Y es a partir de esta deriva que la cuestión periférica se sitúa. En el mismo sentido, si tratásemos de encontrar la cuestión de la cuestión en la actualidad en "Heidegger", la histobibliografía (*Begriffgeschichte, In-der-welt-sein, Geschichtlich, Geschichtlichkeit*) nos conduciría, no a la conferencia temática de Cerisy-la-Salle, sino a *Was heisst Denken* (1954), pero una vez aprehendida esta comprenderíamos que, en términos heideggerianos actuales, la respuesta (o la explicación de/a la propuesta), por el contrario, se encuentra en *Die Frage nach dem Ding* (1962), en particular para aquellos autores de los ámbitos periféricos que postulan una reversión (*Verdrehung*) como primera medida epistémica.

La pregunta por la filosofía supone un "por qué" y un "cómo" (Stiegler, 2011), pero sobre todo un dominio que se define por su *actividad*: la filosofía es un oficio y por ello en la historiografía europea precede largamente a toda formalización científica en cuanto *capolinea* del saber. Por ello también, cuando Heidegger define lo especulativo a partir de la *Ding*, incluso cuando determina los alcances conceptuales de la *Gestell*, hace referencia a una utensilialidad (*Zeuglichkeit*) y sobre todo a la "manipulación" (*Zeug, Werzeug*) como acto-a-la-mano o a la distancia (como a-la-vista, a-lo-ojo).

Bajo estas condiciones la pregunta por el significado de la filosofía conduce directamente a *la cuestión* y de allí a la inevitable referencialidad de la historiografía europea (§ 26). Que la pregunta por el significado de la filosofía (Dussel, Feinmann) en los ámbitos periféricos se reenvíe en última instancia a *la cuestión* contradice en sus propios términos aquello que se propone y manifiesta, es decir, toda crítica a la historiografía filosófica europea o a sus derivas coloniales.

Para Heidegger —así como para Derrida que explica constantemente dicha distinción— la filosofía es una disciplina académica prisionera de los límites ontológicos y metafísicos tradicionales (Heidegger, 1967: § 5, § 6, § 73). La "destrucción ontológica" que supone el *Dasein* es también inherente a una noción diversa de lo especulativo y que surge sobre bases diferentes del proyecto cartesiano de la *res cogitans*. La "deconstrucción" planteada por Derrida como proyecto intelectual se desarrollará en permanencia *contra* la formalización a la que conduce la filosofía como disciplina (*Naturphilosophie*) y como historiografía (*Begriffgeschichte*). La *cuestión periférica* posee aquí una oportunidad de punto de partida como *défaillance*, como *défaut d'origine*, como fallo.

De manera similar, cuando Deleuze y Guattari proponen que la filosofía es una actividad dedicada a trazar planes y crear conceptos (1991: 43–44, 63, 91) está suponiendo el pensamiento en los términos iniciales del *Dasein* o, mejor dicho, de una evolución pos-*Dasein* (§ 34) porque el asunto de los impedimentos o limitaciones de una ontología para ellos, en cuanto autores de finales del siglo XX europeo, ya no significa problema alguno. Bajo esta perspectiva, para los ámbitos periféricos, Deleuze y Guattari se hallan en equivalencia con los trabajos de Derrida.

Si en los términos especulativos la existencia de lo europeo (*Europalichkeit*) —*cogito*, historiografía, ontología, etc.— es inevitable —argumento en el que coinciden los autores locales más disímiles—, entonces su reformulación, su reversión, su *Verdrehung* (retorsión), es argumento de orden en toda manera especulativa de definir lo local o una localidad. Bajo estas condiciones es acertada la descripción de los elementos filosóficos europeos que hace Bernard Stiegler, al menos desde la perspectiva de los ámbitos periféricos, al considerarlos mayormente como φαρμακοὶ (*pharmakoi*, *pharmaka*), es decir, como aquello que puede conducir a un *soin* (cura, remedio), a una terapéutica (θεραπεία) o, al mismo tiempo, a un envenenamiento, a una intoxicación definitiva. El colonialismo de *segundo grado* es también este mecanismo doble y ambivalente. Esta condición es también un argumento irreversible por el cual todo planteo "ideológico" clásico del colonialismo, no sólo es ineficaz, sino que acaba siendo profundamente entrópico.

La imposición de la pregunta ("¿Qué es la filosofía?") ya contiene su respuesta argumentativa (*la cuestión*) (§ 1) e historiográfica (la historiografía filosófica europea) (§ 26): sólo una reversión en los términos de la *cuestión periférica* puede modificar esta condición de *grammatisation* a la que se acogen queriendo o no los analistas locales que tratan de establecer lo local a partir de una localización. Es el caso sin duda del combativo Enrique Dussel y de su propuesta de "filosofía de la liberación", lo cual, de acuerdo a los términos aquí propuestos es un contrasentido, ya que toda "filosofía" no puede ser otra cosa que europea, incluso cuando transliterada su condición historiográfica sigue siendo/continuando europea. De manera paradójica entonces y como resultado de la ausencia de una cuestión de la cuestión, es decir, como implementación historiográfica de *la cuestión*, y de sus derivas, aun interesantes autores locales como el citado Dussel exponen un "¿Qué es la filosofía?" ("Ciclo: ¿Qué es la filosofía?", Departamento de filosofía, Universidad de Buenos Aires, 18.08.2015) para justificar aquello que se supone es su contrario, es decir, la llamada "filosofía de la liberación" ("Curso filosofía de la liberación", Colegio de Filosofía, UNAM, 28.01.2015).

"¿Qué es la filosofía?" (2015) es para Dussel una autobiografía, la suma de lecturas, una narración familiar (*heimatlich,* también como *heimlich*). Es también un "pensar en nosotros" y constantes ejemplos ilustrativos de la historia de la filosofía europea. Es la creencia que la filosofía tiene propietarios aunque "no pone sucursales" y que la misma filosofía europea puede tener título de propiedad local. Es el convencimiento que "la filosofía no piensa la filosofía, piensa la realidad. [...] La filosofía piensa para tener una metodología para pensar la realidad". La "filosofía" de Dussel llama realidad a *la cuestión* y por eso dice que "la filosofía *toca* realidad". La realidad de Dussel es una *greffe cartesiana* (§ 11): además de objeto especulativo es mecanismo. Para Dussel lo real es pensado por las teorías y estas son inteligibles por lo que dicen: para Dussel no hay tecnología ni significado fuera de las palabras (signo, semiótica), todo significado es *ad litteram* y por ello no concibe la existencia de una *grammatisation*. La "filosofía de la liberación" de Dussel ("un proceso de alcanzar la verdad") es preantropocénica. La dramatización, la teatralización y la *story-telling performance* son indistinguibles de "la filosofía de la liberación" de Dussel, la cual tiene además, como referencias mayores, personajes historiográficos como "Apel": la "filosofía de la liberación" significa por aquello que sitúa "afuera" —como "imperialismo" en su aspecto negativo, como "marxismo" en su aspecto positivo.

La idea que algo llamado realidad (entendido como *realm*) se encuentra *fuera* de la filosofía, de la actividad especulativa, es porque se supone que dicho *realm* antecede a la pregunta misma por la filosofía: *la cuestión* se funda entonces en un *realm*. Tal perspectiva platónica es la que asume Dussel para fundar la "filosofía de la liberación" y por ello es que afirma que la misma no es algo "traído de afuera, sino porque surgió realmente". Semejante esquematismo espontáneo no puede, sino conducir al resultado contrario de lo que se proclama: la "afueridad" (en tanto *Weltlichkeit* ajena, *unheimliche*) constante de la "filosofía de la liberación", en los términos de Dussel, no tiene expresión para el ahorar (§ 32) que puede conjugarse fuera de *la cuestión* y de la historiografía filosófica europea que supone (§ 26).

El "¿Qué es la filosofía?" de Dussel es una búsqueda constante de la diferencia colonial como menoscabo y *ultima ratio* al mismo tiempo: la "filosofía de la liberación" no tiene futuro, sino horizonte de expectativa, es el "¿Qué es la filosofía?" que vuelve una y otra vez a *la cuestión*, cambiando las narrativas y los nombres de los lugares. La "filosofía" reproducida como *la cuestión* a la periferia ("la filosofía sin sucursales") se transforma en un *círculo hermenéutico* cuyo objeto es confirmar su propia relevancia: "¿Cuál es la importancia de la filosofía, hoy en día" (Centro de Documentación en Filosofía Latinoamericana e Ibérica [CEFILIBE] de la Universidad Autónoma Metropolitana - Unidad Iztapalapa [UAM-I], 2016).

"¿Qué es la filosofía?" en los ámbitos periféricos es siempre una pregunta, un asunto universitario, porque involucra la apelación a la historia-historiografía de la filosofía europea. Incluso quienes de forma explícita dicen ignorar *la cuestión*, la introducen a partir de los mecanismos que esta supone y de los cuales los autores no están advertidos o no les interesa estarlo. El caso del "marxismo" de la llamada "filosofía de la liberación" es un ejemplo casi perfecto. "¿Qué es la filosofía?" son también, para continuar con el caso y la argumentación, un grupo de doce seminarios ofrecidos en 2005 por el académico argentino José Pablo Feinmann en Buenos Aires

(Buenos Aires: Prometeo, 2006) y que constituyen un *exemplum* universitario de cómo la especulación se hace *commodity* para obtener una apariencia de localidad, no por sus dichos o argumentos, sino por los aspectos patrimoniales y simbólicos que emplea.

Para Feinmann la filosofía es "lo europeo" *tout court* y ello puede significar la historia de la filosofía europea, la historiografía filosófica europea, la historia general de Europa o la historia de los argumentos de los medios de comunicación europeos, entre otras posibilidades. La *commoditisation* de la filosofía europea es realizada a partir de una perspectiva de lectura: "En preguntas tales como '¿qué es la filosofía?', o '¿qué es tal o cual cosa?', si seguimos seriamente, antes o después, derivamos del qué al quién, y así llegamos a la pregunta clave de la novela policial clásica, la novela policial de enigma, que es '¿quién lo hizo?'. Esto es lo que define a la novela policial clásica: quién lo hizo, o sea, quién es el asesino. Acá de entrada sabemos quién es el asesino. El asesino es la filosofía. La filosofía es una asesino serial y de gran magnitud. Vamos a mostrar que, a partir de Descartes sobre todo, hay una obsesión filosófica por provocar ya sea destrucciones, deconstrucciones, destotalizaciones o directamente muertes." (Feinmann, 2006: 12)

A partir de allí el asunto de la filosofía no son los conceptos, sino los eventos de una narración más o menos biográfica, más o menos novelesca: el asunto se convierte en conjeturar intenciones (*intentio operis*) y agregar personajes a la trama (en tanto mecanismo de "Lector in fabula" [Eco], o de "Implied reader" [Iser]). Cualquier pregunta, cualquier interrogación, especulativa, de acuerdo al autor, nos conduce a los personajes, es decir, a formulaciones del *Étant/Seienden*, es decir, en definitiva y aunque se sostenga lo contrario, a *la cuestión*. Y ello no impide, sin embargo, que la filosofía devenga un argumento de los medios de comunicación, de las llamadas redes sociales, al mismo tiempo que una antología del patrimonio cultural europeo o, cuanto menos, de aquello que simbólicamente a nivel local funciona como tal. Esta transformación de los aspectos conceptuales en una cuestión de construcción ficta de un *realm* es un mecanismo local de gran popularidad y por el cual se trata de reformular la cuestión extrayéndola de su historiografía filosófica europea de origen: como si el tratamiento de autores filosóficos europeos no tuviese consecuencias conceptuales o de lenguajear alguna. Aquello que Feinmann sostiene sin afirmar es que lo europeo filosófico es dicho localmente como una novela: la efectividad de tal propuesta —en particular en términos de difusión y divulgación— es inmediata pero su *standing* epistémico es inexistente. En los argumentos de Feinmann no hay lugar para ninguna *escala epistémica* desde donde se pueda comprehender la relación entre lo especulativo local y lo filosófico europeo.

Como de establecer un vocabulario se trata aquello que interesa no son las etimologías, como sucede con los conceptos, sino las significaciones *ad litteram*, por ello el autor parte de aquello que establecen los diccionarios, es decir, de qué quiere decir la palabra filosofía. Que *la filosofía es algo que no está en la palabra* o, en todo caso, que *tal cosa* es una afirmación problemática, constituye un asunto, un mecanismo heideggeriano, para decirlo de alguna manera, que Feinmann nunca considera sea relevante o necesario.

"¿Que es la filosofía?" es así un estupendo ejercicio de *salgarismo* para obtener un mecanismo preteritivo aplicable *urbi et orbi*: "El peligro que entonces se plantea es el del salgarismo. Los personajes de Salgari huyen a la selva perseguidos por los enemigos y tropiezan con una raíz de baobab, y de pronto el narrador suspende la acción para darnos una lección de botánica sobre el baobab. Ahora eso se ha transformado en un topos ... [...] Aunque volví a escribir centenares de páginas para evitar ese tipo de traspié, no recuerdo haberme dado cuenta nunca de cómo resolvía el problema. Me di cuenta sólo después de dos años, y precisamente mientras buscaba una explicación para el hecho de que también leyesen el libro personas a las que, sin duda, no podían gustarles los libros tan 'cultos'. El estilo narrativo de Adso se basa en una figura de pensamiento llamada 'preterición'. ¿Recuerdan el ejemplo ilustre? 'Cesare taccio, che per ogni piaggia ...' [Referencia al verso de Petrarca: "César, me callo, que por cada ladera hizo la hierba sangrar"]. Se declara que no se quiere hablar de algo que todos conocen muy bien, y al hacer esa declaración ya se está hablando de ello. Aproximadamente así procede Adso cuando alude a personas y acontecimientos que da por conocidos y, sin embargo, explica. Con respecto a las personas y acontecimientos que el lector de Adso, alemán de finales del siglo, no podía conocer, porque habían sucedido en Italia a comienzos de dicho siglo, Adso los expone sin reticencias, y en tono didáctico, porque ése era el estilo del cronista medieval, deseoso de introducir nociones enciclopédicas cada vez que mencionaba algo. Después de haber leído el manuscrito, una amiga (no la que he mencionado) me dijo que le había impresionado el tono periodístico, no novelístico, del relato; si mal no recuerdo, dijo que parecía el lenguaje de un artículo de *Espresso*" (Umberto Eco, *Apostillas a El nombre de la rosa* [Buenos Aires, Lumen-De la Flor, 1986, pp. 43–33]).

Sin darse cuenta Feinmann en sus clases lleva adelante un ejercicio estupendo de preterición que nada tiene que ver con la filosofía en términos europeos, excepto por el nombre (*ad litteram*) y sí, sin embargo, con la manera en que la escrituración de lo especulativo se realiza en los ámbitos periféricos y a partir de la *grammatisation* que sí también, en cambio, está regida por *la cuestión* que implementa la historiografía filosófica europea. En la irreverencia más inimaginable hacia la bibliografía filosófica europea, Feinmann es aun el alumno más obediente. La preterición como método retórico que describe Eco se homonimiza con la preterición que el Antropoceno, en su entropización generalizada, ha difundido y establecido: no se trata sólo de una *commoditisation* de la filosofía como tal, sino de una institucionalización (Feinmann habla en una institución y como un institutor) del negacionismo o de lo que comúnmente se conoce en la actualidad como *post-fact politics*.

Aquello que el autor sostiene a partir de su esquema de "novela policial" no es sólo una personificación de la filosofía ("el asesino es la filosofía", "un asesino serial"), es decir, la *reducción* de la bibliografía a los personajes historiográficos, sino una afirmación de aquello que no se cree hacer o, mejor dicho, que se rechazaría de manera implícita: la complicidad de la población que Feinmann conjuga en su "novela policial" es traicionada por los mecanismos con los cuales la misma es definida por referencia a lo que sucede fuera de la "novela policial" —a la condición de *celebrities* de sus personajes (personificación de los personajes)— y que es aquello que caracteriza precisamente los personajes. "Hegel", por ejemplo, no vive (*Eksistenz*, existencia) de Feinmann, el autor de "novelas policiales", sino de lo que *viene de fuera* (en tanto mundanar [*Weltlichkeit, Weltliche*] ajeno). Y de allí que, como resultado, la "novela policial" de Feinmann adolezca de aquello que dice tener en demasía: una *realitas*, un *realm*.

En el mejor de los casos, esta *commoditisation* de lo especulativo ("Foucault nos sirve para pensar esto ..." [Feinmann, 2006: 247]) conduce a constataciones de lo periférico como tal ("Ninguno de estos filósofos piensa la periferia" [Feinmann, 2006: 240]), en el peor de los casos, conduce a argumentaciones deplorables (como por ejemplo el comentario en torno a la obra de Derrida en el capítulo 12 [Feinmann, 2006: 237–254]).

La pregunta de *la cuestión* en los ámbitos pasajeros se transforma en la pregunta por la filosofía, como si preguntar qué es "lo filosófico" —y no sólo la filosofía— es ya encuadrar *la cuestión* como problemática legítima de una búsqueda de la localidad de lo local. Quien mejor ha ilustrado esta situación, en los términos del ejemplo periférico aquí empleado, es el ensayista también argentino Horacio González (*El filósofo cesante* [Buenos Aires: Atuel, 1995] y *Restos pampeanos. Ciencia, ensayo y politica en la cultura argentina del siglo XX* [Buenos Aires: Colihue, 1999]). La preocupación de González es de producir una versión *criolla* de la historiografía filosófica europea y de transformar la filosofía en términos de *la cuestión* en lo filosófico *per se*: es como si a partir de una modificación de un vocabulario, como si a partir de "hablar en argentino" nos liberásemos de la historiografía filosófica europea y, por ejemplo, decir "Hegel" significaría sólo aquello que queremos que signifique. Es como si pensásemos que la historiografía filosófica europea la modificamos y revertimos a golpes de adjetivos sustantivados porque aquello que es sustantivo no es suficiente y tiene que ser adjetivado para que signifique más y mejor.

El sustantivo ("filosofía") transformado en adjetivo ("filosófico") y sustantivado por el artículo determinante neutro ("lo") es la manera en que se localiza *la cuestión*, como si el modo de *hacer propio* la filosofía ("mundanar", en tanto *Weltlichkeit* ajena, *unheimliche*) fuese en transformarla, no tanto a partir de una modificación en su definición historiográfica, como en la manera de indicarla verbalmente: la ausencia de una visión crítica de *la cuestión* transforma los argumentos en asuntos de vocabulario y de "traducción". Esto es aquello que indicaremos como *mecanismo González*. Y que se complementa de manera casi perfecta con la transformación en *commodity* que ya vimos con anterioridad: no es la filosofía, sino "lo filosófico", la *commodity* que funciona, que significa y que permite al negacionismo de las *post-fact politics* argumentarse como rebelión verbal de la periferia.

En los ámbitos periféricos en donde la especulación es entendida como "filosofía" es irreversible la dependencia historiográfica y conceptual de *la cuestión*. Y aun cuando *la cuestión* fuese leída como cuestión de la cuestión, a la manera de Derrida, aun así, sería necesaria la transliteración y el trabajo conceptual subsiguiente. Y, en realidad, Deleuze usa la palabra "filosofía" pero se refiere al pensamiento (*la pensée*), Stiegler habla de "filosofar" pero ignora toda *institución* de la filosofía (se refiere al φάρμακον [pharmakon]), por citar dos ejemplos contemporáneos. Para los ámbitos periféricos, la filosofía ya no es tal, sino su historiografía (*Begriffgeschichte*) europea (§ 26), por ello Dussel no puede significar lo local sin citar a Marx y al marxismo y Feinmann tampoco sin mencionar a Platón o Hegel. Es siempre el *mecanismo González* y constituye uno de los rasgos culturales dominantes de la periferia en el Antropoceno.

Es la ilegibilidad de la pregunta por la filosofía en la periferia aquello que nos conduce a considerar el alcance del pensamiento como manera de indicar lo especulativo o aquello que lo especulativo supone. La relación que Heidegger en *Sein und Zeit* (1967: § 32) establece entre conocimiento (*Verstehen*) e interpretación (*Auslegung*) constituye una posibilidad interesante de aproximar esta idea de pensamiento en los términos locales. Para Heidegger el *Sein* se significa como proyección ("sein Sein auf Möglichkeiten" [1967: 148]) y por ello es *entendido* como *étant/Seienden* (§ 16): el *Dasein* aparece, como bien nomina Rivera, como "comprensor" (que comprende, que reúne, que explica, que mundana: "Dieses verstehende"), como un comprensor que es *Sein zu Möglichkeiten* ("estar vuelto hacia posibilidades" [trad. Rivera, 1997: 151]). Y el comprehender es así un proyectarse: "Die Ausbildung des Verstehens nennen wir Ausle-gung" (1967: 148).[1] En los ámbitos periféricos la comprehensión determina todo entendimiento: "Auslegung gründet existenzial im Verste-hen, und nicht entsteht dieses durch jene" (1967: 148).[2] Más aun: "Die Auslegung ist nicht die Kenntnisnahme des Verstandenen, sondern die Ausarbeitung der im Verstehen entworfenen Möglichkeiten" (1967: 148).[3]

1 Traduce Rivera: "A este desarrollo del comprender lo llamamos *interpretación* (*Auslegung*)" (1997: 151).

2 Traduce Rivera: "La interpretación se funda existencialmente en el comprender, y no es éste el que llega a ser por medio de aquélla" (1997: 151).

3 Traduce Rivera: "La interpretación no consiste en tomar conocimiento de lo comprendido, sino en la elaboración de las posibilidades proyectadas en el comprender" (1997: 151–152).

A este orientarse (como dirección, pero también como "descubrimiento": *Entdeckung* [como "estado de descubierto"], *Geschick* [como destinación]), a esta escenificación (en el sentido derridiano de "séance" y "scène"), a este desarrollarse ("Das Entwerfen des Verstehens": proyectarse del comprender), a este dirigirse hacia (*Richtungsnahme* [como orientación]), a esta expectación (como *Erlebnis*), a esta localización (como *das Geviert* [cuadrar, biosferizar]), es el conjunto al que indicamos como estado de la cosa (*Sachverhalt*) y que en los ámbitos periféricos también puede designarse como pensamiento (*Denken*).

El comprehender no sólo es un desarrollo sino abocarse a un horizonte de expectativa: en este sentido la *pos-datación* del *Dasein* (§ 34) es un entorno, su encuadramiento tecnológico, la Gestell (§ 41). El pos-*Dasein* de la periferia no tiene ya relación directa con la historia de la filosofía europea y sus avatares conceptuales (metafísicos y ontológicos), sino con el colonialismo y la tecnologización. El "Kant" de Heidegger es en los ámbitos periféricos un-otro-mundo (mundar, mundanar: *Welten*), un parajear (*verstattet*, y también como *stätte vertattet*), un localizar (§ 46).

Este sentido del interpretar ("Auslegung", "verstehende Auslegung") y del comprehender/entender ("Verstehen", "Dieses vertehende") es aquello que explica una vez más la manera en que la *Zuhandenhein* (lo siendo/estando a-la-mano: *Seienden zuhanden*) determina/comprehende lo *Vorhandenhein* (lo siendo/estando a-la-vista: *Seienden vorhanden*) (§ 16) y lo ameniza como cosa (estado de cosa [*Sachverhalt*], pero que es también en tanto red de útiles) en un mundanar (*Welten, Weltlichkeit*) que es básico y fundante de la subjetivación (§ 34). Este estar/ser a-la-mano, como utensiliar, es un referenciar ineludible: "Zuhandenes wird immer schon aus der Bewandtnisganzheit her verstanden" (1967: 150).[4] Comprehender y espaciar son así solidarios en la escrituración, que es el utensiliar básico y que es aquello que Heidegger indica como resultado en la "manera propia de ver" (*Vorsicht*) que determina lo dado, que da lugar a la legibilidad/ilegibilidad, y que se funda, en definitiva, en una "manera propia de entender" (*Vorgriff*) —y que resulta según Heidegger en una "determinada conceptualidad"

4 Traduce Rivera: "Lo a la mano es comprendido siempre desde la totalidad respeccional" (1997: 153).

(*Begrifflichkeit entschieden*). La condición del pensamiento en la periferia se establece por la ilegibilidad de aquello que no es/está antes a-la-mano (*Zuhandenheit*). Y es por ello que "Alles Zubereiten, Zurechtlegen, Instandsetzen, Verbessern, Ergänzen vollzieht sich in der Weise, daß umsichtig Zuhandenes in seinem Um-zu ausei-nandergelegt und gemäß der sichtig gewordenen Auseinanderge-legtheit besorgt wird" (1967: 148–149).[5]

El ocuparse (*sorge, besorge*, también como cura, cuidado) que es el pensamiento en los ámbitos periféricos resulta de la visibilidad (como *sicht/Sichtig*, pero también en tanto *Vorhandenheit*) que hace posible el "estado de la cosa" (*Schverhalt*) y su utilaje/utensiliar (entendido como *Zeugzusammenhang*). Lo explícito y lo comprendido no tienen así diferencia: el "para-qué" no es simplemente un asunto de significado, sino de entidad, de existencia, de localización: "Die Angabe des Wozu ist nicht einfach die Nennung von etwas, sondern das Genannte ist verstanden *als* das, *als* welches das in Frage stehende zu nehmen ist" (1967: 149).[6] Y de allí que en los ámbitos periféricos las nociones de metafísica y de ontología sean ilegibles: el "como tal" es la relevancia, la confirmación de la prestancia relevante del parajear (*Stätte verstattet*) (§ 46). Aquello que es explícito ha sido comprehendido en términos de un para-qué, de un utilaje, de un utensiliar, de la *Zuhandenheit*.

El "como tal" (*als*) que indica Heidegger determina el hecho que todo argumento, todo en-tender tiene como parte de su clarividencia, de su explicitación, de su significado, un "en cuanto qué" (*als was*): "Das »Als« macht die Struktur der Ausdrücklichkeit eines Verstandenen aus; es konstituiert die Auslegung" (1967: 149).[7] Esta es la orientación hacia el utilaje/utensiliar que domina el pensamiento en los ámbitos periféricos y aquello

5 Traduce Rivera: "Todo preparar, ordenar, arreglar, mejorar, completar, se lleva a cabo en tanto que lo circunspectivamente a la mano es explicitado en su para-qué y se hace objeto de un ocuparse que se rige por lo que se ha hecho visible en esta explicitación" (1997: 152).

6 Traduce Rivera: "La indicación del para-qué no consiste simplemente en nombrar algo, sino que lo nombrado es comprendido en esta forma: lo que está en cuestión debe ser considerado *como* tal" (1997: 152).

7 Traduce Rivera: "El 'en cuanto' expresa la estructura explicitante de lo comprendido; es lo constitutivo de la interpretación" (1997: 152).

que también explica por qué el parajear (*Stätte verstattet*) no es sólo un movimiento, sino una constitución (§ 46). En definitiva, aquello que hace posible y significativo el mundar/mundanar: "Sie wirft nicht gleichsam über das nackte Vorhandene eine »Bedeutung« und beklebt es nicht mit einem Wert, sondern mit dem innerweltlichen Begegnenden als solchem hat es je schon eine im Weltverstehen erschlossene Bewandtnis, die durch die Auslegung herausgelegt wird" (1967: 150).[8]

La interpretación en cuanto comprehensión es una actividad constante de parajear (*Stätte verstattet*), de localizar, es el "comparecer dentro del mundo" (*innerweltlichen Begegnenden*) al que se refiere Heidegger en términos europeos. En el proyectar del comprender (*Entwerfen des Verstehens*), en el proyectar que es el comprender en los ámbitos periféricos, la interpretación siempre es comprensora (*verstehende Auslegung*). Definir la noción de sentido es ya parajear (*Stätte verstattet*), localizar (§ 46), situar la comprensión (§ 12), la interpretación comprensora (compresión, comprensión) explica por qué el horizonte de expectativa, por qué el mecanismo de horizontar (punto de fuga, *vanishing point*) es condición de especulación en la periferia: "Der Begriff des Sinnes umfaßt das formale Gerüst dessen, was notwendig zu dem gehört, was verstehende Auslegung artikuliert. Sinn ist das durch Vorhabe, Vorsicht und Vorgriff strukturierte Woraufhin des Entwurfs, aus dem her etwas als etwas verständlich wird" (1967: 151).[9]

8 Traduce Rivera: "La interpretación no arroja cierto 'significado' sobre el nudo ente que está-ahí, ni lo reviste con un valor, sino que lo que comparece dentro del mundo, ya tiene siempre, en cuanto tal, una condición respectiva abierta en la comprensión del mundo, y esta condición queda expuesta por medio de la interpretación" (1997: 153).

9 Traduce Rivera: "El *concepto de sentido* abarca la estructura formal de lo que pertenece necesariamente a lo articulable por la interpretación comprensora. *Sentido es el horizonte del proyecto estructurado por el haber-previo, la manera previa de ver y la manera de entender previa, horizonte desde el cual algo se hace comprensible en cuanto algo*" (1997: 154).

§ 41. *Gestell* y periferia

Toda especulación en Heidegger comienza por una clarificación de significado de *la cuestión* en términos de la cuestión de la cuestión. La cuestión de la cuestión entonces es el espacio de partida de la especulación heideggeriana ("Die Frage nach der Technik" [1953]), es el origen como defecto, como *défaut d'origine*, como error, como falla original. Esta perspectiva es fundamental para el *Dasein*: todo inicio especulativo supone un problema de *dépaysement* (erradicación, exilio, transculturación), en donde hay una discontinuidad entre el cuerpo y los conceptos: al negociado entrambos es aquello que podríamos indicar como νόησις (*noesis*): el ver, el entender, el percibir, es resultado de una utensiliarización donde el cuerpo se define por el empleo de la materia como instrumental —y así entendido el cuerpo supone la individuación, la existencia de una *ipséité* (§ 34). El significado de esta utensiliarización no es *per se* identificable, narrado, sino que se significa en su uso, en la manera que se hace utensilio o en la manera que, al fallar, el utensilio se vuelve inteligible (Heidegger, 1967: § 15). Bajo estos presupuestos se comprende por qué las condiciones en las cuales el *Dasein* se establece suponen también su superación, su *dépasement*, es decir, la necesidad que *algo* explique la dimensión desconocida (inesperada, no previsible) hacia la que el *Dasein* conduce, no por sus dichos, sino por las consecuencias de sus suposiciones, a comenzar por la manera en que lo humano es definido por lo no humano —bajo estas condiciones se entiende por qué Bernard Stiegler, por emplear un ejemplo europeo, define lo humano como lo "non inhumain" (Stiegler, *Dans la disruption* [Paris: Les Liens qui Libèrent, 2016]).

La relevancia de la obra de Heidegger en relación con la técnica —con el pensamiento de la técnica, con el vínculo entre técnica y pensamiento— reside menos en la noción de *Gestell* y sus derivaciones que en el hecho que *Sein und Zeit* fue el primer trabajo en donde el "hombre" —reemplazado por el *Dasein*— dejó de ser el punto axial de lo especulativo —incluso, como ya vimos destaca Derrida (1990a: 66), la única manera en que Heidegger concebía *escribir* "hombre" era tachándolo: ~~hombre~~. De manera que no es sólo el *cogito* aquello que se hallaba bajo revisión, sino también todos sus supuestos. La preocupación, no historiográfica podríamos decir, de Heidegger por las nociones de objeto (*Objekt*, en tanto *Werkzeug*), cosa (*Ding*) y pensamiento (*Denken*) es también resultado de esta situación.

La razón por la cual la *Gestell* heideggeriana ha adquirido una dimensión que no tiene relación con el poco espacio que el propio Heidegger en su obra dedicara a la técnica/tecnología tiene que ver precisamente con el sentido profundamente tecnologizado del *Dasein*, es decir, dicho con otras palabras, con el hecho que el *Dasein* es el elemento fundante de la individuación contemporánea, la cual reside plenamente en condiciones antropocénicas. Evento que ningún filósofo europeo en 1927, a la época de la publicación de *Sein und Zeit*, conjeturaba.

Y es bajo estas condiciones que conjeturamos que en *Sein und Zeit* mismo se halla el principio del pos-*Dasein* (§ 34), de los límites antropocénicos del *Dasein*, es decir, el hecho que el *Dasein* no puede explicar la constitución de una *Weltgeschichtlichkeit* (Stiegler, 2001). Y por ello es que hemos dicho que el *Dasein* es la anihilación ("rature" decía Derrida [1990a]: § 13) de lo humano a un punto irreversible que el propio Heidegger no podía comprehender en su alcance actual (*aktualität*), aunque sí podía intuirlo a partir de aquello que la *Gestell* suponía.

La pregunta por el sentido del ser/estar (*der Frage nach dem Sinn von Sein*) se inscribe en una historiografía conceptual de la filosofía europea (§ 26) que en realidad la existencia (principio de consistencia) del *Dasein* reniega, *cuestiona*. Por ello sostiene Barthélémy que "cependant la *Seinsfrage*, en tant qu'elle est porteuse d'un "tournant" (*Kehre*), ne se réduit pas à la répétition, même ultime et raffinée, d'un tel partage, il nous faut montrer en quoi l'interrogation de Heidegger révèlera une *autre* forme d'idéalisme, *inaperçue et omniprésente jusqu'à lui*, dont il se voudra cette fois l'adversaire, et qui le conduira à un débat avec le seul qui ait, *par-delà* Kant lui-même ..." (Barthélémy, 2006: 94).[1]

1 Traducción del autor: "... sin embargo la *Seinsfrage* [la cuestión de la cuestión], en tanto que ella es portadora de un 'giro/punto de inflexión' (*Kehre*), no se limita a la

Por ello también cuando hacemos referencia a una reversión, a un retorcimiento, a la *Verdrehung*, como perspectiva respecto de la historiografía filosófica europea, encontramos en la *Kehre* (vuelta, retorno, giro, pasar, tornear) una expresión primitiva de esta manera de localizar. Y por lo mismo, como veremos más adelante en el caso de Gadamer (§ 46), existirá una relación directa entre este "giro" de la *Seinsfrage* y la concepción de una *oikos* (H. G. Gadamer, "Europa und die Oikoumene" [1993]) a partir de lo cual se puede concebir, en los ámbitos periféricos, el pensamiento de "l'*impensé* du statut du 'sujet' *philosophant* lui-même" [Lo *impensado* del estatuto del mismo 'sujeto' *filosofante*] (Barthélémy, 2006: 94) (§ 47).

Aun cuando, como vimos, la inteligibilidad de lo conceptual no responda a una coherencia conceptual interna de las historiografías filosóficas europeas, los conflictos en las mismas —y en las obras que las componen— recalan *también* en la percepción y lectura de la periferia —sea en lo que se entiende como percepción y lectura, así como *en la manera* de realizar la percepción y la lectura. En este sentido, respecto de *Sein und Zeit* puede decirse que existe una incompatibilidad analítica entre la noción de intramundo ("innerweltlich Seienden" [Heidegger, 1967: 72], "Welt ist selbst nicht ein innerweltlich Seiendes" [Heidegger, 1967: 72]) —así como aquello que refiere y supone— y las generalizaciones y sobrentendidos que nociones como "ontología" (*ontologische*) y "óntico" (*ontische*) asumen. La incompatibilidad consiste en que las derivaciones de dichas nociones conducen, no sólo a configuraciones conceptuales diversas, sino a una discontinuidad epistémica entre un *Dasein* que se define por el *étant/Seienden* y un *Dasein* que se define por la *Gestell* —y de allí que se comprenda la *mise-en-abŷme* conceptual que significa entender la *Gestell* como una forma del *étant* (en tanto *seienden*: § 16), máxime cuando se concibe al *étant* como algo descubierto/revelado (*Entbergen*, *décelement*) que es cosa por la cuantificación que vehiculiza, de manera que no hay diferencia entre aquello que lo hace cosa y la "objetividad" cuantificada que exhibe —razón también por

---

repetición, incluso si final y refinada, de un tal compartir, ella nos muestra en qué la interrogación de Heidegger revelará una *otra* forma de idealismo, *inapercibida y omnipresente hasta por él indicada*, en donde se querrá esta vez el adversario y que le conducirá al solo debate que haya tenido, *más allá* de Kant mismo..."

la cual el *étant* (*Seienden*) se halla en disponibilidad permanente ("stock disponible", *Beständ*).

Por otra parte, *Sein und Zeit* reformula, no obstante la "destrucción" que postula, las nociones de ontología y de metafísica, asunto que desde la perspectiva periférica no es viable por la *carga historiográfica* (§ 26) que dichos conceptos suponen y que no importa qué redefinición ninguna puede solventar o modificar en extremo dicha carga: por ello también hemos hecho referencia a una *escala epistémica*. Aquello que la "destrucción ontológica" supone en Heidegger, conduce en la periferia al "olvido de la metafísica" como tal: la cuestión de la cuestión es un camino irreversible que conduce más allá de la *Gestell* como de alguna manera ya suponía Derrida (1990a).

La acepción de una noción de trascendental y de absoluto son ininteligibles, en los términos de *Sein und Zeit*, para la periferia, por cuanto la distinción entre "réalisme transcendental" e "idéalisme empirique" en realidad somete la distinción entre lo empírico y lo trascendental propiamente dichos y que, como sostiene Barthélémy (2006), se transforman en lo ontológico y lo óntico. Pero también porque toda "totalización" se halla en conflicto directo con el significado de mundanar (en tanto *Weltlichkeit*): la consistencia (*Beständigkeit, Beständnis*) no está dada por una suma completa de elementos, sino por su ausencia, por su falla, por su defecto, por la condición misma de la *Gestell*, es decir, por el hecho que lo que generaliza es un menoscabo, el *Enthüllen/Entdecktheit* (*dévoilement, être-devolé, decélement*, ser-descubierto, revelado, abierto, expuesto), el *entbergen/entbergung* (descobijar, descubrir): la producción no es lo característico de la *Gestell*, sino la requisición (*Heraus-forden* en tanto "pro-vocación"), por cuanto el *étant/Seienden* es/está no por condición alguna, sino como "stock disponible" (en tanto *Beständ*): esta es la incisión irreversible que produce el *Dasein*, es decir, de cómo la exosomotización de lo humano, la manera en que la individuación se asienta en exteriorizaciones tecnológicas, de una producción-mano-fabricadora se transforma en una producción-mecano-automatizada.

La "totalidad" clásica de la historiografía filosófica europea no puede ser confundida con esta globalidad ("terraqueidad") a que da lugar la *Gestell*: la factibilidad total y la calculación total que acechan/determinan el proceso de individuación parten de principios de *défaillance*, de errores, de fallos, de "defectos de origen" —la *Machenschaft* (maquinación) que supone la *Gestell* es el garante de este mecanismo por el cual *lo que integra es lo que falla*.

La técnica y su esencia (*Wesen der Technik*) no son para Heidegger la misma cosa e, igualmente, "So ist denn auch das Wesen der Technik ganz und gar nichts Technisches" (Heidegger, 2000: 7).[2] Esto explica por qué es tan ameno el argumento por el cual se confunde la ciencia con la técnica y se atribuye a una los resultados de la otra bajo el falso nombre de "experiencia". La cientificidad que domina la noción de conocimiento en la actualidad se deriva de esta confusión entre ciencia y tecnología en el sentido que se toma a una por la otra: "Die neuzeitliche Physik ist nicht deshalb Experimentalphysik, weil sie Apparaturen zur Befragung der Natur ansetzt, sondern umgekehrt: weil die Physik, und zwar schon als reine Theorie, die Natur daraufhin stellt, sich als einen vorausberechenbaren Zusammenhang von Kräften darzustellen, deshalb wird das Experiment bestellt, nämlich zur Befragung, ob sich die so gestellte Natur und wie sie sich meldet" (Heidegger, 2000: 22).[3]

A este *cientificismo* por otra parte se debe agregar un "ilusionismo tecnológico" (Morozov, 2013), eso que Heidegger denomina la comprensión instrumental de la tecnología ("Die nur instrumentale, die nur anthropologische Bestimmung der Technik" [Heidegger, 2000: 22]) y que es aquello que explica por qué en los ámbitos periféricos la realización política de una sociedad ha sido siempre entendida como industrialización de la misma y como Estatización de la técnica y sus mecanismos sociales. Es prácticamente imposible en los ámbitos periféricos concebir una noción de ὑπομνήματα (*hypomnemata*) (en tanto mecanismo privilegiado

2 Traducción del autor: "Por lo mismo la esencia de la técnica no es en absoluto nada técnico".

3 Traduce Jorge Acevedo: "La física moderna no es física experimental porque en sus pesquisas acerca de la naturaleza aplique aparatos, sino que, inversamente: porque la física, y por cierto, como pura teoría, pone a la naturaleza como lo que hay que concebir en cuanto conexión de fuerzas, previamente calculable, es por lo que se establece el experimento; esto es, para indagación de si la naturaleza, puesta de esa manera, se anunciará y cómo lo hará" (Heidegger, 1997:131).

de vehiculización de la individuación) sin que en la misma —que son "naturalmente" tecnológicas— no exista una intervención significativa del Estado.

Como sostiene el propio Heidegger cuando concebimos a la técnica de manera instrumental,[4] es decir, como una neutralidad, perspectiva hoy dominante debido al cientificismo, estamos en realidad "librados" de la peor manera, es decir, *ciegos* a la esencia (*Wesen*) de la técnica.[5] Y esencia aquí es el sustantivo *Wesen* que puede significar ser/estar conjugado o esencia y que resulta en dos acepciones: como "manera de ser/estar o comportarse/actuar" o como "todo aquello que concierne" a alguna cosa. Esta situación por la cual cuanto más creemos liberarnos por la ciencia y la tecnología más en realidad nos subyugamos en términos especulativos, constituye un mecanismo abiertamente popular en los ámbitos periféricos.

El conjunto de elementos que componen la técnica/lo técnico (en tanto *Gestell*), por su manera de funcionar y condiciones constituye un *Einrichtung*, un dispositivo: "Zu dem, was die Technik ist, gehört das Verfertigen und Benützen von Zeug, Gerät und Maschinen, gehört dieses Verfertigte und Benützte selbst, gehören die Bedürfnisse und Zwecke, denen sie dienen. Das Ganze dieser Einrichtungen ist die Technik. Sie selber ist eine Einrichtung, lateinisch gesagt: ein *instrumentum*" (Heidegger, 2000: 7–8).[6]

Este conjunto es aquello que, en su evidencia, vuelve obsoleta la argumentación especulativa clásica, es decir, la explicación entendida como principio causal. Y esta causalidad/causalismo se ha amalgamado con la

4 "Die gängige Vorstellung von der Technik, wonach sie ein Mittel ist und ein menschliches Tun, kann deshalb die instrumentale und anthropologische Bestimmung der Technik heißen)" (Heidegger, 2000: 8).

5 Sostiene Heidegger: "Am ärgsten sind wir jedoch der Technik ausgeliefert, wenn wir sie als etwas Neutrales betrachten; denn diese Vorstellung, der man heute besonders gern huldigt, macht uns vollends blind gegen das Wesen der Technik. Als das Wesen von etwas gilt nach alter Lehre" (Heidegger, 2000: 7).

6 Traducción del autor: "La fabricación y utilización de herramientas/utensilios, de instrumentos y de máquinas son/hacen parte de eso que es la técnica. También de ello son/hacen parte las cosas mismas que son fabricadas y utilizadas, y por lo mismo las necesidades y los fines a los cuales ellas sirven. El conjunto de estos dispositivos (*Einrichtungen*) es la técnica. Ella es ella-misma un dispositivo (*Einrichtung*), en latín un *instrumentum*".

cuantificación que domina la cientificidad de manera tal que "Man pflegt seit langem die Ursache als das Bewirkende vorzustellen. Wirken heißt dabei: Erzielen von Erfolgen, Effekten" (Heidegger, 2000: 13).[7] Y esta "operatividad" (*Wirken*) (que en la periferia resulta por lo general de una reversión de la causa material y la eficiente [Canaparo, 2016]) es aquello que funda todo *realm* en los ámbitos periféricos. Por ello se entiende que Heidegger citara con frecuencia la frase de Max Planck: "Wirklich ist, was sich messen läßt" (Heidegger, 2000: 52).[8]

La comprensión de lo especulativo a partir de fines y medios, mecanismo que ha fundado la *res cogitans* cartesiana y que se ha prolongado hasta nuestros días, como bien testimonia el propio Heidegger,[9] es en la actualidad de los ámbitos periféricos ininteligible. Es decir, se puede distinguir entre fines y medios pero su plausibilidad heurística es inexistente. La crítica de Heidegger a la concepción instrumentalista de la tecnología apunta justamente a esta situación. Y, más aun, el asunto más relevante es que dicha causalidad/causalismo funcionaba de modo *retrospectivo* en sentido historiográfico (§ 26): de manera que se imponía la "operatividad" al pasado (*Begriffgeschichte*) como si fuera un mundanar de su propia época.[10]

Y esta "búsqueda de resultados", de "operatividad" de las cosas, se condice con la disponibilidad total que ameniza la tecnología y que, en tanto expresión del *étant*, se confunde con la condición del *être/Sein* en sí, como tal, en cuanto tal: "Vorliegen und Bereitliegen (ὑποκσεἱθαι) kennzeichnen

7 Traducción del autor: "La costumbre, desde hace largo tiempo, ha sido de representar la causa como aquello que opera. Operar quiere decir entonces obtener resultados, efectos".

8 Traducción del autor: "Es real aquello que podemos medir/mensurar".

9 "Zwar tut man seit Jahrhunderten so, als sei die Lehre von den vier Ursachen wie eine sonnenklare Wahrheit vom Himmel gefallen" (Heidegger, 2000: 9).

10 "Im Bereich des griechischen Denkens und für dieses hat jedoch alles, was die nachkommenden Zeitalter bei den Griechen unter der Vorstellung und dem Titel »Kausalität« suchen, schlechthin nichts mit dem Wirken und Bewirken zu tun. Was wir Ursache, die Römer causa nennen, heißt bei den Griechen αἴτιον, das, was ein anderes verschuldet. Die vier Ursachen sind die unter sich zusammengehörigen Weisen des Verschuldens)" (Heidegger, 2000: 10).

das Anwesen eines Anwesenden" (Heidegger, 2000: 12).[11] Es así que se comprehende mejor la aproximación de Derrida (1990a) a la *Geist*: la sinonimia entre historiografía, causalidad, especulación y justificación espiritual parece probada.

La desaparición de la causalidad como mecanismo especulativo, la reversión que implica, supone que en los ámbitos periféricos la plausibilidad conceptual y su funcionamiento lógico no tienen relación con su ininteligibilidad. De manera que numerosas teorías de la historiografía filosófica europea que localmente poseen un funcionamiento argumentativo plausible, desde la periferia son ininteligibles. No se trata, como ha sido habitual considerar en el pasado, de un asunto de adaptación o pertinencia, sino de *grammatisation*, de cómo las teorías responden a formas de lenguajear y de idiomar que varían de una localidad a otra. Por ello la oposición al significado de una teoría en términos europeos —en nombre de su supuesta aplicabilidad a nivel local— constituye en realidad una creencia radical —*metafísica* en realidad— en los principios de causalidad.

Si aquello que determina la técnica/tecnología (*tekhné* dice Heidegger) es el producir (*Her-vor-bringen*), es "la fabricación y utilización/empleo de herramientas/utensilios, de aparatos y máquinas" (*Verfertigen und Benützen von Zeug, Gerät und Maschinen*), y si la concepción instrumental de la técnica (*die instrumentale Vorstellung*), de fines y medios causales, significa su evolución e historia (*Geschichte*) en términos de la historiografía filosófica, entonces se comprehende que en los ámbitos periféricos, determinados por una *grammatisation* colonial, una *Naturphilosophie* haya sido la "medida de todas las cosas". Y la deriva evolutiva local de esta *tekhné*, en su reversión causal, en su conflicto no especulado con el mundanar de las causas-explicaciones aristotélicas, ha sido una sobredimensión del hacer-venir (*Ver-an-lassen*, *faire-venir*) al que se refiere Heidegger y entendido en la actualidad como "ocasionar", como un ocasionar que en su acción mecánica de explicar una cosa por otra está significando aquello que adviene: y es así que la perspectiva instrumental de la técnica aparece como una naturaleza o, mejor dicho, como un *agente naturalizante*. Y sostiene Heidegger: "Jede

11 Traducción del autor: "Ser/estar delante/frente a y a disposición caracterizan la presencia de una cosa presente".

Veranlassung für das, was immer aus dem Nicht-Anwesenden über- und vorgeht in das Anwesen, ist ποιησις, ist Her-vor-bringen" (Heidegger, 2000: 12).[12] Hay un elemento en la productividad de la técnica que constituye un suplemento en sentido derridiano ("supplément": 1967a, 203–234) y que se vincula a la manera en que aquello que no es parte del mundanar conocido que denominamos presente *se hace* presente. Ello también explica la perdurabilidad en la historiografía filosófica Occidental de *la cuestión* como algo que se refiere a *un hacer* y a *un ser* al mismo tiempo. La ποίησις (*poiesis*) es para Heidegger este *supplément* y en lo cual coinciden no sólo Derrida, sino también autores europeos más recientes como Stiegler. De allí también el interés de trabajos de autores locales, como por ejemplo los del chileno Humberto Maturana (*La realidad, ¿objetiva o construida?* [Anthropos/Iberoamericana/Iteso: Barcelona, 1995–1996]), que han desarrollado la relación entre una cientificidad, un concepto de ποίησις (*poiesis*) y la manera en que se determina la localidad de un dominio local.

La especulación tiene un *supplément* (suplemento) en el sentido derridiano, es *un algo* que escapa a los argumentos (causales, explicativos, evolutivos), pero que significa. Es aquello que Heidegger con razón define entonces como ποίησις (*poiesis*): "Ein Her-vor-bringen, ποιησις, ist nicht nur das handwerkliche Verfertigen, nicht nur das künstlerisch-dichtende zum-Scheinen- undins-Bild-Bringen. Auch die φύσις, das von-sich-her Aufgehen, ist ein Her-vor-bringen, ist ποίησις. Die φύσις ist sogar ποίησις im höchsten Sinne" (Heidegger, 2000: 12).[13]

La ποίησις (*poiesis*) es también esa dinámica de la fisidad (en tanto φύσις) que no depende de la mano-humana y que puede ser la floración de una flor a la que se refiere Heidegger, pero también la dinámica de la tecnología que, automatizada, tampoco depende de la mano-humana (eso que Stiegler indica como lo "inorgánico organizado"). La fisidad no depende

12 Traducción del autor: "Todo hacer-venir (*Veranlassung*), por lo que pasa/sucede —cualquiera sea— y por lo que se avance de lo no-presente en el presente, es *poiesis*, es *pro-duction* (*Hervor-bringen*)".

13 Traducción del autor: "Una *pro-duction*, en tanto *poiesis*, no es solamente la fabricación artesanal, no es tampoco solamente el acto poético y artístico que hace aparecer e informa en imagen. La *phusis*, por la cual la cosa se abre de ella misma, es también una *pro-duction*, es *poiesis*".

de la mano pero se halla siempre a-la-mano (*Zuhandenheit*): he allí otro obstáculo, otra confusión, que en la periferia conduce a entender cientificidad y tecnologismo de la misma manera. Pero se encuentra también allí, en esa *Zuhandenheit* la circunstancia más difícil de la biosferización (§ 46) a que da lugar la *Gestell*.

El suplemento de la especulación se muestra, aparece, se encuentra, con la ποίησις (*poiesis*) en tanto fisidad (φύσις). Es aquello que, revertido y modificado en el caso de la periferia, Heidegger llamaba *Das Entbergen* (el aparecer, el "desabrigar", el hacer-salir del retiro, de lo-atrás). Y por esto también es que puede entenderse por qué esta pre-orientación-hacia-la-materia de los ámbitos periféricos ha sido leída y malentendida a partir de la historiografía local de origen marxista como "materialismo", como una condición local adapta al materialismo dialéctico como especie de "filosofía primera".

Y sin embargo Heidegger con razón indica que la técnica moderna no se desarrolla en la dirección "creativa" de la ποίησις (*poiesis*) sino, por el contrario, en un hacer-venir, en un descubrirse/establecerse (*Das Entbergen*, "dévolement") que es pro-vocación (*Heraus-forden*) por la cual "la naturaleza [*die Natur*: en el sentido de biosfera] es una puesta en disposición de librar una energía que puede como tal ser extraída (*herausgefördert*) y acumulada" (Heidegger, 2000: 15).

Y esta situación se vincula asimismo al hecho que Heidegger considera que la técnica moderna se halla determinada menos por la fabricación que por el hacer-venir, por el descubrir/exponer que es la *Entbergen* y que en definitiva asocia a la τέχνη (*tekhné*) griega.[14] Las consecuencias de esta provocación (*Heraus-forden*, preparación, pro-formato, predeterminación, interpelación [*stellen*]) son innumerables, en particular es determinante la forma en que la misma coadyuva a la fundación de la cientificidad como modo último del conocimiento a partir de la técnica/tecnología: "die neuzeitliche Physik ist als experimentelle auf technische Apparaturen und auf

14 Sostiene Heidegger: "Das Entscheidende der τέχνη liegt somit keineswegs im Machen und Hantieren, nicht im Verwenden von Mitteln, sondern in dem genannten Entbergen. Als dieses, nicht aber als Verfertigen, ist die τέχνη ein Her-vorbringen" (Heidegger, 2000: 14).

den Fortschritt des Apparatebaues angewiesen" (Heidegger, 2000: 15).[15] Esta situación es aquello que Heidegger denomina la *motorización* de la técnica moderna (*die moderne Kraftmaschinentechnik*) y cuya consecuencia, en términos de individuación, son los de una profunda alienación-proletarización tecnológica (en tanto pérdida de saber): "Erschließen, umformen, speichern, verteilen, umschalten sind Weisen des Entbergens. Dieses läuft jedoch nicht einfach ab. Es verläuft sich auch nicht ins Unbestimmte. Das Entbergen entbirgt ihm selber seine eigenen, vielfach verzahnten Bahnen dadurch, daß es sie steuert. Die Steuerung selbst wird ihrerseits überall gesichert. Steuerung und Sicherung werden sogar die Hauptzüge des herausfordernden Entbergens" (Heidegger, 2000: 17).[16]

Esta "dirección" (*Steuerung*) es aquello que autores contemporáneos como Stiegler denominan *automatisation* y que otros, como Paul Virilio (*L'Art du moteur* [Paris: Galilée, 1993]), indicaban, de manera similar a Heidegger, como "l'art du moteur", la motorización. Y resulta significativo la asociación que Heidegger realiza entre "dirección" de la motorización de la técnica y "aseguración" (*Sicherung*): no sólo por el hecho, ya indicado por otros autores, de la *dimensión antropológica* del modelo financiero, que domina los intercambios humanos, basado sobre el esquema impuesto como paradigma de las compañías aseguradoras, sino también por el hecho que este vínculo tiene también una relación directa con la manera en que Heidegger define la *Wesen* (esencia, sustancia primera).

La condición radical de esta interpelación en torno a una funcionalidad concreta es aquello que para Heidegger no sólo determina la técnica, sino aquello que a continuación va a denominarse, en términos antropológicos,

15 Traducción del autor: "… la física moderna, en tanto que experimental, depende de un material técnico y está ligada al progreso de la construcción de los aparatos".

16 Traducción del autor: "Obtener, transformar, acumular, repartir, conmutar/comunitarizar (*umschalten*) son modos del desabrigar/descubrirse (*Entbergen*). Pero este no se desarrolla pura y simplemente. Tampoco se pierde en lo indeterminado. El desabrigarse/descubrirse se desabriga/descubre a sí mismo en sus propias maneras-caminos, enrevesados de múltiples formas, y se desabriga/descubre en tanto que se dirige/direcciona en ellos. La dirección/el direccionar ella misma, de su parte, es por todos sitios asegurada. Dirección/direccionar y aseguración de la misma son incluso los rasgos/aspectos principales del desabrigar/descubrirse que pro-voca/interpela (*herausfordernden*)".

como lo-humano y que el filósofo de Friburgo indicará como *Dasein*. La industrialización tecnológica es complementaria del Antropoceno, de la radicalización ecológica que supone y la *Gestell* fue su primera formulación: "Wir nennen jetzt jenen herausfordernden Anspruch, der den Menschen dahin versammelt, das Sichentbergende als Bestand zu bestellen — das *Ge-stell*" (Heidegger, 2000: 20).[17] *Ge-stell* tiene el genitivo *ge*, que como en *Gebirg* y *Gemüt*, posee una función de reunión, de puesta en conjunto: "el ser-estar juntado de los actos *stell*" y también una invitación a dichos actos. El primer traductor francés de este trabajo de Heidegger ("Die Frage nach der Technik" [1953]), Jean Beaufret, en 1958 traducía, con un humanismo de época cierto, *Gestell* como "Arraisonnement": "a-razonamiento", sin-razonamiento, ausencia-de-argumentación. Y el mismo Beaufret tiene un comentario pertinente sobre la etimología de la *Gestell*: "On a vu ce radical [se refiere al prefijo *ge* de *gestell*] figurer dans un petit groupe des verbes qui désignent, soit les opérations fondamentales de la raison et de la science (suivre à la trace, présenter, mettre en évidence, représenter, exposer), soit les mesures d'autorité de la technique (interpeller, requérir, arrêter, commette, mettre en place, s'assurer de ...). *Stellen* est au centre de ce groupe, c'est ici: "arrêter quelqu'un dans la rue pour lui demander des comptes, pour l'obliger à *rationem reddere*" (Heid.), c'est-à-dire pour lui réclamer sa raison suffisante. L'idée va être reprise et développée dans *Der Satz vom Grund* (1957). La technique arraisonne la nature, elle l'arrête et l'inspecte, et elle l'ar-raisonne, c'est-à-dire la met à la raison, en la mettent au régime de la raison, qui exige de toute chose qu'elle rende raison, qu'elle donne sa raison" (Jean Beaufret en M. Heidegger, *Essais et conférences* [Paris: Gallimard, 1958], p. 26).[18]

17 Traducción de Jorge Acevedo: "Nosotros llamamos ahora aquella interpretación provocante, que reúne al hombre en ella a establecer el desocultar como *constante*, lo dis-puesto [das *Ge-stell*]". El escrito es el ya famoso "Die Frage nach der Technik" editado por primera vez en 1954 por Günther Neske en Pfullingen.

18 Traducción del autor: "Ya hemos visto esta raíz [se refiere al prefijo *ge* de *gestell*] figurar en un pequeño grupo de verbos que designan, sea las operaciones fundamentales de la razón y de la ciencia (seguir a la traza, presentar, poner en evidencia, representar, exponer), sea las medidas de la autoridad de la técnica (interpelar, requerir, detener, cometer, poner en su lugar, asegurarse de...). *Stellen* está al centro de este grupo, es aquí: 'detener a alguien en la calle para pedirle cuentas, para obligarlo a *rationen reddere*.' (Heid.), es decir, para reclamarle su razón suficiente. La idea va

De manera similar a como vimos sucedía con Rivera en la traducción castellana de *Sein und Zeit* (§ 6, § 18), la perspectiva filosófica del traductor francés determina aquí el sentido de la misma: en 1958 no era plausible a todo analista la comprehensión de la radicalidad entrópica del Antropoceno, es decir, el hecho que la *Gestell* supone una reversión de todo concepto de naturaleza, que la "naturaleza natural" (*Naturphilosophie*) es una ficción filosófica y que sin duda es la conclusión que nos queda en la actualidad del *Dasein* o, mejor dicho, del pos-*Dasein* que ya estaba prefigurado en el mismo *Sein und Zeit*. De modo que traducir a Heidegger teniendo como trasfondo las categorías filosóficas clásicas es no haber comprehendido el alcance de la *Gestell*.

Por otra parte, William Lovitt, traductor al inglés de la primera edición de "Die Frage nach der Technik" [versión 1955] en 1977, también destaca que "Heidegger repeatedly stresses the force of *ge-* as meaning 'gathering' " [Heidegger repetidamente señala/indica la fuerza de *ge* como sentido de 'grupo/encuentro/evento/agrupamiento/reunión/formación'] (Lovitt en Heidegger, *The Question Concerning Technology and Other Essays* [New York: Harper, 1977, p. 47). La idea de una convergencia de factores diversos en un punto o en un lugar es una significación que atraviesa toda la reflexión de Heidegger en relación con la técnica y que se halla expresada por la idea central de *Entbergen*.

La expresión "técnica" (*technik*) o "técnica moderna" (*modernen technik*) que emplea Heidegger responde a una época en donde la noción de tecnología no se había desarrollado aun y en donde incluso la misma no era intercambiada con técnica, como suele ser el caso en la actualidad. Es así que Beaufret, el primer traductor francés del ensayo sobre la técnica, reproduce las expresiones de Heidegger (*technique*, *technique moderne*), mientras que el traductor al inglés emplea en numerosas ocasiones "technology". Los traductores al castellano, Francisco Soler y Jorge Acevedo (M. Heidegger, *Filosofía, ciencia y técnica* [Santiago: Editorial Universitaria, 1997]) emplean

a ser retomada y desarrollada en *Der Satz von Grund* (1957). La técnica razona/re-razona la naturaleza, ella la detiene y la inspecciona, y ella la re-razona, es decir la pone a la razón, situándola/sometiéndola al régimen de la razón, que exige que toda cosa dé su razón, que ella ofrezca su razón".

asimismo "técnica", "técnicamente", "técnica moderna" y también "época técnica", "era técnica", "pre-técnica". Si consideramos como dada la hipótesis de Heidegger en tanto que son los utensilios y los aparatos (la *motorización* en sentido genérico) aquello que generan el significado de lo especulativo en relación con la técnica, entonces es legítimo en términos epistémicos considerar técnica como tecnología. Tal es por ejemplo aquello que hacen autores europeos como Stiegler.

Para Heidegger la *Gestell* designa la esencia (*Wesen*) de la técnica moderna en el sentido que la misma abarcaría una dimensión "ideal" y "visual" al mismo tiempo. La idealidad es el ειδος (*eidos*) transformado por Platón en ἰδέα (*idea*), por cuanto "ἰδέα nennt nicht nur das nichtsinnliche Aussehen des sinnlich Sichtbaren. Aussehen, ἰδέα heißt und ist auch, was im Hörbaren, Tastbaren, Fühlbaren, in jeglichem, was irgendwie zugänglich ist, das Wesenh ausmacht" (Heidegger, 2000: 21).[19] De manera que *Gestell* designa lo-al-ojo así como la interpelación al desabrigar/descubrirse, también el "situar enfrente delante", el "fabricar", el "poner sobre/debajo de los ojos", el "exponer". Y en este sentido se entiende por qué se ha confundido la técnica y la explicación "técnica" de la técnica: "Weil das Wesen der modernen Technik im Ge-stell beruht, deshalb muß diese die exakte Naturwissenschaft verwenden. Dadurch entsteht der trügerische Schein, als sei die moderne Technik angewandte Naturwissenschaft" (Heidegger, 2000: 24).[20]

La ποίησις (*poiesis*) entendida de esta manera y en los ámbitos periféricos es relevante no sólo como *suplemento especulativo* en los términos ya indicados, sino como un mecanismo epistémico, una herramienta conceptual, para enfrentar el colonialismo de *la cuestión* y su historiografía. La ποίησις (*poiesis*) en este sentido puede ser expresada, bajo las condiciones

19 Traducción del autor: "[...] *idea* no indica sólo el aspecto no sensible de aquello que es sensiblemente visible. Aquello que constituye la esencia en eso que podemos escuchar, tocar, sentir, en todo eso que de alguna manera es accesible: eso se llama 'aspecto', *idea*, y también tal".

20 Traducción del autor: "[...] Es porque la esencia de la técnica moderna reside en el encuadramiento (*Gestell*), que esta técnica debe utilizar la ciencia exacta de la naturaleza. Así nacida surge la apariencia engañosa de que la técnica moderna es de la ciencia natural aplicada".

de la *Gestell*, como un "hacer-venir productor" (*Charakter des hervorbringenden Veranlassens*), es decir, un desabrigarse/descubrirse (*Entbergen*, "dévoilment") en modo de ποίησις (*poiesis*). Y bajo estas condiciones se entiende también la "retracción de la causalidad/causalismo" (*Vermutlich schrumpft die Kausalität*) antes indicada, en tanto mecanismo generalizado de lo especulativo.

Es entonces la *Gestell* quien puede dar un contexto de explicación de por qué, en los ámbitos periféricos y en términos especulativos, todo *realm* local ha sido entendido como una filosofía de la naturaleza (*Naturphilosophie*), sea referida como modelo matemático, sea legitimada como mecanismo tecnológico, incluso como aparato. Sin embargo, Heidegger sostiene que la *Gestell* "Es ist nichts Technisches, nichts Maschinenartiges" [No es nada técnico, nada maquínico] (Heidegger, 2000: 24) y, más aun, que en tanto mecanismo "Das Ge-stell ist das Versammelnde jenes Stellens, das den Menschen stellt, das Wirkliche in der Weise des Bestellens als Bestand zu entbergen" (Heidegger, 2000: 24–25).[21] Esta puesta en disposición (interpelación) de lo humano que es la *Gestell* es aquello que origina la aparición un desabrigarse/descubrirse (*Entbergen*) como forma de *realm* que garantiza el cometer/un cometimiento. Y es lo mismo que explica por qué, en los ámbitos periféricos, tal "fondo/trasfondo" (*solcher Bestände*) no puede ser sino maquínico, una *motorización* (*Kraftmaschinentechnik*).

La *Gestell* es un modo destinatario/destinado (*Geschickhaft*) del desabrigarse/descubrirse (*Entbergen*), por ello el *marketing* ha sido en los ámbitos periféricos una herramienta tan formidable en la domesticación del proceso de individuación y un mecanismo de *storytelling* sin par en el proceso de *commoditisation* de la cientificidad y así como en la financiarización generalizada de lo colectivo. La *pro-vocation* (*herausfordernde*) a que hace referencia Heidegger como el modo dominante de este desabrigarse/descubrirse significa literalmente una *vocación* (en tanto "acción de llamar", llamamiento, convocación, "inclinación a un estado"), una determinación en el presente de las expectativas, no sólo de un horizonte-por-venir, sino

21 Traducción del autor: "El encuadramiento (*Gestell*) es aquello que re-junta/reúne esta interpelación, quien pone al hombre en disposición de descubrir lo real (*le réel*) como fondo en el modo del cometido/cometimiento (*als Bestand zu entbergen*)".

de los *significados* posibles del mismo (§ 40). En este sentido, el fracaso generalizado de la escolarización en los ámbitos periféricos es de temer. Aquello que, por el contrario, sería aspirable, es a una reversión en el modo de este desabrigarse/descubrirse y que Heidegger mismo indica como *das hervorbringende Entbergen* (pro-ductor, en tanto *poiético* [ποίησις]). Así se comprende el lugar central que *la cuestión* tiene en esta problemática en cuanto factor determinante del presente entendido como (i) formulación del ahorar (§ 32, § 39), (ii) como determinación de lo posible (§ 12, § 21, § 26, § 27), (iii) como presente de enunciación de lo especulativo en cuanto tal (§ 4, § 13, § 27, § 29), (iv) como copulación referenciada del lenguajear (§ 1, § 16, § 24), (v) como realización por la presencia/presentismo de lo perceptivo (de su conciencia, de su exteriorización) (§ 17, § 18, § 35).

Las condiciones coloniales bajo las cuales la especulación se ha desarrollado en los ámbitos periféricos responde, como ya enunciamos, a los parámetros de *la cuestión*, a su historiografía, a los temas que impone, a las significaciones que son imposibles y desconoce. Ahora podemos además indicar que *la cuestión* se manifiesta mayormente por una confusión ya señalada por Heidegger: "… das Ge-stell als ein Geschick der Entbergung zwar das Wesen der Technik, aber niemals Wesen im Sinne der Gattung und der *essentia*" (Heidegger, 2000: 31).[22] Y por lo mismo que, como ya vimos, también se confunde la técnica con la explicación de la misma en cuanto tal, en cuanto concepto: "Weil das Wesen der Technik nichts Technisches ist …" (Heidegger, 2000: 36).[23]

La *Gestell*, en tanto esencia de la técnica, no designa un instrumento ni especie alguna de aparato (Heidegger, 2000: 50) y en su ser de *eso* que alguna cosa es, el *quid*, la *quidditas*,[24] no hay entidades remotas, sino una simple constatación: "Weil das Wesen der Technik nichts Technisches ist …" (Heidegger, 2000: 36).[25]

22 Traducción del autor: "[…] la *Gestell*, en tanto que destino del desabrigarse/descubrirse, es sin duda la esencia de la técnica, pero no es jamás esencia en el sentido y del género de la *essentia*".

23 Traducción del autor: "La esencia de la técnica no es nada/no tiene nada de técnica".

24 "In der Schulsprache der Philosophie heißt »Wesen« jenes, *was* etwas ist, lateinisch: quid. Die quidditas, die Washeit gibt Antwort auf die Frage nach dem Wesen" (Heidegger, 2000: 50).

25 Traducción del autor: "La esencia de la técnica no tiene/no es nada técnico…"

La *Gestell* es determinante por su condición de irreversible y que Heidegger entendía como "duración": "Als das Wesende der Technik ist das Ge-stell das Währende" (Heidegger, 2000: 32).[26] Que la esencialidad de la técnica tenga durabilidad es aquello que define la *Gestell*, pero esta "durabilidad" se desplaza, viaja, deriva, no re-viene. Por ello es que la *Gestell* no puede tener *escala humana* alguna: "… das Wesende der Technik den Menschen in Solches ein, was er selbst von sich aus weder erfinden, noch gar machen kann; denn so etwas wie einen Menschen, der einzig von sich aus nur Mensch ist, gibt es nicht" (Heidegger, 2000: 32–33).[27]

En "Das Gestell" (1953) y en "Die Kehre" (1949) Heidegger concibe la esencia (*Wesen*) de la tecnología mayormente como un viniendo al presente/siendo presente. Para Heidegger la esencia es un permanecer, un perdurar como presencia. Y semejante perspectiva explica sin duda la fortaleza de la perspectiva heideggeriana en relación a la técnica y al mundo-de-las-cosas a partir del empleo de la noción de utensilio/herramienta (*handwerkszeug, werkzeug, kraftwerk*) y de "sistema de herramientas" ("entramado de útiles": *Zeugzusammenhang*). Este aspecto es relevante para el ámbito periférico por cuanto toda noción de especulación es *y no puede ser que* un utensiliar, un herramientar. El famoso ejemplo heideggeriano acerca de que el significado (*Wesenlichtkeit*) del martillo (*handwerkszeug*) lo descubrimos (*Entbergen*) cuando el mismo se rompe es una definición casi perfecta del *defecto de origen* (fallo, *défaillance*) que, como ya hemos indicado, caracteriza lo especulativo en términos locales.

La relación entre *Wesen* y *Entbergen* significa también una puesta en disposición generalizada del mundo (del mundanar, *Weltlichkeit*) a partir de la técnica. Y es por ello que la noción de dirección a la que se refiere Heidegger debe ser entendida como *Geschick*, es decir, como "destinación" —no sólo en tanto lugar hacia donde se llega, sino también como recorrido, como *historia* de ese recorrido, y como mecanismo que deriva hacia otras cosas o dominios pero manteniendo una dirección central. Y esta "destinación" es

26 Traducción de Acevedo: "En cuanto a lo esente de la técnica, es lo dis-puesto lo que perdura" (1997: 143).

27 Traducción del autor: "[…] la esencia de la técnica compromete al hombre en eso que él no puede de sí mismo, ni inventar, ni todavía menos hacer. Pues, un hombre que no será hombre, únicamente de y por él mismo: una tal cosa no existe".

definida también por la *Schickung*, es decir, por una "ordenación providencial" que puede ser ordenando de obedecer y/u ordenando de organizar, de adaptarse, por obedecimiento. De esta manera la técnica, tal como es sin duda evidente en la actualidad, aparecía ya para Heidegger como un ordenamiento irreversible, pero azaroso al mismo tiempo, y de allí también la expresión verbal *sich schicken* que viene a reforzar la noción de adaptarse, de constatar y adaptarse, de adecuarse, y que conduce en definitiva a hipótesis del ensayo "Die Kehre" (el tornante, el retorno, el giro, la revuelta, el codo, la curva) —en particular al empleo de *einkehren* (regresar-adentro, entrar, permanecer, poner-dentro), el sustantivo derivado *Einkher* (poniendo dentro, estando-dentro). En "Die Kehre" Heidegger expone cómo la técnica en su esenciar (*Wesentlichkeit*) supone una reversión del *Sein* (ser/estar) y en este sentido constituye una ilustración prístina de cómo *la cuestión*, en su ejercer especulativo y en su dimensión historiográfica (*Begriffgeschichte*), conduce a una contemporaneidad donde lo humano no es fundado por lo humano, sino por la técnica misma: "Wenn das Wesen der Technik, das Gestell als die Gefahr im Sein, das Sein selbst ist, dann läßt sich die Technik niemals durch ein bloß auf sich gestelltes menschliches Tun meistern, weder positiv noch negativ. Die Technik, deren Wesen das Sein selbst ist, läßt sich durch den Menschen niemals überwinden. Das hieße doch, der Mensch sei der Herr des Seins" (Heidegger, *Die Technik und Die Kehre* [Pfullingen: Verlag Günther Neske, 1962, p. 38]).[28]

Aquello que en este sentido también resulta interesante de observar es cómo ya en los comentarios de Heidegger en relación a la técnica aparece la idea de una interrupción, de un *estado de olvido*, en relación a la misma y que denomina *Vergessenheit*, pero que no debe confundirse con la simple propensión a olvidar cosas o con un olvido de la memoria. Este estado del olvido es aquello que en 1980 Paul Virilio indicará como *picnolepsis interruptus*

28 Traducción del autor: "Si la esencia, el devenir del desabrigarse/descubrirse, de la tecnología, es la *Gestell* en cuanto peligro para el *Sein* (ser/estar), el *Sein* mismo, entonces la tecnología nunca permitirá ella misma de ser dominada, ya sea positiva como negativamente por humanos, fundándose en ella misma. La tecnología, cuya esencia es el *Sein* en sí, nunca permitirá ella misma ser sobrepuesta por hombres. Ello significará, después de todo, que el hombre ha sido el maestro del *Sein* (ser/estar)".

(*Esthétique de la disparition : essai sur le cinématisme* [Paris: Balland, 1980]), que Stiegler en 2001 (*La Technique et le Temps*, tome 3 : *Le Temps du cinéma et la Question du mal-être* [Paris: Galilée, 2001]) concebirá como un estado generalizado de la individuación colectiva y que Jonathan Crary en 2013 (*24/7: Late Capitalism and the Ends of Sleep*. [London: Verso, 2013]) entenderá como el aspecto central para comprehender el impacto de la industrialización tecnológica en el proceso de individuación.

Es la solidaridad de la determinación (en tanto puesta en disposición: *das Anwesen eines Anwesenden*) y del hacer-venir (*Veranlassung*), a que da lugar la técnica (*Gestell*), aquello que funda la *Entbergen* (desabrigarse/descubrirse, *dévoilement*) como elemento determinante en términos especulativos. Y es bajo estas condiciones que, como vimos, "Steuerung und Sicherung werden sogar die Hauptzüge des herausfordernden Entbergens" (Heidegger, 2000: 17).[29] La idea que la técnica tiene una dirección y que la misma es siempre asegurante/asegurada confirma la condición irreversible y no tradicional con que Heidegger entendía la esencia de la técnica (*das Wesen der Modernen Technik*). La *Wesen* (esencia) significa como presencia (presentismo del presente), nunca como *essentia* (Heidegger, 2000: 31), y de allí también la relación conceptual e historiográfica con *la cuestión*. Y esta presencia de la técnica nunca nombra lo que significa, sino que describe lo que hace, aproxima —de allí también la confusión que el "esencialismo" ha generado entre ciencia y técnica y de lo cual las corrientes llamadas transhumanistas, que postulan una simbiosis "natural" entre cientificidad y evolución de lo viviente, han sacado partido.

En tanto presente la *Gestell* es algo que persiste, que permanece, que se prolonga, que dura: es el viniendo en la presencia, el siendo/estando presente, el realizando la presencia, la persistencia del *Dasein* por una existencia (*Ek-sistenz*) no-humana, es decir, el predominio de la industrialización tecnológica en la determinación del proceso de individuación, para decirlo en los términos posteriores de Simondon (*L'individuation psychique et collective* [Paris: Aubier, 1989]). Y es este presente aquel que aparece "asegurado" (*Sicherung*) y es en esta relación ínsita entre la direccionalidad

29 Traducción del autor: "Dirección y aseguradora son los aspectos principales mismos del desabrigarse/descubrirse que provoca".

y la aseguración que plantea la técnica donde también debe explorarse lo especulativo.

Que en definitiva la *Wesen* y la *Entbergen* tengan una relación directa, aunque el propio Heidegger no haya explorado el argumento, significa desde los ámbitos periféricos una confirmación de la condición irreversible de la cuestión de la cuestión y, por ende, de la reversión (*Verdrehung*) necesaria de la historiografía filosófica europea. En el mismo sentido, significa una confirmación del mecanismo del asegurado/asegurando como un modelo especulativo predominante en relación a la técnica y que, sin duda, explica la posición dominante en la actualidad del cientificismo como forma privilegiada de entender el conocimiento. Esto es aquello que Heidegger indica como la interpretación instrumental ("die instrumentale und anthropologische Bestimmung der Technik heißen" [Heidegger, 2000: 8]) de la *Gestell*. Y a partir de lo cual algunos intérpretes entienden la *Gestell* como un "en-razonar", como un "en-razonamiento".

Sicherung (asegurado/asegurante), en términos de la técnica, tiene así inesperadas consecuencias especulativas por cuanto la perduración que significa la *Wesen* supone la garantía (aseguradora/seguro) de un "tratamiento de la deuda" como condición de inteligibilidad de lo inmediato, de aquello que ya indicamos como ahorar (§ 32). Y la relación estrecha, nietzscheana, teutona, entre deuda y culpa (*Schuld*) es pertinente en los ámbitos periféricos en donde la colonización ha igualmente forzado una relación entre "herida original", responsabilidad de la misma, y deuda/endeudamiento/negociación como mecanismo regular de gobierno. La *Verschulden*, entendida como "tener culpa" y al mismo tiempo como "estar endeudado", explica la profunda y rápida raigambre con que el mecanismo de asegurado/asegurante (*Sicherung*) se impuso en los ámbitos periféricos como inteligibilidad primera de la tecnología y así como también explica la inmensa popularidad, del todo actual, de la hipótesis instrumental de la misma.

Séptima parte. La terraza

§ 42. Abejas y simios en las colonias

Uno de los pasajes más famosos y populares de la filosofía europea reciente es el de *Das Kapital* (Libro primero, capítulo 5) en donde Marx, para ilustrar el sentido del trabajo, contrapone las tareas de las abejas (*Biene*) a las de un maestro de obra (*Baumeister*). La abejas en este sentido no son una metáfora, como por lo general se supone, sino un argumento filosófico.[1] Del momento que existe una discontinuidad entre lo viviente y la animalización o lo animalesco, las metáforas animales ya no expresan ideas sino, antes que nada, un estado de hominización. El escrito de Marx es de 1867 mientras existe uno previo y similar de Joseph Proudhon de 1840 (*Qu'est-ce que la propriété ? ou Recherche sur le principe du Droit et du Gouvernement* [Paris: Prévot, 1840, quinto capítulo]). En ambos autores predomina la idea que la abeja, en cuanto "animal", posee mecanismos instintivos,[2] el cual es uno de los argumentos más populares que contribuyeron a la hominización acelerada que acompañó a la primera y segunda revolución industrial.

Para Marx las abejas son un elemento de su naturalismo filosófico (*Naturphilosophie*), una evidencia, una fundamentación, una confirmación zoológica del *realm* social que comenta. Marx y Proudhon son de los primeros a expresar la animalización en categorías de lo humano (trabajo,

1 Dicho argumento se remonta incluso al matemático Pappus de Alejandría, en los siglos III y IV, así como al astrónomo francoitaliano Jacques Maraldi, al físico francés René de Réamur y al geómetra alemán Samuel Koening, por citar algunos ejemplos más notorios desde el siglo XVII en adelante. Y casos más recientes de autores como Martin Landauer y Karl von Frisch, entre otros.

2 "Dem Zustand, worin der Arbeiter als Verkäufer seiner eignen Arbeitskraft auf dem Warenmarkt auftritt, ist in urzeitlichen Hintergrund der Zustand entrückt, worin die - menschliche Arbeit ihre erste instinktartige noch nicht abgestreift hatte" (Karl Marx. *Das Kapital: Kritik der politischen Ökonomie*. Buch I: Der Produktionsprozeß des Kapitals, volume 23 of Marx Engels Werke. Dietz Verlag, Berlin, 1962, p. 451).

sociedad, etc.) y que constituye el estadio último de la hominización, en particular respecto de los insectos, los cuales en términos de una zoología aparecen con más complejos y de comportamientos más recónditos que los clásicos mamíferos vertebrados.

La noción de un "instinto" como definitorio de la animalidad se condice en Marx con la idea de que las clases sociales o las condiciones de producción se comportan/reflejan a menudo "instintivamente" (*instinktiv, Trieben, bürgerlichen Instinkt*) (Marx, 1962: 831, 1002, 1016). El "instinto" es así un elemento último y recóndito de la animalidad que define la esencia de lo humano: Marx expresa, con una claridad prístina y propia del primer Antropoceno, la hominización de lo viviente. Los mecanismos "instintivos" son en este sentido una continuación especulativa de la perspectiva dualista de Descartes, en el sentido que el "esprit" determina en última instancia la materia y que, como vimos, es justamente una reminiscencia de la perspectiva "espiritualista" aquello que Derrida observa en Heidegger como justificación del lenguajear (la alemanidad) en tanto actividad primaria de lo especulativo (§ 6, § 16, § 20).

La idea de que, para Marx, la diferencia de lo humano está en que al realizar un trabajo el humano se realiza en su condición de ser-consciente ("Nicht daß er nur eine Formveränderung des Natürlichen bewirkt; er verwirklicht im Natürlichen zugleich seinen Zweck …" [Marx, 1962: 451]).[3] supone un conocer del mecanismo del ser de la abeja que no poseemos. El conocimiento que tenemos de las abejas *es siempre etológico*: aquello que afirmamos acerca de su comportamiento es una observación y estas observaciones, además de los aparatos empleados, es aquello que posibilita la *experiencia* de las abejas, que no es sino una invención de la animalización humana. Predicar sobre las abejas entonces, como en toda animalidad, es referirse a algo sobre lo cual *no hay conciencia alguna*. Incluso estudios recientes acerca de patrones de comportamiento o de orientación no son, sino observaciones etológicas.[4] Por ello tiene razón Derrida, cuando al

3 Transliteración del autor: "El hombre [lo humano] no sólo genera un cambio de forma en los materiales de la naturaleza, en ello haciendo también realiza su propio propósito en el *realm* [natural]".

4 Véase por ejemplo Schultz, K., K. M. Passino, and T. D. Seeley, "The mechanism of flight guidance in honeybee swarms: subtle guides or streaker bees?", *Journal of Experimental Biology*, 211: 3287–3295; Passino, K. M., T. D. Seeley, and P. K.

comentar la condición animalesca de las abejas sostiene que "Quand les abeilles 'répondent' en apparence à un 'message', elles ne *répondent* pas, elles *réagissent*" (Derrida, 2006: 169).[5]

En términos de ser/estando, en términos de *la cuestión*, sólo podemos predicar de la única conciencia (en tanto *ipséité*) a la que tenemos acceso porque estamos estando/siendo (y también estando/siendo *autrui*): el ahorar (§ 32) sólo es factible con otros ser/estar que comunican. Desde este punto de vista se comprehende mejor la *igualdad de principio* que postulaba Derrida respecto de la animalidad: no hay "animal", sino los/de los animales. El ejemplo ya citado de Marx acerca de las abejas adolece de este problema y que, en definitiva, se resuelve en la mayoría de los casos apelando de manera implícita a *la cuestión* en términos historiográficos (§ 26). Aquí también estamos frente a un asunto de escala epistémica: la hominización de lo viviente plantea el alcance *urbi et orbi* del sentido de ser/estar que supone *la cuestión*. Y esta hominización en la actualidad ha sido reformulada por la cientifización en el sentido "instrumental" con que vimos Heidegger la concebía a partir de la técnica (§ 41).

Esta imposibilidad de predicar especulativamente sobre lo viviente es aquello que ha fundado en gran medida la reducción de la hominización, de lo viviente a lo animal. Cuando Marx dice "seinem Kopf gebaut hat" [construye su cabeza] está en realidad pensando en la "arquitectura" de lo humano: es el principio de *la cuestión*, en una formulación primitiva, que está operando. La "in der *Vorstellung* des Arbeiters" [en la imaginación/idea de los trabajadores] y "schon ideell vorhanden war" [idealmente ya se halla presente] (Marx, 1962: 452) son expresiones conceptuales que suponen en términos especulativos *la cuestión*:[6] la más perfecta observación

Visscher, "Swarm cognition in honey bees", *Behavioral Ecology and Sociobiology*, 62: 401–414; Avarguès-Weber/Dyer/Combe/Giurfa, "Honeybees modulate configurational (global) preference for hierarchical visual stimuli", disponible en <www.researchgate.net>, octubre 2012, accedido 10.04.2017.

5 Traducción del autor: "Cuando las abejas 'responden' en apariencia a un 'mensaje', ellas *no responden*, ellas *reaccionan*".

6 "Am Enprocess, des Arbeitsprozesses kommt ein Resultat heraus, das beim Beginn desselben schon in der *Vorstellung* des Arbeiters, also schon ideell vorhanden war" (Marx, 1962: 452).

etológica no puede predicar el ser/estar de ningún viviente. Esto es aquello que Derrida estaba ya sugiriendo en 2006 y que en los ámbitos periféricos es una constatación histórica (*Begriffgeschichte*).

No menos interesante es el hecho que este trasfondo de animalización que supone la hominización de lo viviente se inscribe en lo humano mismo considerado socialmente por Marx, de manera que la alienación puede ser entendida como un extrañamiento (*Entfremdung*) de lo "esencial de la especie" (*Gattungswesen*), es decir, que la pérdida de saber, entendida como enajenación de lo específico de la especie, es en definitiva *comprehendida* como una disminución de la animalización correspondiente a cada especie. Y la *mecanización* (entendida como *Machenschaft*, pero también como *Kraftmaschinentechnik*, de lo social y lo individual) es aquello que aleja a lo humano de su humanidad hominizada. Y así la alienación puede ser entendida también como un "distanciamiento" de lo humano (*Entfremdung*) o, en términos de saber, como una "desapropiación" (*Entäußerung*), como una "recaída en la animalidad", como una "cosificación", como una "reificación" y que es el tipo de animalidad/animalización que veremos Kafka describe con maestría.

La dimensión *humana* del que-hacer en la biosfera, del trabajo como mecanismo de imaginación y utensiliación no puede justificarse exclusivamente, como ha sido el caso a menudo en la historiografía filosófica europea, a partir de la hominización de lo viviente, a partir de la animalización. Este que-hacer es aquello que Heidegger indicó como *Dasein* y el imaginar y utensiliar es asimismo aquello que Gilbert Simondon consideró como parte fundante del proceso de individuación. Sin embargo, la comprehensión de lo viviente ya no puede entenderse en base a la animalización. Una comprehensión más holística, cuanto menos, de lo viviente requiere de una aproximación que tenga en cuenta el hecho del Antropoceno, como por ejemplo sucede en la *Philosophie de l'insecte* (2014) de Jean-Marc Drouin, cuanto menos en principio y respecto a tres aspectos: (i) la funcionalidad planetaria de lo viviente, (ii) la terminología para describir lo viviente en su variedad y especies y (iii) la pertinencia de las nociones espaciales ("monde", "milieux", etc.).

De manera similar, Stiegler no ve las abejas como animal o animales, sino como "Marx". Para Stiegler las abejas son la analogía constructiva de los razonamientos de Marx en torno a la alienación entendida como pérdida de saber. La combinación de las abejas y el maestro de obra, que propone Marx, son para Stiegler la expresión actual y farmacológica de lo que Marx analizara hace más de un siglo. Stiegler propone en realidad una "pollinisation des esprits", la imagen de las abejas como ejemplo de economía contributiva (Bernard Stiegler, "Du collaboratif au contributif: vers le 3ème web", en *R-éveil*, disponible en r-eveillez-vous.fr, 16.05.2014, accedido 10.04.2017).

Sostiene Stiegler: "Ce que j'appelle l'économie de la contribution c'est une économie qui repose sur la pollinisation. Mais pas par les abeilles simplement, mais parce que j'appelle moi les abeilles noétiques. C'est-à-dire nous. Nous, nous sommes des abeilles, c'est-à-dire nous fécondons le monde avec nos idées ... et nos débats. [...] Nous devons développer une économie des abeilles noétiques et faire des réseaux une ruche plutôt qu'une fourmilière - cette économie consistant à dépasser le modèle de la recomma.ndation mimétique" (Une nouvelle figure de l'amateur – Entretien, disponible en <www.april.org>, octubre 2014, accedido 10.04.2017).[7]

Stiegler, correcto alumno de Derrida, evita la animalización y se orienta hacia lo viviente que es aquello que problematiza la hominización como característica del Antropoceno, de su entropía. También evita la noción de "intencionalidad" pero mantiene el dominio alegórico. Por lo mismo, aunque no asocia categorías humanas al comportamiento de las abejas, sí asocia la colectividad de unas y otros.

Existe una relación directa entre el sentido de destino/destinación (*Geschick*) que vimos Heidegger atribuía a la *Gestell,* en la relación al *Dasein,* y la manera en que la proletarización de lo humano se hace inteligible a partir de la animalización —por ello mismo se entiende, como vimos, la forma en que Derrida refiere la "monstrosidad/monstruosidad" que hay

7 Traducción del autor: "Eso que llamo economía de la contribución es una economía que reposa sobre la polinización. Pero no simplemente por las abejas, sino también por aquello que llamo las abejas noéticas. Es decir, nosotros. Nosotros somos abejas, es decir fecundamos el mundo con nuestras ideas... y nuestros debates. [...] Tenemos que desarrollar una economía de abejas noéticas y hacer de las redes un panal más que un hormiguero. Esta economía consiste en superar el modelo de la recomendación mimética".

en el "mostrar" heideggeriano de a-la-mano (*Zuhandenheit*), gesto especulativo clásico por excelencia en los ámbitos periféricos del Antropoceno (§ 37). La pérdida de capacidad para leer-entender el destino/destinación en términos de la técnica es paralela a la presencia de la *bêtise*, es decir, a la idea de que hay un fondo *bestial* que surge en lo humano y obnubila la individuación misma. La idea de *bêtise* en francés reenvía a esta animalidad creada por la hominización, es la bestia que aparece o, como suele decirse en los proverbios populares, "la bestia que está agazapada", como si en lo humano hubiera un fondo de bestialidad que surge en momentos límites o extremos. Gran parte de la literatura europea decimonónica está atravesada por esta creencia, de Salgari a Verne y de Conrad a Dostoievski y la misma tiene su origen en el salvajismo que como imaginario surgió con la colonización y con el descubrimiento de América (T. Todorov, *La Conquête de l'Amérique : La Question de l'autre* [Paris: Seuil, 1982]). La presencia de la bestialidad, en términos coloniales, reniega de lo viviente porque el principio que rige la colonización es la aniquilación de toda forma de vivencia que no se ajuste a la animalidad concebida por la hominización, sea en términos propiamente animales como humanos. Existe entonces una relación directa entre la consideración de animalidad respecto de la poblaciones indígenas de las colonias y la consideración de la *bêtise* como una recaída de la civilización, del aspecto "salvaje" del civilizado. La obra de Joseph Conrad es un ejemplo fantástico de esta concepción y que, no por casualidad, se debe a un autor que decidió escribir ficción en una lengua no materna.

En los ámbitos periféricos la *bêtise* es el idiotismo, es decir, la pérdida de singularidad por la idiomacidad, la ausencia de idiomar (§ 17, § 35). El idiomar es la manera directa y concreta de evitar la anihilación del ἴδιος (*idios*), del idiotismo que produce la proletarización en su sentido más literal, es decir, como pérdida de saber. La idiomacidad (el idiomar), como aquí estamos conjeturando (§ 17, § 18, § 34), es un elemento indispensable a la especulación —y su desconocimiento, su desatención, es aquello que produce el idiotismo. La propiedad y particularidad que da un lenguajear es aquello que indicamos como idiomar y el mismo es una construcción, resultado de un trabajo, de la elaboración de un saber-hacer.

El destino/destinación se encuentra así con el fatalismo instintivo de las analogías y metáforas empleadas en *Das Kapital* y en *Qu'est-ce que la propriété ? ou Recherche sur le principe du Droit et du Gouvernement*: lo animal establecido por la hominización es un recorrido teleológico y, paradójicamente, la única alternativa posible de esta evolución irreversible es la "humanización", es decir, la introducción de instrumentos conceptuales, de teorías (θεωρία: contemplación, especulación, "mirar a", "cosas miradas desde"), capaces de generar una νόησις (*noesis*), entendida como comprehensión y entendimiento. Y curiosamente, a este destino/destinación, a este hacia/desde lo animalizante, bajo el término de *Bestimmung*, Kant ya lo había identificado como lugar último de lo humano, ahora alienado.

El proceso de hominización que supone la colonización y que complementa la visión "espiritual" de *la cuestión* que, como vimos, Derrida analiza en Heidegger, produjo en los ámbitos periféricos una distinción entre lo animal y lo viviente, reservando esta última condición como *valor* suplementario de lo humano, como cualidad no resignable en tanto viviente-en-sí, mientras que dicha cualidad es sólo aleatoria en la animalidad —de allí que durante la colonización hispánica, por ejemplo, la condición de lo humano fuese una categoría administrativa en manos de europeos, de manera similar a como cuando, durante la fundación de los llamados Estados nacionales, la misma será institucionalizada en manos del *establishment* local, en particular como mecanismo escolar/de escolarización. La expresión "On ne tue point les idées", por citar un ejemplo, escrita en la pared del baño del periódico *El Zonda*, en la provincia de San Juan en Argentina, en 1839, es la expresión más acabada de esta animalización en curso y de la cual *Civilización y Barbarie* (1845) del sanjuanino Domingo Faustino Sarmiento será *exemplum*.

Y es esta una de las paradojas mayores en los ámbitos periféricos: la hominización que da origen a la animalidad de lo viviente es lo mismo que permite "rescatar" de la animalidad a lo humano. La "pérdida de humanidad", la "no persona" que para D. F. Sarmiento, para seguir con el ejemplo local, en el siglo XIX consistía la animalización, era en realidad una forma particular de entender lo viviente —lo cual sin duda explica su alcance historiográfico y especulativo. La legibilidad de lo animal es un mecanismo especulativo que se halla garantizado por la hominización: nunca el colonialismo, en su reformulación local/localizante, había llegado a un grado especulativo de sofisticación semejante con anterioridad en los ámbitos periféricos.

Esta problemática de la animalidad/animalización expone, hace visible ("clin d'oeil de la pensée" [Derrida, 1990b: 498]) la necesidad —y las razones de dicha necesidad— de la concepción por la cual en la periferia toda especulación debe ser acompañada de una poiética (ποίησις, *poiesis*) (§ 40) —este acompañamiento es, como veremos (§ 47), la *stimme*, un "donner-à-comprendre", la *stimmung* local. Esta *doble imposición* de la especulación local significa que no sólo se debe idiomar/lenguajear (§ 17) la historiografía filosófica europea (§ 26), sino que, al mismo tiempo, se debe realizar una construcción poiética de dicha reversión (*Verdrehung*) para que la misma sea consistente (*Beständigkeit*). Esta doble imposición de alguna manera ha estado presente a nivel local desde la época de las colonias, pero ningún analista hasta la fecha había reflexionado acerca de la complementariedad conceptual entrambas, más allá de ciertas formalidades retóricas o ideológicas. Esta doble imposición es la *Bildung* kantiana local, es aquello que Derrida en términos europeos indicaba como "<Bild> du monde" (1990b: 384).

Es así que la consideración de lo poiético (ποίησις, *poiesis*) como el suplemento (*supplément* en sentido de Derrida) de lo especulativo en los ámbitos periféricos expone esta condición de la hominización y deja abierta la posibilidad de su reversión (*Verdrehung*). El valor suplementario de lo humano coincide así con la ποίησις, de manera que la reversión de lo animalesco por lo viviente no es escindible de la reversión de la cuestión por la cuestión de la cuestión o la elaboración de una escala epistémica que viene a ser la misma cosa.

Contrariamente a aquello que hasta los propios analistas locales han creído, la problemática especulativa no se halla en la consideración de lo animal como tal, sino en el sentido de lo viviente que predomina en la hominización que dio lugar a la conquista y sobre todo a la *grammatisation* que le animaba en términos especulativos.[8] En este sentido existe también

8 Es bajo estas condiciones que debería *leerse* la relación entre colonizadores, aborígenes y ejércitos locales. Pero también, de forma presente, la manera en que estos términos se formulan en sentido biosférico y bajo condiciones del Antropoceno. Un primer intento de esta lectura lo realizamos en *Muerte y transfiguración de la cultura*

una relación directa entre *la cuestión* y lo viviente o, dicho de manera más directa, entre la manera en que *la cuestión* se establece como centro de gravedad de lo especulativo y el modo en que se legitima en el presente (la dimensión del ahorar diríamos) a partir de un *presentismo animal* que monopoliza toda noción de lo viviente.

En los ámbitos periféricos la función de la cuestión de la cuestión es en este sentido doble. Por una parte, la de revertir (*Verdrehung*) los dos principios en que se asienta *la cuestión* (las condiciones de interrogación y el presentismo del presente como forma dominante del ahorar: § 32). Y, por otra parte, la de revertir la confusión en la que el idiotismo ha sumido a toda posible escala epistémica o, mejor dicho, a toda ausencia de ella (§ 25). Una y otra situación se hallan en vínculo directo, de modo que, cuanto más se quiere profundizar en la continuación de la legitimación de *la cuestión*, más al mismo tiempo se enmaraña la confusión idiomática y se entorpece el lenguajear, que es la forma en que todo saber-hacer se localiza en los ámbitos periféricos (§ 17, § 35) —eso que también indicaremos como consistencia (en tanto *Beständigkeit*, pero asimismo como *Dichtigkeit*).

La destinación (*Geschick*) a que nos conduce la *Gestell* coincide con la idea de un camino a la animalización, como un recorrido ya inscripto en lo humano por parte de lo animal. Y curiosamente, a partir de la proletarización digital y tecnológica, autores como Jonathan Crary, sugieren que el único espacio humano que aún escapa a dicha proletarización es el sueño y que es justamente un dominio animal por excelencia: "la question de l'éveil entraine la question du sommeil qui est indisociable de celle de l'animal" (Derrida, 2006: 202).[9] Situación que conduce a la consideración de la *ipséité* —y no la de una sola conciencia o racionalidad— como aquello que es determinante respecto de la animalización. La *ipséité* es en este sentido un conjunto, un *ensemble* que supone no sólo un proceso de individuación (§ 34), un sentido de mí-mismo (§ 8, § 23), sino también las condiciones comunitarias, vivientes y no vivientes (exosomatización,

rioplatense. Breve tratado sobre el pensamiento del espacio en el Río de la Plata 1830-1990 (Buenos Aires: Zibaldone, 2005).

9 Traducción del autor: "la cuestión/problemática de la vigilia/estar-ser despierto supone la cuestión/problemática del sueño que es indisociable de aquella del animal".

ὑπομνήματα [*hypomnemata*]), que lo hacen posible. Y si la esencia del hombre (o de eso que por falta de nombre aun llamamos hombre) en tanto *Dasein* es "un Je avec de pures expériences vécues et lié à un corps" [un Yo con puras experiencias vividas y ligadas a un cuerpo] (Heidegger, *Les concepts fundamentaux de la métaphysique* [§ 16]), entonces constatamos el desplazamiento problemático y ya visible en Heidegger de la animalidad hacia lo viviente. Y esta relación a lo viviente, aunque no explícita y expresa en Heidegger, aparece en la concepción de una "sintonía" con el medio: es lo que indicaremos como la *Grundstimmung* (§ 47). Derrida expone cómo Heidegger resta cartesiano en su perspectiva acerca del animal, eso que aquí indicamos como conocimiento etológico. Sin embargo, la anihilación del hombre que supone, también asume una puesta en cuestión de la hominización que fundara la animalización: "L'éveil de la tonalité, et la tentative de nous approcher de cette étrangeté, coïncident en définitive avec l'exigence d'un renversement complet de notre conception de l'homme (*mit der Forderung einer völligen Umstellung unserver Auffassung vom Menschen*)" (Heidegger, *Les concepts fundamentaux de la métaphysique* [1992]: §16 [traducción Derrida, 2006: 203]).[10] Esta re-visión de lo viviente, por otra parte, no sería descabellada asociarla a las simpatías de Heidegger por la retórica neo-eugenista nazi y que en la actualidad hallan numerosas expresiones concretas en el llamado "trans-humanismo".

En sus menciones a las abejas, Derrida (2006) no deja de indicar la relación de las mismas con la historia de la filosofía (Platón, Descartes, Kant, Marx, Lacan) y sobre todo con la cosificación de lo viviente que significa reducir la variedad animal a la singularidad de "el/un animal". En caso de los insectos, los antófilos en particular para el ejemplo que nos ocupa, como indica asimismo Jean-Marc Drouin (*Philosophie de l'insecte* [2014]), este reduccionismo es más impactante. En este sentido, como señala Derrida, la unanimidad en la historiografía filosófica europea es apabullante. Más aun, en la perspectiva animalesca clásica, es decir, en su formato cartesiano renovado por el iluminismo, se plantea una relación directa entre la

10 Traducción del autor: "La vigilia/el-despertar de la tonalidad, y la tentativa de aproximarnos a esta extrañeza, coincide en definitiva con la exigencia de una reversión completa de nuestra concepción del hombre".

sociologización de la comunidad humana y la colectivización de lo viviente, de manera que lo animal en su conjunto sólo es inteligible a partir de la hominización: “C’est ici que cesse la comparaison [el hombre, lo humano vs. la abeja] il s’agit seulement, pour les abeilles, d’utiliser par la ruse ou la violence le labeur des autres. Chaque peuple cherche à accroître ses forces en se soumettant ses voisins; et que ce soit avidité à s’agrandir ou crainte d’être englouti par l’autre si on ne le gagne de vitesse [il faudrait suivre ce motif de la vitesse dans la concurrence technologique des sociétés humaines comme sociétés animales] la guerre intérieure ou extérieure, dans notre espèce, a beau être un grand mal, elle est pourtant le mobil [*Triebfeder*: l’excitant de la pulsion] qui fait passer de l’état sauvage de nature à l’état social” (Kant, *Antropologie du point de vue pragmatique* [Paris: Vrin, 1970, 167–168. Traducción de Michel Foucault, aclaraciones de J. Derrida]).[11]

Derrida a justo título había ya destacado esta situación aunque no había llevado hasta sus últimas consecuencias la dimensión de lo viviente que resulta de esta visión kantiana y que, en definitiva, ilustra el colonialismo de *la cuestión* o, dicho de forma más correcta, de cómo la concepción de un *être/Sein* supone una animalización de aquello que no puede ser entendido o aprehendido en sus condiciones. En estos términos kantianos (“l’état

11 El texto de Kant dice: “Ein jedes Volk sucht sich durch Unterjochung benachbarter zu verstärken; und es sei Vergrößerungssucht oder Furcht, von dem anderen verschlungen zu werden, wenn man ihm nicht zuvorkommt: so ist der innere oder äußere Krieg in unserer Gattung, so ein großes Übel er auch ist, doch zugleich die Triebfeder, aus dem rohen Naturzustände in den bürger-lichen überzugehen, als ein Maschinenwesen der Vor-sehung, wo die einander entgegenstrebende Kräfte zwar durch Reibung einander Abbruch tun, aber doch durch den Stoß oder Zug anderer Triebfedern lange Zeit im regel- mäßigen Gange erhalten werden” (Kant, *Anthropologie in pragmatischer Hinsicht* [Leipzig: Verlag von Felix Meiner, 1912, p. 286]). Traducción del autor: “Es aquí que cesa la comparación, se trata solamente, para las abejas, de utilizar por la astucia o la violencia el trabajo de los otros. Cada pueblo busca a fortalecerse sometiéndose a sus vecinos, y que sea su avidez a agrandarse o la queja de ser absorbido por los otros si no se le gana en rapidez [habrá de todos modos que seguir este motivo de la velocidad en la concurrencia tecnológica de las sociedades humanas como sociedades animales], la guerra interior o exterior, en una otra especie, a fuerza de ser un gran mal, ella es no obstante el móvil [*Triebfeder*: el excitante de la pulsión] que hace pasar del estado salvaje de naturaleza al estado social”.

sauvage de nature" [*Naturzuständ*] y "l'état social" [*in den bürger-lichen überzugehen, als ein Maschinenwesen*]) transcurrirá toda la especulación en los ámbitos periféricos, dominada por la hominización y, a más largo plazo, por la entropía del Antropoceno, durante la formación y establecimiento de los llamados Estados nacionales.

El "être animal" entonces que supone *la cuestión* puede ser expresado de manera heideggeriana como *immer schon da* (*déjà-là, toujours-déjà-là* [Derrida], ya-ahí, ya-en-sí), en tanto condición del estado humano, que supone el *être/Sein*, y que se acopla a la *Gestell*. También puede ser leído como *Schon-haben* (*déjà-laissé*, ya-hecho, ya-dejado), *Schon-"da"* (ya-así, ya-ahí), y también un "están siempre allí". Y esta forma de animalidad corriente, banal, que permite una transitividad de lo humano a lo animalesco, es aquello que Kafka describió magistralmente en una frase: "mein äffisches Vorleben einzureichen" [para someter mi pasada vida simiesca] (Kafka, *Drucke zu Lebzeiten* [Frankfurt; Fisher, 1994, p. 299]).[12] Situación que en su extremismo, expone la animalización como una "von Natur gleiche Wesens" [misma esencia natural] en el sentido con que Kant halla indistinta la naturaleza (como animalización) y la esencia (como realización) (Kant, *Anthropologie in pragmatischer Hinsicht* [Leipzig: Verlag von Felix Meiner, 1912, p. 283]).

El escrito de Kafka es interesante porque está narrado en sentido revertido, es decir, el simio que habla perdió su libertad para hacerse humano (*ich, freier Affe, fügte mich diesem Joch*) y ello lo está transformando en cientificidad al racionalizarlo (lenguajearlo/idiomar) para una academia. El "retorno" (como reversión: *Verdrehung*) del que habla el simio supone que vuelve a lo humano (*Menschenwelt*) desde lo simiesco/la simiedad (*von Affentum*) porque antes fue humano, cuanto menos de forma imaginaria, en-pensamiento. Esta transitividad hace de lo viviente una cuestión de espacio, de biosfera: "ich mich in der Menschenwelt" [yo soy/estoy en el mundo humano] (Kafka, 1994: 299). Y es precisamente esta *transitividad* aquello que cuestiona *la cuestión* por conflicto con el presentismo del presente. La

12 Traduce Francisco Zanutigh Núñez (F. Kafka, *Relatos completos* [Buenos Aires: Losada, 1979]), tomado de la edición *Sämtlichte Erzählungen* (Frankfurt: Fisher, 1970)]: "… mi simiesca vida anterior" (1979: 194).

transitividad es un estado de lo humano que cuestiona la animalización de lo viviente: "Offen gesprochen, so gerne ich auch Bilder wähle für diese Dinge, offen gesprochen: Ihr Affentum, meine Herren, sofern Sie etwas Derartiges hinter sich haben, kann Ihnen nicht ferner sein als mir das meine. An der Ferse aber kitzelt es jeden, der hier auf Erden geht: den kleinen Schimpansen wie den großen Achilles" (Kafka, 1994: 300).[13]

En el relato de Kafka lo viviente es omnipresente y ridiculiza lo animalesco producto de la hominización. Y en razón de ello la animalización que supone el colonialismo queda *ilustrada* en toda su dimensión especulativa: "Darüber, wie ich eingefangen wurde, bin ich auf fremde Berichte angewiesen" (Kafka, 1994: 300).[14] La determinación de la condición de humano proviene de su cautiverio, exactamente como en los ámbitos periféricos ha funcionado la *grammatisation* respecto del lenguajear (§ 17). Y aquello que también es destacable en Kafka: no hay un *afuera* de la transitividad. Y "de paso" es también la manera en que la *herida colonial* es relatada: "Man schoß; ich war der einzige, der getroffen wurde; ich bekam zwei Schüsse. [...] Einen in die Wange; der war leicht; hinterließ aber eine große ausrasierte rote Narbe, die mir den widerlichen, ganz und gar unzutreffenden, förmlich von einem Affen erfundenen Namen Rotpeter eingetragen hat, so als unterschiede ich mich von dem unlängst krepierten, hie und da bekannten, dressierten Affentier Peter nur durch den roten Fleck auf der Wange. Dies nebenbei" (Kafka, 1994: 301).[15]

13 Traduce Francisco Zanutigh Núñez: "Hablando con franqueza —por más que también a mí me agrade escoger las imágenes al tratar estas cosas—, hablando con franqueza: la simiedad de ustedes, señores míos, en la medida en que también ustedes tengan algo por el estilo en su pasado, no les va a resultar más lejana que a mí la mía. A todos los que caminan sobre la tierra les cosquillea algo en el talón; tanto al pequeño chimpancé como al gran Aquiles" (1979: 195).

14 Traduce Francisco Zanutigh Núñez: "Sobre cómo me cazaron debo remitirme a informes de otras personas" (1979: 195).

15 Traduce Francisco Zanutigh Núñez: "Se hicieron disparos; yo fui el único que fue alcanzado, recibí dos balazos. [...] Uno en la mejilla; no fue de importancia, pero dejó una gran cicatriz roja, sin pelos, que me valió el repelente, ciento por ciento inadecuado sobrenombre de Pedro el Rojo, sobrenombre que sólo pudo inventar un auténtico mono, y como queriendo significar con eso que sólo por la mancha roja en la mejilla me diferencio yo de aquel mono-animal amaestrado, que era conocido aquí, y acullá, y que ya hace mucho espichó. Esto sea dicho de paso" (1979: 195–196).

Este "de paso" (*Dies nebenbei*) del traductor castellano bien indica y supone "por este camino", lo cual asume la noción de destinación/destino (*Geschick*) que ya hemos comentado en relación a lo animalesco. Francisco Zanutigh Núñez también nota el aspecto vulgar del verbo *Krepieren* que emplea Kafka y que traduce con el localismo de "espichó" y que asimismo podríamos indicar como "reventó". Esta *nuance* es relevante porque connota la manera diversa en que se muere en los ámbitos periféricos o bajo la condición animalesca. Y la historia lo confirma al referirse a un "yo" del narrador que ya no existe o, cuanto menos, del cual no se acuerda. Como los judíos, los vivientes animalizados de las colonias tienen un sobre-nombre como nombre: por ello, como veremos, la llamada cuestión judía (en el sentido de *Judenfrage*) es la cuestión por excelencia (§ 43): no sólo una cuestión de *la cuestión*, sino también la exposición del lenguajear en su principio último, allí donde el *être/Sein* pierde su prioridad subjetiva, se disuelve, se banaliza, se diversifica, abandona la cópula. No debe sorprender a este punto, desde una perspectiva de la periferia, que la destinación heideggeriana (*Geschick*) se encuentre con la animalización kafkiana (*vom Affentum*) por el vehículo de la *Gestell* y que es exactamente aquello que sucede en la periferia y de lo que se debiera ocupar la *cuestión periférica* que aquí postulamos.

El "yo" (en tanto *ipséité*) es aquí la marca (*roten Fleck*), es decir, el defecto, la falla de origen, de una individuación amaestrada (*dressierten Affentier*). Al igual que la *circonfesión* (Geoffrey Bennington, *Jacques Derrida* [Paris, Seuil, 1991]), como marca del judaísmo, la individuación en los ámbitos periféricos se halla centrada por una herida que es y funciona como "suplemento" (en tanto *supplément* derridiano), es decir, que su lenguajear está en constante ahorar (§ 32), es constante tarea de *poiética*. El yo, la *ipséité* se ejercita por aquello que no está siendo/estando: tal es el real del personaje de Kafka e ilustrísima visión de los ámbitos periféricos en el Antropoceno. Y por ello se entiende también la utensilialidad con que Heidegger definía la destinación del *Dasein* en el contexto de la *Gestell* (§ 41).

El descubrimiento del cuerpo por las manos ("apretón de manos", *Das erste, was ich lernte, war: den Handschlag geben*) y la lengua por la palabra ("palabra abierta", *das offene Wort*) constituyen el sentido de utensilialidad con que lo humano es definido: las manos y la palabra son las herramientas básicas de lo humano, menos una confirmación de "humanidad" que el carácter instrumental y técnico de su existencia (*Ek-sistenz*), de su saber-hacer ("immerhin, es soll die Richtlinie zeigen, auf welcher ein gewesener Affe in die Menschenwelt eingedrungen ist und sich dort festgesetzt hat" [Kafka, 1994: 300]).[16] La "humanidad" del personaje nos acerca a lo viviente y nos aleja de lo animalesco, lo cual, como es evidente en el relato, se define siempre a partir del establecimiento de fronteras.

El *conocimiento etológico*, la discontinuidad entre el *être/Sein* de lo humano y la dimensión que la animalidad otorga a lo viviente no-humano es retratada por Kafka como un lenguajear: "Ich kann natürlich das damals affenmäßig Gefühlte heute nur mit Menschenworten nachzeichnen …" (Kafka, 1994: 303).[17] La discontinuidad que la animalización de lo viviente quiere fundar a partir de la hominización se justifica sólo si nos centramos en la palabra como jerarquía de especie. Y de allí que el colonialismo resulte en una servidumbre voluntaria no sólo *en sentido político,* sino sobre todo en términos especulativos: "Man hält eine solche Verwahrung wilder Tiere in der allerersten Zeit für vorteilhaft, und ich kann heute nach meiner Erfahrung nicht leugnen, daß dies im menschlichen Sinn tatsächlich der Fall ist" (Kafka, 1994: 302–303).[18] Es este "menschlichen Sinn" aquello que resume *el sentido de lo humano* como una perspectiva, es decir, la hominización. El simio-ser-viviente de Kafka no se hace humano, se hominiza.

La determinación espacial (*Ich war zum erstenmal in meinem Leben ohne Ausweg*) es también una situación del ser/estar (*zumindest geradeaus ging es nicht*):[19] este es el ahorar, es decir, la manera en que definirse en el espacio es predicar acerca de una *ipséité*, no hay posibilidad de escindir una y la otra (§ 32). Por ello se entiende que lo animalesco resulta de la

16 Traduce Francisco Zanutigh Núñez: "[…] mostrará las líneas directrices que orientaron a un cierto mono para introducirse en el mundo de los hombres y a asentarse en él" (1979: 195).

17 Traduce Francisco Zanutigh Núñez: "Naturalmente, las entonces sensaciones simiescas hoy solamente las pude transmitir con palabras humanas…" (1979: 197).

18 Traduce Francisco Zanutigh Núñez: "Se considera provechosa esta forma de tener así enjaulados a los animales salvajes el primer tiempo, y actualmente, después de mi experiencia, no puedo negar que, considerándolo desde el punto de vista humano, realmente es así" (1979: 197).

19 Cfr. Kafka, 1994: 303. Traduce Francisco Zanutigh Núñez: "Por primera vez en mi vida me encontraba sin salida…" y también: "[…] por lo menos derecho hacia adelante no podía ser" (1979: 197).

hominización dando lugar a la biosfera como encierro: "In alledem aber doch nur das eine Gefühl: kein Ausweg" (Kafka, 1994: 303).[20]

Lo que da lugar al ahorar no es una reflexión cartesiana, sino una situación instrumental: "Ich hatte keinen Ausweg, mußte mir ihn aber verschaffen, denn ohne ihn konnte ich nicht leben" (Kafka, 1994: 304).[21] El asunto con *la cuestión*, desde la perspectiva periférica, se halla también aquí: la *ipseité* (incluidas las formas de conciencias) es un ahorar que sólo se realiza de manera instrumental (a partir del utensiliar/herramientar) y en su lenguajear —tal es el siendo/estando de la periferia (§ 16): eso que la historiografía europea entiende como *étant/Seienden*, es decir, no sólo un verbo transitivo, un auxiliar, una copulación, sino también un adjetivo calificativo, un adverbio. Este y no otro es el significado de la transitividad, en tanto lo viviente no es categórico, sino derivativo: "nun, so hörte ich auf, Affe zu sein" (Kafka, 1994: 304).[22] Lo viviente así entendido, a partir de la utensiliabilidad, no es "identidad", sino salida (*Ich habe Angst, daß man nicht genau versteht, was ich unter Ausweg verstehe. Ich gebrauche das Wort in seinem gewöhnlichsten und vollsten Sinn*) en tanto alternativa, uso, implementación y resultado: un herramientar, un utensiliar.[23] Pero *Ausweg* también puede ser entendido como recurso y escapatoria: lo viviente es lo opuesto de la fuga (*Flucht*), precisamente porque lo viviente es una construcción espacial, un *situarse ecológicamente*, un biosferizar: "Nein, Freiheit wollte ich nicht. Nur einen Ausweg; rechts, links, wohin immer ..." (Kafka, 1994: 305).[24] Y la "salida" (*Ausweg*) es la humanización de lo animal, de aquello que sólo podía ser una hominización, eso que en los ámbitos periféricos de manera cotidiana se entiende como colonialismo

20 Traduce Francisco Zanutigh Núñez: " [...] pero detrás de todo eso se escondía una sola sensación: ninguna salida" (1979: 197).

21 Traduce Francisco Zanutigh Núñez: "No tenía ninguna salida, pero tenía que encontrar alguna, porque sin ella no podía vivir" (1979: 197–198).

22 Traducción del autor: "[...] de manera que [en sentido de *ahora*] dejé de ser mono" (1979: 1980).

23 Kafka, 1994: 304. Traduce Francisco Zanutigh Núñez: "Temo que no se entienda bien qué quiero decir con la palabra salida. Empleo la palabra en su más completo y corriente sentido" (1979: 198).

24 Transliteración del autor: "No, yo no quería libertad [también en sentido de independencia y privilegio], solamente una salida...".

especulativo: repetición (en sentido de *Ich wiederhole*), imitación (*ich ahmte nach, weil ich einen Ausweg suchte, aus keinem anderen Grund*),[25] lecciones (como *Unterricht*: enseñanza, instrucción) y, sobre todo, un sentido de escolarización: "Durch eine Anstrengung, die sich bisher auf der Erde nicht wiederholt hat, habe ich die Durchschnittsbildung eines Europäers erreicht" (Kafka, 1994: 312).[26]

La no-libertad de elegir (*daß nicht die Freiheit zu wählen war*) es la "salida" que, por lo mismo, se puede indicar como "antropoidiana" (*menschen, Menschengemeinschaft*). Lo viviente una vez más es una reversibilidad incesante. Es el "se volvió algo mono" (*selbst davon fast äffisch wurde*) con el que el simio se burla de sus amaestradores. Como en el relato de Kafka, en los ámbitos periféricos no hay desaparición de condición especulativa alguna (la colonialidad), sino transformación e intercambios de miradas: "Bei Tag will ich sie nicht sehen; sie hat nämlich den Irrsinn des verwirrten dressierten Tieres im Blick; das erkenne nur ich, und ich kann es nicht ertragen" (Kafka, 1994: 313).[27] Este "ich" simiesco es la *ipséité* del "me doy cuenta" (*das erkenne nur ich*), y que constituye, en no pocas circunstancias, el *cogito* de la periferia.

25 Kafka, 1994: 311. Transliteración del autor: "[...] los imité [a los "hombres"] porque buscaba una salida, por ninguna otra razón". La noción de *Menschen* funciona en realidad aquí como "antropoide", es decir lo viviente en los términos ya empleados.

26 Traducción de Jordi Rottner: "Con un esfuerzo que hasta hoy no se ha repetido sobre la tierra, alcancé la cultura media de un europeo".

27 Traduce Francisco Zanutigh Núñez: "Durante el día no quiero verla; es que tiene en la mirada la locura del animal amaestrado, desequilibrado; de esto sólo yo me doy cuenta y es algo que no puedo soportar" (1979: 204).

§ 43. La especulación como *cuestión judía*

La cuestión de la cuestión en los términos planteados por Derrida nos conduce en realidad no sólo a un cuestionamiento de *la cuestión*, sino a una desviación acerca de dónde se encuentra aquello que determina la manera en que en una época (epocalidad, *épochalité*: Derrida, 1990a: 24) se especula. Y la razón por la cual consideramos los argumentos de Derrida pertinentes para la construcción de una *cuestión periférica* es precisamente porque la respuesta a esta pregunta por parte de Derrida es "la question juive". La que se indica tradicionalmente como la cuestión judía (Karl Marx, *Zur Judenfrage* [1844]; Jean-Paul Sartre, *Réflexions sur la question juive* [1946]; Edgar Morin, *Le monde moderne et la question juive* [2006]) constituye, respecto de *la cuestión* clásica, una *oratio obliqua* similar a la relación que la cuestión periférica tiene con la filosofía como institución en términos europeos.

Ello explica la preocupación de Derrida por la animalidad (*L'animal que donc je suis* [2006]), es decir, por la manera en que el judaísmo —como herencia, como tradición, como dimensión cultural, como ὑπομνήματα (*hypomnemata*) incluso— es pobre en mundo (*Weltarm*) de acuerdo a la tradición clásica (*Le monolinguisme de l'autre* [1996], *Le dernier des Juifs* [2014], *Judaïsme, question ouverte: conversation avec Jacques Derrida* [2016]). Y esta pobreza de mundo (*Weltarm*), como ya comentamos, lleva a la animalidad, a la animalización, es decir, en términos europeos, al judaísmo después de la *Shoah*. La preocupación de Derrida era cómo recuperar la capacidad para mundanar (*Welten, Weltlichkeit*) que la individuación del judaísmo ha perdido en términos europeos —y por esta razón también Derrida es interesante para los ámbitos periféricos: porque el mismo problema especulativo es aquel que impone el colonialismo.

La "question juive" es para Derrida la *Circonfession* (1991), es decir, la manera en que *la cuestión*, entendida como cuestión de la cuestión, se manifiesta en su escrituración como algo personal y público al mismo tiempo. La *Circonfession* es una negociación entre la manera en que la especulación determina una *ipseité* y la necesidad de esta para ser tal de adquirir una dimensión pública en el sentido kantiano, es decir, como expresión de un saber, de un saber-hacer que nos hace salir de la minoridad y nos incorpora a una mayoría (Stiegler, 2010). La *circonfesión* es así un concepto que, en su condición de marca, de herida de origen, constituye una forma de individuación común a los ámbitos periféricos: la herida es el suplemento derridiano de la especulación, aquello que sale de lo previsible y que aún no significa por escrituración. La individuación en los ámbitos periféricos se halla de esta manera atravesada por la cuestión judía en cuanto concepto: es la manera de indicar cómo un lenguajear (§ 35), un idiomar (§ 17), se halla en constante ahorar (§ 32) y cómo el ahorar es la línea de fuga (*vanishing point*) de la especulación local o, mejor dicho, de cómo la especulación en los ámbitos periféricos se localiza, de cómo lo local se localiza localizándose. Esta localización —fantasmagórica (Freud: *Panthasien*) en el mejor sentido abrahamiano (N. Abraham, *Le Verbier de l'homme aux loups* [avec Maria Torok; Paris: Flammarion, 1976])— es aquello de lo que entiende la *poiesis*: la "herencia familiar" (*heimatlichte*) requiere, además de la especulación, de la cuestión de la cuestión, una *poiesis* (teoría del fantasma en la instancia).

Pero "la question juive" es para Derrida también la historiografía de dicha cuestión, el lugar y el significado que la misma ocupa en la historiografía filosófica. Y en este sentido los dos aspectos que determinan la cuestión (la pregunta y el presentismo del presente) constituyen los dos dilemas que hacen a la cuestión judía como tal y, más relevante aun, en donde la cuestión judía no es, sino una ilustración de lo periférico. Eso que indicamos como cuestión judía es así la *cuestión periférica* a la historiografía filosófica europea (§ 26). Por ello lo que interesa en la cuestión judía, como expone claramente Derrida, no es el "judaísmo", sino los mecanismos que este asunto pone en funcionamiento. En este sentido no sorprende que el artículo de Marx, "Zur Judenfrage", publicado en 1844 por la revista *Deutsch-Französische Jahrbücher* (Ausgaben 1–2, pp. 182–214), en principio como respuesta a los pareceres de Bruno Bauer (*Die Judenfrage* [Braunschweig: Druk und Verlag von Friedrich Otto, 1843]), haya constituido el primer intento del autor alemán por definir aquello que denominaría más tarde como *Historischer Materialismus*.

La cuestión judía en los términos europeos es uno de los pocos dominios donde la filosofía se transforma en pensamiento, es decir, en reflexión acerca de los límites imaginarios y territoriales de *la cuestión* y, en definitiva, en argumento central que anima la cuestión de la cuestión derridiana. La cuestión judía en términos europeos es una exposición del colonialismo que rige el emplazamiento del *cogito* y del *Dasein* o, dicho más correctamente, la cuestión judía expone en sus debilidades la historiografía filosófica que tiene al *cogito* y al *Dasein* como elementos vehiculares de su dinámica y evolución.

En este sentido la cuestión judía no se refiere a asuntos éticos, morales o de política Estatal, por ello la cuestión judía en este sentido no se refiere a los judíos o, en todo caso, no sólo a ellos. La cuestión judía es un dominio de los ámbitos periféricos implantado en la historiografía filosófica europea. Aun cuando su consideración varíe —por ejemplo, los argumentos de Marx no son los mismos de Sartre y los de este no son los mismos que los de Derrida— existe una referencialidad y ubicación que coincide en cada caso: la cuestión judía se halla separada, es una anomalía pero sin embargo *está allí*, no aparece al centro del sistema conceptual, pero es considerada como *fundante*. La cuestión judía, para decirlo en términos de Derrida, sería algo así como la diferancia de la diferancia (§ 21): aquello que significa el "suplemento", que lo hace necesario, por insuficiencia de la voz, por ausencia o por una trascendentalidad que está allí pero no es presente ni presencia.

La cuestión judía es la geografía primera (principio, finalidad, agotamiento, frontera, otredad) y también el dominio de la escrituración (el privilegio del ojo, la atención del oído, la pluralidad del vocabulario, la diversidad de las lenguas, la exteriorización de lo humano, el conflicto entre la animalidad y la técnica). La cuestión judía en este sentido es el esclarecedor elemento de la epocalidad (ἐποχή, epokhé) y, por ello, una conexión directa con los ámbitos periféricos en donde la epocalidad adquiere una dimensión no sólo diferente, sino mucho más evidente y funcional en términos especulativos.

La cuestión judía en términos europeos presenta un otro aspecto, también típico de *la cuestión* y que determina su condición especulativa: Marx escribe sobre la cuestión judía que ha escrito Bauer, Sartre escribe sobre la cuestión judía que ha escrito Bauer, que ha escrito Marx. Robert Misrahi en 1972 escribe sobre la cuestión judía que ha escrito Bauer, que ha escrito Marx, que ha escrito Sartre. Élisabeth Roudinesco en 2009 escribe sobre la cuestión judía que ha escrito Bauer y así sucesivamente. La cuestión judía está determinada por su situación historiográfica (*Begriffgeschichte, Geschichtlichkeit*), de manera similar a cómo el pensamiento o la especulación lo está en los ámbitos periféricos en razón del colonialismo y la *grammatisation*. La cuestión judía no es una suma libresca, sino la historiografía de un problema conceptual que escapa al mero "judaísmo". De hecho la cuestión judía debería llamarse, como con *la cuestión*, "la pregunta por el significado de lo judío/el judío" (*Die Judenfrage* es la expresión de Bauer así como la de Marx).

Marx sostiene en definitiva que Bauer no comprehende que las instituciones (el Estado) no determinan los elementos que hacen a la creencias religiosas y que la desaparición de una autoridad tal no es garantía de la desaparición de dicho sentimiento. Aquello que Marx dice, en definitiva, es que hay *un algo* que no está allí, que no es presente en sentido literal (presentismo), pero que significa no obstante en el ahorar (§ 32). Este es, dicho de otra manera, el suplemento derridiano fundamental para comprehender el alcance especulativo que tiene la escrituración en los ámbitos periféricos.

La primera interpretación administrativa de "la cuestión judía" como elemento conceptual del pensamiento, es decir, en los términos derivados de la polémica Bauer-Marx, es la concepción de un Estado judío (*Judenstaat*) que aparece, por ejemplo, en la obra de Théodor Herzl de 1896 (*Der Judenstaat. Versuch einer Modern Lösung der Judenfrage* [Wien: Breitenstein, 1896]). Y aquello que resulta también relevante es que esta reformulación supone un *mecanismo colonial* de asentamiento y territorialización: la cuestión judía, en cuanto elemento conceptual vinculado a *la cuestión*, es inseparable de la fundación de los ámbitos periféricos como tales a partir del desarrollo del Antropoceno: es sólo con la creación de los llamados "Estados nacionales", con el desarrollo exponencial del colonialismo a partir del *entanglement* de este con la entropía generalizada del Antropoceno, que los ámbitos periféricos adquieren la dimensión planetaria con que le conocemos en la actualidad.

"El Estado de los judíos", además de la territorialización y colonización física que supone (el Estado político y administrativo) hace referencia a "un estado de los judíos" de entonces, es decir, a *lo judío* de entonces: una lengua (un lenguajear) y una forma-de-hacer, un saber-hacer (vida, trabajo, teoría). Y este carácter especulativo (imaginario) del estado, del *Judenstaat*, proviene justamente del hecho que el mismo hace referencia a algo que no existe, que consiste en sentido noético, pero que no tiene dimensión política: un proyecto, un punto de vista, una perspectiva, una teoría —y por ello es que *Judenstaat* también puede ser dicho como *jüdische Staat*. La condición (estado) y la colectividad (Estado) se confunden.

En alemán, *Judenstaat*, tiene a lo judío como complemento oracional: "la cuestión *de los judíos*". Mientras que en la traducción en francés este complemento se hace adjetivo calificativo: "la question juive", la cuestión *judía*. Esta circunstancia tiene repercusiones historiográficas por cuanto "la cuestión judía" es un concepto surgido en lengua alemana pero que halla en el francés su verdadero terreno de desarrollo, como se verá a lo largo del siglo XX y en gran medida también por el surgimiento del nazismo. La diferencia es importante en términos especulativos: los complementos oracionales son inclusivos ("el Estado de los judíos" no excluye otros ciudadanos u otros cultos, tampoco dice nada sobre la naturaleza jurídica de dicho Estado). Por el contrario el adjetivo calificativo es excluyente del sustantivo "Estado": no hay otro, no puede haber otro, es confesional, tal como justamente sucede en la actualidad con el Estado de Israel. La "cuestión de los judíos" en alemán se translitera en francés como "la cuestión judía", por ello también la expresión original de Marx, *Judenfrage*, sólo puede ser entendida en el contexto alemán. Y de manera similar a cómo *la cuestión* sólo puede ser inteligible como tal en la historiografía filosófica europea. Y por lo mismo, el antisemitismo histórico ha preferido dicha expresión considerada como aquella *más básica* —tal el caso como se sabe de *Die Judenfrage als Rassen, Sitten und Kulturfrage* (1882) de Eugen Dürhing.

La transformación de lo judío, de un cultura religiosa (*Kulturfrage*) a una administración Estatal (Palestina, Israel), tiene relación directa con la manera en que *lo judío* se transforma en concepto especulativo. Que Herzl usara la mayúscula en alemán (*Judenstaat*), como si designara lo alemán o lo francés y no como si designara el catolicismo o protestantismo, es una confirmación de esta transformación. Contrariamente a lo que se supone Herzl no proponía un "estado judío", sino un "Estado de los judíos". La diferencia reside en el carácter laico y europeo del Estado que pensaba Herzl. Pero sobre todo en el hecho especulativo determinante: los judíos no son el judaísmo, sino una problemática, la *Judenfrage*. Es imposible pensar lo judío sin concebir este sentido de "solución" (*Lösung*) que de manera macabra aun en la actualidad sobrevuela el asunto. La misma *quidditas* se encuentra en los ámbitos periféricos respecto del colonialismo: no es concebible lo local sin una concepción de lo especulativo como *solución*. Desde esta perspectiva periférica el llamado sionismo es un resultado especulativo tan previsible como el indigenismo o anticolonialismo marxista.

En Marx la *Judenfrage*, la pregunta por lo judío se halla ligada a un mecanismo de conjetura acerca de las creencias (*Gemeinschaft*) y por lo cual se disocian a las mismas de sus supuestas formulaciones colectivas (*Gesellschaft*): el cambio en las condiciones administrativas y Estatales acerca de los judíos o cristianos no comporta necesariamente un cambio en dicha creencia religiosa. Tal es la hipótesis de Marx en relación al libro de Bruno Bauer en torno a la emancipación "de los judíos". Este *mecanismo disociativo* será no sólo uno de los pilares conceptuales de la historiografía marxista, sino también la forma en que la cuestión se justificará, a partir de la historiografía (*Begriffgeschichte*) a sí misma: el *être/Sein* se legitima en el *cogito* cartesiano y este en su presentismo interrogativo en el presente (§ 1, § 11, § 12).

Este mecanismo disociativo en realidad funciona como un *sistema de ocultamiento*: las instituciones colectivas no representan aquello que suponen y sus fundamentos están en otro lugar, *son otra cosa*. Cuando asumimos *la cuestión* como origen especulativo estamos suponiendo una colectividad semejante (*cogito*, razón, alma, espíritu, cuerpo, etc.) y que no representa aquello que suponen y a lo cual Derrida, como vimos, llamaba la cuestión de la cuestión —y cuya perspectiva explica el interés de Derrida, como vimos, por la *Vermeilen* heideggeriana—. Que en los ámbitos periféricos este sistema de ocultamientos haya sido popular entre los analistas durante tanto tiempo se explica también en gran medida por esta situación en la cual de forma indirecta su creencia *re-forzaba* la historiografía de *la cuestión* —y, en última instancia, otorgaba una garantía de "razón" dentro de un cuestionamiento verbal superficial (ideología, tercer mundo, indigenismo, dominación, etc.).

Si la *Seinfrage* autoriza una discusión en torno al traspaso, a la movilidad, a la transitividad, de la individuación (en tanto proceso colectivo: *Gemeinschaft*) hacia un mundanar (en sentido heideggeriano [§ 3, § 7, § 21]), pero desde una perspectiva sociológica (*Gesellschaft*), y en ello haciendo, el mundanar (*Welten*) obtiene significado (mundaneidad, *Weltlichkeit*) en tanto permite un mecanismo de ahorar (§ 32). De forma similar, la *Judenfrage* permite discutir la forma en que una comunidad (en tanto *Gemeinschaft*) se transforma en sociedad (en definitiva el asunto de la legitimación que Marx atribuye a Bauer de ello se ocupa: *Gesellschaft*) y en ello haciendo, de alguna forma, ello obtiene (derechos del Estado de los judíos, derechos del Estado judío: la necesidad de una *Lösung*).

Reflexions sur la question juive, publicado en 1946, es una expresión extrema de este sistema de ocultamiento que, en definitiva, se legitima por *la cuestión*: lo judío es la mirada de los otros en un mundanar cartesiano —y esta "mirada" (en tanto lo-a-la-vista, *Vorhandenheit*) (§ 12, § 16, § 31) es/son a menudo los otros como tales (en tanto *être/Sein*) (lo a-la-mano: *Zuhandenheit*) (§ 12, § 16, § 30), como individuación. Escribe Sartre "L'antisemite reproche au Juif *d'etre* Juif;..." [el antisemita reprocha al judío *de ser* judío] (Sartre, 1946: 73). Este "être" es el que remite a *la cuestión*, es decir, aquel que se significa en un universalismo cartesiano, en el *cogito*, en la razón como *ultima ratio* de lo humano: *la cuestión*, en su justificación historiográfica, es una argumentación tautológica que conduce a la "espiritualidad" (el alemanismo/alemanidad) (§ 11, § 13, § 16).

De la misma manera que no nos preguntamos "¿qué es un ser?", sino "¿cuál es el significado del ser?", igualmente, por las mismas razones especulativas que remiten a *la cuestión*, Sartre escribe: "Ainsi, si l'on veut savoir ce qu'est le Juif contemporain, c'est la conscience chrétienne qu'il faut interroger: il faut lui demander non pas 'qu'est-ce qu'un Juif?' mais '*qu'as-tu fait* des Juifs?' " (Sartre, 1946: 88).[1] La pregunta por el judío es la pregunta por el ser/estar en la perspectiva de la historiografía filosófica europea: es aquello que Jean-Claude Milner llama "le Juif de savoir" (J-C. Milner, *Le*

1 Traducción del autor: "De esta manera, si queremos saber qué es el Judío contemporáneo, es la conciencia cristiana que hay que interrogar: hay que preguntarle no '¿qué es un judío?', sino ¿qué *has hecho tu* de los Judíos?' ".

Juif de savoir [Paris: Grasset, 2006]). La filosofía europea contemporánea no ha sido mayormente realizada por autores de origen judío, sino por autores que otros miran con diferancia (§ 21): "Le Juif est un homme que les autres hommes tiennent pour Juif: voilà la vérité simple d'où il faut partir. En ce sens le démocrate a raison contre l'antisémite: c'est l'antisémite qui *fait* le Juif" (Sartre, 1946: 88–89).[2] En este sentido el Judío no es inteligible sino a partir del *étant/Seienden* (§ 16), es el puro ahorar (§ 32): en castellano sería el gerundio-compuesto, el estar-siendo y el ser-siendo (§ 4, § 13).

La cuestión judía reenvía *la cuestión* a los términos de la cuestión de la cuestión pero con una dimensión periférica que incluso la misma obra derridiana no tiene. La herida colonial, periférica, es también parte de ese Estado/estado entonces imaginario: "Mais c'est exactement le contraire: c'est parce qu'on ne l'accueille jamais comme un homme, mais toujours et partout comme le juif, que le Juif est inassimilable" (Sartre, 1946: 129).[3] Este "lo judío" es la animalidad que vimos en Kafka: hay una transitividad que es aquello que hace legible/*leíble* la individualidad como *propietaria* (en tanto suma de propiedades, en tanto patrimonio) de un ser/estar. Lo judío es la extranjería, la localización a partir de la exterritorialidad y que es, precisamente, la manera en que se hace localizada una localidad en los ámbitos periféricos: "Le Juif qui rencontre un autre Juif dans le salon d'un chrétien est un peu comme un Français qui rencontrerait un compatriote à l'étranger" (Sartre, 1946: 133).[4] Sartre dice "à l'étranger" pero debería decir/está diciendo "dans les colonies".

La cuestión judía reenvía entonces a la especulación en términos del lenguajear/idiomar: "Productivité des mots, c'est-à-dire la capacité de produire, dans une langue, non pas ce que l'usage a déjà sanctionné, mais ce dont l'usage ne sait pas encore que cela lui est conforme. Le sujet parlant

2 Traducción del autor: "El Judío es un hombre que los otros hombres tienen por Judío: he aquí la simple verdad de donde hay que partir. En este sentido los demócratas tienen razón contra el antisemitismo: es el antisemitismo que *hace* al Judío".

3 Traducción del autor: "Pero es exactamente el contrario: es porque nunca lo recibimos como un hombre, sino siempre y por todos sitios como el judío, que el Judío es inasimilable".

4 Traducción del autor: "El Judío que encuentra otro Judío en el salón de un cristiano es un poco como un Francés que encontrase un compatriota al extranjero".

parle sa langue au futur antérieur. Productivité des pensées, c'est-à-dire penser ce qui n'a pas encore été pensé, ou, plus exactement, penser ce qu'on pense *comme* si ce n'avait pas encore été pensé. Le sujet pensant au futur antérieur" (Milner, 2006: 44).[5]

Situación en la cual la cuestión judía, una vez más, se amalgama al ámbito periférico en su forma de mundanar (*Welten*), en su condición necesaria de *periferar*, de *poietizar* (en tanto realización de una ποίησις). Y resulta paradójico que justamente este mecanismo del futuro anterior sea visto, diez años más tarde, por Stiegler (2008), en su comentario a la obra de Foucault, como el mecanismo especulativo europeo por excelencia.

Por otra parte, el judaísmo en su caracterización como cuestión (*Judenfrage*), expone el dualismo cartesiano en su formulación contemporánea europea: "La langue permet d'opposer d'une part le 'savoir-de', savoir juste ou pas, relatif à l'objet su ou au sujet sachant, et d'autre part le 'savoir', juste le savoir. Dans le premier cas, quelqu'un sait quelque chose: pour reprendre une expression de Jakobson, le savoir est embrayé sur son sujet et sur son objet. Dans le second cas, il y a savoir, sans aucun embraye. A cette lumière, on peut opposer deux systèmes de représentations: le savoir antique et médiévale était relationnel et embrayé; le savoir moderne était absolu." (Milner, 2006: 55–56).[6]

Es a este dualismo que la cuestión de la cuestión en los ámbitos periféricos tiene como ininteligible. La lengua es lenguajear, es idiomar, es construir una localidad para obtener un sentido local, de familiaridad

5 Traducción del autor: "Productividad de palabras, es decir la capacidad de producir, en una lengua, no aquello que el uso ya ha sancionado, sino aquello donde el uso no sabe aún que eso le es conforme. El sujeto hablante habla su lengua en el futuro anterior. Productividad de los pensamientos, es decir pensar eso que todavía no ha sido pensado o, más exactamente, pensar eso que pensamos *como* sino hubiese sido todavía pensado. El sujeto pensante al futuro anterior".

6 Traducción del autor: "La lengua permite de oponer de una parte el 'saber de', saber justo o no, relativo al objeto sabido o al sujeto sapiente y, de otra parte, el 'saber', sólo el saber. En el primer caso, alguno sabe alguna cosa: para retomar una expresión de Jakobson, el saber está embragado sobre su sujeto y sobre su objeto. En el segundo caso, hay saber, sin ningún embrague. Bajo esta luz, podemos oponer dos sistemas de representaciones: el saber antiguo y medieval era relacional y embragado; el saber moderno era absoluto".

(*heimatlich,* también como *heimlich*). La noción de "savoir" responde así a *la cuestión* en términos de la historiografía filosófica europea, mientras los ámbitos periféricos en términos especulativos se hallan dominados por pedagogías, por aprendizajes, que sólo *a posteriori* conducen a una forma de pensamiento (*Begreifen, Begreifenlich, Verstehen*, también como *sich verstehen zu*). La certitud de lo especulativo como institución, eso que Derrida llamaba "nuestras instituciones filosóficas" es ininteligible en los ámbitos periféricos, no sólo por la ineficacia intelectual de la cuestión, sino también porque el presentismo del presente se halla dominado por horizontes de expectativa, de manera que todo "entendimiento", en sentido kantiano, no es una formulación del ahorar en relación a la memoria, sino, justamente un conflicto del ahorar con una memoria que nunca llega a ser tal porque las determinaciones del porvenir (expectativas, proyecciones) son siempre más significativas que las resoluciones sobre lo pasado en términos de saber.

Pensar como posible una abstracción de "savoir" a partir de la lengua ("juste le savoir") es apelar sin remedio a *la cuestión*, a la historiografía conceptual (*Begriffgeschiche, Geschichtlichkeit*) que la hace posible. No hay lengua sin lenguajear (§ 35), sin idiomar (§ 17), y si tal cosa es entendida de esta manera no hay "universalidad" posible de cualquier concepto (aplicación y significación *urbi et orbi*). La idea de un saber moderno "absoluto", aun cuando suponiendo que tal cosa existe en lugar alguno, es ilegible en los ámbitos periféricos del planeta.

La cuestión judía aporta, en términos de *la cuestión,* una exposición de la variedad de formas bajo las cuales un problema puede ser enunciado, pero sobre todo la constatación que la definición del problema se determina por los conceptos empleados, por la conceptualización empleada, y por los que/la que son/es inteligibles en ese momento —y ello incluye el lenguajear (§ 35) y el idiomar (§ 17). No es lo mismo el antisemitismo político *à la* Renan (*Qu'est-ce qu'une Nation?* [Paris: Calmann Levy, 1882]) que el racial *à la* Haeckel (*Anthropogenie oder Entwicklungsgeschichte des Menschen* [Leipzig: W. Engelmann 1874]) o el nacionalsocialista. Esta diversidad de la cuestión judía se vincula con la diversad del colonialismo que supone la cuestión y, sobre todo, la *grammatisation* consecuente. No es lo mismo el colonialismo educativo *à la* Bello (*Gramática de la lengua castellana destinada al uso de los americanos* [Madrid: Locadio López/ Valparaíso: Tornero/Torres, 1875]) o *à la* Sarmiento (*Método gradual de enseñar a leer el castellano* [Santiago: Imprenta El Mercurio, 1857. La obra original es de 1845]) que el cientificista *à la* Houssay (*Fisiología Humana* [Buenos Aires: El Ateneo, 1954]) o el ilusionista-tecnológico *à la* Sagasti/ Guerrero ("Situación de la ciencia y tecnología en América Latina" [*Estudios Internacionales*, Año 7, Nro. 25 (enero-marzo 1974), pp. 16–56.]). Y al igual que en la cuestión judía, la distinción entre variedades, no obstante su relevancia historiográfica, importa menos que los conceptos que involucra (lenguajear, idiomar). Y es a esta serie de conceptos —y a su historiografía— que también indicamos como la *cuestión periférica*. En este sentido, al igual que destaca Hannah Arendt (*Sur l'antisemistisme. Les origines du totalitarism* [Paris: Seuil, 2005]) no hay que confundir antisemitismo con antijudaísmo, de manera similar a cómo no hay que confundir filosofía (en tanto especulación basada en *la cuestión*) y pensamiento (en tanto basado en la cuestión de la cuestión).

Elisabeth Roudinesco sostiene que el judaísmo "est un religion de l'appartenance qui s'accompagne d'un culte de la mémoire, d'un pensée faite de gloses et de commentaires et d'une obéissance à des rites ancestraux …" (Roudinesco, 2009: 21).[7] Si aceptamos esta hipótesis entonces la cuestión judía se transforma en un problema de reversión: una pertenencia (mundanar, *Welten*) por otra, una memoria (ὑπομνήματα [*hypomnemata*]) por otra y un asunto de legitimidad en la obediencia (control, gobernabilidad) en la individuación. Tal sin duda es también una sucinta descripción de la *quidditas* (el "qué es", el "qué es esto") en los ámbitos periféricos. Por eso Marx, en relación a este mundanar y a la escrituración que supone la *grammatisation*, afirmaba: "Der Gott der Juden hat sich verweltlicht, er ist zum Weltgott geworden. Der Wechsel ist der wirkliche Gott des Juden. Sein Gott ist nur der illusorische Wechsel" (Karl Marx/ Friedrich Engels, *Werke*, Berlín: Karl Dietz Verlag, Band 1, 1976, S. 375).[8] La "Lettre de change" (*Wechsel*, "pagaré") es aquí también aquello que Derrida indica

7 Traducción del autor: "… es una religión de la pertenencia que se acompaña de un culto de la memoria, de un pensamiento hecho de glosas y de comentarios y de una obediencia a ritos ancestrales …"

8 Traducción del autor: "El Dios de los judíos se ha mundanizado, se ha convertido ("cambiado") en dios del mundo. La letra de cambio ("pagaré") es el verdadero Dios de los judíos. Su Dios no es más que esta letra de cambio ilusoria".

como *supplément*, es "l'écriture avant la lettre" (*De la grammatologie*: première partie), es decir, el hecho que la escritura es el suplemento por excelencia. Pero también la "Lettre de change" es un valor de cambio, un bien, un patrimonio, una *commodity* y asimismo una tecnología.

Si como sostiene Roudinesco, "la référence à la pureté du sang, dans les sociétés d'ancien régime, renvoyait au lignage et à l'hérédité, et non pas à la race biologique au sens du XIX siècle" (Roudinesco, 2009: 29),[9] de manera similar en los ámbitos periféricos el colonialismo inicial trataba de suprimir la diferencia local a partir de una conversión que dejaba el elemento étnico en un segundo plano. Los cambios introducidos a partir de la fundación de los llamados "Estados nacionales", transformarán esa diferencia social, de herencia, de patrimonio, en un elemento de diferencia de raza. Contrariamente a lo que se piensa, el racismo en sentido contemporáneo es, en los ámbitos periféricos, un fenómeno de fines del siglo XX. La animalización de los indígenas, que a menudo se confunde históricamente con racismo, es otra cosa. Y por ello no es casualidad que el racismo, palabra inventada como se sabe por Édouard Drumont en 1894, haya surgido de manera contemporánea a la formulación conceptual (*Begriffgeschichte*) del colonialismo, de manera que el pasaje del antijudaísmo al antisemitismo coincide con el pasaje del paternalismo de la animalización de los ámbitos periféricos a la aplicación de las ventajas comparativas en términos raciales y étnicos. Situación que también explica la confusión en torno al término "antisemita", que fuera creado en 1869 por el eminente orientalista judío Moritz Steinschneider para designar entonces con dicha expresión el prejuicio hostil a los Semitas (*antisemitisch Vorurteil*) (Roudinesco, 2009: 66). De esta manera, si aceptamos la hipótesis que el racismo es una derivación del antisemitismo que le precede, de la misma manera precede a ellos el colonialismo, no en su formulación conceptual, sino en su imposición como conquista y *grammatisation*. Y por ello el racismo "pos-colonial" (posconceptual) es desbastador: porque se asienta en un cientificismo y en un antropologismo acerca de las razas y las etnias, en donde la industrialización

9 Traducción del autor: "… la referencia a la pureza de sangre, en las sociedades de antiguo régimen, re-envía a un linaje y a la herencia, y no a la raza biológica en el sentido del siglo XIX".

tecnológica, la *commoditisation* del saber y el negacionismo coinciden en una perspectiva singular.

Bajo estas condiciones se equivoca Roudinesco (2009: 93) cuando cree que la conquista colonial europea es un derivado del racismo. Y, por lo mismo, acierta cuando cita a Arendt (*Sur l'antisemitisme. Les origines du totalitarisme* [Paris: Seuil, 2005]) para puntualizar que el colonialismo significó la mundialización del antisemitismo. Pero ello ha ido aun mas lejos de aquello que asume la autora: la entropía que supone el colonialismo en los ámbitos periféricos, en tanto confirmación anticipada del Antropoceno, ha sido el motor de la mundanización (mundanar, *Welten, Weltlichkeit*) de innumerables elementos, tal como en este libro tratamos de exponer.

Cuándo la "conquista" se transforma en colonización es paradójicamente cuando los llamados "Estados nacionales" comienzan a reivindicarse y a fundarse. Y no por casualidad los tenidos como grandes educadores nacionales europeos serán asimismo —y no por casualidad (J. Rancière, *La maître ignorante* [Paris: Fayard, 1987])— los más fervorosos colonialistas. El ejemplo paradigmático es el de Jules Ferry que en 1885 escribía: "Les races supérieures on un droit vis-à-vis des races inférieures [...] Elles ont le droit de civiliser les races inférieures" ("Discours devant la Chambre de députés", 28 julliet 1885).[10] Sarmiento, por continuar con el ejemplo periférico aquí empleado, y otros autores locales tomaron sin duda nota de esta perspectiva. Cuando Charles Péguy inventa en 1902 el término "colonialisme" estaba en realidad preparando el camino a la invención del cinematógrafo, de la radio y de la televisión, mucho menos a la explotación de recursos materiales, que ya estaba instalada.[11] Este universalismo (*Welten, Wetlichkeit*) "republicano" como le llama Roudinesco era en realidad un mecanismo de colectivización

10 Traducción del autor: "Las razas superiores tienen un derecho frente a las razas inferiores [...]. Ellas tienen el derecho de civilizar las razas inferiores".

11 "A cet égard, il faut noter qu'aucune des trois plus anciennes puissances coloniales européennes —l'Angleterre, l'Espagne, le Portugal— n'a forgé le mot de colonialisme pour désigner cette idéologie impérialiste reposant sur une théorie raciale issue d'un mélange de gobinisme et de darwinisme social. C'est en France, en effet, en 1902, que le terme fut inventé pour justifier après-coup un phénomène d'expansion qui avait commencé au milieu du siècle et qui consistait à asservir les peuples non européens" (Roudinesco, 2009: 94).

extrema de los procesos de individuación que luego se llamará industrialización, *marketing*, *commoditisation* y digitalización sucesivamente. Por ello Friedrich Ratzel, zoólogo y geógrafo alemán, titulará su obra de 1891 *Anthropogéographie* y cuyo objeto era reintroducir el elemento humano en la geografía, es decir, la animalización de lo viviente (§ 42) —lo cual, dicho sea de paso, se vincula a las tesis *degenerativas* de lo judío.

Bajo estas condiciones se comprende, también a partir de la cuestión judía, la tremenda corrosión que comporta el colonialismo y la colonización: "… en pasant du statut de parias à celui de conquérants, ils ne purent éviter de devenir, pour les peuples chassés de leurs terres, des persécuteurs et donc des colonialistes" (Roudinesco, 2009: 109).[12]

En su análisis de la cuestión judía en Freud —que no es lo mismo que decir "del judaísmo freudiano"— Roudinesco expone cómo la obra freudiana —su conceptualización, los mecanismos especulativos a que da lugar— se constituye en un linaje judío de condiciones extraterritoriales ("extraeuropeo") que tienen una gran similitud con la manera en que la especulación y la *poiesis*, entrambas, hacen obra en los ámbitos periféricos. Lo judío es así no una razón Estatal (en tanto Israel, en tanto israelita), ni una creencia ideológica (en tanto sionismo, en tanto sionista), ni una derivación política de Occidente (en tanto fuerza armada, en tanto espionaje y servicio de inteligencia), sino una reversión historiográfica de *la cuestión*, cuanto menos en tres formas: (i) "l'idée que les Juifs avaient la capacité de retourner leur situation de persécutés en une position de 'paria conscient', qui leur permettait, dans l'adversité, de ne pas rentrer dans le rang …" (Roudinesco, 2009: 131);[13] (ii) la idea que la integridad de la individuación consiste en "transmission d'un héritage, études des textes, acceptation de l'exil et de la dispersion […] une judéité sans territoire ancrée dans le savoir" (Roudinesco, 2009: 139);[14] (iii)

12 Traducción del autor: "… pasando del estatuto de parias al de conquistadores, ellos no pueden evitar de devenir, por los pueblos perseguidos de sus tierras, de persecutores y por ende de colonialistas".

13 Traducción del autor: "… la idea que los Judíos tenían la capacidad de revertir su situación de perseguidos en una posición de 'paria consciente', que a ellos permitiría, en la adversidad, de no entrar en el rango …"

14 Traducción del autor: "… transmisión de una herencia, estudios de textos, aceptación del exilio y de la dispersión […] una judeidad sin territorio anclado en el saber".

la idea que la extraterritorialidad (la egipcianeidad) obtenida por la obra, por la técnica de escrituración, resulta en una reversión historiográfica.

Si sostenemos que la cuestión judía pasa, se vehiculiza, por una judeidad que no está donde se dice lo judío institucional ("Marx, Spinoza, Heine", dice Roudinesco, "sin cesar ex-comunicados"), estamos afrontando la problemática de la cuestión de la cuestión: la consistencia del presente ya no está en un presentismo (que garantizaba la función clásica del *être/Sein*), sino en formas del ahorar que tienen a la tecnología como lo humano *per se* y que requieren, para no convertirse en enteramente entrópicas, de mecanismos poiéticos de aprehensión. Por ello ante la pregunta de *cómo imaginar* después de Auschwitz ("à quel condition était-il possible de filmer Auschwitz?": Roudinesco, 2009: 278), Roudinesco con razón responde con la expresión del cineasta Luc Mollet: "La morale est affaire de *travellings*" [La moral es una cuestión de filmación, de *travellings*]. Sólo una exploración de lo "extra-europeo" puede ofrecer una alternativa semejante (Edward Saïd, *Freud and the Non-European* [London: Verso, 2003]).

Y sin embargo el freudismo de la cuestión judía ha sido mayormente empleado, en su formulación especulativa a partir de *la cuestión*, y sobre todo en los ámbitos periféricos, como una formulación historiográfica actualizada de *la cuestión*, atinente a ofrecer un esquema disponible de ser/estar localmente y que en realidad ha funcionado por un colonialismo extremo: "Mais Lacan pensait aussi, comme Freud d'ailleurs, que l'immigration vers les États-Unis de la totalité des psychanalystes européens avait été une catastrophes pour le freudisme, lequel avait alors changé de visage. Contraints de s'adapter, les immigrés avaient en effet fini par épouser les idéaux pragmatiques d'une psychiatrie hygiéniste centrée sur l'adaptation du sujet à la société, oubliant que la quête du désir et de l'inconscient était parfaitement étrangère à toute doctrine du bonheur social." (Roudinesco, 2009: 191).[15]

15 Traducción del autor: "Pero Lacan pensaba también, por otra parte como Freud, que la inmigración hacia los Estados Unidos de la totalidad de los psicoanalistas europeos había sido una catástrofe para el freudismo, el cual había entonces cambiado de rostro. Compelidos a adaptarse, los inmigrantes habían de hecho acabado por adoptar los ideales pragmáticos de un psiquiatra higienista centrado sobre la

La historiografía de *la cuestión* se condice directamente, en términos especulativos, a las razones por las cuales la cuestión judía puede ser expresada a partir de los mecanismos de control que posibilita. Como los judíos de la cuestión judía, los vivientes animalizados de las colonias tienen un sobrenombre como nombre: por ello, como veremos, la llamada cuestión judía (en el sentido de *Judenfrage*) es *la cuestión* por excelencia: no sólo una cuestión de *la cuestión*, sino también la exposición del lenguajear en su principio último, allí donde el *être/Sein* pierde su prioridad subjetiva, se disuelve, se banaliza, se diversifica, abandona la cópula. No debe sorprender a este punto, desde una perspectiva de la periferia, que lo viviente tenga en su defecto de origen local la evidencia de la animalidad.

La cuestión judía, por último, trae en sentido derridiano un aspecto que es fundamental y electivo: "deconstruir" (*déconstruction*) una situación significa des-hacer un sistema conceptual sin destruirlo. Esta es la *déconstruction* que postulara Derrida desde 1967 y que, en definitiva, es una variante de *la cuestión*, es la cuestión de la cuestión o, como estamos viendo, la formulación de la pregunta por el judaísmo, entendido el mismo, en su devenir, en su expectativa, en su *horizon d'attente*, como producto de los ámbitos no-europeos. Derrida no vivió lo suficiente para comprehender hasta qué punto su perspectiva deconstructiva suponía el colonialismo, en el sentido que, en los ámbitos periféricos, no hay manera de destruir el colonialismo sin al mismo tiempo destruir la casi totalidad de lo inteligible, justamente porque toda noción de especulación en la periferia se ha realizado en torno al colonialismo. El propio Derrida, como lo recuerda Roudinesco, "a toujours dit vouloir, par ce terme, se distancier des concepts heideggeriens de *Destruktion* et *Abbu* (destruction, démolition)" (2009: 287).[16] Y es paradójicamente esta *oratio obliqua*, "periférica", en términos especulativos, quien nos conduce hacia los ámbitos periféricos: "c'est bien cette manière que tout en étant un lecteur infidèle de la pensée heideggérienne, il se sentait juif,

---

adaptación del sujeto a la sociedad, olvidando que la búsqueda del deseo y del inconsciente era perfectamente extranjera a toda doctrina de bienestar social".

16 Traducción del autor: "… con este término siempre ha querido significar una distancia de los conceptos heideggerianos de *Destruktion* y *Abbu* (destrucción, demolición)".

comme Freud et comme Arendt, mais convaincu aussi qu'il était habité par ce qui 'restait de judaïsme à travers le monde'. Le signifiant juif était à ses yeux d'autant plus présent dans sa vie et dans sa réflexion qu'il semblait absent de son oeuvre" (Roudinesco, 2009: 287–288).[17]

17 Traducción del autor: "es de este modo, siendo un lector infiel al pensamiento heideggeriano, se sentía judío, como Freud y como Arendt, más convencido también que estaba/era habitado por eso que 'restaba del judaísmo a través del mundo'. El significante judío era a sus ojos tanto más presente en su vida y en su reflexión, que parecía estar ausente de su obra".

§ 44. "Pharmacologie de la question"

En *Ce qui fait que la vie vaut la peine d'etre vecue. De la pharmacologie* (2010) Bernard Stiegler retoma la perspectiva de Heidegger (y de Derrida) acerca de *la cuestión*. En realidad Stiegler parte de la cuestión de la cuestión de Derrida pero como si estuviera escrita en *Sein und Zeit*. Incluso en sus comentarios Stiegler los refiere a Heidegger y a *Sein und Zeit* (Séminaire 2015, scéance 3: "Questions d'entropologie et de néguanthropologie", <www.pharmakon.fr>, accedido 22.02.2017).

Aquello que en la traducción francesa de Emmanuel Martineau se lee como "la question de l'être" y que abarca los cuatro primeros parágrafos de *Sein und Zeit* (que constituye la primera parte) —y que se halla justificada por la titulación misma de la introducción: "la question du sens de l'être" [la cuestión del sentido/significado del ser/estar]— en Heidegger se centra en torno a dos expresiones: "der Frage nach dem Sein" (la pregunta por el ser/estar) y "Vorrang der Seinsfrage" (primacía de la pregunta por el ser/estar). Aquello que se indica como "question" entonces es lo que Derrida (1990a) en su análisis de Heidegger indicara como la cuestión de la cuestión, porque la virtud del trabajo de Derrida fue también el haber identificado el aspecto claro y funcional de *la cuestión* como tal. Stiegler entonces lee *la cuestión* en términos historiográficos y en una proyección que supone un superamiento de los principios del *Dasein* (y que por razones prácticas indicamos como pos-*Dasein*: § 34).

Frage en Heidegger es cuestión, en primer lugar, en tanto concepto o argumento y luego, en segundo lugar, con posterioridad, es en cuanto pregunta. La relevancia de este aspecto se vincula al hecho que la condición interrogativa de "der Frage nach dem Sinn von Sein" [la cuestión del significado/sentido del ser/estar] se encuentra ya "des-valorizada" en la propia *Sein und Zeit*, como si Heidegger intuyera que el "qu'est que?", el τὸ τί ἐστι (*ti esti*), el "qué es/cuál es", ya no está/es un/como asunto fundamental/fundante *per se* (§ 1, § 7, § 16, § 34).

La cuestión es para Stiegler cuestionamiento (en sentido crítico/analítico) y reescritura historiográfica (en sentido de reformulación conceptual), es decir, *la cuestión* es el elemento determinante de lo especulativo como tal. Y aunque por diferentes razones que en relación a los ámbitos periféricos, en este aspecto hay coincidencia de la visión de Stiegler con aquello que aquí indicamos como la *cuestión periférica*. La diferencia, no obstante, estriba en la condición colonial del proceso de *grammatisation*, proceso que el propio Stiegler en trabajos posteriores (*La Société automatique : 1. L'avenir du travail*, [Paris: Fayard, 2015]), dará mayor relevancia, aunque sin nunca considerar la colonización como parte de lo especulativo mismo, tal como es la hipótesis aquí postulada.

Stiegler emplea *la cuestión* para definir la noción de *adoption* y la de *transindividuación* que retoma de Gilbert Simondon. La adopción de una técnica por una sociedad y por una época es una fase de un proceso de individuación colectivo, que se produce en los individuos psíquicos y por el intermedio de dicha técnica. Esta individuación es colectiva al mismo tiempo que psíquica, estableciendo así un proceso que Simondon indica como de "transindividuación". Y son así las condiciones de individuación del sistema técnico mismo que se transforman y metaestabilizan a través de esta adopción. Este proceso entonces es la *adoption d'un défaut*, es decir, siempre en los términos de Stiegler, aquello que induce todo φάρμακον (*pharmakon*): el desplazamiento de un *défaut* que designa, a partir de Freud y de la lectura freudiana de Lacan, como siendo/estando la cosa (*das Ding*) (§ 27).

Que un proceso de transindividuación sea ante todo un proceso de adopción significa que la colectivización y la tecnificación son dos mecanismos indispensables en la constitución de aquello que aun en la actualidad seguimos indicando como humano pero que, en términos de *la cuestión*, sería mejor indicar como pos-*Dasein*, es decir, no sólo ya como no humanos, sino como lo humano definido y significado a partir de valores no humanos (§ 34).

Bajo estas condiciones se comprende por qué los grandes procesos de industrialización son entendidos por Stiegler como procesos de formación/deformación de lo humano como tal: primero, proceso de adaptación en relación al trabajo con la materia, luego, control de comportamientos de la vida cotidiana e instrumentación del consumo durante el siglo XX. Y, por último, un proceso de adaptación del saber a la tecnologización y los sistemas de computación. Son estas, en los términos de Stiegler, diversas formas acumulativas de proletarización que anihilan toda dimensión noética (νόησις, entendimiento, concepto de comprehensión). Stiegler entiende que las "tecnologías cognitivas", desarrolladas exclusivamente para aumentar la eficacia, la productividad y el *profit*, es decir, la aceleración como sostenía Paul Virilio, han generado un "corto-circuito" en la capacidad "humana" a analizar críticamente o, como sostiene el autor francés en su reinterpretación conceptual de la terminología husserliana, a "criticar los dispositivos retencionales en que consisten dichos sistemas" (Stiegler, 2010: 210–211). Para Stiegler este "tiempo de la reflexión" es el *temps de la question* y del cual los individuos han sido sustraídos.

La reformulación de *la cuestión* en Stiegler no conduce sólo a la perspectiva derridiana de la cuestión de la cuestión, sino también a una extensión de *la cuestión* a la problemática de lo especulativo como tal y es allí donde Stiegler, como antes Derrida, se acerca a los ámbitos periféricos. Para Stiegler, como para Herbert Marcuse (*One-Dimensional Man: Studies in the Ideology of Advanced Industrial Society* [Cambridge, Mass.: Beacon Press, 1964]), durante el siglo XX, la proletarización del espíritu es el fenómeno determinante de lo especulativo en Occidente —y es a partir de ello que la *cuestión periférica* debiera partir, en concreto, de eso que Marx llamaba *Entfremdung*, el extrañamiento, el extrañamiento como desposesión y como constatación de un fallo, de una deformación, de una rotura de origen.

Considerada de esta perspectiva *la cuestión* es un fenómeno de historiografía filosófica (§ 26) que permite comprehender la forma en que la temporalidad de una época se establece: "À l'écart de la pensée heideggérienne, je pose que la question de la question est celle de celui qui, en posant des questions, *crée* des circuits longs et par là même *adopte* ce qui sans cesse le met en question. À savoir le *pharmakon*. C'est en se "remettant en question" que l'individu psychique s'individue tout en s'inscrivant dans un régime d'individuation collective où l'individuation technique opère sans cesse, et à travers elle *das Ding*, c'est-à-dire comme défaut qu'il faut: comme objet du désir. " (Stiegler, 2010: 215).[1]

Stiegler entiende *la cuestión* en el marco de la *Gestell*, no sólo como pérdida de lo humano en tanto unidad cognitiva de la especulación, sino también como *sujeción* del mismo a la técnica/tecnología. Stiegler extrema el planteo farmacológico de Derrida (1967a) introduciendo la técnica como factor fundamental y que Derrida solo había sugerido. Para Stiegler la implementación del *marketing* como instrumento de la financiarización planetaria ("révolution conservatrice"), de la digitalización y de las tecnologías a base de ordenadores, constituyen los asientos sobre los cuales se ha destruido toda forma de saber y de condición *pública* de dicho saber.

La interpelación constante de los individuos a partir del mismo proceso que los constituye como tales es el escenario de pesadilla en que Stiegler inscribe *la cuestión* en términos europeos y que es el mismo que aquí indicamos para la *cuestión periférica* aunque en razón del colonialismo y no sólo como fenómeno del siglo XX. La interpretación de Stiegler del Antropoceno en este sentido es limitada. La cuestión sigue siendo para el europeo Stiegler la determinación del presente o aquello que otorga la determinación del presente como tal. Sin embargo, a diferencia de Heidegger, extrae a la misma de la determinación historiográfica en que se hallaba situada —y en lo cual es sin duda un cuidadoso estudiante de Derrida: la idea de una "pharmacologie de l'esprit" es aquello que postula (Stiegler, 2010: 217). La gran virtud de Stiegler, desde una perspectiva periférica y aunque él mismo en tanto autor no dedique mucho espacio al argumento,

1 Traducción del autor: "Separado del pensamiento heideggeriano, postulo que la cuestión de la cuestión es aquella que, haciendo preguntas, *crea* circuitos largos y por lo mismo adopta aquello que sin cesar lo pone en cuestión. A saber, el *pharmakon*. Es 'poniéndose en cuestión' que el individuo psíquico se individúa todo inscribiéndose en un régimen de individuación colectivo donde la individuación técnica opera sin cesar y a través de ella *das Ding* [la cosa], es decir, por defecto que se debe/que debe: como objeto de deseo". Más tarde Stiegler irá más lejos aún: "Es por esto que el juego de *Sein und Zeit* no es una nueva formulación de la cuestión del ser/estar, o una nueva concepción del ser/estar como 'cuestionante de la cuestión', sino la especificación de la cuestión del tiempo como capacidad de futurización" (*Dans la disruption*, Arles: Le Liens qui Libèrent, 2016, p. 288 [traducción del autor]).

es la materialización extrema a que somete a *la cuestión*, es decir, la manera en que "cosifica" (*Dinglichkeit*) *la cuestión*. Y tiene toda la razón cuando sostiene que lo novedoso en este contexto no es el avenimiento de una supuesta era pos-humana, sino "l'accomplissement d'une *prolétarisation totale* mise en oeuvre par un logique purement économique qui vient détruire la sphère politique, c'est-à-dire les processus d'individuation qui ne peuvent s'effectuer que comme adoption de la technique, et précisément à l'encontre de la prolétarisation — qui est ici la réalisation du premier coup du *pharmakon* en tant que court-circuit dans la transindividuation" (Stiegler, 2010: 216).[2]

Stiegler sitúa *la cuestión* a nivel de la individuación en donde no todo aquello que le concierne es conceptual, a diferencia de Heidegger en donde *la cuestión*, aun entendida como cuestión de la cuestión y aun, como demuestra Derrida, sin haberse deshecho de un bagaje metafísico, *la cuestión* es siempre entendida como conceptualmente existente. En los ámbitos periféricos, por el contrario, la existencia significativa, la consistencia, que no puede ser formulada conceptualmente, es lenguajeada, tratada como "suplemento" a partir de una *poiesis,* escriturada. El rol que la *escritura* tiene para Heidegger y para Derrida en Stiegler se transforma en tecnología, lo cual no reduce la relevancia de la escrituración, sino que la vuelve más funcional y específica —por ello Stiegler hace referencia a la *grammatisation* de Sylvain Auroux (1994) en lugar de la *grammatologie* de Derrida (1967a).

Esta "individualización" de *la cuestión* que postula Stiegler tiene una base kantiana en tanto se asienta sobre las capacidades noéticas (νόησις) y sobre la manera en que las mismas permiten una perspectiva crítica y la constitución de una "dimension anamnésique de l'individuation" [dimensión amnésica de la individuación]. De esta manera, para Stiegler la cuestión de la cuestión que Derrida enunciaba en 1972, es en 2010 la posibilidad de anteponer preguntas y "telle est la première question, c'est-à-dire

2 Traducción del autor: "... el cumplimiento de una proletarización total puesta en obra por una lógica puramente económica que viene a destruir la esfera política, es decir los procesos de individuación que no se pueden efectuar como adopción de la técnica, y precisamente al encuentro de la proletarización —que es aquí la realización del primer golpe del *pharmakon*, en tanto corto-circuito en la transindividuación".

celle à laquelle soumettre celles qui en découlent aujourd'hui pour nous" (2010: 216).[3] Este mecanismo, no el cuestionamiento en particular, sino el hecho que la cuestión de la cuestión es un mecanismo de interrogación que funciona como método de inteligibilidad de la especulación, tal es también asunto en la periferia. Stiegler extrema Derrida en tanto postula "la situation pharmacologique *comme mise en question*" [la situación farmacológica *como puesta en interrogación/problematización*] (2010: 217).

El mundanar (*Welten, Weltlichkeit*) de pesadilla que describe Stiegler es, referido a *la cuestión*, determinado, tal como lo hacía Derrida, a partir del *étant* (*Seienden*) —eso que, leído (inteligible, inteligido) en términos de los ámbitos periféricos, hemos indicado como ser-estando y estar-siendo (§ 16). El desplazamiento del *être/Sein* hacia el *étant/Seienden* como definitorio de la individuación, no sólo se inscribe en la crítica de Derrida (1990a) a Heidegger, sino que indica una forma irreversible en que lo especulativo, en términos europeos, se conceptualiza: si la auscultación e inteligibilidad del concepto de *être/Sein*, cuanto menos hasta Heidegger, era una manera de incrementar el saber en términos noéticos (νόησις) al mismo tiempo que acrecentar la funcionalidad del *être/Sein* individual (y que por ello se indica como complemento, como *étant*), por el contrario, en la actualidad (en tanto *Ereignis*), dicha continuidad no sólo no es viable, sino que se considera que la misma, en términos historiográficos, se asentaba sobre un malentendido acerca de las condiciones del *être/Sein* en relación al conocimiento. De manera que sólo una noción de *étant/Seienden*, sin relación necesaria o complementaria, a un *être/Sein* clásico, puede dar cuenta de la *Gestell* o de la farmacología generalizada del espíritu para decirla con términos de Stiegler.

Bajo estas condiciones, como asimismo hemos indicado en relación a los ámbitos periféricos, lo especulativo no constituye sólo un asunto concerniente a la determinación del presente (§ 4, § 8, § 12, § 13), sino también y sobre todo a las expectativas que determinan lo posible como porvenir. Eso es aquello que indicamos como ahorar (§ 32). E, igualmente, si hemos considerado la cosa (*das Ding*) como central a toda forma de especulación

3 Traducción del autor: "... tal es la primer cuestión, es decir aquella a someter las que desbordan hoy para nosotros".

en la periferia (§ 27) es por razones similares a las ofrecidas por el propio Stiegler: "L'étant que nous sommes nous-mêmes serait mis en question par une *impossibilité* de questionner dès le premier frémissement de toute question pour autant qu'elle met l'étant que nous sommes nous-mêmes en *contradiction* avec lui-même, par lui-même, c'est-à-dire par et avec l'autre de lui-même, par et comme l'autre-même qu'il s'avère *devenir*, et parfois *advenir*, devant ce qu'il faut appeler la Chose: *das Ding*" (Stiegler, 2010: 219).[4]

Y si la "mise en question" es el ejercicio de la cuestión de la cuestión en sentido derridiano, entonces nuestra época ha sobrepasado dicha situación de forma irreversible a partir de la *extrañeza humana* (*das unheinlich Ding, unheimlichkeit*) que aporta la industrialización tecnológica: "Le mise en question de la possibilité de questionner qui serait la condition de toute véritable question commencerait ainsi: par la possibilité, pour le questionné *pouvant* devenir questionnant, d'être pro-jeté dans son devenir par ce qui le met en question en le menaçant de l'impossibilité de questionner: sa pro-jection prothétique pré-céderait sa possibilité de poser des questions *comme un sorte de pulsion anorganique*, c'est-à-dire comme une situation *d'essence automatique*, et comme mise en question par une *uheimlickeit*" (Stiegler, 2010: 219).[5]

Stiegler predice que toda cuestión de la cuestión, aun cuando crítica de *la cuestión*, será literalmente "barrida" (*balayée*) por la manera en que la tecnología y la farmacología han modificado los términos de aquello que

4 Traducción del autor: "El estando/siendo que nosotros mismos somos será puesto en cuestión por una *imposibilidad* de cuestionar desde los primeros estertores de toda cuestión /problematización, no obstante que ella ponga el estando/siendo que somos en contradicción con él mismo, por él-mismo, es decir por y con el otro de él-mismo, por y como el otro mismo que se manifiesta *devenir*, y a veces *avenir*, frente a eso que debemos llamar la Cosa: *das Ding*".

5 Traducción del autor: "La puesta en cuestión/problematización que será la condición de toda verdadera cuestión/problematización comenzaría así: por la posibilidad, por el cuestionar *pudiendo* devenir cuestionante, de ser proyectado/tirado [pro-jeté] en su devenir por eso que lo pone en cuestión amenazándolo con la imposibilidad de cuestionar: su proyección/eyección [pro-jection] protética precedería esta posibilidad de poner cuestiones/problemas como *una suerte de pulsión anorgánica*, es decir, como una situación de *esencia automática*, y como puesta en cuestión por una *uheimlickeit*".

es/puede ser inteligible. El *Dasein* de forma primitiva, pero los trabajos de Derrida y del propio Stiegler de manera más concreta, han destituido *la cuestión* como expresión calificadora de la individualización, es decir, "d'étant *mis en question*, devienne un étant *questionnant*, c'est-à-dire un *devenant* questionnant, c'est-à-dire, en fin de compte, un *advenant* questionnant : advenant de la question et individuant par là le devenir comme avenir — le transformant, le sublimant" (Stiegler, 2010: 223).[6]

La proteicidad (*prothéticité*) del *étant*, el proceso constante de exteriorización en que consiste la hominicidad (en tanto lo entiende André Leroi-Gourhan), en su acción especulativa de *la cuestión*, es así puesta en disponibilidad: como interdicción en el sentido venenoso del φάρμακον (*pharmakon*) y como comprehensión en el sentido remediador del φαρμακός (*pharmakós*). Y, asimismo, esta centralidad de la proteicidad en la individuación es aquello que otorga a la cosa (*das Ding*) un rol vehicular fundamental (y a partir de lo cual hemos indicado/propuesto el *pensamiento esto*: § 12). De esta manera Stiegler lleva a su culminación extrema el proyecto derridiano de deconstrucción y abandono de los planteos binarios en términos especulativos, por cuanto el *pharmakon* es inclusivo y exclusivo al mismo tiempo —y es justamente a ello que indica Stiegler como *pharmacologie de la question* (2010: 223). Y también en este sentido el autor francés se halla en proximidad con el planteo periférico aunque, como dijimos, por razones encontradas.

En los ámbitos periféricos aquello que es propio (*heimlich*) lo es en tanto proyecta hacia algo (una *quidditas*) que está en otro sitio, que no es local, que es ajeno (*unheimlich*) y que nos escapa y que nos hace-y-conduce a una falla de origen, a un *défaut d'origine* ("la herida colonial"). Esta dualidad farmacológica que Stiegler propugna para fines del siglo XX y principios del siglo XXI existe en los ámbitos periféricos, en razón de la colonización y sus derivas, incluida la "anticipación planetaria" del Antropoceno (Canaparo, 2019: capítulo 2), desde el siglo XIX y la formación de los llamados "Estados nacionales". Y esta condición es aquello que *también* explica

6 Traducción del autor: "... el estando/siendo *puesto en cuestión* deviene un estando/siendo *cuestionante*, es decir, un deviniendo cuestionante, es decir, al fin de cuentas, un *aveniente* cuestionante: aveniente de la cuestión e individuando por ello el devenir como avenir — transformándolo, sublimándolo".

(es decir, *además* de la industrialización tecnológica) la predisposición de lo especulativo hacia los horizontes de expectativa o, mejor dicho, la impostación de la construcción del presente en términos de expectativas y de *horizon d'attente.* De manera que el llamado "cuestionamiento" de lo humano no es sino un falso problema que reduce lo humano a lo tecnológico y que es aquello que el llamado transhumanismo expresa de forma clara y distinta. La cuestión de la cuestión es "otra cosa", es lo otro de la cosa entendida como vehículo de toda especulación, eso que hemos indicado como *Dinglichkeit*: el pensamiento en la periferia no es escindible de la fisidad (φύσις) con la que concebimos el mundanar (*Weltlichkeit*). Situación que tiene razón Stiegler al plantearla como farmacológica por cuanto puede remediar como intoxicar y, hasta el momento, luego de al menos dos siglos de la Estatización local (el *Judenstaat* de alguna manera: § 14, § 42) la periferia sólo conoce de intoxicaciones.

Para Stiegler *la cuestión* entendida como cuestión de la cuestión tiene un doble tiempo, una doble temporalidad y que es aquello que aquí hemos indicado como *Machenschaft* ("maquinación/maquinización": § 7): una crítica, de la *mise en question,* y la otra referida a la cuestión misma, en cuanto tal. Sostiene Stiegler: "la mise en question étant le temps de la finitisation comme adaptation, et la question le temps de l'adoption comme infinitisation: comme sublimation devant *das Ding*" (Stiegler, 2010: 226). Esta formulación doble de la fisidad a partir del objeto (*Dinglichkeit*) es así mismo una constante de los ámbitos periféricos (§ 27): de una parte, una elaboración incesante de lo especulativo a partir de los objetos (incluso el cuestionamiento mismo de la objetualidad, deriva de la *Dinglichkeit*) y, de la otra, a partir de la *ausencia* de los mismos (eso que Stiegler en términos freudianos indica como sublimación).

El primer momento, "celui par lequel l'apparition d'un nouveau *pharmakon* dans le système technique modifie ce système et par là *suspend* 'la compréhension que l'être-là a de son être', c'est-à-dire les circuits de transindividuation que ce système avait établis entre le niveau psychosomatique et le niveau social de l'individuation" (Stiegler, 2010: 229).[7]

7 Traducción del autor: "... ese por el cual la aparición de un nuevo *pharmakon* en el sistema técnico modifica este sistema y por ello *suspende* 'la comprehensión que

El segundo momento "est le moment par où un *nouveau dispositif rétentionnel* — car le *pharmakon*, étant épiphylogénétique, constitue toujours une rétention tertiaire sur la base de laquelle se constitue un dispositif rétentionnel installant chaque fois de nouveaux *critères de sélection* ... " (Stiegler, 2010: 230).[8]

Esta *doble imposición* ha sido una constante en términos especulativos en los ámbitos periféricos desde la época de la colonización. Esta doble condición es aquello que, como ya analizamos (§ 16), caracteriza el sentido de extranjería que domina los ámbitos periféricos. Es una cuestión de *escala epistémica*: no hay legibilidad posible de lo especulativo si no es a través de la historiografía filosófica europea pero sometida a esta doble imposición y a sus derivas y bifurcaciones. Esta situación de *dependencia*, que ha sido alabada y denostada por igual, nunca ha sido considerada como una situación de trabajo, como un *état-de-lieu*, como una ecología en torno a la cual hay que trabajar. La manera "deconstructivista" en que Stiegler, a partir del concepto de φάρμακον (*pharmakon*) entiende lo especulativo tiene la ventaja de plantear los problemas en términos que son familiares a los ámbitos periféricos, aunque en términos historiográficos hayan tenido otros nombres y sin duda otras razones. Hay en este sentido una mancomunión en torno a la noción de trabajo en términos especulativos, como especulación y producto al mismo tiempo, que bien podría también definir la base de la *cuestión periférica*: "Seul le *savoir*, autrement dit, et *tel qu'il en passe par l'expérience de ce qui, n'existant pas, consiste d'autant plus*, seul ce savoir permet que les générations se succèdent en héritant les unes des autres, et non en s'anéantissant les unes des autres, soit en sombrant dans l'infantilisation prolongée des uns (les adultes) et l'adultération des autres (les enfants), soit en se combattant comme peut nous le donner à craindre la combinaison des facteurs décrits ici avec les

el ser/estar-allí tiene de su ser', es decir, circuitos de individuación que este sistema había establecido entre el nivel psicosomático y el nivel social de la individuación".

8 Traducción del autor: "... es el momento por donde un *nuevo dispositivo retensional* —pues el *pharmakon*, siendo epifilogenético, constituye siempre una retención terciaria sobre la base de la cual se constituye un dispositivo retencional, instalando cada vez nuevos *criterios de selección* ..."

questions de protection sociales sous toutes les formes" (Stiegler, 2010: 246).[9]

Este "savoir" europeo es/puede ser el punto de partida del pensamiento en términos de la *cuestión periférica*. La construcción de un presente, la manera en que el ahorar (§ 32) puede ser formulado, es también relevante por aquello que hace posible en el porvenir, la experiencia no es sólo aquello que sabemos ha sucedido, sino también aquello que se entiende como posible y realizable.

9 Traducción del autor: "Solo el *saber*, dicho de otra manera, y *tal como pasa por la experiencia de aquello que, no existiendo, consiste tanto más,* solo este saber permite que las generaciones se sucedan heredando las unas de las otras, y no anulandose [consumiéndose/destruyéndose] las unas con las otras, sea en la infantilización prolongada de los unos (los adultos) y la adulteración de los otros (los niños), sea combatiéndose como podemos lamentarnos por la combinación de factores descriptos aquí con las cuestiones de protección social bajo todas sus formas".

§ 45. Transliteración e individuación

Las condiciones de individuación en torno a las cuales se define lo singular humano en los ámbitos periféricos vuelve obsoleta la mayoría de las teorías europeas al respecto. Incluso acerca de la propia Europa autores locales como Stiegler destacan este hecho y sólo relevan conceptos por su utilidad y no por su inscripción historiográfica —situación de la cual Derrida era consciente en el sentido de su complejidad y riesgo. Cuando Stiegler, por ejemplo, rescata aquí y allá nociones de Heidegger, tal cosa está haciendo y como tal deben leerse sus comentarios al respecto. En este sentido es que también hablamos de *transliteración*.

La *transliteración* o es meramente una alternativa cultural a la complejidad historiográfica de la filosofía europea o una forma sofisticada de traducir aquello que requiere varios niveles de significación al mismo tiempo. La *transliteración* es sobre todo una de las condiciones de lo especulativo en la periferia (§ 6). Es la manera en que el lenguaje se despliega, se desenvuelve (en tanto *sich auskennen*), se deriva (en tanto *das Ereignis*), y en ello se significa (en tanto *die Unverhülltheit*).

La traducción clásica en términos de la historiografía filosófica europea, aun en el caso más extremo, como ha demostrado Derrida (1990a) en sus análisis de la "espiritualidad" en Heidegger, no califica a la altura de concepto fundamental de lo especulativo, aun cuando el lenguaje sí lo sea y tal como así se manifiesta en dicho citado trabajo de Derrida (1990a). El lenguaje en su condición de "être écrit" no comprehende aún la radicalidad de lo discontinuo que genera la *grammatisation*. Y, por otra parte, este asunto, de todos modos, sería para la historiografía filosófica europea una problemática de fronteras. Pero fronteras que no obstante, como de alguna manera intuía Derrida (2006), determinan el sentido de lo especulativo mismo. Individuar y transliterar, en términos conceptuales y especulativos, se definen en la periferia mutuamente.

"Das Mitdasein" escribe Heidegger, el traductor francés (Emmanuel Martineau) traduce como "être-là" (pero que en algunas ocasiones debe corregir con un "existence" entre paréntesis), expresión que emplea Stiegler y que Rivera, el traductor al castellano, en realidad traduce como "coexistencia". Este "das Mitdasein" —que en *Sein und Zeit* es empleado cuanto menos en 30 ocasiones— es relevante para Stiegler en tanto lo interpreta como equivalente de la "*épokhè* techno-logique" [*epoché* tecno-lógica] : "Ce que *Être et temps* appelle 'la compréhension que l'être-là a de son être'..." [Eso que *Ser y tiempo* llama 'la comprehensión que el ser/estar-allí tiene de su ser'...] (Stiegler, 2010: 237). Es decir, la comprehensión de una individuación que se realiza por una exteriorización y que en ello haciendo define su *ipséité*. Sin embargo, si aceptamos la traducción castellana, es difícil ver cómo la "coexistencia" puede prolongarse en el sentido de exteriorización que Stiegler aporta de André Leroi-Gourhan. Más aun, la traducción como "être-là" no posibilita distinguir *Mitdasein* de *Mitsein* (Heidegger, 1967: 114, 118, 121, 123. 163), cosa que sí posibilita la traducción castellana al entender a este último como "coestar". El comentario de Rivera al respecto es más que pertinente: "'... *coexistencia* ...': con esta palabra traducimos la expresión alemana *Mitdasein* (destacado en el texto original), que literalmente significa co*Dasein,* y se refiere al *Dasein* de los otros que están conmigo. La palabra co-existencia no debe ser entendida *por ningún motivo* como el convivir de unos con otros, sino que debe entenderse en el sentido de la existencia o Dasein *del otro,* de los demás, o mejor todavía, como los otros, los demás, en tanto que también son *Dasein,* es decir, existencia humana. Aquí, la 'existencia' en coexistencia es la traducción de Dasein" (Rivera, 1997: 432).

Esta convivialidad del *Dasein* (como *das Miteinandersein,* y también como *die Faktizität des Miteinanderseins*), que mejor sería decir *das Seiende*, extrema más aun el argumento de Stiegler en torno al hecho que la individuación simondoniana (Simondon, 2012) se realiza a partir de una constante exteriorización, la cual a su vez supone una socialización, una negociación de significados y mecanismos. Esta extremización de los argumentos originales tiene en la periferia un impacto directo por cuanto en no pocas ocasiones, una tal mecanización (§ 7), conduce a certitudes en torno a otros autores y cuestiones que, en principio, estaban ausentes de las consideraciones iniciales, pero que, no obstante, son entendidas como si su origen argumentativo y dimensión historiográfica fuese equivalente a la del asunto primario del que se partió. De allí a comentar una obra de Heidegger sin haberla leído, no hay más que un simple paso colonial.

Escribe Heidegger: "die mit dem In-der-Welt-sein gleich ursprünglich sind: das *Mitsein* und *Mitdasein*" (Heidegger, 1967: 114). Traduce Martineau: "grâce à une explication plus aiguë de l'être de tout étant intramondain possible, le *Dasein* par rapport à tout étant qui n'est pas à la mesure du *Dasein*" (Martineau, 1985: 118). Traduce Vezin: "... conduit à des structures du Dasein qui ne son pas moins originales que l'être-au-monde: l'*être-avec* et la *coexistence* [*Mitdasein*]" (Vezin, 1986: 155). Traduce Rivera: "conduce hacia estructuras del Dasein que son cooriginarias con el estar-en-el-mundo: el *coestar* [*Mitsein*] y la *coexistencia* [*Mitdasein*]" (Rivera, 1997: 119). Traduce Gaos: "... conduce a ver estructuras del 'ser ahí' que son de igual originalidad que el 'ser en el mundo': el 'ser con' y el 'ser ahí con'" (Gaos, 1951: 130).

En este contexto una traducción como "être-là" (que era la traducción inicial para *Mitdasein*) no aparece y el mismo término surge entonces como denigratorio de la coexistencia que es justamente aquello que el alemán de Heidegger quiere resaltar, en particular por la insistencia entre *Mitsein*, coestar en términos de *la cuestión*, y, *Mitdasein,* coexistencia en términos de la cuestión de la cuestión. Todo ello para indicar que el "être-là" de Stiegler no es consistente como traducción a la luz de la obra general de Heidegger —incluso la expresión "être-la de son être", como tal, no aparece en la traducción de Martineau.

Cuando Stiegler dice: "Ce que *Être et temps* appelle 'la compréhension que l'etre-là a de son être'" [Eso que *Ser y tiempo* llama "la comprehensión que el coestar/la coexistencia tiene del ser/estar"] (2010: 237), seguramente hace referencia a este pasaje de Heidegger: "Sein liegt im Daß- und Sosein, in Realität, Vorhandenheit, Bestand, Geltung, Dasein, im »es gibt«" (Heidegger, 1967: 7).[1] Y que Martineau traduce como: "L'être se trouve dans le 'que' et le 'quid', dans la réalité, dans l'être-sous-la-main, dans la subsistance, dans la validité, dans l'être-là [existence], dans le 'il y

1 Traduce Rivera: "El ser se encuentra en el hecho de que algo es y en su ser así, en la realidad, en el estar-ahí [*Vorhandenheit*], en la consistencia, en la validez, en el existir [*Dasein*] *a*, en el 'hay'" (Rivera, 1997: 18).

a'" (Martineau, 1995: 28). La manera en que Martineau debe agregar un paréntesis ("existence") a la traducción de "Dasein" como "être-là" anticipa el hecho que no siempre "Dasein" será traducido de esta manera y lo cual responde sin duda a la dificultad de establecer una coherencia filosófica en la traducción, sin alejarse en términos historiográficos de las limitaciones que impone la creencia en *la cuestión*. La interpretación de Derrida, y en particular la de Stiegler, no poseen esta desventaja. Los traductores franceses de filosofía alemana, así como castellanos de filosofía francesa, son los verdaderos guardianes de *la cuestión* y, por ende, de la manera en que la historiografía filosófica europea funciona en realidad como un paradigma conceptual de lo especulativo. Traducir en este sentido, en los ámbitos periféricos en particular, y con honorables excepciones como la de Rivera, es una actividad conceptual que supone el despliegue de mecanismos que se hallan determinados por una "afinidad espiritual" (*Geistesverwandtschaft*), por un sentido laboral de "hombre de letras" (*Geisteswissenschaften*) y con la mentalidad de un "párroco" (*Geistlicher*). Bajo esta perspectiva se entiende por qué la consideración, como ya comentamos (§ 16, § 20), del "espiritualismo/alemanismo" (en tanto *Geistlichkeit* de "la lengua") que Derrida (1990a) hace de Heidegger es relevante.

Las interpretaciones de Stiegler sobre Heidegger y su lenguajear son transliteraciones, no traducciones en sentido clásico y de allí también su interés, aun cuando en algunos de sus escritos las mismas parezcan apelar a una legitimidad simbólica de las traducciones clásicas basadas en *la cuestión*. Cómo, sin disminuir la complejidad y variedad epistémica de la historiografía filosófica que cada obra especulativa comporta, es posible de ejercer una cierta discrecionalidad conceptual que conduzca hacia una localización de lo local: he ahí la cuestión de la cuestión.

Menos entonces que un asunto de pertinencia en la traducción, se trata de observar de qué manera una y otra traducción nos conducen hacia argumentos que, también traducidos, sin embargo, nos llevan hacia derivadas contrastantes, hacia supuestos que difieren de forma casi radical. Cuando Stiegler ve una coherencia entre la *expresión traducida* de Heidegger y su diagnóstico en torno al modo en que la individuación europea se constituye en *ipséité*, genera un conflicto interpretativo para el lector en la periferia, por cuanto el *follow-up* de un proceso de individuación en los ámbitos periféricos, no sólo expone como insuficiente la noción heideggeriana de

Mitdasein, sino que tampoco se adecua a la situación periférica por la cual un "être-là" ha sido una constante colonial de la especulación local. Stiegler alienta en su argumentación remontar los argumentos para comprehender su porte epistémico, pero el asunto es que, si tal método empleamos, en la periferia el resultado de la remontada es un cuestionamiento a la coherencia y pertinencia de aquello que el propio Stiegler enuncia: como si dijéramos que ningún "être" puede tener un "être-là" porque es a la misma condición de este "être" el ser/estar siempre en otro lugar, en otra parte, en un diferido, en una distanciación, en un medir, *en un "être-là" que no es nombrado como tal por que es el-tal.* De qué manera se debe emplear y distinguir esta problemática argumentativa, que en sus dichos nos conduce en una dirección, pero en sus derivas, esperas y proyecciones en otra, es asunto de la cuestión periférica.

Y ello nos conduce a uno de los pasajes conceptuales claves de *Sein und Zeit* que requiere transliteración para que la lectura de Stiegler y sus derivaciones sean inteligibles en términos locales: "Das Seiende, das wesenhaft durch das In-der-Welt-sein konsti-tuiert wird, *ist* selbst je sein »Da«. Der vertrauten Wortbedeu-tung nach deutet das »Da« auf »hier« und »dort«. Das »Hier« eines »Ich-Hier« versteht sich immer aus einem zuhandenen »Dort« im Sinne des entfernend-ausrichtend-besorgenden Seins zu diesem. Die existenziale Räumlichkeit des Daseins, die ihm dergestalt seinen »Ort« bestimmt, gründet selbst auf dem In-der-Welt-sein. Das Dort ist die Bestimmtheit eines *innerweltlich* Begegnenden. »Hier« und »Dort« sind nur möglich in einem »Da«, das heißt wenn ein Seiendes ist, das als Sein des »Da« Räumlichkeit erschlossen hat. Dieses Seiende trägt in seinem eigensten Sein den Charakter der Unverschlossenheit. Der Aus-druck »Da« meint diese wesenhafte Erschlossenheit. Durch sie ist dieses Seiende (das Dasein) in eins mit dem Da-sein von Welt für es selbst »da«" (Heidegger, 1967: 132).[2]

2 Traducción de Rivera: "El ente que está constituido esencialmente por el estar-en-el-mundo *es* siempre su 'Ahí' [*Da*]. En la significación usual de esta palabra, el "ahí" alude a un 'aquí' y a un 'allí'. El 'aquí' de un 'yo-aquí' se comprende siempre desde un 'allí' a la mano, en el sentido del estar vuelto hacia éste en ocupación desalejante y direccionada. La espacialidad existencial del Dasein que así le fija a éste su "lugar" se funda, a su vez, en el estar-en-el-mundo. El 'allí' es la determinación de un ente que

Aquello que Heidegger sostiene es que el *seiende* (ser-estando, estar-siendo) se halla constituido básicamente por su ser/estar-en-el-mundo es/está a cada vez en su allá/ahí (« da » dice Heidegger en comillas, « Là » en francés). Las comillas de Heidegger en ese « da » significan una omnipresencia (allí, allá, ahí) cuya distanciación es variable y que puede ser muy cerca como muy lejos.[3] Lo cual se condice también con la definición de cosa (*das Ding*) que el propio Heidegger empleará a partir del inicio de los años sesenta del siglo XX : por ello habla de un « hier » (aquí, *este* lugar) y de un « dort » (allí, allá, *en aquel* lugar). Cualquier comprehensión de un "moi" (Heidegger emplea "Ich-Hier", "yo-aquí" podríamos maltraducir en castellano) se realiza en relación a ese "da" que es en realidad una *transportación* sin la cual el "moi" (yo-mí, yo-mismo podríamos decir en castellano) no puede significar (§ 8, § 23). Por ello es que, en los ámbitos periféricos, la construcción del presente —cuanto menos, en los términos clásicos de la τὸ τί ἐστι (*to ti esti*) especulativa, a partir de la construcción de un *presentismo*— siempre estuvo mediada por una exteriorización radical y que funda lo especulativo como tal, resultado de la *grammatisation* y del colonialismo. La comprehensión entonces, bajo estas condiciones, funciona como el alcance de un estar/ser-a-la-mano (*Zuhandenheit*) de ahí (*Hier*) y de un estar/ser-a-la-vista (*Vorhandenheit*) de allá (*Dort*).[4]

---

comparece dentro *del mundo.* El 'aquí' y el 'allí' sólo son posibles en un 'Ahí', es decir, sólo si hay un ente que, en cuanto ser del 'Ahí', ha abierto la espacialidad. Este ente lleva en su ser más propio el carácter del no-estar-cerrado. La expresión 'Ahí' mienta esta aperturidad esencial. Por medio de ella, este ente (el Dasein) es 'ahí' [ex-siste] para él mismo a una con el estar-siendo-ahí del mundo" (Rivera, 1997: 138).

3 De aquí se deriva un sentido de distanciación que es una constante en *Sein und Zeit* así como en los escritos de Heidegger en torno a la cosa (*das Ding*) y cuya transliteración presenta innumerables problemas. Por ejemplo el "en-sí" de las cosas (ser-en-sí, *an-sich-Sein*) no es lo mismo que la cosa-en-sí ("Ding an sich") y traducir esta diferencia expone el asunto de la ilegibilidad. La distanciación también se vincula a un asunto de ocurrencia, de eventualidad y a su condición de definitiva o no. Heidegger, por ejemplo, emplea el término "nie" en 122 instancias, mientras que Rivera en su traducción al castellano emplea "jamás" en 90 instancias. Esta *reducción de lo definitivo* tiene también un alcance conceptual.

4 Sostiene Rivera: "'[…] *estar a la mano':* en alemán corriente existe la palabra *zuhanden,* que es un adjetivo, y que significa que la cosa se 'encuentra a mano'; que es 'disponible'. Heidegger crea el neologismo *Zuhandenheit* para expresar el modo de ser de aquello con lo cual nos las habemos en el uso cotidiano, un modo de ser que

El *Dasein* es así fundado sobre una espacialidad existencial (*Die existenziale Räumlichkeit des Daseins*) que, al mismo tiempo que lo define como lugar (como un lugareando), lo establece como un estar-en-el-mundo. El allá/ahí del *seiende*, mejor dicho, el *que es/está* el *seiende*, se determina por una distanciación entre un aquí (*Hier*) y un allá (*Dort*) que es posible por la vehiculización sostenida del "da", entendido como lugar de realización mismo del *seiende*, como espacio de apertura a lo posible aún no significado pero ya indicado (*Der Aus-druck »Da« meint diese wesenhafte Erschlossenheit*).

Bajo estas condiciones es pertinente rever la noción de *sich-sein* que supone este pasaje o, más concretamente, la de *An-sich-sein*, traducidos de manera corriente como "en-sí" y "ser-en-sí". Sostiene al respecto Rivera: "Heidegger dice [1967: 69]: "*este* 'ser-en-sí' ", aludiendo a lo que en la filosofía usual se ha llamado el 'en-sí' de las cosas, es decir, su ser mismo, o si se quiere, la cosa misma. Usualmente se considera como ser-en-sí de las cosas su *sustancia*. Para Heidegger, el más hondo y radical 'en-sí' de las cosas no es la sustancia, ni el objeto, ni mucho menos la 'cosa-en-sí' kantiana, sino ese ser de las cosas que comparece para nosotros en el uso que de ellas hacemos. Todo referirse a las cosas como objetos de un saber distante y objetual, presupone '*este* « ser-en-sí »' que es la *Zuhandenheit*" (Rivera, 1997: 429).

Este aspecto es fundamental para la comprehensión de lo especulativo en los ámbitos periféricos en los términos de la *cuestión periférica* aquí considerada. El uso que hacemos de las cosas no es sólo su significación, sino también su condición mundana (ser-en-el-mundo). La población del mundanar —la supuesta así como la realizable en el ahorar constante (§ 32)— se constituye a partir del uso, del empleo, del trabajar-con, del hacer-con. Es la utensilialidad de la que habla Heidegger: "Das Hämmern selbst entdeckt die spezifische »Handlichkeit« des Hammers" (Heidegger, [853: 69).[5]

---

se caracteriza particularmente por no llamar la atención y por no mostrarse como enfrentado a nuestro propio ser. Lo *Zuhandenes* es lo que 'traemos entre manos', casi sin advertirlo y sin ninguna objetivación" (Rivera, 1997: 429). Similar consideración puede hacerse respecto de lo *Vorhandenes*.

5 Traducción de Rivera: "El martillar mismo descubre la 'manejabilidad' específica del martillo".

Y ello a su vez nos conduce a otra constatación que el mismo Rivera expresa de forma inmejorable : "Esta frase es esencial [se refiere al párrafo ya citado de *Sein und Zeit* (1967: 132, § 28)]. En primer lugar, deja en claro de una vez para siempre que *Dasein* no significa 'ser-ahí', sino *ser su* 'Ahí'. En segundo lugar, nos da a entender que la abertura al mundo, y por consiguiente, a la totalidad de lo ente, es el *constitutivo esencial* del *Dasein*. El *Dasein es* su 'Ahí', significa que el *Dasein* al abrirse al mundo, se abre igualmente a sí mismo. Esta abertura a sí mismo no es una 'con-ciencia', sino algo más radical que toda conciencia: es el estar en lo abierto del ser y —por consiguiente— un comprenderse a sí mismo como 'siendo' " (Rivera, 1997: 434).

Ese "ahí" es el *Seiende* en sus formas a-la-mano y a-los-ojos. Por ello el *Dasein* heideggeriano en la interpretación revertida que hacemos aquí, en su transfigurarse, no como *Sein,* sino como *seiende*, es consecuencia lógica de la manera en que Heidegger sostiene que el *Dasein*, como bien traduce Rivera, es en su significación "Ahí", el "Ahí" (*Da*).[6] Que el mundo es "ahí", es aquello que indicamos como mundanar en términos locales (en tanto mundicidad, el-mundo-como-es: *Weltmässigkeit*, pero también como mundaneidad, el-mundo-como-concepto, el carácter-de-mundo-que-tiene-el-mundo: *Weltlichkeit*). Y el *ser-ahí* de este mundanar es el estar-en: el

6 Comenta Rivera acerca del "estar-ahí": " '... *estar-ahí* ...': en alemán, *Vorhandensein* o también *Vorhandenheit* (destacado en el texto original). Gaos traduce 'ser ante los ojos'. Esta traducción no es mala y tiene algún fundamento en los cursos del joven Heidegger, pero no me parece la mejor. Por lo pronto, la expresión 'ser ante los ojos' no dice nada en español, no nos 'habla'. Nosotros diríamos simplemente estar delante, estar a la vista. He preferido traducir *Vorhandensein, Vorhandenheit* por 'estar-ahí', y en algún caso, más explícitamente, por 'estar-ahí-delante'. Es la forma española de decir lo que en el alemán clásico se decía *Dasein* y era la traducción corriente del término latino *existentia. Dasein* significa, literalmente, estar ahí (de ningún modo ser-ahí). Lo fundamental de la idea de la *Vorhandenheit* es que la cosa simplemente *está,* sin afectarnos por ello a nosotros. Al revés de lo *Zuhandenes* que traducimos como 'lo que es o está a la mano', es decir, lo que tiene un significado para nosotros, lo que nos importa porque en ello nos va algo, lo *Vorhandenes* es lo que no hace más que estar-ahí; es, si se quiere, 'pura presencia' [que empleamos como un a-la-vista: NdA]. A veces, muy pocas veces, por razones estilísticas traduciremos *Vorhandenes,* o derivados suyos, por la expresión 'meramente presente' o formas similares" (Rivera, 1997: 427).

Dasein según Heidegger, pero aquello en lo cual, en la actualidad de la periferia, el *Dasein* ha sido superado (en tanto ausencia de *Beständigkeit*). Sostiene en este sentido Heidegger: "Das Dasein ist existierend sein Da, besagt einmal: Welt ist »da«; deren *Da-sein* ist das In-sein. Und dieses ist imgleichen »da« und zwar als das, worumwillen das Dasein ist" (Heidegger, 1967: 143).[7] Que el mundanar sea un estar-en, un existir/existenciar (en tanto *Existenzialität*) espacial es otro argumento en favor de la degradación (en tanto *Ausgrenzung*) del *Sein* (*être*) en favor del *seienden* (*étant*), mejor dicho, de cómo el ser/estar no constituye origen del especular, sino para aquellos que aún sostienen *la cuestión* como referencia de base; y de cómo el estar-siendo/ser-estando contienen los elementos de escala, medida y arquitectura que se requieren para pensar/especular en/de/por el Antropoceno en términos de localidad.

La presencia del *Sein* y de *Dasein* no desaparece, sino que es desplazada en favor del *Seiende* (*étant*) —el ser-estando/estar-siendo en castellano. La lectura periférica actual de *Sein und Zeit*, luego de la transformación francesa, luego de considerar la historiografía filosófica europea y luego de considerar las diferentes traducciones/transliteraciones, da como resultado una lectura que requiere/que postula un pos-*Dasein* como conclusión de dicha lectura historiográfica. *Mitsein* y *Mitdasein*, por seguir con el ejemplo utilizado, no modifican su significado heideggeriano, sino que funcionan en otro sentido, desde otra perspectiva que si el *Dasein* continuase a ser el elemento aglutinante. La necesidad radical del pos-*Dasein* extrema toda posibilidad, cuanto menos desde los ámbitos periféricos, desde la inquietud de establecer un pensamiento que se localice en los ámbitos periféricos y no en una referencialidad constante y acrítica a la historiografía filosófica europea. La *cuestión periférica* es así, en primer lugar, la realización de un estado de deuda (*Schuld*, también en tanto "endeudamiento": *Verschuldung*), la evaluación del comienzo asumiendo el mismo como un déficit, como un fallo, como un fracaso, como un *défaut d'origine*, en donde "Heidegger", "Derrida" y "Europa" no importan en cuanto tales, sino como elementos

7 Traduce Rivera: "Que el Dasein, existiendo es su Ahí, significa, por una parte, que el mundo es 'ahí'; su *ser-ahí* es el estar-en. Y éste es, asimismo, 'ahí', como aquello por mor de lo cual el Dasein es" (Rivera, 1997: 147).

culturales, filosóficos, que ya se hayan instaurados en lo local y que deben ser utensiliados (*Nutzbarkeit*, también en tanto "equipamientados": *Zeuglichkeit*). "Sein un Zeit", en definitiva, es menos una obra de Heidegger que una herramienta que debe hallar la utilidad de su utensiliar (en tanto *verwenden*) en términos locales.

Esta interpretación que indica como tergiversada la significación clásica, debida a la fidelidad a *la cuestión*, de un "ser-ahí" como significación primaria del *Dasein*,[8] permite dimensionar el alcance espacial del asunto, de cómo la transitividad del *Seiende* prima en la traducción al castellano (como ser-estando, estar-siendo) y cómo ello asimismo constituye un rasgo determinante de la especulación en la periferia. Y que es coherente con el propósito, último y radical, del *Dasein* como refiguración de lo humano: "Das Da-sein als Verstehen" [El *Da-sein* como conocimiento/saber/comprensión] (Heidegger, 1967: 142).

Sostiene Heidegger: "Die Seinsart von Zeug, in der es sich von ihm selbst her offenbart, nennen wir die Zuhandenheit. Nur weil Zeug *die-ses* »An-sich-sein« hat und nicht lediglich noch vorkommt, ist es handlich

8 Sostiene Rivera: "La palabra *Dasein* es traducida por Gaos por 'ser-ahí'. Nos parece que esta traducción es errónea. En primer lugar, en buen castellano habría que decir 'estar-ahí'; pero 'estar-ahí' significa existencia, en el sentido tradicional, es decir, algo enteramente diferente de lo que quiere decir Heidegger con la palabra *Dasein*. 'Ser-ahí' podría entenderse también como ser en el modo de *estar en el ahí*. Pero entonces el *Dasein* no sería un 'ser-ahí', sino el *ser del ahí*. Por eso hemos preferido dejar la palabra *Dasein* sin traducción. Algunos traductores consideran esto un fracaso y un error. Pero piénsese en palabras tales como *logos, physis, polis,* que hoy son comprendidas por cualquier lector de filosofía. Si se tradujera *logos,* habría que traducirlo por una de las múltiples significaciones que esa palabra tiene en griego, y con ello la palabra perdería su riqueza polisémica que es justamente lo que la hace tener un alto valor en el lenguaje de los griegos. La palabra *Dasein* significa, literalmente existencia, pero Heidegger la usa en el sentido exclusivo de existencia humana. Se la podría traducir, pues, por *existir* o *existencia.* Pero con esto se pierden todas las alusiones que Heidegger hace implícitamente a la etimología de la palabra: *Dasein* significa literalmente '*ser el ahí*', y por consiguiente se refiere al ser humano, en tanto que el ser humano está abierto a sí mismo, al mundo y a los demás seres humanos. Pero *Dasein* alude también, indirectamente, al abrirse del ser mismo, a su irrupción en el ser humano. Por eso hemos preferido dejar la palabra en alemán, como lo hacen, por lo demás, hoy día, la mayoría de los traductores" (Rivera, 1997: 421–422).

im weitesten Sinne und verfügbar. Das schärfste Nur-noch-*hinsehen* auf das so und so beschaffene »Aussehen« von Dingen vermag Zuhandenes nicht zu entdecken" (Heidegger, 1967: 69).[9]

El mecanismo por el cual el *Seinde* se determina, como ya indicamos (§ 16), es un espaciar del utensiliar que comprende un "puro mirar", un estar a-la-vista (*Vorhandenheit*), un estar-delante de lo que es disponible y manejable, pero también un estar a-la-mano (*Zuhandenheit*). Esta dualidad es lo que constituye el "Ahí" (*Da*) que se significa, ante la ausencia de cualquier ontología o esencia en términos clásicos de la cuestión, por un utensiliar y que constituye un rasgo determinante de la especulación en los ámbitos periféricos, precisamente en los términos de la *pragmaticidad* (*Zeughaftigkeit*) que indica Heidegger: "Wir nennen das im Besorgen begegnende Seiende das *Zeug*. Im Umgang sind vorfindlich Schreibzeug, Nähzeug, Werk-, Fahr-, Meßzeug. Die Seinsart von Zeug ist herauszustellen. Das geschieht am Leitfaden der vorherigen Umgrenzung dessen, was ein Zeug zu Zeug macht, der Zeughaftigkeit" (Heidegger, 1967: 68).[10]

El ejercicio de esta pragmaticidad (*Zeughaftigkeit*) es aquello que indicamos como consistencia (*die Bestänigkeit*). Y es la dimensión de esta pragmaticidad aquello que hace-mundo, que-es-mundanar. Comenta Rivera: "Como *Zeug* es la traducción alemana de lo que los griegos llaman πρᾶγμα, los derivados de *Zeug* pueden decirse en castellano con términos derivados de *pragma*, palabra que no existe en castellano, aunque existen algunos términos derivados de ella, tales como 'pragmático', 'pragmaticidad',

9 Traduce Rivera: "El modo de ser del útil en que éste se manifiesta desde él mismo, lo llamamos el *estar a la mano* [*Zuhandenheit*]. Sólo porque el útil tiene *este* 'ser-en-sí' y no se limita a encontrarse ahí delante, es disponible y 'manejable', en el más amplio sentido. El puro *mirar-hacia* tal o cual 'aspecto' de las cosas, por agudo que sea, no es capaz de descubrir lo a la mano" (Rivera, 1997: 78).

10 Traducción de Rivera con modificaciones del autor: "Nosotros llamaremos al *seiende* [ser-estando, estar-siendo] que comparece en la ocupación el *útil* [*Zeug*]. En el trato pueden encontrarse los útiles para escribir, los útiles para coser, los útiles para trabajar [herramientas], los útiles para viajar [vehículos], los útiles para medir. Es necesario determinar el modo de ser de los útiles, y esto habrá de hacerse tomando como hilo conductor la previa delimitación de lo que hace del útil un útil, de la 'pragmaticidad' [*Zeughaftigkeit*]" (Rivera, 1997: 77).

etc. En todos estos casos hay que escuchar aquí estas palabras en su sentido estricto de 'relativo a un *pragma*' " (Rivera, 1997: 430).

Toda forma de especulación en la periferia se halla vehiculizada por esta "pragmaticidad", por una versión extrema y extendida de la manera en que la definía Heidegger, en el sentido que el *Dasein* tiene, como indicamos, en la periferia una obsolescencia asegurada (§ 41).

§ 46. La casa latinoamericana

Cualquier lector del relato "Casa tomada" del escritor francés de lengua castellana Julio Cortázar, no puede dejar de notar que en el olvido imposible de la historia se halla la pregunta constante acerca de la parte de la casa que ha sido tomada, *que ya no es casa*: ¿qué sucedió allí?, ¿han destruido aquello que nos pertenecía?, ¿serán los ambientes los mismos?, ¿habrá sido modificado el espacio? Emigrantes, exiliados y desposeídos, comparten esta experiencia por la cual lo hogareño (*Heimatlich*) no es definido sólo por aquello *que es* territorio del hogar, sino también por la manera en que aquello que no lo es —el exterior, lo afuera— se muestra y así determina el sentido mismo del hogar: el modo en que se circula, los ritmos cotidianos, los comportamientos que se tienen, cuántas veces visitamos un mismo ambiente, ¿cerramos una puerta? Los hermanos de la historia de Cortázar no "viven" en la casa, sino en aquello que sucede fuera y que no conocen ni tienen acceso: y este es tal vez el elemento más potente de la narración. La especulación es la construcción de un οἶκος (*oikos*), cuanto menos su intento aunque no siempre su logro.[1] La especulación es, en primer lugar y antes que nada,[2] el intento por comprehender la composición, distribución, disposición y arreglo de eso que indicamos como οἶκος. Es en este sentido que οἶκος es casa-hogar y economía. En tanto unidad básica de lo social como tal, el οἶκος era

1 En este sentido οἶκος comprehende tres dimensiones: la de una arquitectura (§ 2) y un espacio especulativo (libro, casa), la de una construcción (Gadamer, Heidegger, especulación) y la de una manera de localizar, de establecer una localización.

2 El sentido actual de nada proviene de la antigüedad griega en tanto es entendida como negación del ser. Nada, por el contrario, en su etimología hace referencia a *res nata*, es decir, "cosa nacida". Si *la cuestión* apela a la negación del ser, la cuestión de la cuestión alude a una *res nata*. La nada es aquí cosa, mejor dicho, la nada es un cosiendo (*Dinglichkeit*).

en términos espaciales una *ecología* y en términos de inteligibilidad una *economía*.

La especulación, en tanto es entendida como una localización de lo local, constituye un ejercicio de οἰκείωσις (*oikeiosis*). En los términos estoicos la οἰκείωσις significaba, cuanto menos, apropiación en sentido de preservación, por ejemplo de la constitución de uno mismo. Pero οἰκείωσις tenía también un significado ligado a la justicia en términos de la existencia de otros seres y de donde proviene su equivalente latino de *conciliatio* o *commendatio*. En términos modernos la significación de οἰκείωσις se ha vinculado al sentido de οἶκος y por ello es comprehendida como "apropiación" —coherente en todo caso con la idea de *housing* con que se expresa el οἶκος en la actualidad.

Es así que se puede establecer el vínculo con la οἰκονομία en tanto figura de administración de los bienes, pero asimismo gestión logística de los mismos y sobre todo de sus espacios (*handling, disposition, management*, literalmente "housekeeping"). Para Jenofonte y Aristóteles la οἰκονομία (*oikonomia*) es una noción especulativa en tanto constituye el lugar de confrontación entre lo político entendido como *realm* y la justicia o, mejor dicho, su administración. Administrar una casa y un patrimonio es en sentido literal la οἰκονομία —y de aquí procede la distinción que Jenofonte hace entre "ecónomo" y "economista": si el primero es un administrador (bueno o malo) de su patrimonio, el segundo hace de la gestión un oficio. Y es ya hallable en estos precedentes clásicos la tensión entre cálculos de optimización y las exigencias de principios (en tanto ética) y que más tarde (con Pablo de Tarso por ejemplo) conducirán a un concepto de adaptación de medios a fines en virtud del cual la "ocasión" (καιρός [*kairós*]) se juzgará en términos de utilidad, de eficacidad. Con Aristóteles incluso la οἰκονομία se orienta menos a un comportamiento individual que hacia un modo de relaciones, más o menos racionalizadas, de lo real (*realm*).

Si en términos historiográficos el Medievo significó el desplazamiento conceptual de un οἶκος doméstico hacia uno cosmológico, a partir de la fundación conceptual del cristianismo, la industrialización tecnológica actual genera una renovación y reversión conceptual en este sentido, reformulando lo cosmológico en términos de domesticidad —y como tal significa dos cosas: en primer lugar una exploración de la administración de la visibilidad, de lo visible como tal y, en segundo lugar, una exploración de las condiciones bajo las cuales la realización administrativa de lo hogareño se establece por razones arquitecturales inmediatas (la casa, el hogar) o por una conceptualización de la misma (el barrio, al urbe, el cosmos).

En un pasaje de la película *Shoah* (1985) de Claude Lanzmann el narrador-locutor del filme, y su traductora del polaco, recorren las casas del pueblo de Grabow, en Polonia, que fueron expropiadas a familias judías, preguntando a los vecinos y habitantes acerca de la condición patrimonial de las mismas: ¿Fue esta siempre su casa? ¿Se la compró a quién? ¿Cuánto hace que Usted vive aquí? ¿Por qué vive Usted aquí? ¿Vivían familias judías antes aquí? ¿Cómo se llamaban? ¿Qué hacían? Este es el extremo de la casa definida por aquello que *no está* en ella, por aquello que no es οἶκος. Y es asimismo una elaboración no querida de la condición contemporánea del οἶκος, de su trasformación radical en una transiticidad proletarizante, en una *mobility*. La casa se ha transformado en "casa tomada", en un lugar funcional: ducha, televisión, baño, dormir. Aquello que el relato "Casa tomada" ilustraba de forma consumada era este pasaje de desaparición paulatina del οἶκος: no era sólo la pérdida de la casa en sentido territorial, sino la renuncia a una comunión entre la casa y la individuación. Por ello en el final, cuando los personajes salen por la puerta y *cierran con llave*, significa justamente la "perennidad" de la casa pero su desocupación en términos de οἶκος. La casa queda como edificio pero no como arquitectura, como hogar, la individuación que a ella pertenecía (en tanto *Zugehörigkeit*) se ha proletarizado. "Casa tomada" es una ilustración perfecta de las consecuencias espaciales del populismo industrial y, sobre todo, del ilusionismo tecnológico que supone (Canaparo, 2019: capítulo 3).

La especulación, como ya hemos argumentado y también veremos, es un ejercicio de localización, de localizar algo como propio en tanto patrimonio (*Vermögensrecht*) y familiaridad (*Heimatlich*). La especulación es en definitiva la construcción de un οἶκος, de sus espacios, de sus elementos, de sus alcances, de sus fundamentos, de sus poblaciones, pero también de sus mecanismos de funcionamiento. La especulación es en este sentido la *Hauswesen*: "los negocios de la casa", "los asuntos de la casa". Y de esta relación puede explicarse el por qué, cuando Heidegger (1962: 41), en su comentario a G. E. Lessing, insiste con el verbo *wahren* (guardar, velar)

—y el sustantivo *Wahrnis* (custodiado, custodiante)— como forma de "cuidar" (mantener, preservar, rescatar) aquello que es correcto y apropiado en dirección de lo esencial, en realidad está suponiendo un *housing*, una conformación del οἶκος y de la administración y gestión que supone, no hacia una esencialidad del espacio, sino hacia aquello que hace el espaciar. *Wahren,* cuya raíz es "whar", es decir, verdadero, real, efectivo, y que como adjetivo entonces también puede significar "verídico/veritable" en cuanto algo concreto o real, tiene así una relación directa con la *Hauswesen*, con el οἶκος.

Cuando el espacio habitado, cuando la biosfera, es condición de lo especulativo, la idea de un "mundo habitado", por seres vivientes, por cosas, por aparatos, por mecanismos, surge como relevante. Este es el argumento del escrito "Europa und die oikoumene" (1993) de Hans-Georg Gadamer, publicado en 1993 en el volumen colectivo titulado *Europa und die Philosophie* [Frankfurt: Klostermann, 1993] y luego también en el volumen *Hermeneutik im Rückblik* (*Gesammelte Werke, Band 10. Hermeneutik im Rückblik* [Tübingen/Heidelberg: Mohr/Siebeck, 1995]).[3] La extensión del mundo habitado, sostiene Gadamer, se ha modificado, desplazado, por tanto una pregunta especulativa básica es acerca de estos desplazamientos y modificaciones de condiciones de hábitat, en el sentido que lo que llamamos "mundo habitado" ocupa hoy todo el planeta —y que no era el caso cuando la mayoría de las teorías filosóficas aún dominantes fueron establecidas. El "Begriff der bewohnten Welt ist für uns aber noch ein anderer" (Gadamer, 1995: 267),[4], sostiene Gadamer y ello tiene implícito una hipótesis más que relevante: "Dazu gehört auch die Neue Welt, Nord- und Südamerika, wie ein riesiges philosophisches Hinterland des europäischen Denkens" (Gadamer, 1995: 267).[5] Esta idea de una extensión de tierra no explorada en

3 En castellano el escrito fue editado en el volumen titulado *El giro hermenéutico* (Madrid: Cátedra, 1998; traducción de Arturo Parada) y que es, en su mayor parte, una traducción de los escritos del mencionado volumen *Hermeneutik im Rückblik.* La traducción es de Arturo Parada.

4 Traducción de Arturo Parada: "El concepto de mundo habitado es otro para nosotros" (1998: 219).

5 Traducción de Arturo Parada: "A él pertenece también el Nuevo Mundo, el norte y el sur de América, un gigantesco 'Hinterland' filosófico del pensamiento europeo…" (1998: 219).

términos filosóficos para la historiografía europea es precisamente aquello que aquí estamos analizando bajo el nombre de periferia. En este sentido, Gadamer constata aquello que otro autores filosóficos precedentes daban por descontado ignorándolo. Esta modificación en la percepción de la biosfera "hat jedoch Verlagerung von Schwerpunkten bewirkt" (Gadamer, 1995: 268).[6]. Situación en la que Gadamer emplaza la obra de Heidegger, en particular *Sein und Zeit*, como elemento clave y al punto de afirmar que "Heidegger ist ja am Ende seines Lebens so weit geganten, das Wort 'Philosophie' überhaupt nicht mehr zu gebrauchen, weil es ihm eine unlösbare Aufgabe schien, die von den Griechen begründete Metaphysik, die durch Plato and Aristoteles begründete Form des begrifflichen Denkens, auf neue Zukunftshorizonte hin fort-zuführen" (Gadamer, 1995: 268).[7]

El abandono de toda procuración especulativa de la verdad y el "problema del lenguaje", sugiere Gadamer, son las dos manifestaciones en el siglo XX de la historiografía filosófica europea. El debate entre Husserl y Heidegger acerca de la "filosofía", Gadamer lo lee desde esta perspectiva. El hecho que lenguaje y especulación suponen los conceptos es para Gadamer un aspecto a argumentar y ello coincide sin duda con la puesta en cuestión de la *grammatisation* que propone la cuestión periférica (§ 1, § 27, § 40). Y ello tiene, asimismo, sentido en relación a la cuestión de la cuestión que Gadamer atribuye al propio Heidegger: "Heidegger machte es uns vor daβ von der gesprochenen Sprache des Lebens aus die philosophische 'Anstrengung des Begriffs' eine neue Wendung nahm und eine neue Sachnäbe erreichte" (Gadamer, 1995: 270).[8]

Aquello que resulta interesante en este escrito de Gadamer es que su reflexión en torno a lo especulativo no es separable de la idea de una biosfera

6 Traducción de Arturo Parada: "... dio lugar a un desplazamiento de las cuestiones claves" (1998: 220).

7 Traducción de Arturo Parada: "... al final de su vida, Heidegger llegó tan lejos como para no volver a utilizar la palabra "filosofía", puesto que le parecía tarea imposible continuar hacia un futuro la metafísica fundada por los griegos, esa forma de pensamiento conceptual creada por Platón y Aristóteles" (1998: 222).

8 Traducción de Arturo Parada: "Heidegger nos enseñó que a partir del lenguaje hablado de la vida, las 'exigencias filosóficas al concepto' tomaban un nuevo rumbo, alcanzándose una aproximación nueva a las cosas" (1998: 222–223).

y del hecho que los humanos por primera vez en su historia poseen los medios para modificar el hábitat terrestre de forma global así como irreversible (1998: 221). Y por lo mismo es relevante que Gadamer considere el colonialismo que supone la historiografía filosófica europea: "Auch ist die Philosophie Europas in Wahreit etwas, dem die ganze Welt ausgesetzt ist" (Gadamer, 1995: 270).[9].

Es en esta condición del espacio habitado en donde lo especulativo convive con lo posible y con lo teorizable (en tanto νόησις [*noesis*]) que Gadamer llama οἰκουμένη (*oikoumene*): "Wir müssen lernen, ökumenisch zu denken" (Gadamer, 1995: 271).[10] Espacio y habitación significan aquí la misma cosa y es a ello que hemos indicado como espaciar o *espacement*, para usar la terminología de Derrida (Canaparo, 2019: capítulo 1). El οἶκος llevado a su expresión colectiva, a su expansión, genera el οἰκουμένη. Aprehender un pensamiento del οἰκουμένη es aquello que postula Gadamer y razón por la cual nos interesa en relación a la *cuestión periférica*. Gadamer en este escrito establece un distinción entre un lenguaje hablado, conversacional, el "mundo de la vida" [Lebenswelt] le llama, empleando la expresión de Husserl, y un lenguaje asentado en "el hecho de la ciencia" [Faktum der Wissenschaft] (1998: 222). La cuestión es: "Welche Rolle spielt Sprache und damit Zeitlichkeit und Geschichtlichkeit, im Unterschied zu den wohlbewährten Begriffen der Erkenntnistheorie und Wissenschaftstheorie, in unseren Denken?" (Gadamer, 1995: 270).[11]

"Las exigencias filosóficas al concepto" [Anstrengung des Begriffs] (1998: 222–223) y que Gadamer atribuía a Heidegger en su primera formulación europea, supone no sólo el mecanismo de conceptualizar como tal, sino sus contenidos también: "Seitdem empfinde ich, selbst bei bewährten Forschern, etwa auf dem Gebeit der griechischen Philosophie, der ich mich aus begreiflichen Gründen besonders zugewandt hatte, daβ im Ausland eine

9 Traducción de Arturo Parada: "La filosofía de Europa es en realidad algo a lo que está expuesto el mundo entero" (1998: 222).

10 Traducción de Arturo Parada: "Tenemos que aprender a pensar de forma oikouménica" (1998: 223).

11 Traducción de Arturo Parada: "¿Qué papel desempeña el lenguaje, y con ello, la temporalidad y la historicidad —a diferencia de los conceptos afianzados de teoría epistemológica y de teoría científica— en nuestro pensamiento?" (1998: 222).

Begriffssprache weitergesprochen wird, die mir altmodisch und vollkommen sachfern vorkommt. Da ist von 'Realismus' und "Idealismus' die Rede oder auch von 'objektiv' und 'subjektiv' — als ob nicht solche Begriffe der Metaphysikgeschichte im Zeitalter der neuzeitlichen Wissenschaft ihren Sinn völlig verändert haben und unsere Denkbedürfnisse überhaupt nicht mehr erreichen" (Gadamer, 1995: 270).[12]

En los ámbitos periféricos, aunque por razones diversas, esta falta de sentido de los mecanismos de conceptualización, así como de los vocabularios corrientes de lo filosófico como tal, también *tienen lugar*. Y la escrituración que el conocimiento supone también es formulada en Gadamer bajo el hecho que "Es hat Sprache zu sein, worin das Denken sich vollziehen muß und mitteilt" (Gadamer, 1995: 270).[13]

Y es en este lenguajear de lo cotidiano que la habitabilidad se ejerce, que la disponibilidad de lo posible y de lo entendible se ejercen. Al igual que Humberto Maturana, en este sentido Gadamer plantea a lo conversacional como la base de todo desarrollo especulativo.[14] Aquello que sin embargo Gadamer no considera es la manera en que este conversacionar y el lenguajear que supone son cooptados por la tecnologización, el *marketing* y, en definitiva, la financiarización planetaria de toda exteriorización humana,

12 Traducción de Arturo Parada: "Desde entonces siento que en el extranjero se sigue utilizando un lenguaje conceptual que me parece anticuado y completamente ajeno a las cosas, incluso entre investigadores de prestigio, por ejemplo en el terreno de la filosofía griega, a la que me dediqué especialmente por razones obvias. Se habla allí de 'realismo' e 'idealismo' o también de 'objetivo' y 'subjetivo', como si estos conceptos pertenecientes a la historia de la metafísica no hubieran cambiado completamente de sentido en esta época de la ciencia moderna y como si pudieran responder todavía a nuestras necesidades de pensamiento" (1998: 223).

13 Traducción de Arturo Parada: "Tiene que ser el lenguaje el lugar en que el pensamiento se lleva a cabo y se manifiesta…" (1998: 223).

14 Sostiene Gadamer: "… als daß sich Sprache in jedem Gespräch neu bildet. Was man in der Schule als Grammatik lernt oder als Rechtschreibung, ist bloße Konvention" (Gadamer, 1995: 275). Traducción de Arturo Parada: "La lengua se crea en cada conversación de nuevo. Lo que se aprende en el colegio como gramática u ortografía no es más que simple convención" (1998: 228). Acerca de Humberto Maturana pueden consultarse los dos volúmenes de *La realidad: ¿objetiva o construida?* (Barcelona: Anthropos, 1996).

para decirlo en términos de Leroi-Gourhan: "Das sind Veränderungen, die am Ende überallbevorstehen. Überall ist es so, daβ die industrielle Revolution in andere Kulturwelten eindringt und unvorhergesehene Folgen zeitigt" (Gadamer, 1995: 271).[15]

El habitar en los términos de la οἰκουμένη es entonces una consideración de ejercer el lenguaje a partir de una hablabilidad, de una habladuría (*Sprachelichkeit*: 1998, 225), de un conversacionar en definitiva y que es una forma de explicar el "supplément" derridiano de otra manera (§ 13, § 17, § 22, § 27): " 'Grammatik' heiβt ja wörtlich 'Schriftkunst' und meint offenbar eine Artikulation, die das Sprechen selber annimmt — und das im Klangleben der Stimme und ist kein rationales Schematisieren, das wir als Grammatik und Syntax einer Sprache lernen. Dessen bedarf es nicht, wenn wir denken und unsere Worte suchen. Wir denken nicht Sätze. Wir denken über jeden möglichen Satz hinaus" (Gadamer, 1995: 273).[16]

Esta es en definitiva la diferancia (§ 21), explicada en los términos de la biosfera o, dicho de forma más correcta, es la diferancia explicada en los términos de espaciar que son indispensables a cualquier pensamiento en los ámbitos periféricos. Y, bajo estas condiciones del habitar, se comprehende también por qué, como hemos postulado, la especulación en los ámbitos tiene una dimensión antes que nada pedagógica: "Die Kunst des Verstehens ist sicher vor allen Dingen die Kunst des Zuhörens. Dazu gehört aber auch noch, daβ man offenläβt, ob nicht der Andere recht haben könnte. Wenn man das nicht beiderseits spürt, ist der Andere jeweils immer schon in einer bösen Lage" (Gadamer, 1995: 274).[17] Este es también

15 Traducción de Arturo Parada: "Este tipo de transformaciones al final tendrá lugar en todas partes, pues en todas partes es así que la revolución industrial penetra en otros mundos culturales y trae consigo consecuencias imprevistas" (1998: 224).

16 Traducción de Arturo Parada: "Literalmente, 'gramática' significa 'arte de la escritura', y se refiere al parecer a una articulación que adopta el hablar mismo, a la gama de sonidos de la voz, y no a ese esquema racional que aprendemos como gramática y sintaxis de una lengua y que nos hace falta cuando pensamos y buscamos nuestras palabras. No pensamos frases. Pensamos más allá de cualquier posible frase" (1998: 226).

17 Traducción de Arturo Parada: "El arte de comprender consiste seguramente y ante todo en el arte de escuchar. Sin embargo, a ello hay que añadir la posibilidad de que

el sentido de hospitalidad (*hospitalité*) al que hacia referencia Derrida:[18] cuando la razón, cuando el atributo de judiciable (en tanto "¿cómo se hace una cosa?"), en mi casa (οἶκος), en mi propiedad (οἰκονομία), pertenece a un otro. El saber-hacer/saber-trabajar, por su aprehensión (Derrida), por su conceptualización (Simondon) o por su pérdida (Stiegler), constituye un asunto en que los filósofos europeos contemporáneos coinciden, el cual se halla atravesado por el "supplément" derridiano: "Kant hat recht, daβ man Urteilskraft nicht lernen, sondern nur üben kann. Jeder muβ sie in sich üben. Wir haben das alle erfahren. Denn es gibt eben eine groβe Schule, die jeder durchlaufen hat: Wir haben sprechen gelernt. Man lernt ja nicht nur die Wörter, sondern auch, wie man sie anwendet, wie man sie gebraucht und wie man sie versteht. Sprechen ist Miteinander-sprechen — und damit arbeitet man an de Begriffsbildung und unserer Weltorientierung" (Gadamer, 1995: 279).[19]

Este es el mundanar (§ 3, § 12, § 28, § 34, § 45) y el mundanar supone esta problemática de realización de la individuación, no como un dominio singular, sino como un resultado colectivo. Semejante perspectiva en los ámbitos periféricos posee una complejidad evidente. La propuesta de Gadamer es una cuestión de espacialización (*räumen*) y de "medida", lo cual coincide en cierta forma con el planteo de *escala epistémica* aquí realizado

el otro pueda tener razón. El otro se encuentra de entrada en una mala situación si ambos lados no sienten esto" (1998: 227).

18 Por lo mismo, "comprender" es una aprehensión del habitar: "Wann immer es gelingen soll, einen anderen zu verstehen oder eine Sache zu verstehen, müssen wir uns fragen, was die Frage ist, auf die diese oder jene sprachliche Aussage Antwort wäre" (Gadamer, 1995: 275). Traducción de Arturo Parada: "Siempre que se quiera comprender a otro o a una cosa, debemos preguntarnos cuál sería la pregunta respecto a la cual esta o aquella manifestación lingüística constituiría la respuesta" (1998: 228).

19 Traducción de Arturo Parada: "Kant tiene razón cuando dice que el juicio no se puede aprender, sino únicamente ejercitar. Todos tenemos que ejercitarlo en nosotros, y todos hemos hecho esta experiencia. Y es que hay una gran escuela por la que también pasamos todos: aprendimos a hablar. No se aprenden únicamente las palabras, sino que se aprende también la forma en que se aplican, cómo se usan y cómo hay que entenderlas. Hablar es hablar-conjuntamente, es la forma de elaborar conceptos y orientarnos en el mundo" (1998: 232–233).

(§ 17, § 23, § 27): "dann müssen wir uns wohl eingestehen, daß wir noch immer die neue Dimensionsverschiebung nicht realisiert haben, die mit der bewohnten Welt vor sich gegangen ist" (Gadamer, 1995: 282).[20] Y, asimismo, con la idea que una realización especulativa requiere una espacialización que supone una arquitectura hogareña, una familiaridad, un patrimonio y una logística. Gadamer llama a esto la οἰκουμένη y postula que la diversidad necesaria a la especulación debería conducir a cada región, a cada área del planeta a plantearse, a constituir una οἰκουμένη (1998: 234) —podría hablarse así, por ejemplo, de una "casa latinoamericana". Si el descubrimiento de América significó una colonización de tres siglos a partir de la imposición de un modo de habitar la biosfera, estamos ahora haciendo frente a otra forma de colonización cuyos alcances serán no menos dramáticos y relevantes: la diferancia no obstante reside en las escalas y en los mecanismos de individuación.

La espacialización entonces que estamos viendo bajo el nombre de mundanar es la manera en que lo local se localiza y tiene una relación directa con el modo en que Heidegger vincula el habitar al *Sein* (ser/estar), al pensar (*Denken*), al construir (*Bauen*) y al producir (*das Hervorbringen*). El escrito de Heidegger *Bauen Wohnen Denken* fue presentado como conferencia en 1951 y editado como libro en 1954 (*Vorträge und Aufsätze*, [Pfullingen: Neske]). La primera traducción francesa es de 1958 en la versión de Jean Beaufret (*Essais et conférences* [Paris: Gallimard, 1958]). La edición castellana que empleamos es la traducida por Francisco Soler (*Filosofía, ciencia y técnica* [Santiago: Editorial Universitaria, 1997]). Beaufret tradujo como "Batir Habiter Penser" y Soler tradujo como "Construir Habitar Pensar". Existe un registro de audio de la conferencia original del 5 de agosto de 1951 (1 hora y 17 minutos de duración: disponible en <www.youtube.com/watch?v=mqSSzgg5eio>, accedido 20.04.2017).

Construir no es solamente una forma de habitación, un camino hacia ello, sino que es en sí mismo un habitar ("Bauen nämlich ist nicht nur Mittel und Weg zum Wohnen, das Bauen ist in sich selber bereits

20 Traducción de Arturo Parada: "… debemos [entonces] confesarnos que seguimos sin realizar el cambio de dimensiones que tuvo lugar en el mundo habitado" (1998: 236).

Wohnen": 2000: 148.).[21] "Das Wohnen" significa para Heidegger casi siempre "habitar" en tanto designa el hecho y la manera de habitar, pero casi nunca el local como tal, habitado.

La interrogación de Heidegger parte del hecho que la palabra, en tanto vehículo del lenguaje, es la realización material de su naturalización (Heidegger emplea el término *wesen* ["esencia" en el sentido de ser/estar]): aquello que realiza la existencia, la condición de ser/estar de una cosa, viene a nosotros a partir del lenguaje ("Der Zuspruch über das Wesen einer Sache kommt zu uns aus der Sprache, vorausgesetzt, daß wir deren eigenes Wesen achten": 2000, 148).[22] Aquello que "habla" ("die Sorgfalt des Sprechens halten") en términos de pensamiento para Heidegger es la palabra: "Daß wir auf die Sorgfalt des Sprechens halten, ist gut, aber es hilft nicht, solange uns auch dabei noch die Sprache nur als ein Mittel des Ausdrucks dient. Unter allen Zusprüchen, die wir Menschen von uns her *mit* zum Sprechen bringen können, ist die Sprache der höchste und der überall erste" (Heidegger, 2000: 148).[23]

El lenguaje es la primera palabra (en tanto ubicuidad: "überall erste"). Este aspecto es interesante, por contraste, en relación a Derrida y a la hipótesis del "logocentrismo": la realización de la palabra es en Heidegger un lenguajear que sólo puede ser especulativo.[24] Heidegger no hace referencia a la escritura pero la ejerce a partir de la noción de espacialización que, como veremos, postula. La idea de que el hombre se comporta como si fuese el propietario del hablar (*Meister der Sprache*), cuando en realidad

21 Traduce Soler: "Pues construir no es sólo medio y camino para el habitar; el construir es, en sí mismo, ya habitar" (1997: 200).

22 Transliteración del autor: "La palabra que concierne al ser [en sentido de *Wesen*] de una cosa viene a nosotros a partir del lenguaje, si es que prestamos atención al ser propio del lenguaje".

23 Transliteración del autor: "Está bien que vigilemos la propiedad de nuestro lenguaje, pero no obtendremos nada en tanto que el lenguaje continúe a ser para nosotros que un medio de expresión. Entre todas las palabras que hablamos y que nosotros los hombres podemos contribuir a hacer hablar, el lenguaje es la más alta y por todos sitios la primera". *Züspruchen* puede aquí leerse en tanto es "comunicar con ánimo", pero también en el sentido de aliento, de un susurrar que alienta.

24 Heidegger sostiene la hipótesis que el *Sein* habla *que* a través del lenguaje (*Holtzwege*, Frankfurt: Klostermann, 1977, p. 338).

no es más que un gestor (de restos humanos: "während doch die Herrin des Menschen bleibt": 2000: 148), adquiere aquí relevancia. Y es en esta reversión (*Verdrehung,* también como *Verkehrung*), de propietario en gestor y viceversa, en donde halla el principio de extranjería (no familiaridad: "das Unheimische treibt") como elemento relevante de la especulación y desde donde Heidegger explora la condición de espacialización de lo construido/construible.[25] Construir es habitar pero también el origen de esta palabra (*Bauen*, el alto alemán *buan*) nos indica la manera en que ese habitar debería ser pensado: "Die Art, wie du bist und ich bin, die Weise, nach der wir Menschen auf der Erde *sind,* ist das Buan, das Wohnen. Mensch sein heißt: als Sterblicher auf der Erde sein, heißt: wohnen. Das alte Wort bauen, das sagt, der Mensch *sei,* insofern er wohne, dieses Wort bauen bedeutet nun aber *zugleich:* hegen und pflegen, nämlich den Acker bauen, Reben bauen" (Heidegger, 2000: 149).[26]

Bauen aquí no sólo significa "construir", sino también "cultivar" y que conduce a la idea de habitar. Se establece de esta manera una relación entre el ejercicio del ser/estar como *ipséité*, la ocupación del espacio, el cuidado (*hegen*: también en el sentido de "guardar") y el habitar (*wohnen*). Lo cual conduce asimismo a un interrogarse acerca de la producción: "Das Bauen ist hier im Unterschied zum Pflegen ein Errichten" (Heidegger, 2000: 149).[27] Para Heidegger hay dos modos de construir: construir como cultivar (*colere, cultura*) y construir como edificar construcciones (*aedificare*). Ambos sentidos están contenidos en el construir que es el habitar.[28]

25 Heidegger asegura que "[...] denn bei den wesentlichen Worten der Sprache fällt ihr eigentlich Gesagtes zugunsten des vordergründig Gemeinten leicht in die Vergessenheit" (Heidegger, 2000: 150). Este "die Worte" es las palabras como valor de destino.

26 Traducción de Soler: "El modo como tú eres y yo soy, la manera según la cual somos los hombres sobre la Tierra, es el *Buan*, el habitar. Ser hombre quiere decir: ser como mortal sobre la Tierra, quiere decir: habitar. La vieja palabra *bauen* dice que el hombre *es* en cuanto *habita*; pero esta palabra significa *al mismo tiempo:* cuidar y cultivar, a saber, cultivar [bauen] el campo, cultivar [bauen] viñas" (1997: 202)

27 Traducción de Soler: "El construir es aquí, a diferencia del cultivar, un edificar" (1997: 202).

28 Sostiene Heidegger: "Beide Weisen des Bauens - bauen als pflegen, lateinisch *colere, cultura*, und bauen als errichten von Bauten, aedificare - sind in das eigentliche

Heidegger destaca que el habitar no es pensado en la historiografía como cualificante del "ser/estar" en términos de *la cuestión* y es precisamente este el aspecto del cual la *cuestión periférica* debiera partir: "das Wohnen wird nicht als das Sein des Menschen erfahren; das Wohnen wird vollends nie als der Grundzug des Menschseins gedacht" (Heidegger, 149–150).[29] Por ello es fundamental el entendimiento del habitar en relación al espaciar y al construir. La noción de construcción para Heidegger se realiza a partir de tres supuestos: "1. Bauen ist eigentlich Wohnen. 2. Das Wohnen ist die Weise, wie die Sterblichen auf der Erde sind. 3. Das Bauen als Wohnen entfaltet sich zum Bauen, das pflegt, nämlich das Wachstum, - und zum Bauen, das Bauten errichtet" (Heidegger, 2000: 150).[30]

La imposibilidad de concebir el habitar sin la construcción es precisamente aquello que caracteriza como frontera los ámbitos periféricos en términos especulativos. Y la mayoría de los malentendidos ligados a la reivindicación colonial de *la cuestión* tiene que ver con una confusión en este sentido por la cual se cree que "construir es habitar", tal como ha sido el eslogan no sólo de gobiernos adeptos al populismo industrial, sino también de notorios analistas locales. Es la reversión (*Verdrehung*) que postula Heidegger aquello de lo cual debe partirse: "Wir wohnen nicht, weil wir gebaut haben, sondern wir bauen und haben gebaut, insofern wir wohnen, d.h. als die *Wohnenden* sind" (Heidegger, 2000: 150).[31] Toda especulación que trate de establecer una localización de lo local en términos especulativos

---

Bauen, das Wohnen, einbehalten. Das Bauen als Wohnen, d.h. auf der Erde sein, bleibt nun aber für die alltägliche Erfahrung des Menschen das im vorhinein, wie die Sprache so schön sagt, »Gewohnte«" (Heidegger, 2000: 149).

29 Transliteración del autor: "[...] queremos decir que no aprehendemos más la habitación como el siendo/estando ('étant del être', *Sein des Menschen*) del hombre, todavía menos la habitación ha sido pensada como el aspecto fundamental de la condición humana".

30 Traducción de Soler: "1. Construir es propiamente habitar. 2. Habitar es el modo como son los mortales sobre la Tierra. 3. El construir como habitar se despliega en el construir que cuida, a saber, el crecimiento, y en el construir que edifica construcciones" (1997: 203).

31 Traducción de Soler: "Habitamos no porque hayamos construido, sino que construimos y hemos construido, en cuanto habitamos, esto es, *en cuanto* somos *los habitantes*." (1997: 203)

debiera considerar esta premisa seriamente. Se confunde domiciliación con construcción: "Die genannten Bauten behausen den Menschen. Er bewohnt sie und wohnt gleichwohl nicht in ihnen, wenn Wohnen nur heißt, daß wir eine Unterkunft innehaben" (Heidegger, 2000: 139).[32]

Permanecer (*das Bleiben*), mantener-se (*das Sichaufhalten*), preservar (*Das Schonen*) en tanto se libera (*freie, frye*), circundar (*einfrieden*) un espacio —en ello reside el "esencializar" del habitar:[33] "Der *Grundzug des Wohnens ist dieses Schonen.* Er durchzieht das Wohnen in seiner ganzen Weite" (Heidegger, 2000: 151).[34] "Enfreiden", traducido como circundar, "circundado de una cerca", circundado por una protección, es derivado de "Freide" (protección, seguridad, paz) y tiene la misma raíz que "frei" (preservar) y que "freien" (ahorrar, ahorrar-se). Cuando el sentido del habitar no es comprehendido de esta manera entra en un olvido funcional, es decir, donde la construcción se define por sí misma y a lo cual refiere Heidegger: "Dieses Ereignis sieht zunächst so aus, als sei es lediglich ein Vorgang innerhalb des Bedeutungswandels bloßer Wörter. In Wahrheit verbirgt sich darin jedoch etwas Entscheidendes, nämlich: das Wohnen wird nicht als das Sein des Menschen erfahren; das Wohnen wird vollends nie als der Grundzug des Menschseins gedacht" (Heidegger, 2000: 149–150).[35]

32 Traducción de Soler: "Las citadas construcciones domicilian al hombre; éste las habitúa, pero no habita en ellas, si habitar sólo quiere decir que nosotros poseamos un alojamiento" (1997: 199).

33 "Esencializar" en tanto: "[...] wenn wir etwas zum voraus in seinem Wesen belassen, wenn wir etwas eigens in sein Wesens zurückbergen" (Heidegger, 2000: 151). ("Cuando de antemano dejamos algo en su esencia, cuando retro-albergamos algo propiamente en su esencia...").

34 Transliteración del autor: "*El rasgo fundamental de la habitación es este ménagement* [en tanto "preservar": arreglo, cuidado, organización, disposición, miramiento, consideración]. Él penetra [atraviesa] la habitación en toda su extensión [entendimiento]".

35 Transliteración del autor: "Este evento parece en principio no ser más que un evento de historia semántica, esos eventos que no conciernen nada más que de/a palabras. Pero, en verdad, alguna cosa decisiva se esconde: nosotros queremos decir que no aprehendemos más la habitación como siendo/estando (*étant*) del ser/estar (*Sien*) del hombre. Y todavía menos la habitación es ella jamás pensada como el rasgo fundamental de la condición humana".

La espacialización que sostiene el mundanar no se puede justificar en *la cuestión* y, como consecuencia, no hay "condición humana" posible que pueda ser justificada por la habitación: la diferancia de perspectiva aquí con Heidegger es evidente por lo ya expuesto (§ 12, § 41). Es no obstante bajo esta condición de espacialización que Heidegger sitúa la problemática en términos de *das Geviert* ("Lo cuadrante"), la unidad de lo cuadrante ("Aus einer ur*sprünglichen* Einheit gehören die Vier: Erde und Himmel, die Göttlichen und die Sterblichen in eins": Heidegger, 2000: 151).[36] Y es este "lo cuadrante" que aquí entendemos como biosfera (lo biosférico) o aquello que, desde la perspectiva periférica, podríamos indicar como la biosfera en los términos de Heidegger: "Diese ihre Einfalt nennen wir *das Geviert*. Die Sterblichen *sind* im Geviert, indem sie *wohnen*. Der Grundzug des Wohnens aber ist das Schonen. Die Sterblichen wohnen in der Weise, daß sie das Geviert in sein Wesen schonen. Demgemäß ist das wohnende Schonen vierfältig" (Heidegger, 2000: 152).[37]

La protección y la custodia, el perseverar, con que se vincula el habitar tiene que ver con la realización de lo viviente en lo cuadrante: "Schonen heißt: das Geviert in seinem Wesen hüten. Was in die Hut genommen wird, muß geborgen werden" (Heidegger, 2000: 153).[38] Y esto explica la relevancia del utensiliar (*die Nutzbarkeit, die Verwendbarkeit, Zeuglichkeit*) como manera de comprehender un espacio, pero también de qué manera las cosas son vehículo de mundanar: "Das Wohnen ist vielmehr immer schon ein Aufenthalt bei den Dingen. Das Wohnen als Schonen verwahrt das Geviert in dem, wobei die Sterblichen sich aufhalten: in den Dingen" (Heidegger, 2000: 153).[39] El utensiliar es la manifestación de lo viviente en

36 Traduce Soler: "[...] originaria unidad [donde] se copertenecen en uno los cuatro: tierra y Cielo, los Divinos y los Mortales..." (1997: 204).

37 Traduce Soler: "A este despliegue unitario lo llamamos *lo cuadrante* [*das Geviert*]. Los mortales *son* en lo cuadrante, *habitando*. Pero, el rasgo fundamental del habitar es el proteger. Los mortales habitan de manera que ellos protegen lo cuadrante en su esencia. Según eso, el proteger habitante es cuádruple" (1997: 205).

38 Traduce Soler: "Proteger [preservar, NdA] quiere decir: custodiar lo cuadrante en su esencia. Lo que es tomado en custodia tiene que ser albergado" (1997: 206).

39 Traduce Soler: "El habitar es más bien siempre ya una morada junto a [bei] las cosas. El habitar como proteger [preservar, NdA] guarece lo cuadrante en donde los mortales se mantienen: en las cosas" (1997: 206).

su realización, en el establecimiento de una individuación, por ello el utensiliar es siempre una *Zeugzusammenhang*, un entramado de utensilios, de utensiliares.[40] El pragmatismo (*Zeughaftigkeit*) a que hemos hecho referencia con anterioridad tiene este punto de partida (§ 43, § 44). La habitación es una realización de las cosas: lo cuadrante se guarece en las cosas. "Das Pflegen und das Errichten ist das Bauen im engeren Sinne. *Das Wohnen* ist, insofern es das Geviert in die Dinge verwahrt, als dieses Verwahren ein *Bauen*" (Heidegger, 2000: 153).[41] La relevancia de la biosfera ("lo cuadrante", *Geviert*) es así, en cuanto habitar (una protección, un perseverar, realizado (*Verwährt*), y en tal guarecimiento que se realiza en las cosas (*Dingen*), en ese guarecer, se encuentra/se establece como un construir (*Bauen*).

Y bajo estas condiciones, en los ámbitos periféricos, la biosfera es comprendida como un resultado de *la cuestión*. De manera que los autores locales entienden que el construir pertenece al habitar y también desconocen la dimensión vehicular y espacializante de la cosa (*das Ding*) porque, como el mismo Heidegger lo indica, y como es coherente con una historiografía filosófica que sea alinea con *la cuestión*, la cosa es pobre (*zu dürftig*) y menor (en tanto *Wesen* que aquí podría leerse también como ser/estar): "Unser Denken ist freilich von altersher gewohnt, das Wesen des

40 El mundanar (*Welten*) del mundo (la mundicidad, el mundicinar: *Weltmässigkeit*) se hace/conoce por su "fabricación", por la manipulación/fabricación de objetos físicos/imaginarios. En tal sentido interpretamos la perspectiva de Heidegger: "*Ein* Zeug »ist« strenggenommen nie. Zum Sein von Zeug gehört je immer ein Zeugganzes, darin es dieses Zeug sein kann, das es ist. Zeug ist wesenhaft »etwas, um zu… «. Die verschiede-nen Weisen des »Um-zu« wie Dienlichkeit, Beiträglichkeit, Ver-wendbarkeit, Handlichkeit konstituieren eine Zeugganzheit. In der Struktur »Um-zu« liegt eine *Verweisung* von etwas auf etwas" (1967: 68). Traduce Rivera: "*Un* útil no 'es', en rigor, jamás. Al ser del útil le pertenece siempre y cada vez un todo de útiles [*Zeugganzes*], en el que el útil puede ser el útil que él es. Esencialmente, el útil es 'algo para …'. Las distintas maneras del 'para-algo', tales como la utilidad, la capacidad para contribuir a, la empleabilidad, la manejabilidad, constituyen una totalidad de útiles [*Zeugganzheit*]. En la estructura del 'para-algo' hay una *remisión* de algo hacia algo" (1997: 77).

41 Traduce Soler: "El cuidar y el edificar es el construir en sentido estricto. *El habitar* es, en tanto guarece lo cuadrante en las cosas, en cuanto tal guarecer, *un construir*" (1997: 207).

Dinges *zu dürftig* anzusetzen" (Heidegger, 2000: 155).[42] La conformación de una cosa es aquello que recolecta lo biosférico (lo cuadrante: *Geviert*).

En el bello ejemplo del puente que discute Heidegger el puente hace-lugar, lugariza, y en este ser-mismo del puente es que el mismo es un lugar y como tal puede espaciar y así localizar (*verstattet*) un paraje (*Stätte*): "Die Brücke ist freilich ein Ding *eigener* Art; denn sie versammelt das Geviert in *der* Weise, daß sie ihm eine *Stätte* verstattet. Aber nur solches, was selber ein *Ort* ist, kann eine Stätte einräumen. Der Ort ist nicht schon vor der Brücke vorhanden" (Heidegger, 2000: 156).[43]

Este es el mecanismo por el cual puede comenzar a aprehenderse la reversión de *la cuestión* y su referencialidad historiográfica (§ 26) en la constitución de una noción de especulación en los ámbitos periféricos (§ 12, § 27). La exploración de cómo los elementos de la biosfera se "recolectan" (*versammelt das Geviert*) es aquello que nos conduce a un principio acerca de cómo una localidad se localiza, a cuál son las condiciones que hacen un lugar, porque en los ámbitos urbanizados de manera absoluta, como los ámbitos periféricos, como indica Heidegger en su ejemplo, "el lugar no está ya ahí antes del puente" ("Der Ort ist nicht schon vor der Brücke vorhanden"). El puente en cuanto colector de lo cuadrante, de lo biosférico, es cosa (*Ding, ein Ding*). Pero, como indica Heidegger, "recolectar" (*versammlung*; también en tanto ensamblar) en germánico se dice "thing", término que en primer lugar designaba un encuentro público o judicial, luego, por extensión el *affaire* judicial, la causa, el contrato, las condiciones o la situación reglada por contrato o por decisión de justicia y, finalmente, cosa.

Que los lugares no estén sino como producto de la habitación modifica de manera radical la percepción clásica del colonialismo —y la misma se dirige en la dirección de las condiciones entrópicas del Antropoceno (Canaparo, 2019: capítulos 1, 2, 6). Más aun, en la *terra nullius* de la colonización

42 Traduce Soler: "Por cierto que nuestro pensar está acostumbrado desde antaño a avaluar la esencia de cosa *demasiado pobremente*" (1997: 209).

43 Traduce Soler: "El puente es, por cierto, una cosa de tipo *peculiar*; pues recolecta lo cuadrante de manera tal que le localiza [*verstattet*] un paraje [*Statte*]. Pero, sólo lo que *él mismo* es un *lugar* puede espaciar un paraje. El lugar no está ya ahí antes del puente" (1997: 210).

(Canaparo, 2011: 119–166) hay muchos sitios que podrían haber sido ocupados "por un algo" —de hecho una discusión que ocupa enormemente a historiadores locales son las ucronías acerca de qué habría sucedido (en tanto apropiación: *ereignis*) si en lugar de *estar las cosas en un sitio* estuvieran en otro. Sin embargo es un algo entre otros aquel en donde se da uno como lugar "por el puente", como dice Heidegger: "Eine unter ihnen ergibt sich als ein Ort und zwar *durch die Brücke. So* kommt denn die Brücke nicht erst an einen Ort hin zu stehen, sondern von der Brücke selbst her entsteht erst ein Ort" (Heidegger, 2000: 156).[44]

Este devenir lugar no sólo en inseparable del sentido de biosfera (lo cuadrante: *Geviert*), sino que es ilegible sin la aparición-existencia de la cosa, de lo cosístico de la cosa en lo cual el cuadrante (lo biosférico) se "re-colecta". Y es precisamente de allí que surge el espaciar, la espacialización que hace a la localización de lo local: "Sie ist ein Ding, versammelt das Geviert, versammelt jedoch in der Weise, daß sie dem Geviert eine Stätte verstattet. Aus dieser Stätte bestimmen sich Plätze und Wege, durch die ein Raum eingeräumt wird" (Heidegger, 2000: 156).[45]

Y que *se localicen espacios* es aquello que hace toda la diferencia en términos especulativos en los ámbitos periféricos o, mejor dicho, que las cosas sean lugar de una manera tal es aquello que hace que se localicen ante todo como espacios ("Dinge, die in solcher Art Orte sind, verstatten jeweils erst Räume").[46] En este sentido es también que se entiende la colonización de forma revertida (*Verdrehung*) al entendimiento clásico, por cuanto el espacio no es una entidad abstracta, algo con que uno se encuentra o que halla como se encuentra un objeto —de allí *también* por qué creemos que el "entismo" en la traducción de Heidegger es un malentendido historiográfico (§ 24, § 31, § 34). Tampoco es un concepto como tal. Y es así

44 Traduce Soler: "Uno entre ellos se da como un lugar y, por cierto, *por el puente.* Así, pues, el puente no llega a estar primeramente dentro de un lugar, sino que desde el puente mismo surge ante todo un lugar" (1997: 210).

45 Traduce Soler: "Él [el puente] es una cosa, recolecta lo cuadrante, pero recolecta de tal manera que localiza a lo cuadrante un paraje. Desde este paraje se determinan sitios y caminos, por medio de los cuales se espacía un espacio" (1997: 210).

46 Traduce Soler: "Cosas que son lugar de tal manera, localizan, en cada caso, ante todo, espacios" (1997: 210).

que se puede observar hasta qué punto las teorías de la *Naturphilosophie,* que localmente han dominado el pensamiento de la colonización y de los colonizados, son obsoletas. Espacio sólo hay en lo lugarizado, cuando se construyen límites. Lo espaciado del espacio es aquello *que hace* a la espacialización y de un lugar lo que el lugar es, por cuanto el lugar es lo que recolecta (*versammelt*), lo biosférico: "Raum, Rum heißt freigemachter Platz für Siedlung und Lager. Ein Raum ist etwas Eingeräumtes, Freigegebenes, nämlich in eine Grenze, griechisch πέρας. Die Grenze ist nicht das, wobei etwasze ist aufhört, sondern, wie die Griechen es erkannten, die Grenjenes, von woher etwas *sein Wksen beginnt.* Darum ist der Begriff: ορισμός, d. h. Grenze. Raum ist wesenhaft das Eingeräumte, in seine Grenze Eingelassene. Das Eingeräumte wird jeweils gestattet und so gefügt, d.h. versammelt durch einen Ort, d.h. durch ein Ding von der Art der Brücke. *Demnach empfangen die Räume ihr Wesen aus Orten und nicht aus »dem« Raum.*" (Heidegger, 2000: 156).[47]

Y es precisamente al algo que es cosa (*Dinge*) y que, en cuanto lugar (*Orte*), localiza un paraje (*Stätte verstatten*), a aquello que Heidegger indica como construcción. Aquello que Heidegger indica como *verstattet* y que hemos traducido como "paraje" es desde lo cual se ha "construido" la colonización, todo espacio antes de ser lugar, antes de ser espacializante, debió ser parajeado.[48] Todo pueblo o ciudad o estación o carretera o puente, debió ser "parajeado" (*Stätte verstatten*). Y a esta "construcción", a sus detalles, maneras, mecanismos y objetos, es a lo que el estudio de la *cuestión*

47 Traduce Soler: "Espacio [Raum], Rum, se llama al sitio libre para colonización y lecho. Un espacio es algo espaciado, liberado, a saber, en un límite, en griego πέρας. El límite no es aquello en donde algo acaba, sino, como conocieron los griegos, el límite es aquello desde donde algo *comienza su ser.* Por eso el concepto es ορισμός; esto es, límite. Espacio es esencialmente lo espaciado, introducido en su límite. Lo espaciado, en cada caso, es localizado y así tramado, esto es, recolectado por medio de un lugar, esto es, por medio de una cosa de tipo puente. *Según eso, reciben los espacios su esencia de lugares y no de 'el' espacio*" (1997: 210).

48 En esta misma argumentación vemos claramente cómo surge la cuestión de la cuestión en la *verbalización* castellana: "ser" como palabra no es lo mismo que "ser" como verbo y que es también "estar", incluso permanecer. Como ya indicamos, la estandarización en castellano del empleo de "ser", por también "estar", esconde *(vermeilen)* el parajear como problema y vuelve problemática toda transliteración.

periférica debiera dedicarse. Heidegger como de costumbre lo resume a la perfección cuando sostiene que estas cosas (las inmediatas, las "nuestras") son lugares, que localizan un paraje en la biosférico, el cual espacia un espacio. Y en el ser/estar de estas cosas como lugares, agrega Heidegger, se encuentra el vínculo entre lugar y espacio, pero también la referencia del lugar al hombre que se halla en él (Heidegger, 2000: 157). Es también a partir de esta perspectiva que debe plantearse la reversión de *la cuestión*.

El puente a decir verdad, compone, arregla, sitúa lo biosférico de una manera tal ("*eigener* Art") que le otorga un emplazamiento, da lugar a una *plaza* que llamamos paraje (*Stätte verstatten*), Heidegger escribe "Dass sie ihm eine Stätte verstattet" y, como sostiene Jean Beaufret, el traductor francés, a partir de aquí hay en su trabajo asociaciones frecuentes de *Stätte* (lugar, plaza) y de *verstatten* (permitir, acordar, posibilitar), también de *Raum* (espacio, plaza) y de *einräumen* (conceder, acordar). Literalmente *verstatten* es "munir de una plaza", es decir, de hacer una plaza, "dar campo", de donde asimismo un sentido derivado de "dejar a una cosa hacerse", permitir. Como es costumbre en Heidegger, los dos sentidos, el propio y el figurado son inseparables el uno del otro. Situación esta que tampoco es ajena a la manera en que en los ámbitos periféricos lo conceptual (θεωρεῖν) y lo poiético (ποίησις) se entretienen. Sólo aquello que es él-mismo, en-él-mismo lugar (*Ort*), puede parajear (espaciar en el sentido de *Stätte verstatten*), es decir, acordar una plaza, un paraje. Y el lugar, para decirlo con Heidegger, no existe antes del puente.

Heidegger escribe "Kann eine Stätte einräumen", empleando el segundo sentido de "poner-en-espacio" un lugar, de asignar un emplazamiento. El mismo Beaufret nota aquí la variedad de "einräumen": meter en lugar, en un lugar, asignar un lugar a, y también arreglar, acomodar, instalarse y acordar en sentido de situar. Si definimos "einräumen" a partir de facilitar, arreglar, preparar, debemos distinguirlo de "eingeräumt", que es aquello que viene luego de un emplazamiento que ha hecho libre a un lugar. Beaufret emplea el término *ménager* y *aménagé*: un espacio es "menagé" (arreglo, preparación, pero también significa cuidado, cura, así como ahorro) en tanto que él es "aménagé" (instalación, acondicionamiento, habilitación, ordenación del territorio). Este aspecto es relevante en términos de colonización porque justamente es a partir de la relación entre "einräumen" y "eingeräumt" que la distinción entre *terra nullius* y territorio puede hacerse en términos conceptuales y a partir de la creación de los llamados "Estados modernos" en la periferia. Ninguna forma de especulación en la periferia puede obviar este *fallo de origen*, este defecto.

Un espacio es determinado por un lugar, por el espaciar que da a lugar. En *Zur Seinsfrage* (1956) Heidegger asegura que el lugar reúne, congrega, junta y el juntamiento conduce al juntado hacia su ser/estar, a su abrigo (Heidegger, *Zur Seinsfrage* [Frankfurt/Main: V. Klostermann, 1956, p. 8]). En *Der Satz vom Grund* (1957) Heidegger sostiene que el lugar es aquello que junta en sí al ser/estar de una cosa (Heidegger, *Der Satz vom Grund* [Pfullingen: Neske: 1957, p. 106). Bajo estas perspectivas se comprehende mejor la radicalidad del *Dasein* como figura de anihilamiento de lo humano en términos del hombre del iluminismo kantiano (*Introduction a la Anthropologie du point de vue pragmatique* (1798) [Paris: Vrin, 2008. Versión de M. Foucault]). Transporte, movilidad, aceleración y tecnología, están ya presentes en esta concepción de lo especulativo a partir del espaciar. Que construir no es producir es la lección conceptual de lo especulativo a retener en Heidegger.

Los espacios son espaciados por lugares, su consistencia (*Beständigkeit*) proviene de cosas *grounded* en construcciones ("deren Wesen gründet in Dingen von der Art der Bauten").[49] Y también es de este principio donde surge la confusión ya indicada y que, como la argumentación de Heidegger deja entrever, nos conduce más allá de la definición misma de cosa, hacia una cuestión de *escala epistémica* en donde la concepción de lo humano-como-tal se halla también envuelta: "Ist die Rede von Mensch und Raum, dann hört sich dies an, als stünde der Mensch auf der einen und der Raum auf der anderen Seite. Doch der Raum ist kein Gegenüber für den Menschen. Er ist weder ein äußerer Gegenstand noch ein inneres Erlebnis. Es gibt nicht die Menschen und außerdem *Raum*; denn sage ich »ein Mensch« und denke ich mit diesem Wort denjenigen, der menschlicher Weise ist, das heißt wohnt, dann nenne ich mit dem Namen »ein Mensch« bereits den Aufenthalt im Geviert bei den Dingen. Auch dann, wenn wir uns zu

49 Traduce Soler: "… su ser se fundamenta en cosas del tipo de las construcciones" (1997: 212).

Dingen verhalten, die nicht in der greifbaren Nähe sind, halten wir uns bei den Dingen selbst auf. Wir stellen die fernen Dinge nicht bloß - wie man lehrt - innerlich vor, so daß als Ersatz für die fernen Dinge in unserem Innern und im Kopf nur Vorstellungen von ihnen ablaufen. Wenn wir jetzt- wir alle - von hier aus an die alte Brücke in Heidelberg denken, dann ist das Hindenken zu jenem Ort kein bloßes Erlebnis in den hier anwesenden Personen, vielmehr gehört es zum Wesen unseres Denkens *an* die genannte Brücke, daß dieses Denken *in sich* die Ferne zu diesem Ort *durchsteht.* Wir sind von hier aus bei der Brücke dort und nicht etwa bei einem Vorstellungsinhalt in unserem Bewußtsein. Wir können sogar von hier aus jener Brücke und dem, was sie einräumt, weit näher sein als jemand, der sie alltäglich als gleichgültigen Flussübergang benützt" (Heidegger, 2000: 158–159).[50]

Los espacios se abren en el habitar del hombre dice Heidegger y de allí se puede deducir por qué tiene relevancia que en la actualidad la espacialización haya sido corto-circuitada por la industrialización tecnológica y, por lo mismo, se pueden deducir las consecuencias extremas y de largo alcance que tendrá para los ámbitos periféricos que se han constituido en torno a mecanismos de colonización. Porque, a diferencia de lo que

50 Traduce Soler: "Cuando se habla de hombre y espacio, entonces eso se entiende como si el hombre estuviera por un lado y el espacio por otro. Pero, el espacio no es nada contrapuesto al hombre. No es ni un objeto exterior, ni una vivencia interior. No hay hombres y además *espacio*; pues, si yo digo 'un hombre' y pienso con esa palabra aquello que es de modo humano, esto es, que habita, entonces menciono yo con el nombre "un hombre" ya la morada en lo cuadrante junto a las cosas. Incluso, también cuando nos relacionamos con cosas que no están en cercanía asible, nos mantenemos junto a las cosas mismas. No concebimos simplemente las cosas lejanas —como suele enseñarse— interiormente, de tal manera que, como sustituto de las cosas lejanas, en nuestro interior y en nuestra cabeza, discurren sólo imágenes de ellas. Si ahora nosotros —todos nosotros— pensamos desde aquí en el viejo puente de Heidelberg, entonces el pensar en aquel lugar no es ninguna mera vivencia en las personas aquí presentes; más bien pertenece a la esencia de nuestro pensar *en* el citado puente, que este pensar trans-porte en sí la lejanía a ese lugar. Desde aquí estamos nosotros allí, en el puente, y no, por ejemplo, en un contenido representativo de nuestra consciencia. Incluso, desde aquí podemos estar más cerca a aquel puente y a lo que espada, que quien lo utiliza diariamente, como indiferente pasar el río" (1997: 213).

asume Heidegger, no hay nunca en el mundo contemporáneo un "sitio libre para la colonización" ("Rum heißt freigemachter Platz für Siedlung und Lager"). Ni tampoco lo hubo en el pasado: es incluso la propia explicación de Heidegger aquello que permite deducir que la noción de "sitio libre" ("freigemachter Platz") es un concepto que, en última instancia, se inscribe en la historiografía de *la cuestión* y en el alemanismo que ya comentamos (§ 6, § 16, § 20).

Heidegger sostiene aquí que la consistencia del *Sein* (indicado en esta ocasión como "mortalidad": "Die Sterblichen *sind*") se realiza habitando y que es este siendo/estando de los "mortales" aquello que trans-portan espacios (*Räume durchstehen*) al fundamento de su hogareando (en tanto *zu behausen*), junto con cosas y lugares. Y es este trans-portar el que a su vez posibilita el trans-itar espacios (*Räume durchgehen*). Y se puede comprehender de esta forma el alcance que el colonialismo tiene en términos especulativos, es decir, *nunca colonialismo* en cuanto tal, sino como una manera de establecer lo especulativo: "Vielmehr gehen wir stets so durch Räume, daß wir sie dabei schon ausstehen, indem wir uns ständig bei nahen und fernen Orten und Dingen aufhalten. Wenn ich zum Ausgang des Saales gehe, bin ich schon dort und könnte niemals hingehen, wenn ich nicht so wäre, daß ich dort bin. Ich bin niemals nur hier als dieser abgekapselte Leib, sondern ich bin dort, d.h. den Raum schon durchstehend, und nur so kann ich ihn durchgehen" (Heidegger, 2000: 159).[51]

Y porque el vínculo del hombre con lugares, y por medio de lugares, con espacios, reside en el habitar es que indicamos que la noción de especulación —en tanto *als das wesentlich gedachte Wohnen* ("como habitar esencialmente pensado")— es fundamental a cualquier forma de saber en el ámbito periférico. Y por lo mismo, de la manera en que Heidegger define lo cuadrante (*das Geviert*) —y que aquí indicamos como biosférico—, el lugar es ilegible sin lo biosférico en el sentido que el espaciar funciona

51 Traduce Soler: "Más bien, vamos siempre a través de espacios, que nosotros soportamos ya en ello, manteniéndonos constantemente en los lugares y cosas cercanas y lejanas. Cuando yo voy hacia la salida de la sala, yo estoy ya allí y no podría ir hacia allí, si yo no fuera de manera tal que estoy allí. Yo no estoy jamás sólo aquí, en cuanto este encapsulado cuerpo, sino que estoy allí, esto es, trans-portando ya el espacio y sólo así puedo yo transitado" (1997: 214).

como admisión y como erección ("Der Ort läßt das Geviert zu und der Ort *richtet* das Geviert *ein.* Beide, nämlich Einräumen als Zulassen und Einräumen als Einrichten, gehören zusammen" [2000: 160]).[52] El lugar espacía a lo biosférico en este doble sentido y por ello ambas maneras del espaciar se copertenecen ("pertenecer juntos": *gehören zusammen*). Es este copertenecer aquello que es custodia (*Hut*) de lo biosférico y al mismo tiempo lo que "en-casa" (*behausen*) lo inmediato del hombre. Y son las cosas de este tipo las que constituyen y vehiculizan este habitar, aquellas que dan lugar a los "caseríos" (*Behausungen*), los cuales, aunque no necesariamente habitaciones en sentido estricto, sí son/están en la comprehensibilidad de lo especulativo que hace a aquello que nos individualiza. Y por ello dice Heidegger aquí aquello que, cuarenta años más tarde Deleuze y Guattari (*Qu'est-ce que la philosophie ?* [Paris: Minuit, 1991]) considerarán como lo filosófico *per se*: "Das Hervorbringen solcher Dinge ist das Bauen. Sein Wesen beruht darin, daß es der Art dieser Dinge entspricht. Sie sind Orte, die Räume verstatten. Deshalb ist das Bauen, weil es Orte errichtet, ein Stiften und Fügen von Räumen. Weil das Bauen Orte hervorbringt, kommt mit der Fügung ihrer Räume notwendig auch der Raum als spatium und als extensio in das dinghafte Gefüge der Bauten" (Heidegger, 2000: 160).[53]

Entender las cosas como lugares, como espaciamientos, es precisamente aquello que define a los ámbitos periféricos desde la época de la colonia, cuanto menos desde que las colonias empezaron a formar sus propias instituciones y a requerir de un *vademecun* inteligible de conceptos para pensar lo inmediato. Es allí que se inicia aquello que Heidegger indica como "la trama cósica de construcciones" ("das dinghafte Gefüge der Bauten"). La producción de las cosas realizan lugares, en definitiva, localizan espacios, pero no por ello el construir hace al espacio ("das Bauen gestaltet niemals »den« Raum"),[54] como ya indicamos han creído la mayoría de los analistas locales.

52 Traduce Soler: "El lugar *admite* a lo cuadrante y el lugar *erige* a lo cuadrante. Ambos, a saber, espaciar como ad-mitir y espaciar como erigir se copertenecen" (1997: 215).

53 Traduce Soler: "El pro-ducir tales cosas es el construir. Su esencia estriba en que corresponda al tipo de esas cosas. Éstas son lugares, localizan espacios. Por eso, el construir, porque erige lugares, es un fundar y tramar espacios. Porque el construir produce lugares, viene con la juntura de sus espacios necesariamente también el espacio como *spatium* y como *extensio* en la trama cósica de construcciones" (1997: 215).

54 Transliteración del autor: "..el construir no forma jamás 'al' espacio".

El construir produce cosas como lugares ("weil es Dinge als Orte hervorbringt"),[55] el construir erige lugares que espacializan un paraje ("Stätte verstatten") a lo biosférico (lo cuadrante: *Geviert*): "Das Bauen errichtet Orte, die dem Geviert eine Stätte einräumen" (Heidegger, 2000: 161).[56] El construir tiene dos dimensiones: construir propiamente dicho (cultivar, cultura) y edificar (*aedificare*) que coexisten y es en su coexistir que las construcciones guarecen lo biosférico ("Die Bauten verwahren das Geviert"), es decir, *son cosas* que en su manera de ser-estando/estar-siendo protegen a lo biosférico, *lo-hacen* ("Sie sind Dinge, die auf ihre Weise das Geviert schonen").[57] El pro-ducir (*das Hervorbringen*) en que reside el construir puede ser entendido como una ejecución de la que se tiene un resultado, algo concreto, pero en ello haciendo no se obtiene la consistencia conceptual que es la de un producir (*herbringen*) que también aduce (*vorbring*): "Das Bauen bringt nämlich das Geviert *her* in ein Ding, die Brücke, und bringt das Ding als einen Ort v o r in das schon Anwesende, das jetzt erst *durch* diesen Ort eingeräumt ist" (Heidegger, 2000: 161).[58]

Es en este *aducir* aquello en lo cual la *cuestión periférica* debe centrar sus esfuerzos conceptuales. Lo biosférico en una cosa, en las cosas, es aquello que acarrea el construir y aduce dicha cosa, las cosas, como un lugar en lo ya presente y a lo cual le hemos indicado como el ahorar (§ 32) en el sentido que son esos lugares-de/en-cosa, como el puente, quienes vehiculizan-realizan el espaciar, el espaciamiento. La realización del ser/estar del construir es entonces el erigir lugares por medio del ensamblaje de sus espacios. Y he aquí el aspecto fundamental para la especulación en los ámbitos periféricos: "*Nur wenn wir das Wohnen vermögen, können wir bauen*" (Heidegger, 2000: 162).[59]

55 Transliteración del autor: "..[el construir], porque produce cosas como lugares…"

56 Traducción de Soler: "El construir erige lugares, que espacían un paraje a lo cuadrante".

57 Traducción de Soler: "Son cosas que, a su manera, protegen lo cuadrante" (1997: 216).

58 Traduce Soler: "El construir *acarrea*, a saber, lo cuadrante en una cosa, el puente, *y a-duce* a cosa como un lugar en lo ya *presente,* que ahora es espaciado ante todo *por medio de* este lugar" (1997: 216).

59 Transliteración del autor: "Es solamente cuando podemos habitar que podemos construir".

Y bajo estas condiciones es que se comprehende por qué el pos-*Dasein* era ya evidente en los escritos del mismo Heidegger: la reversión (*Verdrehung*) del *Sein* al *Seienden* (§ 16), es correlativa a la consideración de la realización del ser/estar del construir que, en tanto ser-estando/estar-siendo (*étant*, *Seienden*), hace habitar. Es el Habitando (en tanto dejar-habitar: *Wohnenlassen*): "Das Wesen des Bauens ist das Wohnenlassen" (Heidegger, 2000: 162).[60] Es decir, en otras palabras, el hace habitar mundana lo biosférico, para emplear la terminología de *Sein und Zeit*. Es exactamente un análisis similar a esta perspectiva que hallamos en el trabajo de Eyal Weizman acerca de una "Airbone Ocupation" (2007: 237–258), un "Optical Urbanism" (2007: 111–138) y de una "Politics of Verticality" (2007: 12–16) (*Hollow Land. Israel's Architecture of Occupation* [London: Verso, 2007]); lo cual además, y no por casualidad, tiene una relación directa con la manera en que consideramos "la cuestión judía" (§ 43) a partir de la historiografía filosófica europea (§ 26). No hay inteligibilidad y legibilidad conceptual alguna de lo especulativo en la periferia si no es partir del "en-casar" (*behausen*), es la "casa latinoamericana": "Bauen und Denken sind jeweils nach ihrer Art für das Wohnen unumgänglich" (Heidegger, 2000: 162).[61] Habitar es un poder-habitar que tiene que ser tal para poder-construir ("Nur wenn wir das Wohnen vermögen, können wir bauen").[62] Este aspecto es fundamental para la evolución y la especulación en torno al colonialismo: el poder de habitar, que realiza el construir, en este construyendo está ya de alguna manera definiendo el avenir de espaciar. Heidegger emplea el término *Gewessenen* y que justamente indica aquello que es ensamblaje que perdura, reunión de lo que no pasa, de *aquello que dura*, y que, al mismo tiempo, acuerda nuevas vistas al pensamiento que se sucede (Heidegger, *Der Satz vom Grund*, [Pfullingen: Neske: 1957, p. 107]). No sorprende que lo que dura (*Dauerhaftigkeit*, asimismo como *grundet sich* [fundación], también como *Erlebnis* [experiencia]) sea un poder habitar que se realiza

60 Transliteración del autor: "La esencia [en tanto ser/estar] del construir es el dejar-habitar [en tanto habitando]".

61 Transliteración del autor: "Construir y pensar, a cada uno a su manera, son siempre para la habitación inevitables y indepasables".

62 Transliteración del autor: "Es solamente cuando podemos habitar que podemos construir".

en el construir, el cual no es producción, sino espaciamiento: aquello que resulta sorprendente es la manera en que en los ámbitos periféricos la especulación ha ido en la dirección opuesta, hacia un desarrollismo, hacia la creencia en la perennidad de lo acumulativo. Aún no se ha estudiado lo suficiente hasta qué punto, bajo esta perspectiva, colonialismo y anticolonialismo pertenecen a la misma impronta conceptual. Y por ello tampoco sorprende que haya sido la noción de exilio uno de los pocos conceptos que escapa (en el sentido de un *in-eins-Bildung*, y que, por lo mismo, se erige: *Einzusetzen*) a la deriva de *la cuestión*: "El exilio es una experiencia que remite a algo que es constitutivo de cada ser humano: nadie nace en su casa. Todo el mundo nace en el Otro. En cierta forma, siempre hay una parte de uno mismo, así lo señala el psicoanálisis, que es opaca para uno mismo. Uno no es un sujeto autotransparente. De algún modo, el exilio real remite a un exilio más constitutivo, más estructural. Así que a mí me interesó mi propia experiencia analítica para no victimizarme con el exilio, para no sentirlo congelado en las coartadas de la nostalgia o de la melancolía, sabiendo además que yo era una persona que no se quería ir de aquí y que amo intensamente este lugar." (Jorge Alemán, "Entrevista con J. A.", en *Página 12*, Buenos Aires, 20.04.2017, disponible en <www.pagina12.com.ar>)

Esto debiera explicar por qué y cómo el "en-casar" (*behausen*) se ha realizado localmente por/a partir de distancias y alejamientos. Llamar, por ejemplo, "padre de la *constitución*" a un hombre que viviera 42 años de sus 74 años de vida en el exilio, que muriera como correspondía por entonces en un suburbio de París y que tenga en la actualidad tres tumbas diferentes, es un prueba ulterior, casi un *exemplum*, del "en-casar" (*behausen*), de la "casa latinoamericana", para concluir con el ejemplo.

§ 47. *Die Grundstimmung des Philosophierens*

La especulación, entendida como lo hemos hecho aquí bajo la forma de una *cuestión periférica*, tiene una dimensión triple. En primer lugar es un asunto de la historiografía filosófica (§ 26). En segundo lugar es una materia de conceptualización (§ 12, § 27) y, en tercer lugar, es un dominio vinculado de manera regular a aquello que hemos indicado como el ahorar (§ 32). El precedente trabajo se ha ocupado entonces de desandar los mecanismos principales que conciernen a cada uno de estos dominios bajo el sobrentendido que no son esferas separadas y que definir a uno de alguna manera implica concebir al otro —interdependencia que a su vez también hemos indicado como arquetípica de los ámbitos periféricos.

La razón por la cual la filosofía como tal es ininteligible en los ámbitos periféricos se vincula directamente con el modo no sólo en que los mecanismos de cada uno de estos dominios se desarrolla, sino también con el modo en que establecen un conjunto vinculante entre ellos. Las variantes y posibilidades de combinaciones que este conjunto posibilita es un asunto que podríamos indicar como la *stimmung*, es decir, como un asunto de afinación, de coordinación, de escala, entre una fisidad (objeto, materia), un instrumento (herramienta, utensilio), un cuerpo y un resultado o producto.

La *Stimmung* es una disposición, también un ambiente, *lo ambiente.* Constituye, da lugar a, un estado de ánimo y como tal es/puede ser animosidad. Por último, en su hacer, en su hacer-se, es tendencia. La *Stimmung* reúne en los ámbitos periféricos no sólo el aspecto de *supplément* de la escritura al que hacía referencia Derrida, es decir, un algo que no se oye, que no es voz, pero que significa en su grafía. La *Stimmung* también es una reversión (*Verdrehung*) de *la cuestión* y del alcance que la misma tiene en términos filosóficos y culturales. La radicalidad de esta situación ha sido largamente subestimada por los analistas locales.

La *Grundstimmung* puede ser entendida desde tres perspectivas diferentes. En primer lugar como una "afinación terrestre", es decir, un balance con el suelo, una sintonía con lo terrestre: el suelo (en tanto centro de lo biosférico, en tanto gravedad [de *gravitas* pero también de inercia, de atracción]), lo corporal (en tanto *Dasein* pero asimismo como principio de utensiliación) y lo cosal (en tanto *Dinglichkeit*) pueblan este dominio. En segundo lugar como "suelo de equilibrio", es decir, se entiende al suelo *per se* como un factor de *corrección*, de afinamiento, de tono, de concordancia. En tercer lugar como "mundo", no sólo como aquello que mundana (también en tanto *Welten*), sino como mundo-en-sí. Es el mundo-sintonizado, el mundo-acordado, el mundo-afinado y el mundanar-en-sintonía o el mundanar-en-afinación. La *Grundstimmung* resume así las tres modalidades en que Heidegger concebía el *Seienden* (el *étant* de Derrida, el ser/estar que es en realidad ser-estando/estar-siendo [§ 16]): como lo *Vorhanden*, lo que está-allí-delante; como lo *Zuhanden*, la herramienta, lo que está-a-la-mano, delante de la herramienta; como *Dasein* en tanto existencia *in situ*. La "afinación terrestre" se da a-la-mano, el "suelo de equilibrio" se da a-la-vista y el "*grund*-mundo/mundanar" se da por el *Dasein*.

Aquello que es relevante de la *Stimmung*, como bien destacara Derrida (2006: 202–203), consiste en que Heidegger trata de definir lo esencial de lo humano (*Wesen des Seienden*) sin una conceptualización que apele a una noción de conciencia, así como tampoco a una noción de una animalidad particular llamada razón o racionalidad (§ 36). Más aun, Heidegger sostiene que la diferencia entre estar-allí y no-estar-allí no puede ser aprehendida por la distinción entre "tener conciencia" y "ser consciente". Heidegger aquí, una vez más, anuncia el mismo pos-*Dasein* (§ 34): no hay posibilidad de distinción material de lo humano y la cosa a partir de una conceptualización o argumentación de la existencia de una conciencia, así como tampoco por una razón que atribuyéramos a un cierto animal, y tampoco con la concepción de un "yo" como un cúmulo "de puras experiencias ligadas al cuerpo" (Heidegger, 1983: § 16b). Como ya analizamos, aquí con Heidegger sin querer (y Derrida queriendo), abandonamos la animalidad por lo viviente (§ 14, §41). La *Stimmung* es aquello que nos orienta en la comprehensión (en tanto *Verstehen*) de lo biosférico. "Stimmung als Grundweise des Daseins" [Sintonía/afinamiento como lugarización/parajización de los Daseins] afirma Heidegger (1983: 99) resumiendo la perspectiva. La *Stimmung* es el "suelo de comprehensión" del siendo/estando (*Seienden*, *étant*), aquello que hace al *Dasein* como tal, que lo lugariza. Es así que en los ámbitos periféricos, dominados en lo viviente por una falla de origen, por una *défaillance* (§ 9, § 11, § 15), que nos desfamiliarizada (*Unheimat*) en continuación, que nos extranjeriza (§ 16), que nos recuerda en continuación una deuda (*Verschuldun*, pero también como acrecencia [*Vermehrung*]) "de suelo", "de piso". La *Stimmung* se presenta como una manera de afrontar dicho extrañamiento, dicha extranjería y que supone la reversión de lo humano como tal (Heidegger, 1983: § 16–18).

El pensamiento que consiste, el pensamiento *que se consiste* (*die Beständigkeit*) a partir de esta forma de afrontar la especulación constituye no sólo un asunto "de filosofía", sino un algo que afecta al entendimiento de lo humano y de lo especulativo como tal. Y he ahí la diferencia respecto de la historiografía filosófica europea. La distinción que Heidegger hacía entre filosofía (*Philosophie*) y pensamiento (*Denken*) es un principio constitutivo de los ámbitos periféricos como tales. *Denken* no es sólo pensamiento, sino también imaginarse, figurarse (en tanto *vorstellen*), suponer, presumir (*vermuten denken*), considerar (en tanto *erwägen*). Es asimismo *Denkart* entendido como modo de pensar, como mentalidad.

Entre los escritos y análisis europeos aquí estimados y comentados es Derrida, en *L'animal que donc je suis* (2006), quien más se aproxima (como *Annäherung*, pero asimismo en tanto apropiación: *sich ereignen* y en tanto aprehensión: *die Erfassung*) a esta situación y que define, aunque por otras razones, como "tonalité fondamentale du philosopher" [tonalidad fundamental del filosofar] (Derrida, 2006: 198) a la *Stimmung*. La *Stimmung* como *Stimme*, como "donner-à-comprendre", como dar-a-entender es una condición de lo especulativo que sin embargo no se expresa como especulación, sino como otra cosa, bajo otros medios, a partir de otros argumentos. En este sentido la *Stimmung* es una constatación (en cuanto *Feststehen*, pero también como *Feststellen*, y como *Feststellung*) de un aspecto específico de la *cuestión periférica* y que consiste en que lo especulativo no puede ser dicho plenamente con argumentos de *non-fiction*. Lo especulativo requiere de una afinación, de una constitución ecológica, de una dimensión *poietica* (*Poietik*, latinización de ποιητικός [*poietikós*]) —el ejercicio de una ποίησις (*poiesis*). Y es por ello que, aun en términos europeos y de lectura, Derrida sostiene que "hay un momento en que leer consiste en experimentar que el sentido no es accesible, que no hay un sentido escondido detrás de los signos, que el concepto tradicional de lectura no resiste ante la experiencia del texto; y, en consecuencia, que lo que se lee es una cierta ilegibilidad" (Derrida, 1986: 164).[1]

En este trabajo hemos considerado en definitiva la construcción (*Bauen*) como un encasar (entendido como *behausen*), y que es la fabricación (en tanto utensiliar: *Zeug* significa utensilio, pero también equipo [de herramientas, de maquinarias] e instrumentos) de una noción de οἶκος que entendemos como indispensable para cualquier escala epistémica, la cual a su vez es inevitable en toda especulación llevada a cabo en los ámbitos periféricos. La *Stimmung* así ha adquirido cuatro variantes de entre las muchas posibles, cada una de las cuales corresponde a una o más de las partes que componen este trabajo: como "afinación-base del especular" (primera parte: El zaguán de entrada, sexta parte: La cocina), como "afinación-terrestre del especular" (cuarta parte: El patio), como "sintonía-terrestre de la especulación" (tercera parte: El salón-de-estar, quinta parte: El dormitorio-más-grande) y como "mundo-ecológico de la especulación" (séptima parte: La terraza). Y este encasar explica la arquitectura del trabajo que es la del plano de una casa cuyos límites están dados por partes de la misma que parecen inconclusas o que no se hallan plenamente ocupadas (§ 46). Y bajo estas premisas se comprehende aun más la espacialización que propone Heidegger como una forma de lugarización (en tanto localización: *Verstattet, verstättet Sttät*) de la cosidad (*Dinklichkeit*) en que se constituye la ecología inmediata (en tanto mundanar, mundicinar: *Weltmässigkeit*) del *Dasein*.

Escribe Heidegger en *Die Grundbegriffe der Metaphysik* (*Die Grundbegriffe der Metaphysik. Welt – Endlichkeit – Einsamkeit*, [Frankfurt: Vittorio Klostermann, 1983]) como título a su reflexión acerca de lo especulativo: "Das Heimweh als die Grundstimmung des Philosophierens und die Fragen nach Welt, Endlichkeit, Vereinzelung". Que transliterado sería: "La nostalgia [en el hogar, en lo familiar: *heimatlich*] como sintonía fundamental del filosofando [del filosofizar] y las preguntas concernientes al mundo,

1 Texto publicado originalmente en castellano en la *Revista de Occidente*. La entrevista en francés no ha sido aun publicada.

la finitud y la individuación [en tanto singularización]". No por casualidad Derrida es justamente este pasaje en torno al cual se centra en su discusión sobre la funcionalidad de lo especulativo en relación a lo animal (Coloque de Cerisy, "L'animal autobiographique", 1997) (§ 42).

Heidegger cita la frase de Novalis: "Die Philosophie ist eigentlich Heimweh, ein Trieb überall zu Hause zu sein" (Heidegger, 1983: 7). Transliterado sería: "La filosofía es en realidad nostalgia, un impulso de estar en todas partes en casa". *Heimweh* es nostalgia, añoranza, melancolía, pero también tiene la raíz "heim" que significa "hogar". Y "Hause zu sein" es como decir casa de uno mismo, en el uno mismo que es casa. Y la clave de la expresión está en ese "en todas partes en casa" ("Überall zu Hause zu sein") que Heidegger interpreta como "jederzeit und zumal im Ganzen sein", es decir, "ser siempre y sobre todo en un conjunto". ¿Y qué significa esto? ("was heißt das?"). "Dieses '*im Ganzen*' und seine Gänze nennen wir die *Welt*" (1983: 8), responde Heidegger. Es decir, "a este '*en un conjunto*' y a su totalidad lo llamamos el *mundo*". Y más aun: "Wir sind, und sofern wir sind, warten wir immer auf etwas. Wir sind immer von Etwas als Ganzem angerufen. Dieses 'im Ganzen' ist die Welt" (Heidegger, 1983: 8). Es decir, "Somos, y en tanto que somos siempre estamos aguardando algo. Siempre somos llamados por algo en tanto que un conjunto. Este 'en conjunto' es el mundo". Pocos autores han desnudado la historiografía filosófica europea hasta este punto, exhibiendo tamaña *escala epistémica*, exponiendo sin querer los principios por los cuales los ámbitos periféricos constituyen una entidad de pensamiento (§ 2). El conjuntar, que es siempre mundanar, es en definitiva un estar-en-casa, un encasar (*behausen*), por ello todo este trabajo no es sino una exploración de los mecanismos arquitectónicos del pensamiento, aquello que vuelve inteligible un hacer-familiar (*Heimatlich*) (§ 12).

La nostalgia nos mueve hacia ese conjunto que es mundo, estamos "de camino" hacia ese "en conjunto" (*im Ganzen*). ("Wir sind unterwegs zu diesem 'im Ganzen' "). Y "nosotros mismos somos este 'de camino', esta transición, este "ni lo uno ni lo otro" ("Wir sind selbst dieses Unterwegs, dieser Übergang, dieses 'Weder das Eine noch das Andere' " [1983: 8]). Y es así que esta transitividad nos remite al ser-estando/estar-siendo (§ 16, § 24), al *étant* en los términos de Derrida, y que significa una problematización de las bases de *la cuestión* a partir del hecho que la relevancia de dicha transitividad traslada el significado del presente que se construye a partir de ahorar (§ 32), no ya en torno a una noción de *être/Sein* (ser/estar), sino de un *étant/Seienden* (ser-estando/estar-siendo). Es también aquello que indicamos como derrisión (§ 9).

Y esta transitividad de ser/estar por un "de camino", que constituye una constante de la especulación en los ámbitos periféricos, conduce a eso que el propio Heidegger indica como la "inquietud del no" ("Unruhe des Nicht") y que es, en definitiva, el asunto de lo finito en términos de lo viviente (§ 14, § 42), en términos de lo biosférico (§ 5, § 27, § 46), y que Heidegger indica como *Endlichkeit* ("finitud"). "No estamos en la periferia, pero tampoco en el centro", sostiene un académico de renombre. "No somos África pero tampoco Suiza", dice un político local. La inquietud del no es producto de la movilidad, del transitar, del espaciamiento. *También* por ello *la cuestión* —y sus supuestos historiográficos— aparece como ilegible localmente y expone la cientifización en su desvalor: "und daß alle Wissenschaft in bezug auf die Philosophie vielleicht nur ein Dienstmann ist" (Heidegger, 1983: 7). Transliterado sería: "y que en relación con la filosofía toda ciencia tal vez sea sólo un sirviente".

Heidegger dice: "*Philosophie geschieht je in einer Grundstimmung.* Philosophisches Begreifen gründet in einer Ergriffenheit und diese in einer Grundstimmung" (Heidegger, 1983: 10). Transliterado sería: "La filosofía [el filosofar, en cuanto escrituración, en cuanto mundanar, en cuanto espaciar] sucede en cada caso en un ánimo de temple (la *Stimmung*) fundamental [terráqueo, "de suelo"]. El concebir filosófico [el entender, el comprehender: "begreifen"] se fundamenta en un ser arrebatado, y este en un temple de ánimo fundamental". El pensamiento de los ámbitos periféricos se queda en este arrebatar, es "empotrado" en ello y de allí la dificultad con la historiografía filosófica que *la cuestión* supone. El arrebatar es desde los ámbitos periféricos una tara, un hándicap.

Agrega Heidegger: "[…] diese Begriffe und ihre begriffliche Strenge werden wir nie begriffen haben, wenn wir nicht zuvor *ergriffen* sind von dem, was sie begreifen sollen" (Heidegger, 1983: 9). Transliterado sería: "[…] estos conceptos [la escrituración, el espaciamiento] y su rigor conceptual [la historiografización] no los habremos comprendido [este comprendido supone el 'entendimiento' kantiano] jamás si previamente no somos *arrebatados* por aquello que ellos han de concebir [el puente hace al lugar]".

Y este *arrebatar* heideggeriano —"ergriffen" también puede entenderse como conmovido, impresionado, afectado— explica el alcance del colonialismo en cuanto formulación de *la cuestión* (§ 1, § 12). El mundanar mundana en su hacer, al igual que el espaciamiento lugariza en su hacer-parajes (§ 46). Y es así que, como hemos insistido a lo largo de este trabajo, la afirmación crítica del colonialismo supone el colonialismo, no como aun sostienen algunos analistas locales en términos de principios o de ideologismos, sino de manera concreta (entendido como *Greifbar* [a-la-mano], pero que supone una *Zeugzusammenhang*, un "utilaje", un "entramado de útiles/utensilios") y pragmática (entendido como *Zeughaftigkeit*: literalmente "utilidad", pero también equipamiento/equipamientalidad), a partir de mecanismos específicos (eso que indicamos como *Mechanisierung* [mecanización], entendida también como *Machenschaft* [maquinación]), a partir de la biosferización que comentamos resulta justamente del mundanar y de la lugarización (§ 46) y, como ya señalaba Heidegger, de manera no-causal —y ello sólo tiene remedio (*Sorge* [§ 34], *pharmacologie* [§ 44]) a partir de una reversión (*Verdrehung*) de aquello que hemos indicado como *la cuestión* (§ 21).

Y, asimismo, este concepto/conceptualizar (*begriffe*) también puede concebirse como "noción", como "idea", y en su asociación con la *stimmung* aporta "definición" o "definición conceptual" (*begriffsbestimmung*). De manera que la sintonía con los parajes conduce a la conceptualización, que es exactamente aquello que hemos querido decir al emplear la expresión "encasar" (*behausen*). El pensamiento en la periferia, no obstante la proletarización industrial, la reformulación del colonialismo y la financiarización de lo viviente, aún *consiste* (*die Beständigkeit*) en construir un saber-hacer en los términos precisamente de un "encasar".

Que la hominización del planeta consiste en la realización de una dimensión técnica de lo humano (§ 41) es aquello que, hoy lo sabemos, postularon autores como André Leroi-Gourhan o Gilbert Simondon a mediados del siglo XX y que en realidad amplían en la actualidad otros autores europeos como por ejemplo Bernard Stiegler. Que la exteriorización del hecho humano es siempre vehiculizada por la técnica es también, como ya vimos en los comentarios en torno a Derrida (§ 22, § 28, § 31), otra constatación de esta situación y que ha conducido en definitiva a una proletarización de los saberes y a una banalización de los principios especulativos que habían posibilitado la formación de lo humano a partir de una figura del saber. La financiarización de todos los mecanismos de vinculación y relación colectivos a escala planetaria es aquello que ha acelerado aún más la degradación de todo concepto o forma de saber-hacer (en tanto entendimiento personal, teórico o imaginario). Pero esta financiarización en los ámbitos periféricos se encuentra con la condición del colonialismo de un "fallo de origen" (la *défaillance*, *défaut d'origine*) y que se ha materializado casi en continuación a partir de la noción de deuda (*Schuld*), es decir, como condición inherente al pensamiento local, de lo local en su localización: el endeudamiento (*Verschuldet*) es aquello que ameniza la especulación y tal es la situación que también trata de afrontar la *Stimmung*. La *Stimmung* parte de esta situación entonces en donde se concibe el pensamiento como una necesidad de recuperación del saber-teorizar, saber-vivir y saber-hacer, a partir de un trabajo con los lugares y las cosas, con su localización. Pero asimismo con la inevitable condición de la presencia de las herramientas, de los instrumentos, de los aparatos. La *Stimmung* es una constatación de cómo la pérdida de saber-hacer se transforma y deviene en una sensación de pérdida de la existencia, de que la existencia entendida como saber no tiene consistencia (no consiste: *Beständigkeit*). Esta situación, como ya analizamos (Canaparo, 2019: capítulo 5), que autores europeos contemporáneos como Stiegler la vinculan a la industrialización tecnológica, en los ámbitos periféricos existe por razones coloniales y por ello la hemos asociado a la formación de los llamados "Estados nacionales", así como a las primeras manifestaciones del Antropoceno durante el siglo XIX: el colonialismo no constituye sólo una manera de localizar lo local (*Verstattet*), como estamos viendo, también en ello haciendo es una instrumentalización de la biosfera (eso que Heidegger indicaba como "localizar [*Stätte verstattet*] el cuadrante [*das Geviert*]"), el principio por el cual existe aquello que en la actualidad llamamos Antropoceno.

Cuando la cosa es ya lugar, cuando ha parajeado (localizado: *Stätte verstattet*), cuando se ha biosferizado, puede también significarse en cuanto concepto, es decir, en breve, contener en un concepto aquello que la palabra —y la escritura que emplea y vehiculiza— que significa el lugar dice. No es sólo el "puente", para emplear el ejemplo de Heidegger (§ 46), sino "ese puente", pero también "esa orilla", etc.: *ese algo* que se hizo lugar y que *sólo es legible* como tal. Cuando este conceptualizar existe sobrepasamos la acción de cosear y tenemos objeto local/localizado. El objeto es una cosa con historia (*Geschichtlichkeit*). El objeto es un "estado de la cosa" (en tanto *Sachverhalt*).

La realización de la *Stimmung* tiene entonces dos momentos, aparece (en el sentido de develamiento: *Unverhülltheit*), se encuentra (*Begegnenden*), se presenta (en tanto manifestabilidad: *die Offenbarkeit*, pero también como hacer-presente: *Gegenwärtigen*): aquel momento en que se espacializa un lugar por la vehiculización de cosas (§ 46) y aquel momento cuando una cosa es también (puede ser entendida/aprehendida como) objeto (*Objekt*, también entendido como "asunto" y como "proyecto"). Estos dos momentos son mecanismos de localización (§ 3, § 5, § 46). Con el primer mecanismo se hacen parajes (*Stätten*) (§ 46) y con el segundo mecanismo se mundana, se hace mundicidad (*Weltmässigkeit*) (§ 3, § 15, § 17, § 35). Acerca de la espacialización en términos de lugares ya nos hemos referido (§ 5, § 29, § 45). Acerca del mundanar igualmente pero conviene hacer una aclaración. Debemos distinguir lo que Heidegger llama la "mundaneidad" *(Weltlichkeit)* de la "mundicidad", es decir, *Weltmässigkeit,* que es, literalmente, lo que es conforme al mundo, es decir, lo determinado por un mundo. En cambio, *Weltlichkeit* es el carácter de mundo que tiene el mundo, es la esencia (*Wesen*) del mundo en sentido heideggeriano. No hay adjetivo o pronombre posesivo de la mundaneidad, es decir, no hay atribución de "su", "mío", etc. El mundanar sólo puede ser atributo de la "mundicidad", sólo este carácter múndico puede predicarse. Esta distinción es útil para saber diferenciar el mundanar que pertenece a *la cuestión* —y a su historiografía (§ 26) y la *grammatisation* del colonialismo (§ Canaparo, 2019: capítulo 1), que se halla asociado al carácter de mundo que tiene el mundo y que en la actualidad muchos confunden con "globalización". Y, por otra parte, la condición local, es decir lo que es determinado por un mundo y que sólo es legible a partir de lo que aquí venimos indicando como la cuestión de la cuestión.

La especulación bajo estas condiciones, en relación a estos dos mecanismos, es un ejercicio de hacer-ver (*faire voir*: Deleuze, *Abécédaire* [Paris: Éditions Montparnasse, 2004]) los tránsitos (tráfico, desplazamientos, accidentes: en el sentido de *Vergänglichkeit*) en ambos momentos. Es este "veedor" el pensador de los ámbitos periféricos y que explora, tanto como desea fabricar, no sólo conceptos, sino aquello que Deleuze (*Abécédaire*, Letra "I") llama "percepto" (*percept*), es decir, aquello que de un concepto o de un lugar *permanece*, aquello que sobrepasa a la época y a la experiencia de la fabricación, hacia otras gentes, cosas y lugares. Dice Deleuze: "le métier du philosophe c'est de faire des concepts, le métier de l'artiste c'est de faire des percepts" (*Abécédaire*, Letra "I").[2] En los ámbitos periféricos, como ya comentamos, no es escindible la creación de conceptos de la *poietica*: la eficacia conceptual va acompañada por aquello que significa "fuera de una época", una figuración de la ilegibilidad (*Einbildung, Einbildungskraft*).

El mundanar se dirige hacia lo ilegible, hacia lo aún no conocido e ininteligible, en busca de lugares, de parajes, mientras que la conceptualización avanza sobre las cosas, las amplía, las hace evolucionar, crea objetos. En los ámbitos periféricos no es escindible la capacidad para parajear, para mundanar y, al mismo tiempo, la necesidad de organizar lo ya mundanizado, el "estado de cosas/estado de la cosa" (*Sachverhalt*). Por ello se explica que la incapacidad para no referirse a la historiografía de *la cuestión* en términos especulativos conlleva al mismo tiempo una limitación en la posibilidad que lo no previsto pueda ser imaginado. Y lo mismo explica la preponderancia en los ámbitos periféricos al ilusionismo tecnológico y a la mitología de las ideologías y el progreso. El colonialismo es una consignación de lo humano (*angeweisen, Angewiesenheit*) que no puede ocultarse. En *Sein und Zeit* Heidegger sostenía que el *Dasein* se halla "consignado" a un mundo que no puede hacer a menos. No por casualidad este comentario en torno a la "consignación" sucede en el parágrafo 34 que está dedicado al lenguaje (*Dasein und Rede. Die Sprache*: "Da-sein y discurso. El lenguaje"). Heidegger plantea que el *Dasein* se halla irremediablemente referido a los elementos del mundo, a aquello que hace del mundo un mundo. De manera que

2 Traducción del autor: "… el oficio de filósofo es de hacer conceptos, el oficio de artista es de hacer perceptos".

definir el mundo y establecer una dependencia del *Dasein* acaban siendo la misma cosa y esta "dependencia" Heidegger le llama lenguaje (*Sprache*), entendido también como *Sprachegebeit*.

El significado de consignación en los ámbitos periféricos se refiere a ganado, a empeño de objetos y a un sistema de ventas o comercialización de bienes. La expresión "en consignación" en castellano remite de forma inmediata a estas transacciones. La "en consignación" entonces es una forma corriente en los ámbitos periféricos de expresión patrimonial —referida a objetos o animales o mecanismos de intercambio— y que hace referencia a una transitoriedad, no sólo de la referida posesión o propiedad, sino de las condiciones de los objetos y animales.

"[...] Estar-consignado ..." Heidegger lo expresa con los términos alemanes *angewiesen* y *Angewiesenheit* y que señalan que el *Dasein* queda referido irremediablemente a un "mundo", es decir, a elementos que-hacen la biosfera. Esta irremediable referencia implica también la idea de que el *Dasein* "necesita" de esos elementos, "que de alguna manera *depende* de ellos, significaciones estas que también resuenan en las correspondientes palabras alemanas" (Rivera, 1997: 431). Agrega Rivera: "La idea de la *Angewiesenheit* del *Dasein* al 'mundo' desempeña en *Ser y tiempo* un importante papel, especialmente en el parágrafo 34 en que se habla del discurso y del lenguaje. En virtud de la *Angewiesenheit* del *Dasein* al 'mundo', esto es, en virtud de la irremediable referencia del *Dasein* a los elementos del 'mundo' y a su necesidad de ellos [...] se convertirá, entonces, en *lenguaje*" (Rivera, 1997: 431). Este es el aspecto que en la actualidad se ha radicalizado, menos la constatación de la mediación del lenguaje, como la certeza que la hominización se realiza por medio de una exteriorización que funciona mediada por la tecnología (en tanto *Gestell*) (§ 41). Y también por ello hacemos referencia a un pos-*Dasein* (§ 34).

La existencialidad fundamental (el existencialismo: "Die fundamentalen Existenzialien") del ser del ahí ("die das Sein des Da"), es decir, la apertura del estar-en-el-mundo, son para Heidegger la disposición afectiva y el comprender ("sind Befind-lichkeit und Verstehen" [1967: 160]). Y el discurso (*Rede*) es aquello que hace posible la legibilidad al mismo tiempo que la comprensibilidad: "*Die Rede ist mit Befindlichkeit und Verstehen existenzial gleichursprünglich*. Verständlichkeit ist auch schon vor der zueignenden Auslegung immer schon gegliedert. Rede ist die Artikulation der Verständlichkeit. Sie liegt daher der Auslegung und Aussage schon zugrunde" (Heidegger, 1967: 161).[3]

El discurso es así la "articulación de comprensibilidad del Ahí" ("die Artikulation der Verständlichkeit des Da") en tanto se vuelve realizable a partir del hecho que tiene una vinculación indeleble con una manera particular de "mundanar" (en tanto un modo específico de ser mundano: "eine spezifisch *weltliche* Seinsart haben"). Y la "exteriorización del discurso es el lenguaje" ("Die Hinausgesprochenheit der Rede ist die Sprache"). "Hinausgesprochenheit" aquí significa "exteriorización" pero también hace referencia a un movimiento hacia afuera, a plasmar un exceso, un desbordamiento: el discurso requiere en todo momento del lenguaje (*Sprache*) para su gestión y administración logística. Esto es aquello que con anterioridad indicamos como *grammatisation* (§ 1–6). Y si la articulación del discurso es indispensable y el discurso significa (*Bedeutung*) porque hay lengua ("Die Rede ist existenzial Sprache ..."), ello explica por qué la *Gestell* (§ 41), en tanto forma técnica de exteriorización, constituye lo esencializante del mundo (*die Welt des Seienden*). Si la exteriorización del discurso es el lenguaje, la *Gestell* es lo-que-hace-a la biosfera (encuadramiento, *das Geviert*). La consignación es una forma de hacer-mundo en el mundo de los ámbitos periféricos. "die »Welt« angewiesenen In-der-Welt-seins hat" (1967: 163), dice Heidegger. El "mundo" de estar-en-el-mundo es la consignación. Y en los ámbitos periféricos esta consignación, este estar-en-consignación (*Angewiesenheit*) es también límite de lo especulable: siendo el mismo uno de los aspectos más retrógrados del colonialismo.

"[...] la question 'qu'est-ce que ...?' " [la cuestión/problemática de, ¿qué es?/¿qué es esto?], sostiene Derrida, es "le droit à la philosophie", es decir, allí donde la filosofía es ella misma y donde se halla su privilegio (1990b: 19). La cuestión es en resumidas cuentas este asunto especulativo por el cual, en no importa qué dominio o ámbito, ante una pregunta de

3 Traducción de Rivera: "*El discurso es existencialmente cooriginario con la disposición afectiva y el comprender.* La comprensibilidad ya está siempre articulada, incluso antes de la interpretación apropiadora. El discurso es la articulación de la comprensibilidad. Por eso, el discurso se encuentra ya a la base de la interpretación y del enunciado" (1997: 163).

justificación o de definición, surge la función ultima de lo filosófico. Tal hipótesis es enteramente coherente con *la cuestión* tal como hasta aquí la hemos definido. El intento de ejercicio de la "filosofía" en los ámbitos periféricos implica la institucionalización de este mecanismo por el cual toda pregunta sobre sí-misma se asocia al ejercicio del ser/estar en cuanto cópula y a la manera en cómo el presente es establecido. En esto realizando, la institucionalización pasa por una referencialidad historiográfica (§ 26) y que precisamente es aquello que la *cuestión periférica* trata de revertir (*Verdrehung*). Abandonar esta referencialidad es abandonar la institucionalización filosófica, eso que el propio Derrida llama "présupposition institutionnelle" [presuposición institucional] (Derrida, 1990b: 16). La *Grundstimmung* constituye un excavación de estos presupuestos, una búsqueda de piso, de suelo. Y si, por una parte, como sugiere el propio Derrida (1990b: 25–27), *la cuestión* de la filosofía, de la pregunta filosófica, conduce, sea al asunto de la esencia sea al asunto de la funcionalidad, por otra parte, en los ámbitos periféricos, la especulación, que supone la cuestión de la cuestión, trata de hacer inteligible "une certaine *expérience* de la question 'qu'est-ce que la philosophie' " [una cierta *experiencia* de la cuestión/problemática de 'qué es la filosofía'] (Derrida, 1990b: 26–27). Al punto que es más plausible hablar de pensamiento como extremo del funcionalismo: "on peut enfin [...] accorder la pensée, la pratique, l'expérience d'un 'droit à la philosophie" sans recours présuppositionnel ni à une essence donnée de la philosophie (réponse à la question 'qu'est-ce que la philosophie?') ni même à la possibilité prétendument originaire de la question 'qu'est-ce que la philosophie?' " (Derrida, 1990b: 28).[4]

Es esta la tercera forma en que Derrida concibe la organización del "espace philosophique", que no considera ni la esencia, ni *la cuestión* o sus derivaciones, sino un algo que se encuentra antes (*avant*), una afirmación que toda esta problemática supone: "La pensée de ce oui *avant* la philosophie" es un compromiso (*engangée*) "sous la forme de devoir ou de la

4 Traducción del autor: "... podemos en fin [...] acordar el pensamiento, la práctica, la experiencia de un 'derecho a la filosofía' sin recurso presuposicional ni a una esencia dada de la filosofía (respuesta a la cuestión/problemática '¿qué es la filosofía?') ni a la posibilidad pretendidamente originaria de la cuestión '¿qué es la filosofía?' ".

dette" (Derrida, 1990b: 28).[5] La reversión (*Verdrehung*) aquí propuesta, a la historiografía filosófica que supone *la cuestión,* transcurre por la búsqueda de un suelo que da lugar, que hace inteligible, un principio de experiencia que vuelve inteligible este "antes". Aquello que la reversión pretende no es sólo reformular *la cuestión,* sino prevenir las derivas que como mecanismo especulativo *la cuestión* posibilita, es decir, los argumentos que, reunidos a título de la filosofía o lo filosófico, asumen sin discurrir la dicha historiografía filosófica europea de *la cuestión* (26). La expresión "es filosófico" en castellano resume este asunto en su forma más banal: es la creación de "un communauté soi-disant philosophique" [una comunidad dicha filosófica] y que aspira a la formación de un valor de saber (Derrida, 1990b: 33). Las formas que más legitimidad han obtenido a nivel local en términos especulativos provienen de este "comunitarismo". Y han sido sin duda las más sutiles y confusamente coloniales. Situación que desmiente un credo local y que la *Grundstimmung* también trata de exponer: "L'implicite ne se replie pas toujours dans la forme thétique, hypothétique ou pre-thétique, de la présupposition" (Derrida, 1990b: 34).[6] En los ámbitos periféricos, a diferencia de lo que sucede por ejemplo en Europa (Derrida, 1990b: 34), no hay un título, una titulación filosófica, para una institución. Por ello también la *Grundstimmung* es relevante: el piso, el suelo, debe dar lugar a mecanismos e ὑπομνήματα (*hypomnemata*) que obtengan una prolongación, una continuidad.

La creencia en *la cuestión* —sus supuestos, sus mecanismos— induce al convencimiento que la obtención de "un piso", de "un suelo" local consiste en un remontar antropológico, etnográfico y geográfico, en un remontar una evolución que en sus orígenes poseería las explicaciones del presente o, cuanto menos, contribuiría a la construcción de un presente legitimado por su condición folklórica de localidad que ofrecería dicho remontarse. La gran mayoría de las proposiciones, perspectivas y teorías, de/acerca de los ámbitos periféricos durante el siglo XX se hallan encuadradas en este dominio derivado de *la cuestión* en términos especulativos. Y precisamente

5 Traducción del autor: "El pensamiento de ese *sí* antes de la filosofía [es un compromiso] bajo la forma de deber o de la deuda".

6 Traducción del autor: "Lo implícito no siempre se repite en la forma tética, hipotética o pre-tética, de la presuposición …"

contra estas asunciones y sus derivaciones presentes es que la *Grundstimmung* se establece.

Y si el Antropoceno se ha formulado de manera tan eficaz en los ámbitos periféricos es también porque el Antropoceno pone en tela de juicio todos los elementos en torno a los cuales la noción de propiedad —una concepción "de suelo", "de piso"— ha sido establecida, así, como la concepción de individuo que le acompaña (M. Foessel, *La privation de l'intime* [Paris: Seuil, 2008: 108–109]). La búsqueda de piso, de suelo, de la *Grundstimmung* coincide con esta pérdida del sentido de propiedad, de lo propietario que domina cualquier formulación de lo político en los ámbitos periféricos —algo que autores europeos, como por ejemplo M. Foucault, han incluso constatado para las propias economías centrales (M. Foucault, *Naissance de la biopolitique* [Paris: Seuil/Gallimard, 2004]). De manera que la cuestión de la cuestión en términos especulativos es en los ámbitos periféricos inseparable del Antropoceno y su entropía (C. Canaparo, 2019: capítulo 1).

Si el objeto de la filosofía es en gran medida la determinación de lo filosófico a partir del itinerario de la filosofía *per se* (en tanto *Einzusetsen*), tal como sugiere Derrida (1990b: 37–38), es sin duda porque en términos europeos es difícil escindir *la cuestión* de la funcionalidad de lo filosófico como tal. Y justamente este no es el caso en los ámbitos periféricos o, dicho con más precisión, esto explica por qué la filosofía en términos tradicionales europeos es de difícil justificación y eficacia (consistencia: *die Beständigkeit*) en los ámbitos periféricos.

Asumir en términos especulativos la separación entre "un derecho originario (Natural, universal) de un derecho adquirido (positivo , institucional)" (Derrida, 1990b: 49) —que supone la creencia de poder separar, en una lengua, su origen y la técnica— es algo completamente ilegible para los ámbitos periféricos de la actualidad y que, no obstante, se rigieron en términos coloniales, durante al menos tres siglos, por diferentes versiones de una *Naturphilosophie* que recogía, precisamente, esta distinción y cuya formulación excelsa es el naturalismo filosófico decimonónico a partir del cual se fundaron los llamados "Estados nacionales".

En la actualidad, por el contrario, la ausencia de toda legitimidad natural (naturalista, *Natürlichkeit*) exhibe los mecanismos colonialistas en términos especulativos de manera más clara y es así que las propias evaluaciones europeas en torno a la institucionalización de lo filosófico que, por reversión, aporta elementos de referencia. Es así que, desde este punto de vista, podemos asimilar de manera menos confusa la perspectiva de Derrida y, en definitiva, la de Stiegler en torno al hecho que la lengua es una herramienta, un fenómeno técnico en-sí. Toda acepción de lo especulativo debe tener esta situación como referencia ineludible. "El piso", "el suelo", no es una búsqueda naturalista, sino un artificio: cualquier relación a una construcción del pasado, a la memoria, a los ὑπομνήματα, pasa por esta constatación y de allí la radicalidad que presenta en relación a lo instituido en términos filosóficos. La relación entre lo especulativo (*Denken*, pero también *Verstehen*), lo historizable (*die Vergeschichtlichung*) y lo jurídico (*das Recht, Rechtlichkeit*) debe así ser enteramente repensada.

Derrida a su manera europea lo explica: "La question grave et massive n'est pas seulement celle de l'eurocentrisme, de l'helléno-ou du germano-centrisme de la langue philosophique. A l'intérieur de chaque langue, européenne ou non, ce qu'on appelle la philosophie doit se lier régulièrement, et différemment selon les époques, les lieux, les écoles, les milieux sociaux et socio-institutionnels, à des procédures discursives distinctes et souvent difficiles à traduire entre elles." (1990b: 52–53)[7]

Como ya indicamos la transliteración denota no sólo un asunto de traducción, sino al mismo tiempo especulativo: es aquello que Derrida sostiene. Sin embargo, Derrida no logra ver aquí que, en los ámbitos periféricos, concebir la noción de "filosofía" al interior de una lengua es ya un *standing* europeo. De manera que aquello que interesa en todo caso es lo especulativo, el pensamiento, en relación, por ejemplo, al castellano. Es decir, la dimensión del pensamiento local que para ser tal no debe recurrir de forma legitimante a la historiografía de lo filosófico europeo —lo cual obviamente no significa que no recurra a referencias europeas u otras,

7 Traducción del autor: "La cuestión grave y masiva no es solamente aquello del eurocentrismo, del heleno o germano-centrismo de la lengua filosófica. Al interior de cada lengua, europea o no, eso que llamamos la filosofía debe vincularse regularmente, y diferentemente según las épocas, los lugares, las escuelas, los medios sociales y socioinstitucionales, a procedimientos discursivos distintos y a menudo difíciles de traducir entre ellos".

pero lo hace no por razones de legitimidad, sino de argumentación. Esta es la reversión, es decir, la asunción que no hay posibilidad de escindir la historiografía de un cierto valor simbólico o capital simbólico, pero que, justamente en extremando esta condición, torcerla, hacia otros propósitos desnudando, exhibiendo, sus mecanismos de base. La hipótesis no es revolucionar la circulación global de los conceptos y las ideas, sino de pensar a ellos y a sus mecanismos de otra manera.

La relación estrecha entre enseñanza e institucionalización de lo filosófico *per se* es parte de la *grammatisation* de lo colonial, tal como diversos trabajos de autores europeos lo han demostrado, de J. Rancière (*Le Maître ignorant : Cinq leçons sur l'émancipation intellectuelle*, [Paris: Fayard 1987] al propio Derrida (*Du droit à la philosophie* [Paris: Galilée, 1990]), aunque por razones diversas a las aquí expuestas. Ello significa que lo especulativo, en su necesidad de reformular lo filosófico basado sobre *la cuestión*, debe elaborar su "suelo" o "piso" también a partir de un tratamiento de la enseñanza. Y es por ello que en diversas ocasiones hemos indicado el acierto de autores periféricos como Paulo Freire que han asociado especulación con pedagogía. De lo que se trata no es de disociar el vínculo entre enseñanza e institucionalización de lo filosófico, sino de reformularlo en términos locales, a partir de un localización de lo periférico y a ello también debe abocarse la *cuestión periférica*.

En un comentario a *Die Metaphysik der Sitten* ("La metafísica de las costumbres", 1797) de Kant, Derrida sostiene que la noción de "derecho" (*droit, Jus, das Recht*) en el escrito del filósofo alemán es como una "scénographie socio-pédagogique" (Derrida, 1990b: 76), de manera que considera que la referencia a Kant es un pasaje (un "parajear" diríamos) obligado de la especulación: "Parce que le discours que certaines sciences sociales rapportent aux institutions pédagogiques, notamment à l'enseignement de la philosophie, accorde lui-même une prédominance paradoxale à l'héritage kantien. Cela selon des modes divers et notamment, parmi les travaux les plus marquants et les plus remarquables, par le rôle accordé aux problématiques de l'objectivation (et de l'objectivation de l'objectivation) ou de la légitimation, voire de la licitation. A travers des relais nombreux et compliqués, celui de Weber notamment, ces problématiques s'*expliquent* indéniablement *avec* un héritage kantien, qu'elles l'assument ou non, et assumer ne veut pas dire ici accepter ou adhérer. Je pense naturellement aux analyses de Pierre Bourdieu et à celles qu'elles on pu rendre possibles" (Derrida, 1990b: 72–73).[8]

Y esta preocupación por el "derecho" a lo filosófico, a la filosofía, en su colonialismo tiene una doble función. Por una parte, de manera básica, reenvía toda forma de reflexión o pensamiento a un *cogito* cartesiano, sea por afirmación o por oposición. Es decir, sitúa a *la cuestión* y a su historiografía en el derecho a (como capacidad, como autorización) especular (§ 5, § 11). Por otra parte, en segundo lugar, y de manera más específica, esta preocupación por el "derecho" a lo filosófico, a la filosofía y a su institucionalización e instituciones, remite a una concepción en donde lo especulativo no puede ser escindido de la enseñanza de lo especulativo como tal y, por ende, en donde toda expresión conceptual es también una realización de dicho enseñamiento. Es a esta situación y mecanismo, que ocupa la primera parte de la *Die Metaphysik der Sitten* (la primera parte se titula: *Metaphysische Anfangsgründe der Rechtslehre* ["Fundaciones metafísicas de la doctrina del derecho"]), que Kant identifica como la *Rechtslehre* (y que también puede en la actualidad considerarse como *Rechtelichkeit* y *Rechtslage*) y que podríamos transliterar como "jurisprudencia" en el sentido que Deleuze, ya vimos, daba al término (§ 4). La relación entre especulación y enseñanza llama a la legitimidad en sentido jurídico (como *Rechtlichkeit*, también en tanto *Rechtfertigun*), algo que Derrida indica como "pédagogie philosophique (comme pédagogie philosophique des principes)" (Derrida, 1990b: 76). Y este sentido de "derecho" trata de unir el significado clásico ("le droit", *jus, Right, das Recht*) con la misma palabra como adverbio o

8 Traducción del autor: "Porque el discurso que ciertas ciencias sociales reportan/ofrecen/informan a las instituciones pedagógicas, sobre todo a la enseñanza de la filosofía, se otorga a sí mismo un predominio paradojal a la herencia kantiana. Ello según los modos diversos y sobre todo, entre los trabajos los más destacados y sobresalientes, por el rol acordado a las problemáticas de objetivación (y de la objetivación de la objetivación) o de la legitimación, incluso de la licitación. A través de relevos/etapas numerosas y complicadas, la de Weber sobre todo, estas problemáticas se *explican* innegablemente *con* una herencia kantiana, que ellas lo asumen o no, y asumir no quiere decir aquí aceptar o adherir. Pienso naturalmente a los análisis de Pierre Bourdieu y a aquellos que ellas han podido hacer posibles".

adjetivo (recto, rígido, directo, rectilíneo). La analogía entre estos dos sentidos, como señala Derrida aparece ya en Kant (Introducción: "Einleitung. In die Rechtslehre", § E) y apunta a justificar la analogía por la cual el derecho (*Das Recht, rectum*) es/está opuesto (*entgegengesetzt*) como aquello que es/está derecho (*gerade*: recto, rectilíneo) a aquello que está, de una parte, curvo (*krumm*) en sentido espacial o físico y, de otra parte, a aquello que es oblicuo (*schief*). La especulación en los ámbitos periféricos justamente presenta una discontinuidad en esta analogía kantiana, la cual es de notar se halla presente, como el mismo Derrida lo explica, en la historiografía europea en general.

En los ámbitos periféricos la relación entre especulación y enseñanza pasa por lo curvo y lo oblicuo y los principios de/del "derecho", en tanto forma de enseñanza de lo especulativo (en tanto verdad, valor, justicia, *real politik*, ideología, realidad), presentan una forma y una jurisprudencia del todo diferentes o, dicho con más precisión, la jurisprudencia no legitima, sino que consiste (*die Beständigkeit*). Lo torcido o desviante de lo curvo (*krumm*) en sentido psicológico o moral, que está implícito en Kant, así como lo falso, erróneo, mal venido o impropio de lo oblicuo (*schief*), tiene en los ámbitos periféricos una relación directa con el *defaut d'origine* [fallo de origen, error de origen, defecto de origen] que caracteriza a dicho ámbito. En este sentido no hay ni puede haber "fundación" de lo local originaria, no puede haber una localización del origen de lo local, sino como forma de adscripción a la historiografía colonial, es decir, a *la cuestión*. Por ello es relevante la comprehensión detallada de aquello que significa elaborar un "suelo", un "piso": la *Grudstimmung* no crea *ab initio* sino que, en la consistencia, *se funde* (*grundet sich*) con una forma de cosificación, de lugarización, de parajear. Por lo mismo el asunto del "derecho" de/a lo especulativo ameniza otra dimensión fundamental a la comprehensión del colonialismo y sus derivaciones en los ámbitos periféricos: la justificación conceptual no se halla en el concepto mismo, sino en su ecología, en su situación "de suelo", "de piso". La fundación del "derecho" no es algo que pertenezca al ámbito jurídico mismo ni al de valor moral alguno, tampoco, como sugería Kant y destaca Derrida, al "ser/estar derecho del derecho" ni a su derecho (moral, jurídico) de ser/estar *en* derecho como tal. La especulación no puede asentarse en los ámbitos periféricos en torno a conceptos que se significan de esta forma. Por otra parte, el "gesto heideggeriano" que también indica Derrida sostiene que la "juricidad del derecho o la esencia del derecho no tiene nada de jurídico" (Derrida, 1990b: 78): tal es el punto de partida que debería ser torcido, girado, extremado (*Verdrehung*). Lo especulativo se funde (el piso, el suelo: *grundet sich*) en la elaboración de una consistencia (*die Bestänigkeit*). No hay mecanismo último de lo especulativo, sino un constante renovarse de la consistencia.

"Derecho" (*das Recht*), en los propios términos de Kant, se vincula a la matematicidad de lo "derecho", no sólo a lo recto/rectilíneo, a lo torcido u oblicuo, sino a la naturaleza de lo recto, a eso que pertenece a una matematicidad, a aquello que lo matemático expresa aunque no necesariamente cifra. Este es el "gesto heideggeriano" al que se refiere Derrida (1990b: 78). Pero no es en esta matematicidad en donde la significación del/de lo "derecho" se fundamenta. La cualidad de lo derecho (jurídico, geométrico, figurativo), su consistencia (*die Beständigkeit*), no se realiza en los ámbitos periféricos por mecanismos vinculantes y causales como *remontar conceptos* (en tanto *die Richtungsnahme*).

Lo derecho no es sólo lo "correcto", sino también lo más "directo", lo más "simple" y "transparente": la buena dirección, el buen sentido, el lado acertado. Por ello lo derecho en este sentido se condice también con su juridicidad como legitimación última: lo correcto intelectual tiene un *derecho natural*, un lugar en el ordenamiento jurídico y, por ello, su formulación institucional funciona de manera patrimonial, como un capital: "Pour beaucoup d'entre "nous" ("nous": la majorité de mes lecteurs supposés et moi-même), l'autorité du discours kantien a inscrit ses vertus de légitimation à une profondeur telle de notre formation, de notre culture, de notre constitution philosophiques que nous avons du mal à opérer la variation imaginaire qui permettrait d'en 'figurer' une autre. Mieux, le 'rapport á Kant' marque l'idée même de formation, de culture, de constitution, et surtout de 'légitimation', la question de droit, à savoir l'élément dans lesquels nous voyons s'annoncer la situation que je décris en ce moment" (Derrida, 1990b: 81–82).[9]

9 Traducción del autor: "Para muchos de 'nosotros' ('nosotros": la mayoría de mis lectores supuestos y yo mismo), la autoridad del discurso kantiano ha inscripto sus virtudes de legitimación a una profundidad tal que de nuestra formación, de nuestra

Esta afirmación que Derrida remite a la historiografía filosófica es un mecanismo que, en el ámbito colonial de la periferia, puede generalizarse al conocimiento y a la especulación como tales respecto de lo europeo en sentido historiográfico. "Kant" sería "Europa" o, para decirlo como Derrida, "la relación a Europa" es aquello que nos permite *figurar* toda noción de especulación, por ello todo rechazo no es sino una exacerbación de los mecanismos coloniales. En términos especulativos, "Europa" es una herencia *a la* manera kantiana: "L'héritage kantien n'est pas seulement l'héritage kantien, une chose identique à elle-même, il excède, comme tout héritage, pour procurer (ou y prétendre) l'analyse de cet héritage et mieux, des instruments d'analyse pour tout héritage. Il faut tenir compte de cette structure 'supplémentaire'. Un héritage nous lègue toujours subrepticement de quoi l'interpréter. Il se surimpose *a priori* à l'interprétation que nous en produisons, c'est-à-dire toujours, dans une certaine mesure, et jusqu'à une ligne difficile à arrêter, en répétons" (Derrida, 1990b: 82).[10]

Esta herencia es patrimonio y, por ello, también *deuda*, fallo de origen, pérdida. Por eso se entiende que autores europeos (Michel Aglietta *et al.*, *La Monnaie: Entre dettes et souveraineté* [Paris: Odile Jacob, 2016]), que conjeturan una relación directa entre moneda y deuda, sienten las bases para un entendimiento de cómo y por qué las formaciones patrimoniales son entendidas en los ámbitos periféricos en la actualidad a partir de sus mecanismos jurídicos, a partir del "derecho". Lo cual a su vez conduce a una comprehensión de la discontinuidad entre condiciones de legitimidad de lo especulativo en términos de *la cuestión* y consistencia del entendimiento

---

cultura, de nuestra constitución filosófica, que tenemos mal a operar la variación imaginaria que permitiría 'figurar' otra. Mejor aún, la 'relación a Kant' marca la idea misma de formación, de cultura, de constitución, et sobre todo de 'legitimación', la cuestión del derecho, a saber, los elementos en los cuales vemos anunciarse la situación que he descripto en este momento".

10 Traducción del autor: "La herencia kantiana no es solamente la herencia kantiana, una cosa idéntica a sí misma, ella excede, como toda herencia, por procurar (o pretender) el análisis de esta herencia y, mejor, los instrumentos de análisis para toda herencia. Hay que tener en cuenta de esta estructura 'suplementaria'. Una herencia nos lega siempre subrepticiamente de qué interpretar. Él se impone *a priori* a la interpretación que nosotros producimos, es decir, siempre, en una cierta medida, y hasta una línea difícil de establecer, repitiéndonos".

especulativo. Es en este sentido que cualquier noción de "Razón" en términos kantianos es ilegible en la periferia.

El gran descubrimiento kantiano para garantizar la dimensión historiográfica y conceptual de este "derecho" a la especulación fue la creación justamente de una judicatura: "Autonomie absolue du tribunal de la raison, à savoir d'une institution rationnelle qui n'est, en droit et pour ce qui est de dire le vrai du droit, dépendante que d'elle-même" (Derrida, 1990b: 93).[11] Será este escenario y geografía de toda construcción concerniente a *la cuestión* y ello, sin duda, explica la imbatible dimensión institucional del kantismo en los ámbitos periféricos desde mediados del siglo XIX hasta el presente: "Il y a le tribunal de la raison – et ce serait la Critique elle-même. Et puis il y a le discours sur le tribunal de la raison, et ce serait la *Critique*, l'oeuvre qui porte ce titre, signée d'un certain Kant dont la *Critique de la raison* pure présente la critique de la raison pure" (Derrida, 1990b: 93).[12]

Esto es aquello que en los ámbitos periféricos se conocerá como "idealismo" y que en definitiva oculta una judicatura, un mecanismo de reflexión que se asienta en última instancia en un procedimiento en sentido estricto, es decir, en un proceso: "La présentation est-elle adéquate à ce qu'elle est censée présenter? Cette question elle-même, Kant l'inscrit dans un espace judiciaire. La lecture philosophique est un *procès*" (Derrida, 1990b: 93).[13] La estrecha relación entre autoritarismo e idealismo filosófico en los ámbitos periféricos, contrariamente a lo que aún piensan la mayoría de los analistas locales, tiene menos que ver con detalles biográficos o ideológicos que con estos mecanismos de garantía judicial del pensamiento. Es así que *la cuestión*, por medio de la historiografía y la colonización se transforma

11 Traducción del autor: "Autonomía absoluta del tribunal de la razón, a saber de una institución racional que no es, en derecho y por eso que el derecho dice de verdad, dependiente que de ella-misma".

12 Traducción del autor: "Hay el tribunal de la razón —y será la Crítica ella misma. Y luego hay el discurso sobre le tribunal de la razón, y ese sería la *Crítica*, la obra que lleva el título, firmada por un cierto Kant y de donde la *Crítica de la razón pura* presenta la crítica de la razón pura".

13 Traducción del autor: "¿La presentación es adecuada respecto de ello que debe ser presentado? Esta misma cuestión Kant la inscribe en un espacio judicial. La lectura filosófica es un *proceso*".

en el *quid juris* kantiano: "l'autorité de la question *quid juris* à travers des formes de discours, d'écriture, d'exposition, de normes d'évaluation et de légitimation, des modèles d'argumentation philosophiques [...] jusqu'à ses formes théoricistes et scientistes le plus récentes ..." (Derrida, 1990b: 96).[14]

"La relación a Europa" ("la rélation à Kant", "la machinerie") es menos relevante por aquello que afirma que por aquello que hace posible y legible: son las fronteras y límites de lo entendible y legible en donde se definen las condiciones de lo colonial en la actualidad. A esta situación con anterioridad hemos indicado como *segundo grado colonial* (Canaparo, 2009, 2011 y 2019). En otras palabras: "Qu'on suive ou qu'on s'en écarte; Kant es la norme" [Que la sigamos o que no separemos; Kant es la norma] (Derrida, 1990b: 83). La paradoja que aquí se presenta es que toda capitalización especulativa es la afirmación del colonialismo, de sus mecanismos y ello nos conduce al centro de gravedad de la problemática epistémica: "Il *faudrait* donc (impératif qui me parait ici dicté alors que je le dicte) interroger et déplacer cette norme, si possible et si c'est pensable, si la pensée l'exige. Mais pour interroger les lois et les déterminismes qui on mis en place un tel privilège, el faut encore lire Kant, se tourner vers luis, thématiser le phénomène de son autorité, et donc le sur-canoniser. Cet effet paradoxal de capitalisation est-il évitable: Si on se contentait de 'tourner la page', de contourner Kant, de ne plus le nommer, de faire comme s'il n'était pas là, lui-même, c'est-à-dire son héritage, on risquerait de le reproduire encore plus efficacement, naïvement, clandestinement" (Derrida, 1990b: 83).[15]

14 Traducción del autor: "... la autoridad de la cuestión *quid juris* a través de formas del discurso, de escritura, de exposición, de normas de evaluación y de legitimación, de modelos de argumentación filosóficos [...] hasta sus formas teoricistas y cientistas las más recientes..."

15 Traducción del autor: "Habría entonces que (imperativo que me parece aquí dictado pero que yo lo dicto) interrogar y desplazar esta norma, si es posible y si es pensable, si el pensamiento lo exige. Pero para interrogar las leyes y los determinismos que han puesto en su lugar un tal privilegio, hay que todavía leer Kant, volverse sobre él, tematizar el fenómeno de su autoridad, y por tanto sobre-canonizarlo. Este efecto paradojal de capitalización es evitable: si nos contentáramos de 'pasar la página', de contornar Kant, de no nombrarlo más, de hacer como si no estuviera más, él mismo, es decir, su herencia, nos arriesgaríamos a reproducirlo todavía más eficazmente, ingenuamente, clandestinamente".

Existe una relación directa entre construcción de un "suelo", creación de un "piso", y necesidad de una capitalización en términos de moneda, es decir, reconocimiento de una "deuda de origen". La *Grundstimmung* trata de afrontar esta situación y de ofrecer una reformulación local. Sin embargo, ello no significa abandonar la cuestión y sus implicancias sino transliterarla: "Pour élaborer ce type de question, il faut sans doute lire Kant autrement, mais il ne faut pas cesser de le lire" (Derrida, 1997b: 84).[16] Que el "derecho" no pueda ser definido conceptualmente por su juridicidad es equivalente a que la moneda, en tanto expresión de deuda, no pueda ser explicada o significada conceptualmente por valores numéricos, sino por una *confianza* (en tanto aquiescencia, en tanto *Vertrauen* y que puede ser entendido como "confianza", pero asimismo como "confidencia" [*Vertarulichkeit*]): por la aceptación y convicción que existe una dimensión local en donde estamos/somos localizados. Y esta aquiescencia sólo existe si hay una *Grundstimmung*, un capital propio aunque heredado y debido, sólo de esa manera en los ámbitos periféricos se puede obtener una igualdad especulativa, no de principio, la cual en realidad no existe, sino de consistencia (*die Beständigkeit*): "Si on a le *droit d'exiger* l'acquittement d'une dette, ce n'est pas dans la mesure où on peut persuader la raison de débiteur mais où on peut le contraindre et cela de façon compatible avec la liberté de chacun 'suivant une loi extérieure universelle' : 'le droit et la faculté de contraindre sont une seule et même chose' " (Derrida, 1990b: 79).[17]

En un espacio "de-razonado" como el de los ámbitos periféricos, esta apelación de universalismo de Kant, que indica Derrida, en realidad refuerza la relevancia que la consistencia primera (el parajear, un lugarizar: *Stätte, verstattet*) tiene en toda concepción especulativa. Y por ello los presupuestos que da por entendidos son determinantes, no sólo como justificación de un colonialismo específico, sino incluso en la manera misma en dicho

16 Traducción del autor: "Para elaborar este tipo de cuestión, hay sin duda que leer a Kant de otra manera, pero no hay que cesar de leer".

17 Traducción del autor: "Si tenemos el derecho de exigir la absolución de una deuda, ello no es en la medida donde podemos persuadir a la razón de debitar, sino donde la podemos compelir y ello de manera compatible con libertad de cada uno 'siguiendo una ley exterior universal': el derecho y la facultad de compelir son una sola y la misma cosa' ".

colonialismo es conceptualizado: "le modèle kantien exerce son autorité sur tous les dispositifs d'enseignement philosophiques (c'est-à-dire européens) à travers les relais les plus divers (hegeliano-marxistes ou husserliano-heideggeriens)" (Derrida, 1990b: 84).[18]

De modo más genérico, esta constatación explica el desarraigo y degradación a que ha conducido la creencia local contraria, es decir, la suposición que pretende aislar el "derecho" de todo concepto a algo ajeno a sí mismo y posibilitar así una autonomía de lo especulativo que funcionaría a partir de la autonomía de este concepto o grupo de conceptos. En otras palabras: reconocer la "herencia" pero creer que es posible manipular su significado sin reconocimiento de "deuda" alguna (*verschuldung*). Sin embargo, en los ámbitos periféricos, el patrimoniar (*Vermögen*, pero también como "puesta en disponibilidad": *die Verfügbarkeit*) se asienta sobre la consignación (*angeweisen*, *Angewiesenheit*).

La manera en que el enseñamiento (de la filosofía, de "lo filosófico" de cada disciplina) contiene en sí la reproducción conceptual de lo inteligible, garantiza la perennidad de *la cuestión* y el paradigma que supone y que indicamos como *grammatisation* no sólo por su rol contenedor, sino también *generador* de lo especulativo. La "relation à Kant" que menciona Derrida, y que hemos transliterado como "la relación Europa", da lugar a una maquinaria reproductiva ("un machinerie discursive", "cette machinerie") que garantiza su longevidad y eficacia de "composiciones" y "mezclas" que dan lugar a una canonicidad y dotan al mismo "d'une plus-value de puisssance, d'autorité et de longévité" [de una plusvalía de potencia/poder, de autoridad y de longevidad] (Derrida, 1990b: 88). La *cuestión periférica* debe dar cuenta de esta situación y de la necesidad de romper con esta continuidad. Por ello el proyecto derridiano tiene una validez de principio para los ámbitos periféricos: "La déconstruction est une pratique institutionnelle pour laquelle le concept d'institution reste un problème, mais comme elle n'est pas davantage une "critique", pour la raison que nous sommes en train d'exposer, elle ne détruit pas plus qu'elle ne discrédite la critique ou

18 Traducción del autor: "... el modelo kantiano ejerce su autoridad sobre todos los dispositivos de enseñanza filosóficos (es decir europeos) a través de los relevos/moras más diversos (hegeliano-marxistas o husserliano-heideggerianos)".

les institutions; son geste transformateur est autre, autre sa responsabilité ..." (Derrida, 1990b: 88).[19]

La *Grundstimmung* es precisamente la búsqueda de esta "afinación" de lo responsable (en términos de "herencia patrimonial") y de lo crítico (en términos de *Verstehen*). Las tres formulaciones de la *Grundstimmung* se abocan en principio a esta tarea: es el "filosofear" (*des Philosophierens*) que en los ámbitos periféricos podemos entender como pensamiento (*pensée, Denken*) e implícitamente como un cuestionamiento (*Fragestellung*) a *la cuestión*, como una reversión europea (europäischer *Verdrehung*).

19 Traducción del autor: "La deconstrucción es una práctica institucional por la cual el concepto de institución resta un problema, pero como ella no es una 'crítica', por la razón que nosotros estamos en tren de exponer, ella no se destruye puesto que no desacredita la crítica o las instituciones, su gesto transformador es otro, otra su responsabilidad..."

Referencias

Auroux, Sylvain. *La révolution technologique de la grammatisation. Introduction à l'histoire des sciences du langage*, Liège: Editions Pierre Mardaga,1994.

Barthélémy, Jean-Hugues. "Deux points d'actualité de Simondon", *Revue philosophique de la France et de l'étranger* 2006/3 (Tome 131), p. 299–310.

Canaparo, C. *Ciencia y escritura*, Buenos Aires: Zibaldone, 2003.

——. *Geo-epistemology. Latin America and the Location of Knowledge*, Bern: Peter Lang, 2009.

——. *El imaginario Patagonia. Ensayo acerca de la evolución conceptual del espacio*, Bern: Peter Lang, 2011.

——. "La idea de revolución en la periferia", en SÉMATA, 2016, vol. 28: 29–55.

——. *El pensamiento basura. Transitoriedad, materia, viaje y mundo periférico*, Bern: Peter Lang, 2017.

——. *El mundo de atrás. Efecto Antropoceno y especulación en los ámbitos periféricos*, Bern: Peter Lang, 2019.

Cassin, Barbara. *Dictionnaire européen des philosophies*, Paris: Seuil/Le Robert, 2004. [2004a]

——. ed., *Vocabulaire Européen des philosophes*, Paris: Seuil/Le Robert, 2004. Entrada *esti/einai*. [2004a]

——. *Google-moi : la deuxième mission de l' Amérique*, Paris: Albin Michel, 2006.

——. ed. *Philosopher en langues : Les intraduisibles en traduction* Broché, Paris: Seuil, 2014. [2014a]

——. *et al.*, dir., *Dictionary of Untranslatables: A Philosophical Lexicon,* Princeton: Princeton University Press, 2014. [2014b]

Castro Ramírez, Nayelli, "Traducir la filosofía más allá de la filosofía: firmas, acontecimientos, contextos", en *Mutatis Mutandis*, vol. 1, núm. 2, 2008, pp. 180–195. [2008a]

——. "La crítica de traducción filosófica: el caso de Jacques J. Derrida", en *Íkala. Revista de lenguaje y cultura*, vol. 13, núm. 20, jul.-dic. 2008, pp. 15–29. [2008b].

——. "*El ser y el tiempo* de Martin Heidegger, en la traducción de José Gaos¨, en *Biblioteca Cervantes Virtual*, 2012, disponible en <www.cervantesvirtual.con>, accedido 10.01.2017. [2012a]

——. "La representación de la 'tradición alemana' en sus traducciones al español: una mirada paratextual", en *Mutatis Mutandis*, vol. 5, núm. 1, 2012, pp. 3–16. [2012b]

Deleuze, Gilles. *Abécédaire*, Paris: Editions Montparnasse/Libération, 1996.

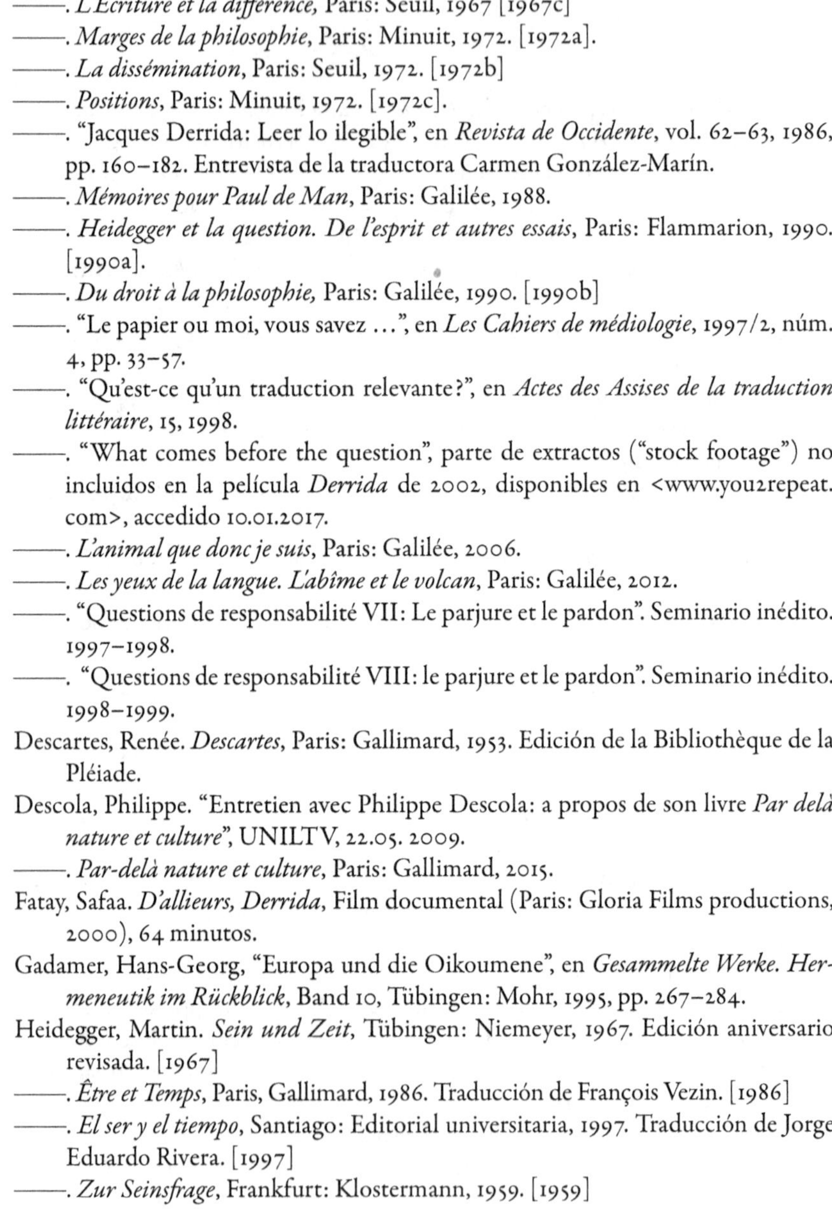

Derrida, Jacques. *De la grammatologie*, Paris: Minuit, 1967. [1967a]

——. *La voix et le phénomène*, Paris: PUF, 1967. [1967b]

——. *L'Écriture et la différence,* Paris: Seuil, 1967 [1967c]

——. *Marges de la philosophie*, Paris: Minuit, 1972. [1972a].

——. *La dissémination*, Paris: Seuil, 1972. [1972b]

——. *Positions*, Paris: Minuit, 1972. [1972c].

——. "Jacques Derrida: Leer lo ilegible", en *Revista de Occidente*, vol. 62–63, 1986, pp. 160–182. Entrevista de la traductora Carmen González-Marín.

——. *Mémoires pour Paul de Man*, Paris: Galilée, 1988.

——. *Heidegger et la question. De l'esprit et autres essais*, Paris: Flammarion, 1990. [1990a].

——. *Du droit à la philosophie,* Paris: Galilée, 1990. [1990b]

——. "Le papier ou moi, vous savez ...", en *Les Cahiers de médiologie*, 1997/2, núm. 4, pp. 33–57.

——. "Qu'est-ce qu'un traduction relevante?", en *Actes des Assises de la traduction littéraire*, 15, 1998.

——. "What comes before the question", parte de extractos ("stock footage") no incluidos en la película *Derrida* de 2002, disponibles en <www.you2repeat.com>, accedido 10.01.2017.

——. *L'animal que donc je suis*, Paris: Galilée, 2006.

——. *Les yeux de la langue. L'abîme et le volcan*, Paris: Galilée, 2012.

——. "Questions de responsabilité VII: Le parjure et le pardon". Seminario inédito. 1997–1998.

——. "Questions de responsabilité VIII: le parjure et le pardon". Seminario inédito. 1998–1999.

Descartes, Renée. *Descartes*, Paris: Gallimard, 1953. Edición de la Bibliothèque de la Pléiade.

Descola, Philippe. "Entretien avec Philippe Descola: a propos de son livre *Par delà nature et culture*", UNILTV, 22.05. 2009.

——. *Par-delà nature et culture*, Paris: Gallimard, 2015.

Fatay, Safaa. *D'allieurs, Derrida*, Film documental (Paris: Gloria Films productions, 2000), 64 minutos.

Gadamer, Hans-Georg, "Europa und die Oikoumene", en *Gesammelte Werke. Hermeneutik im Rückblick*, Band 10, Tübingen: Mohr, 1995, pp. 267–284.

Heidegger, Martin. *Sein und Zeit*, Tübingen: Niemeyer, 1967. Edición aniversario revisada. [1967]

——. *Être et Temps*, Paris, Gallimard, 1986. Traducción de François Vezin. [1986]

——. *El ser y el tiempo*, Santiago: Editorial universitaria, 1997. Traducción de Jorge Eduardo Rivera. [1997]

——. *Zur Seinsfrage*, Frankfurt: Klostermann, 1959. [1959]

——. *Die Technik und die Kehre*, Pfullingen: Neske, 1962. [1962]

——. *Gesamtausgabe 40 : Einführung in die Metaphysik*, Frankfurt: Klostermann, 1983 [1935]. Versión francesa: *Introduction à la métaphysique* (trad. Gilbert Kahn), Paris; Gallimard, coll. « Tel », 1967. [1983b]

——. *Gesamtausgabe, Kt, Bd.29/30, Die Grundbegriffe der Metaphysik*, Frankfurt: Klostermann, 1992 [1929–1930]. Versión francesa: *Les concepts fondamentaux de la métaphysique*. [1992]

——. *Die Grundprobleme der Phänomenologie* (Summer semester 1927), ed. F.-W. von Herrmann, 1975, 2nd edn. 1989, 3rd edn. 1997, X, Frankfurt: Klostermann, 1975. Versión francesa: *Les Problèmes fondamentaux de la phénoménologie*, Paris, Gallimard, 1985, trad. Jean-François Courtine. [1975]

——. "Brief über den Humanismus", en *Platons Lehre von der Wahrheit*, Bern: Francke, 1947, pp. 5–47. En la actualidad forma parte del volumen noveno de las *Gesamtausgabe* (*Wegmarken*, ed. F.-W. von Herrmann, Vittorio Klostermann, Frankfurt am Main 1976, pp. 313–364). [1976]

——. *Unterwegs zur Sprache (1950–1959)*, ed. F.-W. von Herrmann, Frankfurt: Klostermann, 1985. [1985]

——. *Qu'est-ce que la philosophie ?*, Paris: Gallimard, 1957. [1957]

——. *Was heißt Denken?*, Tubingen, Niemeyer, 1954.

——. *Gesamtausgabe, Bd. 7, Vorträge und Aufsätze*, Frankfurt: Klostermann, 2000 [1910–1976]. [2000]

——. *Die Grundbegriffe der Metaphysik. Welt - Endlichkeit Einsamkeit*, Frankfurt: Klostermann, 1983. Welt - Endlichkeit - Einsamkeit (Wintersemester 1929/30) Hrsg. von Friedrich-Wilhelm von Herrmann 3. Auflage 2004. XX, 544. [1983a]

——. *Was ist Metaphysik?*, Frankfurt: Klostermann, 2007. [2007]

——. *Die Selbstbehauptung der deutschen Universität.* Rede, gehalten bei der feier lichen Ubernahme des Rektorats der Universitdt Freiburg i. Br. am 27.5.1933. Editado por Verlag W. Gotti, Korn, 1934. Edición de Klostermann, Francfort/ M., 1983. [1983c]

Honderich, Ted, (ed.). "Things", en *The Oxford Companion to Philosophy*. Oxford: Oxford University Press, 2005. [1995]

Labarrière, Jean Pierre, "Sursumer/sursomption", en G. Jarcyk/J.-P. Labarrière, *Hegeliana*, Paris: PUF, 1986, 105–120.

Lakatos, *I.*; Feyerabend, *P.*; Motterlini, *M.*, *For and Against Method: Including Lakatos's Lectures on Scientific Method and the Lakatos-Feyerabend Correspondence*, Chicago: University of Chicago Press, 1999.

Lefebvre, Jean-Pierre, "Philosophie et philologie : les traductions des philosophes allemands", en *Encyclopaedia universalis*, Symposium, Les Enjeux, 1, 1990, p. 170.

——. "Comment traduire les philosophes allemands? Entretien avec Jean-Pierre Lefebvre", en *Genèses*, 7, 1992. Lieux du travail. pp. 150–162. Entrevista de Noiriel Gérard, Schöttler Peter.

Linhart, Virginie/Peeters, Benoît. *Jacques Derrida, le courage de la pensée*, France, 2014, 53 minutos. Emisión del canal *Arte*, 08.10.2014. También disponible en <http://www.dailymotion.com/video/x2qm3bw>, accedido 10.01.2017.

Lyotard, Jean-François, *Le Différend*, Paris: Minuit, 1983.

Masís, J. "Ochenta años de *Ser y tiempo* de Martín Heidegger", *Rev. Filosofía Univ.*, Costa Rica, XLVII (120–121), 127–137, Enero-Agosto 2009

Meschonnic, Henri. *Le langage Heidegger*, Paris: PUF, 1990.

——. *Poétique du traduire*, Lagrase: Verdier, 1999.

Morozov, Evgeny, *To save everything, click here: the folly of technological solutionism*, London: Penguin, 2013.

Parménides, *Parménide*, Sur la *nature* ou sur l'étant, Paris: Seuil, 1998. Edición de Barbara Cassin.

Ricoeur, Paul. *Temps et récit. Tome III : Le temps raconté*, Paris: Seuil, 1985.

——. *Oneself as Another*, Chicago: Chicago University Press, 1992.

Rouvroy, A./Berns, Th., "Gouvernementalité algorithmique et perspectives d'émancipation", *Réseaux*, 2013/1, no 177, pp. 163–196.

Saussure, *Cours de linguistique générale*, Paris: Payot, 1995.

Simondon, *Du mode d'existence des objets techniques*, Paris: Aubier, 1958; dernière réédition corrigée et augmentée, Paris, Flammarion, 2012.

——. *L'individuation à la lumière des notions de formes et d'information*, Grenoble: Jérôme Millon, 2005.

Stiegler, Bernard. *La Technique et le Temps*, tome 3 : *Le Temps du cinéma et la Question du mal-être*, Paris; Galilée, 2001.

——. *Ce qui fait que la vie vaut la peine d'être vécue, de la pharmacologie*, Flammarion, 2010.

——. "Pourquoi et Comment philosopher, aujourd'hui", Conférence prononcée par Bernard Stiegler le 26 août 2011 dans le cadre de l'académie d'été d'Ars Industrialis.

——. "Lost in Translation: réflexions sur la traduction et le dialogue interculturel", en *Trivium*, núm. 15, 2013, pp.1–8.

——. *La Société automatique* : *1. L'avenir du travail*, Paris: Fayard, 2015.

Vocabulario

El vocabulario se halla organizado, como es costumbre, por orden alfabético. Este *vocabulario* del trabajo tiene una relación conceptual con la bibliografía empleada, de manera que en el mismo hemos indicado entre paréntesis una referencia autoral, cuando corresponde, de la siguiente forma: Heidegger = H; Derrida = D; Husserl = Hu; Foucault = F; Deleuze = Del; Stiegler = S; Simondon = Si; Auroux = A; Lyotard = L; Ricoeur = R; Descartes = Des.

Hispanic Studies: Culture and Ideas

Edited by
Claudio Canaparo

This series aims to publish studies in the arts, humanities and social sciences, the main focus of which is the Hispanic World. The series invites proposals with interdisciplinary approaches to Hispanic culture in fields such as the history of concepts and ideas, the sociology of culture, the evolution of visual arts, the critique of literature, and the uses of historiography. It is not confined to a particular historical period.

Monographs as well as collected papers are welcome in English or Spanish.

Those interested in contributing to the series are invited to write with either the synopsis of a subject already in typescript or with a detailed project outline to either Professor Claudio Canaparo, Department of Iberian and Latin American Studies, School of Arts, Birkbeck College, 43 Gordon Square, London WC1H 0PD, UK, c.canaparo@sllc.bbk.ac.uk, or Peter Lang Ltd, oxford@peterlang.com.

Vol. 1 Antonio Sánchez
Postmodern Spain. A Cultural Analysis of 1980s–1990s Spanish Culture. 220 pages. 2007.
ISBN 978-3-03910-914-2

Vol. 2 Geneviève Fabry y Claudio Canaparo (eds)
El enigma de lo real. Las fronteras del realismo en la narrativa del siglo XX. 275 pages. 2007.
ISBN 978-3-03910-893-0

Vol. 3 William Rowlandson
Reading Lezama's *Paradiso*. 290 pages. 2007.
ISBN 978-3-03910-751-3

Vol. 4 Fernanda Peñaloza, Jason Wilson and Claudio Canaparo (eds)
Patagonia. Myths and Realities. 277 pages. 2010.
ISBN 978-3-03910-917-3

Vol. 5 Xon de Ros
Primitivismo y Modernismo. El legado de María Blanchard.
238 pages. 2007.
ISBN 978-3-03910-937-1

Vol. 6 Sergio Plata
Visions of Applied Mathematics. Strategy and Knowledge.
284 pages. 2007.
ISBN 978-3-03910-923-4

Vol. 7 Annick Louis
Borges ante el fascismo. 374 pages. 2007.
ISBN 978-3-03911-005-6

Vol. 8 Helen Oakley
From Revolution to Migration. A Study of Contemporary Cuban and Cuban-American Crime Fiction. 200 pages. 2012.
ISBN 978-3-03911-021-6

Vol. 9 Thea Pitman
Mexican Travel Writing. 209 pages. 2008.
ISBN 978-3-03911-020-9

Vol. 10 Francisco J. Borge
A New World for a New Nation. The Promotion of America in Early Modern England. 240 pages. 2007.
ISBN 978-3-03911-070-4

Vol. 11 Helena Buffery, Stuart Davis and Kirsty Hooper (eds)
Reading Iberia. Theory/History/Identity. 229 pages. 2007.
ISBN 978-3-03911-109-1

Vol. 12 Matías Bruera
Mapping the Tasteland. Explorations in Food and Wine in Argentinean and European Culture. 240 pages. 2014.
ISBN 978-3-03911-345-3

Vol. 13 Angela Romero-Astvaldsson
La obra narrativa de David Viñas. La nueva inflexión de *Prontuario* y *Claudia Conversa*. 300 pages. 2007.
ISBN 978-3-03911-100-8

Vol. 14 Aaron Kahn
The Ambivalence of Imperial Discourse. Cervantes's *La Numancia* within the 'Lost Generation' of Spanish Drama (1570–90).
243 pages. 2008.
ISBN 978-3-03911-098-8

Vol. 15 Turid Hagene
Negotiating Love in Post-Revolutionary Nicaragua. The role of love in the reproduction of gender asymmetry. 341 pages. 2008.
ISBN 978-3-03911-011-7

Vol. 16 Yolanda Rodríguez Pérez
The Dutch Revolt through Spanish Eyes. Self and Other in historical and literary texts of Golden Age Spain (c. 1548–1673). 346 pages. 2008.
ISBN 978-3-03911-136-7

Vol. 17 Stanley Black (ed.)
Juan Goytisolo. Territories of Life and Writing. 202 pages. 2007.
ISBN 978-3-03911-324-8

Vol. 18 María T. Sánchez
The Problems of Literary Translation. A Study of the Theory and Practice of Translation from English into Spanish. 269 pages. 2009.
ISBN 978-3-03911-326-2

Vol. 19 Aino Linda Rinhaug
Fernando Pessoa. A Ludicrous Self. *Forthcoming.*
ISBN 978-3-03911-909-7

Vol. 20 Ana Cruz García
Re(de-)generando identidades. Locura, feminidad y liberalización en Elena Garro, Susana Pagano, Ana Castillo y María Amparo Escandón.
259 pages. 2009.
ISBN 978-3-03911-524-2

Vol. 21 Idoya Puig (ed.)
Tradition and Modernity. Cervantes's Presence in Spanish Contemporary Literature. 221 pages. 2009.
ISBN 978-3-03911-526-6

Vol. 22 Charlotte Lange
Modos de parodia. Guillermo Cabrera Infante, Reinaldo Arenas, Jorge Ibargüengoitia y José Agustín. 252 pages. 2008.
ISBN 978-3-03911-554-9

Vol. 23 Claudio Canaparo
Geo-epistemology. Latin America and the Location of Knowledge. 284 pages. 2009.
ISBN 978-3-03911-573-0

Vol. 24 Jesús López-Peláez Casellas
"Honourable Murderers". El concepto del honor en *Othello* de Shakespeare y en los "dramas de honor" de Calderón. 321 pages. 2009.
ISBN 978-3-03911-825-0

Vol. 25 Marian Womack and Jennifer Wood (eds)
Beyond the Back Room. New Perspectives on Carmen Martín Gaite. 336 pages. 2011.
ISBN 978-3-03911-827-4

Vol. 26 Manuela Palacios and Laura Lojo (eds)
Writing Bonds. Irish and Galician Contemporary Women Poets. 232 pages. 2009.
ISBN 978-3-03911-834-2

Vol. 27 Myriam Osorio
Agencia femenina, agencia narrativa. Una lectura feminista de la obra en prosa de Albalucía Ángel. 180 pages. 2010.
ISBN 978-3-03911-893-3

Vol. 28 *Forthcoming*

Vol. 29 Soledad Pérez-Abadín Barro
Cortázar y Che Guevara. Lectura de *Reunión*. 182 pages. 2010.
ISBN 978-3-03911-919-6

Vol. 30 Gonzalo Pasamar
Apologia and Criticism. Historians and the History of Spain, 1500–2000. 301 pages. 2010.
ISBN 978-3-03911-920-2

Vol. 31 Victoria Carpenter (ed.)
(Re)Collecting the Past. History and Collective Memory in Latin American Narrative. 315 pages. 2010.
ISBN 978-3-03911-928-8

Vol. 32 Geneviève Fabry, Ilse Logie y Pablo Decock (eds.)
Los imaginarios apocalípticos en la literatura hispanoamericana contemporánea. 472 pages. 2010.
ISBN 978-3-03911-937-0

Vol. 33 Julian Vigo
Performative Bodies, Hybrid Tongues. Race, Gender, Sex and Modernity in Latin America and the Maghreb. 391 pages. 2010.
ISBN 978-3-03911-951-6

Vol. 34 Heike Pintor Pirzkall
La cooperación alemana al desarrollo. Factores condicionantes de su transformación en la década de los noventa y su impacto en América Latina. 374 pages. 2010.
ISBN 978-3-0343-0107-7

Vol. 35 Arturo Casas and Ben Bollig (eds)
Resistance and Emancipation. Cultural and Poetic Practices. 419 pages. 2011.
ISBN 978-3-0343-0160-2

Vol. 36 Pablo Decock
Las figuras paradójicas de César Aira. Un estudio semiótico y axiológico de la estereotipia y la autofiguración. 344 pages. 2014.
ISBN 978-3-0343-0169-5

Vol. 37 Guillermo Olivera
Laboratorios de la mediatización. La experimentación con materiales mediáticos, la teoría y la crítica cultural argentina, 1965–1978.
364 pages. 2011.
ISBN 978-3-0343-0201-2

Vol. 38 Guy Baron
Gender in Cuban Cinema. From the Modern to the Postmodern.
334 pages. 2011.
ISBN 978-3-0343-0229-6

Vol. 39 Claudio Canaparo
El imaginario Patagonia. Ensayo acerca de la evolución conceptual del espacio. 576 pages. 2011.
ISBN 978-3-0343-0287-6

Vol. 40 Inmaculada Murcia Serrano
Agua y destino. Introducción a la estética de Ramón Gaya.
220 pages. 2011.
ISBN 978-3-0343-0251-7

Vol. 41 Bill Richardson
Borges and Space. 266 pages. 2012.
ISBN 978-3-0343-0246-3

Vol. 42 *Forthcoming*

Vol. 43 Ann Frost
The Galician Works of Ramón del Valle-Inclán. Patterns of Repetition and Continuity. 241 pages. 2010.
ISBN 978-3-0343-0242-5

Vol. 44 Milagros López-Peláez Casellas
What About the Girls? Estrategias narrativas de resistencia en la primera literatura chicana. 265 pages. 2012.
ISBN 978-3-0343-0264-7

Vol. 45 Bill Richardson and Lorraine Kelly (eds)
Power, Place and Representation. Contested Sites of Dependence and Independence in Latin America. 268 pages. 2012.
ISBN 978-3-0343-0710-9

Vol. 46 Patricia D'Allemand
José María Samper. Nación y cultura en el siglo XIX colombiano. 177 pages. 2012.
ISBN 978-3-0343-0288-3

Vol. 47 *Forthcoming*

Vol. 48 Emilio Rosales
Baroja. La novela como laberinto. 163 pages. 2012.
ISBN 978-3-0343-0774-1

Vol. 49 Kristine Vanden Berghe
Las novelas de la rebelión zapatista. 171 pages. 2012.
ISBN 978-3-0343-0779-6

Vol. 50 William Rowlandson
Borges, Swedenborg and Mysticism. 267 pages. 2013.
ISBN 978-3-0343-0811-3

Vol. 51 Elena Rodríguez-Guridi
Exégesis del "error". Una reinterpretación de la praxis de escritura en *Libro de la vida*, *Novelas ejemplares* y *Desengaños amorosos*. 175 pages. 2013.
ISBN 978-3-0343-0817-5

Vol. 52 Eva Bru-Domínguez
Beyond Containment. Corporeality in Mercè Rodoreda's Literature. 235 pages. 2013
ISBN 978-3-0343-0888-5

Vol. 53 Gabriele Andreozzi (ed.)
Desaparición. Argentina's Human Rights Trials. 355 pages. 2014.
ISBN 978-3-0343-0857-1

Vol. 54 Mel Boland
Displacement in Isabel Allende's Fiction, 1982–2000.
212 pages. 2013.
ISBN 978-3-0343-0932-5

Vol. 55 Eduardo Tasis Moratinos
El exilio en la poesía de Tomás Segovia y Angelina Muñiz Huberman.
234 pages. 2014.
ISBN 978-3-0343-0941-7

Vol. 56 Santiago Pérez Isasi and Ângela Fernandes (eds)
Looking at Iberia. A Comparative European Perspective.
317 pages. 2013.
ISBN 978-3-0343-0934-9

Vol. 57 Daniel de Zubía Fernández
Señas del esplendor ausente. Itinerarios familiares en *Señas de identidad* y en *O Esplendor de Portugal*
373 pages. 2014.
ISBN 978-3-0343-0963-9

Vol. 58 Helena Usandizaga (ed.)
Palimpsestos de la antigua palabra. Inventario de mitos prehispánicos en la literatura latinoamericana
383 pages. 2013.
ISBN 978-3-0343-0967-7

Vol. 59 *Forthcoming*

Vol. 60 Guillermo Laín Corona
Proyecciones de Gabriel Miró en la narrativa del 27.
250 pages. 2013.
ISBN 978-3-0343-0952-3

Vol. 61 Javier Ordiz (ed.)
Estrategias y figuraciones de lo insólito en la narrativa mexicana (siglos XIX–XXI)
237 pages. 2014.
ISBN 978-3-0343-1729-0

Vol. 62 Anna Vives
Identidad en tiempos de vanguardia: narcisismo, genio y violencia en la obra de Salvador Dalí y Federico García Lorca.
323 pages. 2015.
ISBN 978-3-0343-1792-4

Vol. 63 C.A. Longhurst
Modernismo, noventayochismo y novela: España y Europa. Ensayo de literatura comparada.
262 pages. 2014.
ISBN 978-3-0343-1810-5

Vol. 64 *Forthcoming*

Vol. 65 Ángela Gracia Menéndez
Gaspar de Jovellanos: crítico, reformador y humanista ilustrado.
202 pages. 2015.
ISBN 978-3-0343-1849-5

Vol. 66 Michael W. Stannard
Galdós and Medicine.
240 pages. 2015.
ISBN 978-3-0343-1825-9

Vol. 67 Helena Usandizaga y Beatriz Ferrús (eds.)
Fragmentos de un nuevo pasado: inventario de mitos prehispánicos en la literatura latinoamericana actual.
467 pages. 2015.
ISBN 978-3-0343-1852-5

Vol. 68 Guillermo Laín Corona y Mazal Oaknín (eds.)
Literatura política y política literaria en España. Del Desastre del 98 a Felipe VI.
293 pages. 2015.
ISBN 978-3-0343-1889-1

Vol. 69 Claudio Canaparo
El mundo Ingaramo
176 pages. 2015.
ISBN 978-3-0343-1910-2

Vol. 70 Ana Bravo-Moreno
Desigualdades, diferencias y experiencias de (no) pertenencia en educación: perspectivas transdisciplinares en contextos de diversidad
246 pages. 2015.
ISBN 978-3-0343-1850-1

Vol. 71 Alvaro Quiroga-Cifuentes
The Colombian Political Novel 1951–1987: A Critical Contribution
263 pages. 2015.
ISBN 978-3-0343-1978-2

Vol. 72 Xavier Pla, Maximiliano Fuentes and Francesc Montero (eds)
A Civil War of Words: The Cultural Impact of the Great War in Catalonia, Spain, Europe and a Glance at Latin America
449 pages. 2016.
ISBN 978-3-0343-1950-8

Vol. 73 Pilar Molina Taracena
La poética de la poesía de la Guerra Civil española: diversidad en la unidad
248 pages. 2016.
ISBN 978-3-0343-1933-1

Vol. 74 Santiago Pérez Isasi, Raquel Baltazar, Isabel Araújo Branco, Rita Bueno Maia, Ana Bela Morais, Sara Rodrigues de Sousa (eds)
Los límites del Hispanismo: nuevos métodos, nuevas fronteras, nuevos géneros
236 pages. 2016.
ISBN 978-3-0343-2267-6

Vol. 75 Rogelio Guedea (ed.)
Países en tránsito: estudios de literatura comparada
158 pages. 2016.
ISBN 978-3-0343-1979-9

Vol. 76 Shlomy Mualem
Mazes and Amazements: Borges and Western Philosophy
282 pages. 2017.
ISBN 978-1-78707-197-1

Vol. 77 Anne-Marie Storrs
Loving's the Strange Thing: Jungian Individuation in the Fairy Tales of Carmen Martín Gaite
260 pages. 2018.
ISBN 978-1-78707-844-4

Vol. 78 Rogelio Guedea (ed.)
Margen al centro: Nuevas vertientes de la poesía ibero/americana contemporánea. 164 pages. 2018.
ISBN 978-1-78707-766-9

Vol. 79 Isaac Benabu
Textos «ilegibles»: Reflexiones sobre la representación de la comedia áurea. 172 pages. 2018.
ISBN 978-1-78874-167-5

Vol. 80 Ana Duffy
Of Silenced and Unheard Voices from the South: Argentinean Subalternity According to Luisa Valenzuela
208 pages. 2020.
ISBN 978-1-78997-252-8

Vol. 81 Dimitrina J. Semova, Eva Aladro Vico, Roxana Popelka, Sosa Sánchez (coord.)
Entender el Artivismo
324 pages. 2019.
ISBN 978-1-78874-434-8

Vol. 82 Claudia del Río
Ikebana política: notas, poemas y ejercicios (2005–2015)
194 pages. 2019.
ISBN 978-1-78997-232-0

Vol. 83 David Torollo
Mishle he-'arav: La tradición sapiencial hebrea en la Península Ibérica y Provenza, s. XII y XIII
632 pages. 2021
ISBN 978-1-78997-920-6

Vol. 84 Carlos Uxó
El género policial en Cuba: Novela policial revolucionaria, neopolicial y teleseries
262 pages. 2021.
ISBN 978-1-78997-387-7

Vol. 85 Claudio Canaparo
La cuestión periférica: Heidegger, Derrida, Europa
630 pages. 2021.
ISBN 978-1-78997-988-6

www.ingramcontent.com/pod-product-compliance
Lightning Source LLC
Chambersburg PA
CBHW071727110726
47908CB00006B/1525

* 9 7 8 1 7 8 9 9 7 9 8 8 6 *